同治《增修施南府志》
笺　注

〔清〕周庆榕　松　林　修
〔清〕廖彭龄　何远鉴　纂
阳卓军　点校
恩施州档案馆　整理

方志出版社
Publishing House of Local Records

图书在版编目（CIP）数据

同治《增修施南府志》笺注/（清）松林等修；（清）何远鉴等纂；阳卓军点校；恩施州档案馆整理.—北京：方志出版社，2024.4
ISBN 978-7-5144-5571-7

Ⅰ.①同… Ⅱ.①周… ②廖… ③阳… ④恩… Ⅲ.①恩施土家族苗族自治州—地方志—清代 Ⅳ.①K296.32

中国国家版本馆CIP数据核字(2024)第075633号

责任编辑：何明忠
责任校对：张玉霞
责任印制：梅中英
出 版 者：方志出版社
地　　址：北京市朝阳区潘家园东里9号（国家方志馆4层）
邮　　编：100021
网　　址：http://www.zgfzcb.cn
发　　行：方志出版社图书营销中心（010-67110500）
印　　刷：恩施市雨田印务有限公司
开　　本：889毫米×1194毫米　1/16
印　　张：42.25
字　　数：966千字
版　　次：2024年4月第1版
印　　次：2024年4月第1次印刷
定　　价：420.00元

同治《增修施南府志》笺注

整理编辑组

主　　编　黄希俊

副 主 编　马兹河

统筹策划　刘　权　李　鑫

校　　注　阳卓军（特聘）

审　　读　马兹河　刘　权　李　鑫

校　　对　阳卓军

前　言

恩施古属廪君领地，地属巴国，是古代巴文化的发祥地和土家族文化的诞生地之一，也是中原汉文化和西南少数民族文化的融会之地，民族文化积存丰富，底蕴深厚。清雍正十三年（1735）恩施置施南府。道光十三年（1833），施南知府王协梦主修《施南府志》，训导罗德昆编纂，次年总纂成《施南府志》30 卷，道光十七年（1837）刊印，此为施南府第一部志书。此后 30 余年，由施南知府松林、周庆榕主修，来凤举人何远鉴、恩施附生廖彭龄等编纂的《增修施南府志》，于同治十年（1871）刊印。清光绪初年，施南知府王庭桢、李谦主修，恩施县学教谕雷春沼、恩施籍外省官员尹寿衡编纂的《光绪施南府志续编》，于光绪十一年（1885）刊印。这三部旧志记载了恩施清末以前自然、经济、政治、文化、军事、历史、地理、科技、文学等各个方面的历史，是不可多得的宝贵历史文化资源。

恩施州新方志首轮修志断限时间上限是 1885 年。第二轮修志之后，地方志已初步建立起新方志体系。只有将存世的旧志加以校注整理，新旧成套，才是较为完整的一个地方的方志体系，才是发掘和弘扬优秀传统文化之本。恩施建州四十年来陆续修复名胜古迹，修建名人雕塑，建设文化广场，修建博物馆，无一不是依据旧志的记载。因此，旧志的整理及利用，对于延续恩施州历史文脉、传承文化遗产、汲取先人智慧、弘扬优良传统、服务地方经济社会发展，都具有十分重要的意义。

目前，很多旧志都是影印出版，而且一般印数都极少，主要是面向各大图书馆发行收藏，各地难以见到。三部施南府志，即便是恩施州档案馆（史志研究中心），也仅存一套影印本，利用率极低。因此，恩施旧志的校注整理和出版便成了当务之急。

恩施州档案馆（史志研究中心）于 2019 年 5 月启动旧志整理工作。三部旧志以版本为单位共分三辑。整理方式概括为“化繁为简、标点笺注”八个字，化繁为简是指将原作中的繁体字改成简化字，变古代竖排为现代横排，古今字、异体字、避讳字直接改为现代简化字。标点笺注是指对没有标点的原作进行现代标点并对作者、地名、生僻字词及正文中的成语典故做注释，以便于普通读者无障碍阅读。

本书笺注方式是先整理原文，再注释原文，按照先标题、作者，后正文词条顺序，标题中对本地作者身份有标注的一般人物，则不再注释，对比较有名的则加注释。一般详注与恩施本地有关的作者、人名、地名及习俗，实在不清楚的作者，则实事求是地注明“生平籍贯不详”。原文中凡疑有漏字，用虚缺号标出，凡是与其他文献不同的文字，用加黑加粗的方括号标明。全书同样的生僻字词，前面有注释的，后面不再注释，但因文字太多，不排除少数同样词条在不同作品中也有注释；旧志底本当中表示注释的小字，改为与正文相同字体、字号的括注。

经过重新整理点校的旧志，能够方便更多的读者广泛阅读，更有利于发挥地方志“存史、资政、教化、育人”的作用，从中汲取和继承前人特有的智慧，从而更好地促进恩施州经济社会的长足发展和人民生活的极大改善。这是旧志整理的价值所在，期与阅览者共勉。

编　者

2024 年 12 月

目　录

重修施南府志序

施南古荆、梁地，秦汉后为郡为州，或隶蜀，或隶楚，或隶黔中，变置[①]已自不常，即胜朝省州为卫，设兵备以坐镇也。文德不敷，向化者盖自为风气矣。惟我朝世宗宪皇帝期薄海同风[②]，改卫升府，政治修明，学校大备，犹是山川而效其灵矣，犹是人与物而异其致，当征其体宪，虽考古者不详稽文献，论世知人，概粉饰于声明文物[③]，徒为志乘[④]之衣冠优孟[⑤]，谈者讥之。施志旧无成书，道光初载，郡学博[⑥]罗君德昆惧其志之就湮也，悉心考核编纂，得若干卷。迄甲午商太守王公参订付梓[⑦]，其志于汉唐源流清且晰，羌无故实[⑧]者阙焉，盖不以无稽谈重误后人也。迄于今欲得其志而增修之，似方册[⑨]具在，无反掌劳。而试问四十年中土地有不闻者乎？则志地舆；虽人民有不生聚者乎？则志户口；虽人情有未经陶淑[⑩]，物力未增美备者乎？则典礼、建置、食货诸大端志尤难。而况掇巍科[⑪]，历戎行，名标巾帼，德著乡闾，如詹邈、巴公、陈矿其人者踵相接也。不详以志之矣，以扇芳徽而励末俗[⑫]。第府属数百里而遥，非复昔日为州为郡为卫地，旁披遍采，良非易易也。己巳秋，余奉命来守是邦，未视事，前太守松君即携志稿相属，诧而谢曰："是何如重任也，余戎鞍甫卸，何能为彼，然欲治是邦，即不能不志是邦，又奚辞？"爰进纂修诸君子，究厥指归[⑬]，合曰："是书体例则罗君之旧，不以类从者，乙而更其二三，非知先前人遂定制为激劝张本，迩来别自为志，粉本[⑭]有资，

① 变置：改立，另行设立。

② 薄海同风：指海内外广大地区社会风气相同。

③ 声明文物：指礼乐典章制度。《左传·桓公二年》："文物以纪之，声明以发之。"

④ 志乘：志书。

⑤ 衣冠优孟：楚相孙叔敖死，优孟着孙叔敖衣冠，摹仿其神态动作，楚庄王及左右不能辨，以为孙叔敖复生。事见《史记·滑稽列传》。后因称登场演戏为"衣冠优孟"。也比喻假扮古人或模仿别人。

⑥ 学博：清朝州县学官之别称。

⑦ 付梓：梓，梓木，可用以刻字。旧时印刷多用木刻版，故称文字上版雕刻为付梓或上梓。

⑧ 羌无故实：羌，语气助词，无义；故实，典故、出处。指不用典故或没有出处。

⑨ 方册：简牍；典籍。

⑩ 陶淑：陶冶使之美好。

⑪ 巍科：犹高第。古代称科举考试名次在前者。

⑫ 末俗：世俗之人，即一般平庸之人。

⑬ 指归：主旨；意向。

⑭ 粉本：中国古代绘画施粉上样的稿本。指底本。

然纪载殊、繁简割裂焉，恐昧其真，因仍焉。惧流于滥，征文考献，自春徂秋矣，惟采择未精，笔削[①]鲜当，不足以润色郡乘，樗栎[②]材实，有无可如何者敢请。”余曰：唯否诸君稿尚未脱，闻其言知其心矣，为亟图之勿懈。越数月书成，余爱而读也。其条理缕贯，编类明晰，因之者后事讨论，续之者而考稽，胥衷诸至当焉，宅心亦良苦已。夫山川泄其精华，人才秀出，比隆列郡，猗与休哉，庶几今日之完书也。回忆丁酉岁先大父搏楚监临秋闱[③]，出谓榕曰：“施南在万山中，向以道远人稀，鲜获隽者，是科乃得何生二人胥远到，器其风气且蒸蒸日上矣。”余今日幸守是邦，躬逢修志之盛，觉数十年教化聿新[④]，民风丕变，已于祖训一言卜之也，其欢忻鼓舞当更何如？爰操笔而为之叙。

同治十年岁在辛未孟秋月

钦赐花翎道衔、升用道、湖北施南府知府大梁周庆榕[⑤]撰

① 笔削：笔，书写记录；削，删改时用刀削刮简牍。指修改文章。

② 樗栎：不成材的树木。比喻平庸无用的人。常用作谦词。典出《庄子·逍遥游》：“吾有大树，人谓之樗，其大本拥肿而不中绳墨，其小枝卷曲而不中规矩。立之途，匠者不顾。”北宋杨时《杨龟山集·谢太守启》：“如某者，驽骀下乘，樗栎散材。”

③ 秋闱：科举制度中乡试的借代性叫法。每三年一次，逢子、午、卯、酉年举行，又叫乡闱。考试的试场称为贡院。考期在秋季八月，故又称秋闱。

④ 聿新：一新。

⑤ 周庆榕：字荫南，河南祥符人，军功，清同治八年（1869）任施南府知府。

重修施南府志序

往岁戊辰，余权知[1]施南府事，将举一方之利病而兴剔[2]之，其山川、风土、人物、官师、学校、财赋诸大端皆不可不周知其故，稽之册牒，则吏抱《施南府志》进。《施南府志》者，宋广文[3]鏊始辑于乾隆二十一年，李广文宗汾续修于四十二年，而刊垂[4]于道光十四年，纠正爬剔，以成善本[5]，则罗广文德昆力也。其书贯串古今，考核得实，犁然[6]秩然，纲举而目张[7]，非妄作者所可比。顾自书成至今又几四十稔矣，事日益增，嘉言懿行[8]日益积，未有捃摭[9]恢之者，是长官之责也。夫在官而不能举其籍，举其籍而不能踵成其美，守郡之谓何？余滋惧焉。越明年，爰檄属县与其学广文、都人士之正直者，互相搜补，网罗闻见，条举件系，上于府设局汇纂，余得厘订[10]其间，阅时月而重修之。志成，部居[11]一仍其旧，不必遽胜前书也，庶几乎助益其所不及尔。今年秋，刊板蒇事[12]，寮属[13]邮书问序于余。余惟施南为古职方氏[14]荆州之域，于汉属南郡巫县地，三国时吴分号建平郡，施州实肇北周，隋以来寻废寻复无常，称郡则改曰清江，唐又别曰清化，乾元初属之江南黔中道，赵宋隶于夔州路，元仍施州，明并为卫。迨国朝雍正六年初设恩施县，十三年改土归流，分置宣恩、来凤、咸丰、利川、建始五县，今府之名于是定矣。郡属虽故蛮地而圣代[15]声教既讫，获列都邑之后，陶礼淑乐[16]，

① 权知：谓代掌某官职。
② 兴剔：即兴利剔弊。兴办有利的事业，除去各种弊端。
③ 广文：唐天宝九年（750）设广文馆。设博士、助教等职，主持国学。明清时因称教官为广文，亦作广文先生。
④ 刊垂：刊发流传。
⑤ 善本：指校勘严密、刻印精美的古籍，后含义渐广，包括刻印较早、流传较少的各类古籍。
⑥ 犁然：形容清楚、明辨。
⑦ 纲举而目张：提起鱼网上的大绳一抛，一个个网眼就都张开了。比喻文章条理分明。
⑧ 嘉言懿行：有意义的言语和美好的行为。
⑨ 捃摭（jùnzhí）：摘取；搜集。
⑩ 厘订：整理订正。
⑪ 部居：指以类相聚，按部归类。
⑫ 蒇（chǎn）事：事情办理完成。
⑬ 寮属：僚属；属官。
⑭ 职方氏：周代官名。掌天下地图与四方职贡。
⑮ 圣代：旧时对于当代的谀称。
⑯ 陶礼淑乐：经过培育熏陶，使之达到美好的礼乐境界。

易榛狉[1]而文明，一时山川之气莫不呈灵献秀，语曰“蕴极则通”，斯理也。故附郭[2]万山贯郡众水，水之大者，蜿蜒清泠，源远而流长，实古夷水，《后汉书·西南夷列传》“廪君乘土船从夷水至盐阳”是已。今名清江，夹江而遥，尤有平畴广陌，穹林[3]聚落，不胜算也。仰焉而升高，则岩壑之葱蔚，云霞之变幻，皆在眉睫之间；俯焉而瞩远，则涧溪之涟漪，沙禽水鸟之上下，帆桨罟罾[4]之起伏隐见，皆在襟舄[5]之下。加诸达官、长德、通儒、胜流与夫士女之忠节，老释之奇诡，耀史册而炜彤管[6]者后先相望，名为穷僻一隅而实则与都会，并非小国寡民之所能几也，是诚不可以无志。然而前之为书者出于草创，往往略焉未备，最后罗氏一编善矣，既历年所而又难于因。余不敏，竭梼昧[7]以继曩哲之遗意，复数十年固甚愿继余者之因之易也。古者成周之制，小行人[8]适四方则必述其山川形势之要，礼俗政治与其语言风土物产之宜，凡为《五书》以献于王，俾周知天下之故，它如小史[9]、外史[10]之所掌，土训[11]、诵训[12]之所道，皆是物也。是故志乘之作，其据依也宜详，其搜讨也宜备，上之可佐𬨎轩[13]之采陈，次之可备史家之笔削，最下亦可为四方士大夫暨其乡老考掌故、征遗佚之一助。惜乎《周礼》《五书》湮没不传于后世，后之人亦无有追溯撰录之者，若余继罗氏而为书，庸敢谓悉有合于古作者耶？第以来官是邦，不忍听前书之独悬而莫之补也，理旧绪而载新之，亦曰尽吾守郡之职云尔，乃略叙颠末弁[14]于简，使后之作者有所证焉。

同治九年岁在庚午十月

道衔、署湖北施南府事长白松林撰[15]

① 榛狉：草木丛杂，野兽出没。谓文化未开的原始景象。
② 附郭：属县。
③ 穹林：幽深的树林。
④ 罟罾：鱼网。
⑤ 襟舄（xì）：衣襟与鞋子。
⑥ 彤管：古代女史用以记事的杆身漆朱的笔。借指史书。
⑦ 梼昧：愚昧。多作自谦之辞。
⑧ 小行人：古官名，秋官司寇的属官。掌接待宾客，其职位次于大行人。
⑨ 小史：古官名。春官宗伯之属，掌邦国之志、贵族世系以及礼仪等事。
⑩ 外史：古官名。负责宣布京畿以外地区的王令、四方地志等。
⑪ 土训：古官名。负责向帝王陈报山川地势、土质好坏及土地所宜生产。
⑫ 诵训：古官名。负责向王者述说四方久远故事，说明各地风俗所忌讳的言语等。
⑬ 𬨎轩：轻车，多由使臣乘坐。指出使的大臣。
⑭ 弁：书籍或长篇文章的序文、引言。
⑮ 松林：字茂亭，满洲正蓝旗，官学生，官施南知府。

重订施南府志序

志书者，书其事，志之而弗敢忘也。盖自省府以及州县，类皆有志，其间山川景物、风土人情并文人学士、忠孝节义之足以关世道而维风化者，莫不博采广稽，备志之，以昭来兹，使后之览者得有所观感而兴起焉，此志之所宜随时而纂修也。施郡地处万山，恩、建而外，前多为土司据。其时民情犷悍，风气浇漓[①]，固无足志者。迨我朝定鼎，德威远被，乾隆初，俱改土归流[②]，声教所暨，文明以启，遂得搜遗文，考古迹，采民风，访土俗。王君封镇、宋君鏊、李君宗汾创之于前，罗君德昆复从而纂修之，凡所谓嘉言懿行、忠孝节义已汇有成帙矣。然吾尝闻风俗与化移易，迄今修养生息，涵濡[③]圣化已百有数十年于兹矣。安知名流、硕彦[④]、贞节、奇行不更有远胜前日，湮没而弗彰者欤？余丁卯岁以言官恭奉简命[⑤]来守斯土，睹山川之秀丽，物产之丰饶，户口之殷繁，意必有伟人奇士伏处岩阿[⑥]，古迹名区晦埋草莽，缺略而弗及详者，欲与绅耆搜罗遗失，重修而登纪之。适奉调如省，未及观成，爰列数言弁之于首，更望夫后有同志者随时增修，以为郡乘[⑦]之光也可。是为序。

同治七年太岁在著雍[⑧]执徐[⑨]月在终元

赐同进士出身[⑩]、知湖北施南府事、前吏部文选司掌印郎中、掌福建道监察御史张观钧[⑪]撰

① 浇漓：浮薄不厚。多用于指社会风气。

② 改土归流：废除西南各少数民族地区的土司制度，改由中央政府委派流官直接进行统治，实行和内地相同的地方行政制度。狭义上指清朝雍正年间在西南地区大规模实行的废除土司制度，设立流官治理的改革。

③ 涵濡：滋润，沉浸。

④ 硕彦：指才智杰出的学者。

⑤ 简命：简任，选派任命。

⑥ 岩阿：山的曲折处。

⑦ 郡乘：郡志。

⑧ 著雍：岁阳名。天干中戊的别称。

⑨ 执徐：太岁年名，岁在辰为执徐。

⑩ 同进士出身：科举时代按照中式等第赐予的一种资历称号。明清进士分三甲，第三甲为赐同进士出身。

⑪ 张观钧：山西浑源进士，清同治六年（1867）任施南府知府。

施州卫掌故初编序

〔明〕庞一德①

人恒言王者有分土无分民，盖众建诸侯②之势也。有明天下一家，戴发含齿③之伦，莫不尊亲，尚以分土言乎？十四司则吾土也。述封域第一。文武并重，长久之道，修城池，属兵戎，尚④矣。两阶舞而有苗格⑤，重译贡⑥而越裳⑦来，今何如耶？述建置第二。耳目心志，无尺寸不兼爱焉，故日必再食；若并日而食，即养体不充，如兼爱何？以食为天，而施则仰重夔以给，不富可知。述食货第三。建置、食货，事权并重，然地利也，总而理之，存乎其人，备录文武职官而附以土司，是国之制也。述官司第四。施州冠带⑧，肇自隋代，即先世犹然左衽⑨，而巴蔓子⑩效忠，乃在成周之季，非其地灵异乎？由今而家伊吕⑪、户程周⑫矣。述人物第五。尧言布于天下，二百年来存者亦何寥寥，幸而其书及睹，敢勿一载乎？述制书第六。深山大泽，实生龙蛇，圣皇在宥⑬日久，四境承平而迹不忘起，宁谓无人？述前事第七。稽古无宁居今，彼历其地，亲其事，非实见得，谁肯哓哓取罪？述前言第八。天有星辰，地有草木，而后天地之文显，搽华摛藻⑭，焕然可观。述艺文第九。集既成，因题其首曰“掌故初编”，授之都人士，以俟异日讨论云尔。

① 庞一德：南海人，明代施州卫学教授，曾重修《卫志》。

② 众建诸侯：广建诸侯国，以削弱其力量。西汉贾谊《治安策》：“欲天下之治安，莫若众建诸侯而少其力。力少则易使以义，国小则亡邪心”。

③ 戴发含齿：长着头发和牙齿。指人。

④ 尚：久远。

⑤ 两阶舞而有苗格：借指德行教化。典出《尚书·大禹谟》：“班师振旅。帝乃诞敷文德，舞干羽于两阶。七旬，有格。”相传三苗君侯不遵教化，征而不服。益劝禹修德以感化之。禹于是修德施教，命舞队执干羽舞于宾主阶间，以示兴文抑武。

⑥ 译贡：使者和贡品。

⑦ 越裳：古南海国名，亦作越常。《后汉书·南蛮传》：“交趾之南，有越裳国。”

⑧ 冠带：本指服制，引申为礼仪、教化。

⑨ 左衽：衣襟向左。指古代某些少数民族的服装。

⑩ 巴蔓子：古巴国忠州（今重庆市忠县）人，东周末期的巴国将军。

⑪ 伊吕：商伊尹辅佐商汤，西周吕尚辅佐周武王，皆有大功，后因并称伊吕，泛指辅弼重臣。

⑫ 程周：宋代理学家程颢、程颐兄弟和周敦颐。

⑬ 在宥：任物自在，无为而化。多用以赞美帝王的“仁政”“德化”。

⑭ 摛藻：铺陈辞藻。指施展文才。

施州卫志原序

〔明〕高维勉[①]

施州卫，荆、梁二州之域。秦汉以来，或隶黔，或隶蜀。至后周置亭州，又置施州，后改为庸，为业，又改为清江郡，宋、元稍仍其旧。国朝因时制宜，废州入卫，以统军民而辖蛮夷。初年规制荒略，旧志脱误久矣。景泰中，东溪沈公[②]莅施，尝修其志，然而漏缺尚多。予来施，青毡[③]多暇，遍访山水古迹，乃知唐宋儒先君子，若裴山陵[④]、李供奉[⑤]、黄文节[⑥]、乔大博[⑦]、朱相国[⑧]、张使君[⑨]与夫杜少陵[⑩]、苏文忠[⑪]辈，或谪宦[⑫]，或寄游，触景题咏，犹传诵于乡人，彰彰可验。间与建始教谕叶君庭兰[⑬]雠校[⑭]，其无疑者，悉收入之。呜呼，是岂徒哉！之数君子者，道德文章，皆足以垂世范俗，天下仰为高山者也。志之于兹，庶几高风雅韵，草木为香。后之来斯者以是求之，想见其人而思慕兴起，士习得不益美，风俗得不益厚乎？于以是仰副皇上采风问俗之意，或亦无愧焉耳。

① 高维勉：长乐人，明天顺年间任施州卫儒学教授。
② 沈公：指沈庆，明永乐十九年（1421）进士，曾任湖广按察司佥事。
③ 青毡：指清寒贫困的生活。
④ 裴山陵：裴冕。
⑤ 李供奉：李白。
⑥ 黄文节：黄庭坚。
⑦ 乔大博：乔叙。
⑧ 朱相国：朱珥。
⑨ 张使君：张仲谋。
⑩ 杜少陵：杜甫。
⑪ 苏文忠：苏轼。
⑫ 谪宦：贬官，另任新职。
⑬ 叶君庭兰：建始教谕，天顺年间纂修《施州卫志》。
⑭ 雠校：校对文字。

重修卫志原序

邹维琏[1]

夫天地风气始于朴，朴则开，开则盛。故圣人不能不用文以救忠质之穷，第其过靡则节之，故曰文明以止。余观施域虽邻夷而汉官威仪，士绅文学、父老子弟彬如[2]也。乃去城不数里，民则处于不华不夷之间。以先王垂世，大教莫如冠裳[3]，而民且有不冠之首，他又可知，若然者，岂以种杂盘瓠[4]难游文明之治乎？夫三代以上之中国，南不过江、黄、吴、楚四大国，春秋夷之。至于两浙[5]、七闽[6]、百粤[7]之区，汉武始入职方。前此断发文身，章甫无用者，今则家弦户诵，文学比于邹鲁，何盛也！无亦风气有必开之渐，而人事又迎其机，与之更始也。且汉武初通西南夷，使司马相如驰檄谕蜀[8]，不有“蜀不变服、巴不化俗”之语乎？施邻巴蜀，此亦可鉴也。则安见其有作新，而盘瓠不可化而中国，荒服[9]不可进而邹鲁耶？施自隋唐以来，本列州郡，高帝为控驭十四土司，省州入卫，要非得已。其设学饩诸生[10]，则数更丰于他郡，可见圣神本意，亟欲用夏变夷，新此一方民，而民可自外德化，上可漫无劳来匡直[11]之计哉！然欲化民成俗，又当先体省州入卫之故，而后措诸安全。夫国初设卫以卫民耳，其弊也！借民卫卫，又其弊也！土著不能卫卫，乃借客兵以卫卫，此天下军政之大弊也！施更可异，户籍减，额饷停，夫既不能自卫矣，而土著、客兵之卫卫者亦安在？甚至雉堞[12]尽圮，藩篱可撤，

① 邹维琏：字德辉，江西新昌人。明万历三十五年（1607）进士，授职延平推官。因疏劾魏忠贤，被削籍为民，不久被判谪戍施州。

② 彬如：文雅有礼的样子。

③ 冠裳：指官吏的全套礼服。借指文明、礼仪制度。

④ 盘瓠：古代传说为帝高辛氏所畜犬，其毛五彩。时犬戎侵暴，帝募能得犬戎吴将军头者，妻以少女。后盘瓠衔其头来，帝即以女配之。

⑤ 两浙：浙东和浙西的合称。

⑥ 七闽：指古代居住在今浙江省南部和福建省的闽人。因分为七族，故称七闽。

⑦ 百粤：即百越。古代南方越人的一种泛称或总称。

⑧ 驰檄谕蜀：《谕巴蜀檄》是一篇政府文告。缘自使臣唐蒙出使西南夜郎、僰中时，曾征发巴蜀吏卒扰民，引起当地百姓惊恐，于是汉武帝派司马相如前往责备唐蒙，并代表朝廷谕告巴蜀百姓唐蒙所为并非皇帝之意，以安定之。

⑨ 荒服：古“五服”之一。亦泛指边远地区。

⑩ 诸生：古代经考试录取而进入中央、府、州、县各级学校，包括太学学习的生员。生员有增生、附生、廪生、例生等，统称诸生。

⑪ 匡直：犹匡正。

⑫ 雉堞：又称齿墙、垛墙、战墙，有锯齿状垛墙的城墙。

此不过寻涣而溺。驽马有恋栈[1]之思，连鸡[2]无俱栖之势，他则孰以僻陋为虞耳。不思恃陋而不备，莒之所以见袭于楚者。语曰：“非我族类，其心必异。”安有斗大孤城，逼处豺狼窟中，而幸彼为孝子顺孙，永远就我戎索[3]哉！且今虽羁縻，汉法能如数十年前肃然不爽尺寸否？察影见形，智者事也。吾愿莅斯土者，无以处燕乐遥制者，无以鞭长勒马腹，用对高帝用夏变夷之休命，则李大夫岐阳[4]修乘，深意不过在是。即琏借空言以维封疆，少报圣天子不杀之恩，亦端在是矣。僭为之序。

① 恋栈：马舍不得离开马棚，喻贪恋禄位。
② 连鸡：捆绑在一起的鸡。比喻互相牵制、不能并容的几种势力。
③ 戎索：戎人之法。后泛指法令。
④ 李大夫岐阳：李一凤，字岐阳，施州人，明万历三十七年（1609）举人。重修《施州卫志》。

施南府志序

〔国朝〕王如珪[1]

施南府，土流相间处也，西通巴蜀，南接辰湘，屹然荆楚屏蔽。自唐、宋来，为州为郡，间有开扩，卒未尽冠带之伦[2]。明祖省州入卫，众建土司而羁縻[3]之，岂弃此一方民哉！抑徐以俟之也。我朝初仼旧制，而声灵赫濯，远迈于前，故虽鼠穴自斗而狼突[4]无闻，非复前此之蠢，兹不恭矣。逮其后，圣圣相承，重熙累洽[5]，无微不彻，而“苗顽”之负固者皆回心向化，此府之所由设也。间考苗民，逆命[6]始自唐虞，其见于《虞书》者曰：“舞干羽于两阶，七旬有苗格。”《吕刑》曰：“哀矜庶戮之不辜，报虐以威，遏绝苗民，无世在下。”今东乡、忠建、施南三司之以罪改流，则苗民遏绝之威也。忠峒等十五土司之自请归流，则干羽两阶之德也。世之相后数千余岁，而心法、治法无不吻合，方且举尧、舜来引而未伸者，尽衽席[7]之，则我朝之深仁厚泽为何如哉！臣如珪承乏[8]施南守，计其赋役之科，俸工[9]、兵饷之额，未始不有若获石田之疑也。乃检阅卷宗，得悉土官种种罪恶，然后叹大圣人之如天好生，岁捐数万金以救此一方民，固如此其至也。今之践土食毛[10]者，宁可不思耕田凿井之自？官斯土者，国计民生，苟不深筹熟虑，振兴抚恤，何以塞尸素[11]责哉！旧《卫志》在荆府中，不逮三分之一，附见于《荆志》矣。顷以荆府修志，行当乙去，不惟虑前贤之浸晦，且恐岁久文湮，传闻异辞[12]，我国家百年涵濡[13]并育之量，安能家喻而户晓乎？顾以前无善志，创始维艰，郡在丛山

① 王如珪：顺天宛平贡生，清乾隆十八年（1753）任施南府知府。

② 冠带之伦：戴冠束带之类，指习于礼教之民。南朝梁萧统编《文选·司马长卿难蜀父老》：“今封疆之内，冠带之伦，咸获嘉祉，靡有阙遗矣。”

③ 羁縻：笼络、牵制。

④ 狼突：像狼一样奔突。形容四处奔逃。

⑤ 重熙累洽：熙，光明；洽，和谐。指国家接连几代太平安乐。

⑥ 逆命：接受命令。

⑦ 衽席：谓使得平安。

⑧ 承乏：谦辞，表示所在职位因一时没有适当人选，只好暂由自己充任。

⑨ 俸工：泛指官员之俸禄及衙役之工食。

⑩ 践土食毛：指蒙受君恩，亦泛指起居生活。

⑪ 尸素：指居位食禄而不尽职。

⑫ 传闻异辞：一般指传闻的说法往往不一致，与原义有出入。

⑬ 涵濡：滋润，浸渍。

邃谷中，四方人文罕至，用是迟回久之。继乃得郡人士王生[①]所辑《志略》，颇见一斑。怡然曰："恩、建二县，原属内地，因陋就简，粗可成书。其他新置之处，谨按其山川、封域及其改设源流以志。我国家之仁育义正，振古[②]无前，斯亦守土之责而劝忠之书矣！至改设以来，章程未定，垣墉[③]暨茨[④]，朴斫[⑤]丹雘[⑥]之功，方自兹始。虽非空言之所能效，而览是书者，或亦行远登高之一助也。"爰命恩施训导臣宋鏊查校旧闻及新辟之制而纂辑之，以存草创之概云尔。是为序。

① 王生：王封镇，字建元，施州卫诸生，编写《施州卫志》。
② 振古：往古；自古。
③ 垣墉：矮墙叫"垣"，高墙叫"墉"。
④ 茨：用茅草和芦苇盖屋，也指用茅草盖的屋。
⑤ 朴斫：砍削整治。
⑥ 丹雘：可供涂饰的红色颜料。

题施南府志序

（学使）王赠芳[①]

施郡域介荆梁，星分翼轸[②]，古为廪君[③]国地，与夜郎[④]接壤。汉以来虽设沙渠[⑤]、建始二县，然分隶不常。本朝改卫为府，统县六。咸丰、来凤，五代、宋为羁縻州，宣恩、利川则皆土司地也。明邹公维琏谪戍卫所，既称其士绅文学，子弟彬彬，又云去城数里，即在不华不夷之列，是有汉官威仪，特附郭左右为然耳。予奉命视学楚北，丙戌秋，由省垣溯江二千余里，崎岖万山中，复三四百里，始达于施。私念地僻陋，倘文风称是，亦固然无足怪。将抵郡，遥望山川清淑[⑥]，城郭庄严，物丰饶而人秀洁，已洒然异之。比肩试士，莘莘循礼奏艺，皆了无俗韵，予为击节[⑦]叹赏。亟欲征求文献而屡经兵燹[⑧]，荡废无存，仅得建始县抄本一册，恩施县刊本志二册。《建始志》简核[⑨]有余韵，仿佛韩邦奇[⑩]《朝邑志》[⑪]之遗，最为善本，然不著撰人名氏，亦无序跋。恩施修志于嘉庆戊辰，规模粗具，中载《建元子传》，姓王名封镇，称雍正甲辰馆容美土司署中纂《施州卫志》。其用笔谨严简洁者，今亦未见传本，予甚怅怅。而府学博罗君[⑫]乃出其所纂《府志》二十余卷相质[⑬]，凡山川、封域、沿革、建置以及土田、赋税、官师、人物、古迹、艺文，数千年埋没于蛮烟瘴雨中者，皆了了得窥其眉目，其用心

① 王赠芳（1782—1849）：字曾贻，号霞九，江西庐陵人。清嘉庆十六年（1811）中进士，改翰林院庶吉士，散馆，授编修。历任湖北乡试副考官，福建、河南、陕西、山东、江南、贵州各道御史。著有《慎其余斋文集》《皇华日记》《湖北表微录》《书学汇编》《毛诗纲领》《春秋纲领》《纲鉴要录》等。学使：清代提督学政的简称。

② 翼轸：二十八宿中的翼宿和轸宿。古为楚之分野。《汉书·天文志》："翼、轸，荆州。"

③ 廪君：远古时，土家族的祖先巴务相被推为五姓部落的酋领，称为"廪君"。

④ 夜郎：古代西南少数民族国名。

⑤ 沙渠：古县名。三国吴置，属建平郡。

⑥ 清淑：清美，秀美。

⑦ 击节：形容对诗、文等的赞赏。

⑧ 兵燹（xiǎn）：指因战乱而遭受焚烧破坏的灾祸。

⑨ 简核：简要翔实。

⑩ 韩邦奇（1479—1555）：字汝节，号苑洛，朝邑人。性刚直，尚气节。明代著名学者。

⑪《朝邑志》：指正德版《朝邑县志》，韩邦靖撰。此处误将韩邦靖所撰《朝邑志》置于韩邦奇名下，特此更正。

⑫ 学博罗君：学博，清朝州县之官别称；罗君，指施南府学训导罗德昆。

⑬ 相质：彼此质询。

甚勤而载笔亦差不苟矣。予乃作而言曰："猗欤休[①]哉！圣朝郅化[②]之隆，至此极哉！忆此地当十八峒土司时，不惟无以自拔于侏离[③]椎髻，而弱肉强食亦莫保其生。迨郡县建置一同内地，易犷悍为醇良，以文章泽椎鲁[④]。自乾隆改元[⑤]以来，迄今九十余年，列圣相承，重熙累洽，人皆知礼义而习诗书。嘉庆初年，"教匪"[⑥]阑入[⑦]，守土之臣督率士民、兵勇奋力攻围，歼擒净尽。读仁宗皇帝嘉奖谕旨，可知此邦之有人，而不虚高宗皇帝生聚教训，岁糜数万金之大泽矣。"罗君绩学[⑧]好古，振铎[⑨]于此，能以余力网罗遗文，裒成[⑩]大帙。吾知经义治事之所陶铸，必更有詹邈[⑪]其人出而膺宏博[⑫]之选者。山川英华，积久必发，吾固有望于诸生。而此书之成，亦望贤太守及各属良司牧[⑬]速付梨枣[⑭]，以为鸡次之典[⑮]可也。

① 休：美好。
② 郅化：极度文明开化。
③ 侏离：中国古代西部少数民族的音乐舞蹈的总称。
④ 椎鲁：愚钝。
⑤ 改元：新皇帝即位后，一般都要改变纪年的年号，称为"改元"。同一皇帝在位时更换年号，也称为"改元"。
⑥ "教匪"：对白莲教起义军的蔑称。
⑦ 阑入：擅自闯入。
⑧ 绩学：治理学问。亦指学问渊博。
⑨ 振铎：指从事教职。
⑩ 裒（póu）成：聚集，汇成。
⑪ 詹邈（1054—1088）：利川都亭里人。相传为北宋元祐三年（1088）博学宏词科状元。
⑫ 宏博：指博学宏词科。
⑬ 司牧：官吏。
⑭ 梨枣：旧时雕版印书，用梨木、枣木，故称书版为梨枣。
⑮ 鸡次之典：《战国策·楚策》载："（蒙穀）遂入大宫，负《鸡次之典》以浮于江，逃于云梦之中。"学者认为，《鸡次之典》是楚国统领各个领域的法律大典。

施南府志序

（太守）吴式敏[①]

事莫易于因，莫难于创，创之难，难于无所因也。顾亦有仅有所因，实同于创者，则不惟创者难，即因者亦难。

余于道光十年出守施南，莅郡数日，罗君即以所辑《府志》见示，观其收散佚，摭[②]新闻书事以实，详而不滥。既喜李司训[③]之先有所创，而罗君之善为因也。因以告罗君曰："子知为志之难，亦知《施南志》之所以难乎？夫为志，难为郡邑志。而至文无可征，献无可考，则尤难。子之为斯志也，自谓因于李君，而李则未详所因，君亦实同于创耳。余因之重有慨矣。彼当文物声明之郡，又遇名公巨卿其人，其为志也，既详且备，而后之官其土者，又欲重考而详核焉。操觚[④]者或希意旨为之，周年累月，前之人无缺略可寻，则又从而訾议[⑤]之、增减之，意谓吾继古人之后而能指摘其短，救补所缺，吾所为不已难乎？嗟乎！本详也，而妄减之则缺；本简也，而妄增之则繁。以斯为难，亦何如善守古人之书而自为其易乎？施之为志，非好为志也，不得已而志也。不得已而志，则虽以李君启于前，罗君继于后，而无文可考，无献可征。创者本无可因，因者实同于创，而卒不敢以此自诿者，亦谓吾不敢谓吾志之必为完书也。要亦使后之因吾所因者，为更善于因耳。今观所志，如天文本不宜图而兼设有二，义将何归？《施州卫方舆书》竟登雷君[⑥]原书全卷，义亦未安。其余间有未协体要者，皆不惜辨而存之，则其因同于创。与其不得已而作之苦心，要非继古人后而妄为增减者比也。"

① 吴式敏：字逊甫，号平山、春巢，山东海丰（今无棣）人。清嘉庆二十五年（1820）进士，散馆，授编修，充道光八年（1828）山西乡试主考官，道光十一年（1831）任施南府知府，后官至湖北安襄郧荆道。太守：战国时对郡守的尊称。汉时成为一郡的最高长官。明清专以称知府。

② 摭（zhí）：拾取，摘取。

③ 李司训：指施南府学训导李宗汾。

④ 操觚：觚，古代用作书写的木简。原指执简写字，后指写文章。

⑤ 訾议：非议。

⑥ 雷君：雷思霈，文学家，夷陵（今宜昌市）人，明朝文学家，公安派成员之一，著有《百衲阁文集》《荆州方舆书》。

余方欲依康对山[①]《武功》、陆清献[②]《灵寿》二志与罗君相为详订，而以宪檄[③]权知武昌未返郡，旋奉分巡巩秦阶[④]之命行且去楚矣。夫志亦政也，李君创无可因，罗君因同于创，而卒能创之、能因之，以视余之得继李、罗二君之后，而终未能善因所因，益增余憾矣。夫余所憾者，固憾于志也，实亦憾于政耳。果能偕吾民而使沐浴圣化，而又鼓励人材以辅文治，则虽荒陋之地，且与文物声明之郡相颉颃[⑤]矣。志犹其后焉者耳。吾愿即吾所憾于政与志者告吾罗君，且告吾施郡之士民，而仍欲以政与志之善为创、善为因者，属之新太守云。

① 康对山：康海（1475—1540），明代文学家。字德涵，号对山、沜东渔父，陕西武功人。明弘治十五年（1502）状元，任翰林院修撰。明武宗时宦官刘瑾败，因名列瑾党而免官。以诗文名列“前七子”之一。著有诗文集《对山集》、杂剧《中山狼》、散曲集《沜东乐府》等。

② 陆清献：陆陇其（1630—1692），原名龙其，因避讳改名陇其，谱名世穮，字稼书，浙江平湖人，学者称其为当湖先生。清代理学家。清乾隆元年（1736），追谥为清献，加赠内阁学士兼礼部侍郎衔，从祀孔庙。著有《困勉录》《读书志疑》《三鱼堂文集》等。

③ 宪檄：旧时称上官所发檄文的敬词。

④ 巩秦阶：即巩秦阶道，建于清康熙二年（1663），民国元年（1912）废。

⑤ 颉颃：原指鸟上下翻飞，泛指不相上下，互相抗衡，引申为不相上下。

创修施南府志序

（太守）王协梦[①]

文人之心可以腾九天、入九渊，汪洋自恣[②]而莫可究诘。故《庄》《列》多寓言，而佛经亦间出于六朝文士之手。独至于修志，则不容一字无来历，盖书成足以供后人之考据，而不欲自疏于考证，重误后人也。

古来著书之不必自己出者，如郭象之注《庄》[③]，齐丘之《化书》[④]，指不胜屈[⑤]。近代如横云山人[⑥]之《明史稿》为万季野作，灵寿傅观察[⑦]之《行水金鉴》为郑芷畦[⑧]作，百年之后，终有发其覆者。独至于修志则不蒙此讥，盖守令簿书[⑨]鞅掌[⑩]，牒诉[⑪]倥偬[⑫]，无闭户著书之暇日，而采访资之绅士，稽核责于吏胥，断非一人所可措手[⑬]。故秉笔者知所鉴裁[⑭]，亦第综其成而已。

施南旧为土司地，前明设施州卫，乾隆元年始改土归流而置郡县焉。余以道光壬辰监试秋闱，拜出守施南之命，下车[⑮]以来，首询疆域之毗连，版籍[⑯]之息耗[⑰]，非志乘莫详也。《恩施志》有刻本，《建始志》仅有写本，来凤故有志，毁于兵。此外向无邑志，为怅然者久之。

---

① 王协梦：字渭畋，号松庐，江西德化人。清嘉庆十九年（1814）进士，曾任山西岳阳县令、施州知府、江南粮道、吴中观察、江苏常镇道等。著有《松庐诗钞》。

② 汪洋自恣：比喻人的气度或文章的气势宏大。

③ 郭象之注《庄》：西晋向秀曾注释《庄子》，于旧注之外，妙演奇致，大畅玄风。但《秋水》《至乐》还没注完就去世了。太傅主簿郭象见向秀书不传于世，遂从向家偷来向秀未完成的著作，以为己注。

④ 齐丘之《化书》：《化书》本是五代时期道士谭峭撰写的，后被南唐官员宋齐丘据为己有。

⑤ 指不胜屈：屈着指头数，也数不过来，形容为数很多。

⑥ 横云山人：王鸿绪，号横云山人。他将清初万斯同撰写的《明史稿》进行删削，当成是自己作品，即后来刊刻的《横云山人明史稿》。

⑦ 傅观察：傅泽洪，字育甫，汉军旗人。累官江南淮扬道。著有《行水金鉴》。

⑧ 郑芷畦：郑元庆（1660—1730），字芷畦，一字子余，浙江归安（今湖州）人。

⑨ 簿书：官署中的文书簿册。

⑩ 鞅掌：谓职事纷扰繁忙。

⑪ 牒诉：诉讼文书。

⑫ 倥偬：事务纷繁促迫。

⑬ 措手：着手处理；插手。

⑭ 鉴裁：审察识别人、物的优劣。

⑮ 下车：官吏到任。

⑯ 版籍：户口册。

⑰ 息耗：消息，信息。

学博罗君好古绩学，司铎[1]有年，闻其辑有《府志》稿本，因索观之。大抵以宋、李二家为粉本而增益之，详于往昔，略于今时，犹非完书也。乃檄各邑大令及学师遴选诸生，广为采访。遂于癸巳之秋开局编纂，而属罗君蒇其事，六阅月而告成。盖自乾隆四十二年权太守吕公[2]奉部咨取志书，有事于此，迄用无成，历五十余年而始克就绪，噫嘻艰哉！余翻阅之余，见夫山川形势之袤延，土地人民之殷庶，政典礼制之赅载，户口赋役之区别，莫不了如指掌，而此邦人士之嘉言懿行与夫轶事旧闻，皆得以有传于世，未尝不叹罗君之用力甚勤，而非游谈无根[3]者之所可拟也已！

① 司铎：指掌管文教。
② 吕公：吕世庆，余姚举人，代理施南府知府。设凤山书院。
③ 游谈无根：指没有根据，信口乱说。

施南府志后序

（府学训导）罗德昆

修史之难，莫难于志，文通江氏[①]尝言之矣。盖综一代之典章制度，征文考献，勒成一书，非才、学、识之兼长，乌能折衷体要，以传世而行远乎？此史志之所以难也。若郡县之志，虽与史志差同，而成之较易，盖地近则见闻皆真，事约则网罗亦易，采而辑之，不资著作之才也。顾亦有难焉者，遐方僻壤，沿革无稽，贸俗殊风，敷陈[②]非典，则讨论难。且其体兼表传，官师、人物，或不尽可传，古迹、艺文，或不堪称述，则润色难。至一方之孝子、贞妇、义烈可风者，或贫贱而不能上达，或年远而事迹失记，九原不作[③]，望古徒劳，则难在采访。若其稍有势力者，则又妄意[④]干名[⑤]，贿邑绅，浼当事，佳传索米，秽史贻讥，则难在核实。各郡邑志类然，今于《施志》，观之犹信。施在胜国[⑥]为各土司地，至本朝始悉列郡县，求之前史，已缺略不备，又安有图籍、传记可考哉？是以改设近百年，郡志尚无成书，亦难之也。余于癸巳夏五秉铎[⑦]斯郡，搜访前志，大半散佚无存，仅得李司训旧稿，颇嫌缺略。爰不揣固陋，从而增修焉。星野疆域，则考之列史；山川城池，则参之省志；赋役、职官、选举，则稽之档案；人物、风俗、艺文，则得之采访。搜遗补阙，厘为三十卷。其间更定体例，订正旧稿，殆过半焉。既成，以质郡伯[⑧]朱勋楣[⑨]先生，谬蒙许可，即拟鸠工付刊[⑩]。旋擢清河观察以去，乃以稿授左晦亭明府，嘱蒇事焉。夫以（昆）之谫陋[⑪]，而辄犯所难，极知僭妄[⑫]，有

① 文通江氏：江淹（444—505），字文通，济阳考城（今河南民权县）人。南朝政治家、文学家，历仕宋、齐、梁三朝。

② 敷陈：铺叙；详加论列。

③ 九原不作：谓死者不得复生。源见“九原可作”。清赵翼《读史》：“当时或有故，事往难推求。九原不可作，望古长悠悠。”

④ 妄意：臆测。

⑤ 干名：求取名位。

⑥ 胜国：被灭亡的国家。指前朝。

⑦ 秉铎：指担任文教之官。

⑧ 郡伯：知府。

⑨ 朱勋楣：朱启仁。

⑩ 付刊：稿件交付刊印。

⑪ 谫陋：浅薄。

⑫ 僭妄：超越本分，妄为。

愧文通之言。然使问俗兹土者知我朝文德覃敷[1]，能使“苗蛮”向化[2]，变狉榛而为文明，斯亦千载一时也！则借此以敷扬[3]美盛，歌颂升平，外史之本职，亦儒生之素志也夫！是为序。

① 覃敷：广布。
② 向化：归化；顺服。
③ 敷扬：传播宣扬。

旧志稿姓氏

明

沈庆（佥事[①]，聘士修志。）

彭镛（卫广文[②]。）

黄溥（由蜀臬[③]谪卫经历[④]。）

高维勉（卫广文。）

叶庭兰（建司训[⑤]，沈佥事聘修志。）

王聪（卫广文。）

邹维琏（吏部郎谪戍施州。）

庞一德（卫广文。）

童昶（卫指挥[⑥]，靖州参戎[⑦]。）

童希益（卫庠生[⑧]。）

李一凤（卫孝廉[⑨]。）

鲍挥金（卫庠生。）

邓宗启（卫贡生[⑩]。）

周镐（卫岁贡生。）

张延龄（卫岁贡生。）

按，诸家志稿，兵燹之后，无一存者。

① 佥事：官名。明代提刑按察使司属官，无定员，分道巡察。

② 广文：清时地方闲散的儒学教官。

③ 臬：按察使司，称为臬司。

④ 卫经历：官名。明代各卫指挥使司所属经历司设。从七品，为各卫首领官。

⑤ 司训：清时县学教谕的别称。

⑥ 卫指挥：明代卫指挥使司指挥使省称。正三品，与指挥同知、指挥佥事管理卫事。

⑦ 参戎：明清武官参将，俗称参戎。

⑧ 庠生：科举制度中府、州、县学生员的别称。

⑨ 孝廉：明清时期对举人的称呼。

⑩ 贡生：俗称“明经”，明清两朝秀才成绩优异者，可入京师的国子监读书，称为贡生。意谓以人才贡献给皇帝。明代有岁贡、选贡、恩贡和纳贡；清代有恩贡、拔贡等。

童天衢（卫岁贡生。）

唐箴（卫岁贡生。）

国朝

王封镇（卫庠生。）

按，三家志稿，宋司训修志时犹存，至太守王公修志时，仅得王志抄本，余佚。

宋鏊（恩施训导。乾隆二十一年辑《府志》四卷，未刊。时改设未久，又未开局征取，其书甚略。）

李宗汾（府学训导。乾隆四十二年续修《府志》八卷，未刊，亦未开局征取。）

王协梦（施南府知府，江西新建进士。道光十四年创修《府志》十卷，捐廉[①]付梓。）

罗德昆（府学训导，兴国举人。道光十四年协修《府志》十卷。）

① 捐廉：旧谓官吏捐献除正俸之外的养廉银。

增修施南府志姓氏

主修

道衔、署理[①]施南府事、即补知府松林

道衔、升用道、特授施南府知府周庆榕

协修

同知衔、恩施县知县朱三恪

署恩施县事、石首县知县雷登蟾

运同[②]衔、同知[③]、直隶州用、署恩施县知县彭燮

同知衔、署理宣恩县知县向光谦

运同衔、来凤县知县尹文翰

同知衔、署理来凤县知县廖玉麟

同知衔、署理咸丰县知县袁镛

同知衔、咸丰县知县余思训

同知衔、利川县知县潘滋榎

建始县知县卢梦麟

纂修

前嘉鱼县学教谕、丁酉科选拔举人何远鉴（来凤）

中书[④]衔、施南府学训导高维岳

恩施县学教谕万修墉

前署恩施县学教谕李瀛

尽先即选[⑤]训导刘元贵（恩施）

① 署理：旧时指某官职空缺，由别人暂时代理。

② 运同：古代盐政官名，仅次于运使。

③ 同知：官名。知府的副职，正五品，因事而设，每府设一二人或三四人，无定员。

④ 中书：官名。清代沿明制，于内阁置中书若干人。掌撰拟、记载、翻译、缮写等。

⑤ 尽先即选：凡须经月选之官员，除奉旨即用人员及特用班人员可不论单、双月遇缺即选外，另有一些具有某些资格或条件的候选官员，也可尽先选用。

分发试用训导朱宸（恩施）

候选知县康佩谦（恩施）

廪生[1]张宗瑶（恩施）

增生[2]姚树勋（恩施）

附生廖彭龄（恩施）

参订

宣恩县学训导蔡景星

来凤县学训导项映

咸丰县学训导胡斌

利川县学训导徐崇文

建始县学训导贺九如

监修

五品衔、候选府经历李际昌（恩施）

军功、六品顶戴[3]、从九品成旭初（恩施）

军功、六品顶戴、生员李维祺（恩施）

军功、五品顶戴、藩经历皮越群（恩施）

考辑

分缺先选用训导朱辉宪（恩施）

湖南候补同知、前署乾州厅同知黄元弼（恩施）

候选同知康光第（恩施）

军功、六品顶戴、附贡生成朗山（恩施）

刑部主事、乙丑科进士尹寿衡（恩施）

分部主事、壬戌科举人饶应麒（恩施）

校对

候选训导黄之仪（恩施）

① 廪生：明清两代称由府、州、县按时发给银子和粮食补助生活的生员。也叫廪膳生、廪膳生员。

② 增生：科举制度中生员名目之一。明代生员皆有月米，额内者为廪膳生员，增额者为增广生员。清代则生员于岁科两试在一等前列者，方能补为增生或廪生，而名额皆有一定。廪生有廪米有职责，而增生无之，故增生地位次于廪生。

③ 顶戴：清代用以区别官员等级的帽饰。

试用训导朱辉旒（恩施）
试用训导李道源（恩施）
同知衔、江西南城县知县成昆山（恩施）
同知衔、候选知县康明义（恩施）
廪生李道行（恩施）
廪生潘明伦（恩施）
廪生鄢荣昭（恩施）
附生熊远熏（恩施）

采访

候选府经历张耿乾（恩施人）
生员彭述章（恩施）
生员万谦（恩施）
候选巡检田绍祖（恩施）
生员陈慧（恩施）
生员李德庆（恩施）
生员朱增祜（恩施）
生员张世松（恩施）
生员易光祚（恩施）
生员罗彦（恩施）
生员罗满轼（恩施）
附贡皮业熙（恩施）

绘图

生员曾云程（恩施）

督刊

施南府经历周文濂
恩施县典史廖钧

例 言

《卫志》有王氏（封镇）抄本，粗具卫事，而各土司事阙。如宋氏（鳌）本之为《府志》无所增益，李氏（宗汾）《府志》考及沿革，间有刊正，仍未免秕糠[1]杂糅。自罗氏（德昆）援三书为粉本，综稽各史地理志，考核精详，历代沿革始朗若列眉[2]。兹辑罗《志》为经，各县志为纬，其中虽多增补，亦未敢支离蔓引，总期信以传信而已。

旧《府志》无天文一门，兹查凡郡邑志乘，铺张星历，开卷胪列及历代史书，亦不外五行一志，因首举星野而备纪祲祥[3]，汇为天文，所以察元象、谨人事也。

郡境山川自罗《志》分四正四隅，由近及远，先山后水，眉目已清。兹谨将入郡要害有关据守者，或系藩篱，或系门户，分清方隅，另为标出，俾后之览者了若指掌，得以按册而稽焉。

人物志中所收稍宽，盖善善从长[4]之义。然品谊文章，胥俟盖棺论定[5]，故凡其人现存，概不立传。惟节孝妇女，核其守节年例相符，无论曾否呈请旌表存殁，皆得备书。至于捐躯赴难，自将领以及兵丁，例以忠烈标之，光潜德[6]而厉末俗，关系非轻，故是编于此志特详。

割股奉亲，原属至性。然或因创毙命，父母将何以为心，孝而愚可哀也，愚而孝可取也，不可为训也。特为畸行，志以别之。

前代诗文，凡有关于风土者，皆据本录存。至近人之作，未通遍征，其寻常赠答、寄兴之篇，无关施郡事迹者，虽工不录。

祠祭所以崇德报功[7]，无论王公，下至士庶皆然。若夫二氏所供奉者，俱在有无之间，茫无确据，故特附于坛庙之后。

旧《府志》自癸巳迄今三十余年，世事人文，日新月异，自宜详采增入，汇于旧本各条之末。志中六邑事迹详略不同，因县志繁简互异，故不能凭空附会，而补苴[8]罅漏[9]，以俟后之博雅君子。

① 秕糠：秕子和糠，比喻没有价值的东西。
② 列眉：两眉对列。谓真切无疑。
③ 祲祥：灾异与吉祥。
④ 善善从长：原指褒扬美德，使源远流长。后用来比喻吸取别人的长处。
⑤ 盖棺论定：指一个人的功过好坏，在他死后才能作出结论。
⑥ 潜德：谓不为人知的美德。
⑦ 崇德报功：尊崇有德行的人，酬报有功劳的人。出自《尚书·武成》："惇信明义，崇德报功，垂拱而天下治。"
⑧ 补苴：弥补（漏缺）。
⑨ 罅漏：缝隙，漏洞。

增修施南府志目录

增修施南府志卷之一

天文志（星野　禨祥）

施本楚地，翼轸分野。前代或隶荆，或隶夔，或为建平，或为清江，而楚地、楚星则不可易。若乃阴阳递嬗，兆年岁之丰凶，氛祲[1]时形，验政刑之得失，以及四余偏胜，七政[2]失躔[3]，象示昭然。而历代之人事系之，谨察之，以为占候[4]之应，志天文。

星　野

《星经》[5]："翼二十二星，凡十九度。"《星经》："轸四星，凡十七度。"《明一统志·施州卫》："《禹贡》：荆、梁二州之域，天文翼轸分野。"《唐书·地理志》："江南道，古扬州南境，岳、鄂、潭、衡、永、道、郴、邵、黔、辰、锦、施、叙、奖、夷、播、思、费、南、溪、榛为鹑尾[6]分。"《荆州府志》："南郡、江夏、零陵、桂阳、武陵、长沙及汉中、汝南诸郡皆古荆州，同分翼轸。今之江陵、公安、石首、松滋、枝江、夷陵、宜都、长阳、远安、归州、巴东、兴山则荆之南郡止，分翼四度。而襄阳、宜城、南漳及安陆、钟祥、潜江、荆门、当阳、沔阳、天门、华容之东境与焉。由施州溯瞿塘诸卫，其地跨梁、益，属巴郡，参八度，井鬼[7]相接之乡，而荆其余分。"

《夔州府志》："九州十二域各有分星，或系之北斗，或系之二十八宿，或系之五星。夔州，荆、梁二州之域，荆主于天璇，梁主于天玑，此系之北斗者也。鹑尾之次，其州曰荆；实沈之次，其州曰梁，此系之二十八宿者也。荧惑主楚，镇星主梁，此系之五星者也。夔界其中，厥宿翼轸，厥次鹑首[8]，厥辰为未，厥星荧惑，厥斗璇玑，皆其分野。"

① 氛祲：指预示吉凶的云气。

② 七政：古天文术语。一种说法是指日、月和金、木、水、火、土五星。《尚书·舜典》："在璇玑玉衡，以齐七政。"

③ 躔：日月星辰运行时经过天空某一区域。

④ 占候：视天象变化以附会人事，预言吉凶。

⑤《星经》：一名《通占大象历星经》或《甘石星经》，或被伪托为汉甘公、石申撰，故有今名。《星经》分上、下二卷，以星座名为标题，按星官论述，附星座图形，言星象占验，夹有少量天文数据。

⑥ 鹑尾：星次名。指翼、轸二宿，古以为楚之分野。

⑦ 井鬼：二十八宿中的井宿与鬼宿。

⑧ 鹑首：星次名。指井宿和鬼宿。

宋氏《府志稿》："南方七宿，曰鹑首、鹑火、鹑尾。"石氏《星经》云："南宫[1]赤帝，其精朱鸟，为七宿：井首、鬼目、柳喙、星颈、张嗉、翼翮、轸尾。司夏、司火、司南岳，盖鹑无尾，故以轸为尾也。午上有鹑鸟星，在星之东，首西尾东，故为朱鸟星。未为鹑首，巳为鹑尾，南岳正当午位，而中分则所属之躔次，可得而言矣。"今按晋之南郡止，自远安以下，其夷陵而上，则别为建平郡，而隶之夔，故分止翼十度。作《荆志》者，乃并归州、巴东、长阳、兴山数之，是将建平一郡，混入南郡，大非《晋书》之意。不然，施州与巴东接壤，安有巴东入翼十度，而自施以上，即入井鬼相接者乎？以天之午位分之，施直南岳稍西，则《夔志》云"其次鹑首，其辰未者"，甚为有据。又按《永顺》："施东境也，翼轸分野。"夔，施西境也，翼轸分野，则施虽分翼而其与轸相接也，明矣。《湖广通志》所云"星蜀地楚"，《文献通考》所云"得秦余分者"，亦占验之一助云耳。其实，施去房陵、白帝尚远也，然则地固楚，星亦楚，谓翼分野亦可。惟以巴东为入翼十度，则施郡分野不明，此大不可也。

按，施本楚地，星亦楚分。《一统志》所云"翼轸分野"者，本无可疑。自宋氏采及《荆》《夔》二志，遂滋疑窦[2]。其论以《荆志》为非，以《夔志》为可，据实则"鹑首之次，其辰未者"即属井鬼。宋氏盖不明列宿之位也。要之，施属荆州，翼轸分野，《唐书·天文志·地理志》已有明文，不得因地接梁、益，遂疑分野之有异也。又，《晋书·地理志》"建平与南郡俱属荆州"，宋氏谓建平隶夔者，亦无据。施州至宋始隶夔州路。（旧《府志》）

按，旧《荆州府志》云"由施州溯瞿塘诸卫"云云，遂启后人"星蜀地楚"之疑。宋氏《府志稿》虽辨其非，仍以施南入鹑首之次，仍属井鬼，则辨而未辨也。旧《县志》谓楚之西北郧阳七县，故汉中郡，古为梁、庸、商、麇诸国，是秦楚之隅，其星东井与鬼，终柳六度，按于鹑火。从施州上瞿塘，以迄忠州诸卫，其地跨梁、益，属巴郡。旧法参七度，新法觜[3]四度，则亦参主其说，不知来凤古属荆州楚地也，分野自当从楚。周天三百六十五度，一度二千九百三十二里有奇，今之荆州去来邑千里，而近则固不独来凤一隅，即施州全郡，亦在鹑尾之次。考《大清一统志》云："夔州、绥定二府，酉阳一州，石柱、太平二厅，皆鹑尾之次，翼轸分野。"又，龙山县从永顺分置，溯自武陵，极于荆州，南楚分星，同在鹑尾之次，翼轸分野。来凤西邻酉，东近龙，星分翼轸，更属确然，不得因《通志》有"星蜀地楚"之说，执以论来凤，并执以论施州也。（《来凤县志》）

① 南宫：天文学名词。其像为朱鸟。
② 疑窦：可疑之点。
③ 觜：星宿名。二十八宿之一。

禨祥

宋

太平兴国元年五月，施州麦秀两歧[①]。端拱元年秋七月，施州卫鼓角池边生嘉莲[②]。二年七月，施州蚮蚄[③]虫生，害稼。大中祥符七年九月，施州禾一茎九穗至十二穗。嘉祐六年八月，施州歌罗寨生芝四本。治平元年，施州大水。元祐二年正月，白虹贯日[④]。元符元年八月，施州李木连理[⑤]。绍兴二十三年八月，施州大风雨。淳熙三年冬，施州大饥。（以上并见《宋史·五行志》）

明

永乐初，施州地大震，“苗蛮”七十余处随相攻害。弘治三年春二月，施州石信村山崩，有大石二，类人形，卓立路傍，距五里。清江南岸山裂，大石塞江，水遂壅[⑥]为滩。十八年，施州大水。正德十一年夏，施州大水，坏城，漂民居，马栏寺山裂。（以上见《湖广通志》）十二年七月，龙马村柿树僵仆三年，忽有声如雷，自起卓立，复生枝叶。（王《志》）

国朝

康熙二十二年，施州虫。二十四年，雨雹。

恩施县

乾隆十九年，秋大熟。四十四年，清江水溢。（以上见旧志）

嘉庆三年，有年[⑦]。五年，麦有秋[⑧]，秋有年。六年，秋有年。十三年四月十六日，西乡燕子岩山崩四里许，压民韩姓、张姓宅，毙男女共二十一口，县令张家榯[⑨]哀以诗。二十四年，大疫。道光元年，大饥，民采蕨食。三年夏六月，朔日[⑩]，食既[⑪]（众星现）。六年春二月廿八

① 麦秀两歧：一株麦子长出两个穗子。丰收之兆，多用来称颂吏治成绩卓著。

② 嘉莲：指一茎多花之莲。古代为祥瑞的象征。

③ 蚮蚄：黏虫。粮食作物的主要害虫。

④ 白贯虹日：白色的长虹穿过太阳，这实际上是一种日晕现象。

⑤ 连理：不同根的草木枝干连生在一起，古人认为是吉祥的征兆。

⑥ 壅：堵塞。

⑦ 有年：年成好。

⑧ 有秋：丰收，有收成。

⑨ 张家榯：湖南湘潭举人，官中书，改授恩施县。有惠政，与教谕陶成葆纂修邑志。

⑩ 朔日：农历每月初一。

⑪ 食既：指日全食或月全食过程中，月球阴影与太阳圆面或地球阴影与月亮圆面第一次内切时的位置关系，也指发生这种位置关系的时刻。

日申刻，有星如月，自南流西有声。七年夏，霪雨，麦未获生芽。十年，霪雨伤稼，饥。十一年夏，豺食人。十二年冬，大雪深三尺，积月不消。十三年秋，螟螣[①]害稼，饥。十四年夏四月，豺食人。十五年夏，旱。十七年夏七月，郡城嘉莲池莲花并蒂。十八年秋七月，清江水溢。七月十一日，下塘坝稻地忽作裂帛声，居民尽移他处。越三日夜，山崩，时邑令王公为之正经界[②]，免赋税焉。同治元年春正月丁未，东乡和湾天雨墨[③]。二年，岁大祲。四年春正月望，府学宫棂星门赤红缠两柱。夏五朔，府学宫泮池水潮，声如沸，如是者三日。夏闰五月，桂有花。

宣恩县

国朝

嘉庆六年，麦有秋。咸丰元年，细沙坝产谷一稃二米[④]。十一年，民乐有秋。

来凤县

国朝

雍正年，凤鸣于半边城。乾隆二十八年七月，大水。四十三年，大饥。四十九年，大饥。五十九年，佛像生芝如莲。嘉庆八年，空中常闻兵马声，居民惊匿。道光初年，东门外民妇产一子，脑后各具耳目口鼻，未几死。十一年，大饥。十二年，大饥。十五年夏六月，日碧色无光。十七年夏，城隍庙前水田莲开并蒂。二十八年，生嘉谷，大如豆，有须团结，谓之谷王。二十九年，大饥，死者枕藉，竹皆花，花后尽枯死。咸丰六年夏五月初六日辰时，地大震，屋瓦皆动。七年春，豕产象。八年夏，枭[⑤]集于泮林。十年，大河坝山蚁斗，贞肃里井水斗。冬十一月，蔷薇、海棠皆花。十一年，卯峒民家犬作人言。春，东门外地鸣。夏五月夜，空中有光如长虹，曳尾而行，自西而来，悉率有声。六月二十四日，彗星见于西北，逾月始灭。秋七月，九头鸟鸣。九月，月赤如火。冬十一月十二日夜，大雷。同治元年夏，民间讹传有剪发辫并妇人乳等怪，月余亦无他异。秋八月，禾两歧。二年夏四月，麦秀两歧。

① 螟螣：两种食苗的害虫。
② 正经界：确定田地界限。
③ 雨墨：下黑雨。
④ 一稃二米：同一稻壳内长两粒米。
⑤ 枭：猫头鹰。

五月，空中有声如炮。

咸丰县

国朝

嘉庆二年，有年。咸丰六年夏五月，地大震，大路坝山崩，由悔家湾、板桥溪抵蛇盘溪三十余里皆成湖，压毙居民以数百计，李姓最多。九年清明，昼晦[1]。夏四月，龙坪大水，漂没集场民舍。十一年夏四月，雷震圣宫柱，碎其楹龙之爪，是月黄鹿入城。同治二年，龙坪禾双穗。三年，复双穗。蒲草塘、东门沟两处水斗。四年，柿子坪秫双穗。

利川县

国朝

顺治六年己丑春，利邑饥馑，斗米直金四两，有数日不举火者，有合门自毙者，骸骨盈郊，青燐[2]遍野，黄昏月冷，白日烟消。乾隆四十三年戊戌，以旱不雨大饥。有掘石脂[3]食者，土人呼为观音泥[4]。按方书所载，禹余粮[5]，甘平性涩，入手足阳明经[6]，生池泽无砂者，良可以疗饥，即此类也。嘉庆三年，秋有年。

建始县

宋

绍兴三十一年，大水，漂民舍，死者甚众。

国朝

嘉庆三年，有年。五年，有年。

增修施南府志卷之一终

① 昼晦：白日光线昏暗。

② 青燐：俗称鬼火。

③ 石脂：石类，性黏，古用涂丹釜，可入药。

④ 观音泥：即观音土，用于制造陶瓷的一种黏土。旧时，穷人在青黄不接时或灾荒年间，常常靠吃观音土活命。这种土可充饥，但不能被人体吸收消化，吃后腹胀，大便困难，少量吃不会致命。

⑤ 禹余粮：中药名

⑥ 阳明经：手足六经之一。包括手阳明大肠经和足阳明胃经。

增修施南府志卷之二

地舆志（疆域　形胜　沿革）

施郡古山国也，自改土升府以来，所辖不下数千里，其山川之绵亘，形胜之清奇，往迹之纷呈，丘垄[①]之传播，靡不在人耳目。惟沿革向无纪载，为卫志者于卫事已不能详，遑问土司之事哉？而建始自蜀归楚，为邑志者更不及上详卫事。前太守王暨诸明公详稽各史地理志，得其大略，兹仍其旧，以备掌故之一助云，志地舆。

疆域

施南府隶湖北布政司，在省城西南一千九百八十七里，至京师三千七百里。东抵宜昌府鹤峰州大崖屋交界，距府城二百二十里。东南抵湖南永顺府龙山县殷家坝交界，距府城二百七十五里，南抵永顺府龙山县七寨交界，距府城四百三十里。西南抵四川黔江县高家山交界，距府城三百六十里。西抵四川夔州府万县龙驹坝交界，距府城二百一十八里。西北抵四川石柱厅交界，距府城五百六十里。北抵四川夔州府巫山县五龙观交界，距府城三百三十五里。东北抵宜昌府巴东县三尖观交界，距府城二百二十五里。东西距五百三十八里，南北距七百六十五里，领县六。

恩施县（附郭）

东至施州塘与建始县金鹿塘交界，距城一百八十里。东南至抱木垭与宣恩县白地坝交界，距城七十里。南至大崖与宣恩县太平坝交界，距城一百五十里。西南至沙木孔与利川县粗石溪交界，距城一百八十里。西至中塘与利川县长峧塘交界，距城九十里。西北至太阳河与四川奉节县石乳关交界，距城一百七十里。北至新水田与建始县青崖交界，距城一百十四里。东北至龙生坦与建始县丘佩塘交界，距城一百二十里。东西距二百七十里，南北距二百六十里。

① 丘垄：垄亩，田园。

宣恩县

府南九十里。东至牛吃水与宜昌府鹤峰州上塘交界，距县治一百三十里。东南至经历寨与湖南龙山县殷家坝交界，距县治一百四十里。南至玛瑙湖与湖南龙山县分水岭交界，距县治一百六十里。西南至关口与来凤县夹口寨交界，距县治一百六十里。西至土鱼塘与咸丰县马蟥坨交界，距县治九十里。西北至天蒜坪与恩施县车寮交界，距县治八十里。北至抱木垭与恩施县九道水交界，距县治三十里。东北至万寨与恩施县三岔口交界，距县治七十里。东西距二百五十里，南北距一百九十里。

来凤县

府南二百七十里。东至简家塘与湖南龙山县正南坝交界，距县治五里。东南至近凤河与湖南龙山县谢家坝交界，距县治三里。南至界址沟与龙山县七寨交界，距县治一百六十里。西南至梅子坳与四川酉阳州马蟥沟交界，跟县治二百一十里。西至罗二溪分水岭与咸丰县土老坪交界，距县治八十里。西北至老鸦关小箐与咸丰县忠堡交界，距县治一百五里。北至寮叶船分水岭与宣恩县冉大河交界，距县治五十里。东北至关口塘与宣恩县烂泥坝交界，距县治二十里。东西距八十五里，南北距二百一十里。

咸丰县

府西二百四十里。东至龙坪与宣恩县宋家沟交界，距县治八十里。东南至老鸦关与来凤县三堡岭交界，距县治四十五里。南至分水岭与来凤县罗二箐交界，距县治四十里。西南至水井塘老鸦关与四川黔江县白家河交界，距县治一百四十里。西至黑峒与利川县洗松坡交界，距县治一百五十里。西北至牛池子与西兴坝与四川彭水县林水交界，距县治二百一十里。北至龙㸌河与利川县石门坎交界，距县治二百四十里。东北至石人坪与宣恩县太平坝交界，距县治一百五里。东西距二百五十里，南北距二百二十五里。

利川县

府西北一百八十里。东至石板顶与恩施县黎儿城交界，距县治一百八十里。东南至金东坡与咸丰县小水坪交界，距县治一百三十里。南至天望坡与咸丰县东乡交界，距县治一百六十里。西南至后乡塘与四川彭水县交界，距县治二百五十里。西至挂子山与四川石柱厅桅杆坝交界，距县治二百二十五里。西北至七曜山与万县磨刀溪交界，距县治百二十里。北至支罗屯与四川万县龙驹坝交界，距县治一百四十里。东北至窖金堆与四川奉节县交界，距县治四十里；又与恩施县交界，距县治九十五里。东西距三百二十八里，南北距三百里。

建始县

府东北一百二十里。东至宜昌府巴东县土地岭交界，距县治一百六十里。东南至宜昌府鹤峰州虎鷃岭交界，距县治二百九十里。南至恩施县龙驹河分界，距县治三十里。西南至恩施县猫儿坪分界，距县治十五里。西至麂子渡石梯子与恩施县交界，距县治三十里。西北至四川夔州府奉节县三角桩分界，距县治八十五里。北至四川巫山县界石岭交界，距县治一百二十里。东北至巫山县杨柳荒交界，距县治九十里。东西距一百九十里，南北距四百四十里。

形胜

施南府东北入南郡之巫县，西北入巴郡鱼复、朐䏰，东入南郡之佷山，南入牂牁之夜郎，山明水秀（《图经》）地，当巴荆之会，隐然为西南重镇（《卫志》）。五峰环其东，客星峙其西，天楼面其南，石乳拥其北，清江麟溪合流于前（《方舆胜览》）。东临荆湖，西抵巴蜀，近瞰巫峡，远控夜郎（《湖北通志》）。

恩施县

清江自北来，曲绕郡城，至城南入峡，两岸山对峙如门。郡西药水、麒麟、巴公诸溪水至此俱会。春夏水涨，回澜叠雪，洵属大观。峡口旧有观澜寺，今废。

问月台，在郡北门外碧波峰上，清江绕其下。相传李太白谪夜郎过此，把酒问月。有亭。

卓笔峰，正当南离①，一名双翠。两峰并峙，如案头双管，翠色欲滴。城东五峰山，累累如贯珠，清江环其麓，水秀山明，洵一郡之胜也。

龙洞，在城东十五里。中有泉，子午二时，水辄涨起尺余。俗传与潮汐相应。岁旱长官祷雨于洞，辄有灵应，下为通潮溪。

城西猿啼山，复岭相连，横亘天表，三冬②积雪灿然，不可正视，郡人以雪盛占岁有年。

官坡，在郡东门外，下当清江渡口。朝阳初上，水光日影交相映射，极为可观。

郡西五里客星山，重嶂复岭，每当夕阳在山，余霞遍照，如万道金绳，洵巨观也。

① 南离：指南方。《易》离卦位在南，故称。

② 三冬：指冬季的三个月。泛指冬季。

宣恩县

紫荆翠耸，玉带清流。万山环绕，一郡胸腹。八景：珠山晓翠、洞伏双龙、李溪层石、东关飞瀑、贡水文澜、峰分三凤、仙女池清、吕寺晚钟。

来凤县

龙山西峙，凤亭北翥。川湖肘腋[①]，滇黔咽喉。八景：三山叠翠、佛潭印月、蕉溪夜雨、清泉引凤、二水拖蓝、仙洞流云、石门积雪、峡关传鸿。

咸丰县

后擎仙掌，前列秀屏。楚蜀屏翰，荆襄锁钥。八景：三星伴月、朝霞焕彩、秀屏锦幛、朝阳飞凤、墨池生香、积翠笼烟、青龙烟雨、广利引泉。

利川县

龙泉西峙，金山东盘。八景：金字凌云、乾溪积雪、星岩夕照、小谷春流、钟灵叠翠、滴水鸣弦、归源晚钟、柳桥烟雨。

建始县

五阳之地，楚蜀咽喉。八景：建阳翠黛、石洞通天、端阳旭日、两溪春涨、大石峰峦、灵泉甘雨、望坪堰月、五花暮霭。

沿革

沿革表

		州、郡、府	直隶州、县	土司	羁縻州
上古	廪君国				
唐虞（夏商）		荆、梁二州之域			
周	夔子国地				
春秋	巴子国地				
战国（楚秦）		巫郡			
秦		黔中郡			

① 肘腋：胳膊肘与胳肢窝。比喻极近的地方。

续表

		州、郡、府	直隶州、县	土司	羁縻州
汉		南郡			
三国（吴）		荆州、建平郡	沙渠、信陵、建始		
晋		荆州、建平郡	沙渠、建始		
宋		荆州、建平郡	沙渠、建始		
梁		荆州、宜都郡	宜昌		
后周		施州、清江、江州、资田郡、亭州、业州	盐水、乌飞		
隋（开皇）		荆州总管、清江郡、津州	清江、盐水、开夷、建始		
（大业）		清江郡（改为）庸州	巴山		
（义宁）			开夷		
唐（开元）		江南道黔中采访使、清江郡	清江、建始		
（天宝）		清化郡			
（乾元）		施州			
宋		夔州路、施州、清江郡	清江、建始		羁縻懿州、羁縻安定州
元		四川省夔州路、施州	清江、建始	都元帅一、军民府二、千户一、土司七	
明		湖广都司、荆州府、施州卫		五所、二十五土司	
国朝（康熙）		湖广荆州府、施州卫		十八土司	
（雍正六年）		湖广湖北	直隶归州，改卫为恩施县	（土司仍旧）	
（雍正十三年）		施南府			
（乾隆元年）		施南府	恩施县（附府）	改十五土司为宣恩、来凤、咸丰、利川四县，建始自夔州府来属，共六县	

沿革表（前表统系六县不能清晰，兹更分县为表）

	施南府	恩施	宣恩	来凤	咸丰	利川	建始
周	初为巴子国地，后为夔子国地，战国属楚巫郡地，后入于秦						
秦	黔中郡						
汉	南郡地						
三国（吴）	建平郡（永安中，分宜都郡置）	巫县地					巫县地
晋宋	建平郡	沙渠、信陵					建始县
齐梁	宜都郡（梁置）	巴山					
陈魏		州郡治，不置县					

续表

	施南府	恩施	宣恩	来凤	咸丰	利川	建始
后周		盐水、乌飞、江州					业州（建德三年复置，并置资田郡）
隋	施州（初废郡，大业初废州，义宁二年复）	清江县（开皇五年置，属清江县）					建始县（开皇废郡，大业废州，以县属清江郡）
唐	施州、清江郡	清江县州治					建始县（贞观八年，以属施州）
五代	施州（属蜀）			羁縻感化州			
宋	施州、清江郡	清江县（州置）	羁縻地	初为富州，寻为柔远州并羁縻地	羁縻柔远州		建始县
元	施州	清江县（至元二十二年，并入州）	施南宣慰司、沿边溪峒招讨司	散毛司	散毛司	官渡坝，属施州	建始县
明	施州卫指挥使（属湖广都司）		施南宣慰司（忠峒、高罗、木册、忠建，共六土司）	散毛宣抚司（腊壁、东流、大旺、卯峒、漫水，共六土司）	大田所（唐崖、龙潭、金峒三土司）	官渡坝（属施州卫，又忠路、忠孝、沙溪三土司及支罗、南坪）	建始县（洪武中，改属四川夔州府）

历代沿革

施州，《禹贡》“荆、梁二州之域”。春秋为巴国界，战国属楚巫郡地。秦属黔中郡，汉属南郡，三国吴及晋属建平郡，后周于此置亭州及清江郡。隋初郡废州存，大业初改名庸州，治清江县，寻改州为清江郡，义宁初改为施州。唐以州隶江南道，开元间改清江郡，天宝初改清化郡，乾元初复为施州。宋属四川夔州路。元以清江县省入州，属夔州路。明洪武初仍置施州，属夔州府，后置施州卫。二十三年，省州入卫，改置施州卫军民指挥使，属湖广都司。编户三里，领军民千户所一，宣抚司三，安抚司八，长官司八，蛮夷长官司五，而容美长官司亦在境内焉（《明一统志》）。

《后汉书·南蛮列传》：巴郡南郡蛮，本有五姓，巴氏、樊氏、瞫（音审）氏、相氏、郑氏，皆出于武落钟离山（《代本》[①]曰："廪君之先，故出巫诞也。"）其山有赤黑二穴，巴氏之子生于赤穴，四姓之子皆生黑穴。未有君长，俱事鬼神。乃共掷剑于石穴，约能中者，奉以为君。巴氏子务相乃独中之，众皆叹服。又令各乘土船，约能浮者，奉以为君。余悉沉，惟务相独浮，因共立之，是为廪君。乃乘土船从夷水至盐阳（《荆州图》曰："副夷县有温泉，古老相传，此水元出盐，于今水有盐气。县西一独山有石穴，有二大石并立穴中，相去可一丈，俗名为阴阳石。阴石常湿，阳石常燥。"盛弘之《荆州记》曰："昔廪君浮夷水，射盐神于阳石之上。"按，今施州清江县水，一名盐水，源出清江县西都亭山。《水经》云："夷水，巴郡鱼复县。"注云："水色清照十丈，分沙石，蜀人见澄清，因名清江也。"刘攽云："《注》'夷水，巴郡鱼复县'。按，文少一'经'字。"），盐水有神女，谓廪君曰："此地广大，鱼盐所出，愿留共居。"廪君不许。盐神暮则来取宿，旦即化为虫，与诸虫群飞，掩蔽日光，天地晦冥，积十余日。廪君思其便，因射杀之，天乃开明（《代本》曰："廪君使人操青缕，以遗盐神曰：'婴此即相宜，云与女俱生，宜将去。'盐神受缕而婴之，廪君即立阳石，应青缕而射之，中盐神。盐神死，天乃大开。"刘攽曰："《注》'即相宜，云与女俱生，宜将去'。按，文少一'不'字。"）廪君于是君乎夷城，四姓皆臣之。廪君死，魂魄世为白虎。巴氏以虎饮人血，遂以人祀焉。及秦惠王并巴中，以巴氏为蛮夷君长，世尚秦女，其民爵比不更（刘攽云："按，巴氏之君可有爵耳，民何故辄得之？明衍'民'字。"），有罪得以爵除。其君长岁出赋二千一十六钱，三岁一出义赋[②]千八百钱，其民户出幏布[③]八丈二尺，鸡羽三十鍭[④]（《说文》："幏，南蛮夷布也，音公亚反。"《毛诗》："四鍭既均。"《仪礼》："一鍭一乘。"郑玄注："鍭犹候也，候物而射之也。三十鍭，一百四十九。俗本'幏'作'蒙'、'鍭'作'镞'者，并误也。"刘攽[⑤]曰："三十鍭，三羽当九十；若四矢为一鍭，则三百六十，无缘得一百四十九，未详。"）。汉兴，南郡太守靳强请一依秦时故事。

《三国志·吴志》：永安三年七月，分宜都郡置建平郡。

《晋书·地理志》：荆州建平郡（吴、晋各有建平郡，太康元年合，统县八）：巫、北井、泰昌、信陵、兴山、建始、秭归、沙渠。

《宋书·地理志》：建平太守吴孙休永安三年分宜都立，领信陵、兴山、秭归、沙渠四县。

① 《代本》：即《世本》，相传是战国时赵国史官著，记载自黄帝至春秋以来的帝王诸侯卿大夫世系、都城、制作工艺等内容，是宝贵的历史资料。

② 义赋：东汉时少数民族所纳的一种贡赋。

③ 幏（jià）布：古代中国西南少数民族作为赋税交纳的布。亦称"賨布"。

④ 鍭：计算羽毛的量词，据《后汉书·南蛮传》："其民户出幪布八丈二尺，鸡羽三十鍭。"

⑤ 刘攽：北宋史学家。刘敞之弟。字贡夫，一作贡父、赣父，号公非。

晋有建平都守尉，领巫、北井、泰昌、建始四县。晋武帝咸宁元年，改都尉为郡，于是吴、晋各有建平郡。太康元年，吴平并合。五年，省建始县，后复立。永初郡国有南陵、建始、信陵、兴山、永新、永宁、平乐七县，今并无。按，《太康地志》无南陵、永新、永宁、平乐、新乡五县，疑是江左所立。信陵、兴山、沙渠，疑是吴立。建始，晋初所立也，领县七（按下载户口，总一郡计，今不录）：巫、秭归、归乡、北井、泰昌、沙渠（《晋起居注》：“太康元年立。”按，沙渠是吴建平郡所领，吴平不应方立，未详）、新乡。

《隋书·地理志》：清江郡（后周置亭州，大业初改为庸州）统县五，户二千六百五十八。盐水（后周置县，并置资田郡，开皇初郡废，大业初置清江郡）、巴山（梁置宜都郡宜昌县，后周江州，开皇初置清江县，十八年改江州为津州，大业初州废，省清江入焉）、清江（后周置施州及清江郡，开皇初郡废，五年置清江县，大业初州废，有阳瞿水）、开夷（后周置，曰乌飞，开皇初改焉）、建始（后周置业州及军屯郡，开皇初郡废，五年置县，大业初州废）。

《唐书·地理志》：施州清化郡本清江郡，天宝元年更名。土贡[①]麸金[②]、犀角、黄连、蜡、药实[③]。县二：清江（义宁元年置开夷县，武德元年省入焉）、建始（义宁二年置业州，贞观八年州废）。

《宋史·地理志》：夔州路施州（下）清江郡军事：元丰，户一万九千八百四。贡黄连、木药子[④]。县二：清江（中下有歌罗、永宁、细沙、宁边、尖木、夷平六寨。熙宁六年五月，省施州永兴寨，置夷平寨。元丰三年七月，废永宁，置行廊、安碓二寨）、建始（中下有连天一寨）；监一：广积（绍圣三年置，铸铁钱）。

《元史·地理志》：夔路（下。按，户口总一路计，不能分晰，不录）：至元十五年，立夔州路总管府，以施隶焉。施州（下，唐改清江郡，又改清化郡，又复为施州，宋因之）旧领清江、建始二县，至元二十二年并清江入州，领一县：建始。

《世祖本纪》：至元二十五年，以施州之清江县隶夔路总管。

《明史·地理志》：施州卫军民指挥使司（元施州属四川行省夔州路），洪武初省，十四年五月复置，属夔州府，六月兼置施州卫军民指挥使司，属四川都司，十二月属湖广都司，后州废存卫（北有都亭山，东有连珠山，五峰关在山下，又东南有东门山，东北有清江，自四川黔江县流入，一名夷水，亦曰黔江，诸水皆入焉，下流至宜都县，入于大江），领所一、宣抚司四、安抚司九、长官司十三、蛮夷官司五，北距布政司千七百里。

① 土贡：古代臣民或藩属向君主进献的土产。
② 麸金：碎薄如麸子的金子。
③ 药实：贝母之别名。
④ 木药子：黄药子之别名。

大田军民千户所，洪武二十三年又四月，以散毛宣抚司[①]之大水田置（东有小关山，西南有万顷湖，与酉阳界，又南有深溪关，北有硝场产硝），东北距卫二百二十里。

施南宣抚司（元施南道宣慰司），洪武四年十二月因之，后废。十六年十二月，复置，属施州卫。二十七年复废。永乐二年五月，改置长官司，属大田军民千户所。四年三月，升宣抚司，仍属卫（东有旧治，后迁夹壁龙孔，即今治也。西有前江，发源七药山，西南流与后江合，入四川彭水县界）。北距卫一百里，领安抚司五。

东乡五路安抚司（元东乡五路军民府，洪武四年十二月，改置长官司，后升安抚司，领长官司三，蛮夷官司二）。摇把峒长官司（元又把峒安抚司，后废，宣德三年五月改置）。上爱茶峒长官司、下爱茶峒长官司（二长官司俱元容美峒地，至大二年置怀德府，属四川南道宣抚司，至顺二年正月，升宣抚司，至正中升军民宣慰司，太祖甲辰年六月，改军民宣抚司，后废，宣德三年五月改置）。镇远蛮夷官司（宣德三年五月置）。隆奉蛮夷官司（元隆奉宣抚司，洪武四年十二月，改长官司，后废，宣德三年五月，改置蛮夷官司）。忠路安抚司（明玉珍[②]忠路宣抚司，洪武四年改安抚司，二十三年废，永乐五年复置，领长官司一）。剑南长官司（宣德三年五月置）。忠孝安抚司（元置，洪武四年十二月，改置长官司，寻复改，二十三年废，永乐五年复置）。金峒安抚司（元置，洪武四年十二月，改长官司，永乐五年复改，宣德三年五月，领蛮夷官司一，隆庆五年正月，降为峒长）。西坪蛮夷官司（宣德三年五月置）。中峒安抚司（嘉靖初置）。散毛宣抚司（元至元三十年四月，置散毛峒蛮夷官司，三十一年五月，升为府，属四川行省，至正六年七月，改散毛寨等处军民宣慰司，明玉珍改散毛宣慰使司都元帅），洪武七年，改散毛沿边宣慰司，属四川重庆卫，二十三年废。永乐二年五月，置散毛长官司，属大田军民千户所。四年三月，升宣抚司，属施州卫（南有白水河，一名西溪，自忠建宣抚司流入，又东南入永顺司界）。东北距卫二百五十里，领安抚司二。龙潭安抚司（元龙潭宣抚司，明玉珍改长官司，洪武八年十二月，改龙潭安抚司，属四川，永乐二十五年改置，领蛮夷官司二）。东流蛮夷官司（洪武八年十二月，置东流安抚司，属四川，后废，宣德三年五月，改置来属）。大旺安抚司（明玉珍大旺宣抚司，洪武八年十二月因之，属四川，永乐五年改置，领蛮夷官二）。忠建宣抚司（元忠建军民都元帅府，明玉珍因之），洪武五年正

① 散毛宣抚司：元明清时期湖广土家族土司。元至元三十年（1293）始设蛮夷官，至正六年（1346）升为宣慰司，明永乐朝之后设宣抚使，清雍正十三年（1735）改土归流，置来凤县。

② 明玉珍（1331—1366）：元末大夏政权的建立者。元末随州人，本姓旻，后因信奉明教而改姓明。元至正十一年（1351），农民起义爆发，明玉珍集乡兵千余人屯青山，结栅自固。十三年（1353）冬，参加徐寿辉领导的西系天完红巾军，任元帅。十七年（1357）春，由巫峡引兵入蜀，攻下重庆。二十二年（1362）称帝，国号大夏，都重庆。

月，改长官司，六年升宣抚司，二十七年四月，改安抚司，寻废。永乐四年，复置宣抚司，属施州卫（南有白水河，源出将军山，西南流车东河，自容美司来合焉），北距卫二百五十里，领安抚司二。腊壁峒蛮夷官司（宣德三年五月置）。忠峒安抚司（元湖南镇边宣慰司，明玉珍改沿边溪峒宣抚司，洪武五年正月，改沿边溪峒长官司，后废，永乐四年三月改置，南有西溪）。高罗安抚司（元高罗宣抚司，明玉珍改安抚司，洪武六年废，永乐四年三月复置，领长官司一）。思南长官司（成化后置）。容美宣抚司（领长官司五：盘顺、椒山玛瑙、五峰石宝石梁下峒、水尽源通塔坪，今改鹤峰州，属宜昌府，兹不详）。木册长官司（元木册安抚司，明玉珍改长官司），洪武四年废，永乐四年三月复置，属高罗安抚司，宣德九年六月，直隶施州卫。镇南长官司（元宣化镇南五路军民府，寻改镇边毛岭峒宣慰司，明玉珍改镇南宣抚司），太祖丙午年二月因之，寻废，洪武八年二月，属施州卫，二十三年复废，永乐五年改置，直隶施州卫。唐崖长官司（元唐崖军民千户所，明玉珍改安抚司），洪武七年四月改长官司，后废，永乐四年三月复置，直隶施州卫（南有黔水，即清江之上源）。

明制，施州卫辖五里、三所、三十一土司（内，容美宣抚司并所领五司所，惟鹤峰州属宜昌府，施南府所辖只二十五司），市郭里、都亭里、崇宁里，附郭左、右、中三所，大田军民千户所，支罗镇守百户所。

附：雷思霈[①]《施州卫方舆书》

旧志本《荆州府志》载有此书，其中记二所及十四土司，溯源上古，迄于胜国，历代沿革并详，各土司疆域、土舍[②]传袭，灿若列眉，似若可信。第细按之，则其所称上古者，不过古蛮夷国、古溪峒地、巴子五溪地、山獠夜郎地。今按五溪、夜郎，本非施州地，即与相接，亦不能分孰为五溪，孰为夜郎也。又云“荆梁二州西北境”，夫荆之西为梁，梁之东为荆，荆梁西北当在何境？至称大田、散毛为宋富州，忠建为宋保顺州，忠峒、高罗为唐珍州，考《唐书》《宋史》俱不合，详《控制志》。及夜郎，考其载各土舍姓名，皆与《明史》不合，然出于土人记载，故辩而存之。

大田所

古蛮夷国，秦属黔中郡，汉属武陵郡，唐属黔中道，五季为感化州，宋为富州地，寻改为柔远州，元为散毛峒。洪武五年定其地，二十三年属千户所，仍名散毛。寻改为大田军民

① 雷思霈：明代文学家，夷陵（今宜昌市）人。明万历二十五年（1597）举人，四年后中进士，官至翰林院检讨。善吟诗，喜访名胜，写景抒怀。著有《百衲阁文集》《荆州方舆书》。

② 土舍：土司的属官。

千户所，领百户所一，土官百户所十，刺惹等三峒。

支罗所

古蛮夷国，原支罗上下峒长，旧隶龙潭司。嘉靖四十四年，因峒长黄中[①]叛，讨平之。遂割半置所立屯，以百户二员世镇之，而今峒司属焉。其出处地至，详见龙潭，在卫西二百五十里。

施南宣抚司（《明一统志》隶施州卫）

《禹贡》："荆、梁二州西北境，属巴子国。"宋崇宁中覃都管马始纳土[②]输赋[③]，令隶施州。元置镇边万户总管府，至元二十三年，改忠义军民安抚司，至正二年叛，都元帅[④]纽璘[⑤]谕降之，改施南宣抚司。明玉珍据蜀，始更宣慰为施南宣抚司。洪武四年，大军克瞿塘，中山侯遣使黄述招覃大富入朝，署施南长官司，七年升宣抚，十四年叛，讨平之。二十三年定其地，永乐二年改长官司，属大田军民千户所。四年复升为宣抚，仍属卫，编户三里，领东乡、忠路、忠孝、忠峒四安抚司，后皆不属。国朝因之。东至高罗五十里，西至万县五百五十里，南至大田六十里，北至本卫六十里，在卫南一百里。自洪武四年覃耳毛[⑥]始。

东乡五路安抚司（《明一统志》隶施南宣抚司）

古溪峒地。宋为细沙寨，属施州，乃顺州之西界也。元仍之。明玉珍置东乡五路宣抚司。洪武四年归明，六年置安抚司，二十三年废，永乐五年复置，宣德三年令领摇把、上、下爱茶三峒长官司及镇远、隆奉二蛮夷官司，五年省，编户[⑦]一里。东至忠峒一百二十里，西至施南二十里，南至高罗四十里，北至本卫界三十里，在卫南一百五十里。天启三年因征黔，覃天允及子阵亡，题加二级，拟宣抚司。自洪武四年覃起喇始。

忠路安抚司（《明一统志》隶施南宣抚司）

《禹贡》："荆、梁二州之域，施之西北界。"宋属龙渠县。元为施州属。明玉珍置宣抚司。

---

① 黄中（1500—1565）：世为蜀人，龙潭安抚司司主黄俊长子，支罗峒峒长。明嘉靖三十三年（1554），朝廷以"俊素贪暴，据支罗峒寨，以睚眦人"等罪名，将黄俊逮捕入狱。黄中救出父亲后造反，是土司反抗明王朝的重要首领之一。

② 纳土：献纳土地。谓归附。

③ 输赋：缴纳赋税。

④ 都元帅：中国古代武官名。唐代宗时，曾置节度诸道行营都元帅，此为元帅加"都"之始。元代于各行省设都元帅府，置都元帅、副都元帅，为进行军事控制的地区长官。

⑤ 纽璘：又作纽邻，珊竹带（蒙古尼鲁温部一支）人，元朝重要将领。追封蜀国公，谥忠武。

⑥ 覃耳毛（？—1394）：施南土司第三任司主，又名覃大胜。覃川龙长子，元末承袭父职，任施南宣抚司宣抚使。

⑦ 编户：指编入户籍的平民。

洪武四年归明，改安抚，二十三年废，永乐五年复。宣德三年，令领剑南长官，五年省，编户一里。旧司在施城南二龙坝，因邻侵，改卫北。东至金峒二百里，西至石柱司五十里，南至黔江一百里，北至万县一百里，在卫北四百里。国朝因之，自洪武四年覃世旺始（按，《明史》系覃英非世旺）。

金峒安抚司（《明一统志》隶施南宣抚司）

古蛮夷国。春秋，蛮与罗子共败楚师，楚师复振，遂属楚。秦昭王伐楚，取之，属黔中郡。汉属武陵郡。唐属黔中都督府。宋为磨嵯洛浦[①]地。元属施州。明玉珍僭拟[②]为五路总管府。洪武四年归明，寻叛，二十三年定其地，永乐五年置安抚司，宣德三年令领西坪蛮夷官司，隶施南宣抚司。隆庆五年，土舍覃壁杀兄，据地叛。命将平之，削其爵为峒长，以次支承主其地，属支罗百户所。国朝属卫。在卫南一百四十里，后徙卫西南二百五十里，东至大田五十里，西至都亭一百二十里，南至龙潭七十里，北至市郭三十里，至卫城三百里。自洪武四年覃耳毛始。

忠孝安抚司（《明一统志》隶施南宣抚司）

《禹贡》："荆、梁二州西北境，春秋楚子灭巴，巴子兄弟五人流入五溪，即其地。"宋为西高州。元置大奴勾管等峒长官司，至正十一年七月，改忠孝军民府。十五年四月，改军民安抚司。明玉珍改宣抚司。洪武四年改安抚司，二十三年废，永乐五年复，编户一里。东至高罗三十里，西至施南五里，南至施南十里，北至东乡二十里。自洪武四年田墨施始（《明史》田大英，永乐四年置）。

散毛宣抚司（《明一统志》隶施州卫）

古蛮夷国，亦巴子五溪地，春秋战国皆楚地。秦惠王欲楚黔中地，以武关易之，即此。汉属武陵郡。唐属黔中都督府。五代为感化州。宋为富州，寻改柔远州。元因之，寻废，为散毛峒。至元三十一年，峒主覃顺入贡，升为散毛府，至正六年改宣抚司。明玉珍改宣慰使司都元帅。洪武七年改宣慰司，割其半为大田所，编户一里。领大旺、龙潭二安抚司。东至永顺一百八十里，西至大田八十里，南至大旺五十里，北至木册一百六十里，在卫西南四百五十里。自洪武四年覃野旺始。

① 磨嵯洛浦：西南少数民族部落。北宋真宗大中祥符元年（1008），磨嵯、洛浦首领龚行满率族二千三百人归顺。
② 僭拟：越分妄比。谓在下者自比于尊者。

大旺安抚司（《明一统志》属散毛宣抚司）

古未通中国，宋熙宁六年章惇[①]经制[②]溪峒，始纳上，为大翁迦峒，属师壁峒安抚司。至元三十一年置宣抚司。洪武四年归明，寻叛，六年仍置宣抚司，再叛，二十三年定其地。永乐五年改安抚司，编户三里。宣德五年令领东流、腊壁二长官司，与龙潭俱隶散毛，五年省入大田所。东至剌惹五十里，西至大田百里，南至剌惹五十里，北至散毛五十里，在卫南五百里。自洪武四年田驴蹄始。

龙潭安抚司（《明一统志》隶散毛宣抚司）

古蛮夷国，秦属黔中郡。汉属武陵郡。唐属黔中都督府。宋为施州南寨地。元置安抚司。明玉珍改宣抚。洪武四年归明，改安抚，二十三年废，二十五年复置。编户一里，领上、下支罗二峒，后支罗叛，改所。东至大田二十里，西至万县七十里，南至唐崖二百里，北至金峒四十里，在施南西二百五十里。自洪武四年田起剌始（按，《明史》系田应虎）。

忠建宣抚司（《明一统志》隶施州卫）

古蛮夷国，属楚。秦代楚，属黔中。汉属武陵。唐属黔中道。宋属保顺州界。元置军民都元帅府。明玉珍据蜀，仍忠建都府。洪武四年归明，六年改宣抚，寻叛。十四年改安抚，再叛，二十三年复宣抚。编户三里，领忠峒、高罗二安抚司。东至永顺一百三十里，西至散毛五十里，南至木册三十里，在卫南二百五十里。自洪武四年田恩俊始。

忠峒安抚司（《明一统志》隶忠建宣抚司）

古蛮夷地，秦属黔中。汉属武陵充县地。吴晋属天门郡，梁置建昌县。隋开皇初属施州，十八年改充州，大业废。唐为珍州。宋置顺州。元置湖南镇边宣慰司。明玉珍改沿边溪峒宣抚司。洪武四年归明，寻叛，十四年讨平，二十三年招降，永乐四年置安抚司，编户三里。东至永顺一百里，西至高罗五十里，南至高罗三十里，北至东乡一百里，在卫东南二百五十里。自洪武四年田蛮王始。

高罗安抚司（《明一统志》隶忠建宣抚司）

古山獠夜郎郡地，唐贞观七年开山峒，置舞州龙溪郡，领夜郎、丽皋、乐源三县。长安四年，省丽皋、乐源，领夜郎、渭溪二县。开元十三年更名鹤州，大历五年以州有珍山，改

① 章惇（1035—1105）：北宋杰出的政治家、军事家。

② 经制：经理节制。

名珍州，置夜郎郡，元和二年废。五代复名鹤州。宋乾德三年七月，刺史田景迁内附，仍赐名珍州。开宝元年景迁言本州年岁荒沴[1]，乞改高州，又名曰“西高州”。元置石溪峒长官司，后又改高罗寨长官司，寻升宣抚司。明玉珍改安抚。洪武四年归顺，寻叛，六年置安抚司，再叛，二十三年定其地。永乐五年复置，编户二里，领木册长官司。东至永顺二百里，西至施南七十里，南至忠建三十里，北至忠孝三十里，在卫东南九十里。自洪武四年田大卓始（按，《明史》系田大名，非大卓）。

木册长官司（《明一统志》隶施州卫）

古夜郎地。元置安抚司。明玉珍改长官司。洪武六年归明，置长官司，寻叛。永乐四年复置，编户三里。东至大田一百里，西至石柱司二百里，南至黔江三十里，北至龙潭三十里，在卫西南四百里。自洪武六年覃起送始（按，《明史》木册长官司田谷佐，永乐四年置）。

东流、腊壁二蛮夷司（《明一统志》隶施州卫）

二司沿革皆同，原附大旺，地径二百余里，大旺之分族也。东流自田铭始，腊壁自田大旺始。

国初制，卫治仍旧，凡十八土司。

东乡安抚司、忠建宣抚司、施南宣抚司，右三司后各以罪废。

忠峒宣抚司、散毛宣抚司、忠路宣抚司、忠孝安抚司、高罗安抚司、木册安抚司、大旺安抚司、金峒安抚司、腊壁安抚司、东流安抚司、唐崖安抚司、龙潭安抚司、沙溪安抚司、卯峒长官司、漫水长官司，右十五土司归流后，各予世袭。

以上凡十八土司，较之《明史》，无摇把、上下二爱茶、镇远、隆奉、镇南、剑南、中峒、思南，而有沙溪、卯峒、漫水，其沿革之故，不能悉也。今按雍正年间所修《会典》载，湖北承宣布政使分辖。该布政使司所辖土司十六，宣慰司一：容美宣慰司（隶荆州府，今改为鹤峰州）；宣抚司四：施南宣抚司、散毛宣抚司、忠峒宣抚司、忠建宣抚司（以上俱隶荆州府）；安抚司七：东乡安抚司、忠孝安抚司、金峒安抚司、忠路安抚司、高罗安抚司、大旺安抚司、龙潭安抚司（以上俱隶荆州府）；长官司四：唐崖长官司、木册长官司、腊壁长官司、东流长官司（以上俱隶荆州府）。

以上凡十六土司，惟容美改为鹤峰州，今隶宜昌府。余十五司皆改为县，属施南府，与旧志所载又不同，当从《会典》。

国朝康熙三年，施始归顺，废指挥千百户，设流卫制，守备、千总各一员，教授、训导

① 荒沴（lì）：犹灾害。

各一员。废仓使，驿丞、营制、游击、守备各一员，千总二员，把总四员，一驻大田，一驻支罗，一驻戎角，一守城。废屯军，割荆镇马战守兵共五百四十二名，永驻防施。十三年，吴三桂据云南叛，施入于逆，至十九年归顺。后谭宏①据四川叛，施又陷于逆，次年归顺。

湖广总督臣迈柱题②《为请改州县以重地方以速案件事》：

该臣看得，湖北荆州一府，管辖州、县、卫、所共计一十五处，绵延千有余里。凡遇盘查钱粮、仓库，提审命盗案件，每多迟延。盖缘该府所属之归州、巴东、兴山、长阳四州县，施州、大田二卫所，俱地处山僻，离府窎远③，文移④往返，动需时日，一经驳查，即逾例限。且界连他省，接壤土司，是以田土争讼，亦倍于他邑，而卫弁又无承审命盗之例，每遇命案，必详委邻邑验审，往返就鞫，更耽时日。臂指⑤鲜应，呼应不通，此事多迟误之所由来也。臣密加查访，按诸舆论，随与抚臣、藩司会商，必须改设州县，庶于地方有益去后。今据湖北布政使黄焜详议，请将归州改为直隶州，施州卫裁改为县，大田所裁去，所弁归并县辖，同兴山、巴东、长阳三县，并隶归州管辖。刑名、钱谷事件，俱令该州督催，汇转归州。原有州判一员，今应复设，以资督辑。施州卫千总裁改，典史一员就近查辑，其官俸役食，以旧日卫所之俸薪尽敷应用。再施州原有专营游击、大田所原有施州营把总一员，带兵可资弹压，无容另议。再施州卫原管之施南十五土司，应归县辖。令归州兼辖巡荆道，统辖施州，改设知县、典史则以守备、千总衙署居住，巡检则以大田所衙署居住。归州州判有原设衙署可以居住，无容另议盖造。其施州卫有原设教授、训导二员，取进生员一十五名，今应仍照旧制。俟教授任满，再有补选之日，即改为教谕员缺。但各州县设有祭祀、乡饮、举贡、长夫、孤贫、花布等项银两，应照例逐一添设，统候查核。题允之日，另造细册，呈请咨达等因，请题前来。臣复查，归州改为直隶州，施州卫更设为县，在该州管辖四县，则盘查仓库，审理刑名，任专地近，案件易结，一转移间，实于荆南要地，大有裨益。再施州卫既改为县，如蒙俞允，恭请皇上钦定县名，所有该县及大田所巡检印信并该学条记，应请铸给，以昭职守，合并声明。臣谨会同湖北抚臣马会伯合词具题，伏乞皇上睿鉴，敕部议覆施行。

雍正六年题改恩施县，七年设官，与兴山、长阳、巴东同隶归州。十年，东乡司覃寿春以长子得罪正法，诸子不才，呈请改流。十一年，忠建土司田兴爵以横暴不法侵龙山，改设

① 谭宏：明末农民起义军首领，著名的“夔东十三家”义军之一。降清后封慕义侯。
② 题：题本。清制，凡政务、军事、刑事等例行之事用题本。
③ 窎（diào）远：距离遥远。
④ 文移：文书，公文。
⑤ 臂指：谓运用自如；指挥灵便，如臂之使指。语出《汉书·贾谊传》：“今海内之事，如身之使臂，臂之使指，莫不制从。”

内地，经南臬审实，拟罪改流，俱为恩施县地。雍正十三年，施南司覃禹鼎以淫恶抗提[①]，拟罪改流。又容美司田明如[②]穷凶极恶，覃禹鼎及东乡司覃寿春长子楚昭皆其婿也，每犯罪辄匿容美，屡提不出，当事以其先人从征红苗[③]有功，置弗问。明如怙恶不悛，至是特参拿问，明如畏罪自经。忠峒司田光祖等纠十五土司呈请归流。湖广总督迈柱题以十五土司各境并原设恩施县增为一府五县，将拨隶夔州府之建始县割还，特设施南府，辖六县。省归州直隶，改容美及所领五司为鹤峰州，隶宜昌府。乾隆元年定各属疆域及文武官制，一切经费悉如他郡。近以土流稠杂[④]，滋生日盛，案件益繁，乾隆四年，湖北巡抚兼署湖广总督陈辉祖题请施南府及恩施县俱改为繁[⑤]、疲[⑥]、难[⑦]三字要缺。

施南府领县六：恩施、宣恩、来凤、咸丰、利川、建始。

恩施县（内地）：除将原属之支罗等处拔分各县外，仍以恩施为附郭首邑，周围九百八十里。

宣恩县（土司地）：忠峒、高罗、木册、东乡、忠建、施南、石虎七司地，共设一县，周围九百余里，县治即施南司。

来凤县（土司地）：散毛、腊壁、大旺、东流、卯峒、漫水六司地，共设一县，周围五百余里，县治即散毛司属之桐子园。

咸丰县（土流各半）：大田所及唐崖、龙潭、金峒三司地，共设一县，周围八百余里，县治即大田所。

利川县（土流各半）：忠路、忠孝、沙溪三司，并恩施属之支罗、南坪堡，及施南司属之官渡坝、粗石等处，共设一县，周围九百九十八里一分，县治即官渡坝、粗石。

建始县（内地）：按《明一统志》，本汉巫县地，晋置建始县，属建平郡。后周置业州，隋废州郡，以县属清江郡，义宁初复置业州。唐贞观中州废，以县属施州。宋、元因之。明初置施州卫，洪武二十三年拨卫入楚，割夔。今建始距夔三百余里，为施南入省必由之路，故设府后仍拨归施南，周围一千零五十五里。

增修施南府志卷之二终

① 抗提：抗拒捉拿。
② 田明如：清代湖北容美土司，又名田旻如。生年不详，田舜年之次庶子，号碧峰。著有《永常住碑记》《保善楼记》等。
③ 红苗：苗族的一支。其名称始见于明代。以其衣裙多杂有红色而得名。
④ 稠杂：多而杂。
⑤ 繁：政务纷纭者为繁。
⑥ 疲：赋多逋欠者为疲。
⑦ 难：民刁俗悍，命盗案多者为难。

增修施南府志卷之三

地舆志（山川）

山川

施南府　恩施县

回龙山，在城内，昂然奇秀，登高瞻眺，城景历历如画，下有圆通寺。

象耳山，在城内，上有修篁佳木，下有流觞曲水。建元妙观，吴白华学使改为象牙山。

鳌脊山，在城内，旧名龟山。向建城隍庙于上，后改建文昌祠奎星楼，移城隍庙于山下，吴白华学使改今名。

成山，在城内，又名中印山。旧建成山书院，土主庙、巴公祠于上。

瑞狮岩，在城东南隅，城跨其上，岩壁镌有“钓台”二字。

联珠山，在城东清江上，五峰相连如贯珠，亦名五峰山。龙首山与连珠山相接，新建连珠塔于上。

官坡，在城东里许，为出山大道。

凤凰山，在城东五里。

椅子山，在城东十五里。宋开庆初，郡守谢昌元移州治于此以据险要，亦名州基山，俗名旧州城，其地出土瓷器皿。

金瓦山，在城东四十里。

石盘山，在城东四十里。

文笔山，在城南五里，双峰卓立如笔，亦名双翠山。山之西又有丹凤、玉女二山。

天成山，在城南十五里，两峰干云，一水匝地，中间横石成桥，约四五丈名天桥，太守顾蔼亭有诗刻石壁。

天楼山，在城东五十里。

羊角山，在城东六十里。

银顶山，在城东八十里，有高峰数十丈。

画屏山，在城东百里。

纱帽山，在城东六十里，下有庙。

玉峰山，在城东百二十里，山顶有真武庙，木梯铁索以上。

斑鸠崖，在城东百里，崖长五十里，望之如城郭。山上即戎角村，村后山名五葆山，东有笔架山，有竹泉山馆，为都人士讲学处。

杨平山，在城东南，又有龙津山、黄石山。

活龙山，在城南里许，踞麒麟溪上，俗名活龙奔江，今名断龙山。

狮子堡，在城东百二十里，高数十丈，清溪绕其下，旁有山名鳌头。

天鹅山，在城东花被村。

挂榜山，在城东红土溪，距城百九十里，山如屏，壁立千仞，城北里许有挂榜岩。

小瓮坡，在城东，与大瓮坡相近，出三岔口大道。

轿顶山，在城东百九十里，雄伟壮丽，旧名狮子山，城南亦有轿顶山。

大瓮坡，在城东北三十里，出丫木峪大道。

青龙山，在城东北百里，上有洞，外圆内方，尝有云雾出其上。

丫木峪，在城东北四十里。

双树门，在城东北九十里，双山并峙如门，南里渡大道。

大石岭，在城东北二百里，一名仙掌岭。

罗盏山，在城南五十里，数峰崒然[1]，如覆螺杯，一名螺盏山。

洪岩山，在城南七十里，由九拐山而上，高出群山，上建元妙观，俗呼小武当。

箐山，亦名银矿山，在城南三十里，旧出银矿，西有铁冶。

相公石，在城南百三十里，地名锯子梁。有岩生石笋，长三尺许，清明日踏青者，掷小石子能中者，生子必贵。

金猫岩，在城南百二十五里，有奇地名栏墙口，有岩绝高。岩半一石约长二三尺，黄黑成文，作伏拱，势如猫。岩脚有青石数枚若鼠，俗呼金猫捕鼠。岩在天池塘之前。

金鸡山，在城南百四十里，山产金鸡。

翠涛山，在城西南五里，势如波涛层涌，山外巨石突起数十丈，有窍，南北通明，俗号通明山。

① 崒（zú）然：山峰高耸险峻的样子。

磨嵯山，在西南十里，上有磨嵯神庙，今圮。

金柱山，在城西南七十里，峰势峭直，其色如金。

天马山，在城南五里。

星斗山，在城南大吉场，高可摘星。

扇面山，在城西三里。

和尚岩，在城西五里，旁有木鱼山。

宜山，在城西五里，与月台对峙。

先生坡，在城西十五里，相传有名儒隐此。

客星山，在城西二十里，复岭重嶂，蜿蜒磅礴，南连雪岭，高出云霄，下有虎口洞。

瘦驴岭，在城西七里。

猿啼山，在客星山北，丹岩碧嶂，林木葱茜，多猿啼声。冬常积雪，故又名雪岭。郡东八十里亦有猿啼山。

铜瓮山，在城西七十里。

飞凤山，在城西北郭外。

贺山，在城西三百余里。

小红山，在城西里许，周围约四里，平峦掩翠，上有义冢①。

钟离山，在城西，产仙茅。

石乳山，在城西北百七十里，山石层叠，多生石乳，与利、建交界。

银锭山，在城西北郭外。

赭马山，在城西北百十里。

都亭山，在城西北二百里，崇冈深麓，映带左右，下多良田广囿，后周于此置亭州。

碧波峰，在城北郭外，曲折逶迤，苍翠层涌，望之如波涛。详古迹。

旅山，在城北五里，峰峦面展若旌旗。

望城坡，在城北二十四里，高峰峙出，上有紫云观。

尖山，在城北屯堡，上距城七十里，形如文笔，上有盘古庙，居人求嗣祷雨辄应。

香城山，在城北七十四里，山多麝。

金楼山，在城北八十里，巨石层叠，状若楼台。

① 义冢：旧时收埋无主尸骸的坟墓。

笔架山，在城北百余里，三峰并峙，中峰最高，又有羊角山与北山相倚。

车下岩，在城北百四十里，地名坟前，悬岩壁上生成“车下”二字。

祖师岩，在木抚，岩上尖峰高耸，为群山冠。

巾子山，在城北百六十里，峰顶状如巾。

狮子山，在城北新村，形如狮踞伏，山前有石，若小狮掉头回顾状，旁有绣球山。

清江，一名夷水，在县北。源出县西北罗锅堰，东南流迳县城东，转东北，又东流入建始界，又东流入宜昌府长乐界，又东流入荆州府宜都界，入大江。廪君乘土船从夷水至盐阳。注：今施州清江县水一名盐水，源出清江县西都亭山（《后汉书·西南夷传》）。夷水出巴郡鱼复县，江东南过佷山县（南汉县属武陵故城，在今长阳县西）。注：夷水即佷山清江也。水又迳建平、沙渠县，县有巫城，南岸山道五百里，其水历县东出焉。夷水自沙渠入佷山县，水流浅狭，才得通船，东迳难留城，又东迳石室，又东与温泉三水合，又东迳佷山故城南，南对长杨溪，又东迳虎滩（《水经注》）。清江自四川酉阳州属之黔江县，经石柱厅过白杨渡，入利川县境，至磁洞伏流三十里，至七药山红鹤花坝复出，东南流至龙潭，三渡河水自西南注之，至马桥屯，平沟河水自西南注之。又伏流数十里，复出为雪照河，马溪水自东南注之。又伏流三十里，至恩施之木抚村复出，新田溪水自北流注之，径马寨村，乾坪溪水自西南流注之。又十里，落叶坝溪水自北流注之。又十五里，压松溪水自西南流注之。又十里，带河水自北流注之。又十五里，盐水溪水自西南流注之。又五里，盘龙溪水自东北流注之，至府城北绕而东，通潮溪水自东流注之，又绕城东而南，药溪水自西南注之，麒麟溪水自西流注之，巴公溪水自西南流注之，入峡口五里，洗爵溪水自北流注之。又十里，天桥河水从南流注之。又十五里，金银溪水自南流注之。又五里，为长沙河，复入峡，至芷药坪，忠建河水自南流注之。又二十里，为风水河。又五里，为银潭河。又五里，南陵渡水自北流注之。又五里，东绕村水自南流注之。又十里，为忠建渡口。又十里，红兰溪水自东南流注之，至新渡坝过施州塘，入建始境，尹家村水自南流注之。又三里，眠羊口水自北流注之。又三十里，入宜昌府巴东境，为九龙潭，野三河水自西北流注之。又十五里，支井河水自北流注之。又二十里，四渡河水自北流注之。又三十里，至长乐之盐井，朗亭水自北流注之。又六十里，为曾颜口，高家堰水自北流注之，至荆州府宜都之清江觜入大江。

按，《禹贡》：“和夷底绩。”晁氏[1]曰：“夷水出巴郡鱼复县东南，过佷山县南，又东过夷

① 晁氏：南宋学者晁公武。

道县北，东入于江。”（旧《府志》）。

衔洞，在东关外清江渡口。俗传江岸有虾蟆石，见则岁歉，土人凿此厌[①]之。

通天洞，在城东十里，洞宽敞，上有石窍通天，内有田有溪有碑，明时人多题咏，即木杪仙人洞。

大龙洞，城东十余里，内有澄潭，每日子午泛潮，声闻数里，岁旱祷雨多应。

雨香洞，在城东芷药坪。

双龙洞，在城东百余里公来坝，洞水潮七日则主旱，潮三日则主雨。

石节洞，在城南。

神仙洞，在城南五里，洞悬半壁，有丹灶石蹬。

影蛾洞，在城南十五里天桥下，水光日影，交相掩映。

朝阳洞，在城南百里，水清泚[②]，左右有石鼓，扣之有声，土人逢旱祷雨辄验。

仙人洞，在城南九十里凤阳山下，中有石田，畦畛悉具[③]，水声雷鸣。

犀牛洞，在城南一百二十里旧铺村，洞门高丈许，阔八尺，村多兰桂，花放时，辄见有牛自洞出吃花，追之入洞中。旁有洞，左右门相通。明季村人多避兵于此。

穿洞，在城西南八里，一名穿山。

七星洞，在城北百余里，七空并流，即龙马河发源处。

双城洞，城北四十里许，又东五十里，有双石城，山下有双洞。

落水洞，城北六十里，纳七里沟水，伏流十里出湾潭河，又东亦有落水洞。

穿山洞，城北六十里，洞口仄，中阔，长里许，异石叠出，具人物象，有石笋上下相接如屋栋，玲珑可观。旁有马鞍山、笔架山、狮子山，俱近杉木坝。

铁钩水，城东五里，亦名洗爵溪。

马公泉，城东十五里，旧施州地。宋嘉祐中运使马某按部至州，以城跨山不可凿井，乃相视水脉以竹引泉入城中，公私赖之，因立祠其上，号马公泉。

莲花池，城东二十五里。

盘龙溪，城东六十里，有泉焉，夏凉冬温，可沐，热气如烟，绵延数里。

朝贡水，城东六十里，源出宣恩万里山，北入清江。

① 厌：抑制，镇压。
② 清泚：清澈明净。
③ 畦畛：田间的界道。

银瀑，城东百八十里，斑鸠崖上，飞瀑如银，修篁间之，望如珠帘掩映。

红兰溪，城东百八十里，斑鸠崖下，北流入清江。

木里溪，城东三百里，源出长望洞，曲折数百里，沿溪万山深僻，旁有平地可耕。

龙潭，城东百十里，水自平地涌出成潭，岁旱，乡人祷雨辄应。经滚龙坝伏流出南里渡。

见龙溪，城东戎角溪村下，旧名黑摩沟。咸丰七年六月，有龙见于溪中，因更今名。邑绅曾作记刊石上。

七渡溪，城东百六十里，水南流至南里渡，出两河口会清江。

灵阳溪，城东四百里，地近鹤峰州。

风水坝河，城东百余里，抵建始界。地多窑场，土质细腻，陶器较他处牢固。

河水坪，城东北百四十里，发源建始东龙驹河，复会建邑水至南里渡达清江。

南里渡，城东北八十余里，旧志作南陵渡，陵字即里字之讹。

龙平溪，城东南二百余里，合细沙溪。

巴公溪，城南里许，有二源，一出药山，一出鼓楼山，合于翠涛山下，至城南入清江。

梅溪，城南巴公溪上流里许。

黄连溪，城南七十里，源出咸池，会朱砂溪入天楼河。

金印溪，城南三十里，源出银矿山，东流合覆盆水，又东合石板溪水，北流三十里入清江。

虾蟆池，城南百二十里。池多虾蟆，方春水生，辄跳踯出岸间，前趾变为羽，随众禽飞去，土人常得之雀网中。

乾溪，城南三十里有奇。

麒麟溪，城西南半里，发源西山，盛夏水极凉，绕城南而东入清江。俗传宋雍熙中产麒麟，同治二年建麟溪书院于溪上。

龟溪，城西南七里，宋时产灵龟。

朱砂溪，城西南三十余里，合黄连溪，径天成山桥下东北流入清江。

头渡河，城西南十五里，源出咸丰龙峒口。

芭蕉溪，城西南五十里。

黑峒河，城西南二百二十里。水有二源，皆出咸丰，一由西南流过地坝寨，径普落溪，西南流入四川酉阳黔江界，亦谓之黔水；一由西南流至废龙潭土司东，绕其南流至废唐崖土司界，与径普落溪者合流，亦谓唐崖河。

黔黎溪，城西南三百四十里，源出北荒。

腰带溪，城西五里，源出西山，流迳宜山下，南入麒麟溪。

九龙溪，城西南七十里，源出红岩山下，东北流合清江。

药水溪，城西郭外，源出西山，绕城西而南入清江。相传羽士[①]洗药，流觞其间，故名。

天池，城西南九十里。

菖蒲溪，城西南百九十里，源出宣邑东门山，溪岸多菖蒲。

虎溪，城西十三里，源出虎口洞。

冷水河，城西八里高桥坝，源由西山出水洞，奔流而下，溪中多奇石异形，俗呼青狮白象。

龙池，城西北百六十里，相传有龙潜此。

益泉，城北郭外，一名宜泉，味最甘，为县境诸水之冠，今名唐家湾泉。

擂鼓滩，城北五里，清江径流，声如鼓，高下有节可听。

蟠龙溪，城北五里，旧施州驿马公泉下，昔传有龙。

龙马溪，城北六十里，发源七星洞，南流迳观音岩，至带河入清江。相传牧马河滨，多生龙驹，故名。

小龙潭，城北三十里，有赖姓义渡。

一碗水，城北七里许，城东三十余里亦有一碗水。

带河，城北四十里，由八龙坪流至小龙潭，缠环似带。

龙驹河，城北九十里，东抵建始界。

麂子渡，城北百里，有古城隍庙。相传明季掘出碑记，因于旧址复建。

官渡河，城北百余里，旧名麂子渡。嘉庆年安子营统领捐为义渡，后渡废，建大小二桥，源出太阳河，东流茨竹沟水注之，出龙驹河。

丹阳溪，俗名太阳河，城北百二十里，源出石乳山，经麂子渡龙驹河东流至大沙河，会南里渡入清江。

九渡溪，城北二百里，源出酉阳州彭水县石柱司，流入县界，至都亭山下，东入清江。居民引水溉田。

会水河，城北八十里。有二源，一出甘水垭，一出龙潭湾，合流迳楠木桥至高碑，会龙马溪河至衣角坝流入清江。

① 羽士：旧指道士 。

通潮溪，城东北，南近连珠山，源出大龙洞，其水日消长如潮。

嘉莲池，在城内柿子坝，旧名鼓角池。宋端拱元年生嘉莲，故名。道光十年，邑绅建御寒院收养孤贫残废，今犹存。

洗马池，在城内协署西、辕门左。

卫塘，在城内府学署右，原系卫塘园池。

龙冈井，在城内回龙山下圆通寺中，明景泰间凿，甘洌异常。

六六井，原名文明井，在城内府学署中，训道李宗汾凿，有铭载艺文志。

葵花井，在城内西南隅，旧名局井。

宣恩县

来龙山，县北里许，下有醴泉。

青龙山，县东二里许，上有青龙寺。

宝庆山，县东城守署后，下建先农坛。

宜山，旧名墨达山，在县治后，土人谓天为墨，言山高达天也，其下有小山，山半新建宜亭，因名。

保民山，县北里许，嘉庆元年“教匪”滋扰，邑人避难于此。

鼓台山，县西里许，山形似鼓，上平，下为三水堂。

蛇山，县东三里，形势逶迤。

天马山，县东四里，又有墨把、通积、劳喜、水心诸山。

寨堡山，县东五里，一峰耸特，烟雨迷离，前土司扎寨于此。

马鞍山，县东十里。

铜鼓山，县南十里，相传闻有鼓声，掘出铜鼓一面。

叠翠山，在县东北。

天柱峰，县南四十里，一名云头山。

福寿山，县西北三十五里，高敞，上有庙。

笔架山，县西北六十里，三峰排列，中峰独尖。

东门关，县南六十里，石蹬凡千五百级。

观音山，县东四十里。

三凤山，县南六十里。

白岩山，县东五十里。白石粼粼，壁立千仞，下有小口，初极狭，逶迤而前，豁然开朗，余肇翊[①]学博题曰“桃源深处”。

龙马山，县东四十里。

狮子岩，县东南二十五里，有大小二山。

万卷岩，县东五十里，石壁层叠如万卷书。

龙角堡，县东四十里，两峰对峙如龙角然。

金碧山，县东八十里，有奇石崖壁立，夕阳返照，金碧辉煌。

铜钟山，县东八十里，土人掘得铜钟二，故名。上宽平，又名大寨。

香炉岩，县东九十里，平地突起一石，形如香炉。嘉庆初，昭武都尉[②]麻光裕[③]堵御“白莲教匪”于此。

中峰山，县东北六十里，山势巍峨，为万寨主山。明洪武年间建庙于上，残碑在焉。

石髓山，县东六十里，平地生石台，约数丈，如削成。周围里许，上建庙，茂林修竹，有泉自其顶出，乃石髓也。

二仙崖，县南六十里。

泰平山，县南八十里，元末明玉珍据蜀，土人避兵于此。

狮子山，县南八十余里。

甲罗山，县南九十里，三峰并峙，甲于哥罗。

玉柱峰，县南九十余里。

回龙山，县南九十里。

金星山，在高罗河中。

马家山，县南八十里，山高顶平，居民环集，上有水田。

龙泉山，县南九十里。

将军山，县东南百二十里。

紫金山，县东南百三十里。

青龙山，旧名羊角寨，县东南百四十里，高十五里，江流绕其下，四面悬岩壁立，惟一径可通。鸟道羊肠，令人不敢俯视，上有土司扎寨基址。咸丰辛酉，曾氏、周氏、何氏三族

① 余肇翊：安陆人。宣恩训导。

② 昭武都尉：清代武散官名。正四品。

③ 麻光裕：宣恩人，由军功授游击衔，赏顶戴花翎，任湖南提标都司，历署游击。

百余人避难于此，时人比之江西魏叔子[①]翠微峰云。训导李敬轩[②]题“吉星照临”四字于石门。

木龙寨，县东南百五十里。

飞波坡，县东南百八十里。

枕头岩，县东南百八十里。

青山塆，县西六十里。

凌云山，县西北百二十里，上有寺。

文笔山，县西百四十里。

司城，县西百二十里，两山环抱，瀑布中流，又有石钟石鼓，击之有声。

普台山，县西百三十里。

猴子岭，县西百四十里。

大山坪，县西南百里，地产朱砂。

滴泉山，县西南百四十里，上有金沙洞，清泉常滴岩下。

和尚岩，县西六十里。

猫儿石，县西南九十里。

龙角山，县西南八十里。

凫洞坡，县南百四十里。

香炉岩，县南百六十里，朝暮白云微罩，俨若香篆[③]。

二虎寨，县南百六十里。

四方寨，县南百六十里。

将军岩，县南百六十里，岩临江，江中有石若马。

万线坡，县南百四十里，乾坝司署后。

笑喜岩，县南百四十里，侧岭嵯峨，三面陡绝。咸丰辛酉，居民避难于此。

仙人洞，县西南六十里，落马洞顶上，外阔内深，有石栏、石床。

双龙洞，县西十里，八景之一。

白鹤井，县东宝庆山下。

清凉泉，县西门外，泉从石隙涌出，极凉，暑月人多汲之。

① 魏叔子：魏禧（1624—1681），清代散文家。字冰叔，一字叔子，号裕斋。江西宁都县人。明末诸生，明亡后隐居翠微峰，所居之地名勺庭，又称“勺庭先生”。

② 李敬轩：李惇遂，江陵举人。宣恩训导。

③ 香篆：指焚香时所起的烟缕。

桂花井，县西潘家沟。

石厂沟，县东南七里，有桥名七里桥。

邑前河，发源咸邑麻布溪，四十里至龙坪，十五里至长沙坪，二十里至麻里洞，四十里至桐子营。逶迤七十里，由五窖北注双龙洞出口合流，至县南岸渡船口东流，由三房沟入红岩窖，与东乡新司河会合流忠建河，至分水河会清江。

庆阳坝河，水源一出杉树岭，一出香花岭，一出小鸦口，合流。由老茶溪至水田坝入洞，伏流十余里出马合坝，至恩邑九道水会。

石家沟，源出笔架山，由盐池至西草坝，伏流数十里出小龙洞，合流大河。

桶匠沟，县西北六十里，源出龙潭溪，至西草坝合流。

玉带溪，县东七十里，水常清，以绕恩邑玉带山得名，旧《郡志》误。

仙女池，县东九十里，八景之一。明玉珍据蜀，选谭、向二女入宫，结伴投池，生莲花。

跳鱼洞，县东四十里，水四时不竭，多鱼。

穿洞，县东二十五里狮子关，洞面如印，阔深半里。洪家河水流至关后，伏半里由洞出，又伏里许出，与古基河合流，出洪岩窖，会邑前河。

龙泉，县东七十里，洗砚溪上流，即玉笋洞水溢出，产鱼，味极美。

春潮洞，县东六十里，深数十丈。天将雨，则潮起，农人候之以占晴雨。

东乡河，源四，一发源油煤界，由洗马坪出马虎坪东注；一发源山羊溪，由富广坪出长滩河；一发源内口溪，由斑竹园出长河合流，经东乡镇出新司河。四水会流出涌洞河，与县前河水会同，出忠建河会清江。

涌泉，下高罗南，坑圆，如舀水。自下涌出，四时不竭，居民汲之作酒，味甚佳。

高罗河，发源东门关二仙岩下石洞，涌出喷为瀑布，落百余丈。逐溪西南流七八里，至李溪合流，经泰平山下二里，与岩凤溪水合，又五里与龙溪水合，经玉柱峰下，与铅厂溪合绕金星山南流，会忠峝河，经来邑入卯峒。

坛子洞，县南百三十里。

署司洞，县东南百四十里。

踩水埠，县南百六十里。

布袋溪，县东南百七十里。

锅匠沟，县南百八十里。

大白溪，县东百三十里，发源容美界，出畲刀沟。

三眼泉，县东南百五十里。

老鸦溪，县东南百六十里。

玛瑙湖，县东南百八十里。

鸳鸯峡，县东南百五十里，发源白水河。

白水河，县东南百六十里，发源晒坪罗戈川，流百余里至畲刀沟，经栏杆坪与高罗河合流入卯峒。

鱼泉，县西南百六十里，出冉大河。

冉大河，县西南百四十里，由冉家沟芭竹坝出李家河。

凉风洞，县南百五十里，在车车口下。

高洞，县南百四十里，旁有小穴曲折，侧身可入，内有数层，甚宽敞。来邑何葆山因石修卡门，镌“景星庆云”四字于门额。咸丰辛酉，居民避兵于此，得保全者六百余人。

叶家渡，县南百四十里。

洗白溪，县南百四十五里。

沙河溪，县南百五十里。

象鼻沟，县南百六十里。

燕子溪，县南百五十里。

市路沟，县南百四十里。

贾家沟，县南百八十里。

川箭河，县南百五十里，源出小河，与李家河会。

李家河，县南百六十里，冉大河、川箭河二水合流至两河口。

来凤县

贵帽山，县西南五十里，高低两峰耸入云霄，其形如帽，雾兴即雨，上有连珠坡，为七星聚会。形家[①]称为文峰，隐射奎宿，主科名。

翔凤山，县东南三里，山形耸拔，如凤舒翼。又名近凤山。出东门历石磴数十级，曰“半边城”，高冈平衍，嘉木丛生，凤山泉在其左，右则鸣凤楼，登之可穷数百里，俯视城中，万瓦参差。由凤泉折而南，过小溪桥，一峰扑面，势若迎人。又南上半里，始登绝顶，上有观

① 形家：即堪舆家。指以相度山川地形以辨吉凶，为人选择宅基、墓地为业的人。

音堂，绀宇琳宫[①]，隐现于万竿修竹间，下瞰官渡，行人如织。隔岸龙山诸山若拱若伏，寺外老桂一株，碧波芳草，掩映生妍，花时，香闻数十里，春秋佳日，游者云集。

回龙山，县西十里，山势盘屈，上有唐时佛庵，基址犹存。

水寨山，在亨康里，三面距水，昔散毛宣抚扎寨于上。又有龙凤观，邑人士多读书于此。下即八景中“二水掩蓝”也。

望风岭，城东七里，旧名诘封堡。上宽平，即崇阿城东八景之“松冈系月”也。何氏世聚族于此，云荫山房在焉，其南为乾元寺。

冠山，县东九里小河坪，峰峦秀出，林木整齐，远望如人著冠，浙人张氏世居其麓。下有溪，溪有桥，朱蕉堂额其厅曰“小桥流水人家”，茂林修竹，碧涧丹岩，邑中匡庐峰也。

松云山，县东十里，三峰屏列，上有松涛万株，溪流下绕，登之眼界极豁。有阁名高达，长沙张氏读书处也。

官寨坡，在贞肃里，前明散毛土司设卡于此，以御容美、桑植各司，上有朝阳寺。

岩丫口，在贞肃里，山崚而中缺，月至缺处始见，昔人呼为“雁门吐月”。

得胜坡，在贞肃里，原名鲊桶坡，下有土坑，土司封收战骨处。嘉庆丙辰，总兵庆溥[②]败“白匪”[③]于此，因改今名。

五马山，县北十里，五峰高耸，势若奔马。

三尖山，县西北四十里，三峰笔立，苍翠欲滴，中平旷，可容数千人。嘉庆丙辰、咸丰辛酉，邑人多避乱于此。

虎耳山，县西里许，伏虎洞对岸，高十余丈，通黔蜀大路。

白岩山，距城十二里，城北诸山此为独高，颇多灵异。

九龙盘，县南十五里，冈势接连如龙蟠，下有九龙洞。

望云山，在孝原里，石壁峭立，高十余里，上有佛寺，登其巅，酉阳、黔中历历皆见。

玉屏山，县北里许，俗名观城坡，为县城后脉，方正如屏。

红桂坡，县北里许，高可十丈，上多丹桂。

老鹰坡，在县东北十里，山高峻如鹰隼耸立，作莺坡，误。

新寨坡，县东十二里，山形横亘，右阻岩谷，左带大河，前俯平畴，后盘曲磴。咸丰辛

① 琳宫：仙宫，道观、殿堂的美称。
② 庆溥：章佳氏，字涵斋，尹继善子，庆桂弟，满州镶黄旗。清嘉庆元年（1796）任广东碣石镇总兵。
③ “白匪”：对白莲教起义军的蔑称。

酉冬，刘方伯岳昭[1]、李总兵复盛连营于此拒贼。

轿顶山，县北二十里。

马鬃岭，县南三十里，嘉庆元年，副将樊继祖驻兵于此，上有韩婆庙。

马鞍山，县北十里。

钟云山，县南四十里，见关隘。

佛山，县西三十里，与雀儿峰对峙，中通一溪，高洞河之水出焉。上有佛寺，随雨晴为隐现。

笔架山，在仁育里，三峰并立，中峰微高，形如笔架。

塘房坡，县南三十里，与九龙盘遥对，左右冈峦回合绵亘数十里，可容万军。咸丰辛酉，邑绅周在中、田耕心召募乡勇，约会酉阳州牧王麟飞、主事陈继勋连营拒贼于此。

仙人掌，县南六十里。

凌云山，在忠崇里。

独秀峰，同上。

香炉岩，在卯峒岩，高千丈，旁有莲花瓶。

观音岩，县西二里许，峭壁千寻。道光初，岩中忽现观音像，邑侯方公[2]建石台数丈。咸丰己未，邑人即台为层阁，名飞来阁。

石岩门，县西六十里，两岩对峙，中通一道，月从门隙照入，旧志所谓“岩门穿月”即此。

麂子峡，县西里许，危岩相向，滩声如雷，径隘而险。咸丰辛酉冬，惠协戎春、兴游戎禄、双都戎兴率弁兵[3]殉难处。

伏虎洞，在县西里许，怪石欹仄[4]，水从中出，愈入愈狭。欲穷其境，伏沙石中匍匐而入，中有绛鱼，长五六尺，晴久则出，出即雨。

犀牛洞，县东南七十里，极幽暗，水深不测，相传有犀牛出入。

孝子洞，县西二里许。嘉庆元年，茂才[5]周南奉亲避乱，骂贼遇害，署令王公三锡[6]题曰“孝子洞”。

白岩洞，县北十二里，在白岩山东南，外狭内宽，乡人每祷雨于此。中产硝，峭壁间小

① 刘方伯岳昭：刘岳昭（？—1893），字荩臣。湖南湘乡人。湘军名将，官至云南布政使、巡抚，云贵总督。
② 方公：来凤知县方策。
③ 弁兵：清代低级武官及兵丁的总称。
④ 欹仄：同“欹侧”。倾斜；歪斜。
⑤ 茂才：旧时称秀才。
⑥ 王三锡：河南泌阳人。清乾隆四十二年（1777）拔贡，在来凤、利川县做过署令、县丞一类的小官。

洞。咸丰辛酉，邹烈女骂贼殉节处。

烂柴峒，县东十五里，两山回抱，中有石室二，溪水盈盈，一木渡之。

花鱼泉，县东北二十里，洞小而深，外临溪河。

天姥峒，在白户司，俗名婆婆峒。外临大河，盛夏必裘而入。内阔而曲，初入如堂，堂上有石台，台上有石像。天姥旁又有石莲绕之，以足顿地，铿然作钟磬声。左右皆有门，窥之甚黑，非列炬不敢入。左折而上，有石龙，长三四丈，蜿蜒欲活，疑挟风雨，使人毛发欲竖。又有石鸢作飞鸣状。再进，闻水声潺潺，复行数十武，忽天光射入，照见石田千亩，畛畦朗然。石瓮、石罂累累无数。再前，愈深不可测，不敢复入。转自右门出，仍至于堂。

天然洞，在孝原里红鱼泉，洞口藤萝缭绕，莫知所入，自上而下，石径盘旋，泉水涓涓。内分两途，中有天堑，深无底，渡以略彴[1]，历土梯，忽有石门，一夫守之，万夫无策。咸丰辛酉，居人多避难于此。

钓岩洞，县北七里许，壁立千寻，洞在山半，中有巨石如人，当门而立。嘉庆丙辰、咸丰辛酉，居人多避难于此。

龙柱峒，县西六十里。巨石雄拔，中有三层，高广皆十余丈，中有石乳下垂，石笋林立，皆嵌空玲珑，如游玉笋、瑶簪[2]中，令人神畅。又有石柱，头角峥嵘，鳞爪飞动。旁又有若人物、车马、花草，形状逼肖。石壁中有小孔，通咸丰忠堡屯。

九灵峒，在县南。明初向天富[3]作乱，调酉阳兵随蓝玉[4]讨平之，以附近九灵地归酉阳，今仍在来邑界。

高峒，在孝原里，悬崖千寻，深潭百丈，"长发"[5]犯境，居人多于此避难。

凉风峒，县西南五十里。

龙峒，县北五里，悬岩百丈，湍水激流，建桥名龙洞桥。

卯峒（详见古迹）。

佛潭河，县东十五里，悬崖峭壁，水深不测，下有神鱼，祷雨立应。源出鹤峰州将军山，在宣恩境为白水河，西南流即五溪之西溪也。初入县界为佛潭河，于诸水为最大，竟县东南二境，计程一百二十余里，为县水宗干，其自东北来者一，北来者三，西来者四，西南来者

① 彴（zhuó）：独木桥。
② 瑶簪：比喻高而尖的山峰。
③ 向天富：湖广散毛司覃构部，被冉应仁组织土兵平息。
④ 蓝玉（？—1393）：明朝开国名将。有胆有谋，勇敢善战，屡立战功。
⑤ "长发"：对太平天国起义军的蔑称。

三，东南来者二，计水一十有三道，皆注焉汇为大河，入辰沅常岳。

东门河，一出花厂，至小河溪经乾元寺，一出大沟经乾溪过龙洞桥，曲折流至牌坊，合流绕县东，而南流入河。

漫水河，县南八十里，汇各流入卯峒大河。

龙嘴河，县南三十里，两山对峙，壁立千仞，县治诸水与龙山鳖水合流处。

老虎滩，县西六十五里大旺汛，一发源于信茂里天山坪，一发源于忠崇里白岩山，至大河坝合流，出利正里峡口，至体河入大河。

凤山泉，在半边城，泉自石穴出，汇为二池，甘洌清香，不涸不竭。相传有凤饮此，故名。

红鱼泉，在贞肃里，有红鱼游泳其中，捕之不得。

凉水井，在卯峒司后山，味甘，四时不竭，凤泉之亚也。

咸丰县

青龙山，城南里许，山上出云即雨。

凤凰山，县东十里。

角楼山，又名高罗山，县治前面，据以为城。

明月山，县治内，势曲如月，前有三山，峙列如星，名三星拱月。

秀屏山，县治前，青峰高耸，若秀屏状。

积翠山，县治北门外，峰峦秀丽，林木苍翠，境内奇观。

朝阳山，县治北门外，与城内脉气相连属，又名飞凤山。

象鼻山，县东十里，截溪流，水从中过。

朝霞岭，县东五十里，形势嵬峨，旭日方升，霞彩映射。

韩信坡，县西门外半里许，相传韩信亡楚归汉寓此。

小关山，县东百里，古时置关于上。

积玉山，县境内，极高峻，积雪经春不消。其南曰十三盘，旁有黑洞，岩若城门，水从中出，绕县北为青崖、寨谷等溪。上有小洞，伐木为栏。明洪武中，征蛮官兵尝经此。

梅家山，县南二十里。

牌楼山，县境内，又有对山、万峰山，上有池，流为杉篁等溪。

星斗山，县东北，抵恩、利二县界，高耸云霄，形如春笋。

唐崖，县西五十里。

二仙崖，县北抵黔江界，壁立数十丈，顶方广四十余里，上有飞瀑三道，下流成河。

中界坡，县东北百里。

云雾山，县西北九十里，高数千仞，登其巅，周览数百里，上常有云雾。明成化间建古刹，碑志犹存。

笏山，在丁寨，旧名牛角山。

杨洞，县西六十里，有山名将军山。

金峒，县东北九十里。

头渡河，县东十里，源出龙洞，产嘉鱼。

西北江，县西二十里，有二溪，合流入天生桥，伏流二十里至唐崖出，入龙潭河。

龙潭河，源出利川，至金峒经太平坝绕唐崖，出彭水入夔江。

万顷湖，县西南百八十里，接彭水界，积玉山涧水所汇也。

广利井，县城内观音桥下，泉甘冽不竭，邑人咸取给焉。

瀑布泉，县东三十里，泉出崖间，如飘素练。

清水泉，县东百里，有二色，如蓝靛。

墨池，县城北，水泉香美，旁多黑石。

杜家塘，县东五里许，宽数亩，其深莫测。

马家池，县西北七十里。

双龙塘，县南五十里，二塘相去丈许，水色清洁，四时不涸，俗传有双龙跃此。

利川县

一品山，县西四十里，上有古刹。

龙泉山，县西三十里，上有寺，三渡水绕其下。

凤凰山，县西六十里，中和山麓。

都亭山，县东九十里，与恩施连界，后周置亭州，因此山为名。与金字山相望，蛮王冢在其上。

金字山，县东四十里，孤峰特立，高插云表，独冠群山。上有古刹三层，独辟灵境，居人谢、萧二姓重建，殿宇辉煌。相传，明时有僧开山[1]结茅[2]，苦无水。有黑虎导僧出山门，

① 开山：在名山创立寺院。
② 结茅：编茅为屋。谓建造简陋的屋舍。

不数武，跑地得泉，四时不竭，迄今殿前犹存黑虎像。泉内出鱼，形类龙，有四足，能行。朝山[①]者取之，至半途辄不见。

团宝山，县东六十里，顶有石如龙蟠，全形毕肖，爰就石砌井建寺，因名石龙寺。前有培风塔，下有集镇，亦以此得名。

滴水岩，县东七里，峭壁屹立，下有洞，水从岩上滴，冬夏不竭，涓涓若鸣琴。前有观音阁，盛暑游人多题诗。

木梳山，县南里许有峦头二，一如梳，一如螺髻，当晓风残月，宛然烟鬟雾鬓，土人呼为木梳螺髻。山麓有庙，前有古杉八株，并峙左右，大可合抱，高欲参天，根盘枝互，遥望之状如宝塔。同治初，湖南兵驻此欲伐之，风雷大作，众昏仆，遂止。

钟灵山，县南二十里，为县治面山，遥望如骏马奔腾，神龙夭矫。中峰有古刹，相传明末飞来一钟，故名钟灵。

青岩，县南九十里，两壁峭立，中有巨溪，蜿蜒十余里，路沿溪下，境极幽邃。

应山，县南百里，高仅丈余，距田畴数丈许。人或歌诗，或诵书，人声歇后，一一答之，宛肖口吻。应处在夹壁，宽八尺余，逾其界即不应，莫测其异。

金塘，县南九十里，俗传顺治间土人于此掘得多金，故名。左右有狮头岩 ，象鼻岭，为邑风水关键。

百家寨，县南百里。咸丰辛酉，居人避兵于此。

太极关，县南百一十里，溪水环绕，山势磅礴，宛如太极。

狮子岩，县南百二十里，山石崚嶒[②]，形肖其名。

凤鸣岗，县南百二十里，形势东向，宛若凤峙。

人和寨，县南百三十里。

星斗山，县南百四十里，与恩、咸二邑交界，山顶有庙，明时建。

云头山，县南百五十里，通彭、黔二邑大道。咸丰辛酉，余星垣、陈察安带勇戍此。

二龙山，县南百四十里，势如二龙相对。

马鞍山，县西门外，两山如釜，形势相连。嘉庆二年，“川匪”窜境，副将樊继祖驻营于此，遗迹尚存。

大洞山，县西二里许，太极河侧，山腰有洞，莫测浅深。每当天变时，白云翕然自洞中

① 朝山：佛教徒至名山寺庙烧香参拜。
② 崚嶒：形容山高。

出，顷刻遍野。

乾溪山，县西三十里，山势嵯峨，绵亘数十里，隆冬积雪，二三月始消。上有石峰寺，明铁笔和尚建，后遭兵燹毁。

佛宝山，周围数十里叠嶂层峦，蜿蜒磅礴，方驾[①]七岳，领袖群峰，乾溪钟灵，皆其发脉，为县城太祖，山上有庙。

茅曹，县西百里，介两山间，多风，每当春夏，狂风屡作，秋冬尤烈。日者[②]谓地形如船，无风不行，故虽风多不为害。

插旗山，距茅曹五六里，高约数十里，如浮屠倚天，亭亭独立。

中和山，县西六十里，突兀峥嵘，翠耸层霄，登峰造极，众山皆小。咸丰辛酉，陈茂才寿田联络乡里，因险作寨，结庐其中，常则为讲学之区，变即为团练之所。

白玉山，与中和山相峙，两峰高并，其山石白，天朗倍明，天阴则暗，土人以之占晴雨。

乌云山，县西百余里，高百丈，四面如削，顶平似掌，时有云覆其上。旁有石屹立，遥望如人出没云中。

七星岩，县西八十里，老屋基在其下，壁立千仞。上有天然七星，当斜阳返照，望之荧荧，名星岩夕照。

寨公寨母，县西百里，山势平远蕴藉。上有石人二，高数丈，遥望之酷似两人并立。

狮子堡，在老屋基场后。

青龙嘴，自七星岩蜿蜒而下，直至老屋基场左始住，其首昂然，与狮子堡环绕左右。

龙现台，距老屋基十五里，上有塘，广延数亩，昔有龙现，故名。

龙头山，在忠路东南。

燕子岩，在忠路南，上有叠石，宽数丈，每春社后，燕多作巢于岩中。

天生桥，在忠路西北，两山拱立，溪水中流，生成石桥。

瑞狮岩，在后江河左岸，峭壁千丈，天生石门。其下若盆盂，然上悬石乳，水浆滴成狮形，无不宛肖。

青龙山，在忠南。

古琴寨，其形似琴，三面悬岩，一径可通，能容万户。

太阳门，在忠路东，两山壁立，宛若门，太阳出其中。

① 方驾：比喻不相上下。
② 日者：古时以占候卜筮为业的人。

乌东坡，在忠路，产茶，其叶清香坚实，经久泡，名乌东茶。

马鞍山，县西百六十里，下有飞水岩。

官营山，县西二百里。咸丰辛酉，何成之设卡于此。

星寨，县西百六十里，其形如塔，明时土人避贼处。

石龙堡，县西百六十里，蜿蜒如龙，长二三里，下为故土司署。

香炉峰，县西百七十里，顶生楠木一株，望之如盖。

灵台山，县西百七十里，上有古寺，今圮。

大宝山，县西百八十里，高二十里，四面峭壁。腰有岩一，宽四丈，长二里许，微径攀援而上，可容数千人。

皇木**槽**，县西百八十里。崇祯时，工部差官何金枝采办皇木，凿山开道，水由此下河。

天桥，县西百八十里，俗名阳桥。两山壁立，中有石梁，虚悬数十仞。居人谭成吉培补端正，种树掩映，可行车马。

观音山，在忠路小东坪，左有笔架山，右有轿顶山，一峰特立，四面排空。其上有庙、有亭、有洞、有池，松竹繁荫，境极幽雅。

铁炉寨，县北三里许，四壁如斧削成，若铁炉然，屹立直上五百余级，顶稍平。明初土人避赤眉之乱，作寨于顶，后改建刹。

火焰山望龙坡，俱在南坪。

砚池山，在七药山麓，左有笔架山，右有签筒山。

齐岳山，县西北八十里，高与云齐，横亘数百里。上连石柱，下接巫夔，外则襟带支罗、忠路，内则都会南坪，昔汉、蛮分界处。相传有道人采药，苦于难齐，至此山皆备，故又名齐药。一说结顶处视北斗倍明，又名齐曜。

山船山，在支罗屯，距县百五十里。形若船，首尾共长有千余丈，宽半之，顶平如掌，可耕种，旁檐皆峭壁千丈，前后仅小径可通。明时黄中据此称雄，立为署，讨平后，遗基尚存，故土人称为衙门坪。

七孔子，距县百九十里，明时土人避乱于岩际，凿七孔。

四方山，建南署南三里许，其山幽秀端正，故名。

帽盒山，距县百八十里，崇岗峭壁，高耸云端。

仓库山，距县百七十里，两山并峙，富丽葱隆。

挂子山，县西北，与丰都交界。改土后，两省民争界，控部立有界石碑记（记见艺文）。

关口，距县百六十里，与石穿山连，重峦叠嶂，鸟道崎岖。

落水洞，县东二十里，宽广数丈，大河水悉入其中，右有龙洞，左有风洞，后有鲢鱼洞。河水伏流十里，复闻水声潺潺，名响水洞，再过观彩峡，又伏流三十里下雪照河。

雪照河，县东五十里，落水洞水至此涌出，乱石激湍，不可揭厉。两岸皆峭壁层岩，仅见天光一线，岩腰多洞，人迹罕到。壬戌，远近避乱者咸争赴之，土人呼为小桃源云。

龙洞，县南九十里，与接龙桥近，不时潮涌，岁旱祷雨辄应。建南亦有龙洞。

通天洞，县南百十里，土人多于此避兵。

激雪溪，下皆石罅，众流激搏，若喷雪然，水声清浊，可卜晴雨。

仙女洞，在中和山之西，宽约数丈，莫测深浅，有泉甘冽。相传有贞女不字，父母欲夺其志，遂匿此，餐霞炼气，莫知所终。晦明风雨之夕，居人时闻丝竹声，洞因以得名。

两会河，一源出中道河，一出狮子坝，至老屋基两水会合。

八乡水，即老屋基河，以马、向、覃、田、孙、冉、陈、黄八姓世居此乡，故名。

凤凰池，在忠路西南，宽约四十丈，水四时清洁不涸。

沙溪，县西百六十里，源出咸邑二仙岩下，对河有天望坡、雁次山，有洞可避兵。

龙嘴河，县西百八十里，与咸邑活龙司水会。

石马泉，县西百七十里，产洋鱼，不时出，居人多取之。

桂花潭，县西百八十里。

卧牛潭，在柏杨上流三里许，有石如牛。

乳泉洞，县北里许，幽闲辽敻，不可具状。

建始县

当阳山，县西北四十里，每当日光初出，映照石崖，霞彩眩目。

朝阳山，县西南三里许，即凤冠山，下有石通洞。

景阳山，县南十里。

庆云山，县东北里许，俗名烟墩山。

连珠山，县西南十里，朝阳山后。

笔架山，县南五里，形如笔架，中峰特秀，明都宪[①]林俊[②]改名文山。

五花寨，县南百五十里，每当日暮，有五色祥光掩映群山。

龙凤山，县西北二十里。

鱼龙山，县西五里。

麒麟山，县北半里许，环如屏障，俗名鲍家崖。

红土坪，县西二里。

五老山，县北十五里。

石鼓山，县西五里许，悬崖层叠，多生石乳，亦名石乳山。

药山，县西七十里，出黄蘗、黄连、木通、贝母诸药。

千丈崖，县北七十里。

狮子崖，县北六十里。

一线崖，县北八十里，山势陡峭，一线可通。

三角桩，县北八十里。与奉节、巫山交界，有石笋三，各识其一，高耸云端，硿硐峭壁，半山中一线羊肠，盘旋曲折。俯瞰山脚，悬崖万丈，系大溪通衢，行人莫不苦其危险。

二仙岩，县北九十里。

大岩岭，县北百三十里，旧有县丞署，今圮。

望坪山，县东北百二十里，山麓周围二三里，而岩峣直接霄汉，外山环为垣墉[③]，中峰则孤撑一柱。上有庙，明嘉靖年间建。

翠屏山，县东里许，即文治山。

猿啼山，县东二十里，宋黄知命[④]有《小猿叫驿》诗，即此。

银山，县东三十里，石壁峻峭，色白如银。

州基山，县东三十里，隋置业州于此，今呼棉花坝后山。

燕子龛，县东九十里，行人无旅店可栖，往往投宿龛中。

石门山，县东百二十里，两石对峙，俨若圆扉，鸟道盘旋，下临绝涧。

连山坡，县东百五十里。

① 都宪：明都察院都御史的别称。

② 林俊（1452—1527）：字待用，号见素、云庄，莆田人（今莆田市荔城区人）。明成化十四年（1478）进士，历任云南按察副使，南京右佥都御史兼督操江、湖广、四川巡抚，工部尚书，刑部尚书等职。

③ 垣墉：墙。矮墙叫“垣”，高墙叫“墉”。

④ 黄知命：黄叔达，字知命，分宁（今江西修水）人。黄庭坚弟。

土地岭，县东百六十里。

尊经山，县东南三里。

鳌脊山，县东南三里。

羊背陇山，县东南三十里。

凉风岩，县东南三十里。

汪家寨，县东南三十里。

关口岩，县东南百三十里，下临清江。

大石板，在关口崖西十五里。

虎鹞岭，县东南二百九十里。

广润河，俗名大河，源出县西北当阳坝，群山嵂屼①，峭壁嵌空，泉从山隙悬注而下流渐达，群溪汇之。经龙门子、晏公塘，由县城县南绕而东行，与米水河会，又东与指阳河会，又南与交养河会，东南行二十余里入马水河。

米水河，县西十五里，自石洞流出，若米汁然。

交养河，俗名小河，自观音崖发源，达朝阳观东流，与广润河会。

茨河，县西北二里，发源红土坪，泉水溢出，清于诸水，绕城南入大河。

石乳河，县北五里，发源徐家沟，东南流，环绕城垣，与支瀼河会。

支瀼河，自麻城寺石洞发源，东南流至城东，与石乳、广润诸河会。

两溪河，在县北，自蒲潭溪折而西，北有桐木溪，南有木瓜河，二水俱自西北来会，故亦名两会河。曲折东流，与广润诸河会，八景中所谓“两溪春涨”也。

马水河，县东十五里。

龙驹河，县南三十里，源出十二关，与奉节交界，东流为太阳河，经鹿子渡，始名龙驹河，又东流至大沙河，经恩邑南里渡入清江。大沙河即马水河下流也。至此邑，西北水尽会焉。

东溶河，县东北九十里，发源望坪，流三十余里，经三里坝、河水坪，地稍平，水面渐宽。又十余里至鹰嘴观，山开豁若门，水入之，捕鱼者可循崖进入，稍深则落水洞，人迹不能到矣。水潜行二三里，自山南出，与马水河下流合入清江。

茶寮河，县东南二百九十里，与鹤峰州交界。

野三河，县东百五里，源出深油坪，会毛茸河，至九龙潭入清江。

① 嵂屼（lǜ wù）：高耸的样子。

羊芋河，县东百二十里。

毛茸河，县东百四十里，源出龙潭坪，南流为枝津河，至巴东桃符口入清江。

五家河，县东南二百四十里，两崖黑石嵌空，群流喷涌。

清江，县南百五十里，源出四川石龙关东山折曲，东南流百余里至忠孝司，北有二水来会，北流至火铺塘伏焉。北出于重山，折而东数十里，至恩邑北境，合龙马河、大河、坪溪诸水东南流，折而东北，经三岔、口塘、施南司、东乡司，迤逦二里余，入龙驹河，自西北挟境内诸小水来注，势大盛。邑诸河皆浅狭多滩，难施舟楫，惟兹江可乘舴艋，至长阳易大舰，过宜都城西，北合西南来之汉阳河入荆江，自发源至此曲行八百余里，受诸县水无数，即古夷水也。

增修施南府志卷之三终

增修施南府志卷之四

地舆志（古迹　冢墓）

古迹

施南府　恩施县

盐水废县，在卫城东四十里。后周置县，并置资田郡，隋初郡废，大业初，以县属清江郡（《明一统志》）。清江郡盐水，后周置县（《隋书·地理志》）。武德四年，废盐水县。（《唐书·地理志》）开夷废县，去卫城六十里，后周置乌飞县，隋改曰“开夷”，唐废（《明一统志》）。清江郡开夷，后周置，曰“乌飞”，开皇初改焉（《隋书·地理志》）。施州清江，义宁九年置开夷县，武德元年省入（《唐书·地理志》）。

清江废县，在卫城东十里。后周于此置清江郡，隋初郡废，置清江县，后废（《明一统志》）。唐为州治，宋因之，元至元十三年省（旧《志稿》）。

废亭州，在卫城东一百七十里。后周置，以都亭山为名，隋并为庸州，徙治盐水县（《明一统志》）。

信陵废县，在卫城南七十里（《明一统志》）。

旧施州，在卫城南椅子山。宋开庆间治此，城基尚存（《湖广通志》）。

施州废卫，今县治，明洪武十五年置。国朝雍正六年改为恩施县（《湖北通志》）。

废忠孝安抚司，在县西南。元置安抚司，明因之，隶施南宣抚司，今裁（《湖北通志》）。

施王屯，在卫城南一十五里。《舆地唐记》[①]云：“州有施王余址，故以为名，盖谓此也。”（《明一统志》）。东晋末桓元子诞窜蛮中，自称施王，筑城临施水，号施王，子孙袭王。至后周保定初，始平之，以其地置施州，乃施王屯余址（《方舆胜览》）。

问月亭，在城北。有台孤高，独出碧波峰之中，旧建此亭于上，相传李白谪夜郎尝于此赏月（《明一统志》）。

① 《舆地唐记》：据《施州考古录》，《舆地唐记》当为《舆地广记》。《舆地广记》为北宋欧阳忞撰，是一部重要的历史地理学著作。全书共三十八篇，记载从远古至宋，郡县建制沿革变化，内容完整，体例明了，为后代编一统志之先河。

月台，在城北门外。有台高三十丈，其顶平方，父老传唐李白谪夜郎时玩月于此（《舆地纪胜》）。

劝农台，在城东五峰山下（旧《府志稿》）。

钓鱼台，在卫城东南（《明一统志》）。

钓台，在瑞狮崖，石壁镌有“钓台”二字（旧《府志稿》）。

野意楼，在卫治西城上，指挥同知孙本建（《明一统志》）。

太白楼，在北城上。明抚夷同知宋洪泰建，今毁，址尚存（旧《府志稿》）。按，今俗呼擂鼓台。

清江楼，即卫城东门楼也。城四门各有楼，东曰清江，西曰西顺，南曰南阳，北曰拱北，俱洪武中建（《明一统志》）。

半逸亭，在卫城象耳山元妙观之东（《明一统志》）。

宣威堂，在卫治，指挥佥事孙斌建（《明一统志》）。

澄清阁，在城外水浒庙左（旧《府志稿》）。

白坡书屋，在城南二十里，邓梗建。

客星山房，在城西，童昶读书处（以上并见《湖广通志》）。

仙人宅，在城北七十里（《明一统志》）。

砥澜楼，在府城内东南上（旧《卫志》）。

大观阁，在府城南门外（旧《卫志》）。

葵园，在府城南门外，乡宦童大望别业[1]（旧《卫志》）。

大莫园，在府城南门外，乡宦李一凤别业（旧《卫志》）。

临流石阁，在府城南五里，指挥唐一麟别业（旧《卫志》）。

读易岩，在府城西客星山下，乡贤童昶故迹。

筹边楼，在卫城内兵备署后（旧《卫志》）。

鹿山石穴，在卫城南四百里（旧《卫志》）。

神仙洞，在府城东戎角上房村后，岩间有活水（旧《卫志稿》）。

仙人掌，在卫城北新化屯大石岭上，其掌迹大而有纹。

张果崖，在都会里，岩间凿孔，以木为梯而上。相传张果于此岩顶炼丹（旧《府志稿》）。

① 别业：别墅。

廪君赤穴，在卫城东八十里，廪君巴务相生此。

黑穴，在卫城南二百里，两石并立（旧《府志稿》）。

照京塘，水之清浊，占地方吉凶（旧《府志稿》）。

詹公故宅，在城内登龙桥（旧《府志》）。

蛮王寨，在城南六里，四面峭壁，惟一径可上。

观澜台，在城南，岩石壁上刻有“观澜”二字。

求雨台，在西城上。

成山书院，在城内梓潼巷，今废。

华佗屋基，在城北六十里杉木坝西南隅。相传华佗曾住此，至今基址犹存。

木杪仙人洞，即通天洞，宝祐元年有碑。

宣恩县

废上爱茶峒长官司、废下爱茶峒长官司，在县境。明宣德二年置二长官司，隶东乡安抚司，今裁。

废镇南长官司，在县境。明永乐五年置，隶施州卫，今裁。

废摇把峒长官司，在县境。明宣德三年置，隶东乡安抚司，今裁。

废镇远蛮夷长官司、废隆奉蛮夷长官司，俱在县境。明宣德五年置二长官司，隶东乡安抚司，今裁。

废施南长官司，在县境。明成化后置，隶高罗安抚司，今裁。

废东乡土司，在县境。明洪武六年置安抚司，隶施南宣慰司。国朝为东乡土司，隶施州卫，雍正十三年裁。

废高罗土司，在县境。明洪武六年置安抚司，属忠建宣抚司。国朝为高罗土司，隶施州卫，雍正十三年裁。

废忠峒土司，在县境。明永乐四年置安抚司，隶忠建宣抚司。国朝为忠峒土司，隶施州卫，雍正十三年裁。

废忠建土司，在县境。明洪武六年置宣抚司，隶施州卫。国朝为忠建土司，仍隶施州卫，雍正十三年裁。

废木册土司，在县境。元置安抚司，明玉珍改长官司，明因之，属高罗安抚司。国朝为木册土司，隶施州卫，雍正十三年裁（以上并见《湖北通志》）。

咸平石柱，宋丁谓[1]立。旧志载："距城三百里。今应在宣恩县境内。"

天圣石柱，宋刺史史方[2]逐蛮，至七女栅降之，立以分界。至明时石断。旧志载："距府城二百七十里。今宣恩、来凤交界处即其地也。"（宋《志》）。

蛮人田承恩等誓柱文，在施州，今佚（《湖北通志》）。《宋史·地理志》："清江县细沙砦。"今宣恩县东乡有细沙坝，即其地也（宋《志》）。

儒学双桂，相传不栽自生，经秋花发，香倍寻常。初为土官署，后改为学宫，咸谓瑞应云（旧《志稿》）。

仙女池，在东乡里治东八十里，详贞女志。

歌罗驿，即高罗。县南九十里，唐李太白流夜郎过歌罗即其处也，详《夜郎考》。

珍山，在高罗里。唐改珍州，以珍山赐名。

来凤县

废大旺土司，在县境。明永乐五年置安抚司，隶散毛宣抚司，旧名大翁迦。国朝为大旺土司，隶施州卫，雍正十三年裁。

废东流土司，在县境。明宣德三年置长官司，隶大旺安抚司。国朝为东流土司，隶施州卫，雍正十三年裁。

废腊壁土司，在县境。明置长官司，隶大旺安抚司。国朝为腊壁土司，隶施州卫，雍正十三年裁（以上并见《湖北通志》）。

卯峒长官司、漫水长官司，今并废。

落印潭，在宣抚堡下。五代时有向霸林者，漫水土司弟也，盗兄佩印，口衔渡河，其兄追之，惊落于潭，求之不得。后渔人献大鱼于宣抚，剖之，印在其腹，故名其地曰"宣抚堡"，名其水曰"落印潭"。

咸康佛，在佛潭岩上。峭壁千寻，上刻古佛二尊，鬓眉如画，居人倚石壁建阁三层，左镌有记，仅余"咸康元年五月"六字，文多不可辨。按，东晋成帝十年改元咸康。五代蜀主王衍亦建元咸康，然衍未逾年，为唐所灭，则此咸康当是成帝年号，至今千五百余岁矣。

① 丁谓（966—1037）：字公言，小字谓之，苏州府长洲县（今江苏省苏州市）人，祖籍河北。北宋初年宰相。
② 史方：字正臣，开封（今属河南）人。历知邵、澧、夔诸州，并任西京作坊使等职。

咸丰县

废龙潭土司，在县境。明洪武四年置安抚司，属散毛宣抚司。国朝为龙潭土司，隶施州卫，雍正十三年裁。

废金峒土司，在县境。明永乐五年置安抚司，隶施南宣抚司。国朝为金峒土司，隶施州卫，雍正十三年裁。

废唐崖土司，在县境。明洪武六年置长官司，始隶施州卫。国朝为唐崖土司，雍正十三年裁（以上并见《湖北通志》）。

硝场，在大田所北一百里。悬崖数千丈，下有河渡，其半崖一孔，势若城门，上产硝土（《明一统志》）。

仙掌，在大田所西三十里。悬崖壁立，上有白色如掌，下有黑迹如虎形（《明一统志》）。

利川县

银山废县，在卫城西一百八十里（《明一统志》）。

废剑南长官司，在县境。明宣德三年置，隶忠路安抚司，今裁。

废忠路土司，在县境。明洪武四年置安抚司，隶施南宣抚司。国朝为忠路土司，隶施州卫，雍正十三年裁（以上并见《湖北通志》）。

废忠孝安抚司，元置。明洪武四年改置长官司，寻复故，二十年废，永乐五年复置，隶施南宣抚司。今裁。

废沙溪长官司，在县境。

陈家湾，有陈世凯①军门②祖茔。

建始县

废业州，在县东三十里州基山。旧志载：“恩施、宣恩二县，皆古业州地。”《建始志》云：“有永福、草塘二里，世乱民散，遂为容美所据。”今按形势，占于容美事固有之，而古业州实不止建始一县也（旧《志稿》）。

核桃园，在县东六十里。

① 陈世凯（1629—1690）：字赞伯，恩施人，清朝将领。历任南明忠州副总兵、清初李国英部下副将、杭州副将、浙江提督等。

② 军门：清代对提督或总兵官加提督衔者的尊称。

詹状元故里，在县铜锣坝（宋《志稿》）。

石通洞，在天池寺山下大山中。空门当山麓，穹窿如屋，洞顶豁开一线，仰见天日，石壁作床，游人多憩之。宋黄鲁直谪涪州，号涪翁，其弟嗣直，宰巫山，来游斯洞，壁间镌“涪翁”尚可辨识。

石门，在县东一百二十里。巨石崘硱，人穿石中，俨然园扇焉。出门有石壁穹窿，上覆如屋垂霤[①]。乾隆三十九年，中丞陈公[②]因石壁作寺，塑佛像立寺外，望对岸白石如虎伏，谚云：“石门对石虎也。”两岸侧耸，巉岩[③]峭削，由西北折回而下，逾涧复上约七八里，涧底有石桥，名石曼桥。步桥上望，两岸悬岩万仞，烟雾迷漫，泉漍[④]之流乱石间，令人骨悚魂惊。桥上有亭，今圮。东岸上庙名对佛寺，乾隆四十三年制军王公创修。

冢墓

施南府　恩施县

巴蔓子墓，在城西北都亭山。

巴公墓，在城南二里。昔有巴国大栅王世葬于此，历年虽多，累累可辨。

蛮王墓，在城西南一百二十里。又都亭乡有岩高百余丈，岩腹有穴十二，皆藏柩之所，相传为蛮王墓。

南乡罗家坳，有古碑，高丈余，刊大唐大观年号，相传朱氏祖茔。

詹公墓，在城南三十里朱砂溪。

妯娌坟，详列女志。

姊妹坟，在城北十余里，申家桥边。

明光禄大夫孙虎墓，在城北马鹿口。

明怀远将军冯辉墓，在城北团山。

明光禄大夫右柱国太保王昌墓，在城北梧桐堡。

明怀远将军陈载功墓，在城北。

明怀远将军孙公墓，在城北马鹿口。

① 霤：屋檐。

② 陈公：陈辉祖（1732—1783），清代湖南祁阳金兰桥（今祁东县金桥镇）人。两广总督陈大受之子。历任户部员外郎、户部郎中、军机处行走、广西巡抚等。

③ 巉岩：高而险的山岩。

④ 漍（guó）：水流声。

明武略将军墓，在城南二十五里大坝沟。碑载刘应龙，字汉臣，河南襄城人，崇祯辛未武魁。

向轮先冢，在北乡木贡村大鹿门轮仙洞内。

明葛公墓，在土桥。咸丰十年六月初一日，大雨崩坍，骨骸暴露朽棺中，惟纱帽一顶如新，贡生赖朝正易棺迁葬宅右。有砖刻墓志，略明由迪功郎[①]讳凿，字定之，号一泉，原籍扬州江都人，由贡途受四川江津县三尹[②]。公莅县，有惠政，发一二奸伏，称神明，告归终养。铭曰：国有桥木，里有源泉，本实鸿漉，厚于公焉。公既有声，而又有子，刻石志美，永永无圮。隆庆壬申孟陬[③]，外弟周诰撰。

明奉政大夫周公墓，在城西十四里高桥坝。

明举人李一凤墓，在城西十里牛角尖。

明陈处士墓，在城北八里向家湾，俗呼地为鸿雁临。

明陈墔墓，在城西十里高桥坝，俗呼地为燕窝穴。

国朝

前任邑侯杨公松磐[④]墓，在城东北十里花子垭，系浪穹进士。

武显将军陈连升[⑤]墓，在城南八里余家坝。

西门外小红山义冢一处。

五峰山官山义冢一处。

夏坡义冢一处，在城东十里，民人陈光连捐。

东关外乌羊坝中岭义冢一处，系邑绅朱捐施有案。

宣恩县

昭武都尉麻光裕墓，在治东九十里东邻里大坪。

竹溪教谕陈文雄墓，在治西二里白虎堡天王庙前。

枣阳训导覃长有墓，在治西猫儿堡。

① 迪功郎：明朝置为文散官，为正八品之初授。
② 三尹：明清时对县主簿之别称。
③ 孟陬：农历正月。
④ 杨公松磐：杨松磐，云南浪穹人，清道光二十一年（1841）任恩施知县。
⑤ 陈连升：又名连陞，原籍湖北鹤峰县，寄居恩施，出身行伍，历官参将。

福建南靖典史唐廷拔[①]墓，在治东三里棉花坝。

江南举人徐廷璋墓，在治南九十里高罗里，地名田湾沟。

湖南辰州庠生覃瑊墓，在治后花团堡。

湖南石门庠生覃树堂墓，在治东四十五里东望新司河龙角堡前。

浙江山阴祈光祖墓，在县东至庆山方姓屋后。

典史饶成望正室宋氏墓，在县南龙神堡。

西关外白虎堡义冢一处。

西关外迎恩桥前二台坪义冢一处。

高罗里一甲汛左义地湾义冢一处。

畬道沟场头新寨义冢一处。

来凤县

明车骑将军腊壁司安抚使田大旺墓，在宣抚山。

明都督元帅散毛司宣抚使覃本林及其子显宗墓，在尚虎城。

明腊壁司长官司田耳毛送[②]墓，在衙院后山。

蓬莱墓，在贞肃里官坟山。墓制甚巨，无碑无铭，上刻“蓬莱墓”三字。中有石门，日影倒入石隙，可以窥见左右千章古木，大皆十围，常有大鸟数千旋绕上下。相传为明镇远将军散毛司宣抚使覃玉鉴[③]之墓。

镇远将军散毛司宣抚使覃勋麟[④]墓，在苏家堡。丰碑穹窿，人马、望柱具备。碑刻、诰敕及志铭久经风雨，漶灭[⑤]不能成篇。

散毛宣慰使司覃鸿基[⑥]墓，在侯栗堡。距城十五里旧日衙署之西。今衙署已毁，土人尚呼为衙院云。

广东督标守备、前腊壁司长官司田封疆[⑦]墓，在铁家坨。

处士覃璠墓，在侯栗堡。县训导萧琴[⑧]铭其墓曰：“土曰王土，臣曰王臣，薄海内外，莫

① 唐廷拔：宣恩人，府学生员，由军功任福建南靖尉。
② 田耳毛送：田耳毛，又叫墨施。忠孝土司第一任司主。
③ 覃玉鉴：覃棨子，散毛司第十四任宣抚使。
④ 覃勋麟：覃冲霄子，散毛司第十八任宣抚使。
⑤ 漶灭：模糊，无法辨识。
⑥ 覃鸿基：覃勋麟子，散毛司第十九任宣抚使。
⑦ 田封疆：腊壁长官司司主，改土归流后调任广东督标守备。
⑧ 萧琴：字企夔，号以堂，汉阳县优贡，曾任来凤训导。

不尊亲，矧兹蛮裔敢凭险阻，以劳王师抗命戎虏？皇帝曰咨，咨尔十五司率土归诚，用沛恩施。予尔世职，以辅我国家无穷之基。公也当袭，再拜固辞，曰有子可教，有书可读，何世职之云云。”

训导甘杜[①]墓，在学署后。嘉庆丙辰，殉“教匪”之难。

张尉葬衣冠墓，在县东十里峡口寨。嘉庆丙辰之变，典史张宁殉难，尸毁于贼，士民具衣冠葬之。

三烈士墓，在三堡岭指甲坡。嘉庆丙辰之变，邑诸生萧大钟，千总龚起元、刘宗文三人起义兵讨贼。总督福宁[②]令往说贼降，贼杀之，同葬于此。樊将军继祖题其墓曰“忠烈之墓”。

周孝子墓，在麂子峡。县令王公三锡题其墓曰“大清孝子生员周南之墓”。湖南举人舒习仪铭曰：“翩翩周生，其人如玉。小丑跳梁，奉亲山谷。贼至逼降，生骂不屈。不愧圣贤，难报鞠育[③]。同时何君，亦自越俗。先后殒命，愧彼鼠伏（谓生员何公潭也，亦骂贼而死者）。沟壑不忘，其志弥笃。千载而下，仰兹芳躅。”

王孝女墓，在客寨河。知县钱塘周公向青作墓碑，纪其事。

诗人欧阳敬亭墓，邑诸生欧阳祖玙工于诗，年七十余，卒葬麂子峡，即公住宅也。道光癸卯，知县济南李公景颐题其墓曰“诗人欧阳敬亭之墓”。

知来凤县事凤阳林公士端[④]墓，在城东洲上。公卒于咸丰壬子之春，殡于县署之西。越八年庚申，王公颂三[⑤]率邑绅祭而葬之。

知来凤县事滇南王公恩纶[⑥]墓，在南河。

麦地坞义冢一处，在县东五里。长五十五弓，宽五十三弓。乾隆元年县民公置，知县林公翼池记之曰：“出东门不数武为河，沿河行里许，故置一隙地，竖碑作义冢。冢山从兑转坎，乾亥垂，头朝巽巳，方广约有七亩。余茔各厝半坡作腰落，分前屏后障，水抱山环。盖不特地之宽绰，无碍稼穑，而形势团结，是可为阡[⑦]斯冢者造福云。”

丝栗坪义冢一处，在县南五里。乾隆元年置（长五十四弓）。

茅坪义冢一处，在县西三里。道光十年，本城士民公置。

① 甘杜：竹溪岁贡，清乾隆五十七年（1792）任来凤训导。
② 福宁：（？—1814），满洲镶蓝旗，清朝大臣。历任兵部笔帖式、工部郎中、湖北巡抚等。
③ 鞠育：抚养；养育。典出《诗经·小雅·蓼莪》：“父兮生我，母兮鞠我，拊我畜我，长我育我。”
④ 林公士端：林士端，安徽怀远举人，清道光二十九年（1849）任来凤知县。
⑤ 王公颂三：王颂三，江西兴国拔贡，清咸丰九年（1859）任来凤知县。
⑥ 王公恩纶：王恩纶，云南弥勒举人。
⑦ 阡：墓道。泛指坟墓。

悌恭里义冢一处，乾隆二十年置。

忠崇里义冢一处，乾隆二十年置。

信茂里义冢一处，乾隆二十年置。

利正里义冢二处，一在九龙盘，县南二十里，潘廷翰、邓王振等捐置。一在县南五十里，木油湾，查国荣捐置。

咸丰县

城西门外义冢一处，地名官山。

城南门外义冢一处，地名官厂坡。

利川县

巴蔓子墓，在城东六十里都亭山。

蛮王藏，在城西六十里。

詹状元墓，在城西十五里杨家沟。

汪公泽墓，在城东六十里，详名宦志。

陈敏襄公世凯墓，在城西三十里陈家湾。康熙三十一年谕葬。

牟公墓，在城东十五里。

万历坟，在城东官渡坝。残碑断碣已不可考。

北门外官山义冢一处，又官山土坑一区。嘉庆二年，“教匪”入境，死者积尸无算，良、匪莫分，悉委坑内，后为人垦种。道光九年，典史章模、长洲吴锦契买，还其故冢。

西门外义冢一处，监生彭视盛捐置，周围七百二十丈，立碑定界。

千人冢，相传在城西四十里。明季被流寇所杀者葬此，今不知其处。

南门外义冢一处，岸邻大河，地名黄州公山。

建始县

包家垭官山义冢一处，在县北门外。

上店子官山义冢一处，在县北四里，监生魏光祖捐置。

三里台官山义冢一处，在县北门外。

增修施南府志卷之四终

增修施南府志卷之五

建置志（城池　公署　仓库　积储附）

施自改土归流，立府分县，治同内地。而城池巩固，门关息警，盖隐然上游一重镇矣。由是郡县营汛，规模已殊，公署仓廒，纪纲渐易。至于安民辑众，则坊市乡里匪轻；木拔道通，则津梁铺递亦重。其他育婴有堂，养老有院，一切义举，虽后君子随时增益，实见良有司率作兴事之勤焉，志建置。

城池

施南府　恩施县

恩施为附郭首邑，县城即郡城也。周围五里七分有奇，崇二丈四尺五寸，门四：东曰迎恩，南曰朝阳，西曰金华，北曰拱辰。东北临清江，西北环溪水，串楼[①]警铺，雉堞鳞列。门上各有飞檐危楼，楼中各有屋三楹。东门楼上建官仓数十廒，南门楼祀关帝于其上。按，宋淳祐三年五月，诏施州创筑土城及关隘六十余所，本州将士及忠州戍卒执役三年者，各补转一官。宋旧城即今象牙山及瑞狮岩，因山为之。元仍其旧。明洪武十四年，指挥使朱永拓址甃石[②]，周九里有奇，高三丈五尺。

国朝乾隆二十六年，知县李汝逊领费修城，周围丈量计长一千零三十一丈，石甃城身高二丈，砖甃女墙高四尺五寸。三十七年，复详验重修，其广崇较明朱永所修仅三之一，即今城是也。

道光五年，知府孙仲清率士民重建西北两楼，补修西北隅倾圮数处，甃砌周环雉堞，有碑。道光十一年，知县姒朝绾补修并劝士民助修。咸丰二年，知府何大经、知县任海晏重修西门城楼及屋三楹，周环雉堞，皆覆以青石。十年，知府黄益杰劝修坍塌挫裂凡六处。同治三年，知县翁键劝捐修理三处。

鼓楼：在城内府署左，久圮。乾隆三十六年，知府张映焘谓其地宜建楼，成石基数尺，

① 串楼：南方多雨地方在城墙上建连廊，以避烈日风雨的侵袭。
② 甃石：砌石；垒石为壁。

旋以解任中止。同治乙丑，知府夏锡麒捐廉，率士民锐意成之。是年夏，即有尹寿衡[①]南宫之捷[②]（《县志》）。

同治八年，知县朱三恪劝修坍塌西北隅数处。

旧西城楼檐溜[③]，当日建修，皆系滴于女墙内。咸丰二年重修，改其溜滴于女墙外，城中妇女遂多病血瘵[④]。同治八年，绅耆意以改檐滴所致，因禀请松太守复修如旧，妇女亦渐无病瘵者。

宣恩县

旧为施南司地，改设后未经详请建城（旧《府志》）。

来凤县

乾隆元年，设县治于故散毛司之桐子园，勘定城基，周三里四分，嗣因土性松浮，详议停修。

嘉庆二年，知县康乂民首捐廉俸督绅耆捐建土城门四：东曰广仁，西曰崇义，南曰敦化，北曰承恩。绕城凿池，引老母沟水灌入。历经风雨，坍塌几尽，惟四门城楼仅存。嘉庆八年，龙山苗民煽惑土著，谣言日起，训导萧琴集绅耆明伦堂，议建石城，请于知县朱鸣凤，遂捐廉率邑绅劝捐。议用外石内土，遂于三月起工，九年三月蒇事。四周共计一千一百八十八弓，长五百九十四丈，计三里三分，高一丈二尺，脚一丈四尺，上厚七尺，高一丈七尺。

道光二十九年，知县林士端以县城历四十余年，坍塌又将殆尽，议重建石城，督同邑绅仿照前式另琢新石，通体重修。遂于三十年秋起工，至咸丰元年冬告竣，所有在事出力官绅及捐资人等，奏请议叙有差。

咸丰县

旧为大田所，城周五百丈有奇，崇二丈，门四。明洪武二十三年千户郑瑜甃，今圮。乾隆二十六年，估定城基周三里三分，后因地势险要，未建。嘉庆元年，“教匪”蠢动，知县康乂民倡筑土城（《县志》）。

① 尹寿衡：名克墨，恩施杉木坝人。清同治四年（1865）考中进士，官至四川眉州、资州、茂州知州，晋升中宪大夫、资政大夫。

② 南宫之捷：中进士的代称。

③ 溜：通“霤”。屋檐滴水处。

④ 瘵（zhài）：病，多指痨病。

利川县

设县时勘定城基周三里三分，嗣因僻在山区，未建。嘉庆元年，“教匪”滋扰，知县陈春波倡筑土城。道光元年，知县王星榆重修。今惟城楼及遗址尚存。道光二十八年，“粤贼”犯湖南，知县常镜峰议修石城，将兴工，以调汉阳解任，遂中止（《县志》）。

建始县

县城周围五百五十丈许，计三里有奇。昔为土垣，明正德七年，夔州府知府吴潜始易以石，崇一丈二尺，门四：东曰添禄，南曰望阳，西曰耸基，北曰崇碧，外环以濠。续经知县姚服瑱创置，楼雉百度维新，后因屡遭兵燹，坍塌殆尽，惟西南隅城墙尚有存者。迨乾隆年间知县邱岱略加补葺，仅存四门，嗣因地属偏徼[1]，奉文暂停修理（《县志》）。

公署

施南府

文署

府署，在城西南，系旧卫署。乾隆元年升府，因故基修建。岁久，榱栋[2]朽坏。道光五年，署府孙公仲清捐廉补修大堂、仪门及内宅、官舍等处，并立楚蜀要津坊于署东，控制岩疆坊于署西。咸丰七年，知府朱启仁建安砚楼于署二堂右，并八角亭船厅。

同知署，在利川建南镇。嘉庆元年倾圮，同知朱炘置行署于东门内。

通判署，在咸丰唐崖，今裁。

训导署，在学宫右。

经历署，在府署右。

武署

协署，在城西门内。同治七年，副将王久昌建览胜楼于署之座楼侧。

中军都司署，在城南门内。

左营守备署，在咸丰城内。

右营守备署，在利川忠路。

---

① 偏徼：边境。
② 榱栋：屋椽及栋梁。

恩施县

文署

县署，在东门内。先为县丞署，即明兵备道行署基。雍正六年，改卫为县治，仍卫署，寻升为府治，乃移县署于今考棚地，后因建立考棚，始移于此。嘉庆二年，知县尹英图作奖义堂。道光十二年，知县姒朝绾修理西廊文案房六间。十六年，知县王令仪修理客厅并立建平首邑坊于署东，振武岩疆坊于署西。二十九年，知县李嘉瑞修理大堂及东西廊十二房。咸丰十一年，知县多寿补修差房、狱舍数间。同治元年，捐廉补修头门、仪门。四年，建照墙一座。

学署，在黉宫[①]左。

县丞署，在城北九十里马者村，分防木贡。原在东门内，今县署地，乾隆二十年移此。

巡检署，在县东百二十里崔家坝。

典史署，在城内柿子坝嘉莲池，此即前卫千总署。

武署

城守把总署，在南门内。

分防把总署，在崔家坝。

演武场，在城北镇武桥。旧有射堂三楹，堂后有武侯祠。

宣恩县

文署

县署门堂、房室共四十二间，监狱一所，乾隆二年建。

学署，在学宫右。门堂、房室共十三间，厨房一间，乾隆二年建，咸丰十一年毁。

典史署，在县署西。门堂、房室共十三间，厨房一间，乾隆二年建，久圮。

巡检署，在县南百六十里乾坝。一在县东五十里东乡镇，系东乡土官旧署。

武署

城守署，在县署东。门堂、房室共十二间，演武厅三间，马房一间，兵房共四十间，乾隆二年建。

① 黉（hóng）宫：学校。

忠峒汛把总署，门厅、坐楼共九间，兵房共三十间，乾隆二年建。

来凤县

文署

县署，乾隆四年建。门堂、房室共四十六间，厨房二间，马房二间，二堂额曰“作新堂”，知县康乂民题。书房额曰“竹梧书屋”，知县方策题。有小房，有亭曰“政余亭”，知县陈炳常建。仪门左为土地祠，右为狱神祠，内狱三间，外监二间。嘉庆元年，“教匪”变毁，二年重建。咸丰十一年“发逆”[①]陷城，复毁，仅存头门、仪门、大堂、厨房。同治二年，重建西书房五间，余未修。

学署，乾隆四年建。明伦堂三间，三十六年设学，始建学署，门堂、房室凡十一间。嘉庆元年毁，二年重建，至咸丰四年倾坏过半。训导闵洪重建，咸丰十一年复毁。又至同治六年，训导项映重修。

县丞署，在大旺司。乾隆四年建，五十二年缺裁，署废。

巡检署，在卯峒。乾隆四年建，门堂、房室凡二十二间，厨房二间。

典史署，在县署右。乾隆四年建，门堂、房室凡十五间，厨房二间，马房二间。乾隆十九年，典史张成埭增修西院书房，南北各三间，嘉庆元年毁，二年重建。咸丰十一年，“发贼”陷城，复毁，仅存大堂、头门及二堂之半，同治四年重修。

武署

城守千总署，在西门内。乾隆四年建，通计九间，营房五十间。演武厅一座，嘉庆元年毁，二年重建。咸丰十一年复毁，同治四年重建。

把总署，在大旺司。乾隆四年建，衙署九间，营房三十间，演武厅一座。咸丰十一年毁，仅存头门一间，同治二年重修。

咸丰县

文署

县署，乾隆四年建。

学署，在学宫旁。

① “发逆”：对太平天国起义军的蔑称。

巡检署，在县西六十五里张家坪。

典史署，在县署左。

武署

城守把总署，在南门内县署左。

把总署，在县西五十里唐崖。

利川县

文署

县署，在南门街，乾隆五年建。

学署，在学宫旁。乾隆四十二年，训导戴廷杞修。

县丞署，在县南忠路铺，距城百三十里。

巡检署，在县北六十里南坪堡，一在县西建南镇。

典史署，在县署西。

武署

城守千总署，在县北门内。

把总署，在南坪堡，一在建南镇。

建始县

文署

县署，在城正中，自明季兵燹后悉皆草房。康熙二十六年，知县史晟始易以瓦。四十二年，知县刘珙征大堂外加修卷棚，东西科房。乾隆二年，知县武怡请帑增修。三十九年，知县吴森又重修头、二门，东西科房及大堂、二堂、三堂共九间，书房六间，厨房二间，门房二间，围墙九十九丈有奇，日久坍塌。道光二十一年，知县袁景晖补修。同治四年，知县熊启咏又倡捐新建三堂六间。

学署，原在学宫左侧。乾隆九年，知县武怡、训导岳尔藩移建西门内，创置大堂、头门、内厅、厢房凡十间，周围环以垣。三十二年，训导段枝萃补修。咸丰二年，训导张煟加修。

县丞署，在县北大岩岭。乾隆五十六年建，今圮。

典史署，在县署头门内左。雍正九年复设，乾隆三十四年，典史亢嗣基重修大堂、二堂、内宅，凡九间，厨房、厢房各二间，皂房四间。四十五年，典史沈钰补修。

武署

把总署，在城东北隅。

仓库（积储附）

施南府

府仓，在东门城楼及圆通寺。

府库，在大堂西侧，向无存库钱粮，未设库书[①]、库丁[②]，协署领饷回寄存府库，营弁[③]派兵看守。

同知仓

通判仓，向储咸丰县常平仓内。

恩施县

常平仓，在县署左右，共二十六廒，共贮谷一万八千石。库在大堂左侧，有库书四名。

社仓，分贮各里，共二十六处，历年糜耗，仅存其名。同治丙寅年，知县朱三恪同绅耆共筹款填之。

东崇宁里分储社仓十二，河水屯、蒋家坝、七渡溪、花被村、石板场、马尾沟、三里坝、滚龙坝、人山岭、落渡村、董家村、杉木寮，共贮谷一千六百五十六石六斗一升二合六勺。

南市郭里分储社仓四，南屯堡、朱砂溪、芭蕉村、落坡村，共储谷四百四十五石一斗一升三合。

西北都亭里分储社仓十，水田坝、三会驿、龙马村、大屯堡、落叶坝、金子坝、马者村、木贡村、木抚村、军寨，共储谷一千四百四十四石四升二合五勺。

通储谷三千五百四十五石七斗六升八合一勺。

义仓，在城内圆通寺右。以"怀""保""惠""鲜"四字编名，以"鲜"字仓为赈仓以备用，实共储谷一千二百八十四石五斗。嗣因岁歉平粜，秋收买还，除原数外，得赢余谷三十八石六斗六升五合。咸丰三年，因军需挪移，渐就废弛。同治三年，知府夏锡麒以赈仓平粜

① 库书：旧时官府仓库中掌管造册登记等事的吏员。
② 库丁：旧称在府库中当差、打杂的人。
③ 营弁：旧时称低级武官。

之赢余，为义仓之存息资本，钱谷互易，出入回环，至周且密，府县有案，仓所有碑。

赈济仓，在城内薛家巷。道光十七年，职员康光远捐设，共产业九契，每年额收课谷九十四石五斗，课钱七十七千二百文。康富资财，乐善好施，生平懿行不可枚举，其彰彰在人耳目间者，惟捐设此仓为最。前知府顾椿、知县王本立详请旌奖，加盐运同衔。咸丰九年，知府朱启仁勒石定章，由府遴绅轮管，十年知府黄益杰、同治三年知府夏锡麒先后示谕，仓中各有碑志。

宣恩县

常平内仓，在县署仪门左。以“大”“有”“庆”“丰”“年”五字编号，共五廒。常平外仓：在县署前十字街，以“民”“安”“物”“阜”“长”“歌”六字编号，凡六廒。原额设谷四千八百石整，又加充公租谷四百六十一石五斗，共五千二百六十一石五斗。历任共发谷二千零一十九石二斗，至代理知县周瑞任内，仅存三千二百四十二石三斗。周任内又动用七百二十八石四斗，实存谷二千五百一十四石九斗，又附贮社谷四十八石，共二千五百六十二石九斗。库房一间，在县署二堂内西。

社仓，在县治内大地坪。二所，东乡司忠建里、忠峒里各一所。

来凤县

常平仓，在县署西，乾隆四年建。两座六廒，共储谷一千五百石。三十二年，收捐监[①]谷一百八十三石六斗。四十二年，增二千三百一十六石四斗。六十年，湖南苗叛，奉文碾米济军无存。嘉庆初，知县朱鸣凤分年买补足额。咸丰十一年城陷，焚毁无遗。

库在县署大堂后，东西各一间。

社仓，乾隆初年建，共九处，一在县署西，余八处分设各里，共积谷二千六百石。嘉庆丙辰“教匪”变，荡然无存。咸丰九年，知县王颂三劝捐社谷一千六百三十八石六斗四升，分储十二里。咸丰十一年，“发逆”劫毁及兵勇就食，复荡然无存。嗣以大难初平，未议捐补。

咸丰县

常平仓，在县署内。以“官”“清”“岁”“稔”“踊”“跃”“输”“将”“新”“盈”“宁”十一字编号，共十一廒，原额设谷四千石，又附贮谷一千五百石，共五千五百石。嗣因咸丰

① 捐监：指明、清时期出资报捐而取得监生资格者。初只限于生员，后无出身者也可捐纳而成为监生，称为例监。

年间屡次挪发兵谷，动用无存。旋奉文劝捐弥补，实存谷四千二百二十五石六斗。

库在县署大堂左侧，户书兼管。

社仓，分建各里，共十二处，贮谷共二千零一石九斗四升六合八勺。历系各社长经理，嗣因咸丰十一年挪发兵谷，动用无存，尚俟筹补。

利川县

常平仓，在县署仪门左，共积谷四千石。

库在大堂西侧，有库丁四名。

社仓，知县吴人彦建。分置各里，共二十五处，积谷三千一百一十四石三斗一升八合一勺。咸丰年间半遭兵燹。

建始县

常平仓，在县署西，旧典史署基地。康熙五十五年，改建常平仓六间。雍正九年，知县武怡增修五间。道光二十一年，知县袁景晖重修十二间，下用石磉悬垫，储谷四千石。院内有仓神祠三间。

库在县署大堂左，有库书一名。

社仓，一在石臼驿，一在蒲塘溪，共贮谷二百五十二石六斗九升四合。

增修施南府志卷之五终

增修施南府志卷之六

建置志（关隘　坊市　村集　里甲　津梁　铺递　义举）

关隘

施南府　恩施县

五峰关（在城东二里。）

胜水关（在城东。）

振武关

石乳关（在城西北一百七十里。）

以上见《卫志稿》。

崔家坝（在城东一百二十里。）

戎角村（在城东一百二十里。）

暗利寨（在县南一百五十里。）

歌罗寨（在县南。）

老鹰岩（在城西。）

木贡（在城北一百里。）

以上见旧《府志》。

眠羊口　锦阳关　石灰窑　三磴岩　边南　风水河

长沙河　黄木垭　南里渡　卧犀坪　牛栏口　玛瑶河

瓦窑水　见天桥　雨河口　太阳河　青堡　杉木坝

龙马村　龙驹河　白岩头　板桥　蒿坝　大岩磏

大楼门　大太寨　罗针田　扦山

以上新《县志》。

宣恩县

东乡镇（在县东五十里。）

狮子关（在县东乡。）

东门关（在县南东门山上。）

小关（在县西五十里。）

干坝（在县南一百四十里。）

土地关（在忠建、忠峒路。）

胜水关（在忠建。）

虎城关（在忠建。）

野熊关（在忠建。）

野牛关（在忠建。）

水心寨（在水心山。）

怀来峒　七女栅　羊角寨　覃山寨

来凤县

散毛关（在县东南十五里，本名师壁峒。）

界址沟（在县南一百六十里。）

卯峒（在县西南一百二十里。）

兴隆坳

梅子岭（在县西南二百一十里。）

猫关在（县西一百里。）

老鸦关　滴水关　峡口关　分水关　龙家丫口　大板营

土地丫　薄刀岭　罗二箐　白杏木　苗溶　。　梯子岩

钟灵山　梅子树　沈木园　三台坡

咸丰县

土老坪（在县南。）

水车坪（在县西南。）

张家坪（在县西南六十五里。）

二仙岩（在县西南一百四十里。）

梅子坪（在县西南三十里。）

深溪关（在县西。）

活龙坪（在县西北一百八十里。）

石牙关（在县西北。）

老牙关　独乐关

利川县

两界关（在县东九十五里。）

忠路铺（在县南一百三十里。）

关口城（在县南二百四十里。）

建南镇（在县西三百六十里。）

挂子山（在县西二百二十五里。）

长堰塘（在县西北四十里。）

金子关（在县北四十里。）

南坪（在县北六十里。）

梅子关

以上旧《府志》。

石板顶　马鬃岭　大茅坡　青岩卡　麻园卡　夹壁卡

张高卡　羊角脑　麂子峡　关口卡　石门坎　小箐丫

软耳箐　黄连溪

建始县

建阳关（在县南二里。）

野三关（在县东一百二十里。）

建平关　龙驹关

石门关（在县东一百三十里。）

石乳关（三国时吴、蜀分界处，武侯曾至此，今呼十二关。）

龙驹河　马水河

耳石关（在县西北四十里。）

三角桩（在县西北八十五里。）

大岩岭（在县北一百二十里。）

总计入郡诸隘备览：

东由鹤峰、长阳、长乐入藩篱隘口三：眠羊口、锦阳关、石灰窑。

东由鹤峰、长阳、长乐入施门户隘口有口三：三磴岩、边南、风水河。

东南由湖南、鹤峰入施僻径门户隘口一：长沙河。

东北由宜昌入施大道藩篱隘口一：野三关。

东北由宜昌入施僻径藩篱隘口一：黄木垭。

东北由宜昌入施门户隘口一：南里渡。

南由四川酉、秀、黔、彭及南省辰、沅、永、常入施藩篱隘口三：东门关、卧犀坪、牛栏口。

南由四川酉、秀、黔、彭及南省辰、沅、永、常入施门户隘口二：玛瑙河、瓦窑水。

西由四川、湖南入施藩篱隘口一：见天坝。

西由四川、湖南入施门户隘口一：两河口。

北由四川入施藩篱隘口二：太阳河、青堡。

北由四川入施门户隘口二：杉木坝、龙马村。

北之东由巫山、建始入施藩篱隘口一：龙驹河。

北之东由巫山、建始入施门户隘口一：白岩岭。

北之西由四川入施藩篱隘口二：板桥、蒿坝。

北之西由四川入施门户隘口四：大岩磏、大楼门、大木寨、罗针田。

以上诸隘皆入郡之要害，远而藩篱，近而门户，具有险隘可据守之。

坊市

施南府城坊市凡二十三。

恩施县（附郭）

东

永胜坊（正街。）

永和坊（小十字街。）

一德坊（薛家巷。）

仁德坊（大阳沟。）

永寿坊（嘉莲池。）

联升坊（城外。）

南

镇远坊（正街。）

仁政坊（鼓楼街。）

上仁寿坊（葛家坡。）

下仁寿坊（大十字街。）

仁和坊（梓潼巷。）

文高坊（城外。）

胜高坊（城外。）

西

永宁坊（上正街。）

永宁坊（中后街。）

永胜坊（西城巷。）

北

清宁坊（正街。）

清顺坊（正街。）

永兴坊（珠市街。）

武胜坊（上城外。）

武胜坊（中城外。）

武胜坊（下城外。）

宣恩县

仁惠坊（前街。）

永兴坊（正街。）

丰乐坊（江西街。）

清宁坊（猪市街。）

祥兴坊（铁匠街。）

七郎坊（西街。）

贞吉坊（北街。）

安贞坊（东门街。）

兴隆坊（小东门街。）

兴南坊（凤嘴街。）

来凤县

彩耀街（东门内。）

正途街（东门内。）

凤鸣街（东门外。）

营房街（西门内。）

油房街（西门外。）

凤仪街（南门内。）

豫章街（南门外。）

常德街（南门外。）

盐　街（南门外。）

兴隆街（北门内。）

白鸟巷　青桐巷　鹤鸣巷　碧秋巷

咸丰县

西街　南街

利川县

东街　南街　西街　北街　羊叉街

建始县

东街　南街　西街　北街　朝阳街　十字街

村集

施南府　恩施县

东乡村集七

七里坪（在县东七里。）

莲花池（在七里坪之前，距七里坪十八里，距县二十五里。）

丫沐峪（在莲花池之前，距莲花池二十里，距县四十五里。）

三里荒（在丫沐峪之前，距丫沐峪九里，距县五十四里，今废。）

响板溪（在三里荒之前，距三里荒十六里，距县七十里。）

鸦雀水（在响板溪之前，距响板溪三十里，距县百里。）

崔家坝（在鸦雀水之前，距鸦雀水二十二里，距县一百二十里。按，此集即巡检、把总分防驻汛处，集前八里石梯子与建始接壤。）

东南隅村集十三

万寨（在七里坪南，距七里坪五十三里，距县六十里。按，此集与宣恩相错，集东属恩施，集南属宣恩。）

三岔口（在七里坪迤南，距七里坪三十二里，距县四十里。）

天生桥（在三岔口之南，距三岔口五十里，距县九十里。）

新塘（在天生桥之南，距天生桥二十里，距县一百一十里。）

保水溪（在新塘之南，距新塘五里，距县一百一十五里。）

红土溪（在保水溪之东南，距保水溪七十里，距县一百八十五里。）

石灰窑（一名十个棚，距红土溪六十里，距县二百四十里。按，此集东五里狐狸坪与鹤峰州交界，北五里与黄牛亮与建始接壤，南十里白岩溪与宣恩接壤。）

水沙坝（在天生桥之南，距石灰窑五十里，距县百四十里。）

大溪场（一名城墙口，在水沙坝之前，距水沙坝八十里，距县一百四十里。）

双土地（在红土溪之东，距红土溪三十里，距县二百里。按，此集即施州塘分汛外委驻防于此。）

黑湾（一名和湾，在莲花池南，距莲花池二十五里，距县五十里。）

沙子地（在黑湾之东，距黑湾三十五里，距县九十里。）

天鹅坪（一名麦子垴，在沙子地之南，距沙子地三十五里，距县一百二十五里。按，此集与建始地界相错。）

东北隅村集一

河水屯（在崔家坝之北，距崔家坝一十五里，距县一百四十里。按，此集与建始接壤。）

南乡村集六

天桥（在县南十五里。）

沙子坡（在天桥之前，距天桥五里，距县二十里。）

芭蕉（在沙子坡之右，距沙子坡四十里，距县六十里。）

桅杆堡（在芭蕉之前，距芭蕉四十里，距县九十里。）

盛家坝（在桅杆堡之前，距桅杆堡四十里，距县一百二十里。）

大吉场（一名大歇场，在盛家坝之前，距盛家坝二十里，距县一百四十里。按，此集之前牛栏口与宣利咸三县犬牙相错。）

南之东隅村集二

王家村（在天桥之东，距天桥四十五里，距县六十里。）

黄泥塘（在天桥之前，距天桥四十五里，距县六十里。按，此集与宣恩岩桑坪接壤。）

南之西隅村集二

朱砂溪（在沙子坡之西，距沙子坡三十里，距县三十里。）

罗家沟（在朱砂溪之西，距朱砂溪十里，距县四十里。）

西乡村集三

白果坝（在县西三十里。）

两河口（在白果坝之前，距白果坝五十里，距县八十里。）

见天坝（在两河口之前，距两河口三十里，距县一百三十里。）

西南隅村集一

柘林溪（一名牛滚垱，在两河口之南，距两河口四十里，距县一百二十里。）

北乡村集六

小龙潭（在县北三十里。）

金龙坝（在小龙潭之前，距小龙潭十里，距县四十里。）

龙马村（在金龙坝之后，距金龙坝二十里，距县六十里。）

杉木坝（在龙马之右，距龙马村三十里，距县六十里。）

梭布垭（在杉木坝之前，距杉木坝三十里，距县九十里。）

太阳河（在梭布垭之西，距梭布垭六十里，距县一百二十里。按，此集石乳关与四川奉节交界。）

北之东隅村集四

向家村（在小龙潭之右，距小龙潭十里，距县三十里。）

鸡心笼（在向家村迤东，距向家村十里，距县四十里。）

峦山子（在鸡心笼之东，距鸡心笼三十五里，距县六十里。）

白洋坪（在峦山子之东，距峦山子十五里，距县八十里。按，此集与建始龙驹河接壤。）

北之西隅村集九

方家坝（在县迤西二十里，左至罗针田，右至大屯堡。）

罗针田（在方家坝之西，距方家坝五十里，距县七十里按，此集石板顶与利川接壤。）

大屯堡（在方家坝之右，距方家坝四十里，距县六十里。左达马者村，右达红椿坝。）

马者村（在大屯堡之左，距大屯堡三十里，距县九十里。按，此集即县丞分治处。）

木抚（在马者之西，距马者三十里，距县一百二十里。）

红椿坝（在人屯堡之左，距人屯堡三十里，距县九十里。）

土峰凸（在红椿坝之前，距红椿坝三十里，距县一百二十里。）

蒿坝（在土峰凸之西，距土峰凸三十里，距县一百五十里。）

板桥（在蒿坝之西，距蒿坝十里，距县一百六十里。按，此集与四川奉节交界。）

宣恩县

施南里村集六

椒园（治西北十五里。）

庆阳坝（治西三十五里。）

倒洞塘（治西三十里。）

岩桑坪（治西二十五里。）

覃家坪（治西南三十里。）

卧犀坪（治西南六十里。）

东乡里村集六

万寨（治东北七十里。）

忠建河（治东八十里。）

长潭河（治东七十里。）

狮子关（治东南二十五里。）

洗马坪（治东七十里。）

干沟塘（治南十五里。）

高罗里村集三

板寮（治南六十里。）
下高罗（治南九十五里。）
新安坝（治南九十里。）

忠峒里村集一

畲刀沟（治东南一百二十里。）

忠建里村集一

李家河（治西一百六十里。）

木册里村集二

上洞坪（治西一百里。）
板栗园（治西南百三十里。）

石虎里村集二

小关（治西七十里。）
黄草坝（治南一百一十里。）

来凤县

城内集一

本城二、七日场，元阜里。附城无场。

亨康里村集一

旗鼓寨

利正里村集二

上寨　毛坝

贞肃里村集二

猴栗堡　三堡岭

孝原里村集三

革勒车　苏家堡　东流司

悌恭里村集二

旧司　杉木塘

忠崇里村集一

观音桥

信茂里村集一

大河坝

智乐里村集一

漫水

仁育里村集二

安抚司　小坳

勇敬里村集一

百户司

咸丰县

永丰里村集一

西南二门

乐乡里村集三

丁寨　土老坪　蓝田湾

太和里村集五

马河坝　龙坪　大兴场　散毛河　老李坝

平阳里村集五

忠堡　张家坪　杨洞　兴隆场　沙子场（交黔江界。）

仁孝里村集三

尖山寺　二台坪　清水塘

义悌里村集四

蛇盘溪　活龙坪　毛坝　中塘

礼忠里村集四

燕子岩　大村　小村　李子溪

智信里村集二

石人坪　黑洞

帮里村集一

大路坝

利川县

中汛村集十八

李子坳　黄泥坡　团包寺　野猪坪　长嵌塘　箐口　偏嵌　冷水坪　红椿沟　青岩茅坝　太和　大塘　丰乐　新场　三步街　兴隆场

忠路村集十一

忠路汛　大沙溪　椒园　沙溪司　十字路　双峰场　长滩坝　黄土池　老屋基　黄泥塘　岩门头（亦名乐利。）

南坪村集五

南坪汛　野茶坝　长堰塘　汪家营　七里沟

建南村集八：

建南汛　萝葡店　太平镇　兴隆场　箭竹溪　鱼泉口　白杨塘　小河

建始县

东乡村集九：

龙潭坪（一百六十里。）

青里坝（一百二十里。）

高店子（一百里。）

广福桥（九十里。）

三里坝（六十里。）

石垭子（八十五里。）

落水洞（七十里。）

大兴厂（七十五里。）

万福桥（八十五里。）

南乡村集十：

罗家坝（二十里。）

小客坊（十五里。）

红岩子（六十里。）

花果坪（一百里。）

杉树湾（一百零五里。）

土鱼河（六十五里。）

官店口（二百里。）

田家坝（一百二十里。）

挖葛垱（一百六十里。）

朱耳河（二百五十里。）

西乡村集二：

猫儿坪（十五里。）

上竹园（十二里。）

北乡村集九：

板桥子（七里。）

长梁子（三十里。）

下坝观（十五里。）

铜鼓凸（一百二十里。）

毛田（七十里。）

石臼驿（四十里。）

头坝堰（二十五里。）

黄土坎（八里。）

杜家坝（七里。）

里甲

施南府　恩施县

旧《府志》编户三里。东曰崇宁里，南曰市郭里，西北曰都亭里，各里每百户设乡约、保正各一名，牌头十名。按编户分里，《府志》及诸旧志皆未详。其实查恩邑自前明设卫与屯、里籍之外，复有屯籍。各志所载，俱以土著之民为籍，调拨而来者为屯籍。迄今岁征邑粮尚以屯、里为区别，里粮则较减屯粮三之一。而选举志载宋以来进士都亭乡外，又有常平道、政南崖等乡名，是不独有屯籍、里籍，而并有乡籍。《府志》“沿革”中载“明制施州卫辖五里”，而所列之里又只“崇宁”“市郭”“都亭”三里，并以崇宁专属之东，市郭专属之南，都亭专属之西北，与现今之疆理不合。

恩施县属县丞分治里甲：

一甲，离城四十里，周一百九十里。东抵巡检汛凉伞关，南抵二甲鱼古坝，西抵二甲麦地坝，北抵四川奉节县界。

以下每甲皆设村约一名，保正四名，甲长二十名，牌头二百一十名。

二甲，离城一百二十里，周一百二十里。东抵一甲土洞子，南抵四甲木抚，西抵利川县界，北抵四川奉节县土墙坝。甲长二十名，牌头二百二十名。

三甲，离城九十里，周一百九十里。东抵建始县龙驹河，南抵五甲茶山洞，西抵四甲鱼洞口，北抵一甲梭布垭。甲长二十三名，牌头二百三十四名。

四甲，离城一百四十里，周一百八十里。东抵二甲黄茨屋基，南抵六甲文字村，西抵利川县界，北抵一甲滴水岩。甲长九十名，牌头一百九十一名。

五甲，离城九十里，周一百八十里。东抵盘龙溪，南抵一甲横栏山，西抵一甲马者，北抵三甲青浦。甲长二十名，牌头二百名。

六甲，离城八十里，周一百八十里。东抵五甲月壁村，南抵八甲沙子门，西抵利川县界，北抵利川县石板岭。甲长二十一名，牌头二百二十名。

七甲，离城二十里，周一百一十里。东抵巡检汛燕子溪，南抵典史汛猪圈门，西抵七甲香炉村，北抵五甲三龙坝。甲长二十二名，牌头二百二十名。

八甲，离城二十里，周一百二十里。东抵典史汛方家坝，南抵典史汛沿长坡，西抵典史汛香炉滩，北抵四川奉节县界。甲长二十二名，牌头二百二十名。

以上八甲共设乡约八名，保正三十二名，甲长一百七十名，牌头一千四百八十六名。

恩施县属巡检分巡里甲：

一甲，离城一百二十里，周一百里。东抵建始县红岩子，南抵四甲青岩，西抵四甲麦子塥，北抵二甲河水屯。

每甲设乡约、保正同前，甲长十五名，牌头一百五十名。

二甲，离城九十里，周一百二十里。东抵一甲排粟，南抵四甲人山头，西抵四甲南里渡，北抵建始县界。甲长二十二名，牌头二百二十名。

三甲，离城九十里，周一百八十里。东抵一甲南里渡，南抵五甲三里荒，西抵县丞汛牵马岭，北抵建始县界。甲长十七名，牌头一百七十八名。

四甲，离城七十里，周一百八十里。东抵鹤峰州进宝岩，南抵五甲城墙口，西抵五甲城墙口，北抵一甲赵家村。甲长十七名，牌头一百七十名。

五甲，离城三十里，周一百二十里。东抵三甲一桶水，南抵大丫口，西抵七里茴香坝，北抵县丞汛马矢坝。甲长十九名，牌头一百九十三名。

六甲，离城二十里，周一百八十里。东抵鹤峰州界，南抵宣恩县界，西抵八甲长沙河，北抵七甲分水河。甲长十八名，牌头一百七十八名。

七甲，离城四十里，周一百二十里。东抵五甲沙子地，南抵五甲石板水，西抵八甲小木龙，北抵典史汛莲花池。甲长十九名，牌头一百九十名。

八甲，离城三十里，周一百一十里。东抵七甲石信村，南抵宣恩县界，西抵典史汛崔家河，北抵典史汛金银溪。甲长十四名，牌头一百四十名。

以上八甲共设乡约八名，保正三十二名，甲长一百二十七名，牌头一千二百八十九名。

恩施县属典史分列里甲：

一甲，环城附郭，周七十四里。东抵巡检汛瓮坡，南抵六甲徐家坝，西抵四甲高桥坝，北抵二甲小渡口。每甲乡约、保正同前，甲长二十一名，牌头二百一十名。

二甲，离城十里，周一百七里。东抵巡检汛老岩，南抵一甲小渡口，西抵三甲盐水溪，北抵县丞汛向家村。每甲乡约、保正同前，甲长二十四名，牌头二百四十一名。

三甲，离城二十五里，周一百一十里。东抵县丞汛下官屯，南抵四甲虎口洞，西抵四甲天蒜园，北抵县丞汛鸭松溪。甲长二十一名，牌头二百一十名。

四甲，离城三十里，周二百里。东抵一甲周家坪，南抵一甲白果坝，西抵利川县界，北抵三甲三岔口。甲长二十名，牌头二百一十名。

五甲，离城五十里，周八十里。东抵凉水井，南抵七甲桅杆堡，西抵利川县界，北抵四甲野鸡滩。甲长二十四名，牌头二百四十名。

六甲，离城二十里，周一百三十里。东抵巡检汛龙潭村，南抵八甲干溪，西抵七甲麻布井，北抵一甲石家坡。甲长二十名，牌头二百名。

七甲，离城七十里，周一百二十五里。东抵六甲麻布井，南抵三甲石角村，西抵宣恩县界，北抵九甲盛家坝。甲长十九名，牌头一百九十名。

八甲，离城四十里，周二百八十里。东抵巡检汛宋家湾，南抵九甲天池塘，西抵九甲车寮坝，北抵宣恩县界。甲长二十四名，牌头二百四十名。

九甲，离城一百一十里，周九十里。东抵山羊溪，南抵七甲天池塘，西抵宣恩县界，北抵宣恩县界。甲长二十四名，牌头二百四十名。

以上九甲共设乡约九名，保正三十六名，甲长一百九十八名，牌头一千九百八十二名。

宣恩县

编户七里

施南　石虎　木册　忠建　东乡　高罗　忠峒

共保正五十六名，甲长三百三十九名。

来凤县

编户十二里

东曰体乡里五：

诚一　元阜　亨康　利正　贞肃

南曰达德乡里三：

知乐　仁育　勇敬

西曰聚伦乡里四：

孝原　悌恭　忠崇　信义

每里分四甲，每甲乡约、保正各一名，共乡约四十八名，保正四十八名。

咸丰县

编户八里

永丰　乐乡　太和　平阳　仁孝　义悌　礼忠　智信

共保正六十四名。

利川县

编户七里

中汛三：市郭　都亭　讲让

共三十六保。

忠路二：怀德　兴仁

共二十八保。

南坪一：都里

共十五保。

建南一：向化

共十保。

建始县

编户七里

坊郭　太安　长寿　景阳　新陇　永福　革塘

今并景阳、新陇、永福、革塘于坊郭、太安、长寿内，实三里，分四甲，共乡约、保正三百五十名。

津梁

施南府　恩施县

东门渡（在县东门。）

鸭溪渡（在县东二十里。）

长沙渡（在县东三十里。）

风水河渡（在三岔口前，为往天生桥、新塘之大路。）

南里渡（一名南陵渡，在县东七十里，向为官渡。）

新渡坝（在花被村，下为眠羊口之上游，过渡即后塘坝、双土地之大路。）

老渡口（在县东九十里沙子地。）

木渡塘（在县东七十里二磴岩下。）

清平渡（在县东九十里。）

石信渡（在县东一百里。）

东津渡（在县东一百里。）

忠建河渡（在县东一百二十里。）

小渡口（在县北八里。）

红庙渡（在县北十四里。）

大龙潭渡（在县北二十三里，为四川、利川往来之要津。）

牛渚口（一名牛渡，在县北二十里。）

支里渡（在县北五十里。）

龙溪渡（一名龙驹河，在县北一百里，过渡即建始县地。）

麻姑渡（在县北一百二十里。）

桥坡渡（在县北一百二十里。）

牛乳河渡（在县北一百二十里。）

七渡河（在县北一百四十里，与利川接壤，为川楚往来之要津。）

登龙坝（在城内典史署西，旧传城中有詹词科故宅，桥当其前，里人重之，因名。桥跨小溪，源于后城，东流折而南傍嘉莲池，出闸口入清江。今大小十字街尽为民居，溪形半隐半现，桥于现处甃石以成。）

继志桥（在县东五里，旧名接佛桥。）

览胜桥（在县东北通潮溪上。）

活龙溪（在县东十五里。）

平安桥（在城东一百三十里。）

萃秀桥（在东乡大河口，距县二十二里，为往莲花池、利川之要津。）

冰霜桥（在县东花被村。）

同志桥（在县东问天台之麓。）

文明桥（在县南药水溪上。）

成志桥（在县南麒麟溪上。）

济政桥（在城南巴公溪上。）

玛瑙河（在县南。）

凌虚桥（在县南六十里。）

万寿桥（在县南六十里芭蕉下。）

乾溪桥（在县南八十里，为湖南及宣、来要津。）

石板溪（在县南。）

官渡河桥（在县南桅杆堡前。）

金华桥（在县西门外药水溪上。）

涌鲸桥（在西腰带溪上。按，旧《县志》即前文明桥。）

高桥（在县西十五里。）

镇武桥（在县北门外。）

盐水溪桥（在县北十五里。）

隆施桥（在县北十里金子坝。）

蟠龙桥（在县北十二里蟠龙溪上。）

广济桥（在县北凉水井。）

接龙桥（在县北沙河。）

乾元桥（在县北接龙桥侧。）

板桥（在县北金凤山前数里，始修用木，地因以名，今易石。）

龙水桥（在县北十二里。）

金龙坝桥（在县北四十里。）

多福桥（在县北四十五里衣角坝。）

采兰桥（在县北六十里，一名小楠木桥。）

罗针田桥（在县北。）

济川桥（一名方桥，在县北一百二十里太阳河。）

藤桥（在县北桥坡河之北，有藤四枝组结成桥，长数丈，里人呼为天藤桥。）

双桥（在县北一百二十里大岩磏下，东西两桥，故名。）

宣恩县

南门渡（在县南门外。）

新司河渡（在县东乡里，治东四十里。）

忠建河渡（在东乡里，治东九十里。）

乾溪渡（在高罗里，治西南一百一十里。）

泰平坝渡（在石虎里，治西一百二十里。）

桃子岔渡（在忠峒汛旁，治南一百二十里，即畲刀沟渡。）

李家河渡（在忠建里，治南一百五十里。）

穿箭河渡（在忠建里，治南一百四十里。）

岩脚河渡（在忠建里，治南一百六十里。）

仙人洞渡（在忠建里，治南一百六十五里。）

头道水渡（在忠峒里，治东南一百二十里。）

二道水渡（在忠峒里，治东南一百二十五里。）

老枧潭乡渡（在施南里，治西十二里。）

牛槽乡渡（在施南里，治西南十五里。）

同知营乡渡（在施南里，治西四十里。）

中坝乡渡（在施南里，治东五里。）

陈家湾乡渡（在施南里，治东十里。）

古屋基乡渡（在东乡里，治东二十里。）

冗洞河乡渡（在东乡里，治东六十里。）

栏杆坪乡渡（在忠峒里，治南一百二十里。）

踩水埠乡渡（在忠峒里，治东南一百七十里。）

叶家乡渡（在忠峒里，治南一百四十里。）

小东桥（在本城东门内。）

迎恩桥（在本城西门内。）

七里桥（在施南里，治南七里。）

龙洞桥（在施南里，治西八里。）

观音桥（在高罗里，治西南九十里。）

花栗堡桥（在东乡里，治东二十里。）

乾沟塘桥（在东乡里，治南十五里。）

穿箭河桥（在忠建里，治南一百五十里。）

李家河桥（在忠建里，治南一百六十里。）

马蹄桥（在东乡里，治东四十五里。）

板寮河木桥（在高罗里，治南七十里。）

李溪河木桥（在高罗里，治南七十五里。）

汤湾木桥（在忠建里，治南一百五十里。）

波萝埠木桥（在忠建里，治南一百六十里。）

来凤县

龙峒桥（县北五里。）

太平桥（县东五里。）

东流桥（县西三十五里。）

高洞桥（县西南三十里。）

天人桥（县西南三十里。）

三元桥（县西南六十里。）

安远桥（县西南七十里。）

石梁桥（县南一百一十五里。）

迎凤桥（县南九十五里。）

双凤桥（县东门外。）

高桥（在县南一里，即斗种桥也。）

霁虹桥（在县南一里，俗名接龙桥。）

双枫桥（县西十五里，旁有双枫，故名。）

五里桥（县南五里。）

利凤桥（县西里许。）

观澜桥（县东五里，乾元寺左。）

峡口桥（县东十里小河坪。）

越津桥（县南三十里红岩堡。）

明暗双桥（在卯峒。）

大河渡（在卯峒，往龙山大路。）

小河渡（在卯峒，往西大路。）

回龙桥（县南五十里上寨。）

文笔二桥（在忠崇里苦竹溪。）

兴隆石桥（在忠崇里芭蕉溪。）

双江桥（在忠崇里板斗科。）

三亭桥（在忠崇里纺车溪。）

观音二桥（在忠崇里，一石一木，名永镇桥。）

客寨河（即霁虹桥。）

红岩堡渡（县南三十里。）

上寨河渡（县南四十余里大车浦。）

堰寨河渡　官堰塘渡　花屋滩渡　近凤寨渡　斗坎子渡　简家潭渡　小坝渡

陈家滩渡（县东十里。）

倒开门渡（县东十二里。）

鲤鱼潭渡（县东十五里。）

老虎滩渡（在忠崇里。）

乾石洞渡（在忠崇里。）

咸丰县

鱼洞溪渡　芭蕉溪渡　唐崖渡　麻地坝渡　大屋涧渡

田寨河渡　大河边渡　白岩嘴渡　龙潭司渡　手扒岩渡

螺蛳滩渡　朝阳寺渡

通济桥（在城东十里。）

升龙桥（在县城南门外。）

大田坝岩桥（在县南。）

起凤桥（在县西门外。）

野猫河桥（在县西门外二十里。）

利川县

挽澜桥　三星桥　官渡桥　福寿桥　木站高桥　大塘高桥

九渡塘桥　新场大桥　堰水龙桥　鸦雀桥　毛坝石桥

白龙滩桥　杨柳桥　天生桥　桂花桥　龙门桥

建始县

龙驹河渡（在县南三十里，又名龙溪渡。）

马水河渡（在县东十五里。）

清江麻根垱渡（在县南一百三十五里。）

野三口渡（在县东南一百六十里。）

迎恩桥（在县南门外，今圮。）

惠远桥（在县南门外。）

通明桥（在县南一里。）

小灵桥（在县西十五里颜家。）

通进桥（在县北门外。）

宣化桥（在县北门外。）

指阳桥（在县北门外一里许。）

板桥（在县北七里。）

乌龙桥（在县北二十里，即下坝桥。）

摘星桥（在县北二十五里。）

襄政桥（在县东六十里。）

三里坝桥（在县东六十里，系木桥。）

福寿桥（在县东七十里落水洞。）

普渡桥（在县东八十五里石垭子。）

万福桥（在县东八十五里。）

广福桥（在县东九十里，今圮。）

普济桥（在县东一百零五里野三关。）

石门桥（即石曼桥，在县东一百二十里，凭空结构，传为仙人所造。）

文治桥（在县东一百二十里羊芊河。）

毛茸河桥（在县东一百四十里，今圮。）

野池坝桥（在县南二百三十里。）

史家村桥（在县南二百四十里。）

永安桥（在县西北七十里太阳河。）

铺递①

施南府

总铺，铺司二名。

恩施县

总铺，铺司二名。

东门底铺，铺司二名。

莲花池铺，铺司三名。（自东门底铺至此三十里。）

丫沐峪铺，铺司三名。（自莲花池铺至此二十里。）

一桶水铺，铺司三名。（自丫沐峪铺至此二十里。）

① 铺递：指驿站。

南里渡铺，铺司三名。（自一桶水铺至此二十里。）

滚龙坝铺，铺司三名。（自南里渡铺至此二十里。）

崔家坝铺，铺司三名。（自滚龙坝铺至此二十里，自此十五里达建始县红岩子铺。）

南门底铺，铺司一名。

天桥铺，铺司二名。（自南门底铺至此十五里。）

乾溪铺，铺司二名。（自天桥铺至此三十里，至此二十里达宣恩县椒园铺。）

芭蕉铺，铺司一名。（自南门底铺西行至此六十里。）

桅杆堡铺，铺司一名。（自芭蕉铺至此三十里。）

天池铺，铺司一名。（自桅杆堡铺至此三十里。）

下营坝铺，铺司一名。（自天池铺至此二十里，自此三十里达咸丰县七十塘铺。）

北门底铺，铺司一名。

方家坝铺，铺司二名。（自北门底铺西行至此二十里。）

黄草坡铺，铺司二名。（自方家坝铺至此四十里。）

罗针田铺，铺司二名。（自黄草坡铺至此三十里，自此三十里达利川县长嵌铺。）

北门达建始底铺，铺司一名。

沿长坡铺，铺司二名。（自北门底铺东行至此二十里。）

鸡心笼铺，铺司二名。（自沿长坡铺至此二十里。）

峦山子铺，铺司一名。（自鸡心笼铺至此二十五里，自此二十五里达建始县龙驹河铺。）

共二十四铺，额设铺司四十六名，俱系徭编。

按，恩施县铺司咸丰二年奉文裁汰，改派差递，旋于同治八年照旧复设。

宣恩县

总铺，铺司四名。

刘家庄铺，铺司一名。（自总铺东行至此二十里。）

东乡铺，铺司一名。（自刘家庄铺至此三十里。）

乾沟铺，铺司三名。（自总铺南行至此十五里。）

茅坝铺，铺司二名。（自乾沟铺至此二十五里。）

东门关铺，铺司二名。（自茅坝铺至此二十里。）

高罗铺，铺司二名。（自板寮铺至此二十里。）

头道水铺，铺司三名。（自高罗铺至此二十里。）

乾坝铺，铺司二名。（自头道水铺至此二十五里。）

崖脚铺，铺司二名。（自乾坝铺至此二十五里，自此十八里达来凤县峡口寨铺。）

忠峒铺，铺司四名。（自头道水铺东行至此三十五里。）

椒园铺，铺司四名。（自总铺西北行至此二十里，自此北行二十五里达恩施县乾溪铺。）

倒峒铺，铺司二名。（自椒园铺至此三十里。）

大岩坝铺，铺司二名。（自倒峒铺至此二十五里。）

黄草坝铺，铺司二名。（自大岩坝铺至此二十五里，自此二十五里达咸丰白叶坝铺。）

共二十六铺，额设铺司三十五名，俱系徭编。

按，宣恩县铺司咸丰二年奉文裁汰，改派差递，旋于同治八年照旧复设。

来凤县

总铺，铺司二名。

本城，铺司二名。

峡口寨铺，铺司二名。（自在城东行至此十五里达宣恩县崖脚铺。）

散毛铺，铺司二名。（自在城铺西北行至此十五里。）

革勒车铺，铺司二名。（自散毛铺至此四十里，自此二十五里达咸丰县土老坪铺。）

石门崖铺，铺司二名。（自散毛铺西行至此四十里。）

大旺铺，铺司二名。（自石门崖铺至此四十里。）

卯峒铺，铺司二名。（自漫水铺至此四十里凉水井铺。）

漫水铺，铺司二名。（自上寨铺至此三十里。）

上寨铺，铺司二名。（自红岩堡铺至此二十里。）

红岩堡铺，铺司二名。（自在城铺至此南行至此二十五里。）

共十一铺，额设铺司二十二名，俱系徭编。

按，来凤县铺司咸丰二年奉文裁汰，改派差递，旋于同治八年照旧复设。

咸丰县

总铺，铺司四名。

猴子岭铺，铺司二名。（自总铺东行至此十五里。）

邢家村铺，铺司二名。（自猴子岭铺至此十五里。）

白果坝铺，铺司二名。（自邢家村铺至此二十五里，自此二十里达宣恩县黄草坝铺。）

十字路铺，铺司二名。（自总铺南行至此十五里。）

土老坪铺，铺司二名。（自十字路铺至此二十五里，自此四十里达来凤县革勒车铺。）

水车坪铺，铺司一名。（自总铺西南行至此三十里。）

张家坪铺，铺司一名。（自水车坪铺至此二十里，自此四十里达四川黔江县。）

梅子坪铺，铺司二名。（自总铺西行至此三十里。）

唐崖铺，铺司三名。（自梅子坪铺至此二十里。）

七里塘铺，铺司一名。（自唐崖铺至此三十里，自此三十里达恩施县下营坝铺。）

马家池铺，铺司二名。（自总铺西北行至此八十里。）

两河口铺，铺司二名。（自马家池铺至此三十里。）

毛坝铺，铺司二名。（自两河口铺至此三十里。）

活龙坪铺，铺司二名。（自毛坝铺至此四十里，自此四十里达利川县沙溪铺。）

共十五铺，额设铺司三十名，俱系徭编。

按，咸丰县铺司咸丰二年奉文裁汰，改派差递，旋于同治八年照旧复设。

利川县

总铺，铺司三名。

火铺塘铺，铺司三名。（自总铺东行至此三十里。）

下马溪铺，铺司三名。（自火铺塘铺至此三十里。）

长嵌铺，铺司三名。（自下马溪铺至此至此三十里，自此三十里达恩施县罗针田铺。）

三渡水铺，铺司二名。（自总铺西行自此三十八里。）

继长坝铺，铺司二名。（自三渡水铺西行至此三十八里。）

谭丈沟铺，铺司二名。（自继长坝铺至此三十里。）

孙家塘铺，铺司二名。（自谭丈沟铺至此二十里。）

忠路铺，铺司二名。（自孙家塘铺至此二十里。）

下道子铺，铺司一名。（自忠路铺至此五十里。）

沙溪铺，铺司一名。（自下道子铺至此三十里，自此四十里达咸丰县活龙坪铺。）

小箐塘铺，铺司二名。（自总铺北行至此二十里。）

南坪铺，铺司二名。（自小箐塘铺至此三十里。）

石灰窑铺，铺司二名。（自南坪铺至此四十里。）

白杨塘铺，铺司一名。（自石灰窑铺至此三十里。）

杨坡地铺，铺司二名。（自白杨塘铺至此三十里。）

水田坝铺，铺司二名。（自杨坡地铺至此四十里。）

建南铺，铺司二名。（自水田坝铺至此三十里，自此七十里达四川龙驹坝，八十里达四川石柱县。）

共十八铺，额设铺司三十七名，俱系徭编。

按，利川县铺司咸丰二年奉文裁汰，改派差递，旋于同治八年照旧复设。

建始县

总铺，铺司三名。

牛角水铺，铺司二名。（自总铺南行至此十五里。）

龙驹河铺，铺司二名。（自牛角水铺至此十五里，又南行三十里达恩施县峦山子铺。）

马水河铺，铺司二名。（自总铺东行至此十五里。）

小坝铺，铺司二名。（自马水河铺至此四十里。）

乾沟铺，铺司二名。（自小坝铺至此三十里。）

石门铺，铺司三名。（自乾沟铺至此三十里。）

连三坡铺，铺司三名。（自石门铺至此三十里。）

箐口铺，铺司三名。（自连三坡铺至此三十里，又东行四十里达巴东县三尖观铺。）

羊背陇铺，铺司二名。（自总铺东南行至此三十里。）

核桃园铺，铺司二名。（自羊背陇铺至此三十里。）

红岩子铺，铺司二名。（自核桃园铺至此十五里，又西南行十五里达恩施县崔家坝铺。）

共十二铺，额设铺司二十八名。

按，建始县铺司咸丰二年奉文裁汰，改派差递，旋于同治八年照旧复设。

《添设健足章程》

乾隆二十年八月，准宜昌府移据巴东县。详据马夫等禀：差使烦多，马夫额设无几，势难分身兼顾，且马递施南公文，路途崎岖。内有杨柳荒三十余里，深林密箐，并无居民、店铺，每积雪凝冰与春夏雨发，泥深尺许，滑溜难行。更有箐口，沿途荒山甚多，而虎豹熊犲之类时常出没。请饬令各铺兵，若值夜晚，遇公文驰递到铺，即持火把护送，庶公文得以迅速。详奉藩臬[1]批饬，仰宜昌府会同施南府即速妥议详夺，并准宜昌府饬据巴东县议详，将建始县箐口塘拨设健足一二名，专司接递巴东县马夫递回之公文，彼此尚觉适中等因，移请会稿。据详，饬令建始县选拨健足二名，县给钤印[2]发号，庶责有攸归，并饬该邑遵办各等情，详奉批准在案。

三十九年五月，因接到省中各件公文破烂迟误，请仿照荆、宜二府，于郡城召募健足数名，将府县文禀按五日一次，径送省城，甚属便捷。施郡距省更远，应请仿照设立健足六名，在郡轮流差送六邑公文，饬交恩邑总铺。同府发申，每逢一、六日，差健足一名，送省交江夏总铺折封分投。其省中逐日行府及六邑一切公文，亦交回施健足收投，往返以二十六日为限。其健足六名，每名公食六两，每次脚价银二两四钱，每月六次。闰月六邑轮派一次，无须另差专役。较之从前，转觉省便。当经详奉批准在案。

四十年，据恩邑详请，各县按月轮次派拨，其公食银两，自行给发。嘉庆二十年，因各健足盘费不敷，多有迟误。府饬各属加添银一两四钱，共银四两四钱，现在遵照办理。

义举

施南府

恩施县

育婴堂，向在捕署左侧，屋二，向地基阔（丈尺，深((丈(尺，因经费未充，暂为停止。同治七年，知府张观钧筹费四百串，题“一片婆心”匾额于堂。九年，知府周庆榕创兴六文会，每日自捐二十会倡首，劝谕绅民日捐，共得二百数十会，事遂行。

义学见学校志

义仓见仓储志

明生员张泰阳于东门渡造清江桥，冬设春撤，当时稍便，圮后为官渡。旋有邑人康兴廉于嘉庆十六年置卖田产，捐设义渡，东关外立有碑记。后一并归入湖南会馆经理，现每年冬

① 藩臬：藩司和臬司。明清时期布政使和按察使的并称。
② 钤印：盖印章。

水涸时，权搭木桥，至暮春水涨始撤，仍用船渡。

明指挥使[①]唐贵于成化三年，在县南麒麟溪上始修木桥一座。万历六年，卫人周汲泉重修，易以石，因奉父命成之，故名成志桥。康熙九年，守备[②]贾进才、齐文胜再修。乾隆五十一年，张姓补修。嘉庆二十一年，宣恩宋宏加修，一名便冬桥。《湖广通志》既载此桥，又载便冬桥，实一桥也。今俗呼南门大桥，有碑见艺文志。

明指挥使唐贵、贡生李庠，在城南巴公溪上用木修济政桥。卫人周汲泉重修，易以石。康熙间复修。嘉庆十六年重修，知府谭光详更名丰乐桥，有碑见艺文志。

明指挥使孙本于宣德十年建镇武桥。正统间指挥使冯广重修。康熙中，游击[③]卢达再修。嘉庆年，里人重修。今俗呼北门外小桥。

高之维于嘉庆二十三年建修金龙坝桥。

康先之道光年间捐修建始县野三河石桥一座，行人称便。

节妇刘孙氏建冰霜桥。

邑令常懿麟于道光二十年督绅重修盐水之后乐桥。

卫守备衔康明士咸丰年间重修继志桥，旧名接佛桥。

陈士福等于咸丰三年募修多福桥，大水冲坏桥石数条。同知黄元弼补修。

邑庠向懋德、刘宣扬等捐资同修同志桥。

贡生曾毓珏等于咸丰九年募修乾溪桥。

邑庠黄显声咸丰丁巳年倡修平安桥，凿石架梁，若天造地设者，自是平安若大路然，故名。

守御所千总衔幸永春同治元年捐资重修活龙溪下桥。

康应甲于同治八年补修西门外金华桥。

狮象桥，在县西八里，居狮象二堡之间，绅耆捐修。

明教授王逮卫、镇抚石林造文明桥，因又名王公桥。康熙间崔成玉重修。

邹世侣嘉庆年间在长沙河捐设义渡。

陆邦采捐设忠建河义渡。

里人捐设南里渡义渡。

（恩、建）人捐设小渡口义渡。同治四年，康明士复造木桥一座，冬设春撤。

① 指挥使：明代武职，卫最高军事长官，秩正三品。
② 守备：清代武职，主掌一城营务粮饷，秩正五品。
③ 游击：清代武职，分领营兵，秩从三品。

桥坡渡，里人捐设义渡。

牛乳河，里人捐设义渡。

七渡河，里人与利邑人共捐设义渡。

商文礼道光年间捐施棺木十数载，每施一副，并给葬资钱数百文。

水龙二架，一存义仓，一存鼓楼，广福、江西、湖南三会馆公置一架，郡绅耆公置一架。

江西会馆同治初年起议捐施棺木，有来领者必详记其姓名，至百副讫，建斋超度，并寄冥箦百。如本省有廉捐施者会馆即停捐，让其施满，再为接施，永远不替。

盐运同[1]衔皮家骅同治七年捐施棺木二百副，每百副讫，建斋三日，寄冥箦百。

刘亦生同治八年捐施棺木三百副，每日副讫，建斋三日，寄冥箦百。

宣恩县

理问厅衔宋宏垣于县南关外增义渡船二只，田一处，屋三间，价银八百两，作义渡之资，前县李赠以"好德如川"匾额。

又于西关外捐修迎恩桥一座。

又修迎恩厅一座，厅后增设孤贫院，左右分别男女。百福堡义地一所，共银一千五百余两。

又于老关庙捐修天枢楼一座，以培文风，用银三百两。

来凤县

营金声于乾隆壬寅年设上寨河义渡，船一、夫一，捐简家塘水田一丘，后以余积添置体河水田并房屋，永作船夫之资。

刘玉堂等于堰寨渡、官堰塘二处设义渡，募资五百余金买置田地，以作渡夫工食及岁修之资。

覃善基于乾隆十年捐建太平桥。

县丞蒋灏于乾隆十六年捐建三元桥，未竣。十八年，县丞浦又洪捐廉重建。

县丞浦又洪于乾隆二十一年捐建安远桥。

巡检董天祥乾隆二十一年捐建石梁桥、迎凤桥。

刘正国乾隆间倡建明暗双桥。

① 盐运同：都转盐运使司同知的省称，即盐运使属下，管理某一地区盐务的官员。

巡检沈怀枫乾隆五十五年倡设大河义渡。

邑绅耆于嘉庆十三年建霁虹桥，今五十余年得免胥溺之患。

杨文龙于道光元年捐建越津桥。

巡检陈文灼，里人田定朝、彭光荣等于道光二十三年捐设小河义渡。

张培桂于道光二十九年捐建观澜桥。

首士何文龙等十六人于嘉庆六年倡建义堂，捐施棺木，收掩露骸。原置产业遭咸丰十一年兵燹，仅存地基五处并茅坪熟土一块，堰堡山熟土一块。同治八年，知县尹文翰增捐钱二十串以助其施。

增修施南府志卷之六终

增修施南府志卷之七

学校志（庙制　学额　学田　考棚　书院　宾兴附义学）

人才之生在乡邑，人才之聚在朝廷，而陶成之者学校也。迄今人文蔚起，科第[①]频兴，儒雅彬彬，增光上国[②]，圣朝菁莪[③]之化于斯为盛。而增宾兴[④]、广学额，复建书院，添置义学，鼓舞振作之道，亦日兴而日异。继起者宜何如砥砺，勉图上进欤？谨以庙制之源流著于篇，而学田[⑤]、考棚[⑥]亦以类从焉，志学校。

学校

钦依刊立卧碑。（顺治九年颁。乾隆四十三年，知府汪献琛勒石。）

御书“万世师表”题额。（康熙二十三年）

御制《训饬士子文》。（康熙四十一年）

上谕加封孔氏五代，改启圣祠为崇圣祠。（雍正元年）

御制《圣谕广训》。（雍正二年）

御书“生民未有”题额。（雍正三年）

上谕《避孔子圣讳》。（雍正四年）

奉旨颁发《平定青海告成太学碑文》。（雍正六年）

御书“与天地参”题额。（乾隆元年）

钦定乐用六佾[⑦]，设乐舞生四十名，免府县试。（乾隆五年）

钦颁祭祀乐章。（乾隆九年）

奉旨颁发《平定金川告成太学碑文》。（乾隆十四年）

奉旨颁发《平定准噶尔告成太学碑文》。（乾隆二十年）

① 科第：科举制度考选官吏后备人员时，分科录取，每科按成绩排列等第。
② 上国：京师，国都。
③ 菁莪：比喻人才教育。典出《诗经·小雅·菁菁者莪》：“菁菁者莪，在彼中阿。”
④ 宾兴：科举时代，地方官设宴招待应举之士。亦指乡试。
⑤ 学田：指为学校所置之田，以其地租收入充为文庙祭祀、师生俸廪及补助贫士的费用。
⑥ 考棚：清代各府、直隶州所设临时性考场。
⑦ 六佾（yì）：古代乐舞的行列，每八人为一行，为一佾。

奉旨颁发《平定回部告成太学碑文》。((乾隆二十四年)

奉旨颁发《平定两金川告成太学碑文》。(乾隆四十一年)

恩诏[①]增广学额，大学加取五名，中学加取三名。其取进六名以上者加取三名，四五名者增额二名，二三名者增额一名。(乾隆六十年)

恩诏直省儒学增广学额一次，大学加取七名，中学加取五名，小学加取三名。(嘉庆元年)

御书"圣集大成"题额。(嘉庆四年)

恩诏直省儒学增广学额一次，大学加取七名，中学加取五名，小学加取三名。(嘉庆四年)

御书《平定三省纪略》。(嘉庆七年)

恩诏直省儒学增广学额一次，大学加取七名，中学加取五名，小学加取三名。(嘉庆二十五年)

御书"圣协时中"题额。(道光元年)

恩诏直省儒学增广学额一次，大学加取七名，中学加取五名，小学加取三名。(道光元年)

御书"德齐帱载"题额。(咸丰元年)

恩诏恩施县永广文武学额各二名、暂广各二名，宣恩县暂广各一名，来凤县暂广各一名，咸丰县暂广各一名，利川县暂广各四名，建始县暂广各一名。(咸丰十年)

御书"圣神天纵"题额。(同治三年)

恩诏恩施县永广各一名、暂广各一名，咸丰县暂广各三名，来凤县暂广各一名，利川县暂广各三名，建始县暂广各三名。(同治三年)

恩诏恩施县永广各一名、暂广各二名，宣恩县暂广各二名，咸丰县暂广各一名，来凤县暂广各四名，利川县暂广各四名。(同治六年)

恩诏利川县永广文武学额各二名。(同治九年)

以上广额系以银一万两助饷加广永远文武学额各一名，银二千两加广一次文武学额各一名。

颁发学宫经籍:《日讲四书》《周易折衷》《书经传说汇纂》《诗经传说汇纂》《春秋传说汇纂》《三礼义疏》《孝经注》《性理精义》《十三经注疏》《二十一史》《明史》《朱子全书》《通鉴纲目》《资治通鉴纲目三编》《唐宋文醇》《渊鉴古文》《四书文》。

以上府学及各县学皆同。

① 恩诏：帝王降恩的诏书。

庙制

施南府

学宫，在城内象牙山之阳。乾隆元年，知府田三乐倡建，三年工竣。三十五年，知府张映泰补修。五十四年，知府赫尔谨倡修，未竣。嘉庆五年，知府马维驭捐廉倡率署恩施县知县蒋遇春、府学训导欧阳暨及绅士李延柱、崔元魁、李璠等重修。道光元年，署府学训导蔡熏劝谕恩施童生金某捐资补修各处。

大成殿，基高五尺，殿前月台绕以石栏，前为拜台，甃以石。

东西两庑，道光十三年，知府王协梦捐廉修制先贤、先儒各神牌及龛座。

大成门，左为金声门，右为玉振门。道光八年，署恩施县知县张启云、训导罗德昆倡率监生吴文儒、廪生李大魁改建，并以余资补修各处。

泮池，在大成门前，上有桥，环池甃以石。

棂星门，在泮池前，门前有“文明重地”坊，坊前有影壁，左右角各有黉门。同治五年，知府夏锡麒改建“文明重地”坊，中、左、右各一门，均以长石横竖为楹。

名宦祠，在大成门左。

乡贤祠，在大成门右。乾隆四十二年，知府汪献琛始立二祠神牌，并设正殿钟鼓。同治十年，知府周庆榕捐廉油漆名宦、乡贤神牌各处匾额，装修正殿龛座并补砌前后围墙。

崇圣祠，在大成殿后之西。

尊经阁，在崇圣祠前。

明伦堂，在尊经阁前。

学署，在明伦堂后。

内署，在尊经阁后。

府学存贮乐器，琴六张（并架）、瑟四张（并架）、敔[①]一座（并杈）、围一座（并筑）、镈钟一口（并架）、应鼓一面（并架）。

府学存贮祭器，木登[②]三件、木铏[③]三十二件、木簠[④]五十八件、竹笾[⑤]二百三十四件、木

① 敔（yǔ）：乐器名。在雅乐结束时击奏。又名楬。
② 登：古代食器。似豆而浅。
③ 铏：盛羹的器皿。
④ 簠（fǔ）：祭祀或宴盛放黍稷的器皿。
⑤ 笾：古代举行祭祀、宴会时用以盛果脯等食品的器皿。

豆[①]二百三十四件、铜爵[②]三十三个。锡登一个（有匣）、锡铏一个（有匣），以上二件系前府杨毓江捐制。朱漆爵垫十七个、锡香炉大小二十座、锡烛台大小二十三对、锡爵杯二百三十六件。

以上锡祭器计点锡重二百一十六斤三两，系知府王协梦同署恩施知县陈肖仪捐制，发学交斋长[③]，敬谨收贮，备祭学官，入于交册。

恩施县

学宫，即施州卫学地，原在城南门外，后迁治北。明景泰中，佥事沈庆、守备任忠复迁南门外。弘治中，参议林矿、佥事郑岳复迁南门内之右，即今学也。崇祯十二年，抚夷同知宋洪泰重修。康熙四十三年，守备傅天锡，教授张佐瑞、酆维宪重修。乾隆十一年，教谕魏荣楠、训导朱鳌等接次补修。嘉庆七年，知县李钟白捐廉倡率士民修补。道光二年，教谕石时和会同知县左章炳倡率绅士李朝举、朱荣禄、杨联绶、李文玉、陈启栋、赖朝阳、邓士林、陈廷芳、田岱云、胡汉章、李大魁、李大经等劝捐重修。至道光七年，署知县张起云落成。

大成殿，基高五尺，殿前月台，台下拜台，高五寸，俱甃以石。先师[④]及四配[⑤]、十哲[⑥]，旧俱有像，今另奉木主于前。

东西庑，东庑，北有金声亭，南有奎文阁。西庑，北有玉振亭，南有尊经阁。俱系道光七年添建。

大成门

泮池，在大成门前，上有桥，环池甃以石。前有红墙，左右角各有黉门。

名宦祠，在大成门左，祠左红墙有小黉门。

乡贤祠，在大成门右。

崇圣祠，在大成殿后之东。

明伦堂，在崇圣祠前。

仪门，在明伦堂前。

学署，在明伦堂后，东西各三间。

① 豆：古代食器。形似高脚盘。
② 爵：古代饮酒的器皿。
③ 斋长：书院职事名。负责协助山长、监院等，劝善规过，倡率诸生学习。
④ 先师：指孔子。
⑤ 四配：东配为颜子、子思，西配为曾子、孟子。
⑥ 十哲：指孔子的十个弟子，即颜渊、闵子骞、冉伯牛、仲弓、宰我、子贡、冉有、季路、子游、子夏。

宣恩县

学宫，在县城内西街。乾隆五年，以土司署改建。

大成殿　东西庑　大成门　泮池　名宦祠　乡贤祠　崇圣祠　明伦堂　学署

来凤县

学宫，在县城内东街。乾隆五年，知县于执中倡建。嘉庆七年，知县朱鸣凤、训导萧琴倡率重修，大成殿重修时加厚基址。

东西庑　大成门

泮池，在大成门前。道光八年，训导孙蕡劝浚。

棂星门，在泮池前。嘉庆十六年，拔贡生王廷弼、举人曾有光等倡建。

名宦祠，嘉庆十六年建。

乡贤祠，嘉庆十六年建。

崇圣祠，在大成殿后。

尊经阁　忠孝节义祠　明伦堂　学署

咸丰县

学宫，在县城内西街。乾隆五年建，后圮。四十二年，迁于东门外。五十六年，知县张曾敕，训导胡烜，邑军功杨胜岳，生员冯世镄、蒋进绶倡率重建。

大成殿　东西庑　大成门　泮池　崇圣祠　明伦堂　学署

利川县

学宫，在县城内东街。乾隆五年建。

大成殿　东西庑　大成门　泮池　名宦祠　乡贤祠　崇圣祠　明伦堂　学署

建始县

学宫，原在县城西门外。元大德间建，洪武七年重修，明末圮。后土人于地中掘得先师铜像。掘时，像系东向，遂建庙向东。康熙十二年，知县谭性学改建治北。二十四年，知县吴李芳重修。三十年，知县史晟复改建于城西北隅，仍东向。四十六年知县刘珙征、雍正十年知县武怡、乾隆十八年知县邱岱屡经补修。三十三年，知县严锡纮略加修葺。四十八年，署知县陈瞻燧捐廉倡率士民悉加修理。

大成殿，先师铜像下列七十二贤像。

东西庑　大成门　泮池　棂星门

名宦祠，在大成门左。

乡贤祠，在大成门右。

崇圣祠

明伦堂，在大成殿左。乾隆十八年建。

学署，在旧节孝祠右。

学额

施南府

文学，八名。

武学，四名。

廪生，四名。

增生，四名。

恩施县

文学，十五名。咸丰、同治年间，捐输军饷加额四名。

武学，十五名。咸丰、同治年间，捐输军饷加额四名。

廪生，十二名。

增生，十二名。

宣恩县

文学，二名。

武学，二名。

廪生，二名。

增生，二名。

来凤县

文学，二名。

武学，二名。

廪生，二名。

增生，二名。

咸丰县

文学，三名。

武学，二名。

廪生，二名。

增生，二名。

利川县

文学，四名。同治年间，捐输军饷加额二名。

武学，二名。同治年间，捐输军饷加额二名。

廪生，八名。

增生，八名。

建始县

文学，八名。

武学，八名。

廪生，二十名。

增生，二十名。

雍正七年部议，湖北施州卫改为恩施县，应照各县例将原设廪、增各四十名之数，各裁去二十名，留二十名，二年一贡。

乾隆三十六年部议，湖北施南府属宣恩、来凤、咸丰、利川四县于乾隆元年改土归流。嗣于乾隆四年议准，另编新字号考试，四县共酌进童生一二名，暂归恩施县学管辖，并未按县置学。现今人文充盛，应照该省鹤峰州、长乐县并湖南永顺府暨保靖诸县之例，分设学额。嗣后，宣恩、来凤、咸丰三县准其各取三名，利川县取进四名。至施南府设立府学，将府属恩施县学原额十五名内量减三名，建始县学原额八名内量减一名，拨入府学。此外，于六县中酌取四名，定为学额八名，令该学政岁科两试时严慎校阅，如佳卷不敷，宁缺毋滥。至各县廪、增额数并校试武童，亦准其照鹤峰、长乐二州县之例，俟将来人文再盛，另请增设。并将宜昌府训导拨改施南府学，东湖县训导拨改来凤县学，巴东县训导拨改咸丰县学，归州训导拨改利川县学，恩施训导拨改宣恩县学，以专训迪。

乾隆三十九年部议，湖北施南府属宣恩、来凤、咸丰、利川四县，自乾隆三十六年各设学额，所有旧附恩施考试各生，业经拨归各学管辖，但未设有廪、增额数。查利川人文较盛，拨回之生已有六十余名，内实廪八名、候廪三名，应将恩施县原额廪、增各二十名，俱减为十二名，以八名拨入利川县。即以拨回之现廪八名补实，遇有缺出，以候廪三名收补。增八名，除将候补实补外，余以拨回之生，照考案序补其府学及宣恩、来凤、咸丰三县，俟设学十年后，自四十六年为始，各设廪、增二名。现在考试各童，来凤、咸丰俱有候廪二名，即令认保至设廪之年，准其先与补实。宣恩责令拨回之附生暂行认保回学，均照定例，设廪后必食饩[①]十年，方准出贡，以后四年一贡；至拨回之实廪、候廪在恩施食饩已久，仍准其与恩施学校年分出贡，俟届该本学应贡之期，再将未贡之生归于本学出贡。再武童应于恩施量减三名，建始量减一名，作为府学四名。其宣恩、来凤、咸丰、利川各取进二名。

嘉庆十一年部议，湖北巡抚瑚图礼等奏请恩施县复还学额三名，文武童生各取进十五名。建始县复还学额一名，文武童生各取进八名。但既复还二县学额，则府学仅存学额四名，仍于原额有缺，应请于府学内加还学额四名，以符乾隆三十六年定额八名之数。并令于宣、来、咸、利四县各坐拨一名，其余四名作为六县分拨，以昭平允。其府学武童进额，亦照旧仍设四名外，增设廪、增各二名，共四名。

咸丰十年，湖广总督官奏为湖北省绅民接年捐输军饷，前经两次核计总数，请广乡试定额，现在各归各邑查明细数，吁恳圣恩俯准加广学额，以示激劝。复据湖北布政使庄详称，续据各州县造册到司及奉准外省移咨，兑收湖北绅民各捐款又有银九万六千九百余两，连前总计共银一百二十九万九千六百三十九两四钱四分九厘。遵照奏定章程，一州一县捐银一万两，加文武永远学额各一名，捐银二千两，加文武一次学额各一名。除原任两广总督叶前已咨奏奉上谕前后捐输军饷银二万两，该督原籍湖北汉阳县，著加文武学额各二名永为定额，钦此。钦遵办理外，综计各属尚应请加广文武永远学额共九十六名，再应加一次文武学额者共一百二十九名。其所请加学额，查每州每县并未过十名之限，均请以钦奉上谕之日为始，学臣即按数取进，俾昭激劝所有。现在查明各郡各邑捐款细案，请广文武学额缘由，相应分

① 食饩（xì）：指明、清时经考试取得廪生资格的生员享受廪膳补贴。

别开造清折清册①，详请奏咨等情前来。臣等覆核②无异，除册分送户、礼、兵三部查核外，谨会同湖北学政俞合词恭折具奏，并缮具各州县绅民节年捐助军饷各银数清单，敬呈御览，伏乞皇上圣鉴，敕部核覆施行。

同治元年五月初一日部议，（湖广总督官、湖北巡抚严）奏请施南府属士民集团剿贼捐饷济军，实属深明大义，即照湖南省凤凰等四厅县之例，限定人数于两湖游额一名，轮应湖北取中之年，该府属应试士子至三十名以上者，准另编方字号取中，及至乡试③应考者不足三十名，应毋庸另编字号，以昭画一。即于下届甲子正科为始，照案遵行，以广登进。

同治八年九月三十日部议，（湖广总督李、湖北巡抚郭）奏称施南府属各生以近来观光④者日益加多，前届壬戌科中式五名，丁卯科中式二名，惟甲子科轮值编号，仅中一名，其余房荐⑤者皆以额满见遗⑥。瞬届庚午正科，请予免编，仍归散号，一体中式等语。是该府属应试人数渐多，转因中额有限，致碍进取，若不准予免编字号，诚无以示鼓励而广登进。至郧阳府属，离省穹远，乡试艰难，且节年捐输团练集有成效，核与施郡另号取中成案相符，公同商酌，所有原拨施南府方字号中额一名，拟请准其撤销，即改归郧阳府编号取中。即自下届庚午科为始，应如所议办理。奉旨依议，钦此。

学田

施南府

恩施县学

尖山子水陆田地一段，崇祯十七年卫民徐大成捐。

薛家庄田地山场一段，康熙二十一年卫民薛正纪捐。

南门外水田一段，康熙二十二年卫民陈姓捐。

蛮王寨水田一段，康熙四十年卫学门斗⑦陈宗峣捐。

南门外学地数段、葛家坡学地一段、东门内学地一段，俱康熙年间卫守备范福咏、傅天

① 清册：将财、物或有关项目清理后详细登记的册子。
② 覆核：审查；核对。
③ 乡试：科举时代，每三年由朝廷选派考官，在各省城举行一次选拔人才的考试。
④ 观光：观览国之盛德光辉。指入省参加科举考试。
⑤ 房荐：科举考试房官所推荐之文卷或人才。
⑥ 见遗：见，被；遗，遗漏。指落选。
⑦ 门斗：官学中的仆役。

锡、卫千总雷洪声捐。

乾隆三十六年，恩施训导拨往宣恩，拨改宜昌府训导为施南府学。三十八年，训导马堂详请旧有卫学田地分拨府学公收以作香烛之资，知府袁文观饬署恩施县知县吴森妥议，分拨府县两学公收在案。乾隆四十五年，训导李宗汾详请将学田谷石基租细行分拨，知府施三辂饬恩施县知县韩悦曾均拨，并详藩司立案。府学每年收租谷八石、租银六两九钱二分，县学每年收租谷十九石、租银六两九钱二分。

建始县学

城内学宫前共田大小十六丘，每年租谷六石六斗，又田二址，租钱五千文。

北乡茅草坝共水田四十三亩，每年租谷十四石。二共完粮银七钱。

考棚

考棚，在恩施县署西半里许，即旧县署地也。施南自乾隆元年改土归流，所属六县惟恩施、建始二县旧有学制，皆附宜昌考试。三十六年，知府张映焘详请，按县设学。随据各生童以宜昌考试路远费艰，愿于本府城内捐建考棚，详准兴修。四十一年工竣，四十五年题请学政按临，奉准在案。四十六年，学使吴省钦按临考试，仿欧阳文忠公至喜亭而以“至喜”名其斋，复制“扬清堂”额悬于大堂。跋其后云：“施郡城东清江源自奉节白盐山，曰夷溪，曰扞水，亦曰盐水，至宜都入江处曰佷山。此溪实古夷水。胡氏谓在鱼复受江，亦《禹贡》荆州所导之一沱。”予昨考正，然施之水莫大于是，是水常伏流，扬之犹导之云尔。即士气何以异，复作《施州行署柬芑洲太守》诗，勒之于碑，训道李宗汾撰有《视学记》，详艺文中。嘉庆二十一年，学使鲍桂星按临，作《施州行赠尹太守》诗。咸丰六年，学使冯誉骥作《重试施州示诸生》诗，均勒石壁间。

书院

施南府

南郡书院，在郡城南关外。嘉庆十四年，知府杨毓江捐廉为倡，檄所属六邑各剖廉俸[①]，并广劝绅富解囊为助。知府谭光祥继之，始经落成，立讲堂三楹，为喻义堂。堂前翼以讲舍十间。为肄业斋房，堂后建圣殿，中置山长书舍，其右偏为花厅，厅后环以仓厨，共二十二

① 廉俸：清代官吏正俸和养廉银的合称。

间。知府冬景文始主讲课士于其间，题“自拥皋比”匾额，以余资置田屋为永远经费计，详定考取膏火[1]章程，迭经知府黄益杰、夏锡麒、张观钧诸明公参酌《尽善碑记》，载艺文志。

恩施县

麟溪书院，在县西门外金华桥南，踞麒麟溪之上游。同治二年，署知县许光曙劝捐，创建讲堂三楹，为“修道堂”。堂后建圣殿，东为宾兴馆，翼以讲舍十四间，西为花厅，知府夏锡麒颜曰“潜斋”，后为主讲书舍，环以仓厨，共三十八间。其碑记斋跋均详艺文志，所有余资置产作膏火费。

宾兴馆，向在郡城鳌脊山麓，昉[2]自陈邑侯肖仪以建塔，余资建立馆舍，深心培植，士气奋兴。其时钱课、谷租均有成数，四十年来，入不敷出，所余无几。同治元年，许邑侯光曙改建新馆于麟溪书院之侧，合旧遗田业附存书院，每年拨出四成以备乡、会试[3]路费之资。出入账目，仍归书院首士经管，《碑记》载艺文志。

宣恩县

龙洞书院，旧在文昌宫左，圮后经邑侯陈文炤于咸丰年间劝谕移建，事未竟。同治间，始续成之讲堂三间，其左建大堂五间，东西号舍六间，书房四，厨二，仓廒二，县试即作考棚。

宾兴馆，附书院右，建屋六间。

来凤县

岐阳书院，在城内白鸟巷。乾隆七年，知县于公执中捐建，十三年，知县范公汝轼重修。二十一年，知县林公翼池重修。嘉庆二年，知县康公乂民移建东门外桐子园，易名曰“朝阳”，讲堂三楹，后为山长书室，左右斋房各十间，厨房二间。

朝南书院，在大旺司。乾隆七年知县于公执中捐建。

桂林书院，在卯峒司。乾隆五年奉文建，十年，县丞蒋灏捐建。四十一年，巡检沈怀枫改置。嘉庆九年，增修讲堂。同治五年，绅首捐募重修。

宾兴馆，邑绅何诚瑞捐田土创举。同治二年，知县任廷槐发善后公项续成之，以为乡、会试路资。

① 膏火：古代书院供给学生的津贴。
② 昉：起始。
③ 会试：明清两代每三年在京城举行一次的科举考试，由各省举人参加。

利川县

钟灵书院，在南门外一里许。张兆启劝捐，置买蒋姓田宅以作讲堂斋舍。义民文天松、牟承辉兄弟捐田三处以助膏火，首事李光北等劝捐广置产业。每岁由县学派人经理。

宾兴馆，向系汪本墉、吴启新等捐置，后经黄德佑、温开玉等八人广置田产，皆其分捐，费遂稍济。

建始县

五阳书院，原在城外松树坪。乾隆二十年，知县邱岱始移于北门内文昌祠旧基，建房舍十间。嗣因岁久半颓，且基址狭隘，不敷肄业。道光二十一年，知县袁景晖督谕绅耆李如桂等劝捐重建，开拓基地，兼作考棚，自讲堂、斋号以及厅阁、厨圊，共计四十余间，并立章程，延请主讲考课，无不尽善。

义学

施南府

义学一所，名凤山书院。乾隆四十一年，署知府吕世庆倡建，饬府学训导李宗汾兼摄山长，将乾隆三十一年恩施县知县崔振绪所断县民张姓等互争田地归入，每年收租钱三十四千四百余，以作膏火。知县刘毓璠详请立案。至嘉庆二十一年，因南郡书院经费不充，兼之凤山书院久圮，知府佟景文谕将此项归入南郡书院。

咸丰十年，知府朱启仁谕绅耆倡立义学三所，以改任中止。

同治八年，知府松林议由府捐廉设义学一所，并劝谕绅耆共捐钱数百串，设义学三所，捐项生息以作师资，并将陈刘氏捐入自置山田一坋，当田一坋，地名红山屯外河檐，每年输派公正首士管理。

恩施县

旧有义学一所，名崇化书院，今废。

旧有义学一所，名成山书院，在城内成山上，今废。

宣恩县

城中义学一所。

乾坝义学一所，俱乾隆五年奉文建，每年共领藩库银三十二两，分给二所膏火。

忠峒义学一所。

东乡义学一所，前巡司史敏捐廉置田十亩，义馆二进，前知县任国选以“培风书舍”额之，有跋。

来凤县

育凤山义学一所，咸丰八年，邑人田有粮捐建。同治二年，其子耕心增修捐置学田，四年勘明通详立案。

咸丰县

义学一所，乾隆五年奉文建。每年请领藩库银十六两作膏火。二十四年，知县张禹将县民互争生基坪官荒变置水田山场一分归入义学，每年收租谷十六石一斗二升。三十九年，知县潘宪武将民互争黄土坡官荒详归义学。

利川县

忠路义学一所、建南义学一所，俱乾隆五年奉文建。每年请领藩库银三十二两，分给二所膏火。

城中义学一所，署知县李恂捐廉设立。每年塾师修银十六两。

忠路乐利场义学一所，县丞缪庭瀐劝士翁懋等捐置田产，延师训课。

忠路长潭坝义学一所。

忠路黄土池义学一所。

南坪义学一所，名如膏书院。乾隆五十八年，巡检王霦劝建置产。每年首士范泰来、许如棠、廖连壁、段大登等轮流掌管，延师训课。

建始县

东乡大水田义学一所，文童黄中理捐建并置买水田一坋。每年租谷杂粮四十余石。

南乡金莺子店义学一所，生员黄光辔捐建并置买水田一坋，计三十一丘。每年收京斛租谷四十余石，又续捐太平山田一坋，每年收包谷十八石。

增修施南府志卷之七终

增修施南府志卷之八

典礼志（坛庙　仪注　文庙祀典源流附）

坛庙

崇德报功，垂诸祀典，直省郡邑皆同。施自立府分县，坛庙屡经增益，方志所宜备记。而崇山峻岭，建置犹多，虽未载在祀典，实名胜之区也，故志坛庙而寺观附焉。至若牲酒豆笾之数，登降上下之节，或亦考献征文者所不容略乎？及迎诏、迎春、乡饮、读法，则嘉礼也。日、月食救护、霜降祭旗纛[①]，则军礼也。并录之，以备掌故[②]，志典礼。

施南府　恩施县

社稷坛，在府城北门二里许马鹿口。雍正二年建，今坛垣久圮。

宣恩县，在县城南。

来凤县，在县北门外。乾隆二十一年，知县林翼池捐建。

咸丰县，在县南门外。

利川县，在县城东门外。

建始县，在县城西门外演武厅之左。

社右、稷左异位同坛，皆北向。

通礼：岁以春秋仲月上戊日致祭。府，知府主之。县，知县主之。在城文武官、丞、史、把总皆与。视割牲、省粢盛[③]，府以佐贰；县以丞若史各一人。纠仪，府以教授、训导，县以教谕、训导二人。执事，用掾吏[④]。赞相、礼仪，均于学弟子员内选充。

仪注：前期主祭官暨陪祭官、执事人各于公廨致斋三日，扫除坛壝[⑤]内外，具祝版[⑥]、备器陈。祭之前夕，饬掌馔洁，备品物，置案于神厨，设香烛，视割牲官公服诣案前，上香，

① 旗纛（dào）：饰以鸟羽的大旗。
② 掌故：旧制旧例，前代典章制度、人物故实等。
③ 粢盛：古代盛在祭器内以供祭祀的谷物。
④ 掾（yuàn）吏：官府中辅助官吏的通称。
⑤ 壝（wěi）：祭祀所用坛、墠及其四周低矮土墙的总称。
⑥ 祝版：祭祀时粘贴祝文的方版。

行三叩礼毕，宰人牵牲告腯[①]，遂割牲，以豆取毛血，瘗[②]于坎。及祭日，鸡初鸣，执事人入，设案一于坛上，正中北向，陈铏[③]二，实和羹；簠[④]二，实稻粱；簋二，实黍稷；笾四，实形盐、枣、栗、鹿脯；豆四，实菁菹[⑤]、鹿醢[⑥]、芹菹、兔醢。若不能备，各就土所有，以其类充。案前设俎，陈羊一、豕一。又前设香案一，陈祝文[⑦]、香盘、炉灯。左设一案，东向，陈篚[⑧]一，实帛二、尊一、爵六。又设福胙[⑨]于尊、爵之次。司祝一人，司香帛二人，司爵二人，位案西，东面。阶下之东设洗，当阶为主祭官拜位，其后为陪祭官拜位，文东武西。通赞二人，位阶下左右。纠仪官二人，分位陪祭官左右，均东西面。漏未尽，主祭官及陪祭官朝服毕集坛外，引赞二人引省粢官入坛，遍视牲、器、酒、斋馔者告洁，退。左右引班二人，引陪祭官入，东西序立，东班西面，西班东面。引赞二人引主祭官入至阶下，盥手。通赞赞："执事者各司其事。"赞："就位。"引赞引主祭官、引班引陪祭官咸就拜位立。赞："迎神。"引主祭官升诣香案前跪，司香，跪奉香，主祭官三上香，兴。赞："复位。"引主祭官降阶复位立。赞："跪、叩、兴。"主祭官暨陪祭官行三跪九叩礼。赞："初献。"引主祭官升诣神位前跪，司帛跪奉篚，主祭官受篚，恭献，仍授司帛，兴，奠于案。司爵跪奉爵，主祭官受爵，恭献，仍授司爵，兴，分诣社稷[⑩]位前，各奠正中，皆退。赞："读祝。"引主祭官诣香案前，跪，陪祭官皆跪，司祝三叩，兴，奉祝文，跪于右，读曰："维某年某月某日，某官某致祭于社、稷之神曰：维神奠安九土，粒食万邦，分五色以表封圻，育三农而蕃稼穑。恭承守土，肃展明禋[⑪]。时届仲（春秋），敬修祀典，庶丸丸[⑫]松柏，巩磐石于无疆；翼翼[⑬]黍苗，佐神仓于不匮。尚飨[⑭]！"读毕，三叩，兴，以祝文复于案，退。赞："叩、兴。"主祭官暨陪祭官三叩，兴。赞："复位。"引主祭官降阶复位立。赞："亚献。"引主祭官升诣神位前，献爵于左。赞："终献。"献爵于右，均如初献仪。赞："赐福胙。"引主祭官升诣香案前，跪。司爵跪进

① 腯（tún）：肥壮。多用以形容牲畜。
② 瘗（yì）：掩埋，埋藏。
③ 铏：盛羹的器皿。
④ 簠（fǔ）：祭祀、宴享时用以盛黍稻粱的器皿。
⑤ 菹：腌菜。
⑥ 醢（hǎi）：肉酱。
⑦ 祝文：古代拜祭神灵或祖先的文辞。
⑧ 篚（fěi）：古时盛东西的一种竹器。
⑨ 福胙：祭祀所用的肉类。
⑩ 社稷：土神和谷神的总称。
⑪ 明禋：升烟祭天以求福。泛指祭祀。
⑫ 丸丸：高大挺直貌。
⑬ 翼翼：茂盛的样子。
⑭ 尚飨：亦作尚享。表示希望死者来享用祭品，多用作祭文的结语。

福酒于右，主祭官受爵，拱举。司爵接爵，兴。司馔跪进豆肉于左，主祭官受豆，拱举；司馔接豆，兴，各退。赞："叩、兴。"主祭官三叩，兴。赞："复位。"引主祭官复位，立。赞："送神。"赞："跪、叩、兴。" 主祭官暨陪祭官行三跪九叩礼。赞："彻[①]馔。"执事官彻馔。赞："瘗祝帛。"执事官奉祝，次香、次帛、次馔，诣瘗所。礼毕，各退。

施南府　恩施县

先农坛，在府城北门外马鹿口。雍正四年建，今坛垣久圮。坛高二尺一寸，宽二丈五尺，正房三间，中奉先农神牌，红地金书，牌高二尺四寸，宽六寸。牌座高五寸，宽九寸五分。东贮祭器、农具，西贮耤田[②]米谷。配房二间，东置办祭品，西守农居住，缭[③]以周垣。

宣恩县，在县城南门外。

来凤县，在县城东门外。乾隆四年建。

咸丰县，在县城南门外。

利川县，在县城东门外。

建始县，在县城东门外。雍正五年，知县祖永绳置买耤田四亩九分，建神库三间。八年，知县武怡复建门楼一座。

通礼：岁以仲春亥日致祭（或用季春）。府，知府主之，县，知县主之。文武官及各执事人均如祭社稷之礼。先二日，主祭、陪祭、执事各官致斋公所扫除坛上下。祭日，鸡初鸣，执事人入，设先农神案于坛正中南向，陈铏一、簠一、簋二，笾、豆各四。案前设俎，陈羊一、豖一。又前设香案一，陈祝文、香盘、炉、灯；左设一案，东向，陈帛一、尊一、爵三，陈福酒、胙肉于尊爵之次。设洗于阶下之东。

仪注：质明[④]，引班引陪祭官入，引赞引主祭官入。通赞赞："执事者各司其事。"赞："就位。"引主祭官至阶下盥手毕，就拜位立；陪祭官按班就东西拜位立。均北面迎神，上香，读祝，行三献礼。祝辞曰："维某年月日、某官某致祭于先农之神曰：'惟神肇兴稼穑，立我烝民[⑤]。颂《思文》之德，克配彼天；念率育之功，陈常时夏。兹当东作，咸服先畴。洪惟九五

① 彻：撤去。
② 耤（jí）田：古代天子亲耕之田。
③ 缭：缠绕，回环。
④ 质明：天刚亮的时候。
⑤ 烝民：众民，百姓。

之尊，岁举三推之典。共膺守土，敢忘劳民！谨奉彝章[1]，聿修祀事。惟愿五风十雨嘉祥，恒沐神庥[2]；庶几九穗双歧，上瑞频书大有。尚飨!”余仪与祭社稷同。祭毕，率属行耕耤[3]礼。

耤田，在先农坛侧。有事先农之日，知府率在城文官耕耤。是日首县知县视土，宜备谷种、青箱、朱鞭、耒、服、耜、黝牛及他农器、耕器，预陈耕所。耆老率农夫披蓑戴笠，俟于田间。通赞、学弟子员分立田首。又向阙张画屏，设香案一，南向。通赞立香案之南，引班、教谕、训导立通赞之南，皆西面致祭先农。礼毕，各官易蟒袍[4]诣耤田。通赞赞行耕耤礼，知府以下就耕所，执事者授耒耜与鞭，皆右秉耒，左执鞭，进耕。知府、知县以丞一人执种箱，史一人播种，皆耆老一人牵牛，农夫二人扶犁，各九推九返，毕，释鞭耒，以次序立田首，西向北上，农夫遂终亩。告毕事，各官补服望阙立。通赞赞：“齐班。”引班分引各官至香案前，按班序立，重行北面，耆老农夫稍远列行，北面随立。赞：“跪、叩、兴。”行三跪九叩礼，兴，各退。各县则正官率佐贰丞、史耕耤，各以耆老二人执箱播种，余仪同。

文庙

府学，在城内象牙山下。

恩施县学，在城南门内。

宣恩县学，在县城西。

来凤县学，在县城内东北。

咸丰县学，在县城东。

利川县学，在县城南门内。

建始县学，在县城内西北隅。

崇圣祠

府学，在大成殿西。

恩施县学，在大成殿后东。

宣恩县学，在大成殿后。

来凤县学

① 彝章：常典。
② 庥：荫庇。
③ 耕耤：又作“耕籍”。古代孟春之时，天子、诸侯举行仪式，亲耕籍田，以示劝农，称之为“耕籍礼”。
④ 蟒袍：明清时大臣所穿的礼服，上面绣有金黄色的蟒。

咸丰县学

利川县学

建始县学

大成殿内至圣先师：正位南向。

东配：

复圣颜子（汉永平十五年配七十二弟子，颜子第一，魏晋祀孔子，均以颜子配。唐贞观二年孔子为先圣，颜子配飨。）

述圣子思子（宋大观二年从祀，端平三年升列哲位，咸淳三年配飨。）

西配：

宗圣曾子（唐开元八年从祀，宋咸淳三年配飨。）

亚圣孟子（宋元丰七年配飨。）

以上配位宋以前皆称封爵。元至顺元年赠颜子“兖国复圣公”，曾子“郕国宗圣公”，子思子“沂国述圣公”，孟子邹国亚圣公。明嘉靖九年，改称复圣颜子，宗圣曾子，述圣子思子，亚圣孟子。国朝因之。

东哲：

先贤闵子（唐开元八年从祀。）

先贤冉子（唐开元八年从祀。）

先贤端木子（唐开元八年从祀。）

先贤仲子（唐开元八年从祀。）

先贤卜子（唐贞观二十一年以经师从祀，开元八年以十哲从祀。）

先贤有子（唐开元八年从祀，国朝乾隆三年升列哲位。）

西哲：

先贤冉子（唐开元八年从祀。）

先贤宰子（唐开元八年从祀。）

先贤冉子（唐开元八年从祀。）

先贤言子（唐开元八年从祀。）

先贤颛孙子（唐开元八年从祀，宋咸淳三年升列哲位。）

先贤朱子（宋建炎四年生，庆元六年卒，年七十一。淳祐元年从祀，国朝康熙五十一年升列哲位。）

以上哲位宋以前皆称封爵。明嘉靖九年改称先贤某子，国朝因之。有子、朱子升列哲位，从一例。

东庑先贤：

先贤公孙侨(《左传·鲁襄公八年》始见，昭公卒。国朝咸丰七年从祀，原西庑拟移东庑。)

先贤林放（唐开元二十七年从祀，明嘉靖九年改祀于乡。国朝雍正二年复祀，原西庑拟移东庑。）

先贤原宪（唐开元二十七年从祀。）

先贤南宫适（唐开元二十七年从祀。）

先贤商瞿（唐开元二十七年从祀。）

先贤漆雕开（唐开元二十七年从祀。）

先贤司马耕（唐开元二十七年从祀。）

先贤梁鳣（唐开元二十七年从祀。）

先贤冉孺（唐开元二十七年从祀。）

先贤伯虔（唐开元二十七年从祀。）

先贤冉季（唐开元二十七年从祀。）

先贤漆雕徒父（唐开元二十七年从祀。）

先贤漆雕哆（唐开元二十七年从祀。）

先贤公西赤（唐开元二十七年从祀。）

先贤任不齐（唐开元二十七年从祀。）

先贤公良孺（唐开元二十七年从祀。）

先贤公肩定（唐开元二十七年从祀。）

先贤鄡单（唐开元二十七年从祀。）

先贤罕父黑（唐开元二十七年从祀。）

先贤荣旂（唐开元二十七年从祀。）

先贤郑国（唐开元二十七年从祀。）

先贤原亢（唐开元二十七年从祀。）

先贤廉絜（唐开元二十七年从祀。）

先贤叔仲会（唐开元二十七年从祀。）

先贤公西舆如（唐开元二十七年从祀。）

先贤邽巽（唐开元二十七年从祀。）

先贤陈亢（唐开元二十七年从祀。）

先贤琴张（唐开元二十七年从祀。）

先贤步叔乘（唐开元二十七年从祀。）

先贤秦非（唐开元二十七年从祀。）

先贤颜哙（唐开元二十七年从祀。）

先贤颜何（唐开元二十七年从祀，明嘉靖九年罢。国朝雍正二年复祀。）

先贤县亶（国朝雍正二年从祀。）

先贤牧皮（国朝雍正二年从祀，原西庑拟移东庑。）

先贤乐正克（国朝雍正二年从祀。）

先贤万章（国朝雍正二年从祀。）

先贤周敦颐（宋天禧元年生，熙宁六年卒，年五十七。淳祐元年从祀。）

先贤程颢（宋明道元年生，元丰八年卒，年五十四。淳祐元年从祀。）。

先贤邵雍（宋大忠祥符四年生，熙宁十年卒，年六十七。咸淳三年从祀。）

西庑先贤：

先贤蘧瑗（《左传·鲁襄公十四年》始见，卒年无考。《史记》定公十四年，孔子犹主蘧伯玉家，其卒后于公孙侨盖三十余年。唐开元二十七年从祀，明嘉靖九年改祀于乡。国朝雍正二年复祀，原东庑拟移西庑。）

先贤澹台灭明（唐开元二十七年从祀，原东庑拟移西庑。）

先贤宓不齐（唐开元二十七年从祀。）

先贤公治长（唐开元二十七年从祀。）

先贤公皙哀（唐开元二十七年从祀。）

先贤高柴（唐开元二十七年从祀。）

先贤樊须（唐开元二十七年从祀。）

先贤商泽（唐开元二十七年从祀。）

先贤巫马施（唐开元二十七年从祀。）

先贤颜辛（唐开元二十七年从祀。）

先贤曹恤（唐开元二十七年从祀。）

先贤公孙龙（唐开元二十七年从祀。）

先贤秦商（唐开元二十七年从祀。）

先贤颜高（唐开元二十七年从祀。）

先贤壤驷赤（唐开元二十七年从祀。）

先贤石作蜀（唐开元二十七年从祀。）

先贤公夏首（唐开元二十七年从祀。）

先贤后处（唐开元二十七年从祀。）

先贤奚容蒧（唐开元二十七年从祀。）

先贤颜祖（唐开元二十七年从祀。）

先贤句井疆（唐开元二十七年从祀。）

先贤秦祖（唐开元二十七年从祀。）

先贤县成（唐开元二十七年从祀。）

先贤公祖句兹（唐开元二十七年从祀。）

先贤燕伋（唐开元二十七年从祀。）

先贤乐欬（唐开元二十七年从祀。）

先贤狄黑（唐开元二十七年从祀。）

先贤孔忠（唐开元二十七年从祀。）

先贤公西蒧（唐开元二十七年从祀。）

先贤颜之仆（唐开元二十七年从祀。）

先贤施之常（唐开元二十七年从祀。）

先贤申枨（唐开元二十七年从祀。）

先贤左丘明（唐贞观二十一年以经师从祀。）

先贤秦冉（唐开元二十七年从祀，明嘉靖九年罢。国朝雍正二年复祀。）

先贤公明仪（国朝咸丰三年从祀，原东庑拟移西庑。）

先贤公都子（国朝雍正二年从祀。）

先贤公孙丑（国朝雍正二年从祀。）

先贤张载（宋天禧四年生，熙宁十年卒，年五十八。淳祐元年从祀。）

先贤程颐（宋明道二年生，大观元年卒，年七十五。淳祐元年从祀。）

以上先贤位宋以前，从祀者皆称封爵。明嘉靖九年，改称先贤某子，周、张、程、邵五子，嘉靖时称先儒。崇祯十五年改称先贤，位在七十子之下，汉唐诸儒之上。国朝俱称先贤不称子。

东庑先儒：

先儒公羊高（子夏弟子，唐贞观二十一年从祀。）

先儒伏胜（秦博士，唐贞观二十一年从祀。）

先儒毛亨（年无考，受《诗》于荀卿，以授毛苌。按，《史记》楚考烈王二十五年，荀卿废，居兰陵，距汉兴三十二年。《太平御览》引《毛诗正义》云荀卿授汉人鲁国毛亨，则是秦汉间人。国朝同治二年从祀。）

先儒孔安国（汉武帝时为博士、侍中。唐贞观二十一年从祀，原西庑拟移东庑。）

先儒后苍（汉宣帝时为博士。明嘉靖九年从祀。）

先儒郑康成（汉永建二年生，建安五年卒，年七十四。唐贞观二十一年从祀，明嘉靖九年改祀于乡。国朝雍正二年复祀，原西庑拟移东庑。）

先儒范宁（晋咸康五年生，隆安五年卒，年六十三。唐贞观二十一年从祀，明嘉靖九年改祀于乡。国朝雍正二年复祀，原西庑拟移东庑。）

先儒陆贽（唐天宝十三年生，永贞元年卒，年五十二。国朝道光六年从祀。）

先儒范仲淹（宋端拱二年生，皇祐四年卒，年六十四。国朝康熙五十四年从祀。）

先儒欧阳修（宋景德四年生，熙宁五年卒，年六十六。明嘉靖九年从祀。）

先儒司马光（宋天禧三年生，元祐元年卒，年六十八。咸淳三年从祀，原西庑拟移东庑。）

先儒谢良佐（宋元丰八年进士，生卒年无考，与杨时同称程门四先生。国朝道光二十九年从祀。）

先儒罗从彦（宋熙宁五年生，绍兴五年卒，年六十四。明万历四十二年从祀。）

先儒李纲（宋元丰六年生，绍兴十年卒，年五十八。国朝咸丰元年从祀，原西庑拟移东庑。）

先儒张栻（宋绍兴三年生，淳熙七年卒，年四十八。景定二年从祀，原西庑拟移东庑。）

先儒陆九渊（宋绍兴九年生，绍熙三年卒，年五十四。明嘉靖九年从祀，原西庑拟移东庑。）

先儒陈淳（宋绍兴二十三年生，嘉定十年卒，年六十五。国朝雍正二年从祀。）

先儒真德秀（宋淳熙五年生，端平二年卒，年五十八。明正统二年从祀，原西庑拟移东庑。）

先儒何基（淳熙十五年生，咸淳四年卒，年八十一。国朝雍正二年从祀，原西庑移东庑。）

先儒文天祥（宋端平三年五月二日生，元至元十九年卒，年四十七。国朝道光二十三年从祀，原西庑拟移东庑。）

先儒赵复（生卒年无考，以宋端平二年至北庭，当列元儒之首。国朝雍正二年从祀。）

先儒金履祥（宋绍定五年生，元大德七年卒，年七十二。国朝雍正二年从祀，原西庑拟移东庑。）

先儒陈澔（宋景定二年生，元至正元年卒，年八十一。国朝雍正二年从祀，原西庑拟移东庑。）

先儒方孝孺（元至正十七年生，明建文四年卒，年四十六。国朝同治二年从祀。）

先儒薛瑄（明洪武二十二年生，天顺八年卒，年七十六。隆庆五年从祀，原西庑拟移东庑。）

先儒胡居仁（明宣德九年生，成化二十年卒，年五十一。万历十二年从祀。）

先儒罗钦顺（明成化元年生，嘉靖二十六年卒，年八十三。国朝雍正二年从祀。）

先儒吕柟（明成化十五年生，嘉定二十一年卒，年六十四。国朝同治二年从祀，原西庑拟移东庑。）

先儒刘宗周（明万历六年生，国朝顺治二年卒，年六十八。道光二年从祀，原西庑拟移东庑。）

先儒孙奇逢（明万历十二年生，国朝康熙十四年卒，年九十二。道光八年从祀，原西庑拟移东庑。）

先儒陆陇其（明崇祯三年生，国朝康熙三十一年卒，年六十三。雍正二年从祀，原西庑拟移东庑。）

西庑先儒：

先儒谷梁赤（子夏弟子。唐贞观二十一年从祀。）

先儒高堂生（秦末汉初人。唐贞观二十一年从祀。）

先儒董仲舒（汉武帝初年对策，为江都相。元至顺元年从祀，原东庑拟移西庑。）

先儒毛苌（汉河间献王博士，当武帝时。唐贞观二十一年从祀。）

先儒杜子春（汉永平初年卒，年九十。唐贞观二十一年从祀，原东庑拟移西庑。）

先儒诸葛亮（汉光和四年生，建兴十二年卒，年五十四。国朝雍正二年从祀，原东庑拟移西庑。）

先儒王通（陈至德二年生，隋义宁二年卒，年三十五。一作开皇二年生，年三十七。明嘉靖九年从祀，原东庑拟移西庑。）

先儒韩愈（唐大历三年生，长庆三年卒，年五十七。宋元丰七年从祀。）

先儒胡瑗（宋淳化四年生，嘉祐四年卒。）

先儒韩琦（宋大中祥符元年生，熙宁八年卒，年六十八。国朝咸丰二年从祀，原东庑拟移西庑。）

先儒杨时（宋皇祐五年生，绍兴五年卒，年八十三。明弘治八年从祀，原东庑拟移西庑。）

先儒尹焞（宋熙宁四年生，绍兴十二年卒，年七十二。国朝雍正二年从祀。）

先儒胡安国（宋熙宁七年生，绍兴八年卒，年六十五。明正统二年从祀。）

先儒李侗（宋元祐八年生，隆兴元年卒，年七十一。明万历四十二年从祀，原东庑拟移西庑。）

先儒吕祖谦（宋绍兴七年生，淳熙八年卒，年四十五。景定二年从祀，原东庑拟移西庑。）

先儒黄榦（宋绍兴二十二年生，嘉定十四年卒，年七十。国朝雍正二年从祀。）

先儒袁燮（字和叔。国朝同治七年从祀。）

先儒蔡沈（宋淳熙五年生，嘉熙元年卒，年六十。明正统二年从祀，原东庑拟移西庑。）

先儒魏了翁（宋绍兴二十二年生，嘉定十四年卒，年七十。国朝雍正二年从祀，原东庑拟移西庑。）

先儒王柏（宋庆元三年生，咸淳十年卒，年七十八。国朝雍正二年从祀，原东庑拟移西庑。）

先儒陆秀夫（宋端平三年十月八日生，祥兴二年即元至元十六年卒，年四十四。国朝咸丰九年从祀。）

先儒许衡（宋嘉定二年生，元至元十八年卒，年七十三。皇庆二年从祀。）

先儒吴澄（宋淳祐九年生，元元统元年卒，年八十五。明正统八年从祀，嘉靖九年罢。国朝乾隆二年复祀，原东庑拟移西庑。）

先儒许谦（元至元七年生，后至元三年卒，年六十八。国朝雍正二年从祀，原东庑拟移西庑。）

先儒曹端（明洪武九年生，宣德九年卒，年五十九。国朝咸丰十年从祀，原东庑拟移西庑。）

先儒陈献章（明宣德三年生，弘治十三年卒，年七十三。万历十二年从祀。）

先儒蔡清（明景泰四年生，正德三年卒，年五十六。国朝雍正二年从祀。）

先儒王守仁（明成化八年生，嘉靖七年卒，年五十七。万历十二年从祀，原东庑拟移西庑。）

先儒吕坤（明成嘉靖十五年生，万历四十六年卒，年八十三。国朝道光六年从祀。）

先儒黄道周（明万历十三年生，国朝顺治三年卒，年六十二。道光五年从祀，原东庑拟移西庑。）

先儒汤斌（明天启七年生，国朝康熙二十六年卒，年六十一。道光三年从祀，原东庑拟移西庑。）

以上先儒位明嘉靖以前，从祀者皆称封爵，嘉靖九年改称先儒某子。国朝称先儒，不称子。

通礼：岁以春秋仲月上丁[①]行释奠[②]礼。正献，知府主之，两序两庑以知县、教职分献。视割牲、省粢盛以佐贰，纠仪以教职，司祝、司香、司帛、司馔、引赞、通赞、引班以学弟子员娴礼仪者执事，在城文武官咸与祭。县以知县为正献官。前期致斋二日，祭前一日饬庙户，洁扫庙宇内外。视割牲官公服诣神厨，视割牲如仪。正献官率执事人入学习仪（礼生十四名），教官率舞生入学习舞习吹（佾舞生三十六名、乐工五十二名）。夜分[③]，具器陈先师位前牛一、羊一、豕一、登一、铏二、簠二、簋二、笾十、豆十、炉一、镫二。四配位前各羊一、豕一、铏二、簠二、簋二、笾八、豆八、炉一、镫二。十二哲位前铏一、簠一、簋一、笾四、豆四，东西各羊一、豕一、炉一、镫二。

殿中设一案，少西北向，供祝版；其东南设一案，西向，陈礼神制帛儿（色白）、香盘四、尊三、爵二十有七；西设一案，东向，陈礼神制帛八、香盘三、尊二、爵二十有四。凡牲陈于俎；凡帛，正位四配异篚，十二哲东西共篚；凡尊，实酒承以舟，疏布幂勺具。东庑二位同案，每位爵一，实酒；每案簠一、簋一、笾四、豆四。先贤位前羊二、豕二、香案一、炉一、镫二。先儒案前羊一、豕一、香案一、炉一、镫二。设案一于南北向，陈礼神制帛二、香盘二、尊三、虚爵六、俎篚幂勺具。东西两庑陈设同，设洗于阶下之东。

① 上丁：农历每月上旬的丁日。
② 释奠：古代学校陈设酒食，祭奠先圣先师的典礼。
③ 夜分：半夜。

通礼：乐器陈设两阶，编钟在东，编磬在西，皆十有六，悬以虡业①。东应鼓一、柷②一、麾一，西敔一。东西分列琴六、瑟四、箫六、笛六、篪③四、排箫二、埙二、笙六、搏拊④一、旌二、羽籥⑤三十有六。

仪注：祭之日，鸡初鸣，各官豫集于明伦堂，均朝服。昧爽⑥，赞礼生二人引承祭官由大成左侧门入。又礼生八人，分引两序、两庑分献官随入至阶下之东，盥手毕，引至阶下拜位前立。引班引陪祭官由左右侧门入，各就拜位，序立。典仪唱乐，舞生登，歌，执事者各司其事，文舞六佾进，赞礼生赞："就位！"承祭官、分献官、陪祭官各就位立，典仪赞："迎神！"司乐赞："举迎神乐，奏《昭平之章》!"春夹钟（清商）立宫，倍应钟（变宫）主调，秋南吕（清徵）立宫，倍仲吕（清角）主调。

大（春伬秋仩）哉（亿仜）孔（仩仈）子（伬伬），先（伬仩）觉（仈仩）先（伬伬）知（仩仈）。与（亿仜）天（仩仈）地（仈亿）参（伬仩），万（伬仩）世（仈亿）之（伬伬）师（伬伬）。祥（伬伬））征（仈亿）麟（亿仜）绂（仩仈），韵（亿仜）答（仈亿）金（伬仩）丝（仈亿）。日（亿仜）月（仩仈）既（伬仩）揭（伬伬），乾（亿仜）坤（仩仜）清（亿仜）夷（伬仩）。

乐作，赞礼生赞："就上香位！"引承祭官升东阶入殿左门。赞："诣先师香案前，跪。"承祭官跪，行一叩礼，兴。赞："上香。"司香跪奉香。承祭官上炷香，三上瓣香，跪，行一叩礼，兴（不赞）。以次诣四配位前跪，上香，仪同。赞："复位。"引承祭官退，降阶，复位。

初迎神时，赞礼生分引东西序分献官各一人，升东西阶，入殿左右门，诣十二哲位前，跪，上香，退，降阶复位。引两庑分献官东西各二人，分诣先贤、先儒位前，跪，上香，退，复位，均如前仪。赞礼生赞："跪、叩、兴。"承祭官、分献官暨陪祭官均行三跪九叩礼。兴，乐止。典仪赞："奠帛献爵，行初献礼！"赞："乐奏《宣平之章》!"

予（伬仩）怀（亿仜）明（亿仈）德（伬伬），玉（仈亿）振（亿仜）金（伬仩）声（仈亿）。生（仩仈）民（亿仜）未（仈亿）有（伬亿），展（亿仜）也（仩仈）大（伬伬）成（仩仈）。俎（伬亿）豆（仈亿）千（伬仜）古（伬伬），春（仩仈）秋（仩仈）上（伬伬）

① 虡（jù）业：古时悬挂钟鼓的木架，直杆为虡，上有大板为业。
② 柷（zhù）：古代乐器，木制，形状像方形的斗。
③ 篪（chí）：古代的竹管乐器，像笛子，有数量不等的孔。
④ 搏拊：古乐器名。似鼓而小。
⑤ 羽籥（yuè）：羽，古代文舞所执的雉羽；籥，乐器名，用竹管制成。
⑥ 昧爽：拂晓，黎明。

丁（仩伬）。清（伬仜）酒（伬亿）既（亿仜）载（伬仩），其（亿仜）香（仩伬）始（亿仜）升（伬仩）。

舞《羽籥之舞》。作《宣平舞》：

予（稍前向外开，籥舞）怀（蹈，向里开，籥舞）明（合手，蹲，朝上）德（起，辞身向外，高举籥，朝上），玉（两相对蹲，两面相向）振（合手掌，蹲，朝上）金（正揖）声（起，平身，出左右立）。生（两两相对，自下而上，东西相向）民（稍前舞，举籥，垂翟）未（中班转身，东西相向立。惟两中班十二人转身，俱东西相向）有（举翟三，合籥），展（稍前向外，垂手舞）也（蹈，身向里，垂手舞）大（向前合手，谦进步，双手合籥）成（回身，再谦退步，侧身，向外高手，回面内向）。俎（正蹲，朝上）豆（稍舞，躬身挽手，侧身向外，呈籥耳边，面朝上）千（正揖）古（起，辞身，挽手，复举籥正立），春（两两相对，交籥，两班俱东西，手执籥）秋（正揖）上（向外退，挽手，举籥，向外，面朝上）丁（回身，正位）。清（稍前舞）酒（正蹲，朝上）既（左右垂手，两班上下俱双垂手，东西相向）载（起，高手,相向立），其（左右侧身，垂手，向外开籥，垂手舞）香（右侧身，垂手，向里，垂手舞）始（正揖，朝上）升（躬而受之，躬身朝上，拱籥而受之，三鼓毕，起）。

乐作，赞礼生引祭官升阶，赞："诣先师位前。"赞："跪。"承祭官跪，行一叩礼，兴。司帛跪，奉篚。承祭官受篚，拱举，奠于案。司爵跪，奉爵，承祭官受爵，拱举，奠于垫中，跪行一叩礼，兴（不赞）。赞礼生赞："就读祝位。"引承祭官至殿中拜位立，赞："跪。"承祭官、分献官暨陪祭官皆跪。赞："读祝。"司祝跪读祝辞曰："维某年月日，某官某致祭于至圣先师孔子曰：惟先师德隆千圣，道冠百王，揭日月以常行，自生民所未有。属文教昌明之会，正礼和乐节之时，辟雍钟鼓，咸恪荐于馨香；泮水胶庠[①]，益致严于笾豆。兹当仲（春秋），祇率彝章，肃展微忱，聿将祀典，以复圣颜子、宗圣曾子、述圣子思子、亚圣孟子配。尚飨！"

读毕，奉祝版，跪，安先师位前篚内，三叩，兴，退，乐作。赞："跪、叩、兴。"承祭官、分献官暨陪祭官均行三叩礼。赞礼生引承祭官以次诣四配位前。跪，奠帛献爵，仪同。退降阶复位（退及殿左门，出降阶复位，见旧《通礼》）。赞礼生分引两序分献官诣十二哲位前，跪，奠帛献爵，降阶复位，均如仪。引两庑分献官诣先贤、先儒位前，奠帛献爵，复位，仪同，乐止。亚献乐奏《秋平之章》：

式（伬仩）礼（亿仜）莫（仩伬）愆（伬伬），升（伬亿）堂（伬伬）再（亿仜）献（伬

① 胶庠：周代学校名。胶为大学，庠为小学，后世通称学校为"胶庠"。

仕）。响（仉亿）协（伬伬）贲（亿仜）镛（仩仉），诚（伬伬）孚（仉亿）罍（伬伬）甗（伬仕）。肃（伬伬）肃（伬伬）雍（仩仉）雍（仩仉），誉（亿仜）髦（伬仕）斯（仉亿）彦（伬仕）。礼（仉亿）陶（伬伬）乐（亿仕）淑（仕伬），相（伬伬）观（仕仉）而（亿仜）善（伬仕）。

作《秩平舞》：

式（左右进步，垂手舞）礼（向里，垂手舞）莫（向外落龠，面朝上）愆（举龠，朝上，正立），升（正蹲）堂（起身向前，转向外舞）再（向手舞）献（合手，谦进步向前，双手合龠，蹲）。响（两相对，自下而上，两龠相举，龠东西）协（上下俱垂手。惟两中班上下十二人俱垂手转身，东西相向）贲（转身，东西相向立）镛（相向立，两班上下以翟相龠），诚（稍前舞蹈，两班上下俱垂手向外）孚（向里，垂手舞）罍（合手，谦进步，向前，垂合龠）甗（回身，再谦两班上下东西相向，合龠立）。肃（稍前舞，向外，开龠翟）肃（向里舞）雍（双手平执龠翟，开龠翟）雍（剑龠翟上，正立），誉（俱身垂左，两班侧垂手，向外舞）髦（躬身正揖）斯（双手舞龠翟，躬手）彦（躬而受之，躬身，朝上，拱龠受之，一鼓而进）。礼（一叩头，举右手，叩头）陶（举右手，叩头）乐（复举右手，叩头）淑（拜，一鼓毕即起，躬身，三鼓，下），相（三舞蹈，举龠向左，躬身舞）观（举龠向右，躬身舞）而（举龠复向右，躬身舞）善（洪龠，躬身而受之）。

乐作，赞礼生引承祭官升阶，赞："诣先师位前暨四配位前。"奠爵于左，如初。两序、两庑随分献毕，均复位，乐止。终献乐奏《叙平之章》：

自（伬仕）古（亿仜）在（伬伬）昔（仕仉），先（仉亿）民（伬伬）有（亿仜）作（仕仉）。皮（伬伬）弁（仉亿）祭（亿仜）菜（伬仕），於（伬伬）论（仉伬）思（仕仉）乐（亿仜）。惟（伬伬）天（仉亿）牖（伬仕）民（伬伬），惟（亿伬）圣（仉亿）时（亿仜）若（仕仉）。彝（伬伬）伦（伬伬）攸（伬亿）叙（伬仕），至（仉亿）今木（亿仜）铎（伬仕）。

作《叙平舞》：

自（向外，开龠舞）古（向里，开龠舞）在（侧身，向外，面朝上）昔（朝上，正立），先（两班上下两两相对，交龠）民（合手，朝上，正蹲）有（侧身，向里，落龠）作（合龠，朝上，正立）。皮（向外，开龠乐舞）弁（向里，开龠舞）祭（开龠，朝上，正立）菜（合龠），於（向外，开龠舞）论（向里，开乐舞）思（进步，向前，双手合龠）乐（回身，东西相向）。

惟（向外，开龠舞）天（向里，开龠舞）牖（开龠，朝上，正立）民（合龠，朝上，正立），惟（向外，垂手舞）圣（向里，垂手舞）时（朝上，正揖）若（躬身而受之）。彝（躬身，向左，合龠舞）伦（躬身，向右，合龠舞）攸（躬身，复向左右舞）叙（合龠，朝上，拜一便起身），至（侧身，向外，垂手舞）今（侧身，向里，垂手舞）木（朝上，正揖）铎（躬身，朝南受之，三鼓毕，起身）。

乐作，引承祭官升阶，奠爵于右，如亚献仪。两序、两庑随分献毕，均复位，乐止《文德之舞》，退。典仪赞："饮福，受胙。"赞礼生赞："诣受福胙位。"引承祭官至殿中拜位，立，奉福胙，二人自东案捧福胙，至先师位前拱举，退。立于承祭官之右，接福胙。二人自西案进，立于左。赞礼生赞："跪。"承祭官跪。赞："饮福酒。"右一人跪，递福酒，承祭官受爵，拱举，以授于左，接，兴。以次受胙，如饮福酒之仪。赞："叩、兴。"承祭官三叩，兴。赞："复位。"引承祭官退，降阶复位。赞："跪、叩、兴。"承祭官、分献官暨陪祭官均行三跪九叩礼，兴。典仪赞："彻馔。"乐奏《懿平之章》：

先（伬仩）师（亿仜）有（仩伬）言（伬伬），祭（伬仩）则（伬亿）受（伬仩）福（伬伬）。四（亿仜）海（伬仩）黉（伬伬）宫（伬亿），畴（亿伬）敢（仜伬）不（亿仜）肃（伬仜）。礼（伬伬）成（伬亿）告（伬仩）彻（伬伬），毋（亿仜）疏（仩伬）毋（亿仜）渎（伬仩）。乐（伬伬）所（伬亿）自（亿仜）生（伬亿），中（伬伬）原（仩伬）有（亿仜）菽（伬仩）。

乐作，彻毕，乐止。赞："送神！"乐奏《德平之章》：.

凫（伬仩）绎（亿仜）峩（仩伬）峩（伬伬），洙（伬亿）泗（伬仩）洋（亿仜）洋（仩伬）。景（伬亿）行（伬伬）行（伬伬）止（伬亿），流（亿仜）泽（仩伬）无（伬伬）疆（仩伬）。聿（伬伬）昭（伬亿）祀（亿伬）事（伬仩），祀（伬仩）事（伬亿）孔（亿仜）明（仩伬）。化（伬仩）我（伬伬）蒸（伬仩）民（伬亿），育（亿仜）我（仩伬）胶（亿仜）庠（伬仩）。

乐作，赞礼生赞："跪、叩、兴。"承祭官、分献官暨陪祭官行三跪九叩礼，兴，乐止。典仪赞："奉祝帛，馔，送燎。"有司各奉祝帛、香、馔，恭送燎所，如仪。承祭官避立拜位，四旁俟过，复位。乐作，赞礼生引承祭官诣燎所，视燎毕，仍引由左侧门出。乐止，陪祀各官皆退。

崇圣祠殿内：

肇圣王木金父公正中。

裕圣王祈父公左。

诒圣王防父公右。

昌圣王伯夏公左。

次启圣王叔梁公右，次皆南向。

以上正位明嘉靖九年于大成殿后立启圣祠祀叔梁公。国朝雍正元年，诏封孔子先世王爵，合祀五代，更名启圣祠为崇圣祠。

东配：

先贤孔氏孟皮（咸丰七年配飨。）

先贤颜氏（名无繇。唐开元二十七年从祀，明嘉靖九年配飨。）

先贤孔氏（名鲤。宋咸淳三年从祀，明嘉靖九年配飨。）

西配：

先贤曾氏（名晰。唐开元二十七年从祀，明嘉靖九年配飨。）

先贤孟孙氏

东庑先儒：

先儒周氏（名辅成。年无考。明万历二十三年从祀。）

先儒程氏（名晌。宋景德三年生，元祐五年卒，年八十五。明嘉靖九年从祀。）

先儒蔡氏（名元定。宋绍兴五年生，庆元四年卒，年六十四。明嘉靖九年从祀。）

西庑先儒：

先儒张氏（名迪。年无考。雍正二年从祀。）

先儒朱氏（名松。宋绍圣四年生，绍兴十三年卒，年四十七。明嘉靖九年从祀。）

通礼：正位前各（羊、豕）一、铏（簠、簋）各二、笾、豆（各八）、（炉一、镫二）。配位前（簠、簋）一、（笾、豆）四。（东西）各（羊、豕）一、（炉一、镫二）。中设一案，少西，供祝版。（东西）设一案，陈礼神制帛（五四）色白、香盘（六四）、尊（四三）、爵十有（五二）。两庑（东二、西一）案，每位爵一，实酒；每案陈设如配位之数，俎篚幂勺皆具，设洗于阶下之东。

仪注：上丁同时致祭。正献以教官，分献以食饩弟子员各一，赞礼生引承祭官、分献入，诣阶下，盥手。赞："就位。"典仪赞："迎神！"司香奉香盘就各案前，立。赞礼生赞："就上香位。"引承祭官升东阶，入殿左门。赞："诣肇圣万峰王位前跪。"承祭官跪，行一叩礼，兴。赞："上香。"司香跪，奉香。承祭官上炷香，三上瓣香。跪，行一叩礼，兴（不赞）。次诣左右正位前跪，上香，仪同。降阶复位。赞礼生引分献官升东西阶，入殿左右门，分诣四配两庑位前跪，上香，如仪。降阶复位。赞礼生赞："跪、叩、兴。"承祭官、分献官行三跪九叩礼，兴。典仪赞："奠帛、爵，行初献礼。"赞礼生引承祭官升阶，赞："诣中案前跪。"承祭官行一叩礼，兴。司帛跪，奉篚，承祭官受篚，拱举，奠于案。司爵跪，奉爵，承祭官受爵，拱举，奠于垫中，跪，行一叩礼（不赞）。以次诣左右正位案前跪，奠帛，献爵，仪同。赞礼生赞："就读祝位。"引承祭官诣殿中拜位立，司祝至祝案前跪，三叩，奉祝版，跪案左。赞："跪。"承祭官、分献官皆跪。赞："读祝。"司祝读祝辞曰："维某年月日，某官某致祭于肇圣王、裕圣王、诒圣王、昌圣王、启圣王曰：惟王奕叶[①]钟祥，光开圣绪，成德之后，积久弥昌。凡声教所覃敷[②]，率循源而溯本，宜肃明禋之典，用申守土之忱。兹届仲（春秋），聿修祀事，配以先贤孔氏孟皮、先贤颜氏、先贤曾氏、先贤孔氏、先贤孟孙氏。尚飨！"读毕，兴，奉祝版，跪。安肇圣王位前篚内，三叩，兴，退。赞礼生赞："跪、叩、兴。"承祭官、分献行三叩礼，兴。赞："复位。"引承祭官出，降阶复位。赞礼生引正殿，分献升东西阶入殿左右门，诣配位前，引两庑分献分诣两庑位前跪，奠帛献爵，兴，复位，均如正献仪。亚献，各献爵于左。终献，各献爵于右。均如初仪。典仪赞："彻馔。"有司彻馔毕，赞："送神！"赞礼生赞："跪、叩、兴。" 承祭官、分献官行三跪九叩礼，兴。典仪赞："奉祝帛，馔，送燎。"司祝、司帛、司香、司爵各奉祝帛、香、馔，以次恭送燎所，如仪。承祭官避立西旁，俟过，复位。赞礼生引诣燎所，视燎。赞："礼毕。"仍引由祠垣左门出，各退。

通礼：月朔[③]释菜[④]，望日[⑤]上香，教授、教谕、训导等官分班行礼。

施南府　恩施县

忠义孝弟祠在。

宣恩县在。

① 奕叶：累世，代代。
② 覃敷：广布。
③ 月朔：农历每月初一。
④ 释菜：古代入学时以蘋蘩之类祭祀先师。
⑤ 望日：月亮圆的那一天。

来凤县在。

咸丰县在。

利川县在。

建始县在。

施南府　恩施县

节孝祠在。

宣恩县在。

来凤县在。

咸丰县在。

利川县在。

建始县在。

施南府学

名宦祠在文庙戟门之左，各县学同。

隋清江令李超

唐施州刺史南承嗣

唐施州刺史房武

唐施州司户参军张道古

宋建始令李庭芝

宋施州刺史庞恭孙

宋施州刺史寇瑊

宋清江县主簿任伯雨

宋施州通判程公许

宋施州摄判王在

宋施州通判李周

宋施州巡检使侯廷赏

明施州令谭朗然

明施州指挥佥事朱永

明施州卫教授庞一德

明施州卫经历黄溥

明湖广按察司佥事兵备道驻扎施州卫李尧德

施南府学

乡贤祠在文庙戟门之右，各县学同

周巴国将军巴蔓子

汉教授尹珍

宋鸿博状元詹邈

明淮安府知府事申朝

明霍州州同童希赐

明交州府同知向德豪

明淮安总兵童昶

明参军童希益

明孝子陈矿

恩施县崇祀名宦、乡贤二祠，与府学同。

通礼：春秋释奠礼毕，教职一人公服诣四祠致祭，引赞赞："跪。"主祭官跪，读祝辞曰："维某年月日，某官某致祭于忠义孝弟之灵曰：惟灵禀赋贞纯，躬行笃实，忠诚奋发，贯金石而不渝，义问[①]宣昭，表乡闾而共式。祗事懋彝伦[②]之大，性挚莪蒿[③]；克恭念天显之亲，情殷棣萼[④]。模楷咸推夫懿德，纶恩特阐其幽光。祠宇维隆，岁时式祀，用陈尊簋，来格几筵。尚飨!"读毕，以祝文复于案，退。主祭官俯伏，兴。执事者酌酒，献于左，又酌酒，献于右，退。引赞赞："跪、叩、兴。"主祭官跪，三叩，兴。执事者以祝帛送燎。引赞引主祭官出，执事者彻，皆退。各祠致祭仪同。

通礼：节孝祠祝曰："维某年月日，某官某致祭于节孝之灵曰：惟灵纯心皎洁，令德柔嘉，矢志完贞，全闺中之亮节。竭诚致敬，彰阃内之芳型，茹冰蘖[⑤]而弥坚。清操自砺，奉盘匜而

① 义问：善声；美好的声誉。
② 彝伦：常道。
③ 莪蒿：又名萝、萝蒿、廪蒿，俗称抱娘蒿。比喻母子亲情。
④ 棣萼：本指棠棣树的花萼。比喻兄弟。
⑤ 冰蘖：饮冰食蘖。喻寒苦而有操守。

匪懈，笃孝传徽。丝纶[①]特沛乎殊恩，祠宇昭垂于令典，祗循岁祀，式荐尊醪。尚飨!”余仪同（谨按，通礼“名宦”“乡贤”二祠祝文，各省州县所在异辞，不悉载）。

文庙祀典源流附：

汉高祖十二年过鲁，以太牢祀孔子。平帝元始初，追谥曰褒成宣尼公。明帝永平二年，令郡县学校皆祀周公、孔子。十五年，祀孔子及七十二弟子于阙里。魏正始七年，始祀于辟雍，以颜回配。宋文帝元嘉二年，释奠太学，乐用《登歌》。南齐武帝永明三年，议释奠礼，设轩悬之乐、六佾之舞，牲牢器用悉依上公。北魏孝文帝太和十六年，诏改谥宣尼，曰文圣尼父。北齐制春秋二仲行释奠礼，每月旦[②]祭酒领博士以下拜孔尼颜郡学，于坊内立孔颜庙，博士下亦每月朝。北周宣帝大象二年，诏封孔子为邹国公，立后承袭。唐高祖武德七年，诏以周公为先圣，孔子配享，祭以上丁。与大祀遇用仲丁，州县常用上丁。唐贞观中升孔子为先圣，配以颜回。诏州县皆作孔子庙，寻尊孔子为宣父，以左丘明、卜子夏、公羊高、谷梁赤、伏胜、高堂生、戴圣、毛苌、孔安国、刘向、郑众、杜子春、马融、卢植、郑元、服虔、何休、王肃、王弼、杜预、范宁、贾逵共二十二人并为先师配享。议国学以国子监祭酒为初献，牲用太牢，州县以刺史、县令为祭主，牲用少牢。高宗永徽中，复以周公为先圣，孔子为先师。显庆二年，诏周公别配享武王。乾封元年，追赠孔子太师。总章元年，赠颜回太子少师，曾参太子少保并配享。中宗嗣圣七年，封孔子为隆道公。玄宗开元八年，诏以十哲与祀，帝亲为《颜子赞》，书于石。二十七年，追谥孔子为文宣王，位正南而衣以衮冕，两京牲用太牢，乐宫县[③]，舞六佾，州县牲以少牢，无乐。十哲东西列侍，颜子赠公，余赠侯。宋真宗大中祥符元年，追谥孔子元圣文宣王，追封叔梁纥齐国公。五年，以国讳[④]改谥孔子曰至圣文宣王。神宗元丰六年，诏封孟子邹国公。七年，始以孟子同颜子配享，荀况、杨雄、韩愈并封伯爵从祀。崇宁元年，诏封孔鲤、孔伋侯爵。三年，诏以王安石配享，又诏文宣王殿以大成为名。四年，诏文宣王用冕十二旒。大观二年，诏跻子思从祀。四年，诏封孔子弟子公夏首等十人为侯。政和三年，诏王安石子雱从祀。五年，诏州县孟子庙，以乐正子配享封侯，公孙丑以下从祀封伯。钦宗靖康元年，诏降王安石祠两庑。四年，诏去王雱从祀。理宗宝庆三年，追封朱熹公爵。淳祐元年，加周敦颐、张载、程灏、程颐伯爵，与朱熹并，且从祀。黜王安石从祀。景定二年，复加张栻、吕祖谦伯爵从祀。咸淳三年，始以曾参、孔伋与颜孟

① 丝纶：帝王诏书。
② 月旦：指农历每月初一。
③ 宫县：古代钟磬等乐器悬挂在架上，其形制因身份地位不同而有别。帝王悬挂四面，象征宫室四面的墙壁，故名“宫县”。
④ 国讳：指皇帝的名讳。

同配享为四配，升颛孙师于十哲封公爵，列邵雍、司马光从祀，缠封侯爵。又诏以孔鲤列孔忠之次。元大德十一年，加号孔子大成至圣文宣王。皇庆二年，以许衡从祀。又诏封孟子父激为邾国公。六年，追封周敦颐公爵。又封遽瑗侯爵从祀。至顺元年，加封叔梁纥为启圣王，加封子思沂国述圣公、颜子衮国复圣公、曾子郕国宗圣公、孟子邹国亚圣公、程灏豫国公、程颐洛国公，以董仲舒从祀，位列七十子下。三年，封颜子父无繇公爵。至正二十二年，封杨时、李侗、胡安国、蔡沈、真德秀公爵。明洪武五年，新建太学大成门，左右列戟二十四。又前为棂星门，诏天下祀孔子。释奠礼三献，十哲两庑一献祭，各以正官分献，则以本学儒职春秋仲月上丁行事。十七年，敕每月朔望国学行释菜礼，郡县长以下诣学行香。二十六年，颁大成乐器于天下，府学令州县学式于府学。二十九年，以董仲舒从祀封伯，罢杨雄。英宗正统二年，以胡安国、蔡沈、真德秀从祀。三年，禁祀孔子于释老宫，创启圣王殿于阙里，伯鱼子晢加封公，与颜孟父并从祀。正统八年，封吴澄公爵从祀。宪宗成化十二年，诏增乐舞为八佾。孝宗弘治八年，以杨时从祀。嘉靖九年，改大成至圣文宣王曰至圣先师孔子，定四配曰复圣颜子、宗圣曾子、述圣子思子、亚圣孟子。东西十哲两庑孔门弟子曰先贤某子，左丘明以下曰先儒某子。又别立祠祀叔梁纥为启圣公，以颜无繇、曾点、孔鲤、孟孙激配享称先贤，程珦、朱松、蔡元定从祀称先儒。罢公伯寮、秦冉、颜何、荀况、戴圣、刘向、贾逵、马融、王肃、王弼、何休、杜预、吴澄十三人。又以申党、申枨实系一人，去党存枨，增祀后苍王通、欧阳修、胡瑗、陆九渊，而以林放、遽瑗、郑众、卢植、郑元、服虔、范宁七人各祀于其乡，撤诸塑像，易以木主。改大成殿曰先师庙，大成门曰庙门，大学用八佾，十二豆笾，郡国减二等。自四配以下，旧封公侯伯爵尽行厘革[①]。隆庆五年，以薛瑄从祀。万历十二年，益以王守仁、陈献章、胡居仁。二十三年，以周辅成从祀启圣祠。四十一年，以罗从彦从祀。四十五年，以李侗从祀。国朝顺治元年，定月朔及进士释褐[②]、释菜礼，月望[③]行香仪。十四年，行经筵[④]礼，亲祭先师孔子。圣祖仁皇帝康熙二十五年，文华殿告成，设孔子位于传心殿。三十八年，诏各学设乐器。三十九年，御制《至圣先师赞》暨《四贤》，颁学勒石。五十一年，特谕升朱子于十哲之次。五十三年，诏以宋儒范仲淹从祀。世宗宪皇帝雍正元年，命追封孔子五代王爵曰肇圣、裕圣、诒圣、昌圣、启圣，将启圣祠改为崇圣祠。二年，

① 厘革：改革。
② 释褐：指脱掉粗布衣服，做官。清制，新科进士诣孔庙行“释褐礼”，祭先圣先师，祭祀后更换官服。
③ 月望：通常指农历每月十五日。
④ 经筵：汉唐以来帝王为讲论经史而特设的御前讲席。

命增定从祀先贤、先儒，复林放、蘧瑗、秦冉、颜何、郑元、范宁，增县亶、牧皮、乐正克、公都子、万章、公孙丑、诸葛亮、尹焞、魏了翁、黄幹、陈淳、何基、王柏、赵复、金履祥、许谦、陈澔、罗钦顺、蔡清、陆陇其。增张迪入崇圣祠。三年，诏郡县丁祭用太牢，奉部颁《文庙礼乐图籍》。五年，谕直省内外逢先圣诞辰一日斋戒。命讳孔子名加阝为邱。高宗纯皇帝乾隆二年，诏复祀吴澄。三年，诏升有子为于十哲位，卜子之次。八年，颁《文庙祭祀乐章》。九年，诏禁道、释家奉孔子。二十一年，从衍圣公昭焕及九卿，议黜孟庙，告子从祀定为浩生不害。又乐正子四人改书先贤某子，陈臻以下至韩愈十五人改书先儒某氏，以孔道辅有倡立孟庙功，亦书先儒某氏。宣宗成皇帝道光二年，以明儒刘宗周从祀。三年，以汤斌从祀。五年，以黄道周从祀。六年，以唐儒陆贽、明儒吕坤从祀。八年，以孙奇逢从祀。二十三年，以宋儒文天祥从祀。二十九年，以宋儒谢良佐从祀。文宗显皇帝咸丰元年，以宋儒李纲从祀。二年，以宋儒韩琦从祀。三年，以公明仪从祀。七年，以孔孟皮配飨崇圣祠，以郑公孙侨从祀。九年，以宋儒陆秀夫从祀。十年，以明儒曹端从祀。皇上同治二年，以汉儒毛亨、明儒方孝孺、吕柟从祀。八年，以宋儒袁燮从祀。

施南府　恩施县

神祇坛，在府城南门外南郡书院之左，坛垣久圮。

宣恩县，在县城南门外。

来凤县，在县城南门外。乾隆二十一年知县林翼池捐建。

咸丰县，在县城□门外。

利川县，在县城南门外。

建始县，在县城北门外。

通礼：岁春秋仲月诹吉致祭。府，知府主之，县，知县主之，在城文武各官皆与。设案一于坛正中南向，云雨风雷之神位居中，施南府境内山川之神位左，施南府城隍之神位右。案陈铏一、簠二、簋二、笾豆各四。案前设俎，陈羊一、豕一。又前设香案，祝文、香盘、炉镫。西设一案，陈帛九、尊一、爵二十有一。福酒、胙肉于尊俎之次。

仪注：祭日，有司供具。执事人预入序立。引班、引陪、祭官入，引赞引主祭官入。通赞赞："执事者各司其事。"赞："就位。"引主祭官至阶下盥手，就拜位立。陪祭官按班就东西拜位立，均北面迎神。上香，读祝，行三献礼，祝辞曰："维某年月日，某官某致祭于云雨风雷施南府境内山川之神、施南府城隍之神曰：惟神赞襄天泽，福佑苍黎，佐灵化以流行，生成永赖。乘气机而鼓荡，温肃攸宜，磅礴高深，长保安贞之吉。凭依巩固，实资捍御之功。幸民俗之殷盈，仰神明之庇护。恭修岁祀，正值良辰，敬洁豆笾，祗陈牲币。尚飨!”余仪节与祭社稷同。

岁孟夏后诹吉雩祭，陈设、仪注同前。若间不雨及潦，诹宜祀之辰，具祝文（随时撰拟），备牲牢、笾、豆、香帛、尊、爵、炉、镫，守土府县官率属素服虔祷，为民请命，行礼仪节与常祀同。既应而报，陈设供具，朝服行报祀礼，仪节均与祈祀同。

施南府 恩施县

关帝庙，在城内学宫之右，南向。雍正八年建，乾隆三十五年知府张映焘重修，道光二年知府琦昌捐廉，谕绅士李大睿、李文玉、陈启栋、朱辉宪补修（一在南城上，一在南门外，一在北门外）。

宣恩县，在县城东南。

来凤县，在县城南。乾隆四年建。

咸丰县，在县城东门外。

利川县，在县东门内。乾隆五年建，五十九年，邑令陈春波、训导张定模、典史李裕泰劝捐重修。

建始县，在县西门大街。乾隆二十年，知县余本祥修。

通礼：岁以春秋仲月及五月旬有三日致祭。府，知府主之，县，知县主之。后殿以丞史，执事以礼生。是日昧爽，庙祝洁扫殿宇内外，具祝版，备器陈神位前，牛一、羊一、豕一、登一、铏二、簠簋各二、笾豆各十、炉一、镫二。殿中设一案，少西北向，供祝板。东设一案，陈礼神制帛一（色白）、香盘一、尊一、爵三。牲陈于俎，帛实于篚，尊实酒、幂勺具。设乐于西阶上，设洗于东阶上。承祭官拜位在殿内正中（按，今郡中现行之礼，文东武西，拜位皆在阶上，惟上香读祝则承祭官拜位在殿内正中，祭文昌庙同）。

仪注：质明，承祭官朝服诣庙，赞礼生二人引承祭官由庙左门入，至东阶上，盥手毕，进殿东门，诣拜位前立。典仪赞：“执事者各司其事。”赞礼生赞：“就位。”引承祭官就位立。典仪赞：“迎神!”乐奏《格平之章》:

春夹钟清均，倍应钟起调。秋南吕清均，仲吕起调。懿（春仉秋伬）铄（仉亿）兮（伬仕）焜（伍伬）煌（伬仕），神（伍仕）威（仕仉）灵（伬伬）兮（伬伬）赫（仕仉）。八（伬伬）方（仕仉）伟（伬仕）烈（仉亿）昭（伍伬）兮（伬仕）累（仉亿）禩（伬仕），祀（伬伬）事（仩伬）明（伍伬）兮（伬伬）永（伍伬）光（仩伬），达（仩伬）精（伍伬）诚（伬亿）兮（伬仩）黍（伬亿）稷（伬仩）馨（伬伬）香（仩伬），俨（伬亿）如（伬仩）在（仩伬）兮（伬仩）洋（伬亿）洋（伬伬）。

礼生赞："诣上香位。"引承祭官就香案前立，赞："上香。"司香跪，奉香，承祭官上炷香，三上瓣香，毕。赞："复位。"引承祭官复位立。赞："跪、叩、兴。"承祭官行三跪九叩礼，兴。典仪赞："奠帛、爵，行初献礼。"有司揭尊幂勺，挹酒实爵，乐奏《翊平之章》：

英（伬仩）风（伬亿）飒（伬仩）兮（伍伬）神（伍伬）格（伍伬）思（仩伬），纷（伬亿）葆（伬伬）盖（仩伬）兮（伍伬）龙（伬亿）旗（伬仩）。斞[1]（伬亿）桂（伬伬）醑（仩伬）兮（伍伬）盈（伍伬）卮（仩伬），香（伬仩）始（伬亿）升（伍伬）兮（伬仩）明（伬亿）粢（伬仩）。惟（伍伬）降（仩伬）鉴（伬伬）兮（伍伬）在（伬伬）兹（仩伬），流（伬亿）景（伬伬）祚（仩伬）兮（伍伬）翊（伬仩）昌（伬亿）时（伬伬）。

乐作，司帛奉篚，司爵奉爵，各进至神位前。司帛跪，奠篚于案，三叩，兴。司爵立，献爵于案正中，各退。司祝诣祝案前，跪，三叩，兴。奉祝版，跪案左，乐暂止。赞礼生赞："跪。"承祭官跪。典仪赞："读祝。"司祝读祝辞曰："维某年月日，某官某致祭于忠义神武灵佑仁勇威显护国保民精诚绥靖关圣大帝神位前曰：惟神星日英灵，乾坤正气，久文久武，绍圣学于千秋。至大至刚，显神威于六合。仰声灵之赫濯，崇典礼于馨香。兹当仲（春秋），用昭时飨，惟祈昭格，克鉴精虔。尚飨！"读毕，以祝版跪安于篚内，叩如初。兴，退。赞礼生赞："叩，兴。"承祭官行三叩礼，典仪赞："行亚献礼。"乐奏《恢平之章》：

觞（伬伬）再（伬亿）酌（伬仩）兮（伍伬）告（伬伬）虔（伍伬），舞（伬亿）干（伬仩）戚（伍伬）兮（仩伬）合（伬亿）宫（伍伬）县（伬仩）。歆（仩伬）苾（伍伬）芬（伬伬）兮（仩伬）洁（伍伬）蠲（仩伬），偏（伬亿）巍（伬伬）显（仩伬）翼（伍伬）兮（仩伬）神（伬仩）功（伬亿）宣（伬伬）。

乐作，司爵献爵于左如初献仪，典仪赞："行终献礼。"乐奏《靖平之章》：

郁（伬伬）鬯（伬亿）兮（伬仩）三（伍伬）申（伍伬），罗（伬伬）笾（伬伬）簋（仩伬）兮（伍伬）毕（伬亿）陈（伬仩）。仪（伬伬）卒（伍伬）度（伍伬）兮（伬仩）肃（伬亿）明（伬仩），禋（伍伬）神（伍伬）降（伬伬）福（仩伬）兮（伍伬）宜（伬亿）民（伬仩）宜（伬亿）人（伬伬）。

① 斞：舀取。

乐作，司爵献爵于右如亚献仪，典仪赞："彻馔。"乐奏《彝平之章》：

物（伬伬）惟（仉亿）备（伍伬）兮（伬仕）咸（仉亿）有（伬仕），明（伍伬）德（仕仉）惟（伍伬）馨（伬伬）兮（仕仉）神（仉亿）其（伍伬）受（伬仕）。告（伬伬）彻（仕仉）兮（伍伬）礼（伍伬）终（仕仉）罔（伬伬）咎（仉亿），佑（伬伬）我（仕仉）家（伍伬）邦（伍伬）兮（伬仕）孔（仉亿）厚（伬伬）。

乐作，有司彻毕，赞："送神！"乐奏《康平之章》：

幢（伬伬）葆（仉亿）葳（伬仕）蕤（伍伬）兮（仕仉）神（伍伬）聿（伍伬）归（伬仉），驭（伬伬）凤（伍伬）轸（仉亿）分（伬仕）骖（伍伬）虬（仉亿）騑（伬仕）。

降（伬伬）烟（仕仉）煴（伍伬）兮（仕仉）余（伍伬）馚（伬伬）馡（仕仉），愿（仉亿）回（伬伬）灵（仕仉）盼（伍伬）兮（仕仉）德（仉亿）洽（伬仕）明（仉亿）威（伬伬）。

赞礼生赞："跪、叩、兴。"承祭官行三跪九叩首礼，兴，乐止。典仪赞："奉祝帛馔送燎。"有司奉祝帛香馔以次送燎如仪。

赞："望燎。"乐奏《康平二章》：

焄（伬伬）蒿（仉亿）烈（伬仕）兮（伍伬）燎（仉亿）有（伬仕）辉（伍伬），神（伍伬）光（仕仉）遥（伍伬）烛（伬伬）兮（仕仉）祥（仉亿）云（伍伬）霏（伬仕）。

祭（伬伬）受（伍伬）福（仉亿）兮（伬仕）茂（仉亿）典（伬仕）无（伍伬）违（仕仉），庶（仉亿）扬（伬伬）骏（仕仉）烈（伬伬）兮（伍伬）永（仉亿）奠（伬仕）疆（仉亿）畿（伬伬）。

赞礼生引承祭官诣燎位，视燎礼毕，乐止，各官皆退。

通礼：同日祭后，府县均以承史将事光昭王位中、裕昌王左、成忠王右，均南向位，各异案，每案羊一、豕一、铏二、簠簋各二、笾豆各八、炉二、镫一。殿中设案，少西北向，供祝版。东西各设一案，分陈礼神制帛三（色白）、香盘三、爵九、尊三、俎篚幂勺具，设洗于后垣门内甬通东。承祭官位殿檐下正中，执事人各以其职为位，如常仪。质明，承祭官由前左门入后垣中门，盥手，升阶就位，迎神。引诣正位前，上香毕，以次诣左右位前上香，复位。行二跪六叩礼，初献，读祝，如仪。祝辞曰："维某年月日，某官某致祭于关帝之曾祖光昭王、祖裕昌王、父成忠王曰：惟王世泽覃庥，令仪裕后，灵钟河岳，笃生神武之英。诚溯渊源，宜切尊崇之报。班爵超躬桓而上，升香肃俎豆之陈。兹际仲（春秋），爰修祀事，尚祈昭鉴，式此苾芬。尚飨！"凡仪节皆与前殿同。咸丰七年，奉文加太牢致祭。

通礼：五月十三日致祭于关帝庙前殿。神位前陈牛一、羊一、豕一、果实五盘，炉镫具陈设，及行礼仪节，与春秋祭同。祝辞曰：维某年月日，某官某致祭于忠义神武灵佑仁勇威显护国保民精诚绥靖关圣大帝神位前，曰：惟神九宇承庥，两仪合撰，崧生岳降，溯诞圣之灵辰。日午天中，届恢台之令序，聪明正直一者也。千秋征肸蠁之隆，盛德大业至矣哉！六幕肃馨香之荐，爰循懋典，式展明禋，苾芬时陈，精诚鉴格。尚飨!”

通礼：同日致祭后殿，每案羊一、豕一、果实五盘。典仪不赞。彻馔，司爵以执事生，余陈设及行礼仪节，与春秋祭同。祝辞曰：“维某年月日，某官某致祭于关帝之曾祖光昭王、祖裕昌王、父成忠王曰：惟王迪德承家累仁，崧生岳降，诚毓圣之有基。木本水源，宜推恩之及远。封爵特超于五等，馨香永荐于千秋。际仲夏之届，时命礼官而将事，惟祈昭格，鉴此精虔。”

施南府 恩施县

文昌庙，原在城南门外，即卫学旧地，今改为书院。嘉庆三年，知施南府事、前恩施县知县尹英图移建于城内鳌脊山上。

宣恩县，在县城东。

来凤县，在县城东门内。

咸丰县，在县城东门外。

利川县，原在城东。乾隆二年建，嗣移于西关外，嘉庆八年，训导张定模劝移建于学署左。

建始县，在东门外。乾隆辛亥年，知县赵源生重修。

通礼：岁以二月三日暨仲秋月诹吉致祭。具祝版，备器陈，设洗辨位、设乐，均与祭关帝庙同。

仪注：祭日昧爽，庙祝洁扫殿宇内外，具祝版，备器陈。神位前陈牛一、羊一、豕一、登一、铏二、簠簋各二、笾豆各十、炉一、镫二。殿中设一案，少西北向。供祝版，东设案一、陈礼神制帛一（色白）、香盘一，尊一、爵三。凡牲陈于俎，帛实于篚，尊实酒、幂勺具。设乐于西阶，设洗于东阶上。承祭官拜位，在殿内正中，执事各以其职为位。质明，承祭官朝服诣庙，赞礼生二人，引承祭官由庙左门入，至东阶上，盥手毕，进殿东门诣拜位前立。典仪赞：“执事者各司其事。”赞礼生赞：“就位。”引承祭官就位立。典仪赞：“迎神。”乐奏《丕平之章》:

秉（伬）气（仩）兮（伬）灵（伍）躔（仩），翊（仩）文（伬）运（伍）兮（仩）赫（伍）中（仩）天（仩）。蜺（伬）旌（仩）兮（伬）戾（仩）止（伬），雕（伬）俎（仩）兮（伍）告（伍）虔（仩）。迓（仩）神（伬）庥（仩）兮（伍）于（仩）万（伬）斯（仩）年（伬）。

乐作，赞礼生赞："诣上香位。"引承祭官就香案前立，赞："上香。"司香跪捧香，承祭官上炷香，三上瓣香，毕。赞："复位。"引承祭官复位立。赞："跪、叩、兴。"承祭官行三跪九叩礼，兴。典仪赞："奠帛、爵，行初献礼。"有司揭尊幂勺，挹酒实爵，司帛捧篚，司爵捧爵，进至神位前。司帛跪，奠篚，三叩，兴。司爵立，献爵于案正中，乐奏《俶平之章》：

神（伬）之（仩）来（伍）兮（伬）笾（伍）豆（伍）式（仩）陈（伬），神（伍）之（仩）格（伬）兮（伍）几（仩）筵（伬）是（仩）亲（伍）。极（仩）昭（伬）彰（仩）兮（伍）灵（仩）贶（伬），致（仩）蠲（伬）洁（伍）兮（仩）明（仩）禋（伬）。升（伬）香（仩）兮（伍）伊（伬）始（伬），居（伬）歆（仩）兮（伍）佑（伍）我（仩）人（仩）民（伬）。

各退。司祝诣祝案前跪，三叩，兴。捧祝版跪案左，乐暂止。赞礼生赞："跪。"承祭官跪，典仪赞："读祝。"司祝读祝辞，曰："维某年月日，某官某致祭于文昌帝君之神曰：惟神功参橐籥，撰合乾坤，溯诞降之灵辰，三台记端。度中和之令节，九宇承辉。若日月之有光明，阐大文于孝友。如天地无不覆载，感至治于馨香。爰举上仪，敬陈芳荐，精禋罔斁，神鉴式临。尚飨！"读毕，兴，以祝版安于篚，叩如初，兴，退。赞礼生赞："跪、叩、兴。"承祭官行三叩礼，兴。典仪赞："行亚献礼。"司爵献爵于左。乐奏《焕平之章》：

再（伬）酌（仩）兮（伬）瑶（伍）觞（仩），灿（仩）烂（仩）兮（伬）庭（仩）燎（伬）之（伍）光（仩）。申（伬）虔（伬）祷（仩）兮（伍）神（仩）座（伬），俨（伍）陟（仩）降（伬）兮（伍）帝（仩）乡（伬）。粢（伬）醴（仩）洁（伬）兮（伍）斋（仩）遨（仩），将（伬）绥（伬）景（仩）运（伍）兮（伬）灵（仩）长（伬）。

赞："行终献礼。"司爵献爵于右，乐奏《煜平之章》：

礼（伬）成（仩）三（伬）献（伍）兮（仩）乐（仩）奏（伬）三（伍）终（仩），

覃（仩）敷（伬）元（伬）化（仩）兮（伍）繄（仩）神（伬）功（伍）。馨（伬）香（仩）达（伍）兮（仩）肸（仩）蠁（伬）通（伍），歆（仩）明（伍）德（伬）兮（仩）昭（仩）察（伬）寅（仩）衷（伬）。

均如初献仪，典仪赞："彻馔。"乐奏《懿平之章》：

备（伬）物（仉）兮（仩）惟（伍）时（仕），告（伬）彻（仕）兮（伍）终（仩）礼（仉）仪（仩）。神（仉）悦（仩）怿（伍）兮（仕）鉴（仉）在（伬）兹（伍），垂（仕）鸿（伍）佑（仉）兮（仩）累（仉）洽（仩）重（仉）熙（伬）。

有司彻毕，赞："送神。"乐奏《蔚平首章》：

云（伬）轩（仉）驾（仩）兮（伍）风（仕）旗（仉）招（仩），神（伍）之（仕）归（仉）兮（伍）天（仩）路（仉）遥（仩）。瞻（仕）翠（伬）葆（伍）兮（仕）企（伍）丹（伬）霄（仕），愿（仉）回（伬）灵（仕）眷（伍）兮（仕）福（仩）我（仉）朝（伬）。

赞礼生赞："跪、叩、兴。"承祭官行三跪九叩礼，兴。乐止，典仪赞："捧祝帛馔，送燎。"有司捧祝帛、香馔以次送燎。赞："望燎。"乐奏《蔚平二章》：

烟（伬）熅（仉）降（伍）兮（仩）元（伍）气（仉）和（仩），神（仉）光（仕）爥（伍）兮（仕）梓（仉）潼（仩）之（伍）阿（仩）。化（仉）成（仩）耆（伬）定（仕）兮（伍）櫜（仉）弓（仩）戢（伍）戈（仕），文（仕）治（伍）光（伬）兮（仕）受（仉）福（仩）则（仉）那（伬）。

赞礼生引承祭官诣燎位，视燎，礼毕，乐止。承祭官及执事者皆退。

咸丰七年，奉文升入中祀，另添春秋祭文：

惟神道阐苞符，性敦孝友，并行并育，德侔天地以同流。乃圣乃神，教炳日星而大显。仰鉴观之有赫，示明德之维馨。兹当仲（春秋），用昭时享，惟祈歆格，克鉴精虔。尚飨！

通礼：同日祭后殿文昌帝君先代。神位前设一案，陈羊一、豕一、铏二、簠簋各二、笾豆各八、炉一、镫二，承祭官行二跪六叩礼。祝辞曰："维某年月日，某官某致祭于文昌帝君先代之神曰：惟神道备中和，神超亭毒，禀贻谋而允绍，钦毓圣之有基。云汉昭回，际岳降崧生之会；馨香感格，兴水源木本之思。式肇明禋，用光彝典，尚祈神鉴，享此清芬。尚飨！"余陈设器数及行礼仪节，均与祭关帝庙后殿同。

施南府 恩施县

龙神祠，在府城南门内县学之西。嘉庆十五年，知府谭光祥建。

宣恩县：

在文昌宫左。同治三年，知县张金澜建，一在高罗里龙溪。

来凤县：

在县署左。咸丰元年，知县林士端建。

咸丰县：

在县南门外。

利川县：

在县南门外。

建始县：

在县南门外。

通礼：岁以春秋仲月辰日致祭。前期有司具祝文，饬庙户，洁扫祠宇，拂拭神案，备执事人具器。陈羊一、豕一、簠簋各二、笾豆各十、炉一、镫二。陈祝文于案左，陈帛一、香盘一、壶一、爵三于案右。

仪注：主祭官朝服诣祠，赞礼生二人，引入拜位前立。典仪赞："迎神。"乐作，赞礼生赞："就上香位。"引主祭官就香案前立，司帛自右案奉香盘进，主祭官上炷香，三上瓣香，讫。赞："复位。"引主祭官复位，赞："跪、叩、兴。"主祭官行三跪九叩礼，兴。典仪赞："奠帛爵，行初献礼。"司帛跪，奠篚，献帛于案，三叩，兴。司爵酌酒实爵，献于正中，皆退。司祝诣祝案前，跪，三叩，兴。奉祝版跪案左，乐暂止。典仪赞："读祝。"引赞赞："跪。"主祭官暨各官皆跪。祝辞曰："维某年月日，某官某致祭于龙王之神曰：惟神德洋环海，泽润苍生。永襄水土之平，经流顺轨；广济泉源之用，膏雨及时。绩奏安澜，占大川之利涉；功资育物，欣庶类之蕃昌。仰借神庥，宜隆报享。谨修祀典，式协良辰，敬布几筵，肃陈牲币。尚飨！"（祝辞本《湖北通志》）。读祝毕，兴。奉祝版安于篚，叩如初，赞礼生赞："跪、叩、兴。"主祭官及各官行二叩礼，兴。典仪赞："行亚献礼。"司爵酌酒献于左。典仪赞："行三献礼。"司爵酌酒献于右，退。乃彻馔送神。引赞赞："跪、叩、兴。"主祭官行三跪九叩礼，兴。执事者以祝帛送燎，礼毕各退。

施南府

昭忠祠，在府城隍庙内右侧。

通礼：岁春秋仲月诹吉致祭，陈设、器数、仪节与忠孝节义祠同。

施南府 恩施县

厉坛，在府城北外振武桥之北。

宣恩县在县城北门外。

来凤县在县城北门外。乾隆二十一年建。

咸丰县在县城北门外。

利川县在县城北门外。

建始县在县城北门外。

通礼：岁三月寒食节、七月望、十月朔，祭厉坛①于城北郊。

仪注：前期守土官，饬所司具香烛，公服诣神祇坛，以祭厉告本境城隍之神。上香，跪，三叩，兴，退。至日，所司陈羊三、豕三、米饭三石、尊酒棉帛于祭所，设燎炉于坛南。质明，赞礼生二人引守土官，公服诣神位前，赞："跪。"守土官跪。赞："上香。"守土官三上香。赞："叩、兴。"守土官三叩，兴，退。执事者焚棉帛。守土官诣燎炉前，祭酒三爵，退。礼生仍奉城隍神位，还神祇坛，退。

迎诏

通礼：有司豫于公廨设屏，南向，屏前设诏案。又前设香案，案东设台，阶下为文武官拜位。文东武西，重行异等，如朝贺仪，绅士班于文官之末，耆老、军民集于武官之末，皆北面。宣诏官一人，展诏官二人，立台下西面。通赞者立香案左右，引礼生立百官班位左右，皆东西面。

仪注：诏及郊，守土官备龙亭旗仗出迎。使者承诏书以架奉陈龙亭内，乘马后随，鼓乐前导，文武官朝服出迎。道右跪，候过，兴。先至公廨门外序立。绅士、耆老、军民毕会。诏至门，跪迎如初礼。使者下马，从龙亭入，众随入。使者奉诏书陈于案，退，立案东西面。引礼生引群官就位，北面立。通赞赞："跪、叩、兴。"众行三跪九叩礼。赞："宣诏。"使者奉诏授宣诏官，复位立。宣诏官跪接登台，展诏，二人从升，均西面展诏书，宣读讫，复于案，皆降。众听。赞："复行三跪九叩礼。"如初，退。

① 厉坛：祭无祀鬼神的场所。

宣讲圣谕

通礼：月、朔、望，府县各饬所部民齐集公所，选醇谨耆老一人为“约正”。有司公服莅，恭宣《世祖章皇帝钦定六谕》《圣祖仁皇帝圣谕十六条》《世祖宪皇帝圣谕广训》。兵民圜听，宣毕，各退。乡堡均择适中地，为乡约所选老成公正一人为“约正”，朴实谨守者三四人，直月按期集所部民宣讲圣谕。择律文内民俗易犯者咸宣示之。守土官实力董率，并饬县令教职随时巡行宣导。

迎春

通礼：先立春日，府县于东郊造芒神土牛。立春在十二月望后，芒神执策当牛肩，在正月朔后；当牛腹，在正月望后；当牛膝，示民农事早晚。

仪注：届立春日，吏设案于芒神春牛前。陈香烛、果酒之属，案前布拜席，通赞、执事者于席左右立。府县正官率在城文武官丞史以下，朝服毕，诣东郊。立春时至，通赞赞：“行礼。”正官一人在前，余以序列行就拜位。赞：“跪、叩、兴。”众行一跪三叩礼。执事者举壶爵，跪于正官之左，正官受爵酌酒，酌酒三。授爵于执事者，复行三叩礼，众随行礼，兴。乃舁芒神土牛，鼓乐前导，各官后从，迎入城，置于公所。各官执采仗环立，乐工击鼓，击土牛三，乃各退。

乡饮酒礼

通礼：岁孟春望日、孟冬朔日举行乡饮酒之礼于学宫。府以守、县以令为主人，以乡之年高六十以上、有德行者一人为宾，其次一人为介，又其次为众宾。以教官一人为司正，学弟子习礼者二人，司爵二人，赞礼二人，引礼一人，读律令，僚佐皆与。前期，戒宾，宾礼辞，许；戒介，亦如之（右戒宾、介）。先一日，司正率执事者诣讲堂，肄仪。设监礼席次于庭东，北面。布宾席于堂西北，南向。主人席于堂东南，西向。介席于堂西南，东向。众宾之长三人席于宾西，南向。东上皆专席，不属。众宾于西序东向，僚佐席于东序西向，皆北上。司正席于主人之东北向（如有乡大夫来观礼者坐于东北，三品以上席南向，四五品席西向，无则阙之），设律令案一于主介间，正中东西肆设尊案一，于东序端南北肆设乐于西阶下，如仪（右陈设布席）。

仪注：届日质明，执事者入具馔，设尊于案，实酒于尊，加幂勺觯[1]爵在尊北。读律令者

① 觯（zhì）：盛酒的器皿。似尊而小。

奉律令，陈于中案。监礼者朝服诣学宫，主人率司正及僚属咸朝服入，乃使人速宾、介。届时宾、介盛服至，序立于庠门外之右。介居宾南，众宾居介南，皆东面北上。执事以宾至告于主人，主人出，迎宾，西面揖，宾、介以下东面答揖。主人入门左，宾揖介，介揖众宾，以次入门右，当阶。主人揖，及阶，揖，宾皆答揖。主人与宾让升，三让，宾三辞。主人升，宾乃升。主人东阶上，宾西阶上。赞者赞："拜。"主人西面再拜，宾东面答拜，兴。即席，主人降延介，一让升，介升拜，如宾礼，就位。主人乃延众宾，众宾以次皆升，主人揖宾长，皆答揖，众宾即席。主人率僚佐以下皆即席（右迎宾、介、赞），赞者赞："扬觯。"执事者引司正由东阶升诣堂中，宾、介皆起立。赞："揖。"司正揖，宾、介以下答揖。司爵诣酒尊所，举幂酌酒于觯，进授司正。司正扬觯而语曰："恭惟朝廷，率由旧章，敦崇礼教，举行乡饮。非为饮食，凡我长幼，各相劝勉。为臣尽忠，为子尽孝，长幼有序，兄友弟恭，内睦宗族，外和乡党。无或废坠，以忝所生。"读毕，赞者赞："司正饮酒。"司正立饮毕，以觯授执事者，反于案。赞："揖。"司正揖，宾、介以下皆揖。司正复位，宾、介以下皆坐（右扬觯）。赞："读律令。"执事者举律令案于中堂，引礼引读律令者，就案前北面立，宾、介、主人以下听。赞："咸起立。"旅揖，如司正扬觯礼。乃读律令曰："律令，凡乡饮酒，序长幼，论贤良，高年有德者居上，其次序齿列坐，有过犯者不得干与。违者，罪以违制。失仪，则扬觯者以礼责之。"读毕复位。宾、介以下皆坐（右读律令）。赞者赞："供馔。"执事者举馔案于宾前，次介，次主人，众宾以下遍举讫。赞："献宾。"主人起，离席北面立，司爵诣酒尊所，酌酒实爵，授主人。主人受爵，诣宾席，奠于案，稍退。宾避席，立于主人之左。赞："拜。"主人再拜，宾答拜，皆复位立。赞："宾酢主人。"宾离席，司爵酌酒授宾。宾受爵，介从，诣主人席前，拜，送爵。主人答拜如前仪，复位。主人起献介，介酢主人，如前仪，皆坐。执事者遍献三宾，众宾爵讫（右献宾，宾酢主人）。酒数行，工升，歌周诗《鹿鸣》三，卒。歌笙，奏御制补《南陔》诗，辞曰："我逝南陔，言陟其岵。昔我行役，瞻望有父。欲养无由，风木何补。我逝南陔，言陟其屺。今我行役，瞻望有母。母也倚闾，归则宁止。南陔有笋，箨实勺之。孱孱孩提，孰噢咻之。慎尔温清，洁尔旨肴。今尔不养，日月其慆。"

御制补《白华》诗，辞曰："有白者华，不污纤尘。咨尔士兮，宜修其身。不修其身，乃贻羞于二人。有白者华，婉兹静好。咨尔女兮，宜修妇道。不修妇道，乃贻羞于二老。白华匪玉，涅而不淄。白华匪兰，芬乃胜之。我撷白华，载咏载思。白华匪玉，质玉之令。白华匪兰，臭兰之净。我撷白华，载思载咏。"

御制补《华黍》诗，辞曰："瞻彼阪田，厥黍始华。胝足胼手，嗟我农夫。瞻彼阪田，黍华以秀。胼手胝足，惟勤斯茂。华有不秀矣，秀有不实矣。其雨其雨矣，杲杲日出矣，愁予愁之恤矣。"间歌周诗《鱼丽》《南有嘉鱼》《南山有台》三章，笙奏御制补《由庚》诗，辞曰："王庚便便，东西朔南。六符调燮，八风节宣。王庚容容，朔南西东。维敬与勤，百王道同。王庚廓廓，东西南朔。先忧而忧，后乐而乐。王庚恢恢，南朔东西。皇极孰建，惟德之依。"

御制补《崇丘》诗，辞曰："涧松童童，蛙黾邻兮。丘草萋萋，荡青云兮。凡百君子，慎乃托身兮。涧松童童，涧则卑兮。丘草萋萋，丘则崎矣。凡百君子，审乃所依兮。有崇者丘，物无不遂。有卓者道，愚无不智。资生育德，永植勿替。"

御制补《由仪》诗，辞曰："在上曰天，在下曰地。君君臣臣，父父子子。在下曰地，在上曰天。父父子子，君君臣臣。由其仪矣，物则熙矣。仪其由矣，物则休矣。"乃合乐歌《周南·关雎》三章，《召南·鹊巢》三章。卒，歌工告备出。执事者行酒，主、宾以下，饮无算爵（右乐宾）。赞礼赞："彻馔。"众起离席，主人率僚属在东西上，宾、介在西东上，皆北面。赞："拜。"主人再拜，宾、介以下皆再拜。宾降西阶出，介及众宾从，立庠门外之右，东面北上。主人降东阶出，僚属从，送宾于庠门外之左西面，旅揖。宾、介退，礼卒无愆。监礼者出，主人率僚属送于庠门外，皆退（右彻馔，宾出）。

日月食救护

通礼：府县遇日月食，各按钦天监推定时刻分秒，随时救护。各于公署均以正官一人领班行礼，正贰教职二人，纠仪学弟子员二人，通赞二人，引班、阴阳官一人报时。至日，设香案于露台上，炉檠具，早晚随日月为向。纠仪、通赞、引班分列于香案左右，布各官拜席于香案。陈金鼓于仪门外，乐舞生二人，奉小鼓于露台下。各官素服，阴阳官报："日月初亏。"通赞赞："齐班。"引班引各官至拜位前立，重行异等，少进，赞："跪、叩、兴。"众行三跪九叩礼，兴。赞："上香。"班首官进至香案前，三上香毕，复位。赞："跪。"皆跪。赞："伐鼓。"乐舞生奉鼓进，跪于左。正官伐鼓三声，仪门外金鼓振作，乃按班更番上香，祗跪。纠仪二人更番祗立，并如前仪。阴阳官报："日月复圆。"金鼓声止。通赞赞："齐班。"众官至拜位前立听，赞："行礼。"如初，毕，各退。

旗纛神致祭之礼

通礼：每岁秋季霜降日，申令本标弁、卒，校阅于演武场。前一日，各营将、弁肃队伍赴校场，豫立军幕。届日黎明，军士擐甲列阵，中军建大纛于场正中，阃师以牲醴致祭，行二跪六叩礼。中军以下将士均随行礼毕，军门鼓吹，节钺前导，阃帅遍阅行阵。还登将台升帐，仪卫左右分列，诸将擐甲，传台下中军诣帐前上行阵图式，请令操兵，乃举旗麾众合操。

增修施南府志卷之八终

增修施南府志卷之九

典礼志（祠庙　寺观附）

祠庙

施南府　恩施县

城隍庙，在府城内鳌脊山下。嘉庆三年，知府法克晋、知县尹英图由山上移建于此。道光十年，阖郡士民捐资重修。一在白杨坪。

火神庙，在府城南门内瑞狮岩上。

马王庙，在火神庙右。

昭忠祠，在府城隍庙右。

武侯祠，在城北门外演武厅后。

童公祠，在城南门外。

陈孝子祠，在城内葛家坡。

宣恩县

城隍庙，在城西北。

火神庙，在城西。

昭忠祠，在宾兴馆东。

田太翁祠，在高罗司。太翁本司峒长，初，土人不知耕凿之利，太翁教之辟田、采杉。土人立祠祀之。

来凤县

城隍庙，在县城东门内，乾隆四年建。道光六年，知县方策重修。同治元年毁，四年重修。右有元后宫，祀皇帝元妃西陵氏。同治元年毁。

火神庙，在城内碧秋巷。咸丰元年，知县林士端建。同治元年毁。

昭忠祠，嘉庆四年，附建城隍庙西，祀殉难庄公纫兰[①]、甘公杜[②]、典史张公宁[③]，旋圮。道光十七年，署知县缪庭瀣复建于关庙后左侧，并附祀殉难生员萧大钟、何潭、周南及阵亡兵勇数十人。同治元年毁。

王公祠，在城内碧秋巷，祀殉难知县王公颂三。同治二年，知县任廷槐奉文建。

天王庙，在旧场。一在县南三十里玛瑙河。丙辰辛酉，"教匪""发贼"作乱，俱厘灵异。（按，白帝天王之祀始于湖南嘉庆间，湖督某人祀典，部议从之。《广虞初新志》载："白帝姓杨氏，湖南乾州鸦溪人。母感龙而孕，一产三男，俱武艺绝伦。宋南渡时，讨苗有功，死后官民立庙祀之，故称白帝天王。"）

咸丰县

城隍庙，在南门内。

火神庙，在县署左。

马王庙，在县署左。

天王庙，在县南五里。

利川县

城隍庙，在城东门。乾隆三年，邑令汤应求建。

马王庙，在城东门外。

火神庙，在城南门外。乾隆十五年建。

建始县

城隍庙，在城西门内。

火神庙，在城东门外。一在县北长梁子。

龙神庙，在城南门外。

① 庄纫兰：福建人，来凤知县。
② 甘公杜：甘杜，四川人，来凤县教谕。
③ 张公宁：张宁，浙江人，来凤县典史。

寺观

施南府　恩施县

圆通寺，在城内回龙山下。明洪武十四年建。

元妙观，在城内象耳山，旧名真武庙，永乐中改今名（《明一统志》）。观后建观音殿，系嘉庆十九年于地中掘得铜像并铜炉、木鱼各一。

三官祠，在元妙观右侧。

魁星楼，在城内鳌脊山文昌宫右，南向。嘉庆三年建。

西陵宫，在城内城隍庙右侧。

巧圣宫，在城内葛家坡。

巴公祠，在城内成山，重建后多火灾，不敢复修。

东岳庙，在城东门内。道光二十六年，邑绅成君贤重建。

天后宫，在城东门内薛家巷。一在城南峡口。

三义宫，在城东门内柿子坝嘉莲池右。

郡王宫，在城东门内柿子坝。

水浒庙，在府城东门外，山门署万寿宫字样。

开元寺，在府城南门外，唐时建。宋淳熙四年重修。

吕祖庙，在城南门龙神祠内，后有药王庙。

张王庙，在城南门内鼓楼街。

五通庙，在城内箭道坡之西。

仁寿宫，在城内北街圆通寺左。

南岳宫，在城北门内。

白马庙，在城北门内。

二郎庙，在城北门外。《四川省志》云：秦时蜀守李冰治水，其子二郎佐之。蜀人称冰为川主，二郎为镇江王。元至顺元年，封冰为圣德广裕英惠王，二郎为英烈昭惠灵显仁佑王（旧《府志》）。

万寿宫，在城北门外。

向王庙，在城北门外。归州有东阳人向辅，隋大业初屡著灵异，土人祠之。施有此庙，不知所始。康熙年间，守备贾进才重修。乾隆三十一年，分巡荆宜施道来谦鸣重题额（李《志》）。

按，《湖北通志·归州》载有向王庙，亦云隋大业人向辅。而宋《志》据土人云：汉景帝时人向述云云。详杂记中（旧《府志》）。

桓侯庙，在城北门外。道光年间，移城南门内鼓楼对面。

帝王宫，在城北门外碧波峰之麓。

白衣庵，原名无垢庵，在北门外石关庙后。山上丹蹬翠筱，景最清幽。尹太守以“林壑尤美”四字榜于山门。咸丰十年，士民重建。

永福庙，在城东里许，五峰山顶。宋政和中，封为嘉惠侯，赐庙额曰“永福”。

石佛寺，在城东五里许土桥。

三圣宫，在城东七里坪。

乌云观，在城东崔家坝。

云台观，在城东滚龙坝。

龙尖山寺，在城东九十里南里渡。

青峰寺，在城东圆壶埫。

普济寺，在城东猪耳坡。

大和观，在城东洞下村。

三龙寺，在城东百家沟。

云台观，在城东二十五里柳州城。

龙居寺，在城东一百二十里河水驿。

玉峰山寺，在城东一百三十里沙子地。

竹王祠，在城东南山下，即夜郎侯祠也。按，《华阳国志》云：“初有女子浣于遁水，有三节竹流入足间，中有婴儿声，剖竹得男，收养之。及长，材武，自立为夜郎王，以竹为姓。汉武平西南夷，被杀。夷人求立后，天子乃封其二子为侯，死后配食其父。宋崇宁中赐庙额曰‘灵惠’”（《明一统志》）。

通明庵，在城南门外。

江口寺，在城南里许峡口，今圮。

倦飞庵，在城南二十里。

真武庙，在城南七十里洪岩山上，俗呼为小武当。

禹王宫，在城南一百八十里大吉场。

黑神庙，在城南大吉场。

磨嵯神庙，在城西南十里磨嵯山。洛浦蛮为边患，屡击破之。故老云，神每以阴兵助官军击贼，灵迹显著，施民所在祠之。

大兴庵，在城西二十里，僧纲宗瑞募建。

金凤山寺，在城北十里金子坝。

朝阳观，在城北二十里。

观音阁，在城北兰花山。

青龙观，在城北三义增，又有兴隆寺。

五台山庙，在城北四十里鸡心笼。

观音寺，在城北小龙潭。

回龙寺，亦在小龙潭。

望州观，在城北三十里。

白云观，在城北七十里。

青云观，在城北七十里。

紫云观，在城北七十里。

宝平观，在城北八十里。

宣恩县

万寿宫，在县南江西街。

禹王宫，在小关石虎里。一在高罗里，一在忠峒里畲刀沟，一在木册里上峒坪。

魁星楼，在东门外，上有镇江阁。

南岳宫，在小东门。

节孝祠，在宾兴馆西。

萧曹祠，在县署堂左。

财神庙，在县东盐店巷。

太白祠，在高罗里，旧建玉柱峰上，今移李溪。

张王庙，在县东里许。

天王庙，在县东二里。

观音殿，在县南江西街。一在县西花溪，一在县北，一在高罗里干溪。

青龙寺，在县东里许。

吕祖寺，在县后三里。

马鞍山寺，在县东八里。

狮子岩寺，在施南里。

灵岩山寺，在县南四十里。

回龙寺，在天马山前。一在县南高罗里。

福兴寺，在县西花溪。

东门关寺，在县南东乡里。

朝阳观，在高罗司二十里。

佛潭寺，在忠建里与来凤龙山交界处。

南禅寺，在石虎里小关。

来凤县

朱文公祠，即仰止书院，举人曾有光倡建。道光十七年，职员张思绪等重修。

东岳宫，在东门内。道光六年，知县方策重建。

张公祠，在西门外接龙桥，一在元阜里沙坨。乾隆年邑人公建祠，知县太康张公冲为民兴水利者。

王公祠，在城西麂子峡。嘉庆时邑人公建祀知县王公三锡，今圮。

禹王宫，即湖南会馆，在南门内。乾隆二十年建，同治元年毁，大殿独存。同治四年重建，卯峒、大河坝、旧司场皆有之。

许真君庙，即万寿宫，江西人会馆，在南门外。乾隆二十年建，嘉庆二十一年重建。同治元年半毁于贼，卯峒、大河坝、旧司场、上寨场皆有之。

天后宫，在东门内，福建人会馆。

浙江会馆，在城内白鸟巷，祀关圣、文昌二帝，道光年建。

魁星阁，在东门外朝阳书院前。嘉庆三年，知县康乂民建。

鸣凤楼，在城东半边城。道光甲辰，知县陈炳常率绅士建，楼凡三层，上祀魁星，中祀关帝、文昌。咸丰辛酉毁于贼。

灵官庙，在城西虎耳山。同治元年毁。

雷神庙，在城东翔凤山顶。道光年建。

财神庙，在南门外清泰街。同治二年建。

南离，在旧司场。

水府庙，在上寨场。

川主庙，在元阜旧屋基。按，川主庙祀秦蜀郡太守李冰。李公治水，淘滩筰堰，功德在民，其子二郎复以神力佐公治孽龙，永无水患。雍正五年，从川抚宪德请封永敷泽兴济通祐王，封二郎承绩广惠显英王。

鲁班庙，在东门年，工师匠人建。

张王庙，在人育里，明卯峒土司建。相传昭烈入蜀，命桓侯招抚峒蛮，故历来土司祀之甚谨。

黑神庙，在元阜里后坪，祀唐睢阳殉难南将军霁云。

飞山庙，在客寨河，祀唐诚州刺史杨再思。按，唐诚州即今靖州。《方舆纪要》：飞山在湖南靖州西北十五里，俗呼胜山，蛮人保障于此，号“飞山蛮”。杨再思为刺史时，尝驻兵飞山寨，盖夺险使失所恃也。宋绍兴间封成达侯，立庙祀之。

三抚宫，在大河坝，一在旧司场。按，三抚神相传为三姓土司，生有惠政，民不能忘，故祭之，顿著灵异。

乾元寺，在县东五里，咸丰十一年毁。同治三年，尼僧必空重修。

大观寺，在县东南三里翔凤山。

仙佛寺，在元阜里佛潭岩。

兴隆庵，在贞肃里，前明散毛土司建，一在亨康里。

祖师殿，在县西南六十里。

祖元寺，在县西南七十里。

观音阁，在卯峒司，下临大河。一在忠崇里望月山。

回龙观，在县西二十里。一在县南五十里。

飞来阁，在县西三里许，知县方策建，筑石台。咸丰间，邑人建阁其上。辛酉毁，同治四年复建。

云台寺，在县南五十里回龙桥上。

定云庵，在县西贞肃里。

玉皇阁，在忠崇里小鹫岭。

秦古寺，在人育里。

凤凰庵，在猴栗堡。

龙凤观，在水寨，明时建。

回澜庵，在峡口寨，散毛宣抚司覃氏建，基址尚存。

咸丰县

万寿宫，在县西门内。

轩辕宫，在西门。

禹王宫，在西门内。一在清水塘，一在活龙坪，一在大路坝，一在丁寨。

魁星阁，在西门外。

雷祖庙，在西门外。

东岳宫，在南门外。

三义庙，在西门外。

张爷庙，在唐崖。

川主庙，在县南五里。一在县南十里。

地主宫，在西门外。一在忠堡。

山主庙，在水坝。

三闾宫，在西门外。

三抚庙，在县南二十五里。

巧圣宫，在西门外。

辖神庙，在西门外。

财神庙，在县西。

镇江庙，在县西。

八角庙，在蒲草塘。

五通庙，在西门外。

晏公祠，在丁寨。

兴国寺，在西门外。明洪武中建，弘治年重修。

观音寺，在西门外，有桥。一在东岳宫侧。一在县西兴隆寺对面。

延真观，在县西。

回龙寺，在县西四里。

墨池寺，在县西六十里。

虎溪寺，在寒溪。

尖山寺，在县南十二里，其山高耸云际。

静乐寺，在大寨坪。

无边寺，在青冈岭。

龙洞寺，在清水塘。

铁牌寺，在唐崖对面。

朝阳寺，在生基坪。

元武寺，在唐崖。

大寺堂，同上。

兴隆寺，在兴隆田坡。

把水寺，在大村。

白岩观，在丁寨。

板桥寺，同上。

灵珠观，在燕子岩。

海潮寺，在杨峒。

天桥寺，同上。

玉泉山，在大茂坡。

灵山寺，在茶园坝。

道宏山，在茶园沟。

龙泉寺，在白水。

灵山寺，在黑洞。

灵雾山，在二台坪。

静竹寺，在马河坝。

迎水寺，在活龙坪。

金子殿，同上。

朝阳寺，在水坝。

利川县

万寿宫，在南门内。

禹王宫，在北门内。

轩辕庙，在西门内。

帝主宫，在北门内。

万天宫，在西门内。

罗祖庙，在南门内。

巧圣宫，在西门内。

天后宫，在北门内。

南华宫，在北门内。

财神庙，在南门内。

赣府庙，在南门内。

桓侯庙，在东门内。

麻衣庙，在东门内。

观音阁，在东门内。

寿佛宫，在东门内。

岩洞寺

把水寺

双溪寺

毛坪寺

双峰寺

金山字寺

滴水岩寺

团包寺

钟灵山寺

回龙寺

归源寺

核桃寺

金沙寺

翔凤寺

报国寺

铁炉寨寺

朝阳寺

石峰寺

观音寺

潮音寺

五龙寺

楚藩寺

兴龙寺

福田寺

建始县

禹王宫，即湖南会馆，在县北门外。

万寿宫，即江西会馆，在县西门内。

东岳宫，在县北门外。

泰山庙，在县北门外。

三义宫，在县北门外。

张爷庙，同上。

二郎庙，在南门外。乾隆二十一年，知县邱岱重修。

天后宫，在县东门内。

蚕神庙，同上。

药王庙，在县西门内。

汉王庙，在县东百六十里。

伍爷庙，在县东百八十里。

八卦庙，在县南土鱼河。

财神庙，在县北长梁子。

晏公庙，在县西四里。

观音阁，在县东门内。一在县南。

回龙观，在县东门外。一在县南百四十里。一在县北八十里。

永兴寺，在县南门外。

永寿庵，在县南门外。

朝阳观，又名天池寺，在县西三里。一在县南广福桥。

玉皇阁，在县北门外。

云雾观，在县东三十里，又有三宝观。

天鹅观，在县东三里坝。

石柱观，在县东望坪。明嘉靖年建。

普恩寺，在县东大水田。

奎文观，在县东青里坝。

石门寺，在县东石门关。乾隆三十七年，陈中丞辉祖建。

对佛寺，在石门对山。乾隆三十三年，三制军宝建。

五阎庙，在县东龙潭坪。

祖师殿，在县东百八十里，为出巴东要道。

飞仙寺，在县东南百里。

万峰观，在县南牛角水。

兴隆寺，在县南二十五里。

鹰嘴观，在县南三十里。

潮水寺，在县南花果坪。

朱家观，在县南田家坝。

青龙寺，在县南麻根垴。

云台观，在县南百八十里。

五通庙，在县西猫儿屯。

凤尾观，在县西当阳坝。

开元寺，在县西五十里。

下坝寺，在县北十五里。

天通观，同上。

冬瓜寺，在县北二十里。

大红观，在县北三十里。

小红观，同上。

兴隆寺，在县北三十五里。

白云寺，在县北石臼驿。

玉洪观，在县北六十里。

府行寺，在县北罗转坝。

奇元寺，在县北百二十里。

通灵寺，在县北百四十里。

复兴寺，在县北百五十里。

灵台观，在县北百六十里。

林同寺，在县北百八十里。

水晶宫，在县北百八十里。

增修施南府志卷之九终

增修施南府志卷之十

典礼志

修其政不易其俗，方志所以记风俗也。然与化移易，今固不尽如古所云也。施自改卫升府，治法既殊，民风亦变，则旧志所纪有难信于今者。且郡属数百里而遥，东南极潇湘，西北连川蜀，莫不各有近似。酌六邑从同之处采而存之，其俗雅远迈于古，其风淳未戾于古也。志风俗。

风俗

岁时令节，元旦焚香烛祀祖先。择吉时吉方举家“出天行”，至各神庙焚香，亲族交相拜贺。闭门三日，谓之“闭财门”。春酒彼此招饮，上九后，乡城有龙灯戏，杂以狮象鳞鱼竞出驱疫，至元宵止。元宵食汤圆，近冢，家家送灯，远望之如繁星。是夜，灯火花爆达旦不休，商贾方择日开市。惊蛰前夕，画灰于地，像弓矢形，谓之射虫。社日，采蒿作炊，杂以肉糜，亲戚转相馈送。新冢以白纸悬竹竿插其上，谓之“挂社”。童子亦往往结伴竞放纸鸢，借以舒其气。清明扫墓仍悬纸竿上，如社日，谓之“挂清”。有修理坟茔者于前一日并工成之，不忌方位吉凶也。是日，家家插柳叶于门，男妇皆簪柳叶于首。农人量气候之暖寒，于此节前后播种，三春之风俗大略如此。

夏四月八日，以朱纸书“嫁毛虫”字样粘壁间。五月五日，悬蒲艾于门，饮雄黄酒，以雄黄点小儿额及手足心，采百草煎汤澡洗，捣蒜和雄黄水，遍洒门户及墙阴以辟虫。先期各以角黍、蔗霜相馈遗，亦有赠香扇者，俗以是日为小端阳。十五日为大端阳，开始于马伏波将军。是日，竞渡龙舟，十五日尤盛。方竹侬先生诗曰：“今日升平真有象，大端阳节鼓咚咚。”十三日，关帝诞辰，有雨谓之磨刀雨。二十八日，相传为城隍生日，先期市人盛仪仗迎神，以童子扮台阁故事，旌旗鼓吹，观者如堵。六月六日，晒衣服、书画，蓄和酱水。是月也，始“尝新日”，用卯，肴尚鱼，忌鸡。农人亦于六日携鸡酒祀田间，谓之“团苗节”。

秋七月七夕看云色，以天河去来久暂，占秋收丰歉。谚云：“天河搭屋脊，家家有饭吃。”中元节前，以纸钱封包或以金银锭装笼书祖先名讳，所谓清明记坟，中元记名，祭于中庭，男女上食如生。三日焚之于外各庙，作盂兰会，赈济无主孤魂，放莲灯于江。又以香蘸油，遍燃山径，谓之“路烛”。八月中秋节，士大夫家以月饼、枣梨相馈遗。有艰于子者，亲友夜窃邻圃南瓜，裹以红绫，导以鼓乐，曰“送瓜”，取生男多子之义。主人具酒食，明年生子，延宴相酬，往往有验。九日，载酒登高，捣米粉为糕，采茱萸为酒，都人士竞以诗文相倡和。

立冬日，俗传宜晴又宜霜，语云：“一斤霜卜来年木棉旺。”仲冬三一日宜晴，谓初一、十一、二十一也，谚云：“冬月三一晴，谷米一般平。”十二月二十三夜，祀灶神，戒妄言。二十四日曰“小年”，亦曰“小除日”，扫舍宇，亲友相馈遗，曰“送年节”。除日，合家聚食，曰“团年”。长幼次第揖拜，亲邻互相往来，曰“辞年”。除夕，易门神桃符，贴春联，祭先祖五祀，置酒守岁，不异大邦风俗。

郡在万山中，高低田地皆用牛犁，近城之膏腴沃野，多水宜稻，旱则宜薯，且宜荞麦、豌豆诸春粮。至远乡之绝壑危坳，耕以人力。方春视山可垦处，伐木烧畲，种植杂粮包谷为多。乡民居高者恃包谷为正粮，居下者恃甘薯为接济正粮。藏薯穿土窖，欲其不露风，藏包谷及杂粮，或高悬屋角，或编竹为囷，欲其露风。

郡中最高之山，地气苦寒，居民多种洋芋，亦有种药材者。低处肥土遍植苎麻，分三季收之。

各邑年岁以高山收成定丰歉，凡民食稻者十之三，食杂粮者十之七。山粮最忌七八月风，谓之秋风。

百工多系本地居民，亦有外来者，惟工资不厚。值岁熟，每日佣工可赡二三丁口，如遇荒歉，则不能。间有精于艺者，或居肆制物以货，或代人造作，课其成以给费若干，不计工之多寡。其间或有赢余，借以养畜。

商贾多江西、湖南之人，其土产之苎麻、药材以及诸山货，概负载闽粤各路，市花布、绸缎以归。土著亦能贸易，多贩米粮，行而不远。而交易均属直率，银钱进出，一律颇有五尺不欺之风，即肩挑背负，概无诈虞。

四民各安其业，凡城市村集，均少茶馆酒肆，栖迟游民。郡中惟值院府考试，偶添设之，试毕即止。

巫医并行于时，而信巫者较众。富贵之家少有不豫，即延医调治，不惜药资。贫贱者既自嫌夫力薄似又不达于理，以为木根草头奏效杳茫，不及巫之诡其词说，必有神在也。如偶一中之，则传播不衰，由是一倡百和，郡属皆然。

土人以油炸米花、豆干、芝麻、黄豆诸物和茶叶作汤泡之，名曰“油茶”。客至，则献之以致敬。宣、咸、来三邑旅店中亦有鬻此为生易者，行人便之。

乡俗以冬初煮高粱酿瓮中，次年夏，灌以水，插竹管于瓮口吸之，谓之“咂酒”。

城中婚葬诸宴会，海味山珍，动辄不废，不如是主人自觉减色。附郭殷富亦如之，有心世道者所宜交相劝戒，崇节俭为惜福之地。

郡城卑湿，风土颇类长沙，虽当炎暑，早晚亦觉清凉。然四围皆山，地气稍暖，冬不甚寒，积雪易消，惟高山风紧，夏日天变亦可著棉，冬雪入春始化。各邑田地不分顷亩，有以谷种计多寡者，有以出谷计者，家业以此分厚薄，契券以此定价值。惟来邑及宣邑之忠建里与他处稍异，以七斗为一运，水旱田地不以种计，不以石计，但曰每一运值钱若干。凡粜谷，谷不以种计，钱不以千计，但准钱一挂粜谷几斗，一挂者钱八百文也。粜米则否。

文教聿兴，人皆向学。不独世家巨室礼士宾贤，各有家塾，即寒素子弟，亦以诵读为重。而且洁清自爱，虽士大夫非因公事不轻出入公庭。

郡人平居皆大布之衣，非遇庆贺宴会，虽搢绅家鲜著纨绮。大率士大夫之服雅，商贾之服华，城市之服时，乡村之服古，妇女亦然。妇女且素称贞朴，无论贫富，不游春，不冶容。乡城皆善纺绩，且竞以针黹为能事，惟不善织，村市皆有机坊，布皆机匠织之。

施地山多田少，稍干则有年，雨淫则歉收。虽近日稠人广处，但收获过半亦足接济，惟包谷以不能经年屯积，多消耗于烧毁。一遇岁凶，仅恃近城稻米，价值倍昂。贫民概刈葛采蕨捣粉为食，颇形艰苦。所赖官绅预禁外贩，再开赈仓，减价平粜以救荒歉。

郡属界与四川接壤，径僻山深。“啯匪”①不时窃入，嗛结②本地游民赌博窝藏，或于僻地夺取人物，或于村集攫取人财，互相瓜分。团练保甲之法虽承平不可俱废。

冠礼俱遵家礼。将婚前夕，父母祀祖先，致祝祠，宴客醮子，并于先期请亲友子弟未婚者十人陪之，谓之“贺郎”。亲友制小匾，因其名而赠以字，书以金泥，鼓乐送之，亦古者冠字敬名之意也。女家亦择吉日延贤妇为之笄，谓之“上头”。请亲邻待字之女十人陪宴，谓之“戴花酒”。

婚礼俱遵家礼，婿至妇家亲迎。奠雁纳采曰“插香”，纳币曰“过礼”。女家不取聘金，男家不索厚奁。迎新妇日，鼓乐仪仗，二大红灯导引，舆至女家，麾舆从出，以斗覆轿前，女兄弟扶女出，立斗上拜辞祖先。撒箸一束，曰“不家食”。新妇至门，婿家陈香烛、清酒、雄鸡一，祀女家护送神于大门外，曰“回煞”。新妇庙见后拜见舅姑，以次拜诸亲，曰“分大

① “啯（guō）匪”：对民间秘密组织“啯噜”的蔑称。
② 嗛结：勾结。

小”。择族中贤而有福者先拜之，曰“开拜”，后曰“圆拜”，亦如之。

丧葬多遵文公家礼。居丧者不与宴会，不赴彩觞，缙绅家咸以丧事为重。

祭礼则祀于正寝。近日寄籍[1]者多创建宗祠，笃报本之念，而土著之家亦渐师以为法，此风一倡，古道复矣。大约六邑风气，恩与利、建为近，宣与来、咸为近，语音亦然。寿诞三四十岁时无过问者，五十间有庆贺，至六十，子孙视其力之厚薄通知戚友制锦称觞，歌优杂进。届诞辰，戚友具衣冠诣祝。先期之夕，戚友内眷亦盛装拜庆，宴饮而归，大率可以荣其亲者，无弗为也。

增修施南府志卷之十终

① 寄籍：离开原籍，落户他处。

增修施南府志卷之十一

食货志（户口　物产）

户口

施在前代，土流间治，户口之丰耗不能悉登于版图，又为明季流寇所虔刘①，生齿②凋敝极矣！我朝平定海宇，施卫尚仍胜国旧制，迨诸土司革心向化，始改土归流。重以圣圣相承，休养生息，涵煦③二百余年，遂使学校、农桑同乎上国，户口之滋生，物产之蕃殖，近古以来所未闻也。志户口而特产附焉。

汉以前户口无考。

《晋书·地理志》：建平郡统县八，户一万三千二百。按，《晋书》所载八县，惟建始、沙渠、信陵属施。

《宋书·地理志》：建平太守，吴永安三年分宜都立，晋又有建平都尉。《永初郡国志》有南陵、建始、信陵、兴山、永新、永宁、平乐七县，今并无。所领七县：巫、秭归、归乡、北井、泰昌、沙渠、新乡。户一千三百二十九，口二万八百二十四。按，所纪七县，惟沙渠是施地，新乡不详所在，余俱不属施。

《隋书·地理志》：清江郡统县五，户二千六百五十八。五县：盐水、巴山、开夷、清江、建始，俱属郡地。

《唐书·地理志》：施州清化郡，户三千七百二，口一万六千四百四十四。县二：清江、建始。

《宋史》：施州清江郡，元丰户一万九千八百四十。领县二：清江、建始。

《元史·地理志》：夔州路领七州，施其一，本路户二万二千四，口九万九千五百九十八。

《明史·地理志》：统计湖广户口之数不详，各郡不备录。

国朝施南府属六县，原数户口共二万七千七百一十八户，原额随粮及改土案内勘出人丁

① 虔刘：劫掠；杀戮。典出《左传·成公十三年》："芟夷我农功，虔刘我边陲。"
② 生齿：古时把已经长出乳齿的男女登入户籍，借指人口、家口。
③ 涵煦：滋润温暖。

并历届编审滋生人丁、土著不成丁，男女大小共十一万七千四百三十丁口。道光十二年，奉文编查保甲，清理户口共十一万八千七百九十五户，九十万二千一百二十三丁口。现在编查民数共十八万六百八十五户，一百万零七万八千八百三十八丁口，其细数开载各县。

恩施县

阖县旧管新收土著、流寓民数五万零八百四十余户。现在编审随粮人丁暨滋生人丁、土著不成丁，男女大小共三十三万七千零丁口。

宣恩县

阖县旧管新收土著、流寓总共三万四千一百零八户。长成归增，总共计男妇大小丁口共一十六万七千一百八十四丁口。

来凤县

阖县旧管新收民数一万四千三百六十五户。现在编审随粮人丁暨滋生人丁、土著不成丁，男女大小共九万八千三百九十一丁口。

咸丰县

阖县旧管新收民数一万八千三百八十四户。现在编审随粮人丁暨滋生人丁、土著不成丁，男女大小共十万一千七百六十一丁口。

利川县

阖县旧管新收民数三万一千二百二十六户。现在编审随粮人丁暨滋生人丁、土著不成丁，男女大小共十九万三千四百四十三丁口。

建始县

阖县旧管新收民数三万一千七百六十二户。现在编审随粮人丁暨滋生人丁、土著不成丁，男女大小共十八万一千零五十九丁口。

物产

施州清化郡土贡麸金、犀角、黄连、蜡药实（《唐书·地理志》）。

施州贡黄连、木药子（《宋史·地理志》）。

宋初颇兴榷酤[①]，言事者多陈其非便，太平兴国七年罢之。自是惟夔、建、开、施、泸、黔、涪、黎、威州，梁山、云安军及河东之麟州，荆湖之辰州，福建之福、泉、漳、汀州，兴化军，广南东西路不禁。自春至秋，醖成即鬻，谓之小酒，自五钱至三十钱，有二十六等。腊酿蒸鬻，候夏而出，谓之大酒，自八钱至四十八钱。凡酿用粳、糯、粟、麦等及曲法酒式，皆从水土所宜（《宋史·食货志》）。

施州一种崖椒，叶大如蜀椒，彼土人四季采皮入药。(《图经本草》) 白药、瓜藤、金棱藤、崖棕、小赤药、露筋草、野兰草、小儿群、红茂草、大木皮、都管草、独葛藤、野猪草（以上十三种载《明一统志》)。

石合草，其苗绕树作藤，能治疮肿。

金棱草，有叶无花，可疗筋骨疼。

龙牙草，株高二尺，春夏采之，治赤白痢。

金星草，治发背（以上四种载《舆地记》)。

露金草，生施州，株高三尺以上，春生苗，随开花结子，碧绿色，四时不凋。

小儿群，生施州，丛高一尺以上，春夏生苗叶，无花，冬枯。

独用藤，生施州，四时有叶，无花，叶有倒刺，采无时。

野猪草，生施州，藤缠大木，四时有叶，无花。

崖棕，生施州石崖上，苗高一尺以上，其状如棕。四时有叶，无花。土人采根去粗皮入药。

鸡公藤，生施州，蔓延大木上，有叶，无花，采无时。

半天回，生施州，春生苗，高二尺以上，赤斑色，至冬苗枯，土人夏采根。

野兰根，生施州，丛高二尺以上，四时有叶，无花，采无时。

紫背金盘，生施州，苗高一尺以上，叶背紫，无花，土人采根（以上九种载《湖北通志》)。

货属

桐油　茶油　菜油　禾油　麻油　蓝靛　棓子　草烟　硷（白者曰冰硷，以桐硷为佳）　漆　茶叶　蜜　黄蜡　白蜡　漆蜡　木油　麻（恩施土产有公母二种，黄白二色，青者多而黄者少，其性较胜，每年分三季收获）　石灰　牛毛毯　石膏　矿　硝　蔴布　碳　纸　煤炭　冻绿皮

谷品：六谷俱有。

① 榷酤：汉代以后实行的酒专卖制度，也泛指一切管制酒业取得酒利的措施。亦称“榷酒酤”“榷酒”“酒榷”。

包谷（《本草》名玉蜀黍，施人呼包谷，山居以为正粮。）

香稻（出利川。）

旱稻。按《六书故》：稻性宜水，亦有陆种者，谓之陆稻。记曰：煎醯[①]加于陆稻上是也，施俗谓之旱稻。

仙谷：土人亦名仙姑米。云七女栅仙女炼丹于此，措米于地，生此谷如粟，谷红米白，以作饭，芬芳特异。

蔬品俱有。

包白菜，出利川，土人呼绣球白菜，盖菘类。菌种甚多，雪菌尤佳。洋芋，生高山，一年实，大常芋数倍，食之无味，且不宜人，山民聊以备荒。洋合，盖蘘荷，土人呼洋合。蒟蒻，可磨作浆，凝如豆腐，土人呼为磨芋豆腐，作时须不语，语即不成。

薯有数种，其味甚甘，山地多种之。清明下种，雨后翦藤插之，霜降后收，掘窖藏之，可作来年数月之粮。又有白薯，俗呼脚板薯，盖山药之类。姜，来凤以盐渍晒干，名冰姜者最佳。藕，恩、来、建三邑产者每枝重六七斤。地蚕，俗名地牯牛，又名土蛹。大蔸菜，又名擘蓝，出来凤。绞瓜。辣子，又名海椒，能解水之寒性，居人多食之。

花品俱有，多产月月红、月桂、荷包花、玫瑰花，山人以此纳茶叶中，其气味香美。兰花，分春兰、夏蕙、秋芝、冬萼，惟春兰中之素心者绝佳。映山红，有胭脂、桃花、雪白三色。茶花红白各色，多至二十余种。

果品俱有，多产桔、柚、橙子。佛手柑，恩施产者较他处沈著。木瓜，宣恩产者油饱香甚。蜜罗，出恩施，清香可入茶。梨，惟恩施名水冬瓜、咸丰名杨洞梨、利川名香水梨三种绝佳。救兵粮，其色红，又名满盘珠，可以备荒。

竹品俱有，惟南竹、慈竹最多。罗汉竹，老人可为杖。画竹，每叶青白相间。凤尾竹，龙头竹。

木品俱有，以楠木为上。其木近桄[②]处多山水纹、花草纹、葡萄纹者皆呼为影木，以作桌几、屏风、文柜、拜匣诸器皿，其香不散，恩、来、咸、利多出之。阴沉木，此物须掘地得之，名阴沉。木质香而轻，体柔腻，以指甲掐之即有掐文，少顷复合，如伽楠然。土人云其木为棺，入土则日重，重则沉，葬千年后，其棺陷入地数十丈，亦坚重如铁，故宝贵之。梼木，其性刚，有红白二种，直而坚，可以扛舆。此外，香樟、红杉、翠柏、桑亦颇不少。

① 醯（xī）：醋。
② 桄（dōu）：指树木的根和靠近根部的茎。

草品俱有，惟虎耳草、蜡烛草（其形如蜡烛，遍山丛生）、粑岩香（用小鸡蒸服可治小儿疳疾，宣、来多有之，其荚似豆，又名豆蔓风）三种多出之。蕨，山中最多，掘根捣烂，去渣澄粉，其味甚甘，可以备荒。灵枫，《述异记》云："南方枫木老者为人形，亦呼为灵枫，盖木瘿也。"谭景升[①]《化书》云："枫老化为羽人，无情而之有情也。"又，孙炎云："摄生江上，有寄生枝，高三四尺，生毛，一名枫子，天旱以泥泥之，即雨"（旧志稿）。

按，《明史·土司列传》巡抚刘慤条议言："施州延袤颇广，物产最饶，卫官朘削[②]，致民逃夷地云云。"盖土广人稀，荒山未辟，畅茂蕃殖，自尔丰饶也。自改土以来，流人麇至[③]，穷岩邃谷，尽行耕垦。砂石之区，土薄水浅，数十年后，山水冲塌，半类石田，尚何物产之有？询之故老，言从前此地亦产棉花，今则绝无其种。裳衣之资，亦市之外地，山险水恶，运负维艰，地力之穷，则亦无如之何也。近日广植苎麻，尚可以此易彼，而不知者顾病其多占谷土，欲从禁制，亦可谓不达物情矣。至于五百市魁[④]，或抽私税，此尤病民之大者，慈仁之长所宜密察严禁，庶可少苏穷黎乎？阅"旧志·物产"附志于末（旧《府志》）。

开采（附）

咸丰县、建始县硝斤。乾隆五十年，总督特成额[⑤]、巡抚吴坦题：湖北各营及银匠、铺户需用硝斤，向购自河南、湖南二省。前因长阳、来凤、咸丰三县土硝尚堪采用，奏明开采，以供营匠之需。今据归州、兴山、建始三州县督商勘明，各有硝峒可供开采。又查建始县密□等峒，每年可获净硝三万余斤。

开采恩施县硫磺。乾隆三十八年，因本县产硫磺，招商开采。至四十四年，省局积存余磺，奏明停采。五十四年，总督毕沅、巡抚惠龄题准将恩施县前经封闭之矿磺仍招商开采。

府属六县岁办常额硝各二千斤内，恩施、建始二县产磺，恩施兼办磺四千斤，建始兼办磺二千斤。硝以正月开篆日起限，磺以六月二十起限，定四个月内解缴省局，制批赍府核验，逾限短少，查取承办知县职名，照例议处（以上旧《府志》）。

增修施南府志卷之十一终

① 谭景升：谭峭，五代时期道教的代表人物，著有《化书》。
② 朘削：剥削。
③ 麇至：群集而来。
④ 市魁：古代管理市集的吏役。
⑤ 特成额（？—1796）：满洲镶黄旗。清乾隆四十三年（1778），以领侍卫内大臣授礼部尚书，后任成都将军、湖广总督等。

增修施南府志卷之十二

食货志（田赋　杂税　盐引）

田赋

施在前代为羁縻地，田赋之入司农者无稽焉。国初犹仍胜朝旧制，土流间治，迨圣圣相承，重熙累洽。而土司仰体皇仁，举土来归，文德诞敷[①]，直迈两阶，舞干羽而上矣！顾自改府设县以来，计其征输之入，按以俸工兵饷之支，仰给藩库者且什九焉，不几如获石田乎？及阅旧志稿，则知诸土司中，或以贪暴自罹于法，或未能抚驭，咸愿改流。大圣人如天好生，故不惜岁捐数万金，以拯此一方，不令独抱向隅之憾也。后之莅斯土者，尚其加意抚字焉。志田赋，而以廉俸、工役、祀典附焉。兵饷别见军政志。

乾隆三年正月奉上谕：湖北忠峒等土司改土归流，增设施南一府，统辖恩施、宣恩、咸丰、利川、来凤、建始六县。除恩施系属旧县，建始系川省改归并恩施，分归咸、利二县之田地、人丁向有定额，毋庸另议外，其余改土地方新入版图者，该督抚现在查勘，分别升科。但该土司向未输纳秋粮，不计田地多寡，每年统计止纳银七十三两六钱四分。今若照内地科，则征收必至加于前数。朕心爱养斯民，望其共受国恩，原不计贡赋之多寡。乾隆元年，曾降谕旨，将容美司改设之鹤峰、长乐二州县成熟田地，即照原额秋粮银九十六两之数，作为征收定额。今忠峒土司与容美事同一例，著将查明成熟田地即照原额秋粮银七十三两六钱四分之数，将田分派作为定额，毋庸另拟科则[②]，俾苗疆黎庶永沾薄赋之恩。至乾隆二年未完秋粮，一并豁免。该部即遵谕行。钦此。

道光十一年，分原额并续加人丁一千三百二十六丁五斗，内正丁一千二百三十六丁半，每丁征银九钱七分；力丁九十丁，每丁征银三钱，共征银一千二百二十六两四钱五厘。内除逃故人丁一千一百二十四丁五斗，无征银一千七十六两六钱九分五厘外，实在人力二百二丁，各征银不等，该征银一百四十九两七钱一分。又请旨案内原报屯丁三十二丁，每丁征银二钱，共征银六两四钱。以上共征丁银一百五十六两一钱一分，奉文归入阖省粮银内摊征。除摊丁

① 诞敷：遍布。典出《尚书·大禹谟》："帝乃诞敷文德，舞干羽于两阶。"
② 科则：中国历代政府征收田赋按田地类别、等级而定的赋率。

银一百一十八两四钱一分八厘，于起运项下减除外，实征丁银三十七两六钱九分二厘。其改土案内勘除人丁，原经详请题明免派丁银。

原额民屯新旧并勘出成熟田地，共三千八百八十六顷三十七亩九分三厘零，除建始县田地系照川省之例按亩征银，不科粮石。又改土案内宣、来、咸、利四县勘出田地系原额秋粮，按田科则，亦不科粮石外，实额征粮三千八百一十石六斗七升五勺四抄，额银二千四百两六钱三分九厘。内除荒粮一千六百六十一石一斗九升九合三撮三粒，荒银七百七十一两一钱一分三厘外，成熟粮二千一百四十九石四斗七升三合三勺三抄三撮九圭九粒七粟，实征银一千六百二十九两五钱四分一厘额外，各案开垦、首垦及宣、来、咸、利、建等县自乾隆十九年起至三十九年止，陆续升垦田地共五百五十三顷九十六亩四分零，并升垦带丁征银二百二十四两四钱六分九厘，又合恩、宣、来、咸、利、建等六县乾隆四十六年升垦成熟田地共征银三百六十三两四钱五分九厘。又咸丰县另案升银九钱。又恩施县乾隆四十七年升垦粮银二十两三分二厘。又恩、咸、利、建四县升垦成增丁银二十六两五钱七分八厘。又建始县乾隆五十一年四川巫山县拨归下则地一十五亩二分三厘，共征银九钱。又利川县乾隆五十三年民人首垦下则地四十三顷三分三厘三毫，每亩征银六厘，共征银二十五两八钱二厘。又建始县乾隆五十六年民人首垦中则地二顷一十二亩三分，共征银八钱九分四厘，阖府额征新旧地丁钱粮并建始遇闰加征银，共四千三百四十七两九钱三分八厘。内除逃故人丁无征银一千七十六两六钱九分五厘，摊减丁银一百一十八两四钱一分七厘，又荒地银七百七十一两一分三厘外，实征银二千三百八十一两七钱一分三厘，内存留项下官役俸工及廪生饩粮并遇闰加增及祭祀等项银七百四十三两八钱三分三厘，照新例照数坐支，实起运充饷银一千六百三十七两八钱五分九厘，内雍正七年升垦银三十九两四钱五分七厘系汇同请抵汉阳等县重丁之数。细数分载各县。

恩施县

原额并续加正力丁人丁，除归建始县外，共一千一百二丁五斗，内正力一千四十四丁五斗，每丁征银九钱七分。又力丁五十八丁，每丁征银三钱，共该征银一千三十两五钱六分五厘。内除逃故正力人丁九百七十四丁五斗，无征丁银九百三十三两二钱五厘，实在正力人丁一百二十八丁，共征丁银九十七两三钱六分。又原屯丁除拨归建始县外，实在屯丁一十一丁，每丁征银二钱，共该二两二钱，以上共征丁银九十九两五钱六分。全书载明，系归入阖省粮银摊征，除摊减丁银一十五两六钱八分一厘，又除拨咸丰县派征丁银五两一钱三分二厘，于起运项下登除外，实征丁银一十八两七钱四分七厘。

原额民屯田地除拨归建始县外，共四百四十六顷九亩二厘，该粮一千九百三十二石三升二合六勺，该银七百七十六两六钱八分九厘。内除荒粮七百五十一石三斗九升八合四勺，荒银三百三十八两一钱二分九厘，成熟原粮一千三石四斗七升四合八勺六抄零，实征银三百六十八两四钱六分五厘零。乾隆四十五年，升科成熟额内粮一百七十二石九斗三升六合四勺，成熟银六十八两一钱九分五厘。合县成运项下充饷额银一千九百八两六分七厘，内除逃故人丁无征银九百三十三两二钱五厘，又摊减丁银七十五两六钱八分一厘，又分拨咸丰县派增丁银五两一钱三分二厘，又荒地银三百三十八两一钱二分九厘，共计起运银五百五十五两九钱二分，左右中三所及支罗所二百八十五两九钱二分四厘，市郭、都亭、崇宁三里二百六十九两九钱九分六厘，内有雍正七年升垦银二十六两七钱八分五厘，系汇同请抵汉阳等县重丁之项。

宣恩县

改土案内原额成熟水田二百二十顷四十五亩三分零，该折秋粮银一十二两四钱八分四厘零；旱地一百九十一顷五十八亩零，该折秋粮银五两四钱二分五厘零。水旱田地共银一十七两九钱一分零。又自乾隆十年、十二年、十六年，陆续升科劝垦田地，水旱共八十一顷四十九亩零，系照原额秋折粮银，按田派则征纳，共银三两三钱一厘零，共起运银二十一两二钱一分零。乾隆四十三年，又开垦水旱田地共一百六十顷五十亩七分。奉部复饬照恩施县里粮下则，每亩征银无分水旱六厘，该银九十六两三钱五分八厘零。现今共起运秋粮银一百一十七两五钱六分九厘零。

来凤县

改土案内勘出水旱田地五百七十一顷六十三亩七分六厘零，共征秋粮银二十四两一钱六分六厘。乾隆八年，新垦成熟水旱田地共四顷八十五亩九分，共征秋粮银一钱九分四厘。乾隆十六年，首垦成熟水旱田地二十六顷七十九亩五分，共征秋粮银一两零六分四厘。乾隆四十三年，开垦水旱田地八十八顷九十六亩二分，共征秋粮银二十三两五钱八分，共起运银四十九两三厘零。

咸丰县

拨归案内原报屯丁七丁，每丁征银二钱，共征丁银一两四钱。又恩施县拨归随粮人丁丁银五两一钱三分二厘，以上共征银六两五钱三分三厘。又雍正七年，升垦派征丁银八两六钱五厘。雍正十一年、乾隆三年至四十三年，陆续升垦派征丁银共三十两零三钱七分九厘。

原设民屯田地三百一十三顷九十八亩二分七厘五毫，该粮五百九石二升一合，该银二百五十四两二钱九分八厘六毫。成熟民屯田地二百六十六顷七十七亩一分一厘一毫，科粮五百三十二石五斗四升二合二勺，实征银二百四十两九分三厘。又乾隆四十三年，报垦成熟额外民屯田地六十二顷八十三亩一分三厘，科粮一百二十五石六斗六升二合二勺，实征银五十六两五钱四分八厘。又改土案内勘出水旱田地三百八十一顷十二亩一厘一毫，实征银十八两六钱一厘。以上人丁、田地及带垦随征丁银共银三百四十五两六钱二分二厘。又除荒芜田地银二两二钱七分一厘外，实征起运充饷银三百四十三两三钱五分一厘，随征加一一火耗[1]银三十五两七钱二分二厘五毫。

利川县

原额并续加正力人丁共一百一十丁五斗，内正丁八十九丁五斗，每丁征银九钱七分；力丁二十一丁，每丁征银三钱，共该银九十三两一钱一分五厘。内除逃故正力人丁六十三丁，无征丁银六十四两四钱四分，共征银三十二两六钱七分五厘。又原报屯丁十名，每名征银二钱，该银二两，共征银三十四两六钱七分五厘，归入阖省粮银摊征，计减银二十五两四钱二分二厘，实征丁银九两二钱五分三厘。又续垦增丁银十七两三钱七分七厘二，共实征银二十六两六钱三分。内除拨归川省地亩开除丁银二分四厘外，实征丁银二十六两六钱零六厘。又原额民屯并勘出成熟水旱田地共四百四十一顷八十亩七厘，派征丁银十二两九钱六分三厘，不科粮外，实征民屯各科则不等额粮一千零三十九石五斗六升四勺，该银四百三十二两七钱八分八厘。内除荒粮五百五十一石七斗四升五合六勺，荒粮二百四十八两二钱八分六厘，成熟粮四百八十七石八斗一升五合，实征银一百八十四两三钱一分五厘。又开垦额外田地一百四十一顷六十亩八分四厘，内除开垦改土地方水旱田地一百零六顷七十七亩八分，征银五两一钱九分一厘；开垦民地三十四顷八十三亩四厘，该粮六十九石六斗六升八勺，该征银二十两八钱九分八厘，二共银二十六两零八分九厘。以上民屯丁银并秋粮共征银五百八十四两三钱三分三厘，内除逃故人丁无征丁银六十四两四钱四分三厘，又阖省均摊人丁应减银二十五两四钱二分二厘，又余荒粮无征银二百四十八两二钱六分六厘，并拨归川省地亩粮银一钱八分八厘，丁银二分四厘外，实征银二百四十九两九钱七分三厘。又乾隆四十三年至五十三年，陆续升

[1] 火耗：又称耗羡，正赋之外的一切附加税、手续费、杂费的总称。

垦成熟田地共征银九十六两三钱九厘，阖县实征原额民秋粮银三百四十六两二钱八分二厘。

建始县

原额新旧田地共一千三百三顷四十一亩一分二厘，系照川省例按亩征银，不科粮石，共征条银七百五十二两八钱九分五厘。又恩施县拨归外屯地方并续加正力人丁一百一十三丁五斗，内正丁一百二丁五斗，每丁征银九钱七分；力丁十一丁，征很三钱，共征银一百零二两七钱二分五厘。内除逃故人丁八十七丁无征丁银八十三两零五分，实在正力人丁二十六丁五斗，共该征银十九两六钱七分五厘。又拨归屯丁四名，每名征银二钱，共征银八钱。以上共征丁银二十两四钱七分五厘，系归阖省粮银摊征，除摊减丁银一十七两三钱一分五厘，于起运项下登除外，实征丁银三两一钱六分。又拨归民屯田地共二十九顷三十亩五分三厘，该粮二百四十八石八斗二升六合六勺，该银一百一十两三钱四分八厘。内除荒粮一百二十石三斗四升六勺，荒银五十三两六钱五分九厘，成熟粮一百二十八石五斗二升二合，成熟粮银五十六两六钱八分九厘。又乾隆十九年起至乾隆五十六年止，陆续升垦田地顷亩，该征银一百二十六两九钱九分四厘三毫。又巫山县拨归地银九分，又拨归升垦派征丁银四两一钱九分，又升垦派征丁银九分三厘。

阖县额征共银一千一百八两一钱八分四厘，内除逃故人丁无征银八十二两五分，又摊减丁银十七两三钱一分五厘，又荒地银五十三两六钱九分五厘外，实征银九百五十四两一钱六分。存留坐支官俸、工役、祭祀、廪粮等项银七百三十八两五钱二分，起运充饷三百六十九两六钱六分四厘。内除逃故人丁无征银八十三两五分，又摊减丁银十七两三钱一分五厘，又荒地丁银五十三两六钱五分九厘外，实起运充饷银二百一十五两六钱四分。内有恩施县拨归雍正七年升垦银五钱一分六厘，系汇同请抵汉阳等县重丁之项。（以下据档案）

杂税

恩施县　杂税牙税[①]银五钱，田房税[②]银尽征尽解。

每年额办硝二千斤。

每年额办磺四千斤。

每年额办炮硝一百四十八斤二两三钱七分，炮磺二百五十斤，系缴两院辕门炮位。

① 牙税：向牙行或牙商所征的税。

② 田房税：即田房契税，旧时对典押或买卖土地房屋订立契约而征收的税。

宣恩县 杂税、田房税银尽收尽解。

来凤县 牙帖税银，道光十年卯峒司请设花行一名，晏永顺承充纳税银五钱。咸丰六年，诚一里请设花行一名，张恒裕承充纳税银七钱五分。七年，诚一里请设花行一名，何万泰承充纳税银四钱五分。卯峒司请设油行一名，张复兴承充纳税银一两。八年，诚一里请设米行一名，张恒丰承充纳税银四钱五分。九年，诚一里请设米行一名，覃豫美承充纳税银四钱五分。请设纱行一名，覃元厚承充纳税银四钱五分。请设牛行一名，熊广和承充纳税银四钱五分。请设牛行一名，熊万和承充纳税银四钱五分。请设猪行一名，熊复兴承充纳税银四钱五分。请设牛行一名，刘九大承充纳税银四钱五分。卯峒司请设油行一名，张德裕承充纳税银四钱五分。十年，诚一里请设布行一名，向良发承充纳税银四钱五分。请设杂粮行一名，全盛美承充纳税银四钱五分。请设牛行一名，熊震泰承充纳税银四钱五分。同治三年，卯峒司请设山货行一名，王彦光承充纳税银四钱五分。以上共税银八两八钱五分，田房税无额，尽征尽解。

咸丰县 杂税、田房税银尽征尽解。棉花牙行一名，偏僻中则每年完纳税银五钱。

利川县 杂税、田房税银盈余尽解。

建始县 杂税、茶税银共六两七钱五分，田房税银尽收尽解。

恩施、来凤、咸丰三县向有牙行四处，每年收牙税银二两。恩施、咸丰均已缴销，惟来凤另设。

盐引

府属六县，例食川盐。自乾隆三年详定章程、招商增引等事，俱由县招募殷实载粮民籍，取造户邻保年贯清册加结，送本府验，转详（楚川）督盐各并给文移，送四川（夔州盐捕通判酉阳直隶州）衙门验明，详送川盐宪核验认充，由（夔州盐捕府通判酉阳州）领赴厂配盐，运关换领引根引纸①，随盐运赴食盐州县地方官衙门验截，申缴造报。其税银残引②，俱系四川（夔通判酉阳州）衙门代楚征解截缴。如有欠缴迟延，饬取食盐地方官职名咨参，仍由地方官衙门将经征盐税数目于年底造册，赍请本府核明报销。内恩施、宣恩、利川、建始四县额行四川云阳、大宁二县厂灶花盐，来凤、咸丰二县额行四川彭水、秀山二县厂灶白盐，其

① 引根引纸：盐引必须引票，每引须有一号，依号颁票，每票分为前后两券，两券所填内容一致。两券中间加盖印信，骑缝而钤，后券随盐引而行，以备查验，称为“引纸”；前券作底簿留存，称为“引根”。

② 残引：盐以引行，引经批验，截角放行，俟盐卖完，角已尽截，引遂无效，谓之残引。

盐均由川河运回本县接济民食。恩施、宣恩二县盐经建始县境及恩施县境内转运。来凤、咸丰、利川、建始四县盐经川属地面入境。运销在于本县城乡设店分销济食。恩施、宣恩、利川、建始四县由骡马运，来凤、咸丰二县由雇夫背运。

施南府属六县，额行川盐一千四百三十一引。

恩施县额行四川云阳县水引一百六十七张，陆引三百□十。

宣恩县额行四川行销大宁厂水引二百四十二张，陆引一百八十六张，续请详增犍为县永通厂一百五十张，行销云阳云安厂水引六十四张。

来凤县额行四川彭水县陆引三百五十九张。

咸丰县额行四川彭水县陆引三百七十二张。

利川县额行四川万县水陆引三百二十七张。

建始县额引四川云阳、彭水二县水引九十三张。

增修施南府志卷之十二终

增修施南府志卷之十三

食货志　赋役全书

施南府

恩施　宣恩　来凤　咸丰　利川　建始

户口

原额并续加正力及原报屯丁改土案内勘出人力丁共六千六十四丁二斗八升四勺七抄五撮八圭九粒七粟三颗。内除建始县随田人丁六百八十四丁七斗八升四勺七抄五撮八圭九粒七粟三颗，应征丁银原于条银内派征，又除建始县承粮户丁七百九十六丁，遵奉恩诏，永不加赋。又除改土案内勘出人丁三千二百二十五丁，于钦奉上谕事案内详请题准部覆，照康熙五十二年滋生人丁之例免派丁银外，正力屯丁共一千三百五十八丁五斗，额征丁银一千二百三十二两八钱五厘，内原开除正力人丁一千一百八十二丁五斗，开除丁银一千九十六两一钱五厘。内除康熙三十、四十、四十五并五十年四届编审，共审复人丁五十八丁，该征丁银一十九两四钱一分外，尚有实开除人丁一千一百二十四丁五斗，开除丁银一千七十六两六钱九分五厘外，实在人丁二百三十四丁，实缴丁银一百五十六两一钱一分。遵奉恩诏，以康熙五十、五十二年丁册定为常额，于详请丁随粮派等事案内。蒙（前督部院迈、前抚部院马）会同题准部文，自雍正七年为始，归入合省粮银均摊带征（每粮银一两，派征丁银一钱二分九厘六毫四丝九忽七微二尘三纤一渺三漠八茫六沙四灰六漂七铢四溟九烬，以实征粮银扣算），共该征银三十七两六钱九分二厘二毫三丝五忽四微四尘五渺三漠四茫六沙五灰（计减原征丁银一百一十八两四钱一分七厘七毫六丝四忽五微五尘九纤四渺六漠五茫三沙五灰）。又于议奏事案内，遵照部文将恩施、咸丰、利川三县雍正七年升银照原则扣算，派征丁银五两一钱一分五厘五毫四丝四忽一微七尘一纤八渺四茫（系抵算钟祥县重丁银一千二百一十八两九钱零以内之项），二共实征丁银四十二两八钱七厘七毫七丝九忽六微一尘二纤三渺三漠八茫六沙五灰。

康熙五十五年编审起至乾隆三十一年编审止，增益滋生人丁四千六百九十四丁。又建始县节届编审增益滋生人丁四百二十九丁，共增益滋生人丁五千一百二十三丁。钦奉恩诏，永不加赋。（五年编审人丁一次，于乾隆三十七年七月内，奉准通政司咨。乾隆三十七年六月内，内，阁抄出奉上谕，五年编审不过沿袭虚文，无裨实政。嗣后编审之例，永行停止。）

又于钦奉恩诏事，乾隆六年编审案内，遵照部文将恩施、咸丰、利川三县雍正十、十一、十三及乾隆二、三、四年升垦粮银，各照现今摊征之则，派征丁银四十七两二钱四分五厘六丝九忽六微九尘五纤六渺八漠九茫。自乾隆七年为始起征，内除利川县于乾隆二十八年详明事案，拨归川省奉节县管辖民地升垦粮银带派丁银二分四厘三毫一忽五微四尘四纤一渺五茫一沙一灰外，实在垦派丁银四十七两二钱二分七毫六丝八忽一微五尘一纤五渺八漠三茫八沙九灰。

又于钦奉恩诏事，乾隆十一年编审案内，遵照部文将恩施、咸丰、利川三县乾隆七、八、十等年升垦粮银各照现今摊征之则，派征丁银四两五钱五厘一毫九丝八忽二微二尘二纤八渺六漠九茫，自乾隆十二年为始起征。

又于钦奉恩诏事，乾隆十六年编审案内，遵照部文将恩施县乾隆十二、十四、十六等年升垦粮银各照现今摊征之则，派征丁银八钱七分二厘四毫四丝五微二尘四纤六渺一茫，自乾隆十七年为始起征。

又于钦奉恩诏事，乾隆二十六年编审案内，遵照部文将恩施、咸丰、利川、建始等县乾隆二十二、二十四、二十六年等升垦粮银照现今摊征之则，派征丁银一十五两五钱五分四厘七毫四丝五忽一微四纤一渺五漠二茫三沙七灰，自乾隆二十七年为始起征。

又于钦奉恩诏事，乾隆三十一年编审案内，遵照部文将咸丰县乾隆二十八年升垦粮银照现今摊征之则，派征丁银四钱七分三厘七毫四丝八尘八纤三渺四漠八茫六沙一灰，自乾隆三十二年为始起征。

又咸丰县乾隆三十二年升垦民粮银两派算应征丁银三钱八厘四丝七忽七微四尘二纤一渺七漠七茫四沙二灰，自乾隆三十七年为始起征。（查此项丁银系乾隆三十六年编审案内应增之项，适钦奉上谕编审之例，永行停止所有前项派增丁银，按数于奏销册内入额造报，其乾隆三十六年届当五年编审，奉文停止造报新垦粮银，应摊丁银，奉准户部咨覆，按年摊征。嗣奉上谕丁银一事，悉仍其旧，复经详请咨准，部覆湖北民赋新垦地亩应派丁银，系按升粮科则派算，归于五年编审具题，其题报五年编审之例既已停止，似可毋庸专案具题。至摊派丁银，钦奉谕旨，悉仍其旧，亦应仍以五年一次汇造摊征丁银册，随同奏销[1]送部以备查核。）

① 奏销：旧制，各省在每年年底将钱粮支拨各项费用造册，报部奏闻。

又咸丰县乾隆三十九年升垦民粮银两派算应征丁银三钱六厘八毫八丝八微九尘四纤六渺六漠九茫，自乾隆四十二年为始起征。（查此项丁银系遵钦奉上谕编审之例，永行停止，新垦粮银应摊丁银悉仍其旧。是前项丁项应届乾隆四十一年摊丁一次之项，按数征收，汇造摊征丁册，随同奏销送部备查在案，理合登明。）

又恩施、咸丰、利川、建始四县，乾隆四十三、四十六等年升垦粮银派算，应征丁银二十二两三钱八分八厘一毫三丝四忽三微三尘九纤五渺五漠三茫三沙八灰，自乾隆十七年为始起征。（查此项丁银遵例届乾隆十六年摊丁一次之项，按数征收，汇造摊丁册随同奏销送部备查在案，理合登明。）

土田

原额民屯上、中、下田地二千二百八十二顷一十四亩三分五厘，科粮米四千一百七十石五斗八升七合四勺三抄七撮九圭三粒四粟（内除建始县粮米三百伍十九石九斗一升六合八勺八抄九撮九圭三粒四粟原在川省，于雍正七年奉文清丈案内不科外），实载米三千八百一十石六斗七升五勺四抄八撮，额征银二千三百二十两一钱二分二厘六毫三丝二忽九微三尘八纤五渺。（遇闰加银四十三两五分一厘六毫九丝九忽五微九尘三纤三渺五漠。）

改土案内勘出水旱田地一千六百四顷一十七亩五分八厘八毫七丝，额征银七十三两六钱四分。

以上田地共三千八百八十六顷三十一亩九分三厘八毫七丝，科粮米四千一百七十石五斗八升七合四勺三抄七撮九圭三粒四粟（内除建始县粮米于清丈案内不科外），实额粮三千八百一十石六斗七升五勺四抄八撮，额征银二千三百九十三两七钱六分二厘六毫三丝二忽九微三尘八纤五渺。（遇闰，加银四十三两二钱五分一厘六毫九丝八忽五微九尘三纤三渺五漠。）

实荒民屯田地一百五十顷九十三亩六分五厘五丝五微五尘五纤五漠八茫三沙六灰。

实荒粮一千四百三十二石五斗八升三合二抄三撮七圭九粒六粟。实荒银[1]六百四十三两五钱三分五厘七毫九丝五忽九微五尘三纤二渺。

成熟民屯及勘出田地三千七百三十五顷三十八亩二分八厘八毫一丝九忽四微四尘四纤九渺四漠一茫六沙四灰。内除利川县于乾隆二十八年详明事案拨归川省奉节县管辖民地三十一亩二分四厘外，实在田地三千七百三十五顷七亩四厘八毫一丝九忽四微四尘四纤九渺四漠一茫六抄四灰。

① 荒银：碎银，闲钱。

成熟粮二千三百七十八石八升七合五勺二抄四撮二圭四粟。内除利川县拨归川省奉节县管辖民地粮六斗二升四合八勺外，实在粮二千三百七十七石四斗六升二合七勺二抄四撮二圭。（各属则例[①]不等，详见各书。）

实征银一千七百五十两二钱二分六厘八毫三丝六忽九微八尘五纤三渺。内除利川县拨归民地，实征银一钱八分七厘四毫四丝外，实在银一千七百五十两三分九厘三毫九丝六忽九微八尘五纤三渺。

雍正三年间开垦田地一十三顷六亩，该银六两八钱九分六厘八毫一丝二忽八微二尘八纤。（此项开垦奏册计入原额以内之项。）

原额并开垦成熟田地除拨归奉节县外，共三千七百四十八顷一十三亩四厘八毫一丝九忽四微四尘四纤九渺四漠一茫六沙四灰。

成熟粮二千三百七十七石四斗六升二合七勺二抄四撮二圭四粟。

实征银一千七百五十六两九钱三分六厘二毫九忽八微一尘三纤三渺。

乾隆八年起至乾隆二十六、三十三、四十三等年开垦并首垦田地九百八十三顷一十九亩六分七丝三忽五微二尘。

科粮二百七十五石八升二合一抄六撮四圭四粟，该银四百二十九两九钱九分四厘九忽八微九尘八纤九渺七漠八灰八漂。（遇闰，加增银七两七钱八分七毫一忽三微三尘七渺二漠八茫七沙五灰，其节年升垦细数详见各书。）

以上人丁田地及垦带丁并额外升垦共额银四千一百六十两二钱二分八厘二毫五丝六忽四微四尘九纤三渺三漠三茫八沙六灰八漂。内除拨归川省奉节县地亩粮银一钱八分七厘四毫四丝，垦带丁银二分四厘三毫一忽五微四尘四纤一渺五茫一沙一灰外，该额银四千一百六十两一分六厘五毫一丝四忽九微五纤二渺二漠八茫七沙五灰八漂。内除无征丁银一千七十六两六钱九分五厘，荒银六百四十三两五钱三分五厘七毫九丝五忽九微五尘三纤二渺。又除详请丁随粮派等事案内，阖省均摊人丁应减银一百一十八两四钱一分七厘七毫六丝四忽五微五尘九纤四渺六漠五茫三沙五灰。又除雍正七年垦派丁银五两一钱一分五厘五毫四丝四忽一微七尘一纤八渺四茫。又除雍正十、十一、十三及乾隆二、三、四年垦派丁银四十七两二钱二分七毫六丝八忽一微五尘一纤五渺八漠三茫八沙九灰。又除乾隆七、八、十等年垦带丁银四两五钱五厘一毫九丝八忽二微二尘二纤八沙六漠九茫。又除乾隆十二、十四等年垦带丁银八钱七

① 则例：清朝的一种法律形式。清代中央各部、院、寺、监、司衙门都编纂则例，作为本部门的工作法规。

分二厘四毫四丝五微二尘四纤六渺一茫。又除乾隆二十二、二十四、二十六等年垦带丁银一十五两五钱五分四厘七毫四丝五忽一微四纤一渺五漠二茫三沙七灰。又除乾隆二十八年垦带丁银四钱七分三厘七毫四丝八尘八纤三渺四漠八茫六沙一灰。又除乾隆三十二年垦带丁银三钱八厘四丝七忽七微四尘二纤一渺七漠七茫四沙二灰。又除乾隆三十九年垦带丁银三钱六厘八毫八丝八九尘四纤六渺六漠九茫。又除乾隆四十三、四十六等年垦带丁银二十二两三钱八分八厘一毫三丝四忽三微三尘九纤五渺五漠三茫三沙八灰。（垦带丁银另于书后登收，以符奏册额实总数。）实征银二千二百二十四两六钱二分二厘四毫五丝五忽一微五尘二纤八渺四茫七沙三灰八漂。

起运户部项下充饷除拨归奉节县外，该额银三千三百二十四两七钱五分一厘一丝五忽六微六尘五纤四渺七漠八灰八漂，内除无征丁银一千七十六两六钱九分五厘。又除荒银六百四十三两五钱三分五厘七毫九丝五忽九微五尘三纤二渺。又除均摊人丁应减银一百一十八两四钱一分七厘七毫六丝四忽五微五尘九纤四渺六漠五茫三沙五灰外，实征银一千四百八十六两一钱二厘四毫五丝五忽一微五尘二纤八渺四茫七沙三灰八漂。（内有雍正七年升垦三十九两四钱五分六厘六毫五丝三忽二微六纤一渺五漠，系汇数抵算汉阳重丁之数。又建始县遇闰加银四十四两九钱二分九厘五丝六忽四微六尘二渺三茫七沙五灰。）

存留官役俸工等银七百三十八两五钱二分。（查本府属建始县遇闰加银五两三钱三分三厘三毫三丝三忽二微八尘。查该府属存留俸工祭祀等银八千三百五两二钱三分九厘，内除恩施县祭祀均摊余胜银二两七钱三分外，共该银八千三百二两五钱九厘；内除巴东县铺兵工食银三十六两，于宜昌府书内开造外，实该银八千二百六十两五钱九厘；内除建始县额编拨供银七百三十八两五钱二分，余额支银七千五百二十七两九钱八分九厘，系于司库地丁银内动支之项。再建始县廪膳项下遇闰添银五两五钱三分三厘三毫三丝三忽二微八尘，系该县额编项下拨供之项。）

雍正七年垦派丁银五两一钱一分五厘五毫四丝四忽一微七尘一纤八渺四茫。

雍正十、十一、十三及乾隆二、三、四年垦派丁银四十七两二钱二分七毫六丝八忽一微五尘一纤五渺八漠三茫八沙九灰。

乾隆七、八、十等年垦派丁银四两五钱五厘一毫九丝八忽二微二尘二纤八渺六漠九茫。

乾隆十二、十四、十六等年垦派丁银八钱七分二厘四毫四丝五微二尘四纤六渺一茫。

乾隆二十二、二十四、二十六等年垦派丁银一十五两五钱五分四厘七毫四丝五忽一微四纤一渺五漠二茫三沙七灰。

乾隆二十八年垦派丁银四钱七分三厘七毫四丝八尘八纤三渺四漠八茫六沙一灰。

乾隆三十二年垦派丁银三钱八厘四丝七忽七微四尘二纤一渺七漠七茫四沙二灰。

乾隆三十九年垦派丁银三钱六厘八毫八丝八微九尘四纤六渺六漠九茫。

乾隆四十三、四十六等年垦派丁银二十二两三钱八分八厘一毫三丝四忽三微三尘九纤五渺五漠三茫三沙八灰。

学田租课

学院册开建始县原额学田四十亩三分，该纳谷六石（乾隆二十九年清查学田租课，案内议增谷六石九升），共纳租课一十二石九升，共该折银六两六钱五分。（遇闰，照川省例除完正赋银六钱一分一厘，闰银三分五厘外。）实纳学租银六两四厘。（系支给社师生膏火，并赈给贫生之用。）

杂税

牙帖税银二两（原经报部牙税银三钱。乾隆二十三年，来凤县添设船行一名，纳税银三钱。乾隆二十五年，于遵旨议案内遵奉部咨分别繁、盛、偏、僻，量增税银四钱。乾隆三十七年，恩施县添设花布山货行一名，纳锐银五钱。又乾隆四十二年内来凤县西门内请设棉花中行一名，完纳偏僻中行锐银五钱。）

茶税银六两七钱五分。

田房税正额银原未报解。（盈余银两尽征尽解，原无定额。）

以上旧《府志》。

增修施南府志卷之十三终

增修施南府志卷之十四

食货志（祭祀银　俸廉　工役　六县附）

府学

文庙春秋祭祀银四十两。

各县

文庙春秋祭祀银四十两。

崇圣祠春秋祭祀银两七两。

名宦乡贤春秋祭祀银七两。

武庙春秋祭祀银三十五两七钱四分六厘。

山川坛春秋祭祀银十两。

先农坛祭祀银五两。常雩[①]祭银五两。

文昌庙祭银与武庙同。

霜降祭旗银二两，香烛米折银一两零五分。

邑厉坛祭银十两，米折银一两二钱二分。

俸廉工食廪粮乡饮经费

知府俸银一百五两，养廉一千八百两。门、皂、快、壮、禁、伞、轿、斗级共六十六名，共工银三百九十六两。

同知一员，俸银八十两，养廉银七百五十两。门、皂、快、轿、壮役五十名，共工银三百两。

通判一员，俸银六十两，养廉银七百二十两。门、皂、快、轿、壮役四十五名，共工银二百七十两。

训导一员，俸银四十两（各教谕、训导同，后不注），斋马银十八两。门斗名半，共工银

① 常雩：古代为百谷祈雨而举行的祭祀。凡遇大旱所举行的祈雨典礼，称大雩。清乾隆七年（1742）始定制，每岁孟夏举行祈雨典礼，称常雩。

十两零八钱，廪生四名，共银十两九钱三分二厘。

经历兼司狱[1]一员，俸银四十两，养廉一百两。门、皂、马夫六名，共工食银三十六两。

恩施县知县，俸银四十五两（各知县同，后不注），养廉银一千两。门、库、壮、捕、皂、伞、轿、禁、忤作[2]、仓铺、渡夫共一百二十八名，共工银七百四十二两零，加器械银二十四两。

教谕一员（俸同），斋马、门斗[3]共银三十三两。廪生十二名，共银三十二两七钱九分六厘。

县丞一员，俸银四十两，养廉一百两。门、皂、马、壮十四名，共银八十两。（利川县丞俸廉、工食并同。）

崔家坝巡检一员，俸银三十一两五钱二分，养廉银七十五两。兵、皂、民、壮二十名，工银一百二十两，加增器械银八两在内。（各县巡检俸、廉同，后不注；工役银不同者，各注。）

典史一员，俸银三十一两五钱二分，养廉七十五两。门、皂、马六名，共工银三十六两（各县典史俸、廉同，后不注；工役银不同者，另注），乡饮银六两（各县同）。

宣恩县知县（俸同），养廉银八百两（来凤、咸丰、建始并同）。各役一百二十名，共工银六百六十两，器械银十六两。

训导一员（俸、斋马、门役银同府学）。廪生二名，共银五两四钱四分六厘。

乾坝巡检一员（俸、廉同）。役二十四名，共工银一百四十四两，器械银八两。

东乡巡检一员（俸、廉、工、器银并同）。

典史一员（俸、廉、工、器银与恩施典史同）。

来凤县知县（俸同，养廉同宣恩）。役九十八名，共工银五百八十八两，器械银十八两。

训导一员（俸、斋马、门役同上），廪生二名（银同上）。

卯峒巡检一员（俸、廉、工、器同上）。

典史一员（俸、廉同上）。役二十名，共工银一百二十两，器械银八银。

咸丰县知县（俸、廉同上）。役一百二十名，共工银六百六十两。

训导一员（俸、斋马、门役银同上），廪生二名（银同）。

典史一员（俸、廉、工、器银同上）。

张家坪巡检一员（俸、廉同）。役二十名，共工银一百二十两，器械银八两。

利川县知县（俸、廉同上）。役一百十名，共工银六百六十八两。

① 司狱：掌管刑狱的官员。
② 忤作：即仵作。旧时官署中检验死伤的差役。
③ 门斗：官学中的仆役。

训导一员（俸、斋马、门役银同）。廪生八名，共银二十一两八钱六分四厘。

县丞一员（俸、廉同）。役十四名，共工银八十四两，器械银八两。

南坪巡检一员、建南巡检一员（俸、廉、工、器银并与咸丰张家坪巡检同）。

建始县知县（俸同），养廉银八百两。役一百名，共工银六百两。

训导一员（俸、斋同）。役四名，共银二十四两，廪生二十名，共银六十四两。遇闰增银五两六钱三分。

大岩岭县丞一员（俸、廉、工、器银同恩施县丞）。

典史一员（俸、工、器同），养廉八十两。

施南府各官养廉原照苗疆例，养廉从厚，五年即升。乾隆二十年，改内地五年停升，知府二千二百减四百，实一千八百两；恩施、宣恩、来凤、咸丰、利川五知县养廉一千二百两，减二百两，实一千两；其同知、通判、经历、县丞、巡检、典史原照内地之数，加给一半，如同知例，给六百两，酌加三百百，共九百两，今将加给之数减去一半，实七百五十两。余员较廉多少，各减加给之半。惟建始县原系四川简缺，养廉六百两，今当孔道，乾隆十九年加二百两，实八百两。

府县祭祀银共七百三十七两七钱四分六厘。文昌庙祭：嘉庆七年奉文照武庙祭银数不在内（共祭祀九百五银一两五钱十二分二厘）。

府属各官俸银一千三百三十九两（并教官、斋马银共一千四百七十两）。

府属各官养廉银共一万零三百五十五两。

府属各学廪生廪粮银九十六两。

六县乡饮共银三十六两。

府属佐杂[1]各衙门役食银共五千九百八十六两（同知未载）。

施南协岁支俸饷共银三万二百一十二两五钱八分四厘。

六县铺司工食银共一千二百两。

以上各款共银五万六百九十四两五钱二分。（以上旧志）

增修施南府志卷之十四终

① 佐杂：清代州县官署内佐贰官、首领官、杂官三者的统称。

增修施南府志卷之十五

食货志（蠲恤　普济）

蠲恤

施舍已责，王政所崇，是以恩蠲灾赈，历朝不废。本朝圣圣相承，民依在念，推恩行庆，膏泽频施，偶遇偏灾，即时蠲赈。其事属全省，毋庸分载，惟及府属者，始登诸志，以昭圣恩优渥，不遗一隅，庶凿井耕田之侣讴歌勿忘云。志蠲恤。

宋

治平二年，施、渝州大水，遣使行视，疏治赈恤，蠲其租赋（《宋史·英宗本纪》）。

淳熙十二年冬十月甲寅，蠲施州经制无额钱（《宋史·孝宗本纪》）。

国朝

乾隆三年正月，定施赋额。奉上谕，乾隆二年未完成秋粮一并豁免。钦此。

乾隆三十八年八月奉上谕：据陈辉祖奏，此次沿站民夫因官兵经过，运送军械等项，咸争来站受雇。如宜昌、巴东一路人烟稀少，其旁近之恩施、宣恩、建始等县民夫，亦多自行趋集军营，偶有遗失行装，随路赶送交给等语，此诚佳事。该省上年过兵地方，本年新正曾经加恩缓征。今沿站旁近各县民夫俱能踊跃急功，各效子来之谊[①]，自宜再沛恩膏，用照奖劝。著该署督查明恩施、宣恩、建始三县量缓征十分之几，奏闻请旨。再直隶、河南、陕甘、云贵等兵丁经过各州县，节经降旨加恩，分别缓征。其沿站旁近之州县民夫，如有协助办差出力者，并著该督抚一体察明具奏，候朕酌量加恩，以普一视同仁之意。该部即遵谕行。钦此。

嘉庆元年正月，前此恩诏普免案内，先尽乾隆六十年被水勘不成灾等州县暨附近苗疆、施南府属六县，共计二十九州县卫，作为首次，于是年蠲免。七月，蠲免施南府属六县应征各款正项及耗羡、杂课钱粮。八月，蠲免宣恩县本年地丁钱粮。又蠲缓恩施、来凤、咸丰、利川、建始、宣恩等县应汇同被水等州县共四十三州县，应以嘉庆丙辰至戊午年，共蠲免三次。

① 子来之谊：谓民心归附，如子女趋事父母，不召自来，竭诚效忠。

二年正月，蠲免恩施、利川二县应征钱粮。九月，以旱乏食，恩施、建始、利川普行赈给，赈三月，并予房屋修费。（三月，以奉节贼匪滋扰，官兵、乡勇歼灭，再蠲免恩施、利川、奉节等州县应征钱粮一年。）

三年，来凤、当阳二县赈济本色米共八千一百六十九石二斗，给修房屋银三千三十七两一钱（二县被贼滋扰，故赈给。《湖北通志》）。

八年正月奉恩诏免恩施、宣恩、咸丰、建始等被贼滋扰地丁钱粮，全行蠲免。

普济堂

施南府属六县，每县八名，共银二十两一钱六分，总额孤贫四十八名，每名二两五钱二分，额载口粮、花布共银一百二十两九钱六分，在奏销项内（以上旧《府志》）。

增修施南府志卷之十五终

增修施南府志卷之十六

武备（营制　俸薪　饷额　塘汛）

明洪武初置施州卫指挥使司，军数之载在《通考》者四千六百七十九名。我朝康熙三年废指挥千百户，设营制、游守各一员，割荆镇马步战守兵共五百四十二名，永驻防施。乾隆元年改卫设府，初置施南协副将一员，额兵[1]一千五百七十七名。幅员浸广，兵数反减于前，良由文德诞敷，“苗蛮”向化，无事重兵防守也。兹条举前代军制之可考者，及我朝营哨因时损益之制，因以见文德武功，超轶千古之盛焉！志营制而俸饷、塘汛附其后。

宋

宣和四年诏：“茂州、石泉军旧管土丁子弟、番上[2]守把不谙射艺，其选施、黔兵善射者各五十人，分任教习，候精熟日遣回”（《宋史·兵志》）。

夔州路义军土丁、壮丁，施、黔、思三州义军土丁，总隶都巡检司。施州诸寨有义军指挥使、把截将[3]、寨将，并土丁总一千二百八十一人，壮丁六百六十九人。又有西路巡防殿侍兼义军都指挥使、都头、十将[4]、押番[5]、寨将（《宋史·兵志》）。

徽宗崇宁元年，湖北都钤辖舒亶奉旨相度召募施、黔土丁，致讨辰、沅山猺，每州无过七百人。缘“瑶贼”深在溪洞，险阻不通正军故也（《宋史·兵志》）。

明

分巡上荆南道兼施、归兵备副使一员，驻荆州。

施州兵备佥事一员，驻彝陵州，后裁，以荆南分巡兼领。荆瞿守备一员，各衙掌印指挥一员、佐贰二员、营操一员、清军一员、营屯一员、巡捕一员，随操者无定员。其属镇抚一

① 额兵：清代的八旗兵和绿营兵。

② 番上：轮次赴京师服役。

③ 把截将：宋代地方义军中的小吏。据《宋史·兵五》，夔州路诸寨义军土丁、壮丁中设有寨将、把截将，位在指挥使、都头之下，是类似于十将的小吏。

④ 十将：宋代禁军中低级军职，隶属都一级统兵官，由都头、副都头或军使、副兵马使管辖，位都头、副都头下，将虞候上。

⑤ 押番：宋代指押解犯人的吏卒。

员，所千户、百户掌印各一员，佐贰各二员，随操者无定员。

施州卫指挥使，指挥同知，指挥佥事，左右中千户所千户、百户，兵四千六百七十九名（以上出《续文献通考》）。明初每岁按察司都司官各一员巡历[①]，间岁御史亲至。永乐初，敕荆、瞿、九、永、施共一守备巡防，后另设荆瞿守备，坐镇南坪，继移镇施，每年巡历荆瞿、南坪等处。嘉靖四十五年，设兵备道，驻彝陵州，辖重庆府属，岁专巡施。此因黄中平后，以善后特设兵备。李尧德任后，宰执张居正即议撤去。天启三年，奢酋据重庆，复设，事平亦撤。添荆州府通判一员，为抚夷厅，专制施州。隆庆三年，改府同知为抚夷。万历二十年，给关防，命驻施，兼理粮饷。卫掌印，佐贰也。屯操、巡捕每五年军政推迁，千百户亦然（唐氏《卫志》）。

按，明祖以土司滋扰，设卫广屯，欲使官省馈运而人自为战也。其后兵不能卫民，反借民以卫兵，又借客兵以卫卫，则见于邹维琏之志序，是有卫而无兵矣。协济饷十年不至，则见朱光祚《争复额饷之碑》，是有兵而无饷矣。其他兑头揽纳、官吏侵渔[②]而兵枵腹[③]，杂见于《童》志、《王》志者又不一。盖作法虽善，而日久弊生如此。我朝一革屯里之弊而全资于帑，信善哉（宋氏《府志》）。

国朝

施州营游击一员、守备一员、千总二员、把总四员、兵八百名（马一步九），属彝陵镇标。于康熙四年驻施，分城西南为营地，南抵孝子坊，西抵圆通寺，内除卫署基址东北二门有营地数间，为司门之居。平"吴逆"后，裁兵二百六十六名，其分防大田所把总一员、箐上把总一员、三叉口把总一员。其塘汛自卫城至巴东县交界，凡九塘；东与容美司交界，凡五塘；南与施南司交界，凡二汛；正南稍西绕金峒、龙潭司，凡五塘；又自所城西至所城南绕酉阳、大旺司界，凡五塘；北自卫至所绕中路司，凡六塘。

康熙四年，以荆州镇前营游击移驻施州卫。雍正十三年改协，辖左右二营。

施南协副将一员。

中营都司佥书一名。

左营守备一员（驻咸丰县）。

① 巡历：指巡行视察。
② 侵渔：侵夺，侵吞牟利。
③ 枵腹：空腹。谓饥饿。

千总二员（一驻宣恩县，一驻来凤县）。

把总四员（一驻咸丰县，一驻唐崖司，一驻大旺司，一驻忠峒司）。

外委千总四员（一驻活龙坪，一协防高罗司汛，一协防东乡镇汛，一驻百户司汛）。

额外外委三员（二驻恩施县分防近府各路塘汛，一驻咸丰县）。

右营守备一员（驻忠路）。

千总二员（乾隆十一年，拨一员入宜都，一驻利川县）。

把总五员（一驻恩施县，一驻恩施县崔家坝，一驻建南汛，一驻南坪堡，【一驻】建始县）。

外委千把总五员（一驻恩施县下营坝，一协防施州汛，一驻石门，一驻忠路，一驻官渡）。

额外外委二员（一驻恩施分防近府各路塘汛，一驻忠路）。

额设兵一千四百七十七名（内马兵一百一十八名）。战兵二百二十七名。守兵一千一百四十二名。以上本《湖北通志》。

施南协营制（以下本旧志）：

副将一员、中军都司一员、存城把总一员（额兵二百三十名，驻府城）、驻防崔家坝汛把总一员（额兵四十七名）、协防施州塘外委把总一员（额兵三十五名）、驻防建始县把总一员（额兵九十五名）、协防下营坝外委把总一员（额兵六十五名）。

以上四汛三十六塘，连府城共兵五百六十三名。

分防左营守备一员、存城把总一员驻咸丰县（额兵一百七十一名）、驻防唐崖司汛把总一员（额兵五十七名）、协防活龙坪汛外委把总一员（额兵一十九名）、驻防来凤县千总一员（额兵八十六名）、协防百户司凉水井汛外委把总一员（额兵二十二名）、驻防大旺司汛把总一员（额兵六十四名）、协防乾坝汛外委把总一员（额兵三十四名）、协防高罗司汛外委千总一员（额兵七十八名）、驻防宣恩县千总一员（额兵七十八名）、协防东乡镇汛外委千总一员（额兵三十九名）。

以上左营所属十汛五十九塘，共兵六百四十八名。

分防右营守备一员、存城外委把总一员驻忠路（额兵一百零八名，又分防五塘兵三十五名，系外委防守）、驻防建南汛把总一员（额兵四十六名）、协防官渡汛外委千总一员（额兵四十名）、驻防南坪堡汛把总一员（额兵六十九名）、驻防利川县千总一员（额兵七十名）。

以上右营所属四汛三十五塘，共兵三百六十八名。

通计经制官弁二十五员，马步战守兵共一千五百七十七名，并各官亲丁公费名粮在内（马一步九，各官亲丁马三步七）。

康熙四年，设立营制，游守千把共八员，兵五百三十二名。雍正四年改县，添兵一百三十八名。十三年，建府改协，设副将都司守备四员，千总外委二十一员，添兵八百九十七名，共兵一千五百五十七名。

乾隆二年，归并四川巫山营分防建始县把总一员、兵九十名，共官二十六员、兵一千六百三十七名。乾隆十一年，将右营左哨千总拨宜都营，随拨兵丁三十七名。十六年，拨兵十四名赴德安营分防随州。本协实额兵一千五百八十六名，除外委九名，实兵一千五百七十七名。四十七年，奉文添设兵额制兵一千。据道光十三年营册，原额马步兵一千四百七十七名。道光五年奉文裁兵七名，归德安营召募。又于道光十一年奉文裁减马步兵二十名，拨归回疆所节，粮饷归入经费项下。道光二十二年奉文裁减马步兵十二名，归直隶兵额项下。咸丰八年奉上谕改设汉江水师专营，施南协裁减马步兵一百四十四名，归水师专营召募，实在兵一千二百八十五名。

俸薪

副将一员，每年俸银五十三两四钱五分八厘，薪银每年一百四十四两，蔬菜烛炭银七十二两，养廉银八百两，心红纸张银[①]一百零八两，坐马十二匹，每匹银十两二钱，共银一百四十两零四钱。共银一千三百一十七两八钱五分八厘。

都司一员，每年俸银二十七两三钱九分四厘，薪银七十二两，蔬菜烛炭银一十八两，养廉银二百六十两，心红纸张银二十四两，坐马四匹，每匹银十两二钱，共银四十两零八钱。共银四百四十二两一钱九分九厘。

守备二员，每年每员俸银十八两七钱六厘，薪银四十八两，蔬菜烛炭银一十二两，养廉银二百两，心红纸张银一十二两，坐马四匹，共银四十两零八钱。计银三百三十一两五钱八厘，二员共银六百六十三两一分二厘。

千总三员，每年每员俸银一十四两九钱六分四厘八毫，薪银三十三两三分五厘二毫，养廉银一百二十两，坐马二匹，共银二十两零八钱。计银一百八十八两八钱，三员共银五百六十六两四钱。

把总九员，每年每员俸银一十二两四钱七分一厘，薪银二十三两五钱二分九厘，养廉银九十两，坐马二匹，共银二十两零八钱。计银一百四十六两八钱，九员共银一千三百二十一

① 心红纸张银：即办公费用。

两二钱。

外委九员，每年每员养廉银十八两，马战饷二十四两，米三石六斗，共银二两五钱二分，马乾[1]十两零二钱。计银五十四两七钱二分，九员共银四百九十二两四钱八分。

额外外委五员，每年每员支领马战饷二十四两，米三石六斗，共银二两五钱二分，马乾十两零二钱。计银三十六两七钱二分，五员共银一百八十三两六钱。

马兵一百二名，每年每名支领马战饷二十四两，米三石六斗，共银二两五钱二分，马乾十两二钱。计银三十六两七钱二分，总共银三千七百四十五两四钱四分。

战兵一百八十八名，每年每名银一十八两，米三石六斗共银二两五钱二分。计银二十两五钱二分，总共银三千八百五十七两七钱六分。

守兵九百九十五名，每年每名银十二两，米三石六斗，共银二两五钱二分。计银十四两五钱二分，共银一万四千四百四十七两四钱。通共饷银二万二千零五十两六钱。

塘汛

施南协共十八汛一百三十塘，共汛塘兵九百一十六名。

驻扎施南府城：

副将一员，都司一员，存城把总一员，分防一汛十一塘（每塘兵皆五名）。

下营坝汛（汛兵九名）　莲花池塘　沿长坡塘　鸡心垄塘

峦山子塘　黄草坡塘　罗针田塘　天桥塘

乾溪屯塘　芭蕉塘　桅杆堡塘　天池塘

驻防建始县城：

把总一员，分防一汛十六塘（每塘兵皆五名）。

石门汛（汛兵十二名）　龙溪河塘　河水坪塘　小坝塘

火风口塘　林阳口塘　景阳口塘　清江堡塘

柴陇村塘　红沙溪塘　茶寮塘　上坝铺塘

石臼驿塘　蒲潭溪塘　核桃园塘　柴家荒塘　杨柳荒塘

驻防崔家坝汛（汛兵一十七名）：

把总一员，分防一汛八塘（每塘兵皆五名）。

施州塘汛（汛兵九名）　丫木峪塘　一桶水塘　南里渡塘

① 马乾：饲马的干食料。

滚龙坝塘　三岔口塘　东绕塘　戎角塘　土寨沟塘

驻扎咸丰县城：

守备一员，把总一员，分防一十二塘（每塘兵皆五名）。

梅家山塘　忠堡塘　梅子坪塘　十字路塘　土老坪塘

水车坪塘　张家坪塘　蛮王牌塘　杨峒塘　邢家村塘

头庄塘　地坝寨塘

驻扎宣恩县城：

千总一员，分防一汛十三塘（每塘兵皆五名）。

东乡镇汛（汛兵八名）　椒园塘　倒峒塘　黄草坝塘　太坪坝塘

乾沟塘　茅坝塘　刘家庄塘　细沙坝塘

杨二溪塘　杉木树塘　万寨村塘　蛾影塘

驻扎来凤县城：

千总一员，分防一汛九塘（每塘兵皆五名）。

凉水井汛（汛兵二十一名）　峡口寨塘　红岩堡塘

上寨村塘　东流司塘　散毛司塘　保靖寨塘

革勒车塘　漫水塘　界址沟塘

驻扎唐崖汛：

把总一员，分防一汛九塘（每塘兵皆五名）。

活龙坪汛（汛兵十八名）　马家池塘　桅杆坳塘

小水坪塘　七里槽塘　金洞塘　麻地坝塘

中界坡塘　两河口塘　大坝塘

驻扎忠峒汛：

把总一员，分防一汛十塘（每塘兵皆五名）。

高罗汛（汛兵十二名）　布袋溪塘　歇骡店塘

玛瑙湖塘　乾坝塘　崖脚塘　经历寨塘

冉大河塘　木册塘　板寮塘　头道水塘

驻扎大旺汛（汛兵二十五名）：

把总一员，分防七塘（每塘兵皆五名）。

纺车溪塘　梯子崖塘　卯峒塘　梅子岭塘

石崖门塘　崖脚塘　腊壁司塘　水田坝塘

驻扎忠路营：

守备一员，分防一汛七塘（每塘兵皆五名）。

忠路汛（汛兵三十五名）　乾溪坝塘　堰水塘

沙溪塘　杨坡地塘　石灰窑塘　水田坝塘

驻扎利川县城：

千总一员，分防八塘（每塘兵皆五名）。

火铺塘　石板场塘　长嵌塘　高穴口塘

九渡屯塘　三渡屯　大小箐塘　大坡槽塘

驻防南坪堡汛（汛兵十七名）：

把总一员，分防九塘（每塘兵皆五名）。

孙家坝塘　潭丈沟塘　继长坝塘　张家村塘

烂井坝塘　磁洞沟塘　玛瑙寺塘　老支罗塘

大坪屯塘

驻建南汛（汛兵十七名）：

把总一员，分防一汛十二塘（每塘兵皆五名）。

关渡汛（汛兵九名）　白杨坡塘　清滩溪塘　山女嵌塘

马槽坝塘　下道子塘　大木峰塘　小谷溪塘

回子坡塘　后乡塘　黑溪塘　沙子溪塘

增修施南府志卷之十六终

增修施南府志卷之十七

武备志（兵事　团练附）

兵事之设，王者所以资捍卫也。施在前代为徼外地，兵事时勤焉。我朝文教诞敷，治同内地，生养休息，二百余年，户尽弦歌，人知信义。虽“教匪”滋事于前，“发逆”窜扰于后，而郡城坚守固如苞桑[①]者，岂专恃地多险阻，足以据守之欤？抑以官弁士绅团防有具，捍御有方也。故忠烈勇往之士倡义，乡风之士递荷，谕旨褒嘉，是可钦也。谨志兵事而历代控制蛮疆之略，即附于后。

历代兵事

《三国志·吴志·陆逊传》：黄武元年，刘备率大众来向西界，从巫峡、建平连围至夷陵界，立数十屯。逊曰：“此必有谲。”上疏曰：“夷陵要害，国之关限。备水陆俱进，今反舍船就陆，处处结营，察其布置，必无他变。”乃敕各持一把茅以火攻，拔其四十余营，备因夜遁。

《吴志》：永安七年二月，镇军陆抗、抚军步骘、征西将军留平、【建平】太守盛曼围蜀守将罗宪。”

干宝[②]《晋纪》：王浚治船于蜀，吾彦取其流柹[③]以呈孙皓，曰：“晋必有攻吴之计，当增建平兵。建平不下，终不敢渡江。’皓弗从。”

《宋书·南蛮列传》：荆、雍州蛮，分建种落，布在诸郡县。居武陵者，有雄溪、樠溪、辰溪、酉溪、舞溪，谓之五溪蛮。而宜都、天门、巴东、建平、江北诸郡蛮所居皆深山重阻，人迹罕至焉。太祖元嘉六年，建平蛮张雍等五十人诣阙献，见世祖。大明中，建平蛮向光侯寇暴峡州，巴东太守王济、荆州刺史朱修之遣军讨之，光侯走清江。清江去巴东千余里。时巴东、建平、宜都、天门四郡蛮为寇，诸郡民户流散，百不存一。太宗、顺帝世尤甚，虽遣军征伐，终不能禁，荆州为之虚敝。

① 苞桑：桑树的根。桑树的根多，根多就牢固。

② 干宝（283—351）：字令升，新蔡（今属河南）人，东晋史学家、文学家。所著《晋纪》20卷，直而能婉，时称良史，为后世史学家所推崇。

③ 柹：指削下的木片。

《南齐书·南蛮列传》：宋泰始以来，巴建蛮向宗头反，刺史沈攸之断其盐米，连讨不克。晋天兴二年，建平夷王向弘、向瑫等诣台求拜除，尚书郎张亮议“夷貊不可假以军号”，诏特以宏为折冲将军、当平侯，并亲晋王，赐以朝服。宗头其后也。太宗置巴州以威静之。”

《周书·列传》：蛮者，族类蕃衍，凭险作梗，世为寇乱。逮魏人失驭，其暴滋甚。有冉氏、向氏、田氏者，陬落[①]尤盛。余则大者万家，小者千户，更相崇树，僭称王侯，屯据三峡，断遏水路，荆、蜀行人，至有假道者。太祖略定伊、瀍，声教南被，诸蛮畏威，靡然向风矣。

《唐书·列传》：成汭，青州人。少无行，入蔡贼中，为贼帅假子[②]，更名郭禹。当戍江陵，亡为盗，后诣荆南节度使陈儒降，署裨校。张瓌囚儒，以禹凶慓，欲杀之。禹结千人奔入峡，袭归州，入之，自称刺史。秦宗权故将许存奔禹，禹以剽卒三百畀之，使讨荆州部将牟权于清江，禽权，取其众。禹又破其将王建肇，建肇奔黔州。昭宗诏禹为节度留后[③]，始改名汭，复故姓。天复三年，帝诏淮南节度使杨行密围鄂州，朱全忠使韩勍救之，讽成汭与雷彦威掎角。汭自将而行，淮南将李神福壁沙桥，击汭君山，败之，火其船，众大溃，汭投江死，士民皆为彦威所劫。韩勍走还。王建遂取夔、施、忠、万四州。天祐中，朱全忠表汭死国事，请立庙。”

《五代史·前蜀世家》：昭宗天复元年，王建攻下夔、施、忠、万四州。（此后，施遂为蜀所据。庄宗同光三年，蜀王衍降，旋为后蜀孟氏所据矣。）

《宋史·太祖本纪》：乾德三年正月己酉，蜀王孟昶降。癸巳，刘光义取夔、施、忠、开四州。

《宋史·太祖本纪》：淳化五年六月，贼攻施州，指挥使黄希逊击走之。

《宋史·蛮夷列传》：大中祥符元年，夔州路言，五团蛮啸聚，谋劫高州，欲令暗利寨援之。上以蛮夷自相攻，不许发兵。

《宋史·列传》：史方，字正臣，开封人。天禧中知夔州时，富、顺州蛮田彦晏寇施州，焚暗利寨。方领兵直抵富、顺，荡其巢穴，穷追至七女栅，降之。

《宋史·蛮夷列传》：乾兴初，顺州蛮田彦晏率其党田承恩寇施州暗利寨，纵火而去，夔州发兵讨之，俘获甚众。天圣九年，施州蛮覃彦绾等寇永宁寨。

《宋史·列传》：林栗，字黄中，福州福清人。知夔州，属郡曰施州，其羁縻郡曰思州。

① 陬落：村落。
② 假子：养子；义子。
③ 留后：唐制，节度使出征、入朝，或死而未有人代时，则设置留后以代其职。

施民谭汝翼者，与知思州田汝弼交恶，会汝翼弼卒，汝率兵二千人，伐其丧。弼子祖周深入报复，兵交于二州之境，施、黔大震。汝翼复以重币借兵诸峒，而乞师于帅府。栗曰："汝翼实召乱者。"移檄罢兵，乃选吏属往摄兵职，以渐收汝之权。令兵马钤辖[①]按阅诸州，密檄至施，就摄州事。汝翼不之觉，已乃惶恐，遁入成都。事闻，孝宗亲札赐栗及成都制置使陈岘曰："田氏犹是羁縻州郡，覃氏乃夔路豪族，又且首为衅端，帅阃府不能弹压，从其至此，如尚不悛，未免加兵，除其元恶。"汝翼在成都闻之，逃归，调集家丁及役八寨义军，于沱河桥与官军战，溃，汝翼遁去。俘其徒四十三人，获甲铠器仗三万一千。栗取其巨恶者九人诛之。田祖周惧，与其母冉氏谋献黔江田业，计钱九十万缗以赎罪，蛮遂安。

《宋史·孟珙传》：嘉熙三年，谍报大元兵欲大举临江，珙策必道施、黔，以透湖、湘。以二千人屯峡州，千人屯归州，以精兵五千驻松滋，为夔声援。大元兵自随窥江，珙密令刘全拒敌，遣伍思智以千人戍施州。

《元史·世祖本纪》：至元二十一年七月，敕荆湖、四川两省合兵讨叉巴、散毛峒蛮。

《元史·文宗本纪》：至顺三年正月，夔路忠信寨峒主阿具什用合峒蛮八百余寇施州。四月，师壁、散毛、盘速出三峒蛮野王等二十三人来贡方物。

《元史·李德辉传》："至元十四年，诏以德辉为西川行枢密院副使。十五年，再围重庆，逾月拔，绍庆、南平、夔、施、忠、播诸山壁水栅皆下。

《元史·杨大渊传》：杨文安，字泰叔，天水人，授骠骑卫上将军，兼宣抚使。至元十三年，分兵略施州，擒宋统制薛忠。会大雪，遣蔡邦光夜攻，杀守将向良，夺其城。十七年，遣辩士王介谕降散毛诸峒蛮，以散毛两子入觐，因进言曰："元帅蔡邦光，昔征散毛而死，可念也。"帝曰："散毛既降而杀之，何以怀远！"乃擢邦光之子，升为管军总管，佩虎符；赐散毛两子金银符各一，并赐其酋长以金虎符。"

《元史·石抹按只传》：石抹按只，契丹人。石抹按只卒，子不老袭父职，为怀远大将军兼夔路守副万户。至元十八年，大小盘诸峒蛮叛，命领诸翼蒙古、汉军三千余人戍施州，既而蛮酋向贵什用等降，其余峒蛮之未服者悉平，以为保宁等处万户。

《元史·李忽兰吉传》：李忽兰吉，一名庭玉，陇西人，四川南道宣慰使。至元二十一年，五溪峒蛮思、播以南，施、黔、鼎、澧、辰、沅之界，蛮獠叛服不常，乃诏四川行省讨之。曲里吉思、汪惟正一军出黔中，巴八一军出思、播，都元帅脱察一军出澧州，忽兰吉一军自

① 兵马钤辖：宋朝制，初选朝官及诸司使充任，领一州、一路或数路兵马之事，后咸以知州兼本州钤辖、安抚使兼本路钤辖。

夔门会。令凿山开道，诸蛮酋长率众来降，独散毛峒谭顺走避岩谷，力屈始降。”

《元史·石抹狗狗传》：石抹狗狗，契丹人。至元十七年，进明威将军、管军副万户。二十一年，以蒙古军八百从征散毛蛮，战于菜园坪、渗水溪，皆败之。壁守石寨月余，散毛降，大盘诸蛮亦降。二十四年，迁怀远大将军移戍重庆。

《元史·塔海帖木儿传》：塔海帖木儿，答答里带人。宣武将军、管军总管。五溪蛮、散毛、大盘蛮尚木的什用等叛，从行省曲里吉思帅师往讨，皆擒之，杀其酋长头狗等。

《明史·太祖本纪》：洪武五年正月，卫国公邓愈为征南将军，江夏侯周德兴、江阴侯吴良副之，分道讨峒蛮。夏四月愈平散毛诸峒蛮。

《明史·土司列传》：洪武五年，征南将军邓愈平散毛、柿溪、赤溪、安福等三十九峒。十四年，江夏侯周德兴移师讨水尽源、通塔平、散毛诸峒，置施州卫军民指挥使司。

《明史·太祖本纪》：洪武十四年九月，周德兴移师讨施州蛮，平之。

《明史·列传》：梅思祖，夏邑人。洪武十四年，四川水尽源、通塔平、散毛诸蛮长官作乱，命思祖为副将军，与江夏侯周德兴帅师讨平之。张铨，定远人。副江夏侯周德兴征五溪蛮，已而水尽源、通塔平、散毛诸峒酋作乱，复副周德兴讨平之，封永定侯。

《功臣录》：洪武二十二年，宣德侯金镇驻施州，休息士卒，控制蛮獠。

《明史·土司列传》：洪武十七年，景川侯曹震言：散毛等峒蛮时寇掠为民患，已命施州卫及施南宣抚覃大胜招之，如负固，请发兵讨。二十三年，凉国公蓝玉克散毛峒，擒刺惹长官覃大旺等万余人，置大田军民千户所，隶施州卫。时忠建、施南叛蛮结寨于龙孔，玉遣指挥余凯将兵攻，擒宣抚覃大胜，余蛮退走。玉复分兵搜之，杀获男女一千八百余人，械大胜及其党八百二十人送京师，磔[①]大胜于市。余戍开元，给衣粮遣之。

《明史·太祖本纪》：洪武二十三年夏闰四月，蓝玉平施南、忠建叛蛮，六月玉遣凤翔侯张龙平都匀、散毛诸蛮。

旧《卫志》：徐凯，字子安，合肥人，都指挥使。洪武二十三年，从蓝玉征散毛、镇南等峒。二月克散毛，擒散毛土酋刺惹覃大旺等万余人。五月，施南司土官覃大胜等乱，玉命移兵讨之，擒大胜及其党男妇八百二十口，解磔大胜于市。师还，凯独先诸将赏赉甚厚，玉赐钞增禄，凯升副羌将军都督。

《明史·土司列传》：张玉，字世美，祥符人，仕元为枢密院知院。元亡，从走漠北。洪

① 磔：即车裂，一种分裂肢体的酷刑。

武十八年来归，从大军出塞，至捕鱼儿海，以功授济南卫千户，迁安庆卫指挥佥事，又从征远顺、散毛诸峒。

旧《卫志》：成化元年，佥事郁文博按部至施，时有川寇余党窜入卫地，博命指挥童钟督施南宣抚覃彦升擒获孙居士、胡清等三十余人，悉平之。

《明史·土司列传》：成化二年，摇把峒长官向麦答踵奏："邻近洗罗峒长，窥知本峒土兵调征两广，村寨空虚，煽诱土蛮攻劫，乞调官军剿治。"

旧《卫志》：弘治间，崇宁里民向旺三等助桑柘蛮白鮆作乱，参政李琮同副使徐孜率卫守备夏士麟调兵五千捣穴，擒旺三等贼三十人，追还所掠男妇二千余口。汇功报，上赐币钞。琮，字义方，景宁人，仕至福建布政使。

弘治中，崇教寨民廖玉文等入寇建始之亲陇里，参政林矿同佥事郑岳、都指挥同知樊华按部至施，率本卫及瞿塘、忠州、长宁等卫所官军，先驻要害。玉文等十一人威摄受款，事平赐金币。又与岳迁学宫于城南门之右，即今所。（矿，闽县人；岳，莆田人；华，荆州左卫人。）

《明史·列传》：郑岳，字汝华，弘治六年进士，迁湖广佥事。施州夷、民自相仇杀，有司以叛闻。岳擒治其魁，余悉纵遣。

旧《卫志》：嘉靖中，支罗土寇黄中叛，剽掠川民。施南、散毛二司流劫施、建、忠、酆。楚抚谷虚中奉命征讨，檄参政曹三旸（浙江人）、督饷副使吴邦彦（吴江人）、纪功副使王绍元（金溪人）、监军参政洪逵（宁远人）、督哨指挥汤世杰（襄阳人）、坐营沔阳指挥王楹、辰州卫指挥杨某等，领永顺五寨及本卫官军攻剿。黄中听抚，解院磔于市，余党悉平。施南、散毛土司次第就擒。隆庆五年，讨金峒叛蛮覃壁，参政冯成龙（浙江人）、监军副使张大业纪功。

旧《卫志》：正统十三年，师壁七十余处各相攻杀，施地大震。御史蒋诚、副使邢端按部至施，率指挥童辅督兵讨之，追其伪印。

成化元年，麓川反，千户唐贵领施兵讨平之，升赏。指挥周溥随征大藤峡，功升本省都司。

正德间，戎角村民叛，指挥童昶讨平之。

广西瑶叛，指挥童昶率戎角士兵随征有功，升赏。

嘉靖元年，散毛覃斌杀忠建田本，夺其地。楚抚席书檄指挥孙廉督征，遁入永顺。九年，施州贼黄马了等百人流劫云、万、奉节等处，川东道檄本卫擒捕。侦知马了乃忠路仇人，檄安抚覃正刚擒之。二十八年，施民谭黄牯流劫巫、建、归、巴、奉、万，两省会剿，指挥杜遇伏兵贼巢归路，夹击擒之。

万历二十年，刺惹向明甫与仇争战，解至省，死于狱。

二十六年，杨应龙叛，征八省兵进剿，卫指挥唐一麒夜出杀贼守夜人，代其铃柝，遂进破之。升赏有差。

四十年，忠路土官覃寅化霸占民田，仇杀抚夷章守愚，檄指挥唐符勘明伏辜[①]，立土汉界碑。

崇祯二年，木贡民谭正伦与仇互告，案未结，剖仇者腹，杀伤多命。指挥唐尧德单骑入穴，擒正伦正法。当事嘉之。

七年，流寇猖獗，檄调施南、东乡二司进兵剿，以指挥邓宗震、唐尧德及僧寂明分督之，至巴东平阳坝败绩，寂明死之。十二月，施南土司覃良士因事在狱，土官统兵围城胁，指挥唐复元出良士，所过村庄残灭殆尽。

旧《卫志》：明崇祯七年，流寇自楚入蜀，由巴东过建始，众数十万，居民屠戮大半，自是往来不绝。十七年，“献贼”大驱荆民入蜀，路出建始，又肆杀掠。卫有土司之扰，里民之变，此时流寇尚未入卫，以犹僻处故也。改革后，闯献余孽，上自川东，下达彝陵，尽为贼薮。丁亥五月，一只虎即李过，闯贼爱将，后降福王，赐名赤心者，始率十三家[②]余烬入卫地，肆屠掠，与土司战于城南，大破之，遂移营容美。戊子，自容美转屯施南司，赖有朱经略招之出，后乱兴山。王观兴者，贼党三家之一，伪荆国公，其第昌，伪襄阳侯，初驻巴东，李过去随遣其伪总兵刘太仓镇卫，残酷百端。会观兴至，卫人哭诉，乃撤驻南坪，民间谓之刘营。己丑，献贼余孽李来亨、高必正、姚黄等迭至，掳人口，索金钱赎之。辛卯，刘体纯，绰号二虎者至，掳无所得，尽剥男女衣服，赤身放之。凤卫伯牟文绶家居，诈贼秦王檄，檄之去。癸巳，孙可望兵自贵州至，大索。乙未，二虎忿文绶欺己，自西山发兵侵卫。观兴诈称救卫，刘贼掳卫民，劫牟村，时文绶已没，洗其家。丙申正月，观兴已逐刘兵，屯南坪老营，卫民谓之王营，旋屯马寨村。丁酉，复屯卫。戊戌，屯戎角村。戎角，施东境也，四面绝壁，惟一路可上。己亥，焚卫城，驱士民入戎角，编伍派役，遍搜山谷，谓之打粮。湖川两督以次招安，不听，杀其使。甲辰，夔府西山、巴东、兴山诸贼荡平，贼始惧，欲降，又为伪参谋蒋尚膺所阻。卫旧指挥陶启唐等与士庶暗结投诚，尽为观兴截杀，然亦决策投诚矣。乙巳正月出山，大驱施、建民同出壮威。民扶老携幼，践踏弃捐，死者过半，至巴东，压卫人舱底，而地方了无人迹。始，观兴于诸贼为稍有恩；继怒卫背己，故胁之出。至荆州，赖

① 伏辜：服罪。典出语本《诗经·小雅·雨无正》：“舍彼有罪，既伏其辜。”

② 十三家：即夔东十三家，为明末清初，活跃于川、鄂、陕、豫诸省交界处，也就是夔州以东地区的反清武装力量的总称。

湖督张亲临抚慰，给粟粮，遣徐尚谋送回籍。五月抵卫，城中屋仅数椽。遣官靳宗臣同卫旧弁朱纯捧檄招安各土司。七月，设游击、千、把领兵防守，饬巴东民及塘兵运米接济，时康熙四年也。尚谋专主民事，披荆棘，教耕种，哀鸿渐集，其留荆者十二三焉。

国朝

齐祖望《巴东县志》：顺治三年，李来亨、高必正等自归、兴来巴东，攻寨峒，焚庐舍，男妇被掳不杀，索财则纵之，大江以南则免。明年乃移营入施州卫。

《巴东县志》：顺治五年，谭毅、谭宏、余大海等不时出没巴东，杀掠无算。十月，王光兴及其弟昌率群贼驻南坪。昌酷虐，光兴屡戒之，少止。光兴招集难民，约束军旅，大江以南赖以少安。未几，昌病死。十三年光兴以官兵渐逼，遁于施州卫，去之日秋毫无犯。康熙三年乃降。

按，光兴即观兴，《卫志》谓其践踏死者过半，此言去之日秋毫无犯，恐未然也。

《陈氏纪略》：顺治十四年，流贼刘二虎复入施州，百户陈世凯率乡勇败贼于堰水。十六年，川陕总督李国英遣将，分兵平忠路贼寇。康熙三年，王光兴盘踞施州，总督李荫祖檄诸土司击之，杀光兴子戎旗，光兴降。

旧《卫志》：施经群寇之后，康熙四年始靖。十三年，吴三桂据云南叛，伪号周。伪檄至施，卫守备署游击贾进才率官民降。八月，以进才贪残革职。其伪经历李纯弼、夏一麒，游击徐暹、朱栋，守备蒋明琏，总兵李春儒。时彝陵为战场，军需严酷。后三桂败，有伪将军总兵合穷寇数万，由施入黔，一路抢掠，赖春儒多方供给，卫人免供输焉。建始亦降贼，伪知县娄其才逐旧县，设兵守隘。继易伪令张拱极，又添总兵冉为龙。不数月，檄为龙巫山，改伪副将黄孔门，孔门欲斩伪令反正，事觉不果，引兵去。康熙十七年，三桂死，上谕赦从逆余党，许以维新。十七年，提督徐檄宣上德，招安至施，卫将李春儒率众投诚，而施及建乃反正。春儒安置荆州，以天年终。

吴逆平后，委祖建藩令建始，伪令张拱极匿民间。康熙二十年，谭宏据四川天成山叛。宏，“献贼”余党，降我朝，封慕义侯。吴叛应逆，吴败复降。是秋不自安，复叛，夔属州县悉为所据，施、建悉陷于逆。伪令张拱极执祖建藩，解贼请赏，囚之。拱极复伪令建。次年，贼平，建藩归，斩拱极，悬其首。当事寻调建藩，以安反侧[①]。

康熙十七年，皇帝敕谕各省、王、贝勒、将军、督抚、提镇等：兹据大将军简亲王等报

① 反侧：不循正道，不安分。

称，逆贼吴三桂已经身死，良由三桂数年以来，构兵倡乱，荼毒生灵，罪大恶极，故天命殛之。当日准其迁移，原欲保全安插，始终宠眷。讵意其包藏祸心，辄自行反叛，背累朝豢养之恩，逞一旦鸱张之势，横肆凶逆，扰乱地方。元凶既服天诛，胁从宜施宽典。凡在贼中文武、兵民人等，皆朕赤子，素受国家恩养，必非甘心从逆。或心存忠义，不能自拔；或势被驱迫，怀疑畏罪，陷身逆党。朕甚悯焉。其各体朕宽大好生之心，翻然悔悟，争先来归。朕必优加恩赉，论功序录。尔等即宣布德意，广示招徕，务使怀忠抱义之士，顺天命以图全，审事几而建绩。抚绥戡定，早奏荡平，以副朕嘉与维新至意，故敕。

嘉庆元年五月初一日奉上谕：据署湖北巡抚惠龄等奏称，施南府之恩施县有贼屯聚，经知县尹英图等率领乡勇分路擒捕，歼毙多贼，洗荡贼巢。该县等尚为奋勇，尹英图著即以同知升补，其经历蒋遇春及把总、外委等俱著酌量升用，以示奖励。钦此。

内阁奉上谕：汪新[①]奏川楚奉节、利川贼匪全行扑灭一折，览奏欣悦。此项川省奉节贼匪窜入楚北利川境内，经汪新派令副将樊继祖统兵堵截，并令恩施、利川二县约会川省奉节县，晓谕居民同心并力，会合奋剿，旋经各该县尹英图、陈春波、周景福会同千总、外委等共相激劝，督率三县士民于利川县长堰塘、楼子坝等地方，杀死贼匪一千数百余名，生擒贼目四十余名。又因贼分两股奔窜，兵勇亦分两路追剿，杀贼二千余名，生擒二百二十余名。三县地方贼匪全行扑灭，所办实属可嘉。除汪新等已另加优赉外，该省钱粮前已有旨，普行宽免。此次恩施、利川二县及川省奉节县乡勇士民均能齐心奋力，同声敌忾，著再加恩，将三县应征钱粮再行蠲免一年，以示奖义推恩无已至意。钦此。

嘉庆元年五月奉上谕：福宁奏分路痛剿贼匪，并焚烧贼人瞭望寺院一折，览奏欣慰。此次旗鼓寨贼众胆敢直扑来凤兵卡，经福宁督率将弁，三路冲杀，歼贼多名。其分往大堰坪肆扰之贼，复经将弁等俟其半渡，用炮轰击，剿杀多贼并将。河边高坡贼人之瞭望寺院，用火焚烧。看来福宁一路大有起色。据称现俟孙士毅移兵前进，两路夹攻等语，孙士毅带兵早抵茶园溪一带，距旗鼓寨甚近，福宁在来凤剿贼，伊断无未经得信之理。当贼匪扑扰来凤兵卡时，若孙士毅乘虚来剿，直捣贼巢，岂不一鼓集事？乃孙士毅尚未移兵前进，未免略迟。想孙士毅自因续调士兵未到，略为等候，但旗鼓寨之贼不过么麽蚁聚，且经福宁痛加剿杀，贼人自已闻风丧胆。正当乘此盛势，协力会剿，以期迅速蒇事。若此旨到时，士兵已经调到，带兵进攻，固属甚善，倘因路远未到，亦未便久驻等候。用兵之道，固不可冒昧轻进，亦不

① 汪新：浙江仁和人，时任湖北巡抚。

可坐失机会。著传谕孙士毅务即与福宁商同会剿，将旗鼓寨、红岩堡之贼悉数歼除，早靖地方，以副委任。至守备陈世文，因统赴后路，冲入贼队，于受伤后犹能手刃数贼，被群匪乱砍阵亡，殊堪悯惜。陈世文著加二等，咨部照游击例议恤。将此由六百里加紧传谕孙士毅等知之，仍各将杀贼得胜情形迅速驰奏，以慰廑注。钦此。

嘉庆元年八月奉上谕：福宁等奏旗鼓寨贼匪全数荡平，生擒首逆一折，览奏欣悦。旗鼓寨贼匪经官兵剿杀，又筑小木城，希图拒守。经福宁等督率将弁兵丁，四面攻打，欲开木城，一拥直入，将贼巢全行焚毁，拿获贼首，剿净余匪，所办实属可嘉。福宁前在镇筸驻守多时，一无展布。自到来凤后，带兵杀贼，屡次克捷，兹又将旗鼓寨贼匪全行荡平，实能改过奋勉，自当宽其既往，特沛新恩。除另降谕旨，与观成同加官衔外，福宁、观成著各赏白玉喜字搬指一个、金嵌火镰包一个、黄辫大荷包一对、小荷包四个。其总兵诸神保已降旨，赏给巴图鲁[①]名号，仍著与庆溥，各赏白玉喜字搬指一个、大荷包一对、小荷包四个。其余带兵奋勇各员弁俱著咨部议，叙其此次打仗兵丁，著加恩赏，给一月钱粮，屯土兵丁、乡勇各赏一月盐菜口粮，以示鼓励。至所奏军营出力文武各员，已照所请奖擢。唯阅折内把总孙应奉、兵丁宋如吉等十人，砍开木城，奋勇先登，尤为超众出力，而福宁等未经列入升奖单内，殊属遗漏，亦已有旨分别加恩，超擢优赏矣。其阵亡之参将杨治宁，著咨部照例议恤，著查明该员有无子嗣，一并覆奏。其余伤亡弁兵，俱著咨部恤赏。现在旗鼓寨贼匪业经扫除净尽，惟驴马山地方尚有窜聚之贼，早经兵勇四面围困。此时福宁谅已与诸神保先后前往攻剿，此等困守零星贼匪，更可克日歼除。惟当倍加奋勉，将该处贼匪及龙马山之贼一律迅速剿净，以便移兵速赴榔坪一带，会合夹击擒拿贼目林之华，扫除余孽，再邀恩赉。又据奏田谷敦供出王子俊、孙仕禹二首犯，均系陕西平利县人，已飞咨陕西及襄阳一体严拿等语。王子俊系邪教有名首犯，孙仕禹又系王子俊之师。据田谷敦供，王子俊于正月间到来凤地方，说孙仕禹现在襄阳一带，叫他传知同教，约期起事。是该二犯为邪教案内传徒纠众滋事首恶，不可不严拿务获，以净根株。王子俊、孙仕禹非潜回陕西平利县原籍，即现在襄阳一带藏匿，或与姚之富同在钟祥，均未可定。著传谕永保、毕沅、汪新及秦承恩一体严密访拿，务期弋获[②]，勿致远飏漏网，复留萌孽，方为妥善。又据获犯供出之杨子敖、陈贵武、杨珑、潘成富各犯，检查福宁等所奏折内，俱无下落。著该总督一体留心查拿务获，毋任乘间窜逸。至福宁等此次拿获之贼匪首伙各犯，除业经正法外，其首逆田谷敦、唐贵二犯，著派委员即行解京，尽

① 巴图鲁：满语，意为勇士。清代用于称号，赐给能征善战、功绩卓著的武官。
② 弋获：指射而得禽；泛指擒获、获得。

法惩治。并饬委员于沿途小心管押，毋致疏虞。又据毕沅奏酌筹善后事宜一折，尚为妥协，著即照所奏办理，将此各传谕知之。钦此。

嘉庆元年九月奉上谕：本日福宁等奏剿杀宣恩县龙马山贼匪，余党全数投诚一折，览奏欣悦。此番福宁等督率官兵，奋力攻剿，将首贼李登敖拿获，其余伙党闻风畏惧，携带家口，呈缴器械等项，自行投出。该处已无贼匪藏匿，所办实属可嘉。现在宣恩一路，既经肃清，而椰坪亟须兵力剿捕。福宁现已驰赴该处，务须倍加奋勉，督率官兵与成德等会合夹攻，擒获首逆林之华等，剿净余匪，迅速蒇事，俟奏到捷音，再加恩赏。此次带兵之游击董宁川尤为出力，著加恩，以参将升补，用示鼓励。福宁自宣恩前赴椰坪，约几日可到，著将会兵剿贼情形迅速具奏。至另折酌办龙马山投诚贼匪一事，此等匪徒，虽经从贼抗拒，但既自行投出，若遽行办理，恐钟祥、椰坪贼匪闻而生畏，益坚其梗化之心，抵死拒守。今福宁等查明贼目四十四犯，暂缓发遣，解交施南郡城监禁。其余伙党，交地方官妥为安顿，造册存案，亦只可如此办理。但贼目等人数较多，且甫经投出，难保其不心怀反侧。著传谕毕沅、汪新严饬该府，随时留心防范稽查，勿令稍有疏虞，此为最要。至成德处，兵力较单，尚觉不敷攻剿。此时惠龄搜捕凉山余匪，自已完竣，就近带兵驰赴椰坪，而福宁等又已由宣恩移兵会剿。与成德、惠龄分路夹击，贼匪自无从逃窜。成德等务须上紧剿办，擒拿贼首，肃清余党，克期蒇功，同邀奖赏。将此由六百里加紧传谕知之，仍迅速覆奏捷音，以慰廑注。钦此。

嘉庆二年闰六月奉上谕：额勒登保[①]奏节经迹探，贼踪俱向五家河前去，额勒登保等赶至白果坪剿贼，又窜至马家坝，复经官兵蹑剿，俱逃至宣恩县之椿木营一带等语。贼匪不往北窜，又向西奔逸，若一直前去，系川省酉阳一带，不可不亟筹堵截。至折内称入山路远，军火军粮不能接济等语。此时附近夔州一带，川省现有剿贼之事，自难兼顾。著传谕汪新飞饬附近施南府各属，星速办运军火粮饷。探明额勒登保等带兵向何处剿贼，即运往该处应用，不可迟误。至湖北荆、宜一带，如有留守驻防之兵，与其在彼闲住，何不酌派数百名，令参将等官带领速往，听候额勒登保等调遣。此二事，俱著汪新就近酌筹妥办，勿稍迟缓为要。至额勒登保等一路官兵不下万名，现令马瑀带兵千余名，前赴该处。又令汪新于附近地方防守官兵内抽拨数百名前往。著额勒登保等自行酌量，如兵力尚不敷围捕，不妨于距贼较远之各标营及义勇内酌派应募，是兵力益加壮盛，而军火、粮饷有汪新等办接济，亦无虞缺乏。额勒登保等惟当专心剿办，速擒首逆，驰报捷音，当计日以待耳。将此由六百里加紧又紧传

① 额勒登保（1748—1805）：瓜尔佳氏，字珠轩，满洲正黄旗，清朝名将。世为吉林珠户，隶属于打牲总管。

谕知之。钦此。

嘉庆二年九月二十三日奉上谕：据汪新奏利川、恩施被贼勾引齐起匪徒，业经扑灭，添派官兵堵截由川窜入贼匪滋扰，经兵勇等到截击，将恩施勾结之贼扑灭。所办尚好，其杀贼阵亡之兵勇等，俱著咨部加倍赏恤。其圈出之出力文武各员，如果始终奋勉，著咨部议叙。至奉节贼匪杨秀逢、汤永礼等两股合并，扰至利川地方，贼众共有万余，距施南郡城仅有百余里，距利川仅四十里。该县又无城垣，虽经汪新派令副将樊继祖带兵前往堵剿，又续派参将朱廷荃等驰赴该处，但兵力无多，不敷剿捕之用。现在额勒登保等所剿窜匪，已由羊苓桥追杀至王家垭一路。而首逆林之华、覃加耀复于土桥窜至巴东地方。巴东距利川甚近，境壤毗连，不过一站之路。额勒登保等如此时已将林之华等拿获，即就近移师往剿，毋使再有蔓延勾合。但额勒登保等仅追剿穷蹙之林之华、覃加耀等，无多溃败贼匪，尚不能即时擒获，任其辗转奔逸。今若再令人人由川窜来万余贼匪，更恐不足倚恃。樊继祖、朱廷荃皆系营员，彼此不相统属，且兵力无多，调度乏人。朕为此悬廑。前景安具奏，欲俟黑龙江末起兵到，即同爱星阿酌带直隶、山东、山西各兵，赴明亮等一路策应。今思明亮等追剿之贼，早已西窜竹山一带，距襄阳已远，而襄阳又有汪新驻扎。汉江北岸又有李奉翰防范，竟可无须景安在彼。著该抚接奉此旨，即同爱星阿酌带直隶、山东、山西新到各兵，速赴施南、利川一带，督率樊继祖等将此股窜合贼首杨秀逢、汤永礼及余匪迅速歼擒，以靖地方而杜勾结，此为最要。并著景安于接奉此旨，何日带兵若干，由襄起程驰赴施南督办之处，加紧覆奏至宜都。昨奏官兵夺获邱家堡等处贼营，仍未获一贼首，而贼匪仍窜至岳家院一带，节经传旨严饬，并令迅速剿办。本日又据汪新奏，四川奉节贼匪两股合并，扰及利川南坪地方，已飞咨宜绵[1]派拨官兵，与楚省兵勇前后夹攻。此股贼匪，又系从川省窜逸至楚。宜绵身为总统，在彼剿办多时，毫无筹画，任听贼匪奔窜，又至阑入[2]楚境，实属无能。著再传谕宜绵务当倍加愧奋，速将岳家院一带贼匪剿净，擒获贼首王三槐、徐添德、罗其清、冉文俦等，以期稍赎前愆。该处贼匪系自奉节窜来，是否即系总兵德龄等所剿之贼？并著饬知该镇帮同景安等两面夹击，以期迅速剿尽。将此由六百里加紧又紧传谕知之，仍著将擒拿首逆剿杀贼匪情形，迅速加紧驰奏，以慰廑注。钦此。

嘉庆二年九月二十八日奉上谕：前因奉节贼匪窜至利川滋扰，前经派令景安、爱星阿前

① 宜绵：满洲正白旗，清乾隆五十九年（1794）授甘陕总督，嘉庆二年（1797）兼四川总督，因镇压白莲教不利解任，以大理寺卿致仕。

② 阑入：擅自进入。

往督率樊继祖等上紧剿办，但相隔稍远，尚未奏报起程。该处久乏大员督率，为此正深廑念。兹据汪新奏到，奉节、利川贼匪经恩施县尹英图、利川县陈春波、奉节县周景福彼此约会激劝，三县士民无不踊跃争先，力图杀贼。而千总刘尚魁、外委刘文玉亦会同率领兵勇一齐奋力攻围，生擒贼首邱大才等，及歼毙贼首僧海青，并拿获贼目杨士秀等，共歼贼三十余人，其余烧毙者不计其数，贼伙全行扑灭。览奏欣慰。此次奉节、利川会合贼匪不下万余，尹英图等以知县、千总等官，能率领士民、乡勇迅速剿除，实属可嘉之至。尹英图、周景福、陈春波均著超赏知府衔，有缺酌行奏补。其千总刘忠魁著超升都司，外委刘文玉著超升守备，其分路带兵之守备陈安信等六人著交汪新查明，如果奋勇出力，即以应升之缺升用，并该三县应征钱粮加恩，再行蠲免一年，以示奖赏众民。所有绅士、乡勇人等，亦著汪新查明，择其尤为出力者为首赏，给六品顶戴；其余分外出力者，酌赏七八品顶戴。汪新虽在襄阳驻扎，但一闻该处匪徒滋事，即分饬各县设法剿捕，果能即时蒇事，办理尚为妥协。汪新著赏给金盒一个，内贮葡萄干、珊瑚豆，黄辫大荷包一对，小荷包四个。副将樊继祖于贼匪窜至利川长堰塘地方，即会同知县陈春波击退贼匪，俾得三面兜围，痛加歼戮，亦著赏给装铅子鱼袋一个、花大荷包一对、小荷包四个。其余在事之兵丁、乡勇，著汪新酌加奖赏，阵亡兵勇俱从优赏恤。但据宜绵奏，奉节贼匪系杨秀逢、汤永礼为首。今汪新折内讯据获犯供称，只有汤永礼一犯，而杨秀逢未经提及。该二犯是否即在烧毙歼擒之内，倘尚未就获，此外或尚有逸犯，著汪新转饬樊继祖会同该知县、营员等，趁此胜势，尚紧查拿，不可使一名漏网。至另片覆奏，前此在郧阳黄龙滩渡口击退贼匪，系属知县叶治等语，此事前已有旨交汪新查明，如该员始终出力，即咨部议叙。现在奉节、利川贼匪既经剿除，即有一二藏匿余匪，已交樊继祖会同该知县、营员等分投搜捕，足资料理。豫楚交界地方，亦关紧要，景安、爱星阿竟不必前往施南、利川，即于途次转回，或仍至襄阳一带以防贼匪折回之路，或就近为明亮等声援。惟在该抚酌量事机缓急而行，不可拘泥，顾此失彼为要。又据观成等奏攻扑老木园，焚毁贼卡一折，不但未得老木园贼巢，而于轿顶山紧要贼卡，亦未能攻克，实属无能无耻。且所奏马瑀阵亡一节，早经宜绵等奏到，尤属无谓。又据惠龄奏带兵追截贼匪一折，其所称在小河口击贼情形，亦经恒瑞、秦承恩等奏到，且恒瑞、庆成虽到兴安，已落贼后，而惠龄尚未驰抵兴安，更落恒瑞、庆成之后，实大无能不是。惠龄、观成、刘君辅俱著传旨，严行申饬。现在惠龄所追贼匪，系李全为首，著责成惠龄、恒瑞、庆成三人尚紧设法擒获，勿任与平利贼匪合伙，而英善、秦承恩亦当留心严拿，以期迅速就获。再额勒登保等追剿巴东窜匪，自二十日奏到后，迄今已隔八日，未据续有奏报。前因利川地方有贼匪滋扰，该处与巴东境壤毗连，恐与林之华合伙，剿办更为费手。今奉节、利川之贼业经剿净，林之华等之势益孤，额勒登保等仅系追剿此等穷窜之徒，有何难办？岂尚不知奋勉，将林之华、覃加耀尚紧擒获耶？再宜绵身为总统，在川省剿办多时，总未能擒一首犯，任听贼匪阑入陕楚地方，无能已极。该处贼匪系徐添德、王三槐、冉文俦、罗其清。此四犯著责成宜绵上紧擒拿务获，不可坐待明亮等到彼，致耽时日。试思奉节、利川贼匪多至万余，该处亦崇山峻岭，乃以知县、千总微员，尚能激励士民，率领兵勇一鼓直前，涉历险阻，夺要攻坚，拿获首逆，歼尽余党。而川省白岩山、老木园西乡及湖北帽子山窜匪，宜绵、额勒登保、惠龄、观成等俱系大员，且兵多将广，乃始则借词贼巢险固，不能攻克。及至逃逸，又不能设法兜截，任其东奔西窜，蹂躏地方，经年累月，尚未擒渠蒇事，彼此相形，不知伊等有何颜面。朕实代为羞之。著再传谕宜绵、额勒登保、惠龄、观成等务宜各发天良，愧极思奋，赶紧剿办，擒获首逆，歼净余党，以期稍赎前愆，勿再延缓。朕办理军务，赏罚严明，各路带兵大员等谅所深悉。此次奉节、利川贼匪经知县、千总等立时剿净，即加等超擢，以示优奖。岂办理迟误之大员等竟听其迁延贻误，竟不将伊等加倍治罪乎？伊等不可不知愧惧，迅速蒇功，勿谓朕恩可以屡邀，伊等之罪可以幸免也。至昨据明亮奏，击退竹溪贼匪，歼贼二三百人，督饬将领分投截剿，尚未擒获贼首一人。自因新调吉林、黑龙江劲兵未经到彼，仅就原带之兵分投截剿，是以未能大加歼戮，擒获贼首，尚可暂恕。此时吉林官兵早已前至军营。本日又据汪新奏，乌尔图那逊带领黑龙江官兵五百名及察哈尔头起马匹于二十一日自襄阳起程，前赴明亮军营，其后起黑龙江官兵及后起马匹自已陆续到齐。明亮等得此精兵健马，声势百倍。况现在奉节、利川之贼，经川楚地方官率领兵勇剿办完竣，想明亮等闻之，自必倍加欣喜，益思奋勉杀贼，将首逆姚之富、齐王氏克日擒获，再赴白河、平利、安康、及紫阳、石泉等处歼除贼匪，方为不负委任。昨已有旨，令勒保驰赴湖广新任该督，到彼所有楚省军务，自当令其董率办理。而宜绵亦本系总统，但现在劲兵健马俱在明亮等一路，且姚之富、齐王氏尤为贼首中紧要之犯。此时所盼者，惟明亮、德楞泰二人捷报。宜绵、勒保虽系川楚总督，亦断不肯掣明亮、德楞泰之肘，伊二人不能因闻勒保现有到楚之信，稍存观望。倘目下不能将姚之富、齐王氏拿获，而转被他路拿获，则明亮、德楞泰又将何颜对朕？现在明亮、德楞泰总当确探姚之富、齐王氏踪迹，专心设法擒获此二首犯，一经就获，其余党伙自必望风瓦解，易于办理。而此外四川贼首徐添德、王三槐、罗其清、冉文俦责成宜绵，巴东贼首林之华、覃加耀责成额勒登保等，老木园贼首责成观成、刘君辅，其窜至安康李全责成惠龄、恒瑞、庆成。彼此各办各贼，原不相统率，不拘何路将贼首擒获，即属该处带兵大员之功；何路任贼首纵逸，即系该处带兵大员之罪。如此分剿，各顾功罪，剿办自易为力。明亮、德楞泰更不必分心他处，务须将姚之富、齐王氏擒获，歼净竹溪一带贼匪，再探听白河、平利、安康何路紧要，即带领胜兵驰赴该处，以次剿办，再赴川省协剿，此为最要。将此由六百里加紧又紧，传谕宜绵等并谕恒瑞、庆成、英善、柯藩、刘君辅等知之，仍将接奉此旨，伊等如何愧励及剿截各路贼匪、擒获各首犯之处，速行加紧驰奏，以慰廑注。钦此。

嘉庆七年六月奉上谕：吴熊光[①]奏酌撤分防兵勇一折，乡勇一项，朕意必当于官兵未撤之前先行裁撤，借官兵之势往彼弹压，庶可不至周章。今吴熊光与德楞泰商办，亦能见及此，与昨所降谕旨适合。朕怀宽慰之至。但乡勇即撤之后，尤当设法安置。此辈断非身家殷实之人，本系游手无业之徒，应募来营，从征日久，好勇斗狠之风遽难化诲。一经裁撤，既无口粮可得，又无恒业可恃，难保其不滋生事端，殊堪廑虑。昨已降旨，令经略、参赞会同各该省督抚，悉心办理。吴熊光尤当审思熟虑，妥为经理，务俾日久宁贴[②]，此为最要。至所云撤出之后，酌加奖赏一节，所见极是。朕前旨亦已论及，此系第一办法，然亦不可过厚，开冀幸[③]之渐，总宜量其功绩，分别示劝。其酌撤乡勇事宜，责成知府尹英图经理，所办亦是尹英图在湖北办理堵御事宜，最为出力。朕素悉此项。乡勇本系尹英图由施召募前来，今该员已补授施南府知府，即责成该员就近管束，自能妥协。至所称“应撤各兵内请将云贵远省之兵先行撤回，其余俟大局定后陆续再撤”等语，著即照吴熊光所议办理。总之，撤兵一事，较之撤勇为易，即稍为停待，陆续撤完，亦无不可。又所奏“各寨勇等语搜括零匪，无口粮经费，请妥为立议，核实支给”等语，湖北地方向无津贴一项，朕亦素知，此等费用无出，自系实情。今当追剿零匪之时，既资该寨勇分段搜捕，以助官兵之所不及，自不能不给与费用。现在吴熊光筹款拨给，惟当核实办理，不至浮冒，将来准其作正开销可也。将此由五百里谕令知之。钦此。

谨按，施为明末流寇所虔刘，凋残特甚。迨乎王师南下，肃清滇蜀，斯民始庆更生。重以“吴逆”之变，兹地复经骚扰，至于武功奋伐，苞蘖[④]悉除，海澨山陬[⑤]同嬉化日。嗣是土

① 吴熊光（1750—1833）：字望昆，号槐江，江苏昭文（今常熟）人。历官军机章京、通政司参议、河南巡抚等。
② 宁贴：即宁帖，安宁平静。
③ 冀幸：希图侥幸。
④ 苞蘖：原指树木旁生的枝叶，比喻残余的邪恶势力。
⑤ 海澨山陬：指海边和山隅，泛指偏远的地方。

舍归诚，穴鼠息争，泽鸿渐集，涵濡生息，百有余年，生齿之繁，同乎内地。比及嘉庆初年，“教匪”阑入，来凤首被其毒。迨兵勇剿捕，又复奔逸四出，延至六七年之久。大兵四合，始就荡平，其时官绅尽节，士庶效忠，义勇之风昭乎远近，允宜详载以示来兹。第事关全省各邑，册档未全，传闻异辞，殊难传信。惟节年捷音奏报、谕旨昭宣，谨按年恭载其间同泽[①]之歌，恩纶褒美执戈之义，恤典优隆，见武勋、忠义诸志焉（旧《府志》）。

嘉庆元年，土贼覃加耀自长乐窜老虎口，官兵逼险毙文。又林之华余党自椰坪窜崔家坝，兵勇并力剿之。四川土贼汤永义等倡乱，结近城土匪为内应，知县尹英图捕诛之。

咸丰七年，“发逆”自襄阳复窜宜昌，将由大溪、建始两路窥施。副将兴禄出防，知府陈寿图设局措饷，团防委托经历邵汝正驻野山河，旋获奸细，戮之。贼知有备而去。

咸丰十一年郡城防堵始末

十一年七月，黔、蜀流寇李洪纠合“发逆”窜涪州，进逼咸丰，郡中闻风震慑。时知府陈洪钟莅任甫数日，会同知县多寿复设局劝捐团练，为防剿备，副将惠春出防线坝，恩、宣、咸三县要害处，派邑绅、营弁守之，擒获贼首广大五并奸细数人，悉诛之。九月十三日，逆窜线坝，惠春退守天桥，驰檄乞援于宜镇夔府及各大宪速拨军防剿。十四日，逆焚咸丰。十五日，陷来凤。乃遴选员防东门关，风闻逆将乘虚扑郡，复催调宜、夔及省兵兼程来援。十月，四川守备况伦福、丁鸣歧自夔州至，带兵勇四百名进防宣恩、建南。同知周会文募男三百名自利川至，进防乾坝，复移惠春进营咸丰。十九日，逆分股窜乾坝，周会文遂移军卧犀坪。宜昌镇游击兴禄、都司双庆带兵八百余名先后至。翌日，进军东门关、高罗。十一月，李抚调刘观察岳昭来援。十二月，标下总镇李复胜率果后、左、右、雄健、副后五营至施，随即进军来凤营新寨坡，两与贼战，皆捷。十五日，统领果后全军，刘岳昭自宜昌至。翌日，亦进攻来凤，檄调官兵移屯忠堡，防逆回窜咸丰。二十四日，檄传各路兵同攻来凤。宜、施两营移驻扎红花岭。二十五日，全军出战，贼犯果后营，力击却之，宜、施兵至鹿子峡接应，贼反扑败绩。惠春、兴禄、双庆及守备朱正名、周忠福，把总谭尚荣、李世斌，外委黄一才、沈光才、余文富等皆死之，兵没于阵者过半。同治元年正月，“石逆”达开自洪江浦市复窜来凤，号称十万，分股屯踞忠堡。刘统领退军高罗，以图兼顾。时南省兵驻龙山，不移营过江，果健营由郡入川，挽留不久，乃驰请刘统领拨军守城。初六日，李复胜率果后湘勇入郡城，分屯西北门，局勇分防东南门。初九日，南军克复来凤，逆退走咸丰，复扬言分股两路袭郡

① 同泽：用于军人相称或借指军中共事。

城，官绅并力截击之，遂西遁入川。贼凡蹂躏三县，而不敢犯郡城者，皆诸绅防堵力也。事后，府县会详在事出力绅士，均蒙奖励有差。同治二年五月，黔匪包毛先窜酉阳警至，知府夏锡麒、知县许光曙复设局劝捐团勇，号为“恩威”正副二军，以备战守。七月，“石逆”党李幅猷扰黔江，势逼施郡，副将扎拉罕出防咸丰，邑绅分拨恩、威二军堵御要害。又按户抽丁分布四城，昼夜防守，贼知有备，遂窜秀水入贵州远去。及撤局散勇，所余军需四千余金，归入麟溪书院，于偃武寓修文之意焉。

克复来凤始末

咸丰十一年辛酉八月十五日，四川羊角碛贼警至。是日知县王颂三为母祝寿，闻羊角碛贼警，讹为土匪滋事，不甚介意。二十日夜半，黔江失守，城中居民警避，城为之空。贼随黔江信至，人心警慌，纷纷逃避。是日，囚噪于狱，县令诛其尤者四人，余乃定。二十五日，知县王颂三募勇协同营兵守诸隘口，分置千总禄兴、前典史高懋勋、生员张麟等守龙家了口、鼎罐寨等处及四乡绅士团练防堵。又调诚、元、亨、利四里练勇轮流入城，早集暮归，以壮声势。越数日，复调高懋勋、张麟移防线坝，居民稍归里，各捐资米接济军食。九月十三日，贼渡线坝河，诸军皆溃。是日黎明，贼渡黔江线坝河，沿河防守皆溃。施南协惠春败绩于长干岭，贼遂如入无人之境矣。十五日，贼陷县城，知县王颂三死之。是日日晡[①]，轰传贼至胡家沟、红花岭等处，王公知事不可为，乃焚军需局。入夜，城陷，遂遇害。家人彭姓从之死。明年正月，贼平，得其尸于北门濠，失一足，面如生。十六日，贼攻龙山，不克。是日辰刻，贼以数百人攻龙山县，永顺副将合兵勇御之，贼不能克，遂转掠城外及乱山沟、谢家坝等处，掳其妇女财物以去。十九日，南军果健营与贼战于象鼻岭，败绩。候补知县易佩坤统带果健全军自湖南来，与贼战于象鼻岭，败绩。贼追至阳雀坡而还，自是龙凤两邑纵横百里外淫掳烧杀，日肆其毒，往来自如矣。十月，智、仁、勇、利四里乡勇会同酉阳州兵御贼于塘房坡。塘房坡距县治三十余里，下通卯峒智乐、仁育、勇敬、利正四里。绅耆集勇数千人，会同酉阳州牧王麟飞御贼于此，分营于上寨、旧司，攻贼于回龙桥、毛坝场，进营于大车浦，移营于谢家营。贼屡扑之，不得志，四里赖之以安。十二月十五日，统领刘岳昭以兵来援，军于新寨坡，贼至，却之。果后营统领即补道刘岳昭自随州来援，驻军新寨坡，号令严明，秋毫不犯，方营贼薄之，刘指挥诸军且营且战。总兵李复胜亲援桴鼓，贼屡扑不胜，营成而贼退。贼开市于小河坪已两月余，自是始稍敛入城。十八日，施南副将惠春、宜昌参将兴禄军于三

① 日晡：指申时，即下午三点至五点。

堡岭，两军各千余人来援，屯于三堡岭贞肃、孝原二里，乡勇从之。二十五日，统领刘岳昭击贼于东门外，失利。是日，分三路攻城。一由龙山正南坝，一由小河溪，一由乾元寺大路沿路，遂杀游贼，会军东门外。贼大惧，闭城固守，诸将请以火攻，不许。会土堡杆贼数百由近凤山横冲之军稍却，贼复由北门噪而出，遂败贼，追至峡口寨桥，死伤甚众。先锋总兵李复胜以大炮击之，乃退。是日，施、宜两军攻贼于麂子峡，败绩，副将惠春、参将兴禄、游击双庆、守备周忠福等皆死之。宜、施两军由三堡岭进驻红花岭，闻果后营薄城东，而不知其败，将乘势攻其西军，至麂子峡。贼以一队当其前，别以骁贼由观城坡攻其后，大败之。惠、兴、双皆阵亡，死伤填溪谷，生擒者无数，守备周忠福等力战被擒，不屈而死。

同治元年壬戌正月初二日，统领刘岳昭全军退保高罗。时逆首石达开由永顺里耶济河绕龙山来，众至十余万，沿途焚劫，与城中贼会数日而去。岳昭恐其犯施南，连夜退军高罗，分兵守诸隘口。初五日，城中贼始知之，乃举火焚其营，并烧两岸民房殆尽。初九日，南军攻复县城，贼退走咸丰。楚南军集龙山，期复来凤。初九日黎明，分道渡河，贼御之不胜，绕城走，诸军火攻县城，贼开县北门，由麂子峡、红花岭遁入咸丰。我军自东门入，夺获妇女、器物无算，复追至麂子峡。路径危险，贼众自相践踏，坠崖而死者不计其数。川军随至，火复起，城肆遂为丘墟①。

附团练

同治元年，知县多寿新定团练章程二十条，通详各大宪，批饬各州县悉遵行之。案存县署。

增修施南府志卷之十七终

① 墟：废墟，荒地。

增修施南府志卷之十八

武备

历代控制蛮疆纪略

宋

《宋史·仁宗本纪》：天圣四年八月己丑，诏施州峒酋领[①]三年一至京师。

嘉泰五年十一月，施州溪峒蛮来贡。

《宋史·蛮夷列传》：夔路转运使丁谓[②]言："溪蛮入粟实缘边寨栅，顿息施、万诸州馈饷之弊。臣观自昔和戎安边，未有境外转给我戍兵者。"先是，蛮人数扰，上召问巡检使侯廷赏，廷赏曰："蛮无他求，所欲盐尔。"上曰："此常人所欲，何不与之？"乃诏丁谓。谓即传告陬落，群蛮感悦，因相与盟约："不为寇钞[③]，负约者众杀之。"且曰："天子济我以盐，我愿输与兵食。"自是，边谷有三年之积。六年四月，丁谓等言："高州义务军头角田承进等擒生蛮六百六十余人，夺所略汉口四百余人。"初，益州兵乱，议者恐其缘江下峡，乃集施、黔、高、溪蛮豪子弟捍御，群蛮因熟汉路，寇略而归。谓等至，即召与盟，令还汉口。既而有生蛮违约，谓遣承进率众及发州兵擒获之，焚其室庐，皆震慑伏罪。谓乃置尖木寨于施州，以控扼之。自是寇钞始息，边溪峒田民得耕种。七月，施州叛蛮谭仲通等三十余人来归。

《宋史·列传》：丁谓，字谓之，苏州长洲人，领峡路转运使，曾分川峡为四路，改夔州路。初，王均叛，朝廷调施、黔、高、溪州蛮子弟捍贼，既而反为寇。谓至，召其种酋开谕之，且言有诏赦不杀。酋感泣，愿世奉贡。乃作誓刻石柱立境上。蛮地饶粟而常乏盐，谓听以粟易盐，蛮人大悦。先时，屯兵施州而馈以夔、万州粟。至是，民无转饷之劳，施之诸寨，积聚皆可给。特遣刑部员外郎，赐白金三百两。

《宋史·蛮夷列传》：大中祥符五年，诏施州、溪蛮朔望犒以酒肴。闰十月，五溪蛮向贵

① 酋领：部落的首领。

② 丁谓（966—1037）：字谓之，苏州长洲（今吴县）人。北宋淳化年间进士。历任转运使、工部员外郎、权三司使、参知政事、同中书门下平章事，封晋国公，是宋太宗、真宗、仁宗三朝元老，显赫一时。

③ 寇钞：亦作"寇抄"。劫掠。

升及磨嵯、洛浦蛮来贡。天圣四年，诏安、远、天赐、保顺、南、顺等州蛮贡京师，道里辽远而离寒暑之患，其听以贡物留施州，所赐就给。愿入贡者十人，听一二人至阙下，首领听三年一至。

旧《卫志》：王立，天圣初为夔路转运使，施州徼外蛮利得赐物，每岁来贡，所过烦扰，为公私患。立奏令以贡物输施州遣还溪峒。又城施州，通云安军以运盐，上嘉之。

《宋史·蛮夷列传》：施州蛮者，夔州徼外熟夷，南接牂牁，诸蛮又与富、顺、高、溪四州蛮相错，盖唐彭水蛮也。咸平中，施蛮尝入寇，诏以盐与之，且许其以粟转易，蛮大悦，自是不为边患。后因饥，又以金银倍实直，质于官易粟，官不能禁。熙宁六年，诏施州蛮以金银质米者，估实直，如七年不赎，则变易之。著为令。熊本经制淯井[①]事，蛮酋田现等内附，夔路转运判官董钺、副使孙珪、知施州寇平，皆以招纳功被赏。施、黔比近蛮，子弟精悍，用木弩药箭，战斗趫捷[②]，朝廷尝团结为忠义胜军。其后，泸川、淯井、石泉蛮，皆获其用。”

按，《宋史·蛮夷列传》：荆湖南北路徼外有南北江蛮，北江有上中下三溪州，又有龙赐、天赐、忠顺、保静、感化、永顺州六，懿、安、远、新、给、富、来、宁、南、顺、高州十一。南江蛮自辰州达于长沙、邵阳，各有溪峒，曰：叙、峡、中胜、元；曰：奖、懿、锦、晃；曰：富、鹤、保顺、天赐、古等处。后章惇平诸蛮，改为沅州，施州蛮与富、顺、高、溪四州蛮相错，则天子北江其距南江、沅川几二千里，乃考施旧志，竟以叙、奖、锦等州为施州地，失之远矣。

《宋史·食货志》：宁宗开禧元年，夔州路转运判官范荪言：“本路施、黔等州荒远，绵亘山谷，地广人稀，其占田多者，须人耕垦。富豪之家，诱客户举室迁去，乞将皇祐官庄客户逃移之法较正：凡为客户者，许役其身，毋及其家属；凡典卖田宅，听其离业，毋就租以充客户；凡贷钱，只凭文约交还，毋抑勒[③]以为客；凡客户身故其妻改嫁者，听其自便，女听其自嫁。庶使深山穷谷之民，得安生理[④]。刑部以皇祐逃遗旧法轻重适中，所以经久，淳熙比附略人之法大矣。今后凡理诉官庄客户，并用皇祐旧法。”从之。

《元史·世祖本纪》：至元十二年，昝顺言：“施州诸蛮等有向化之心，乞降诏使之自新，并许世绍封爵。”从之。十六年春正月，诏谕又巴、散毛等四峒番蛮酋长，使降。十七年七月，赐招收散毛等峒官吏衣缎。十九年九月，亦奚不薛之北，蛮峒向世雄兄弟及散毛诸峒叛，命

① 淯井：亦名雌雄水，为盐井，在今四川长宁县南七十里双河镇。
② 趫（qiáo）捷：矫健敏捷。
③ 抑勒：强逼；压制。
④ 生理：生活，生计。

四川行省就遣亦奚不薛军前往招抚之，使与其主偕来。

《元史·阿里海牙传》：“至元十有二年四月，传檄郢、归、峡、常德、澧、随、辰、沅、靖、复、均、房、施、荆门及诸峒，无不降者。尽奏官其所降官，以兵守峡，籍其户口田赋来上。帝喜，大宴三日。”

《明史·土司列传》：宣德九年，木册长官田谷佐奏：“高罗安抚常倚势凌轹[①]，侵夺其土地人民，已蒙朝廷分理，然彼宿怨未平，恐复加害，乞径隶施州卫。”从之。

正统三年，命散毛宣抚覃友谅之子瑄试职。初，友谅以罪械赴京，中路逃匿，后为官军所获，毙狱。至是，本司以其子为蛮民信服，乞袭职。帝以友谅罪重宜革，第以蛮故，诎法信恩，命瑄试职，以图后效。

景泰二年，礼部奏散毛宣抚司副使黄缙瑄谋杀亲兄，律应斩。其妻谭氏遣子忠等贡马赎罪，瑄罪重，法不可宥，宜给钞以酬马值。从之。

天顺五年，礼部奏施州卫木册长官土舍谭文寿凶暴，并造诽谤不法之言，罪当刑。今其母向氏进马以赎，恐不可从。帝命给钞百锭以慰其母，其子仍禁锢之。

弘治二年，木册长官田贤及容美致仕田保富各进马为土人谭敬保等赎罪。刑部言蛮民纳马赎罪，轻者可原，重者难宥，宜下按臣察核。

九年，金峒安抚覃彦龙奏境内产杉木，尝鬻金三千贮库。彦龙年老，子惟一人，恐身后土人争夺，乞解部。工部议非贡典，却之。

正德四年，散毛宣抚入贡后期，部议半赏，从之。

嘉靖七年，龙潭安抚司每朝贡率领千人，所过扰害，凤阳巡抚唐龙以闻礼部。按旧制，进贡不过百人，赴京不过二十人，命所司申饬。

忠孝安抚司把事田春者数十人称入贡，伪造关文，骚扰驿传。应天巡抚以闻，兵部议土司违例入贡，且所过横索，恐有他虞，宜严禁谕。

二十六年，腊壁峒等长官司入贡，礼部验印诈伪，诏革其赏，并下按臣勘问。三十三年，龙潭安抚黄俊素贪暴，据支罗峒寨，以睚眦杀人系狱。会白草番反，俊子中请立功为父贳罪，已又自求为副指挥，贿当事者许之。俊出益骄，乃与中及群盗李仲实等，恣行于四川之云阳、奉节间，副使熊逵等计擒俊与仲实。俊死于狱，中自缚出降，执余党谭景雷等自赎。帝命追戮俊，枭示，仲实等论斩，中谪戍，而赏有功者。

① 凌轹：侵犯，欺压。

隆庆元年，吏科给事中朱绘等言湖广施州卫忠路安抚覃大宁一日奏五上，语多不实，请究治，都察院议金峒安抚土舍覃璧争印相杀及磁峒不当辖四川，俱下抚按官勘报。

四年，覃璧作乱，伤官军。抚按请治失事诸臣罪。兵部言：本卫孤悬境外，事起仓猝，宜从宽贯，以责后功。帝然之，命所司相机剿抚。

五年，巡抚刘悫以覃璧平，条议五事：一、请以川东所辖巫山、建始、黔江、万县改属上荆道。一、以荆州去施州卫远，不便巡历。夷陵西有傅友德所辟取蜀故道，名百里荒者，抵卫仅五百余里。请以巴东之石硅司巡检、施州卫之州门驿、三会驿并移近地，俾闾井联络。而于百里荒及东卜垅仍创建哨堡，令千户一人，督班军百人戍守。一、施州延袤颇广，物产最饶，卫官朘削，致民逃夷地为乱。宜裁通判设同知，抚治民蛮，均平徭赋，勿额外横索。一、金峒世官不宜遽绝，贷覃胜罪，降安抚为峒长，听支罗所百户提调。一，施州十四司应袭官舍，必先白道院，始许理事。其擅立名号者，请严治，并令兵巡道每岁经历施州，豫行调集各官奖谕，令赴学观化。俱从之。

万历十一年，湖广抚按奏施州卫施南等宣抚司各官，仍听镇筸参将节制，载入敕书，以一事权，从之。

卫旧志载刘悫条议请移石硅司巡检于野三关，移州门驿于河水铺，比传文尤详。

邹均[①]《方舆纂要》：施州卫外蔽夔峡，内绕溪山，道至险阻，蛮獠错杂。自巴蜀而瞰荆楚者，恒以此为出奇之道。宋末，蒙古搭海入蜀，荆湖帅孟珙遣兵屯施州以备之。又蒙古兵渡万州湖滩，施、夔震动。盖施、夔表里大江，而清江源出彭水，中贯卫境，至夷陵宜都而合大江，其取径尤捷也。明隆庆五年，湖广抚臣言：荆州去施州，道里险阻，不便巡历，夷陵以西，有明初国公傅颍友德所辟取蜀故道，名百里荒者，抵卫境五百余里。请移巴东之石硅巡司于野三关，施州卫之州门驿于河水铺，三会驿于古夷铺，俾闾井联络，而于百里荒及东卜陇仍创建哨堡，各令千户一员，督夷陵、长宁二所，班军各百人，更番戍守，庶无险远之虑。此亦平时效筹者所当知也。

申潮《边方奏议》：原施州卫诸夷，皆由地名七药山、南坪，出没重、夔地方，劫掠为患。故四川奏：将九永守备加敕，专镇施州，欲以杜前患也，而卒不免者，盖未得御夷之机括也。彼施、夔相去五六百里，令守备深居施州城内，而土夷远出州境，地方警报岂得遽知，及知焉能骤到而御之？彼蜀于各该地方，亦设有南坪等二十四堡，各有官军、民壮、快手守御似

① 邹均：字寿泉，清代学者、文学家。历任布政司经历、兴国州知州、应州知州等。著有《十二树梅花书屋全集》。

矣，而亦不能御止之者，则又以不得其人与其地故也。盖异省职卑，土人所轻，本省职重，土人所畏，御彼出入，犹之悍仆在逃，必见其主而后降，他人执之，鲜有不以力相抗者矣。随查南坪堡，乃诸路之冲要，各堡之总会也。其公署墙垣，经画规制，视各堡为雄壮完固，合将荆、瞿守备，移镇南坪堡，于施州卫推选指挥一员，千百户数员。其瞿、唐二卫所指挥千百户，拨分一半，俱赴南坪驻扎，以听守备行事，施州卫仍分拨卫军管领守堡，其奉节、云、万、忠、酆等州县，各将原守各堡民快数百名，委官管押，即于彼处戮力防守，悉听守备官常行操备，如此则诸夷惮重职之尊严，畏官军之众盛，自将消其劫掠之奸，而不敢任情出没矣。其守堡军粮，施州卫就将近堡坪上三屯，并马桥坝、牟站二屯输纳，施州仓屯粮照数扣贮支给，免其六七日远运上仓。瞿唐卫忠州所，听彼处自处，各州县民快工食，则循用各堡旧规，守备官往镇南坪之日，其廪给服役，俱出自各州县，应办于地方无事之时，仍往来历巡所属施州等卫，则出自各该所。夫守备之设，本所以卫地方也。若置之于紧关之地，则可以为干城保障之寄，否则，势相辽隔，而缓不及事，亦为徒设无补也，何用哉。

增修施南府志卷之十八终

增修施南府志卷之十九

官师志

职官表

施在前代，为州为郡，废置不常，官制亦屡经更易，不能悉详也。胜国土流间治，中叶以后官始可纪。我朝声教覃敷，无远弗届，而诸土司胥革心向化，于是改土归流，置守令，立学官，增营弁，制驭之宜，迈越前古。爰胪其名籍出身，以备一郡掌故。前代职官之可考者，亦随时代先后，列表于前，总题曰职官。其政绩可纪者，别为小传，附名宦后。述职官志。

文职官表

	兼辖	刺史	令佐	薄尉
隋			李超（清江令，详名宦志）	
唐		裴冕（字章甫，河东人，右仆射，降施州刺史）	张道古（施州司户参军）	郗昂（清化尉）
		南承嗣（施州刺史，详名宦志）		
		房武（施州刺史，详名宦志）		
		李孝逸（施州刺史）		
		陈树龙（施州刺史）		
		柳然明（施州刺史）		
宋	王立（夔路转运史，详名宦）	黄希逊（施州指挥，详兵事志）		赵彦成（清江主簿，见艺文志）
	熊伯明（权总制施州，详名宦）	王在（通判施州，详名宦）		任伯雨（清江主簿，详名宦）
	王蘧（诏领州事，详名宦）	龙景照（施州刺史）		
	丁谓 夔路转运使，见控制）	寇瑊（权领施州，详名宦）		
	史方（知夔州，详名宦志）	庞恭孙（通判施州，详名宦）		
	熊本（诏察访梓夔，详兵事志）	张知命（字仲谋，施州刺史）		

续表

	兼辖	刺史	令佐	薄尉
宋	董钺（夔路转运，详控制志）	程公许（通判施州，详名宦）		
	孙珪（转运副使，详控制志）	李周（通判施州，详名宦）		
	林栗（知夔州，详兵事志）	谢昌元（知施州，详名宦）		
	向士璧（知峡州，兼施渝镇抚使）	刘仪（施州守，见通天洞石壁题名，宝祐中任）	朱珥（推官，见石壁题名，宝祐中任）	张昂英（主簿，见石壁题名，宝祐中任）
	范孙（夔路转运判官，详控制记略）	朱珥（施州判，见石壁题名）	孙龙（令，见石壁题名，宝祐中任）	张震珪（尉，见石壁题名，宝祐中任）
		张宝臣（咸淳初知施州，开拓险径，人皆便之）	张纲（施州教授，宝祐中任）	
			文应祥（施州教授，宝祐中任）	
			李庭芝（建始令，详名宦）	
元		邵浓（郡守，筑城，见《夔州府志》）		
		王守仁（知施州，有传）		
明	李尧德（按察佥事，详名宦）	朱永（施州指挥，详名宦）	谭朗然（建始令，详名宦）	
		李才（知州）	孙明用（州同）	李毓秀（吏目）
		胡士能（知州，有传）	王杰（州判）	
		夏士麒（卫守备，详兵事志）		
	施州卫抚夷同知	卫儒学教授	训导	卫经历
	李光前（剑州人）	何求益（金溪人，宣德间任）	王拱辰	海航（浔州人）
	陶銮（曲江举人）	陈敕（福建人，宣德进士）	王鉴（云南人）	程鹏（绵竹人）
	蔡璧（钱塘进士）	张勋（昆山人，正统间任）	欧阳达（庐陵人）	张铉（福建人）
	秦宠（合肥举人）	高维勉（长乐人，天顺间任）	彭镛（金堂人，景泰间任）	李平（大理人）
	郝汝松（绥德进士）	高绍保	王聪（南昌人，天顺间任）	赖愈（余干人）
	杨云才（桂林举人）	蒋德（丰城人，天顺间任）	高拱宸（仁寿人）	成士玉（垫江人）
	伍士望（南昌进士）	欧阳希稷	任懋荣（巴陵人）	胥高华（眉州人）
	高则益（南昌进士）	王逮（华容人，嘉靖间任）	高拱（四川人）	黄溥（有传）
	许言诗（太康举人）	汪盘（浙江人，嘉靖间任）	徐用中（溪人）	史肇聪

续表

	兼辖	刺史	令佐	薄尉
	徐万仞（漳浦进士）	王汝器（定安人，嘉靖间任）	韦邦聘（四川人）	刘尚义（四川人）
	陶允明（会稽举人）	汪泽（浙江人，嘉靖间任）	屠山（谷城人）	林源（福建人）
明	徐亮彩（江西举人）	徐端	任守翰	汪泽（歙县人，有传）
	唐懋德（云南举人）	张铣（吉安人，隆庆间任）	张承谢	吕旦（上虞人）
	王应泰（马平举人）	谢廷翰（晋江人，隆庆间任）	唐朝卿（临桂人）	张日新（福建人）
	石可久（延州举人）	钟万化（桃源人）	马大有（道州人）	胡仲贤
	高士达（巴县举人）	王盈化（慈利人）	朱伯傅（犍为人）	
	童守愚（贵溪举人）	王继相（慈利人）	汤应宿（云阳人）	
	程道新（歙县官生）	张肫（简州人）	张问达（隆昌人）	
	奚元绶（鹤庆举人）	蔡缙（延平人）	张德教（平凉人）	
	黄宗明（南城举人）	张儒（承天人）	雷有大（新淦人）	胡朝
	郭希孟（保安恩贡）	耿同曙（伊阳人）	李早（通山人）	邓世宁（徽州人）
	熊泾（云南选贡）	陈赞（普定人）	陈其善（永明人）	邓谏（庐陵人）
	赵国贞（赤水举人）	杨正达（武陵人）	徐有孚（武陵人）	叶齐（慈溪人）
	刘邦澜（丰城举人）	赵卿（浪穹人）	蒋一桂（云南人）	李逢春（侯官人）
	宋洪泰（莆田举人）	刘报国（龙里人）	王家霖（谷城人）	胡汉瀛（丰都人）
	李光春（湄潭举人）	庞一德（南海人，有传）	柯宏材（安庄人）	张贯
	苏鸣瑜（以上三人，见荆州志）	石中璧（汧阳人）	朱荩臣（溆浦人，崇祯间任）	熊启鸿（仪征人）
	郭犹兴（河南选贡）	宋儒杰（蒲圻人）		陈秉忠（金坛人）
	章尔佩（云南举人）	胡天定（巴陵人）		王天明（贵州人）
		徐时选（承明人）		赵一豸（洛阳人）
		杨春闱（巴陵人）		邓国相（四川人）
		李玉洁（安仁人）		程大经（歙县人）
		向禹（归州人）		王元（巴县人）
		杨�（泸溪人）		廖民寰（莆田人）
		陈宗舜（巴陵人）		王卫（贵州人）
		崔应诏（原武人）		陆元儒（归安人）
		张助明（归安人）		蒋子藩（鄞县人）
		顾天峻（贵阳人）		
		陈大猷（绥宁人）		
		黄钟音（潜江人）		
		张明德（沅陵人）		
		胡循训（永州人）		
		蒋信正		
		龙思淳（长沙人）		

建始县知县

建始县宋元以前属施州，自明初改州为卫，遂割建隶夔，改府以后仍拨隶施，其以前各官名本县志次叙于卫职之后，籍贯则多不可考，丞史全缺焉。

	建始县知县	县儒学教谕	训导
明	熊珣（新淦人）	叶芳	王纶
	雷殷	叶荣	周邠
	史善（真定人）	曹霖	卢璟
	熊元吉（巴陵人）	周显礼	李朝阳
	陈奎	赵璋	唐一夔
	段显	张拱极	葛寅
	崇智	鲁宗儒	张熙
	宋清	杨复初	陆梦扬
	章度（江南常熟人）	金銮	杨愈
	裴思聪	邓时中	
	陈允阶（福建莆田人）	金阶	
	伍文震	叶庭兰（天顺间应沈佥事，纂修卫志）	
	梁保（湖广人）		
	曹琪（陕西人）		
	李睦		
	姚服璜（荆门州人）		
	曹自重（山西平定州人）		
	谭朗然（茶陵州人，详名宦）		
	涨潮（广东增城人）		
	顾天佑（云南人）		
	赵恕（贵州人）		
	李思（福建人）		
	杨周（云南人）		
	尹理		
	唐仁麟		
	储乾		
	林廷辉（福建人）		
	王世道		
	李占春（江西人）		

国朝职官年表

康熙三年施始归顺，废指挥千百户，设流卫、守备、千总各一，教授、训导各一。案，艺文各志当有经历一员，而旧志失载，今无从考。

	施州卫守备	卫千总	卫学教授	卫学训导
康熙四年	徐尚谋（江南武进士）	蒋明琏（顺天人）	舒子彦（兴国州贡生）	
八年	刘嘉社（直隶景州武进士）		刘遏	
			梅嘉兰	
二十年	张炳（陕西榆林武进士）	李岳龄（浙江乌程人）	叶俊士（以上，籍贯无考）	
	刘宗汉（山西平阳武进士）	陈可法（江南兴化武举）	王梦龙（江陵举人）	
	范福咏（山东诸城武进士）	倪溥（泗州人，三十四年任）	艾自馨（江夏举人）	
	陈洵嘉（广东潮州人。以上三人，旧志未载任年）	艾亦武（江南金坛武学，三十五年任）	刘体仁（平江举人。以上俱驻荆州府，未至施）	
四十年		刘达权（江西武举）	程维极（蕲州人，始至卫城）	
四十三年	傅天锡（四川重庆）		夏熙臣（孝感贡生）	
四十四年		雷声洪（顺天人）	张佐瑞（汉阳贡生）	
五十三年	林濬（江南上元武进士，见《东门修路碑》，旧志缺）	熊炳（浙江籍四川人，荫生）	酆维宪（黄冈贡生）	
			陈翘（潜江举人）	
五十五年	改务新（顺天武举。补修学宫，劝设义仓，卒于任）	孙鳌（山东平阴武进士）	蒋宏毅（江夏贡生，见《东门修路碑》，旧志失载）	缪升
				徐大镛（与蒋教授同时，见《东门修路碑》）
雍正元年	张丕振（山东长清武进士）			
五年	涂翰嘉（广东潮州武举。补修学宫，给诸生乡试资斧，因改卫去，民思之）			

建始县（隶四川夔州府）

	建始县知县	建始县学	典史
康熙十二年	谭性学（广东人）	应有教谕、训导二员，旧志只载训导三员，余并失载	
十九年	祖建藩（奉天人）		
	龙云锦（广东南海进士，旧志未载任年）		
二十三年	吴李芳（湖广进士）		
二十六年	史晟（福建晋江举人，详名宦）		
	李德新（山东举人，旧志载史晟之后，未详何年任）		
三十三年	左其选（湖广夷陵人，详名宦）		
四十年	武令谟（山西太原进士）		
四十六年	刘珙征（江西临江进士）		
	赵恒（浙江贡生）	贺元亮（四川岁贡）	
	王元圻（江南贡生，旧志载二人于刘珙征之后，未详何年任）	傅于位（四川岁贡）	
雍正五年	祖永绳（汉军镶红旗监生）		
九年	武怡（陕西临潼举人）	岳尔藩（四川南江岁贡）	张景星（陕西潼关吏员）

雍正六年改施州卫为恩施县，属直隶归州。

	恩施县知县	教职	典史
雍正七年	马昉义（直隶唐县贡生）	张承尧（黄陂举人）	沈应铨（顺天武清吏员）
十年	纽正己（江苏吴县进士）	解泽洪（钟祥岁贡）	
		吴宁咨（湖南善化举人）	
		陈欲珍	

雍正十三年诸土司尽改流，始设施南府及宣恩、来凤、咸丰、利川四县，并原设之恩施县及前拨隶夔州之建始县割还施，共辖六县。特设施南府知府一员，同知一员，旧驻忠峒。乾隆二十五年裁（改设黄州府属之武穴），乾隆四十九年将湖南辰州府同知裁汰，改设捕盗同知，驻建南镇，通判一员驻唐崖（今裁），府学训导一员。乾隆三十七年以宜昌府学训导移设经历一员（兼司狱事），知县六员（恩施、宣恩、来凤、咸丰、利川、建始），县丞三员（恩施、利川、建始），教谕一员（恩施），训导五员。宣恩县学训导乾隆三十七年以恩施县学训导移设，来凤县训导以宜昌东湖县学训导移设，咸丰县学训导以巴东县学移设，利川县学训导归州学训导移设，建始县学裁汰教谕，留训导一员，巡检七员（恩施一、宣恩二、来凤一、咸丰一、利川二），典史六员。

施南府

	知府	同知	通判	知县	教谕 训导	经历 县丞	巡检	典史
乾隆元年	田三乐（直隶深州贡生）	（忠峒）陈文言（奉天承德举人）	（唐崖）王湘（浙江山阴监生）	（恩施）鹿骢豫（直隶唐县贡生）	（训导）陈欲珍（蕲州廪生）	（经历）黄士会（顺天宛平吏员）		（恩施）沈应铨（顺天政清吏员）
				（宣恩）陈寀（汉军正蓝旗监生）		（木贡）杨瀚（江南无锡监生）	（崔家坝）任继美（顺天大兴贡生）	（宣恩）陈天德（顺天大兴吏员）
							袁大经（乾坝顺天大兴供事）	
				（来凤）于执中（山东昌邑贡生）		（大旺）程锦枢（江苏吴县附生）	（东乡）包毓襄（浙江会稽吏员）	（来凤）叶鸣秀（顺天大兴供事）
				（咸丰）慕泰生（陕西三原进士）			（卯峒）冯德榕（顺天宛平吏员）	（咸丰）孟诗赞（顺天宛平吏员）
				（利川）李行修（山东历城举人）			（张家坪）朱广（山西平遥吏员）	（利川）杨埙（顺天宛平吏员）
				（建始）武怡（山西潼关举人	（训导）岳雨藩（四川南江岁贡）	（忠路）任应辰（山西汾阳捐贡）	（南坪）俞世发（顺天大兴供事）	
二年					（恩谕）彭雷翼（湖南零陵举人）		（建南）关继宗（直隶安肃吏员）	（建始）张景星（陕西潼关吏员）
					（建训）乌士堂（江夏岁贡）			
三年				（利川）汤应求（广东临川举人）	（恩训）余光然（大冶岁贡）			（宣恩）方瑶（江南旌德供事）
四年				（建始）范汝轼（河南兰阳进士）	（建训）许元淳（房县岁贡）			（恩施）黄宏章（直隶易州吏员）
								（利川）王允明（山东福山吏员）
五年						（大旺）黄卓（江西南城拔贡）	（卯峒）王燧（顺天顺义吏员）	

续表

	知府	同知	通判	知县	教谕 训导	经历 县丞	巡检	典史
六年		曹辑五（江南无锡举人）		（宣恩）黄卓（江西南城拔贡）	（恩谕）陶肇曙（黄冈举人）			
				（咸丰）戈居邦（江西南昌贡生）	（恩训）孙祚灏（黄冈举人）			
七年			岑映奎（广西陵云生员）				（东乡）陈锦文（安徽青阳供事）	（建始）诸淇祥（顺天大兴诸生）
							（南坪）徐猷铎（湖南巴陵吏员）	
八年	曹辑五（江南无锡举人）	史凤辉（江南荆溪举人）		（恩施）严济宽（山西荣河举人）		（大旺）李集（汉军正蓝旗官学生）		（宣恩）范世振（顺天涿州吏员）
				（宣恩）武经国（山西天镇拔贡）				
九年				（恩施）赵云龙（四川云阳举人）	（恩训）魏荣南（荆门举人）	（大旺）蒋灏（江苏元和监生）	（崔家坝）曾光祖（广东始兴吏员）	（来凤）金国瑛（顺天宛平吏员）
					（建训）朱承源（江夏贡生）	（忠路）何说（顺天宛平监生）	（乾坝）姚镏（贵州修文吏员）	（咸丰）赵堂（顺天大兴吏员）
							（建南）樊镒（浙江山阴供事）	（建始）钱照（顺天大兴吏员）
十年				（来凤）李越（山西临晋举人）		（木贡）杨龄（江苏元和岁贡）	（崔家坝）陆思纯（江苏供事）	
十一年				（恩施）范汝轼（河南兰阳进士）	（恩训）宋鳌（黄冈进士）			
十二年				（恩施）常青岳（直隶交河举人）			（张家坪）姚镏（贵州修文监生）	（建始）宋泺（浙江山阴监生）
				（来凤）范汝轼（河南兰阳进士）				
				（咸丰）孙廷权（浙江海盐举人）				

续表

	知府	同知	通判	知县	教谕 训导	经历 县丞	巡检	典史
十二年				（利川）龚师胜（直隶庐龙举人）				
				（建始）郑晋（福建侯官举人）				
十三年							（卯峒）潘大宗（浙江上虞吏员）	
十四年	夔舒（满洲正黄旗贡生）			（宣恩）唐大远（贵州湄潭举人）		（经历）李长春（福建永安优贡）	（乾坝）丁锃（顺天大兴生员）	（来凤）张成塽
				（利川）庄熊芝（江苏阳湖进士）		（忠路）高世俊（江苏阳湖监生）	（东乡）沈濂（浙江会稽监生）	
				（建始）尹可谟（山东寿元廪贡）			（南坪）陈淮（浙江山阴贡生）	
十五年							（崔家坝）杨瑞（直隶玉田吏员）	
十六年	李居贲（云南河阳举人）	商盘（浙江会稽进士）		（宣恩）赵法孔（陕西凤翔举人）		（经历）潘藩（江苏武进附生）		（咸丰）诸兆雯（浙江山阴供事）
				（建始）陈恺（湖南武陵举人）				
十七年				（恩施）葛炜（江苏新阳举人）				
				（来凤）李缙（顺天宛平进士）		（大旺）蒲又宏（甘肃泰州增生）	（卯峒）董天祥（贵州黄平供事）	
				（利川）郑鹏（福建霞浦举人）				
十八年	王如珪（顺天宛平贡生）			（利川）冯湛（直隶两宫举人）		（经历）张化鹏（顺天大兴吏员）	（乾坝）许宜玺（广东揭阳贡生）	（恩施）孔传英（浙江山阴供事）
				（建始）邱岱（汉军镶白旗举人）		（木贡）萧举（广东嘉应副榜）	（张家坪）俞南溟（福建宁化供事）	（利川）任振声（浙江山阴监生）

续表

	知府	同知	通判	知县	教谕训导	经历县丞	巡检	典史
十八年								（建始）沈永庆（江南石埭供事）
十九年		钱果(浙江海盐贡生)		（利川）徐泓（顺天大兴举人）			（乾坝）谢鲁（浙江上虞吏员）	（宣恩）徐信（顺天宛平吏员）
								（咸丰）傅廷理（广东翁源吏员）
								（利川）张国襄（顺天大兴吏员）
二十年			杨琨（湖南新化进士）	（来凤）林翼池（福建同安进士）				（恩施）邹敦礼（江苏山阳监生）
二十一年		陈玉璧（山东历城廪生）		（咸丰）张万（山西孝义举人）				（恩施）徐金麟（浙江嘉兴监生）
二十二年	刘晋唐（山西洪洞监生）		姜震（江苏吴县廪生）	（恩施）贾六奇（直隶故城副榜）				（建始）金堂（顺天大兴监生）
二十三年				（建始）余本（广东嘉应监生）				
二十四年	德荣（满洲镶红旗官学生）	高宗弼（江南泰州贡生）		（恩施）孙维祖（四川长寿举人）	（恩谕）施士卓（黄冈举人）		（东乡）於鹤年（山东莱阳监生）	
				（来凤）黄汝梅（福建仙游举人）				
二十五年				（恩施）李汝逊（河南郑州举人）		（大旺）高国纲（江南江宁贡生）	（卯峒）冯潘（浙江会稽供事）	（利川）王芳（顺天大兴吏员）
				（来凤）李敬（云南鹤庆举人）			（南坪）孟怀远（浙江会稽供事）	
				（利川）金祖昌（江苏吴县进士）				

续表

	知府	同知	通判	知县	教谕 训导	经历 县丞	巡检	典史
二十六年			汪梦龄（浙江桐乡贡生）		（恩训）张其耀（武昌举人）			
二十七年				（恩施）左修绪（湖南清泉举人）	（恩谕）陈文光（广济举人）			
				（宣恩）赵士聪（山西保德举人）				
二十八年				（咸丰）陈世瑛（山西平定举人）				（宣恩）饶成望（广东大埔吏员）
				（利川）程瑄（江南仪征进士）				
二十九年				（恩施）崔绪振（山西阳高举人）	（恩谕）曹复彬（汉阳举人）		（东乡）金昊（顺天宛平监生）	（咸丰）闻锦（汉军镶黄旗监生）
				（来凤）叶能（浙江仁和举人）		（大旺）钱五荣（浙江建德监生）	（卯峒）何振铉（山西长安监生）	
				（建始）谭世选（贵州印江拔贡）				
三十年	王培宗（浙江会稽进士）			（恩施）娄启荣（贵州举人）	（恩谕）黎慕莲（黄梅举人）	（忠路）叶道传（江南无锡监生）		
				（宣恩）李龙翔（江西建昌举人）	（建训）段枝萃（沔阳举人）			
				（来凤）杨泽清（贵州贵筑举人）				
三十一年				（建始）严锡纯（浙江余杭举人）			（张家坪）沈永润（浙江嘉兴监生）	（宣恩）萧廷栋（浙江嘉兴监生）

续表

	知府	同知	通判	知县	教谕训导	经历县丞	巡检	典史
三十二年				（恩施）黄毓仁（贵州安顺举人）				（恩施）刘怀登（顺天宛平举人）
				（咸丰）雷泽源（广西新安举人）				
三十三年				（恩施）王鸿典（直隶举人）	（恩谕）陈范（江陵举人）	（木贡）熊朝选（湖南凤凰县恩贡）	（张家坪）郑廷基（顺天大兴监生）	（建始）亢嗣基（山西临汾监生）
				（利川）李常吉（浙江海盐举人）				
三十四年				（恩施）刘芳（直隶新安举人）		（忠路）刘永成（江西南丰举人）		（宣恩）钱成龙（顺天大兴吏员）
				（建始）陈玺书（贵州平遥举人）				
三十五年				（恩施）刘洽（山东临凌举人）		（木贡）邵嗣桂（浙江钱塘监生）	（东乡）赵大栋（山东莱阳监生）	（恩施）黄庆（江西新城监生）
				（咸丰）史琮（山西太平进士）			（张家坪）高元佑（陕西韩城监生）	
三十六年				（利川）彭同祖（江苏溧阳举人）				
				（恩施）李蛟腾（江西广昌廪贡）	（建训）江曾猷（麻城举人）	（经历）钟伟（江西上犹贡生）	（乾坝）江藩（江西南城吏员）	
				（宣恩）梅云官（江西南城举人）			（南坪）宋述璟（安徽石埭监生）	
				（建始）何毓春（贵州镇宁举人）				
三十七年	袁文观（江西崇仁进士）			（宣恩）杨振祚（陕西蒲城举人）	（府训）马堂（黄冈廪贡）		（乾坝）徐继高（浙江嘉兴监生）	
				（建始）吴森（江西南丰进士）	（恩谕）吴昭煜（汉阳举人）			

续表

	知府	同知	通判	知县	教谕训导	经历县丞	巡检	典史
三十七年					（宣训）张其耀（武昌举人）			
					（来训）王文灿（天门举人）			
					（咸训）夏锽（石首举人）			
					（利训）戴廷杞（蒲圻举人）			
三十八年	陈道耀（浙江进士）			（恩施）汪廷炎（安徽休宁举人）	（宣训）张宗振（黄冈举人）	（忠路）景启昌（顺天宛平生员）	（南坪）凌良培（顺天宛平供事）	（利川）刘旭昌（福建平武监生）
				（来凤）濮起元（浙江桐乡进士）	（咸训）赵嵩（新山岁贡）			
				（咸丰）潘宪武（贵州贵筑进士）				
				（利川）王嵩高（江苏宝应举人）				
三十九年	姚棻（江苏桐城进士）		刘起（直隶通州岁贡）	（来凤）黄升（湖南巴陵举人）	（宣训）萧中棋（天门举人）		（张家坪）莫本立（山东荣城吏员）	（来凤）林宗发（顺天大兴供事）
					（来训）王定璜（武昌举人）			
					（咸训）隗文炳（黄冈举人）			
四十年				（恩施）刘毓蟠（广东陆丰举人）				（恩施）王永清（江西永丰监生）
				（宣恩）贾思谟（四川铜梁举人）				（咸丰）陈家猷（顺天大兴吏员）
				（建始）陈冠贤（山西大谷举人）				

续表

	知府	同知	通判	知县	教谕训导	经历县丞	巡检	典史
四十一年				（利川）汤廷芳（浙江仁和廪贡）	（来训）汪瑶（汉阳举人）	（木贡）谢膏露（广东连州廪贡）	（卯峒）曾廷美（江西丰城吏员）	
四十二年	汪献琛（浙江钱塘贡生）			（恩施）李孝澍（江西临川举人）		（经历）任安邦（江西上犹贡生）	（乾坝）邱宗圣（浙江乌程监生）	（恩施）邱桐（安徽芜湖吏员）
				（咸丰）赵廷璋（浙江东阳进士）		（大旺）程植（河南汤阴监生）		（利川）赖国佐（四川萧阳监生）
						（忠路）武凌霌（山西汾阳监生）		
四十三年				（来凤）刘若椿（直隶镇原举人）			（东乡）刘星辉（江西安福监生）	
				（利川）李延渭（山西安邑举人）			（张家坪）晏廷铨(湖南巴陵监生）	
							（南坪）徐梅（浙江仁和监生）	
四十四年	施光辂（浙江仁和举人）			（恩施）韩悦曾（江南长洲监生）			（乾坝）周忠尚（浙江海宁议叙）	（建始）沈钰（顺天宛平监生）
				（宣恩）温钺（山东掖县举人）				
				（建始）郑世铎（陕西长安举人）				
四十五年	陈嘉谟（浙江钱塘进士）				（恩谕）李清（广济举人）	（木贡）应斯鸣（江西宜黄举人）	（乾坝）徐温（山东临淄监生）	（来凤）张宁（浙江山阴供事）
					（来训）周京（保康岁贡）	（大旺）邵朝缙（浙江余杭监生）	（卯峒）徐立三（顺天宛平贡生）	
						（忠路）李宝第（山东惠明监生）		

续表

	知府	同知	通判	知县	教谕训导	经历县丞	巡检	典史
四十六年				（恩施）陈维恒（四川玉堂举人）	（咸训）刘文黎（大冶岁贡）			（建始）袁述（福建上杭举人）
				（利川）陈象渭（江西高安进士）				
四十七年				（咸丰）王士升（直隶昌黎举人）				（建始）方和（浙江仁和监生）
四十八年	王泽定（四川阆中举人）			（恩施）史伟烈（河南商丘举人）		（恩施）任安邦（江西上犹贡生）	（乾坝）周士达（江苏武进供事）	
	廷毓（满洲镶白旗举人）							
	李经芳（直隶高邑举人）							
四十九年				（宣恩）刘澍（山东昌乐举人）	（咸训）胡烜（孝感举人）	（经历）庄震（顺天大兴吏员）	（东乡）李际泰（浙江钱塘进士）	（利川）涂一云（福建长汀监生）
				（咸丰）史易（奉天进士）				
五十年		余学礼（浙江归安拔贡）		（恩施）范道立（河南虞城举人）			（卯峒）沈怀枫（浙江乌程监生）	（宣恩）李盛博（广东嘉应监生）
							（建南）王懋仁（四川成都监生）	
五十一年					（恩谕）刘学琏（钟祥举人）	（忠路）杨界（汉军正黄旗监生）	（崔家坝）叶光国（江苏上元供事）	（建始）赵承祖（江西奉新议叙）
					（宣训）於长源（黄冈举人）	（大岩岭）邵朝缙（浙江余杭监生）		
五十二年				（来凤）葛桂芳（安徽曹县举人）	（利训）石世守（咸宁岁贡）	（木贡）左振麟（江苏阜宁监生）	（南坪）王霖（浙江山阴供事）	

续表

	知府	同知	通判	知县	教谕训导	经历县丞	巡检	典史
五十二年				（利川）管应祥（浙江海宁举人）	（建训）李飞鸣（蕲水举人）	（大岩岭）徐逢甲（湖南浏阳贡生）		
五十三年			卜维吉（直隶天津举人）			（木贡）王霖（浙江山阴供事）	（建南）鲍士彬（安徽青阳供事）	（恩施）郑芳（顺天大兴供事）
						（忠路）王三锡（湖南泌阳拔贡）		
						（大岩岭）杨馥孙（浙江平湖监生）		
						（大岩）张用（陕西三原岁贡）		
五十四年	赫尔谨（满洲正蓝旗官学生）			（恩施）汤诰（浙江钱塘进士）	（府训）曹合一（谷城岁贡）	（木贡）贺瑛（江苏丹阳监生）	（乾坝）浦宝光（安徽东流监生）	（宣恩）庄夔（江苏武进监生）
				（利川）张宗孔（山西凤台举人）	（宣训）李惇遂（江陵举人）			（咸丰）梁翛翔（广东高要监生）
				（建始）赵源生（河南郾城举人）	（利训）卫大章（南漳廪贡）			（建始）张炼（浙江山阴监生）
五十五年								（宣恩）曹芳祖（江西新建吏员）
五十六年				（宣恩）苏於洛（河南汤阴进士）	（来训）吴永联（天门岁贡）		（咸丰）高云伟（江南元和监生）	（利川）李裕泰（河南武安吏员）
				（咸丰）张曾敕（安徽桐城举人）				
五十七年	法克晋（满洲正白旗监生）			（恩施）尹英图（云南蒙自进士）	（来训）甘杜（竹溪岁贡）	（大岩）余榕（福建建宁监生）	（建南）余诚（江西宜黄供事）	

续表

	知府	同知	通判	知县	教谕训导	经历县丞	巡检	典史
五十七年				（来凤）夏之连（江苏江都举人）		（经历）蒋遇春（江南宜兴供事）		
				（利川）陈春波（福建侯官进士）		（木贡）朱振霖（浙江山阴供事）		
五十八年						（木贡）康乂民（江西龙泉拔贡）		
五十九年					（利训）张定模（枣阳岁贡）			
六十年				（来凤）庄纫兰（福建侯官举人）		（大岩）左振麟（江苏阜宁监生）		
嘉庆元年				（来凤）康乂民（江西龙泉拔贡）	（府训）郭俊（安阜举人）	（经历）王翰（顺天固安吏员）	（乾坝）杨秉和（浙江仁和吏员）	（来凤）周文新（浙江山阴监生）
					（建训）余端（兴国举人）			
二年					（来训）杨秀名（京山举人）			
					（咸训）彭维运（咸宁举人）			
三年			朱炘（江西南昌举人）		（府训）欧阳塈（江夏举人）	（忠路）何泽茂（福建光泽捐贡）	（乾坝）王文谟（江西太和监生）	
四年	马维驭（奉天吉林进士）			（建始）张凤池（浙江萧山举人）			（东乡）钮茂华（浙江山阴吏员）	
							（卯峒）范仁澜（江苏吴县监生）	
五年				（来凤）朱鸣凤（浙江海盐举人）		（木贡）余亮（四川隆昌拔贡）		（利川）张裕庄（安徽桐城监生）
				（咸丰）秦飞鹏（陕西邵阳举人）		（大岩）彭之材（江西宜春拔贡）		

续表

	知府	同知	通判	知县	教谕训导	经历县丞	巡检	典史
六年	云锦（江苏吴县进士）	张许（陕西潼关人）		（恩施）李钟白（江西濂溪举人）	（来训）萧琴（汉阳优贡）			
					（建训）刘本孝（孝感举人）			
七年	尹英图（云南蒙自进士）			（建始）张元德（山西徐沟举人）	（宣训）戴日新（沔阳举人）		（南坪）徐纶章（顺天宛平供事）	（宣恩）黄宝璋（江苏新城监生）
								（建始）李琏（广东德庆监生）
八年				（恩施）刘澍（顺天通州进士）	（恩训）陶成葆（钟祥举人）	（大岩）马国英（甘肃永昌吏员）	（南坪）蓝崧（湖南巴陵吏员）	（来凤）稽文绚（江苏无锡监生）
				（利川）程鼎（安徽休宁举人）			（建南）范地光（山西平遥贡生）	（建始）沈绍栋（浙江山阴吏员）
九年				（宣恩）贺隆锡（山西曲沃贡生）		（忠路）钮钧鳌（江苏武进供事）		
十年			陈祁（福建新化监生）	（宣恩）任国选（山西介休廪生）	（利训）王三俊（宜昌廪贡）		（崔家坝）左辅清（河南罗山监生）	
十一年		贾炳（河南浚县进士）		（利川）达清阿（满洲正白旗进士）	（府训）李志瀛（枝江岁贡）		（张家坪）何汉光（广东长乐监生）	（咸丰）钟邦运（浙江山阴监生）
					（咸训）龙从文（竹溪岁贡）			
十二年				（恩施）张家槐（湖南湘潭举人）	（来训）邹世茂（松滋岁贡）		（乾坝）陆恩荣（浙江山阴供事）	（恩施）饶德修（安徽旌德监生）
				（咸丰）牛中开（山东章丘举人）			（建南）陈宝善（直隶庆云监生）	（宣恩）周吉棠（江西宜黄监生）
								（恩施）牛文光（顺天宛平监生）
十三年						（木贡）余德坚（湖南平江监生）	（东乡）史敏（陕西三原吏员）	

续表

	知府	同知	通判	知县	教谕训导	经历县丞	巡检	典史
十三年						（大岩）魏继鸿（江苏常熟吏员）		
						（大岩）姚应铨（浙江诸暨监生）		
十四年	杨毓江（陕西府谷进士）			（咸丰）秦锡畴（江苏金匮举人）	（恩训）毛鸿（应山举人）	（木贡）徐会云（安徽庐江廪贡）	（乾坝）宁崧（湖南武陵监生）	（来凤）李得凤（甘肃皋兰供事）
							（卯峒）王如珪（浙江嘉善监生）	
							（张家坪）沈鏰（浙江德清供事）	
十五年	谭光祥（江西南丰进士）		佛宁阿（满洲正蓝旗监生）		（来训）毛有光（公安岁贡）			（宣恩）汤槐（顺天大兴监生）
					（建训）唐德玉（监利举人）			
十六年		徐润第（山西五台进士）		（恩施）詹应甲（江苏吴县举人）	（来训）余梦尃（武昌举人）		（南坪）陈璞（顺天大兴供事）	
				（利川）韩厥田（山东淄川进士）				
十七年			四柱（满洲正白旗监生）	（咸丰）祥福（满洲正红旗生员）		（忠路）杜瀛（福建龙岩监生）	（崔家坝）汤炳荧（浙江萧山进士）	（恩施）鲁鹏翮（顺天大兴供事）
十七年				（建始）杨兆杏（湖南黔江举人）			（乾坝）张逮华（直隶天津附生）	
十八年				（宣恩）王信芳（江西东乡举人）	（府训）柳绍元（黄陂举人）			（咸丰）叶书（广东嘉善监生）
					（宣训）汪钟熯（江夏举人）			

续表

	知府	同知	通判	知县	教谕训导	经历县丞	巡检	典史
十八年					（咸训）何昌猷（江夏举人）			
					（利训）李世杰（当阳岁贡）			
十九年		甘立朝（江西奉新监生）				（木贡）黄楷（安徽桐城监生）	（卯峒）邓世杰（江西宜黄监生）	
						（大岩）李承基（贵州清平监生）	（建南）严声（浙江乌程监生）	
二十年	佟景文（满洲正白旗监生）			（宣恩）张廷烜（甘肃通渭监生）		（经历）阮益清（浙江山阴议叙）		
				（来训）刘坤琳（四川宜宾进士）				
二十一年				（咸丰）兀尊德（陕西蓝田进士）	（恩谕）石时和（兴国举人）	（经历）阮秉恒（顺天大兴议叙）		
				（利川）张兆启（顺天宝坻举人）	（府训）邓贻训（江陵廪贡）	（大岩）吴卓然（顺天宛平监生）		
二十二年				（恩施）蓝绍芬（广东河源举人）	（府训）陈第淮（汉川廪贡）			（建始）章鸿（安徽泾县监生）
				（咸丰）吴观乐（福建闽县举人）	（宣训）余肇翊（安陆举人）			
二十三年			计连（浙江钱塘监生）	（恩施）黄承祁（江西浮梁进士）	（咸训）鲁元（黄陂举人）	（木贡）刘维宪（直隶天津监生）	（卯峒）邵瑛（顺天大兴监生）	
				（建始）徐步云（贵州安化进士）			（建南）童凤梧（浙江山阴供事）	
二十四年	嵩泰（满洲正蓝旗监生）				（利训）石怀远（黄陂举人）		（张家坪）石炳奇(顺天大兴供事）	
					（建训）张铨成（孝感举人）			

续表

	知府	同知	通判	知县	教谕训导	经历县丞	巡检	典史
二十五年			黄道（湖南沅陵监生）	（利川）王星榆（安徽合肥进士）			（崔坝）郭瑞祥（四川合州监生）	（咸丰）沈国雁（浙江会稽供事）
道光元年				（恩施）左章炳（云南蒙化进士）	（府训）罗德昆（兴国举人）	（木贡）邓景禄（江苏吴县监生）		（利川）赵中培（河南孤石监生）
二年	琦昌（满洲正白旗监生）		夏文蔚（云南昆明进士）	（利川）齐廷芳（顺天宝坻举人）			（东乡）喻大镛（浙江海宁监生）	（建始）张世兰（顺天大兴监生）
	朱启（广西临桂进士）						（南坪）张成濬（浙江山阴供事）	（宣恩）陈宝善（顺天宛平监生）
三年	秀伦（满洲镶黄旗监生）				（利川）郭文秀（蕲水岁贡）	（大岩）顾羹梅（江苏长洲监生）	（乾坝）盛世文（浙江秀水监生）	
							（东乡）徐鸣谦（浙江会稽监生）	
四年				（建始）李芬（贵州安化举人）				（建始）张钜万（顺天大兴监生）
								（建始）熊廷燮（江西进贤增贡）
五年				（来凤）方策（福建闽县举人）		（木贡）张廷彬（江苏江都监生）		
六年		赓音泰(汉军镶黄旗翻绎举人)		（宣训）王纲（四川江津举人）	（利训）杨文炜（江夏优贡）	（经历）徐炳然（浙江会稽监生）	（卯峒）杨沣（顺天大兴监生）	（恩施）陆家昆（顺天大兴监生）
				（咸丰）赵鹏翔（直隶临城进士）				（利川）章模（顺天大兴供事）
七年				（来凤）祥福（满洲正黄旗举人）	（宣训）周之煜（天门举人）	（忠路）缪廷逢（江苏江阴监生）		（来凤）徐圣敬（江苏赣榆监生）
七年				（建始）李庆英（安徽当涂举人）				（建始）施鸿恩（浙江山阴供事）
八年				（宣恩）周泰阶（广西临桂举人）	（来凤）孙蕡（钟祥岁贡）		（乾坝）王国桢（浙江上虞供事）	

续表

	知府	同知	通判	知县	教谕 训导	经历 县丞	巡检	典史
八年				（利川）王汝彤（河南信阳举人）	（建训）周鲲化（钟祥举人）		（东乡）温蕴华（江西石城监生）	
九年					（恩谕）高德政（江陵举人）	（木贡）李翰容（顺天大兴监生）	（东乡）林文蔚（福建闽县供事）	
					（咸训）贺青莲（蒲圻举人）		（张家坪）杨承镛（浙江定海监生）	
十年				（宣恩）刘本澄（安徽太湖监生）	（来训）李大训（潜江岁贡）		（卯峒）柯养德（甘肃西宁供事）	
十年				（建始）李林（四川绵州举人）				
十一年	吴式敏（山东海盐进士）			（恩施）张复中（云南举人）			（东乡）吴晋思（江苏沭阳监生）	
十二年			陆恩绂（浙江萧山监生）	（咸丰）李芳（直隶盐山举人）	（恩谕）彭人檀（长阳举人）		（卯峒）姚射斗（安徽休宁监生）	（宣恩）陈皋（直隶清苑吏员）

唐崖通判员缺，道光十二年闰九月接奉部文裁撤所有巡缉捕务，责令咸丰县知县管理。

	知府	同知	知县	教谕 训导	经历 县丞	巡检	典史
十三年	王协梦（江西新建进士）		（恩施）耿锡龈（江苏甘泉进士）	（来训）卓逢源（钟祥岁贡）			（建始）汪大春（江苏武进监生）
			（咸丰）杨明善（顺天宛平进士）		（木贡）李锡吉（河南固始监生）		（来凤）屈子宽（陕西榆林吏员）
十四年		马安时（山东临邑拔贡）	（建始）增德（汉军镶蓝旗副榜）	（建训）严垣（黄冈举人）			（恩施）俞伟（浙江会稽监生）
十五年				（来训）鲍陈（麻城廪贡）			（咸丰）万启奎（江西南昌监生）
十六年			（利川）李彦昭（福建侯官举人）	（宣训）郭书（兴国举人）	（大岩）孙淦（浙江会稽供事）		（利川）王锡庆（四川绵州监生）

续表

	知府	同知	知县	教谕 训导	经历 县丞	巡检	典史
十六年			（恩施）王令仪（江苏金匮监生）	（利训）廖升（罗田举人）			
十七年	阿尔奉阿（满洲镶黄旗监生）		（宣恩）龚焕枝（江西南昌进士）	（府训）哈廷珍（汉阳举人）	（经历）刘世杰（顺天宛平供事）	（崔家坝）杨声连(顺天大兴议叙）	
			（咸丰）钱乔云（江苏长洲监生）				
十八年	明俊（满洲镶黄旗笔帖式①）		（来凤）宋其汝（山西汾阳举人）		（木贡）郑开（顺天宁河廪生）		（恩施）胡世全（顺天宛平议叙）
			（利川）段旭（江西都昌举人）				
			（建始）徐炳然（浙江绍兴监生）				
十九年					（大岩）顾瑞熊（浙江会稽监生）	（崔家坝）梁耀宗(河南光州监生）	
						（张家坪）孙培基（山东福山吏员）	
二十年	顾椿（广西临桂进士）			（宣训）萧钜运（黄陂举人）	（忠路）郭翰京（山西介休监生）		（建始）王渭川（浙江宁波监生）
				（来训）吴涵（钟祥廪贡）			
二十一年			（利川）金宝树（江苏元和进士）		（忠路）沈松龄（浙江仁和监生）	（建南）刘联第（四川隆昌吏员）	（恩施）赵万年（甘肃皋兰吏员）
			（利川）彭惠畴（江西新昌进士）				

① 笔帖式：满语，意为办理文书、文件之人。清官名。掌翻译满、汉章奏文书等。

续表

	知府	同知	知县	教谕 训导	经历 县丞	巡检	典史
二十二年			（恩施）杨松磐（云南浪穹进士）	（恩谕）刘兆玉（钟祥举人）		（南坪）蒋见坒（顺天宛平吏员）	
			（来凤）王庆元（陕西大荔附贡）	（来训）刘镇岐（崇阳廪贡）			
			（咸丰）郑长龄（直隶丰润举人）				

宣恩东乡镇巡检员缺，道光二十二年十二月奉部文裁撤，移驻武昌府崇阳县桂口。

续表

	知府	同知	知县	教谕 训导	经历 县丞	巡检	典史
二十三年	何大经（福建侯官进士）		（利川）吴人彦（安徽泾县监生）		（大岩）王敬烈（山西赵城监生）	（崔家坝）吴敦任（安徽泾县监生）	（宣恩）臧梓（山东诸城从九[①]）
						（卯峒）李正华（四川吏员）	（建始）杨瑞（浙江余姚议叙[②]）
二十四年			（来凤）陈炳常（浙江归安举人）		（忠路）龙柏龄（广东顺德监生）		（来凤）高懋勋（江苏无锡保举[③]）
二十六年		善禧（汉军正蓝旗监生）	（宣恩）彭凤池（广西龙川监生）	（恩谕）廖华国（武昌举人）		（张家坪）黄元泰（陕西长安吏员）	（宣恩）徐锡麟（顺天大兴监生）
二十六年			（来凤）黄秉炽（顺天大兴保举）	（咸训）黄学喆（潜江举人）			
二十七年					（经历）张烛武（河南光州监生）	（建南）胡传瀛（潜江举人）	（咸丰）夏献寅（江西新昌监生）

① 从九：古代官制中最低一级的官员，也称作不入流。
② 议叙：清制，对考绩优异的官员，交部核议，奏请给予加级、记录等奖励，谓之“议叙”。
③ 保举：清代铨选官员的一种方式。大员举荐属员称保举。

续表

	知府	同知	知县	教谕训导	经历县丞	巡检	典史
二十八年			（利川）常懿麟（山西凤台增贡）	（来训）程锡金（云梦廪贡）		（张家坪）宋映辰（浙江钱塘从九）	
二十九年			（恩施）李嘉瑞（顺天大兴举人）		（大岩）谢濴（陕西朝邑监生）		
			（来凤）林士端（安徽怀远举人）				
			（咸丰）王久益（甘肃武威吏员）				
三十年			（宣恩）姜国祺（江西清江拔贡）	（建训）张熉（汉阳举人）	（木贡）陈传书（湖南衡山监生）		
				（咸训）熊启愚（松滋廪贡）	（经历）倪明达（广东海阳附贡）		
咸丰元年				（来训）曹贻诚（江夏廪贡）		（乾坝）刘联第（四川隆昌吏员）	（恩施）吴世鼐（甘肃皋兰保举）
						（张家坪）钱悌（浙江绍兴监生）	（咸丰）平震（顺天大兴监生）
							（利川）朱云璈（顺天大兴监生）
二年			（恩施）聂光銮（四川进士）		（木贡）吴恩晋（江西宜黄监生）		
三年				（来训）闵洪（江夏廪贡）			
四年			（咸丰）张炳辉（河南偃师举人）				
					（木贡）黄履元（浙江鄞县副榜）		
					（忠路）萧汝鹏（江西萍乡监生）		

续表

	知府	同知	知县	教谕 训导	经历 县丞	巡检	典史
四年					（大岩） 冯端礼（河南祥符监生）		
六年			（建始） 雷凌骏（四川长寿举人）	（恩谕） 陈炳甲（蕲州举人）			
			（恩施） 王甲曾（江苏江都举人）	（府训） 高维岳（江夏附贡）			
七年		朱澇（浙江会稽监生）	（利川） 高炳临（福建光泽举人）				
八年	朱启仁（顺天大兴监生）		（恩施） 多寿（镶蓝旗附生）	（来训） 周振本（咸宁贡生）			（恩施） 董丙铨（浙江会稽监生）
			（宣恩） 陈文炤（浙江山阴监生）	（利训） 杨必昌（襄阳贡生）			
			（咸丰） 卢慎微（福建永定举人）				
九年			（来凤） 王颂三（江西兴国拔贡）	（建训） 贺九如（蒲圻举人）	（经历） 徐元杏（湖南安化监生）	（卯峒） 毛学诗（江西新昌议叙）	（恩施） 胡承组（安徽六安监生）
十年				（来训） 张源浚（钟祥廪贡）	（木贡） 恭锦（正黄旗附生）		（利川） 殷槐（江苏上元议叙）
十一年				（宣训） 蔡景星（蕲州举人）		（崔家坝） 李世英（陕西富平吏员）	
				（南坪） 凌治鉴（陕西长安监生）			
				（建南） 乔桢（陕西城固监生）			
同治元年	夏锡麒（浙江钱塘进士）	炳元（满洲正蓝旗举人）	（利川） 黄调佑（安徽合肥拔贡）				（恩施） 余荣春（陕西城固监生）
			（来凤） 任廷槐（江西王山进士）				

续表

	知府	同知	知县	教谕 训导	经历 县丞	巡检	典史
二年			（咸丰）张梓（陕西宜川附贡）		（经历）鲁宝增(陕西郃阳附贡）		（来凤）陈世矩(河南信阳监生）
三年				（恩谕）刘之彬（孝感举人）		（崔家坝）王勋（陕西泾县附贡）	（咸丰）彭绍鼎(江苏溧阳监生）
四年			（建始）熊启咏(湖南零陵监生）	（来训）项映（麻城廪贡）	（忠路）钟觐光(广东嘉应监生）	（乾坝）刘献之(湖南临湘监生）	（宣恩）高联达(安徽贵池监生）
				（利训）徐崇文（蕲水附贡）		（张家坪）张鹏翰（陕西长安监生）	
五年			（宣恩）胡昌铭(江西南丰进士）	（咸训）胡斌（黄梅举人）		（南坪）朱念慈(江苏六合监生）	
			（恩施）朱三恪(四川长寿监生）				
六年	张观钧（山西浑源进士）		（利川）潘滋榎(山东夏津监生）		（经历）周文澥(河南商城附贡）		
七年			（来凤）尹文瀚(山东兰山拔贡）			（建南）陈光启(湖南巴陵监生）	（利川）王化方(河南密县监生）
							（咸丰）何绍辅（四川定远监生）
八年	周庆榕（河南祥符军功）		（建始）卢梦麟(贵州贵定举人）	（恩谕）万修墉（应山举人）	（木贡）吴翔衢(河南道平监生）		（恩施）廖钧（江西南城监生）
九年			（咸丰）余思训(湖南长沙举人）		（大岩）孙潮(顺天宛平监生）	（崔家坝）周在滋（湖南溆浦监生）	

增修施南府志卷之十九终

增修施南府志卷之二十

官师志　武职官表（各官员额详军政志）

明

荆瞿守备

任　忠　吕　钟　许　英　夏士麟（擒贼受赏）

柴　高　樊　华（受贼降蒙赏）　张　钺　冯　壅

韩　泰　蔡　丰　高　崇　胡　昂

潘　玙　甄　祥　沈　经　吴　绥

吴　栋　陶　戬　周　宝　荀　龙

杨　元　王　伦　陶希谦　汤世杰（剿贼有功）

周用中　吕　昂　瞿汝益　郑德明

丁元吉　宋　奎　潘承嗣　彭昌祚

张应奎　张　相　陈万策　高应岳

刘永基　黄　龙　柴时泰　熊光佐

章上达　刘　俊　范光远　杨　缙

路由义　钟　晓　袁千里　王　辅

汤　森　郭　元

国朝武职官表

康熙四年，以荆州镇前营游击移驻施南卫，设游击一员，守备一员，千总二员，把总四员，属夷陵镇标。旧志惟备载游击，以下皆缺略，谨以其可考者列为表。

施州营

	游击	守备	千总
康熙四年	赵充仁（南阳府人）	邹世玉	
九年	梁起云（榆林卫人）		
二十年	谈国经（西宁卫人）	陈士升（江南武进士）	
二十三年	刘明德（汉军镶蓝旗人）	张良佐（衢州武进士）	
二十六年	卢达（江西建昌人）		
三十一年	陈龙（福建漳州人）		
三十四年	李通（安陆人）		
三十七年	卢德（直隶人）		
四十五年	薛朝龙（陕西人）		
四十六年	刘龙（陕西人）		
四十八年	林濬（江南武进榜眼）	齐文胜（山东人）	
五十五年	袁瑜（凉州人）	史开泰（凉州人）	
雍正元年	董永宁（山东人）		
四年	马之岱（武昌人）	李秀（山西固原人）	魏天章
九年	刘策名（四川成都人）		吴永远
十三年			魏国征

雍正十三年设，各官员额详军政志。

施南协营

	副将	都司守备	千总	把总
乾隆元年	黄继善（宁夏中卫）	（都司）巩钺（陕西周至进士）	（宣恩）王应正（恩施行伍）	（存城）徐成贵
		（左营）王文进		（崔坝）钱选（恩施人）
		（右营）陈世隆（河南镇筸行伍）		（忠峒）袁正德（恩施行伍）
				（建始）邱国元（恩施行伍）
二年				（大旺）潘国臣（恩施行伍）
六年	张大猷（陕西固原人）	（都司）王文进（湖南荆州人）		（存城）贾思贤（恩施人）
		（左营）龚学序(湖南溆浦行伍）		（建始）吴友政（四川人）
八年				（崔坝）朱光（恩施行伍）

续表

	副将	都司守备	千总	把总
九年	王守乾（陕西乾州人）		（宣恩）张士相（恩施行伍）	
十年		（左营）赵宏榜(湖南零陵行伍)		
十一年		（右营）杨琦（湖南长沙行伍）		
十二年		（都司）陈世隆（湖南）		
十三年		（左营）杨炎(陕西武举宁溯人)		
		（右营）王恺（南漳行伍）		
十六年	李勋（贵州镇远人）	（都司）王介福(山西鸿沟进士)	（宣恩）姚灿（恩施行伍）	
		（右营）李之安(湖南武陵行伍)		
十七年		（来凤）胡文炳(湖南武陵行伍)	（来凤）王朝元（东湖行伍）	
十八年	胡世荣（贵州普定人）	（右营）李维元（东湖行伍）		
十九年			（宣恩）陈大用（恩施行伍）	（存城）熊安国（恩施人）
				（建始）黄国正（四川人）
二十年	路峨（陕西长安人）			（建始）徐元功（四川人）
二十二年				（大旺）陈锡畴（恩施行伍）
二十三年			（宣恩）袁英（恩施人）	（南坪）杨应松（恩施人）
二十四年		（右营）袁起禄（荆门行伍）		
二十五年	蔡琼玫（四川人）			（崔坝）李廷英（恩施人）
				（忠峒）谢如鳌(湖南武陵武举)
二十八年				（建始）王世龙（四川人）
				（存城）陈克让（恩施人）
				（忠峒）褚绳（恩施行伍）
				（建始）叶汝藩（四川巫山人）
三十年	高益（满洲镶黄旗人）			（建始）张麟（恩施人）
三十一年				（忠峒）王敬绪（远安行伍）
三十二年				（唐崖）周成龙（东湖行伍）

续表

	副将	都司守备	千总	把总
三十四年	刘良臣（山西榆林人）		（宣恩）王正纲（恩施行伍）	（建始）余国佐（宜昌人）
三十六年	林炳星（广西海阳进士）			
三十七年				（建始）陈克勋（恩施行伍）
			（宣恩）王发第（恩施人）	（建始）戴人鹤(湖南武陵武举)
三十九年			（宣恩）唐光茂（湖南镇筸人）	
四十年		（右营）王廷瑞（四川华阳人）		（建始）柳懋德（恩施人）
		（右营）袁起禄（荆门行伍）		
四十一年	保泰（蒙古正白旗侍卫）	（左营）王贵（陕西长安人）	（宣恩）曹梦熊（利川行伍）	（存城）邓文光（襄阳行伍）
		（右营）李国典（湖南沅江人）		（咸丰）吴开泰（鹤峰行伍）
				（存城）潘之文（东湖行伍）
		（都司）杨光明（湖南永绥人）	（来凤）罗世德(陕西西安武举)	
四十二年			（利川）袁廷英（恩施人）	（崔坝）汪应龙（东湖行伍）
四十三年				（大旺）柳懋德(陕西潼关武举)
				（咸丰）李安国(江西南昌武举)
				（建始）康世龙（江西赣县人）
四十四年	陈大恩（福建漳州骑都尉）	（左营）萧应德（湖南泸溪人）		（南坪）刘正龙（东湖行伍）
				（忠峒）高震虎（远安行伍）
				（咸丰）漆鹏升(江西南昌武举)
				（南坪）朱伸（宣恩行伍）
四十六年		（左营）汪应龙（东湖行伍）		（唐崖）熊景泰
四十七年		（都司）梁焕（贵州清江人）	（来凤）赵元长(陕西长安行伍)	（唐崖）袁天伦（恩施行伍）
四十八年		（左营）张俊杰（江夏行伍）	（利川）柳懋德(陕西潼关武举)	（大旺）魏慎德（恩施行伍）
四十九年		（右营）宋吉典（湖南永顺人）		（建始）陈国安（东湖行伍）
五十一年				（大旺）杜连顺（江陵行伍）

续表

	副将	都司守备	千总	把总
五十二年	樊继祖（四川三台一等轻车都尉）	（都司）张顺（湖南郴州人）		（存城）贾光德（恩施人）
		（左营）田业昌（湖南沅江人）		
		（右营）王恺（南漳人）		（唐崖）刘凤（兴山行伍）
五十三年			（宣恩）袁天伦（恩施行伍）	（存城）谭明善（襄阳行伍）
五十五年		（左营）陈安信（湖南镇筸行伍）		（咸丰）朱槐（兴山人）
五十六年		（右营）姚士华（江夏行伍）	（来凤）柳懋德（陕西潼关武举）	（咸丰）滕美贵（恩施行伍）
		（右营）宋吉典	（利川）贾光德（恩施行伍）	
五十七年		（都司）王恺（南漳人）		（存城）钟志茂（恩施人）
五十九年				（南坪）黄国珍（恩施行伍）
六十年		（都司）张元善（直隶人）		
嘉庆元年				（南坪）袁存礼（恩施行伍）
				（咸丰）赵一申（恩施行伍）
四年		（右营）魏尊德（恩施人）		（忠峒）向开武（兴山行伍）
				（唐崖）龚宏基（鹤峰行伍）
五年	乌尔卿额（满洲镶蓝旗前锋校）	（都司）周言升（湖南巴陵人）		（建始）王清（东湖人）
		（右营）张玉璧（郧阳人）		（大旺）钟廷科（鹤峰人）
				（南坪）董悦新（郧阳人）
六年				（咸丰）赵一申（恩施行伍）
				（咸丰）向元龙
七年		（右营）修永宏（江陵军功）		
八年		（左营）卢得新（谷城难荫①）		（忠峒）谭缨（恩施行伍）
				（咸丰）李光盛（恩施行伍）
				（南坪）覃光斗（恩施行伍）

① 难荫：清制，凡因先代殉职而录用其子孙的，称为难荫，被难荫者通称荫生。

续表

	副将	都司守备	千总	把总
九年				（建始）黄兴隆（郧阳行伍）
				（存城）陈国琏（湖南武陵行伍）
				（建始）谭明善（襄阳行伍）
				（建始）马学汤（恩施义勇）
十年		（都司）张代凤（郧阳行伍）	（来凤）杨升（东湖行伍）	（存城）钟廷科（鹤峰人）
		（右营）黄金玉（湖南辰州人）		（崔坝）陈连升（鹤峰人）
十一年		（右营）从大智（湖南芷江人）		（大旺）杨敏贤
				（建南）王荣
十二年		（都司）陈大伦（湖南武陵行伍）	（宣恩）陈连升（鹤峰人）	（忠峒）姜忠怀（东湖行伍）
十三年	曹星（河南祥符武举）			（咸丰）赵必秀（恩施行伍）
十四年				（唐崖）史可富（恩施人）
十五年		（左营）张永清（谷城行伍）	（利川）杨敏贤（建始行伍）	（存城）贾光德
				（大旺）钟廷科
十六年				（建始）史可富（恩施人）
十七年				（存城）李文升（恩施武生五品军功）
十八年		（左营）黄成文（东湖行伍）	（来凤）李光盛（恩施人）	
十九年	常宁（蒙古云麾使①）			
二十年			（利川）姜忠怀（东湖行伍）	（大旺）黄玉龙（建始六品军功）
二十一年		（都司）黄金玉（湖南辰浣行伍）		
		（右营）张朝鸣（江夏行伍）		
二十三年			（来凤）马贡（东湖行伍）	（崔坝）袁廷英（恩施行伍）
				（崔坝）袁大才（恩施行伍）
二十四年	文奎（满洲正黄旗整仪尉②）			
二十五年			（宣恩）赵必秀（恩施行伍）	（唐崖）朱允明（枝江行伍）

① 云麾使：清朝銮仪卫职官，正四品。掌皇帝仪仗之事。
② 整仪尉：清代銮仪卫属官，正六品。掌整肃仪仗之事。

续表

	副将	都司守备	千总	把总
道光元年				（建始）许应泰（恩施行伍）
二年			（利川）潭永禄（利川义勇）	（崔坝）王荣（咸丰行伍）
三年	刘兴国（四川成都人）	（都司）得宝(汉军正蓝旗侍卫)		
四年		（右营）王洪纲（郧阳行伍）		（唐崖）杨应忠（恩施行伍）
				（南坪）胡名扬（大冶武举）
五年		（左营）王桐（邵阳义勇）	（宣恩）宋代富（东湖武生）	（崔坝）袁大雄（恩施武举）
				（咸丰）姜忠怀（调）
				（建始）赵凌霄（武昌武举）
六年		（左营）马贵（东湖行伍升）		（存城）谭伦（恩施行伍）
				（大旺）李文升(恩施武生,军功)
				（建南）宋联升（东湖行伍）
七年			（来凤）赵凌霄（升）	（大旺）谢洪凯（东湖人）
			（利川）胡名扬（升）	（忠峒）赵永正（宜都行伍）
				（南坪）燕忠贤（咸丰行伍）
				（建始）许登俊（恩施行伍）
八年		（都司）方展鹏(广东东莞侍卫)		（唐崖）赵永正
				（忠峒）杨应忠(恩施行伍调)
九年				（大旺）孙大用（宜都行伍）
十年				（唐崖）王廷芳（恩施行伍）
				（崔坝）潘天佑（恩施行伍）
				（崔坝）赵永正
十一年				（咸丰）邓士科（恩施行伍）
十二年	瑞琇（满洲正白旗侍卫）	（左营）罗永贵（东湖武生，军功）		
十三年		（都司）梁廷诲（贵州古州行伍）		

续表

	副将	都司守备	千总	把总
十五年	王芳（满洲正白旗监生）	（都司）刘大鹏（安徽定远武举）		（忠峒）谢洪恩（东湖行伍）
				（大旺）黄远吉（恩施武生）
十六年				（存城）莫如德（东湖行伍）
				（建始）李辅臣（鹤峰州行伍）
十七年		（右营）张金榜（江夏武举）		
十八年		（左营）卢万忠（江夏行伍）	（宣恩）杨连（河南新野行伍，军功）	
			（来凤）李国雄（江夏世袭恩骑尉①）	
十九年		（都司）胡定国（浙江山阴进士）	（宣恩）刘正新（东湖世袭云骑尉②）	（崔坝）丁启祥（恩施行伍）
			（来凤）张连科（远安行伍）	（大旺）谢绍龙（鹤峰州行伍）
二十年	岱昌（满洲镶白旗护军）	（左营）张正隆（江夏行伍）	（来凤）黄开甲（恩施世袭云骑尉）	（崔坝）黄大鸿（枝江武生）
			（利川）王宏遂（东湖世袭云骑尉）	（建始）周大铣（东湖行伍）
				（大旺）余文富（东湖行伍）
二十二年			（利川）袁开柄（恩施行伍）	（唐崖）田宗炳（鹤峰州行伍）
				（南坪）严先登（远安行伍）
二十三年	双福（满洲正白旗军功）			（建始）陈德高（恩施行伍）
				（建南）邢伟成（谷城行伍）
二十四年			（利川）罗渭鹰（荆门州武举）	（崔坝）袁正常（鹤峰州行伍）
				（大旺）邓士玫（恩施武生）
二十六年	杨青鹤（河南汲县世袭云骑尉）	（右营）黄维祚（巴东世袭云骑尉）		
二十七年		（都司）富兴（满洲正黄旗世袭骑都尉③）		
二十八年	王家琳（安徽太湖进士）		（来凤）陈云会（黄陂武举）	
			（利川）谈尚荣（远安行伍）	

① 恩骑尉：爵位名。清代世爵的第九等。清初定制，凡袭次已尽之阵亡人员子孙，授予七品官世职，定名为恩骑尉。

② 云骑尉：武散官名。清代世爵的第八等，正五品。清乾隆元年（1736）改拖沙喇哈番，汉名云骑尉，在骑都尉下。

③ 骑都尉：清代世爵的第七等，正四品。清乾隆元年（1736）改拜他喇布勒哈番，汉名骑都尉，在轻车都尉下，云骑尉上。

续表

	副将	都司守备	千总	把总
二十九年				（建南）刘发科（东湖行伍）
咸丰元年			（来凤）谭荣名（恩施世袭恩骑尉）	（建南）孙廷彪（监利俊秀[①]）
三年				（唐崖）陈大福（东湖行伍）
四年			（宣恩）周忠福（东湖行伍）	（城守）向占魁（东湖行伍）
				（咸丰）许大滨（恩施行伍）
				（忠峒）李克俭（南漳行伍）
五年		（右营）魏金榜（江夏武生）	（利川）秦殿魁（孝感武举）	（建始）黄金全（谷城行伍）
七年	惠春（满洲正白旗护军）	（左营）魏正清（江夏行伍，军功，未到任）	（来凤）禄兴（荆州驻防前锋）	（建南）袁泰来（恩施行伍）
			（利川）黄占超(四川崇宁行伍)	
十年		（都司）孙衡（江夏行伍）		
同治元年			（宣恩）谭得芳(利川行伍武生)	（忠峒）李名贵（恩施行伍）
二年			（来凤）杨得志（郧县行伍，军功）	（大旺）陈衡高（恩施行伍）
四年		（左营）阎作胜(四川梁山乡勇)		（城守）王家祥（东湖行伍）
五年				（咸丰）陈士高（恩施行伍）
六年		（都司）殷开山（谷城行伍）		（南坪）蔡长德（郧县行伍）
		（左营）谭子达（房县武生）		
七年		（左营）何绍凌(湖南道州乡勇)		
		（右营）德亮（满洲正白旗人）		
八年			（利川）安祥（满洲正黄旗人）	（唐崖）李开林（南漳军功）
				（建南）刘大榜（江夏武童，军功）
九年	富昌（满洲正白旗人）			（咸丰）关发旺（襄阳军功）
				（建南）田际楞（恩施行伍）

增修施南府志卷之二十终

① 俊秀：清代汉族官吏无出身者之称。

增修施南府志卷之二十一

官师志（名宦　政绩　土司）

施在秦汉以前，名宦无可考，隋唐以后，亦不数覯焉。宋代治法稍备，良史之载史传者至五六人，而旧志已载无遗。今于已列祠祀者次序于前，其他或有功德，或死事此地者，亦依时代立传，别为政绩，所以慎重祀典，亦不没人善也。志名宦、政绩而附土司于后。

名宦

隋

李超，字仲举，陇西人，大业间清江令。治绩懋著，为当时最，民尸祝[①]之（《明一统志》）。

唐

南承嗣，魏州顿丘人，霁云之子。历施、涪二州刺史，柳宗元称其“服忠思孝，无替负荷”（《明一统志》）。

房武，河南洛阳人，由盩厔令擢施州刺史。有遗爱，民德之，仕至兴元尹，韩愈为作墓志铭（《明一统志》）。

张道古，字子美，临淄人。乾宁间迁左拾遗，上疏言国家有五危二乱，贬施州司户参军。

宋

侯廷赏，为施州巡检使。真宗尝召问蛮事，廷赏言民无他求，惟欲盐耳。上乃召夔路转运使丁谓措置（详控制纪略）。

寇瑊，字次公，汝州临汝人，真宗时进士。授蓬州军事推官，徙开封府推官。会施州蛮叛，转运使移瑊权领施州。先是，戍兵仰他州馈粮，瑊至，请募人入米，偿以盐，军自足而民力纾（《宋史·列传》）。

① 尸祝：祭祀。

庞恭孙，字德孺，单州武城人。颍国公，谥庄敏公，籍之孙，荫补通判施州。崇宁中，部蛮向文疆叛，诏转运使王蘧领州事致讨。恭孙说降文疆而斩之，蘧上其功，进三秩，仕至徽猷阁学士（《宋史·列传》）。

李周，字纯之，冯翊人。登进士第，通判施州。州界群獠，不习服牛之利，为辟田数千亩，选谪戍知田者市牛使耕，军食赖以足（《宋史·列传》）。

任伯雨，字德翁，眉州眉山人。进士第，调施州清江主簿。郡守檄使莅公库。笑曰："里名胜母，曾子不入。此职何为至我哉！"拒不受（《宋史·列传》）。

程公许，字秀与，一字希颍，叙州宣化人，嘉定中进士。金人犯阆中，制置使桂如渊遁，三川振动。朝廷擢李埴代之，辟公许通判施州，行户曹[1]事。公节浮费[2]，疏利源，民不增赋而用足。时诸将乘乱抄劫，事定自危，以重赂结幕府。大将和彦威怀金宝以献，公许正色却之，彦威惭而退。吴彦者，缄僧牒于书尾以进，公许卷还之而责其使，闻者畏服。仕至宝章阁学士（《宋史·列传》）。

王在，武陵人，理宗端平初进士。治《周礼》，真德秀知贡举，擢冠本经。摄判施州，城陷，不屈，死之（《楚纪》）。

李庭芝，字祥甫，其先汴人，后徙德安。嘉熙末，江防甚急，庭芝得乡举，不行，以策干荆帅孟珙。时四川有警，即以庭芝权施之建始县，训农治兵，选壮士杂官军教之。期年，民知战守，善驰逐。无事则负耒而耕，有事荷戈而战。夔帅下其法于所部行之。后德祐三年，加庭芝参知政事，督师勤王，元兵大集，战败死之（《宋史·列传》）。

明

朱永，字遇纯，凤阳人，洪武十四年任施州卫指挥佥事。拓东北一带城垣，安集军民数千家，升广东都指挥。去后，人尸祝之（《明一统志》）。

黄溥，字澄济，广信弋阳人，天顺二年由四川按察使谪施州卫经历。兴废省役，不专事法律。初，施学同云贵例，士以选贡，目不知书。溥至，选官民子弟，亲为授经，士始向学。在任九年，起广东按察使（旧《湖广通志》）。

李尧德，永年人，己未进士。土寇黄中既平，议设兵备驻扎。隆庆二年，德以车驾副郎任湖广按察使司佥事，驻扎施州卫。振武敷文，诛黄中族党，戮散毛宣抚覃桀、施南宣抚覃

① 户曹：掌管民户、祠祀、农桑等的官署。

② 浮费：不必要的开支。

宁，升本省布政使司，历升陕西巡抚（旧《卫志》）。

庞一德，南海人，卫学教授。造就士类，重修《卫志》（旧《卫志》）。

谭朗然，茶陵举人，嘉靖初令建始。悉心抚字[1]，劝课农桑，称循吏焉（旧《卫志》）。

以上俱祟祀。

政绩（去思附）

宋

黄希逊，淳化五年六月，贼攻施州，指挥使黄希逊击走之（《宋史·太宗本纪》）。

董钺。熙宁六年，与察访梓夔事熊本、夔路转运判官董钺、副使孙珪以招纳本州蛮酋内附。寇平，俱以招纳功被赏（《宋史·蛮夷列传》）。

王立，天圣初，为夔州路转运使。施州徼外蛮利得赐物，每岁求入贡者甚众，所过烦扰，为公私患。立奏，令以贡物输施州，遣还溪峒。又城施州，通云安军以运盐，朝廷嘉之（《旧志》）。

谢昌元，开庆元年四月乙酉知施州。自备缗钱百万、米麦千石，筑郡城，有功，诏转一官（《宋史·理宗本纪》）。

熊伯明，咸淳十年权总制施、忠部将。与知秦州龚准以天长县东横山、秦童湖、青沟口等处战功推赏（《宋史·度宗本纪》）。

元

王守仁，太原人，至元间知施州。廉明刚谨，均赋宽役，时有禾双穗、牛二犊之瑞（旧《夔州府志》）。

邵浓，知施州。筑州城有功，吏民思之（旧《卫志》）。

明

李才，施州知州。与州同孙明用、州判王杰、吏目李毓秀，洪武十四年覃芳诸蛮叛，围州城，粮尽力屈，城陷并死之（旧《夔州府志》）。

胡士能，施州知州。洪武二十年，安福蛮夏得忠结诸蛮叛，攻城，遇害（旧《夔州府志》）。

汪泽，歙县人，卫经历。土寇黄中负固，攻围数月不克。泽上寨作质，诱其出降，及下寨，擒之，余党磔杀泽。今上寨高冢犹存。一云泽以公事至荆，谒分巡吴公，面谕黄中事，

① 抚字：体恤爱护。

令其相机抚降，无致朝廷劳费。泽归自励，约卫人冒险登寨，开谕黄中降，川兵妒之，追逐迫急，失足坠崖死。二志不同，今两存之。

梁思泰，珠崖人，荆州府通判。天启二年，督施兵援黔，战败，骂贼死（旧《卫志》）。

国朝

徐尚谋，江南武进士。康熙四年，王观兴出山投诚，驱卫民至荆。蒙上宪释回，选徐守备，莅卫事，辟草莱，招流亡，给牛、种、银若干。次年如数完官，盖亦抚字而心劳焉（旧《卫志》）。

左其选，彝陵人，为建始令。自戊子兵燹后，绝人烟十五年矣。其选于康熙四年，至建始县，偕典史尹德，携一仆，茹蕨饮水，共民出入者三。阅月，亲刈荆棘，环堵卫舍。招回流民数百人，定县治，兴学劝垦，三年致政[①]（旧《夔州府志》）。

吴李芳，湖广人，内阁中书，改补建始令。建始土著甚稀，接年文武生仅十名，公教导三年，土著入学二十八名，自是始登贤书。升任后，士民请崇祀名宦，史晟赞其轴端曰："抚民以宽，励士以勤，刑不刻而民怀，亩不履而野宁"（旧《夔州府志》）。

史晟，福建晋江人，康熙二十六年令建始。兵燹后，粮仅二十石，公厅俱草房。晟竭力经营，创建学宫、县署，易以瓦房五间。常平、义仓悉为经始，奉文益赋，至人十余石，而民不扰，真循吏也（旧《夔州府志》）。

武令谟，山西太原进士，建始令。留心民瘼，培植人材。邑人秦应光少孤贫，公奇其才，命与己子共读，朝夕提命，后举乡试，任河南淅川令，有循声，皆公力也。其他邑人士亦多所成就（旧《夔州府志》）。

张良佐，浙江衢州武进士，施南营守备。精骑射，工书法，礼士戢兵。丙丁虫荒，运米巴夔两路接济，民赖以生焉（旧《卫志》）。

刘珙征，江西临江进士，建始令。听断勤敏，加意学校。公余招集诸生，讲论经史，勖以实行，建邑之士习民风赖以主持。

武怡，陕西临潼举人，雍正八年任建始县知县。在任十年，清廉爱民，劝学礼士，惠政孔多。以老致仕，归舟至江中，值暴风大作，惊涛四起。舟子白公，请以猪羊许愿，公不许，手挥一绝投江中，诗曰："武怡作令不亏民，那有猪羊祭鬼神？居官若有欺心事，船到波心不保身。"顷刻风平浪静。当危急时，其夫人金钏投水中，默祈神佑。及舟泊岸，家人辈买鱼沽

① 致政：归还权柄，辞去官职。

酒相庆，剖鱼腹而所投之金钏在焉。持以白公，共相惊异。此语虽近荒诞，然故老相传，亦足以征公清廉之政，可质于神明矣。迄今中元节，各乡民皆焚冥镪[①]奉之，以酬公德。

田三乐，直隶深州贡生，乾隆元年任施南知府。四年，详请宣恩、来凤、咸丰、利川四县生童，另编新字号，附恩施县一体考试。如文理可观，每于恩施正额外四县共取一、二名，暂隶恩施县儒学管辖。题准四县生童，每遇岁科试，照贵州古州增设苗额之例，酌量取进一、二名，应如所请，详学校志。其振兴学校，作育人材，有足多者。

夔舒，满州镶黄旗人，世袭骑都尉，任施南知府。莅治三载，爱民恤物。将去，百姓强留不得行，有卧辙攀辕，难径去。临淮盛事在，于今之句，盖纪实也。

王如珪，宛平人，贡生，任施南知府。莅政精明，吏民咸服。整饬士习谆谆，以殖学立品为训命。训导宋鳌纂辑《府志》，自为之序，今得籍为粉本焉。

钱士云，云南昆明进士，任施南知府。善政善教，士民爱戴，升荆宜施道。

张应溙，江西铅山人，副榜，任施南知府。勤于政治。劝修学宫，详请府学及宣、来、咸、利四县设学官，并入学额数。倡修考棚，免生童远赴宜昌附试之苦。建塔五峰山顶，修理城池。民至今思之。

吕世庆，余姚举人，署施南知府。为政精密，严惩“啯匪”，黎民安堵。特设凤山书院，命府学训导兼掌其教，时自与士子考课文艺及身心性命之学。

汪献琛，钱塘贡生，任施南知府。在官三年，利兴害除。详请学政按施考试，立学宫卧碑，设文庙钟鼓，修名宦、乡贤神牌。移守荆州，士民至今思之。

施光辂，浙江举人，任施南知府。听断公明，民咸畏服。

陈嘉谟，浙江钱塘进士，任施南知府。精严为政，慈祥居心。去后，士民思之。

尹英图，字北窗，云南蒙自人。乾隆丁未进士，岁壬子，选授恩施县知县，有惠政。嘉庆元年，川省“教匪”窜入县境，公率领绅衿[②]义勇，于县属之荆竹园擒获贼首，歼除余匪。贼又扰利川县之长堰塘，公会利川知县陈春波、奉节知县周景福，合三县义勇及本协弁兵，剿除净尽。事闻，特旨加知府衔。嘉庆七年，授施南知府（详兵事志）。

杨毓江，字作舟，陕西府谷进士，由户部郎中补授施南知府。洁己爱民。创立南郡书院，振兴文教，吏畏民怀，惠政不可殚书，至今犹尸祝之。道光十三年，士民请祀名宦，格于部议，不果行。

① 冥镪：指烧给死人用的纸钱。
② 绅衿：又称乡绅。曾为官及有功名而家居者。

谭光祥，字兰楣，江西南丰进士，以户部河南司郎中补授施南府知府。踵前太守创修南郡书院之议，督劝而落成之，以振兴文教为急务。维时“川匪”不靖，公用守望相助法，教民待暴以及平讼拔奸，庶务[①]交迫，日夕不遑。凡勤政爱民，不可枚举。后移守武昌府，以忧劳终，而家人竟不能举火[②]，其清廉如此。

佟景文，满洲正白旗进士，任施南府知府。公余主讲南郡书院，殷勤课士，文风大振，其孝行尤足为士民楷模。

王协梦，字松庐，江西德化进士。俭以养廉，正色率属。六邑有稍歉于吏治者，辄已之镜悬虚堂[③]。吏秉官箴[④]，守施数载，民游熙皞[⑤]之世。案牍余闲，复留心学校，士之以文艺就质者，靡不细加点窜[⑥]，府志赖以集成付梓。升江南观察，解任去，迄今且四十年矣，施之人知与不知皆争相称道。

何大经，字左卿，福建侯官进士。洁己率属，仕不废学。每庶务精详，不动声色，施人思之。

夏锡麒，字云舫，浙江仁和进士。培植士类，留心民瘼，尤善办荒政[⑦]。同治年间，闻郡荒，救治贫民无算，卒于任，父老至今犹称道之。

张观钧，字贻山，山西浑源州进士。锐于任事，吏治严明，人无敢欺。尤严于课士，增置膏火，文教振兴。其禁妇女入庙烧香，实有关风化。尝自额其斋曰“愿闻过斋”，可谓能以虚受人者。

松林，字茂亭，满洲正蓝旗官学生。以秋曹出守，悯远乡民多不识书，创设启蒙义学数处。尝自额其堂云“不贪为宝”，又于厅事箴其楹曰“当官先要品端行正，处世尤宜心平气和”，可以见其概矣。

纽正纪，江南吴县人，大田千户升桑植守备。以熟悉苗情，特疏改补恩施令。

鹿骢豫，阜阳贡生，任恩施令。革陋规，整士习，扶弱锄强，几于无讼，仕至贵州贵西道。民于官坡建祠祀之，今圮，碑犹存。

于执中，字君敬，山东昌邑人，授湖南永顺卫经历。雍正七年，永顺既改土归流，经历

① 庶务：各种政务。
② 举火：过活，维持生计。
③ 镜悬虚堂：即虚堂悬镜，比喻办理事情、审查案件，对情况了解得清楚透彻。
④ 官箴：做官的戒规。
⑤ 熙皞：和乐；怡然自得。
⑥ 点窜：删改文字。
⑦ 荒政：救济饥荒的法令、措施。

缺裁，制府以其才猷明敏，而又熟悉苗情，檄委协理恩施县事。乾隆元年，遂补来凤令，捐廉建本城及大旺义学二所，置田四十亩，以资膏火。

张冲，河南太康人，雍正癸丑进士，任来凤知县。多惠政，附郭西南一带膏田以数顷计，皆捐奉凿渠，以资灌溉。

刘毓磻，陆丰举人，恩施知县。才识通敏，历任有能声。

杨应求，江西临川举人，乾隆三年任利川知县。下车之始，即创建衙署、文庙，多方抚恤，劝民耕作，抚字十载，不辞劳瘁。由是四境安谧，人民得所，至今父老犹称道不衰。

邱岱，镶红旗举人，乾隆十八年任建始知县。乐易爱民，事必亲理。加意学校，修葺城垣，创建五阳书院，劝输置买房舍，以资膏火。课士勤严，教泽所留，科名相继。又创建明伦堂与节孝祠。在任十余年，多方抚字，至今口碑载道。

林翼池，福建同安进士，任来凤知县。重修歧阳书院，定婚丧之礼，创修邑志，心存仁爱，有古循吏风。

严锡纯，浙江余杭进士，任建始知县。好贤礼士，修饰学宫，省刑薄敛，以善政闻。

王鸿典，直隶举人，任恩施知县。法严令肃，积牍皆清。既去，民犹思之。

潘宪武，贵州贵筑进士，任咸丰知县。清慎简易，不务烦苛①，居官数载，仍然儒素②。因公解组③，竟乏归资，真廉吏也。

黄升，湖南巴陵举人，任来凤知县。端方清介，人不敢干以私。簿书④之暇，即操铅椠⑤，常聚邑中子弟，课以经术制义，文教为振兴焉。

王嵩高，江南宝应进士，选利川知县。惩“啯匪”，抚良民，恩威并行。置社仓，建义学，善政具举。

范汝轼，河南兰阳进士，初任建始知县，旋调任来凤。首事教化，邑书院屋宇卑隘，难容诸生，乃充拓基址，斋舍、讲堂规制周备，延师训课，加意作兴。时各邑虽设学额，尚未设学官。亲与诸生讲学论文，孜孜不倦，以一身兼父师之任，比之文翁化蜀⑥焉！

蒋灏，江苏上元监生，任来凤县丞。重修大旺义学，又捐建卯峒义学。

① 烦苛：指烦琐苛刻的政令刑法。
② 儒素：符合儒家思想的品格德行。
③ 解组：解下印绶，谓辞去官职。
④ 簿书：官府的文书、档案。
⑤ 铅椠：铅，铅粉笔；椠，木板，皆为古人书写工具。借指写作、校勘。
⑥ 文翁化蜀：文翁是西汉庐江舒县（今安徽庐江县）人。年轻时勤奋好学，通晓《春秋》。汉景帝末年出任蜀郡太守。他为政推崇仁教，重视教化，兴建学校，为当地培养人才。后用以称颂地方官吏办学教化、治理有方。

蒲又宏，甘肃秦州增生，任来凤县丞。修造安远、三元二桥，又与邑令林公同修邑志。

刘若椿，甘肃镇原举人，截取[1]知县，选令来凤。甫下车，一洗从前因循粗略之弊，培植学校，劝课农桑，严禁溺女，平反冤狱，薄用刑罚，善政彰彰，至今犹载口碑焉。

张曾敕，安徽桐城举人，来凤知县。重修书院，培植人才。

沈怀枫，浙江乌程供事，选卯峒巡检。“教匪”滋事，怀枫保全三里。重修义学，捐助膏火，卯峒始有入泮者。

贾思谟，四川铜梁举人，改宣恩知县。邑本土司地，文献无征，公纂修邑志，为政简易。因公解任去，民犹思之。

保泰，蒙古正白旗人，施南协副将。重修问月亭。后升泰宁镇总兵，兵民立有德政碑。

陈象渭，江西高安进士，利川令。莅政明敏，狱讼衰息，兴利去害，讲学课士。去后，民为立生祠[2]焉。

范道立，河南虞城举人，恩施知县。政简刑清，士民爱戴。

高世俊，江苏阳湖监生，利川县丞。居官勤慎，有循声。

叶道传，江苏无锡监生，利川县丞。劝课生童，厚给花红。时生童赴宜昌考试，公捐助资斧，入泮者众，士民至今称颂不忘。

江曾默，麻城举人，任建始训导。端方尔雅，士林矜式[3]，激厉后学，讲论不倦。捐俸修葺节孝祠，又助邑令重修学宫。在任十八年，实心化导，故科名日盛，升襄阳府学教授。

戴廷杞，蒲圻举人，任利川训导。时初设学，公倡修学校，日集诸生，训以经义，邑之文风赖以振兴。升任常德府学教授。

李宝第，山东惠民监生，利川县丞。与民休息，闾里安全，修建义学，延师训课。民怀其德。

王霖，浙江山阴供事，任南坪巡检。创修义学，措置田产，以资膏火。迄今邑中入泮者，南坪为多。嘉庆二年，堵御贼匪，颇著劳绩。

樊继祖，四川三台人，以祖荫任参将，升施南协副将。嘉庆元年，“教匪”扰来凤，公率弁兵驻卯峒，断贼路。不数月而来凤平。二年，“教匪”扰利川，公率兵会恩施、利川、奉节三县知县，合乡勇会剿，贼匪全行扑灭。仰荷谕旨褒嘉，恩赉装铅弹子鱼袋一个、花大

① 截取：清代举人在会试外的入仕途径之一。举人考中后，经过三科，由本省督抚给咨赴吏部候选，称为截取。
② 生祠：为活人立的祠庙。
③ 矜式：敬重效法。

荷包一对、小荷包四个。三年升浙江镇总兵，积劳成疾，卒葬施南。其子孙遂入恩施县籍，次弟之子从典继袭，任宜昌镇中营游击，侄从銮，恩施县庠生。

赵源生，河南郾城举人，任建始知县。有才能，善武艺，敏于吏治，民爱戴之。嘉庆元年，“教匪”犯境，公募义勇数百人，率往直突贼营，杀贼无算。群贼蜂拥，围公，垓心①义勇歼焉，公溃围而出。复募义勇，请援兵，屡战克捷，贼引去。会本邑“教匪”潜谋起事，公侦得实，先发制之，全民保境，为功甚大，升荆州府同知。

陈春波，福建侯官进士，任利川知县。修治学校，招集流亡，循声著闻。嘉庆元年，“教匪”窜入县境，公创筑城垣，团练乡勇，于黄家山、黄泥坡、石庄坪、长堰塘等处连破贼巢，擒获贼目，民赖以安。军功升荆州府同知，加知府衔。

庄纫兰，福建侯官举人，嘉庆元年任来凤知县。值“教匪”滋事，公率乡勇往捕，为贼所伤，缚以去，公骂贼被害。赐祀昭忠祠，世袭云骑尉，详本传。

张宁，浙江山阴供事，任来凤典史。同知县庄公往捕贼，遇害。赐祀昭忠祠，世袭恩骑尉。

甘杜，竹溪岁贡，来凤训导。邑令庄公捕贼被戕，贼入城，公投水自尽。贼援之，送归署。贼围学署，公乘间自缢死。赐祀昭忠祠，世袭恩骑尉。

苏於洛，河南汤阴进士，任宣恩知县。“教匪”扰来凤，邑匪起为声援，公诱擒其魁，余党悉就抚，以功晋同知，随营办理粮台，以病卒于恩施之丫木峪。

浦宝光，安徽东流监生，任乾坝巡检，署来凤典史。堵剿“教匪”，于宣恩县之鱼泉被害。

王三锡，河南泌阳拔贡，任利川县丞。才识明敏，勤于吏职。“教匪”陷来凤，公奉饬往捕，遂募集乡勇，与贼战于城下，大败之。贼始舍城，往据土堡，复破之。贼奔据红岩坨及旗鼓寨，复屡败之。贼闭垒自固，时出抄掠②。因设卡严防，夺其所掠。迨大兵至，一举荡平，而公及乡勇之助，为不少矣。

曹芳祖，江西新建吏员，任宣恩典史。勤于供职。“教匪”扰东乡，芳祖率领乡勇保护县城，日后巡逻，未尝入息。贼知有备，不敢窥，实公力也。

陈安信，湖南镇筸行伍，施南协右营守备。嘉庆二年，贼匪入境，带兵四路攻剿，多方捍御，民赖以全，厥功最多。

张定模，当阳岁贡，利川训导。训课勤严，多所成就，邑甲科李耀瑚出其门下。劝捐重修文庙及文昌祠。嘉庆二年，“教匪”入境，公选派诸生，多方捍御，复带领乡勇赴巴东、建

① 垓心：指战场的中心。

② 抄掠：抢劫；掠夺。

始界运解粮饷、军器，护守粮台。上宪保荐，以年老辞，后以积劳致疾告归。疾愈，复任，先后十八年，贤声最著。年八十余，告归而卒。

李光地，山西岁贡，署南坪巡检。清廉有守，礼士爱民。

张裕庄，安徽桐城监生，任利川典史。严于缉捕，盗贼衰止，斯民爱戴。

韩厥田，山东淄川进士，任利川知县。清介有守，勤政爱民。嘉庆癸酉岁旱，公斋祓[①]祈雨，甘霖立沛，士民欢忭[②]。

康乂民，江西泰和拔贡，选恩施县丞，升来凤知县。移建书院，增修斋房，培植士类，爱养斯民，捐筑土城，为民保障，卓异[③]升兴国州牧。

朱鸣凤，浙江海盐举人，任来凤知县。宽以抚民，百姓安业，重修学宫，增建石城。又劝谕士民，建修城南客寨河石桥，以便行旅，舆情爱戴。

张兆棨，顺天宛平举人，任利川知县。听断明决，吏畏民怀。兴学校，建书院，培植士类，邑人颂德焉。

王星榆，安徽合肥进士，任利川知县。仁恕清廉，勤于听政。公余集诸生讲学课文，多所成就。修补城垣，保障有寄。莅任三年，以艰[④]去，父老泣送。

陈瞻燧，浙江龙泉举人，署建始知县。修建文庙，实心任事，邑人德之。

刘兴国，四川成都人，施南协副将。在任八年，恤兵爱民，合郡感戴，殁于任。

杨兆杏，湖南举人，任建始知县。慈良成性，廉静有守。建自嘉庆二年兵后，书院荒废，文教日衰。公加意振作，捐助膏火，劝学课艺，士林颂德。后调通城县知县。

唐德玉，监利举人，任建始训导。与诸生辨析经旨，寒暑不辍。工制艺，一日可成数十篇，邑中嗜学通经者，多出其门。

张家槐，湖南湘潭举人，官中书，改授恩施县。有惠政，与教谕陶成葆纂修邑乘，邑之有志，自公始。

詹应甲，字湘亭，安徽婺源举人，授恩施知县。尊贤爱士，主持骚雅[⑤]，尤以恤民为急务。在任五年，政简刑清，士民遵其风教。

① 斋祓：斋戒沐浴，以求福去灾。
② 欢忭：喜悦，欢乐。
③ 卓异：清制，吏部定期考核官吏，文官三年，武官五年，政绩突出，才能优异者称为卓异。
④ 艰：旧时指父母丧事。
⑤ 骚雅：指能诗善文之才。

陈肖仪，字琴泉，江西弋阳人，道光十四年权恩施县事。清廉自矢[①]，听讼明决，人不敢欺。审一逆子事，抗不服，公曰："果不孝，雷必击之。"时天净无云，忽霹雳震地，观者骇然。邑有妖术，公闻，杖之三百，术遂寝。豺入城食人，公祷于城隍，豺避境去。甲午岁，以建连珠塔余资创设宾兴，士林立生祠祝之。后任广济，死节。

龚焕枝，字榦亭，江西南昌进士，权恩施县事。勤政爱民，持重有体。讼无巨细，必俾两造各尽其词，察而后断，曲直昭然，士民悦服。

王本立，字禹门，河南罗山进士。学优文粹，临事明决。权恩施篆，士服其教，吏畏其威，后擢汉阳同知。

杨松磐，号春岩，云南浪穹进士，授恩施知县。起家寒微而能以清廉自矢，去任后一钱不选[②]，至今犹啧啧人口。

杨宗时，字春生，顺天涿州人，摄篆[③]恩施。讼庭旧有送案费陋规，民甚苦之，公慨然革去，百姓如免苛征，至今口碑传颂。

任海晏，字静波，河南阳武拔贡，宰恩施。甲寅秋，邑有土匪聚众滋事，公访得其实，首从[④]五十余人皆捕获正法，四境以安，后调蒲圻县。

多寿，字静庵，蒙古镶蓝旗附生，三宰恩施。咸丰十一年，"粤匪"陷来邑，土匪潜谋内应。公侦得实，严堵关隘，遍谕乡民团练严查，拿获奸细并土匪七十余人，骈斩枭示，贼惧不敢窥境。奏闻，赏花翎，以同知直隶州补用。

许光曙，字晓东，湖南沅陵拔贡，宰恩施。精吏治，悉民情，留心折狱[⑤]。本邑向系课士于南郡书院，公捐廉倡议另建书院于麒麟溪上，置田储为膏火费，以十分之四作宾兴。去后，士林思之。

罗德昆，字子峰，兴国举人，施南府学训导。博学能文，得宋、李二学博《府志》抄稿，纂修郡乘，称勤敏焉。太守王协梦监订付梓。

彭人檀，字树香，长阳举人。工书，得鲁公[⑥]笔意，诗尚风格。司铎恩施，教士以矜风骨、

① 自矢：自誓。立志不移。
② 一钱不选：化用"一钱太守"的典故。称赞地方官清廉爱民。唐司空曙《送严使君游山》诗："家楚依三户，辞州选一钱。"
③ 摄篆：指代理官职，掌其印信。因印信刻以篆文，故名。
④ 首从：主犯与从犯。
⑤ 折狱：断案。
⑥ 鲁公：指颜真卿，字清臣，京兆万年人，祖籍琅琊临沂，唐代书法家。

尚气节为先。晚年奉讳[1]归佷山。

哈廷珍，号湘侬，汉阳举人，任府学训导，历摄恩施县学教谕篆。造士有方，多所成就。升黄州教授，因病乞休，旋卒于施。

陈寀，汉军正蓝旗人，乾隆元年新置宣恩县。公创规定矩，井然有条，实心实政，邑民怀之，有去思碑[2]（《宣恩县志稿》）。

唐文远，贵州湄潭人，宰宣恩十载。多惠政（《宣恩县志稿》）。

张廷烜，甘肃通渭举人，两任宣邑令。凡十一年，听讼如神，民咸畏威怀德。宣邑奎星阁、文昌宫、龙洞书院皆劝谕士民创修之。

郑士楷，字元圃，陕西凤翔举人，宰宣恩四年。实心行政，清廉自矢，民化其贪。道光二十九年饥，发谷二千余石赈救，事后出家资重补之。

卢家元，福建举人，权来凤令。吏治严明，不畏强御，其清白之声至今尚有能道其事者。

萧琴，汉阳优贡，选来凤县学训导，兼摄朝阳书院。勤学课士，邑建石城，实公捐斋俸，力赞成之。

方策，福建名士，宰来凤。留心学校，听讼如神，虽积年疑案，无不片言而折。故巨奸大猾，弊窦不能生。

祥福，满洲举人，知来凤县事。不苛不扰，为政十年，民不能忘。

余梦専，武昌举人，来邑训导。性严介，不苟取与。居官十六年，勤于课士，以经术为文童启迪有法，从游者学舍常满。

林士端，凤阳贡生，补来邑令。重修县城，建考棚及龙火二神祠，团练乡勇，思患预防。

王颂三，江西兴国拔贡，屡权大邑，有能名，晋同知衔，咸丰九年补来邑令。兴复社仓，法良意美。又修军需局于署左，以备不虞。十一年九月，“发逆”陷来邑，公以身殉，奉旨赠颁府衔，建立专祠，以彰忠节。

杨馥孙，浙江平湖人，宰咸丰。恩威并用，其事上也绳义理，破名分，一时府书、营兵皆为敛迹，而事亲尤至孝。

黄家璲，福建闽县举人，宰咸丰。持躬清洁，勤于课士，题署中楹联云：“士农工商尔宜各安本分，是非曲直我总不昧良心。”今存。

吴观乐，福建闽县举人，宰咸邑三载。清廉自守，尤勤于课士，题楹联云：“眼前皆赤子，

① 奉讳：谓居丧。

② 去思碑：亦称“德政碑”。碑志之一种。旧时官吏离任时，地方士绅颂扬其“德政”，著文勒碑，表示去后留思之意。

头上有青天。”

李士高，浙江山阴人，宰宣邑。节俭慈明，爱民如子。至于锄奸除暴则绝不姑息，士民仰之如慈父母焉。去后，立位生祀之。

杨明善，顺天宛平进士，任咸邑令。听断明决，吏畏民爱。年余以入帘[①]去任，历任天门、蕲州等处，屡著贤声。咸丰三年，在鄂遇难，咸民闻而哀之。

彭仲芳，广东举人，任咸邑令五年。捐廉创建宾兴，士赴乡闱者资斧有赖。后任罗田，殉难。

胡烜，孝感举人，司铎咸邑十余年。敦品励学，振兴文教，广授生徒，培植多人。

鲁元，黄陂举人，训导咸邑九年。品学兼优，多所造就。

贺青莲，蒲圻举人，任咸邑训导十七年。课士不倦，造就多人，后升汉阳教授加中书衔。

吴人彦，安徽泾县人，道光二十二年知利川县事。携老仆一、官友二莅任，书后多所裁汰。性慈良，廉静自守，轻刑薄税，听断勤敏无留狱。公退之暇，莳圃学书。三年后，无命件，无歉岁，无讼事，劝谕各保捐设义仓二十五处，积谷三千六百余石，以备旱潦，合邑赖之。任六载，惠政孔多。后升宣威州知州，利民怀之，竖德政碑于县东门外，后任常镜峰为之撰记，详艺文志。

惠春，满洲正白旗护军，任施南协副将。咸丰十一年，“发逆”窜踞来凤，公带标下弁兵数百名由咸丰线坝移防忠堡，历数月而不与战者，以彼众我寡，未可轻心以掉，损我军威。大将谋国，识深虑远。迨果后营湘勇及各路兵继至，始约战，深入虎穴，直抵城外之麂子峡，而贼出诡计，以伏股抄出山后，我军两不相属釜底谷中。公摇手不得，率守备周忠福，把总谈尚荣，外委黄一才、沈光才、余文富俱死之。事闻，赐葬祭骨总兵衔，赏世袭骑都尉，入祀昭忠祠。

施南府

土司

宋

向勇胜，嘉佑三年，以施州蛮向永胜所领州为安定州（《宋史·蛮夷列传》）。

① 入帘：科举时代，考官进场阅卷，称为“入帘”。

向再健，绍兴十二年，诏以施州南寨路夷人向再健，袭父思迁充银青光禄大夫、检校国子祭酒兼监察御史武骑尉知懿州事（同上）。

元

勾答什用，至元三十年四月，师壁散毛峒勾答什用等四人，各授蛮夷官，赐以玺书遣归（《元史·世祖本纪》）。

覃顺，至元三十五年五月，散毛峒主覃顺等来贡方物，升其峒为府（同上）。

明

石山，洪武二十三年，凉国公蓝玉克散毛峒，禽剌惹长官覃大旺等万余人，置大田军民千户所，隶施州卫。以玉奏散毛、镇南、大旺、施南等峒蛮叛服不常，黔江、施州卫相去远，难应援，今散毛地与大水田相连，宜置千户守御。乃改散毛为大田，命千户石山等领士兵一千五百人置所镇之（《明史·土司列传》）。

冉舜卿，正德元年，命大田千户所千户冉霦子舜卿为指挥佥事，以自陈讨川寇功也（同上）。

覃大胜、覃大旺、覃大兴、田答谷，洪武四年，元施南道宣慰使覃大胜弟大旺、副宣慰覃大兴、光宝（容美宣抚田光宝）子答谷等皆来朝，纳元所授金虎符。命以施州宣慰司为从三品，东乡诸长官为正六品，以流官参用（同上）。

墨池、驴吾、阿巨，洪武五年，忠建元帅墨池遣其子驴吾，率所部溪峒元帅阿巨来归附，纳元所授金虎符并银印、铜章、诰敕，置忠建长官司及沿边溪峒长官司，以墨池等为长官（同上）。

覃野旺、覃起剌，洪武五年，散毛宣尉司都元帅覃野旺上伪夏所授印。十七年，散毛沿边安抚司安抚覃野旺之子起剌来朝，命为本司佥事（同上）。

田思进（子）忠孝，洪武二十二年，命忠建宣抚田思进之子忠孝代父职。时思进年八十余，乞致仕，故有是命（同上）。

覃友谅、覃添富、田应虎、田大民、田谷佐、覃忠孝，永乐二年复设散毛、施南二长官司。先是，洪武初，诸土司长官来降者，皆予原官。“蛮苗”吴面儿[①]之难，诸土司地多荒废，长官亦罢承袭。至是，故土官之子覃友谅等以招复蛮民，请仍设治所。以其户少，降为长官司，隶大田军民千户所。以友谅为散毛长官，覃添富为施南长官。四年，改施南、散毛仍为宣抚司，以友谅、添富来朝故也。以田应虎为龙潭安抚。时应虎来朝，言其祖父自宋、元来

① 吴面儿：吴勉（？—1385），湖广上里坪司（今贵州黎平）人。又名吴面儿。明洪武十一年（1378）率侗、苗等族农民起义，称划平王。

俱为安抚，自蛮乱，并其地入散毛，隔远难治，乞仍旧，从之。时高罗安抚田大民言，招复蛮民四百余户，乞还原职治所。木册长官田谷佐、唐崖长官覃忠孝，并言父祖世为安抚，洪武时大军平蜀，民惊溃，治所废，今谷佐等招集三百余户，请袭，许之。

覃兴、覃忠、覃英、田大英、覃天贵，永乐五年，镇南长官覃兴等来朝，称系世职，洪武中废，今招来蛮民三百户，乞仍旧，从之。同时，设东乡五路安抚，以覃忠为之，隶施南。既复设忠路、忠孝、金峒三安抚司，隶施州卫，以覃英、田大英、覃天贵为之。皆因洪武间蛮民散，废其治所，今忠等以故官子侄来朝，奏请复设，并从之，各赐印章冠带。

覃喧，散毛宣抚司。

黄缙瑄，散毛宣抚司副使。

谭文寿，木册长官司。以上三人俱见控制纪略。

向麦答踵，摇把峒长官。见兵事志。

田贤，木册长官。

覃彦龙，金峒安抚。以上二人见控制纪略。

黄俊，龙潭安抚司。见兵事志。

覃大宁，忠路安抚。见控制纪略。

覃壁，金峒安抚土舍。见控制纪略。

各土司始，宣德二年设建南长官司，隶忠路安抚；摇把峒，上爱茶、下爱茶峒三长官司及镇边、隆奉二蛮夷官司，皆隶东乡五路安抚；东流、腊壁峒二蛮夷司，隶散毛宣抚；石关峒长官司、西萍蛮夷官司，隶金峒安抚，皆以其酋长为之。先是，忠路安抚司等各奏，前元故土官子孙牟酋蛮等，各拥蛮民，久据溪峒，今就招抚，请设官司，授以职事。兵部以闻，帝以驭蛮当顺其情，所授诸司，宜有等杀[①]。兵部议以四百户以上者设长官司，四百户以下者设蛮夷官司。元土官子孙量授以职，从所招官司管属，皆从之。令三年一朝贡，如故事[②]。

国朝

忠孝安抚司田京，前明长官司田永丰子，康熙八年袭，累授总兵。十九年告休，子昌祚、昌祚子璋递袭。至雍正十二年归诚，十三年改为恩施县。璋隶汉阳，世袭千总，璋故，长子世位袭，璋次子世海袭，擢荆州水师营守备。

① 等杀：等级差别。
② 故事：先例，旧日的典章制度。

东乡五路安抚司覃寿椿，递袭至雍正十三年归诚改流，其地入于恩施县境。

忠路安抚司覃承国，前明宣慰司，进孝子。康熙元年以征“谭逆”功袭前职，子世藩、世藩子建侯、建侯子楚梓递袭至雍正十三年归诚，改为利川县。楚梓隶汉阳，世袭千总，累擢贵州提标、参将，楚梓故，侄章绣袭；章绣故，子殿雄袭；殿雄故，弟殿勇袭。

金峒安抚司覃世英，康熙四十三年袭，子邦舜归诚，改为咸丰县。乾隆二年，邦舜隶汉阳县籍，世袭千总。邦舜故，子廷建袭，累擢山东德州营参将。

龙潭安抚司田历国，康熙五年袭至田贵龙归诚。雍正十三年裁其地入于咸丰县。乾隆二年，贵龙隶江夏县籍，世袭千总。贵龙故，子朝举袭；朝举故，子胜祖袭；胜祖故，子万春袭。

忠建土司，雍正十三年裁其地入于恩施县。

施南宣抚司，康熙年间袭，雍正十三年裁其地入于宣恩县。

按，东乡、忠建、建南三司，俱因获罪改流，故无世袭。

大旺安抚司田永封、子安国、安国子玉、玉子正元递袭。雍正十三年裁其地入于来凤县。乾隆二年，正元隶孝感县籍，世袭千总，正元故，子大德袭。

忠峒宣抚司田楚珍，顺治初，调征播州，叙功袭前职。子桂芳、桂芳子雨公、雨公侄光祖递袭。雍正十三年裁其地入于宣恩县，乾隆二年，光祖隶江夏县籍，世袭千总。

漫水宣抚司向国泰、子正乾、正乾子庭富递袭。雍正十三年裁其地入于来凤县，乾隆二年，庭富隶孝感县籍，世袭千总。庭富故，子恩荣袭，累擢甘肃马营都司。

西萍蛮夷长官司，雍正十三年裁其地入于咸丰县。

东流长官司田献章、子玉壁、玉壁子兴仁、兴仁子尧封递袭。雍正十三年裁其地入于来凤县。尧封隶孝感县籍，世袭把总。尧封故，子邦荣袭。

腊壁长官司田绮，康熙元年颁给印信，琦子朝柱、朝柱子俊德、俊德子封疆递袭，雍正十三年裁其地入于来凤县。封疆隶孝感县籍，世袭把总，升广东督标守备，封疆故，孙受乾袭。

卯峒长官司向舜，雍正十三年裁其地入于来凤县，乾隆元年向舜籍隶孝感县。

百户土司向柱远、子金銮、金銮孙权递袭。雍正十三年裁其地入于来凤县。乾隆二年权隶孝感县籍，世袭把总。权故，子玉玺袭；玉玺故，子振纲袭。

高罗安抚司田飞龙，顺治初袭，子国鼎，国鼎子昭递袭。雍正十三年裁其地入于宣恩县。乾隆二年，昭隶汉阳县籍，世袭千总。昭故，子永兴袭。

散毛宣抚司覃勋麟，顺治初袭，勋麟子鸿基，鸿基子烜递袭。雍正十三年裁其地入于来凤县。乾隆二年，覃煊隶江夏县籍，世袭千总，无嗣。

沙溪宣抚司黄天奇，康熙四年袭，天奇子楚昌、楚昌子正爵递袭。雍正十三年裁其地入于利川县。乾隆二年，正爵隶江夏县籍，世袭千总。乾隆四十六年，正爵故，子恩荣袭，升福建延平守备。

建南长官司，雍正十三年裁其地入于利川县。

木册长官司田经国、子生琼、生琼子济民、济民子应鼎递袭。雍正十三年裁其地入于宣恩县，乾隆二年应鼎隶孝感县籍，世袭把总，子孙龙袭。

唐崖长官司覃宗禹，康熙四年以宣慰司改给长官司印，宗禹子铉、铉子溥泽、溥泽子梓椿、梓椿弟梓桂递袭。雍正十三年裁其地入于咸丰县。乾隆二年，梓桂隶汉阳县籍，世袭把总，梓桂无嗣，以兄子光烈袭。乾隆三十七年，光烈故，子世培袭。

谨按，土司各省均有，历代羁縻弗绝，但服属年久。奉正朔，袭冠带，给予世袭，传子及孙，虽不得号为封建，盖亦窃比附庸矣。因纂施、宜二府土司，改土归流以前封袭、生卒附藩封之后（《湖北通考》）。

谨按，《湖北通志》载施、宜各土司在宋时纪、珍、奖等州刺史，俱非湖北地。元明以来，不及详考，惟于归流以后，各司承袭、生卒极为详明，盖有册档可征故也。虽改土以后籍隶江汉诸县，然其先固施人也。兹仍登诸志而宋、元、明以来，亦详稽各史，增删成编焉。

增修施南府志卷之二十一终

增修施南府志卷之二十二

选举志（征辟　科贡）

选举之法尚矣，隋唐始设科目而施无传人焉，传者自宋詹邈中宏词科始。顾元明以来，分隶不常，士生其间，即争自濯磨[①]，亦无由表见。迨我朝改卫设府，养士征贤，其所以扬芹藻[②]之风而储菁莪之选者，至深且厚矣。夫涵濡久则才俊兴，故鸿骞凤举[③]，摛藻扬华，领乡荐[④]而捷南宫，奋功名而建勋业。一时磊落英多之彦，莫不角胜争先，驰誉名场，讵非圣天子雅化作人之效也哉！志选举而封荫[⑤]附焉。

历代选举表

国朝　征辟

（道光年）杨逢祥（来凤人，嘉庆辛酉科府学拔贡，元年举孝廉方正。）

（道光年）陈起鹏（恩施文童，以父连升征剿“英夷”[⑥]殉难，召见。二十一年，钦赐举人，一体会试。）

（同治）龙人启（建始岁贡，元年，举孝廉方正。）

（同治）何先炜（建始廪生，元年，举孝廉方正，有传，详人物。）

① 濯磨：洗涤磨炼。比喻加强修养，以期有为。
② 芹藻：比喻贡士或才学之士。
③ 鸿骞凤举：骞，飞举。鸿雁振翼而飞，凤凰卓然而立。比喻才能卓异突出。
④ 乡荐：唐宋应试进士，由州县荐举，称“乡荐”。
⑤ 封荫：旧时具有一定品秩的官吏，其父母、祖父母、曾祖父母及妻室得受封赠，子孙亦得荫袭官爵，称为封荫。
⑥ “英夷”：对英国人的蔑称。

进士

宋		
（元祐年）	詹邈	都亭里人，三年，中博学鸿词科第一
	向九锡	字次畴，进士，见崇祯五年掘出元祐时修学碑
	谭荣明	常平乡人，濠州知州
	谭荣昌	常平乡人，苏州知州
	谭和敬	常平乡人，襄阳主簿
	谭国计	常平乡人，仕至金紫光禄大夫
	谭汝山	常平乡人，襄阳知县
	向中之	常平乡人，任教授
（宝祐年）	李闻	道政乡人，进士
	谭日严	南岩乡人
		按，罗《志》未详科第，此本宋《志》纪载
元		
	谭正卿	常平乡人，重庆府教授
	谭易卿	常平乡人，黔江知县
	黄胜	都亭乡人，兴隆府同知
	谭道卿	常平乡人，广宁知县
	谭子达	常平乡人，西充县主簿
	黄升亮	都亭乡人，建州判官
	谭国富	常平乡人，巴东知县
		元代七公未详科目。按，《卫志》谓或由选举而仕，宋《志》、《府志》均载列科第中，今遵附录
明		
弘治	谭宗义	建始人，丙辰科进士，湖广永兴县知县
天启	徐临庄	建始人，进士，贵州贵阳县知县
国朝		
康熙	陶仁明	丙辰科，建始人，四川忠州学正
雍正	谭译	癸丑科，建始人，献策之子，刑部山东司主事
嘉庆	李耀瑚	己丑科，利川人，云南易门县知县
同治	尹寿衡	乙丑科，恩施人，原名克墨，钦点主事，现分刑部

举人

明		
永乐	谭祯	戊子科，建始人
弘治	谭宗义	壬子科，进士人
万历	张问礼	丙子科，施州人，详人物
	王之权	丙午科，施州人
	李一凤	己酉科，施州人，徽州府同知
	童天阅	庚午科，施州人，详人物
国朝		
顺治	洪日旦	庚子科，建始人，石城县知县
	童绥世	庚子科，施州人
	杨亦溥	庚子科，施州人
康熙	江公荣	己酉科，建始人
	陈宪	丁卯科，建始人
	关玳	丙子科，施州人
	陈旭善	丙子科，施州人
	陶仁明	丙子科，建始人县
	秦应光	丙子科，建始人，河南淅川县知县
	欧阳汝升	己卯科，施州人
	余植	乙酉科，施州人
	颜光伫	乙酉科，施州人
	李正华	戊子科，建始人，山西永宁州学正
	冉洪	甲子科，施州人
雍正	谭译	甲子科，建始人
乾隆	范述之	丁酉科，建始人，江夏训导，六品军功
	朱真玫	壬子科，建始人，武昌教谕
嘉庆	曾有光	戊辰科，来凤人，安陆训导
	李耀瑚	癸丑科，利川人
道光	李鸿钧	甲午科，来凤人，详忠义传
	何诚立	丁酉科，来凤人
	何远鉴	丁酉科，来凤人，嘉鱼教谕
	潘澍之	己酉科，利川人
	范佑正	己酉科，建始人，北闱
咸丰	罗卿云	辛亥科，建始人，同知衔，贵州贵定县知县

同治	饶应祺	壬戌恩科，补行辛酉正科，恩施人
	崔德璋	壬戌恩科，补行辛酉正科，恩施人
	尹克墨	壬戌恩科，补行辛酉正科，恩施人
	何盛矩	壬戌恩科，补行辛酉正科，来凤人
	傅朝钦	壬戌恩科，补行辛酉正科，建始人
	彭光炼	甲子科，恩施人
	樊增祥	丁卯科，恩施人
	张湘	丁卯科，来凤人

武进士

国朝		
道光	李纬光	戊辰科，恩施人，江苏徐州卫守备
道光	李逢春	甲戌科，恩施人，蓝翎侍卫①，山西得胜路守备
道光	向元魁	己丑科，恩施人，直隶泰宁镇白石口蓝翎都司

武乡举

施州卫

明		
万历	刘　寅	己丑科，卫千总
国朝		
康熙	王　碧	己丑科，施州卫人
	赵国玺	己丑科，施州卫人
乾隆	袁天铨	壬午科，恩施人
	侯华冕	甲午科，建始人
	田　勇	丁酉科，建始人
	龙得元	己亥科，建始人
	张明韬	庚子科，来凤人
	熊金榜	癸卯科，咸丰人
	哀若瀍	癸卯科，建始人
	熊彦青	己酉科，咸丰人

①蓝翎侍卫：官名。清代侍卫之一种，位三等侍卫之后。武职五品或六品。由上三旗子弟中才武出众者充任。

嘉庆	吕殿元	戊午科，建始人
	向明珍	庚申科，恩施人
	田世瑛	庚申科，建始人
	李纬光	丁卯科，恩施人
	刘干霄	丁卯科，建始人
	向占魁	戊辰科，恩施人
	李逢春	戊辰科，恩施人
	袁大雄	己卯科，恩施人，崔家坝把总
道光	向元魁	壬午科，恩施人
	向存道	乙酉科，恩施人
	黄玉山	戊子科，恩施人
	雷世兴	辛卯科，恩施人
	唐武钊	壬辰科，宣恩人
	蔡玉振	甲午科，恩施人
	侯榜全	乙未科，宣恩人
	朱宗培	己亥科，恩施人
同治	倪景安	辛亥科，咸丰人
	黄文化	丁卯科，恩施人
	向瀛洲	庚午科，恩施人
	游光培	庚午科，咸丰人

恩贡①

国朝

	府学	恩施	宣恩	来凤	咸丰	利川	建始
乾隆年	徐纶（来凤人，巴东教谕）	金资 魏荣（当阳教谕）			杨光萱 蒋世载 孙维鐈		秦钊 周炳 朱文灿
嘉庆年	李向春（恩施人） 钟尚直	谭正贵 向登道	夏瑚 姚云凌	杨逢景（军功七品） 陈天煦	刘宗尽 郑永烈（枝江教谕）	冉大进 罗才美	黄绎 刘曰桐
	周宏藻（来凤人）	龙显才	王炳文	曾有光	耿邦桂	王应瑞	谢琼

① 恩贡：旧时科举制度贡入国子监的生员之一。明清两代，凡是遇皇帝登极或其他庆典颁布为“恩诏”之年，除岁贡之外，加选一次，称为“恩贡”。

道光年	朱荣禄（恩施人，直隶州州判） 李文玉（恩施人）	龙得珠 张问仁	赵之璧 杨秀良	张廷松（鹤峰州训导） 杨如桂	杨秀煜 严道钟	刘仕倖 冉大玺	王士绂（军功议叙四品） 于士典
	邹元炳（来凤人）	李大睿 谭世廉	瞿善运 李学闵	戴用璠	黄裳吉	牟维思 覃梓彬	庞澧昌（议叙六品军功）
	何远椿（来凤人） 邓福泽（来凤人）	田耀先 艾大雅	徐昌运 孙百鹏	覃乐中 饶瑞	李培林 冯永暹 王伟（同知衔、广东大埔县知县）	刘云富 郑盛侨 李耀瑃	傅南川 饶廷烧（六品军功，署宜城教谕）
咸丰年	向安怀（来凤人）	毛克举 王正续（署湖南九嶷司）		刘之均 向肇修（署荆门州训导）	唐矩		李德扬 黄文璠 段士桐
		李廷芸		何盛矩	李佑春 冉裕智 覃吉祥		刘先达 周兆棠 于文蔚
同治年	李廷桂（来凤人） 萧凤仪（来凤人）	李锦堂		张仲韩 杨守悰 于汝梅			

选贡[①]

明

崇祯年	李佳征（桂林府通判）		张治（荣昌知县）	
	蔡轩（夹江县丞）		葛楚仕（和曲知州）	
	张应扬（廉州通判）		张初扬（江都县丞）	
	张所修（钱塘县丞）		倪天和（兵部郎中）	
	殷启胜		王家栋	
	唐箴		李永春（建始人）	

① 选贡：科举制度中贡入国子监的生员之一种。明制于岁贡之外考选学行兼优者充贡，因有此名。

国朝

	府学	恩施	宣恩	来凤	咸丰	利川	建始
雍正己酉	杜墀（施州人）						
乾隆辛酉		陈训					
丁酉							范述之（江夏训导）
己酉	陈文雄（竹溪教谕）	金达	覃珍光	王廷弼（七品军功，直隶州州判）	刘介（云梦教谕）	李光南	喻琳
嘉庆辛酉	杨逢祥（来凤人）	张能容（署汉阳教谕）		张书绅		吴尚贵	
癸酉	李正鋆（建始人）	王家筠		王煜	杨秀浩	贺伯厚	陈知新
道光乙酉	张有守（来凤人）	朱琇怀（四川眉州州判）		张镕	冯永旭	夏日瑚（甘肃秦州州判）	刘云章
丁酉	何诚立（来凤人，候选知县） 何远鉴（来凤人，嘉鱼教谕）	李景芳（直隶州州判）	朱一点	张筠			范佑正
己酉	张峻（来凤人） 邱道荣（来凤人）	张映云（同知衔、安徽建平知县，现署福建南安县知县）		何梦笔		潘澍之	文纪祥
咸丰辛酉	彭明道	彭光炼	彭泗源		饶鸿渐	潘润之（四川候补州判）	

副贡①

国朝

康熙	谈献策（丙子科，建始人，江西分宜县知县。旧志作举人，今从四川《夔州府志》更正）
同治	黄国炳（庚午科，恩施人）

功贡②

明

岁贡

洪武以后	邓宗启（旧志载拔贡）	尚得豪（交州府同知，祀乡贤）
	申文才（严州推官）	唐彪（一作谭彪，工部检校）
	向佶（顺天府治中）	唐一鹗（河南县丞）
	童大德（宁德县丞，有传）	李学沆（贵池县丞）
	邓宗启（旧志载拔贡）	尚得豪（交州府同知，祀乡贤）
	申文才（严州推官）	唐彪（一作谭彪，工部检校）
	崔文（广州吏目）	杨富（泉州府教授）
	廖忠（建昌经历）	何侃（耀州吏目）
	黄瑞（彰明令）	黄灿（仙游令）
	谭福	冯试
	黄炎	陈瀛
	曾耀（万县训导）	童瓘（主簿）
	汤贻忠（训导）	张屺（训导）
	陈濬	卢纪
	王忠	许深
	颜丽美	刘焕
	周洪	李森
	徐起（建昌照磨③）	葛瑄
		刘鉴
	游正	陈材（重庆府经历）
	郑万福	
	唐贵	韩瑞
	程宏	邓秀（思明州吏目）

① 副贡：科举制度中，贡入国子监的生员之一种。清制，在乡试录取名额外列入备取，可入国子监读书，称为“副榜贡生”，简称副贡。

② 功贡：清代因军贡而贡入国子监的生员。

③ 照磨：官名。掌照刷磨勘宗卷及办理文移诸事。

洪武以后	魏进	
	崔巍	徐玲
	高崇（安县崇丞）	谢文通
		陈植
	黄鍹（经历）	陈檝
		夏景
	申愈	许谌
	邓玺（吏目）	张翔
		赵莹
	罗庆	陈栗（渠县主簿）
	许谟	
	张谧（高阳令）	闵惠（化县主簿）
	吴绪（成都照磨）	许训（西充主簿）
	周庭兰（郑州审理）	童旻（连山令）
	陈燧（陆凉知州）	卢华
		李缙（成都经历）
	许评（眉州州判）	
	陈楷	刘宪（南户部主事）
	刘华（房山县丞）	陈轩（南东城兵马司）
	崔炯（峨眉令）	朱缨（南昌县令）
	葛澍	阮华（潼关令）
	杨希孔（苑马司县令）	
		吕维精
	金重	周庭芸（广德州同）
	葛湎（宜阳主簿）	
		卢大中（县令）
	彭魁春	
	陈加表（县丞）	张鹝（景州州判）
	李庠（宜城主簿）	葛鎜（新津主簿）
	李源（垫江主簿）	单朝仪（大足令）
	葛淇（县丞）	许谏（景州州判）
	屈乾伸	赵钦
	邓节（瑞昌训导）	童希达（通江令）
	许環（睢宁令）	陈熺（通江令）
	刘钥	申潮（淮安知事，祀乡贤）
	金汝砺（荣山令）	
		王佩（钦州吏目）
	许瑺（资阳令）	
		冯时元（太平令）
	赵助	
	葛釜（上元县丞）	陈桐（兖州经历）

洪武以后	陈址（颍州州判，有传）	杜道
		童养浩（南昌经历，祀乡贤）
	童希赐（霍州州同）	
		周宧（泰州州同）
	李序（古田主簿）	
		陈加言
	李如奎（莱芜主簿）	崔凤阳（桐柏令）
	周邦爵（钦州知州）	朱世卿（陈州判官）
	陈墨（华亭县丞）	阮大节（新津主簿）
	周易（巫山教谕）	阮大策（临川县丞）
	童养气（长寿县丞）	陈奎（罗源令）
万历年	周瑾（南溪主簿）	吴江源（清江主簿）
	刘逢春（梧州府通判）	蒋仕进（剑州州判）
	许可教（归州训导）	李茂仁
		李如昂（天长训导，有传）
	李如璧（中江令，有传）	
		赵继宗（邛州学正）
	李佳实（永州府教授）	
		邓鸿烈（严州同知，有传）
	黄训（长汀教授，有传）	
		林澍（潜江教谕）
	李佳祐（善定卫经历）	
		杜逢元（光山主簿）
	葛楚元（婺川令）	
		许可进
	周之桢（怀集教谕）	童大濩（富州教谕）
	张铉（桃源令）	童大志（太原府经历）
	童养成（桂林府通判）	陈大勋（长宁教谕）
	童养就	孙希孔
	张问官（铜鼓卫教授）	李友杞（华亭县丞）
	童大奇（宜兴令）	蒋汝贤（海洋县丞）
	崔佩（吉安训导）	陈钦汝
		高应试（柳州教谕）
	申大道（醴陵教谕）	
		高应登
	卢之荣（攸县教谕）	吴江澜
		倪淑忠（怀集令）
	童大亨	
	张三阳	李一星（云阳令）
	张所养	
	殷之铭（泉州卫经历）	孙希柳（修仁教谕）
	张文焕	朱正色

天启年	李友直（南昌照磨）	邓楚臣
		张淑阳
	童大望	陈元闵
	童大魁	陈元逢（纯田主事）
	唐一俊	
	张楫	周历隆
	黄九章	李学晟
	周三畏（之麟之子）	李枝芳
		许天生
	商思陟	童天行
	童复恒	商思衢
	张廷绪	牟正非
	童复昌	张楚
	殷启哲	陈树杞
	周镐（详隐逸）	陈树桂
	赵光大（有传）	张其廉（文焕子）

例监

天启年	周之麟（罗源令，升泰州同知）	周化
	向兴儒	陈升（左所，建始令）

建始县岁贡（时隶夔州府）

崇祯年	曾文	辅祥
	黄信	黄淮
	谭仲谟	向光
	陈源洙（永宁知州）	廖猗（山阳令）
	殷之盘（萧阳主簿）	徐俨（元氏县丞）
	薛从儒	鲍轻金（德清县丞）
崇祯年	陈启（靖州学正）	
		黄九鼎（马湖同知，有传）
	陈钦赐（归州学正）	
		李学纲（建阳县丞）
	黄九官（经历）	
		邓楚翘
	童天泰（湘潭训导）	唐一鸿（云梦教谕）
	童天申（蕲水训导，有传）	赵光大（罗田训导）
	李学曾（柳州训导）	童天衢（有传）
	童天成	陈元实
	鲍能变	童大道
	陈灯（左所崇府典膳）	周三元（云梦令）

建始县岁贡（时隶夔州府）

	曾文	辅祥
	黄信	黄淮
	谭忠	仲必答
	于智	黄福
	冉通	赵智
	向延寿	谭清
	向敬	龙胜
	向凯	蔡昌明
	向贤	刘亨
	黄明	于冕
	谭万忠	龙文
	于升	杜楫
	李钠	刘志道
	曾俭	向思（经历）
	唐鸾	刘良臣（广文）
	吴瑞	彭受大
	冯翦	李道（兵马司指挥）
	罗采	
	李仲杰（州同）	熊高
		冉鸣
	徐宗尧（通判）	李如金
		王廷禄
	明书	于德刚
	王槐（县丞）	唐相
		向谏南
	向德	黄连
	冉嵩	阴勇
	谭第	向德第
	欧枚（广信通判）	黄一龙
		徐试
	龙友贵（黔江训导）	于调麟（上海县丞）
	向柏	龙为正（武进县丞）
	石麟（雅州学正）	
	向联第（南州训导）	刘应谕（渠县教谕）
	向升第（有传，详乡贤）	向门第

岁贡

国朝	施州卫	建始县
顺治年	王家宾	傅宗梅
	罗绅	周之祚
	江宏源	李含春
	李运开	刘允达
	张都	陶以景
康熙年	刘世焘	司沥
	谢嗣辉	李宗白
	张世熊	杨英
	王希述	吴碧
	王国正	李魁先
	杨鉴	吴天弼
	叶尉望	龙登榜
	艾天英	向东旭
	邓默	吴天祐
	康良俊	黄宗凯
	夏锡履	向登甲
	潘文焕	秦廷璋（麻城教谕）
	杨大生	
	邵匡弼	王秉正
	欧阳汝升	
	雷玠	
	叶本荣	
	易宗旦	
	郑炯	
	余琍	
	张开禧	
	杨祁	
	刘泽民	
	万大成	

康熙年	刘国标	
	张如彤（永安教谕）	
	杨世学	
	朱光辉	
	严之望	
	张永赓	
	徐世德	
	柳首甲	
	崔毓炎	
	贺僊	
	危铭	
	王叶宏	
	赵世杰	
	曾梦龙	
	胡惟汉	
	李盈	
	何柱	
	葛如洪	
	曾子鲁	
	朱玑	
雍正年	江禹柱	
	陈掞	
	王倬	
	金凤鸣	
	胡铨	
	朱炳任	
	张黄坚	

注：以上系前施州卫一年一贡，自雍正六年题改卫为恩施县，隶直隶归州。十三年，十八土司归流，乃仍前恩施县，并拨四川夔州府属之建始县及土司地，特设施南府，分六县。乾隆元年，定各属疆域以后，恩施县间岁一贡

	府学	恩施	宣恩	来凤	咸丰	利川	建始
乾隆年	张鸿范（来凤人，孝感县训导，军功七品）	李开运 谭天玉 谭思贤	杨楫 石为祥 胡苳臣	滕自达 覃述纶 覃玳（军功七品，选远安训导）	蒋世凯 杨胜忠 文运开（原名自富，军功议叙吏目）	冉时雍 牟汉勋 冉万崇	吴震（监利训导） 薛魁
	王正达	向必正				谭一信	向孔璠
		童世辅				冉绍捷	刘克宣
		杨光室		覃述书	张文兴	张世昱	黄大栋（京山教谕）
		吴光明			梅如楷	解宗朝	
		朱谱			祝嵩陵	冉武清	刘珧（黄安训导）
		崔河图（房县训导） 颜如玉				谭钟翰 冉正义 黄世泽	刘曰概 龙鳞璜（安陆教谕）
		李时英 邓熙学 刘光汉				牟天元 谭纪修 牟天伟	孙华（竹溪训导）
		覃进会 崔献图 袁正俗				钟惟翰	龙鳞瑗（长阳教谕） 黄永光
		覃进廷 田嘉卉 崔复载					黄天佑 黄道祥 秦锬
		张如槐 谭述纶 谭述涵					龙缙云 于江（枝江训导）
		谭天景 郜鹏 李世达					黄纲（监利训导） 向大昕
		陈楚材 罗文玫 陈贤文（通城训导）					尹启鳞 吴纲 冉钰
		翟相汉 陈金鉴					刘曰校 范佑圣 田春
		刘学礼					谭琄 刘佩

嘉庆年	郭志元（建始人，云梦教谕）	朱尚志	覃长有（襄阳训导）	杨正谊（军功八品）	冉广耀	牟承佩	于兴礼
	萧德昭（咸丰人）	向镐 姚光国 涂相国	龙官春	覃旭和（公安训导）	蒋士槐（汉阳府学训导） 唐峰	牟承勋 谭钟科 覃世煜	文元琦 于廷言 黄兴岱
	魏登瀛（恩施人）	黄开益 吴文兰 崔复初	高登甲 杨太和 袁德亨	覃祚桐 覃协中（军功八品）	汪本一 张思诚（蕲州训导）	郭文选 蒋德馨	吴正谊 李国伦 谭文彩
	田文锦（宣恩人） 尹其璋（恩施人，郧县训导）	胡在泗（蕲水训导） 何开榜	刘大忠	邹代芝 曾祐 张廷松	李照庆		江如桂 易世则 龙泽江 冉兴校
道光三年	张光杰（来凤人，监提举衔、远安训导）	周炳先（房县训导）	张光岳（候选训导）	王宗彝 张举	杨秀棣（谷城训导）	李天德 张宗颜	胡南杰 田衍廉
道光七年		陈启栋	张学源	张瀛	文士才	牟秀简	于祖诚
道光十一年	向述传（来凤人）	谭万启 张大醇	袁逢禄		文士衡		邱明新 秦廷禄
	张瑛（来凤人，署应城训导）	褚上林 王家篁 赖朝阳					张学纯 龙锡钧 龙纶钧
							李春曦 喻湘珍 于大珍
							李玉章 彭宗周 易启芳
							龙廷献 李如桂 黄宗征
	周德芳（来凤人）	陈兴邦 周远杰	郑芃 乾为首（候选训导）	张思贤 向振鹏	游行旆 宋文藻	冉武清 李明柱	朱士耀 向玉振 黄道昭
	鄢耀廷（恩施人）黄鉴（来凤人）	黄隆山 张百筹 赖朝宗	吴家典 向人文	杨逢甲 邓福恒 张治	文有典 张光杰（候选训导，国子监学正衔）	田大业 郜鹏 翁懋	陈杰 余十鸿 龙人启
		罗斯德	田永松	储先彝		赖宗德	范启端

道光十一年	张汇（来凤人）	胡正芬 赵明哲	朱定鳌（候选训导）			刘菁 牟天禧	罗含三 李成溪
		李灼				曾以鲁 解学纯	孙学炳 田道宣 龙文治 敖兴栋
咸丰年	李多魁（恩施人）	赖廷芳 由权之	唐家骏 朱兆临	张钧（六品军功，国子监学正衔、候选训导）	丁秀鋑（候选训导）	邓贤才 潘周仁	刘逵坦 刘瀛
	田文锦（宣恩人） 姚复旦（宣恩人）	宋湘云 向奎文 周远梅	向志贤 朱梦龄 周荣昌	饶璸	熊飞 杨思俨	吴江 李宗白 郜鼎	饶从煜 吴作兰 黄维彭
			谢金钊 向志瀛	何盛治 何远略（试用训导）			何晓山（试用训导，军功，署通城县学）
同治年		褚希昉 王正纬 黄开甲	李盛卿 杨士瀛	周肇基 邱凤诰	杨亨衢 冯建寅 李文阶	冉寿益 吴小鹏 冉复初	朱志和 秋光让 曾试三
		刘世松（由营保通缺前先选用训导加监挑举衔） 杨炳轩				吴藩	龙受之

优贡[①]

国朝

咸丰	魏树芝（戊午科，建始人，现署直隶安州知州）
同治	黄国炳（甲子科，恩施人）

增修施南府志卷之二十二终

① 优贡：科举制度中贡入国子监的生员之一种。清制，每三年由各省学政从儒学生员中考选一次。

增修施南府志卷之二十三

选举志（保荐　仕籍　武功　封赠　世袭）

保荐

元

至大	李达可（道政乡人。至大中，谢甲、阿者、容美等峒叛，行省辟达可往谕之，酋长出降，因设十寨以控扼之，授达可巡检使。泰定间，升黔江知县）	廖启龙（崇教乡人。至大中，容美等峒叛，同千户塔求讽酋长墨施什用出降，升永宁判官）
	向同孙（道政乡人，以功补资阳县巡检）	唐志通（以功授枫香木寨巡检）
泰定	满国珍（忠峒寨巡检。泰定三年，峒寨叛，同孙、志通、国珍九姓长官彭忽都不花招降酋长日先什用等立出。明年，大酋向大它、覃锡等亦授款。都元帅罗罗不花奏其功，各授巡检）	
至元	向进益（至元十一年，充溪峒安抚使。三十一年，从刘国杰讨平诸峒，又助官军两月饷，进金紫光禄大夫）	

国朝

按，施南府自雍正末年始立府设县，所有保荐、武功各门即罗《志》亦未详纪里居①。间有著明者皆采自县志，兹经重修，自不能不分别各县，俾其原籍朗若列眉。惟未分县以前，尚属统载而所以分之者，实自乾隆初年起。

嘉庆	宋承殷（附生，八品军功，任广东博罗县典史）	徐正奎(从九六品军功,任直隶遵化州巡检)
	伍国珍（附生，八品军功）	王天衢（附生，六品军功）
	朱荣位（监生，六品军功，任山东衍圣公府②齐奏官）	伍士绶（附生，军功，任广西岑溪县典史）
	王春芳（附生，六品军功）	向得科（府学附生，六品军功）
咸丰	朱辉宪（增贡生，六品军功，筹济军饷，以复设训导分缺先选）	康光第（监生，六品军功，升用同知）
同治	李际昌（监生，通判衔，候选府经历，防剿出力，加五品衔）	张映乾（监生，州同衔，候选府经历，防剿出力，加五品衔）

① 里居：住址，即籍贯。

② 衍圣公府：孔府，俗称衍圣公府，位于山东曲阜城内孔庙东侧。

同治	朱辉旐（廪贡生，防剿出力，以训导不论双单月尽先选用，现分发试用）	刘元贵（附贡生，防剿出力，以训导不论双单月尽先选用）
	李道源（增贡生，防剿出力，以训导尽先选用，现分发试用）	朱㝗（附贡生，防剿出力，以训导尽先选用，现分发试用）
	黄之仪（廪贡生，防剿出力，以训导尽先选用） 成燧（监生，防剿出力，以从九尽先选用）	贾谊臣（附生，防剿出力，保从九选广西思恩府司狱）
	饶应祺（附贡生，候选训导，防剿出力，加国子监学正衔，壬戌科中式）	康醇甫（监生，由营保蓝翎知县加同知衔，留江西补用）
	赵鸿藻（附生，从军保五品花翎留贵州，以直隶州知州补用）	康明哲（监生，湖南候补知县，由征战保升湖南即补道，赏戴花翎加布政使司）
	朱炳（监生，广东试用县丞，由营保升知县加六品蓝翎，仍留广东即补）	赵咏（增生，由营保即选训导） 左宏达（附生，由营保蓝翎即选训导）
	谌在恪（附生，由营保候选知县，加同知衔） 康明仪（附贡，候选知县，由营加同知衔）	沈昌墀（监生，候选县丞，由营保蓝翎留江西，以知县补用，加同知衔）
	皮越群（监生，藩理问衔，五品军功）	李维祺（附生，六品军功）
	成朗山（附贡，六品军功）	成旭初（监生，六品军功）
	陈奋高（廪生，六品军功）	康立诚（由蓝翎军功以县丞选用）
	田绍祖（附生，由营保不论双单月遇缺前先选用从九）	胡开瑞（由军功保不论双单月尽先即选巡检）
	成寿（附生，由江西军务保蓝翎训导不论双单月遇缺即选）	胡登贤（军功，由营保蓝翎即选知县）
	以上恩施人	
嘉庆	宋宏增（增生，由军功以知县补用，并加五品蓝翎）	唐廷拔（府学附生，由军功任福建南靖典史）
	以上宣恩人	
	何文龙（监生，八品军功） 覃述畴（附生，八品军功） 滕爱臣（由军功保七品文职）	徐世玠（附生，八品军功） 查国荣（由军功保八品文职）
	以上来凤人	
	蒋士槐（附生，六品军功，任湖南湘阴县丞，署沅江知县） 赵锦文（吏员，由军功补四川五绮桥巡检） 冯世玘（例贡生，七品军功，选涿州吏目） 杨胜榊（附生，八品军功，选直隶赤城典史） 梅如琏（附生，八品军功，选福建全州经历）	文中和（九品军功，入学后以正八品用） 熊大文（附生，八品军功） 杨胜岳（增生，八品军功，任贵州思南府经历，署桐梓县知县） 游葵（监生，八品军功） 冯祖颐（增生，六品军功）
	以上咸丰人	
	朱良一（监生，六品军功）	
	以上利川人	
	邱裕霖（廪生，六品军功，任湖南保靖县知县，升靖州直隶州知州） 龙鳞铨（监生，军功，有传）	柳荣湘（附生，六品军功） 邱岚（裕霖之子，八品军功，任浙江於潜县典史）
同治	张树森（监生，州同衔，由营保河南候补县丞，加五品衔，赏戴花翎） 张继品（监生，由营保蓝翎从九）	张仲伊（廪贡生，试用训导，由营保直隶州，留直隶省补用，赏戴花翎）
	以上建始人	

仕籍

国朝

道光	杨炳东（恩施监生，江西试用县丞，六品军功） 张思九（来凤监生，安徽休宁县县丞） 向肇麟（来凤监生，江南候补州同，历官铜山、宝应、仪征等县知县）	张思隽（来凤廪贡，历署咸宁、谷城教谕） 何梅（来凤附生，山西太原司狱）
咸丰	李道全（恩施廪贡，广东新会县县丞） 成昆山（恩施增贡，江西建昌府经历，升署南城县知县，加同知衔） 康立卿（恩施附贡，湖南候补通判）	刘濬川（恩施监生，江西南康府经历，署吉水县县丞，保委用知县，加五品衔） 黄元弼（恩施附贡，湖南候补同知，署乾州厅） 李际晟（恩施监生，湖南候补从九，署大荆镇巡检）
同治	康文鼎（恩施监生，湖南升用县丞，署桃源县典史） 康佩谦（恩施附贡生，捐免[①]保举，以知县尽先选用） 李道融（恩施附生，广东候补从九，历署宽仁、甲子巡检） 王肇启（恩施监生，候选府经历） 鲁经芳（来凤人，由供事历官贵州黄平州吏目、思州府经历、天柱县知县、普安厅同知、大定府知府，以道员补用） 向镇南（来凤人，湖南候补县丞） 覃绍彝（来凤人，陕西长安县主簿） 张毓麟（来凤人，山西州巡检） 张鉴（来凤廪贡，候选训导） 曾宪荣（利川监生，署湖南花苗县丞） 徐流庆（建始监生，湖南善化县丞）	康绍庭（恩施贡生，四川候补县丞） 康立赓（恩施监生，陕西肤施县知县） 张昭卿（恩施监生，候选县丞） 朱练臣（恩施监生，湖南试用从九） 覃绍鼎（来凤人，由供事加六品衔，授福建邵武府经历，光泽县知县） 张世佑（来凤人，山东冠县典史） 覃炳南（来凤人，甘肃候补县丞） 鲁培基（来凤人，经芳子，现陕西补用同知） 邓秀毓（咸丰附生，刑部主事） 夏昌言（利川监生，刑部主事）

武功

宋

淳化	向通汉（初为五溪诸州统军，鹤州刺史，淳化二年改富州刺史。至道二年，太宗祀南郊，通汉上言，诏加检校司徒，进封河内郡侯，五溪诸州都防御使。本《卫志》） 谭汝珏（本州人，初充义军，咸淳中以功升都指挥使）	向良（初署寨将，历升都统，详人物志） 冯友谅（绥德乡人，屡著边功，升都指挥使）

元

至元	谭世凤（常平乡人。至元二十一年，从李廷玉讨平诸峒。三十一年，从刘国杰讨平诸峒。升都元帅万户）	黄琼凤（道政乡人，从刘国杰讨平诸峒，授副元帅） 谭子从（常平乡人，从刘国杰平诸峒，授万户）
至正	向寿福（详忠义传） 向绍荣（详忠义传）	向廷芳（详忠义传）

① 捐免：清代捐纳授官途径之一。凡官吏仕途中所应经历之试俸、历俸、实授、保举、试用、离任引见、投供、验看、回避等项皆可捐免。

明

洪武	郜贞叔（都亭里人，十六年充总旗[①]管军千户）	
天顺	童钟（施州卫人，详人物传）	童昶（施州人，详乡贤志）
成化	童贵（卫千户。元年调征广西苗，攻克荔浦县，思峒、横岭、银木寨、大庄峡等处，生擒贼首侯恶解官。十一年调征靖州苗，攻破大塘、山箐、龙翁箐、雷塘箐等处，升本卫指挥佥事）	周溥（指挥使，成化中以功升本省都佥事） 覃寅化（施州卫人，征四川余崇明有功，官都督） 覃洪化（以功官副总兵）
嘉靖	石岳（施州人，指挥同知，以功升道州守备） 唐一麟（施州人，指挥同知，以平播功升守备） 石美中（施州人，指挥，掌卫印，考天下清职最，升守备） 覃载勋（援剿官总兵）	童希高（施州人，指挥同知，以功升靖州守备） 冯时元（施州人，初任太平袭指挥，升佥事） 唐符一（麟子，指挥） 覃勷勋（寅化子，同授援剿官副总兵） 向有功（都亭里人，官总兵）
天启	牟海鸾（都亭里人，天启四年以黔功授贵州守备） 黄中和（都亭里人，征贵州阳雀寨，封沙溪宣尉使）	覃奇勋（都亭里人，随督师王三善剿贵州贼，以功加总兵，忠路尉使） 向儒选（有功子，官游击）
崇祯	牟海龙（都亭里人，崇祯二年以渝城功授汉中守备） 牟海师（原任川北镇左营副将） 牟世琼（原任山西平阳镇标骑将军） 牟文绶（详人物志） 覃大允（详忠义传） 杨天柱（大田千户，正麟之子。崇祯九年，土司攻黔，柱随父往援阵亡，崇祀黔邑） 周历远（本卫指挥，升谷城参将） 向霖龙（卫诸生。七年投义勇，以功授守备。九年剿安庐、池大、光固、勒黄等处提都督指挥。十二年“东虏”犯关，奉旨加升副总兵） 向鼎周（指挥升总兵） 向汝选（游击） 覃进孝（奇勋子，随杨嗣昌剿贼有功，晋封忠勇侯加宫保[②]） 黄龙（沙溪司人，剿贼有功，升山东青州总兵）	牟世龙（以功授蕲水守备） 牟之龙（随征标骑将军） 牟世勋（本参将奏革指挥领本处守备，屯里相安） 牟国恩（原任川北副将） 徐文魁（大田百户，以功升都司） 童复元（本卫指挥，升麻阳参将） 向云龙（以功授标旗鼓游击） 向霈龙（以功授游击） 杜宗周（一本作杜永昌，本卫指挥，任屯田总兵） 邓宗震（本卫指挥，崇祯九年督土官剿贼有功，升守备） 牟正道（都亭里人，原任参将） 黄杓（都亭里人，山东寿光营千总，升登州指挥）

① 总旗：武官名。明置，属千户所，地位在百户之下，每一总旗辖军士五十人。

② 宫保：明、清各级官员都有虚衔，最高级荣誉官衔为太师、少师，太傅、少傅，太保、少保、太子太师、太子少师，太子太傅、太子少傅，太子太保、太子少保，皆大臣加衔或死后赠官，通称宫衔。咸丰后不再用“师”而多用“保”，故又别称宫保。

国朝

顺治	龙国命（建始人，云南寻沾协参将。二年分李自成逆党入川，公率子侄团练乡兵堵御，保护乡里，里人德之，崇祀乡贤） 牟大元（利川人，四川征伐西路功，升骁骑将军） 黄登明（利川沙溪司人，授江南凤阳府都督总兵）	覃承国（进孝子，剿杀流有功，为忠路安抚使） 黄檄（利川人，副总兵，投诚后升陕西凤翔府都督总兵） 黄枢（利川人，援剿都统） 牟文禄（利川人，授川北镇标骑将军）
康熙	陈世凯（详人物志） 傅再说（明百户傅荣裔，永宁副将） 张仲胜（详忠义传） 杨之絜（字矩庵，施州屯籍，初任襄阳游击，历升虎头门副将） 黄正卿（恩施人，长沙营副将） 陈纪（凯养子，以功授副将） 陈天开（凯次子，由侍卫任三江镇） 陈天锡（三等侍卫，任永昌镇游击） 陈天德（江西抚标千总，升守备） 陈有年（凯三子，由侍卫任湖南提标左营游击） 田封疆（来凤人，腊壁长官司改土后升广东提标守备） 牟大寅（字宏开，利川人，由投诚升定海总兵） 牟大寿（利川人，任四川保宁等处总镇都督） 牟之辅（利川人，颖桥副将） 牟登豫（大寅长子，授湖广彝镇右营守备） 牟承珏（利川人，孟河营游击） 张成荣（利川人，陕西留坝营守备） 黄天灿（利川人，四川黎稚营游击） 黄天炜（利川人，援剿副将总兵）	陈世奇（凯堂兄，以功授都督佥事） 张益富（施州屯籍，候选游击，从征“吴逆”，溺死洞庭） 黄正相（恩施人，云南提标游击，升遵义镇副将） 龚仁礼（恩施人，云南游击） 陈天培（字笃公，凯长子，由世袭历升浙江提都） 陈天辅（台州守备） 陈重乾（四川黔彭营守备） 陈光汉（凯四子，浙江台州协守备） 陈思远（凯长孙，由世袭任广东潮州镇游击） 覃廷建（咸丰人，世袭千总，擢山东德州参将，后升副将） 牟大袭（利川人，详孝义传） 牟大猷（利川人，随营标骑将军） 牟之弼（利川人，任辽东辽阳标骑将军） 牟承瑛（利川人，管理江南总督河道营标河营都督） 李如会（利川人，陕西潼关镇千总） 黄天炤（利川人，山东青州营参将） 黄天熺（利川人，援剿都司）
乾隆	杨功兴（湖南长沙营游击） 魏国珍（云南曲寻协守备） 王应忠（宣恩千总） 朱光（崔坝把总） 潘国臣（大旺把总） 陈大用（宣恩千总） 杨应松（南坪把总） 张麟（建始把总） 陈克勋（建始把总） 袁天伦（宣恩千总） 黄国珍（南坪把总）	张士相（广东守备） 袁英（蕲州营守备） 袁正德（忠峒千总） 邱国元（建始把总） 姚灿（宣恩千总） 陈锡畴（大旺把总） 褚绳（忠峒外委） 王正刚（宣恩千总） 王发第（宣恩千总） 贾光德（存城把总，升利川） 贾克绳（把总）
嘉庆	魏慎德（湖南抚标守备） 李荫（宜都营千总） 李盛俊（长阳千总）	魏尊德（郧阳镇标右营都司） 袁存理（南坪把总） 祝凤鸣（由军功任贵州上江协都司）

嘉庆	李文桂（兴山营千总） 谭殿元（武生，五品军功） 向宏道（武生，军功把总） 许映奎（武生，军功把总） 向如龙（武生，六品军功） 向思尧（军功外委） 向允明（军功外委） 李文兰（六品军功） 赵光宗（武生，八品军功，外委） 黄锡功（军功千总） 宋士模（八品军功） 方金荣（六品军功） 谭天伟（军功千总） 谭必达（八品军功） 张宏礼（九品军功） 黄天爵（八品军功） 吴宏富（九品军功） 周尚仁（长乐千总） 赵申（咸丰把总） 李光盛（来凤千总） 张如奎（关渡外委）	李文升（武生，五品军功，任存城把总） 王大用（武生，五品军功） 唐官箴（六品军功） 向恺新（武生，军功外委） 向登道（九品军功） 黄天贞（军功外委） 杨忠建（军功外委） 黄明经（六品军功） 刘发（六品军功） 潘天德（宜昌中营外委） 许锡福（六品军功） 黄飞鹏（武生，六品军功） 向开榜（六品军功） 金校（武生，六品军功） 黄登信（六品军功） 怀泽远（八品军功） 李升浩（六品军功） 陈廷柟（建南外委） 覃光斗（南坪把总） 刘增（外委） 魏正举（武生，军功，兴山外委）
道光	陈连升（鹤峰人，寄籍恩施，任广东三江口副将，赏戴花翎，详忠义传） 黄远吉（武生，由行伍升卫昌千总） 向应珍（六品军功） 李道森（武生，广东提标游击，赏戴花翎） 许登俊（建始把总） 杨大鸿（东乡镇外委） 赵必秀（蓝翎军功，宣恩千总） 许映泰（建始把总） 黄先品（石门外委） 杨应忠（宜镇千总） 杨应奎（来凤洡水，升外委） 袁开炳（利川千总） 李世斌（松滋把总） 陈展鹏（连升子，世袭骑都尉，襄阳游击，详忠义传） 杨永海（八品荫监①拔右营，关渡外委） 樊燮（由世袭轻车都尉②升任湖南永州总镇，署常德提督军门）	陈玢（高罗外委） 史可富（建始把总） 邓士枚（武生，大旺把总） 许登雄（武生，兴山外委） 陈启中（宜都外委） 陈得高（武生，建始把总） 郑廷魁（活龙坪外委） 谢观国（宜都营千总） 袁大刚（来凤外委） 邓士科（活龙坪外委，升卫昌营千总） 王廷芳（唐崖把总） 乐瑞玺（右营外委） 张长春（蓝翎，远安千总） 王桂森（右营外委） 孙世和（忠路外委） 李可柽（东乡镇外委） 马子英（卫昌营把总）
咸丰	谭荣名（由世袭云骑尉任来凤千总，现升都司） 邓朝仪（远安把总） 廖康华（宜昌镇外委） 李得钰（武生，五品蓝翎，谷城守备）	陈士高（宜昌镇水师营蓝翎把总） 曾宗全（荆水师把总） 许太滨（咸丰把总，蓝翎军功） 袁泰来（六品蓝翎，建南把总）

① 荫监：科举考试中监生名目之一。明、清时官员之子，不经考选取得监生资格者称荫监。
② 轻车都尉：清代世爵的第六等。清乾隆元年（1736），改阿达哈哈番为轻车都尉，其下为骑都尉。

咸丰	邹得镛（六品蓝翎，卫昌营把总） 李复全（邵阳镇标把总） 寇延嗣（六品军功，本协右营外委） 张宗琨（本协中营外委） 黄开榜（现任江西九江镇水师营提督，赏给勤勇巴图鲁）	张宗瑞（忠路外委） 陈衡高（大旺把总，赏戴蓝翎） 张义鹏（宜昌镇水师把总） 李名贵（本协左营忠峒把总） 杨文祥（由军功发营效用尽先把总） 熊湘琳（建始把总）
同治	燕启棂（六品军功，本协中营外委） 陈文申（本协左营活龙坪汛外委） 田际楞（六品军功，关渡外委） 曹国安（即选提督，利勇巴图鲁，赏戴花翎，现署河南河北镇总兵） 吴业成（尽先守备，赏戴花翎） 陈明发（以千总拔补，赏戴蓝翎） 谭定武（尽先千总，赏戴蓝翎） 吴业扬（尽先外委） 康朗泉（六品军功，蓝翎把总加千总衔） 黄三锡（千总） 康立贤（六品军功，蓝翎外委） 曹德举（蓝翎千总）	李名凤（本协左营外委） 袁有诰（武生，投营拔本协中营额外） 刘明典（记名总兵尽先副将，赏戴花翎） 邹连升（提督衔，记名简放[1]总镇，倜勇巴图鲁） 黄廷旗（候选参将） 萧占彪（尽先守备，赏戴花翎） 康明典（武生，由营保尽先把总，赏戴蓝翎） 郑昌首（蓝翎外委） 赵鸿钧（蓝翎千总） 田见龙（五品军功，蓝翎千总） 黄桂芳（守御所千总） 曹维国（蓝翎把总） 曹德麟（蓝翎千总）
	以上恩施人	
乾隆	王胜祖（军功游击衔）	
嘉庆	麻光裕（由军功拔游击衔，赏戴花翎，任湖南提标都司，历署游击）	唐开元（武生，军功把总） 王万年（武生，六品军功）
	以上宣恩人	
嘉庆	覃璁（八品军功） 徐梅（八品军功） 彭文（军功外委） 周安澜（军功把总） 龚起元（军功把总衔） 向正乐（从征大小金川，由守备升江南泗州营都司） 向伯煓（正乐子，从征川湖“教匪”，授广西永营守备，升广西浔州营都司，擢用副将） 向恩荣（甘肃马营都司） 洪绍前（七品军功） 张士陶（六品军功职衔） 张士柄（武生，军功六品）	刘宗文（军功把总衔） 任绍萱（军功把总） 牟承松（军功把总） 胡有坤（军功把总） 袁图南（军功把总） 向正魁（陕西河州守备，以剿川陕功升马墩营都司） 向振铨（从征镇筸苗及白莲“教匪”功授行营守备） 向振钢（枣阳县千总） 滕家高（九品军功） 张士纁（武生，军功把总）
同治	覃庭中（来凤人，散毛司裔，由世职归督标，以守备补用）	杨洪明（来凤人，由行伍累功至副将。同治元年，同复县城，四年征贵州苗，卒于军，赠总兵）
	以上来凤人	

① 简放：清代由特旨任命外官道府。

嘉庆	姚成章（军功，任四川五统桥把总） 刘有庆（九品军功） 罗文治（九品军功） 郗有松（六品军功） 晏安贤（军功，任南坪把总） 姚金澜（军功，任巴东守备）	朱顺皋（九品军功） 胡朝齐（六品军功） 游春（六品军功） 沈天成（军功） 王庸（军功，任崔坝把总） 杨定品（六品军功）
	以上咸丰人	
乾隆	曹梦熊（署宣恩千总）	
嘉庆	牟奇仕（武生，六品军功） 吴三才（六品军功） 牟承煜（武生，八品军功）	朱瞻远（武生，六品军功） 覃殿勇（六品军功）
咸丰	谭德芳（宣恩千总，军功蓝翎）	
	以上利川人	
嘉庆	王万德（甘肃游击衔，赏健勇巴图鲁） 龙攀云（云南守备） 龙夔（六品军功，任宜昌镇标长乐外委） 董志松（六品军功，候补千总） 孙宗会（武生，六品军功） 黄奇勋（六品军功，任甘肃西宁镇标千总） 潘荣升（军功外委） 田道钊（军功外委） 梁世贵（军功外委） 曹大坤（军功，任甘肃千总）	龙凌云（云南千总） 向龙（广东顺德营游击） 江正桂（六品军功，候补千总） 向学久（六品军功，候补千总） 向得胜（武生，六品军功） 邱裕雯（裕霖弟，八品军功） 刘朝文（军功外委） 陈世秀（军功外委） 龙泽鸿（军功外委） 黄玉珑（武生，由军功补大旺把总）
同治	张晋卿（由营保花翎留湖北提标，以守备用）	张汉梁（由营保蓝翎把总）
	以上建始人	

封赠

明

	邓使（以子宏烈贵，例封①） 童大钦（庠生，以子天关贵，例封）	张金泉（以子问礼贵，例封） 邓楚翘（贡生，以子宗启贵，例封）
	以上本宋《志》	

	贾元雄（以子光德贵，赠武略骑尉） 朱廷升（以子荣位贵，赠承德郎②） 向玉璘（庠生，以子元魁贵，赠昭武都尉） 胡国璞（以子在泗贵，赠修职郎③） 李官廷（以子道全贵，赠修职郎） 贾伦英（施州营卫守备，赠明威将军） 李应荣（以子荫贵，赠武略骑尉）	朱承先（以子光贵，赠奋武郎） 向德新（庠生，以孙元魁贵，赠昭武都尉） 向存道（武举，以弟元魁贵，封昭武都尉） 李大章（庠生，以子道森贵，赠武翼都尉） 李大琳（以侄道森贵，赠武略骑尉） 贾元英（远安营把总，赠奋武郎） 李天荫（以孙光盛贵，赠武信骑尉）

① 例封：循例封官。指朝廷推恩把官爵授给官员在世的父祖辈。
② 承德郎：官名。清代文职正六品之封赠。
③ 修职郎：官名。清代文职正八品之封赠。

	李坚（以子光盛贵，赠武信骑尉） 刘三分（以子濬川贵，赠承德郎） 吴文儒（以婿黄元弼贵，赠奉政大夫①） 康兴廉（以子光远贵，赠朝议大夫②） 李可袱（以子得钰贵，封武信骑尉） 康希富（以子光第贵，赠奉政大夫） 黄光辉（以孙开榜贵，赠振威将军 尹炳昌（以子克墨贵，封修职郎军） 张重英（以降服子映芸贵，赠奉政大夫） 皮家骍（运同③衔，以子越群贵，赠奉政大夫） 谢应仕（以子观国贵，敕赠武略骑尉）	朱荣禄（恩贡，以子辉宪贵，赠修职郎） 刘三会（以侄濬川贵，貤赠厚德郎） 黄复远（以子元弼贵，赠奉政大夫） 李大元（以孙得钰贵，赠武信骑尉） 黄锡春（以曾孙开榜贵，赠振威将军） 黄占魁（以子开榜贵，赠振威将军） 张重伦（以子映芸贵，赠奉政大夫） 康光第（同知衔，以子佩谦贵，封文林郎④） 成君贤（从九，以五子昆山贵，赠奉政大夫） 谢应位（以孙观国贵，貤封武略骑尉） 谢观德（以弟观国贵，貤封武信骑尉）
	以上恩施人	
	张廷植（以子毓麟贵，封登仕郎⑤）	何诚一（以子远鉴贵，赠修职郎）
	以上来凤人	
	王文焕（以子伟贵，赠朝议大夫）	
	以上咸丰人	
同治	张一全（以孙树森贵，貤赠儒林郎⑥）	张元善（以子树森贵，诰赠儒林郎）
	以上建始人	

世袭

国朝

嘉庆	樊从典（以父继祖袭等轻车都尉） 姚金榜（以父士华袭云骑尉） 李文桂（以父敏袭云骑尉） 黄大成（以伯父国珍袭云骑尉） 刘受爵（以父凤袭云骑尉） 滕自庄（以父美贵袭云骑尉） 滕成典（以祖美贵袭云骑尉） 郑纯武（以父绍举袭云骑尉）	钟尚爵（以父志茂袭云骑尉） 赵天申（以父甲袭云骑尉） 黄国珠（以兄国珍袭云骑尉） 王大坤（以兄大伦袭云骑尉） 曹维藻（以父绪德袭云骑尉） 向茂禄（以父廷芳袭云骑尉） 王守诰（以父友贵袭云骑尉） 王光福（以伯父大伦袭云骑尉）
道光	樊燮（以祖继祖袭等轻车都尉） 姚尚清（以祖士华袭云骑尉，历署本协左右营守备中营都司） 赵大魁（以祖甲袭云骑尉） 黄开甲（以祖国珍袭云骑尉） 郑世臣（以祖绍举袭云骑尉） 陈受桂（以父举鹏袭恩骑尉）	钟淑友（以祖志茂袭云骑尉） 李世斌（以祖敏袭云骑尉） 曹得馨（以祖绪德袭云骑尉） 谭荣名（以叔祖世敏袭恩骑尉） 陈展鹏（以父连升袭爵都尉） 赵大魁（以祖甲袭云骑尉） 黄连升（以父一才袭云骑尉）

① 奉政大夫：官名。清代文职正五品之封赠。
② 朝议大夫：官名。清代文职正四品之封赠。
③ 运同：盐官名。清置。掌分司产盐地纠察之职，辅助运使、盐道分治其事。
④ 文林郎：官名。清代文职正七品之封赠。
⑤ 登仕郎：官名。清代文职正九品之封赠。
⑥ 儒林郎：官名。清代文职从六品之封赠。

咸丰	钟业光（以父淑友袭云骑尉） 王与全（以祖友贵袭爵都尉）	陈受初（以祖连升袭骑都尉）
同治	樊增裪（以曾祖袭一等轻车都尉）	
	以上恩施人	
嘉庆	颜国华（以父袭云骑尉）	
	以上宣恩人	
嘉庆	张来（以父袭云骑尉）	
道光	张继祖（以祖袭云骑尉）	
	以上来凤人	
康熙	陈天培（以父世凯袭一等轻车都尉）	
雍正	陈思远（以祖世凯袭一等轻车都尉）	
嘉庆	李殿扬（以袭云骑尉）	
道光	陈奋烈（以祖世凯袭恩骑尉）	
	以上利川人	

增修施南府志卷之二十三终

增修施南府志卷之二十四

人物志（乡贤　行谊　忠烈　孝友）

《楚国先贤传》《襄阳耆旧传》志人物于楚，此其嚆矢[①]矣。施为楚边郡，《春秋传》所载楚地人物，既难确指而汉唐亦鲜有可纪者。纪自宋以来旧志分门太琐，且以死节诸职官入其中，殊乖体例。道光癸巳岁，经秉笔者详加考订，颇具规模，兹准各邑乘采择并旁征文献，力发前人幽光。总题曰人物，次行谊于乡贤后，而以忠孝诸传附焉。

乡贤

周

巴蔓子，周季氏。巴国乱，将军蔓子请师于楚，许以三城。楚就巴，巴国已安，楚使请城，蔓子曰："借楚之灵，克绥祸乱，诚许是三城，将吾头往，城不可得也。"乃自刎，以头授楚使。楚王以上卿礼葬其头于荆山之阳，巴国葬其身于都亭山（《明一统志》）。

汉

尹珍，毋敛人。自以生长荒裔，不知礼义，从汝南许慎受经书，学成还乡教授。于是南域始知向学，仕荆州刺史。按，毋敛非施地，然旧志载入乡贤，今仍之，详辨讹。

宋

詹邈，博学宏词科第一，恩施、利川、建始三县皆祀乡贤。

明

向得豪，施州都亭里人，岁贡生。永乐十五年，任交州府同知，洪熙元年，黎利[②]叛，陷交州，被执不屈，骂贼死，崇祀乡贤。

① 嚆（hāo）矢：发射时声比箭先到，比喻事物的开端或先行。
② 黎利（1385—1433）：越南后黎朝开国君主，后人称为黎太祖。

童昶，字明甫，别号客星，本卫世袭指挥佥事。博学有文武才，初平獠向能蜀、鄢蓝二贼，又从征石阡方四及广西断藤峡等处，俱有功。历靖州参将及淮安总镇，命下而公卒。著有《施州卫》《大田所》二志、《周正考》、《樊川诗》，俱毁于兵燹，崇祀乡贤。

童希赐，字宗盟，施州岁贡，举孝廉。不求仕宦，母强之仕，受霍州同知。三月闻母病，即归，殁祀乡贤。

申潮，字汝信，施州人，岁荐南雍[①]。归见施蛮将变，条成五事：一议兵备宜专镇施，二守备宜移南坪，三重夔军粮宜复本邑解施，四宜撤靖州戍兵，五涂堡宜增兵防。于谒选上之，部议免戍军，余目为迂阔，授淮安府知事。越三年，土寇黄中叛，会两省兵讨平之，而地方受客兵害殆甚于贼。始服其先见，旋议善后，悉如所议，殁祀乡贤。

童希益，号新齐，昶次子，卫诸生。嘉靖中，土寇黄中叛，上《安边十二策》，聘作参军，同经历汪泽等说黄中降。事平叙功，力辞，请以赎宗子指挥童养廉失律之罪。以孙天阅贵，受封。崇祀乡贤（以上俱本旧志）。

向升第，建始贡生。敦实行，守正不阿，崇祀乡贤。

国朝

龙国命，建始人。顺治二年，李自成余孽入川，公团练乡兵，保护乡里，仕至云南寻沾营参将，崇祀乡贤（本旧《府志》）。

行谊

施南府　恩施县

元

向午凤，施州人。至元二十一年征峒蛮，充哨马把总，身先士卒。事平，引蛮入觐，授开封将领。大德九年，升绍庆路总管（《楚略》）。

明

陈德芳，少聚生徒教授。洪武四年，明师伐蜀，德芳讽施南土司覃州隆降附，以兵助王师。欲酬其功，固辞不受。献藩欲以卓行[②]荐，使者及门，逾垣而避（旧《卫志》）。

① 南雍：指明朝南京国子监。
② 卓行：高尚的品行。

裴承祖，洪武中以秀才异等，拜监察御史，命同御史张亨等八人署都察院事。承祖劾奏武定侯郭勋私蓄家僮、擅杀无辜。帝命议其罪，已而宥之。寻出为浙江佥事，治狱平允，擢江西按察史（旧志）。

童钟，字景阳，卫指挥。天顺间，川寇孙居士等流入施南司，钟督擒孙居士等三十余人，其余党复窜入土陀寨，攻劫彭水等县。蜀抚汪浩檄钟再剿，斩贼首二十八人，余党悉散，川湖以安（旧《卫志》）。

许深，字大本，颖悟好学，师事黄溥，以岁贡终。弘治壬子，崇教寨民叛，当事欲由人山岭进取。公上言斑鸠崖之险，一夫可守，若由万寨、木里园捣其背，则彼险可夺。从之，遂擒首恶，贼以平（宋《志》）。

陈濬，字士哲，性孝友，博闻强记，师事黄溥。屡试不第，隐居授徒（宋《志》）。

向佶：崇宁里人。天顺间寇起，佶以诸生率民擒贼，阖境以安。仕至顺天府治中[①]（旧《卫志》）。

陈址，字对沧，卫人。博学工诗，由岁荐历颖州州判（旧《卫志》）。

张问礼，号立齐，卫人，万历丙子举人，睢州知州。清白自矢，忤魏珰[②]，降马湖通判，寻迁嘉定州、眉州知州，告归（旧《卫志》）。

张应扬，问礼子，选贡，任华州州同。有惠政，升廉州府通判，祀华州名宦（《湖广通志》）。

邓宏烈，字东升，施州卫官籍，由岁荐任双流县知县。督施兵征播，连破三关及青山川寨诸屯。杨应龙自焚死，募士冒火取得其尸，事见《平播全书》。历遵义、大理、严州三府同知，家贫如故，卒年逾九十（《湖广通志》）。

黄训，字印台，卫人。常独骑行山中，远见茅檐下微露黄盖，知必官长，乃徒步过之，其古道如此。由岁荐为长汀教谕，士服其教（旧《卫志》）。

张三阳，号熙还，以明经谒选注光禄寺署丞（旧《卫志》）。

葛楚元，字觐云，岁贡，婺川令。以调停播饷、安集流民功当升，竟挂冠[③]归（旧《卫志》）。

周经世，字衡临，世袭卫指挥使。历二十年，有能声（旧志）。

① 治中：官名。汉置，又称治中从事史、治中从事，为州刺史的佐官。掌文书案卷，或主财谷簿书。
② 魏珰：即宦官魏忠贤。
③ 挂冠：辞官。

杨伟，卫百户。当黄中之变，暮夜讹言，伟挺身侦探无事，施城乃安。腊壁恃险负固，伟冒死至寨，晓以祸福，遂诣军门降。后擢广西都司，世袭支罗，年九十卒（旧《卫志》）。

张铉，字五岳，卫诸生。少时丧妻，不更娶。由明经知孝义、桃源二县，宁违上以恤民。稍不直，即袖律例以白。后致仕归，与寒儒讲学不倦（旧《卫志》）。

李一凤，字岐阳，万历己酉举人。知贵池县，历数州同知，以廉惠称。致仕归，开大莫园以课子弟，重修《卫志》（旧《卫志》）。

牟文绶，字章甫。天启中以功授黔守备，后移守凤泗陵寝，贼不敢犯。升淮安总兵，征讨川湖湖寇，晋凤卫伯。虽介胄[①]之士，冲和有儒者气象（旧《卫志》）。

童天阅，昶裔孙，崇祯庚午举人，初仕部郎。福王、唐王时，扈以奔播，晋三部尚书（旧《卫志》）。

童天衢，岁贡，纂《卫志》，颇称博洽[②]（旧《卫志》）。

邓宗启，字开甫，号鲁山，卫拔贡，受武选司郎中。乱后不仕，隐居教授（旧《卫志》）。

张延龄，字令齿，号药溪。笃行博学，精六书，工诗文，明丧礼，远近学者宗之。有《濠》上、下集二编行于世。乱后先正云亡，所以昭示来学，咸鲁山、药溪二先生之力云（旧《卫志》）。

金凤翔，意气激昂。王观兴搜山，人民流离，凤翔不忍见，投水死（旧《卫志》）。

童大德，卫岁贡，任宁德丞。委修海防，不忍派民，屡作屡坏，作文祭之。是夜大风涛，涌沙成堤，以功最迁去，民尸祝之。致仕归，囊无一物（旧《卫志》）。

童大钦，还孤客遗金数百两，贫不苟取，乡人重之（唐《志》）。

国朝

张都，字俞廷，屯籍，明末选贡。康熙时授定兴丞，迁高陵知县，有惠政，民尸祝之。升池州同知，致仕。寓安陆，每桑梓[③]有所经营，必遣奚[④]相助焉（旧《卫志》）。

王封镇，字建元，卫诸生。博学能文，雍正七年，馆于容美土司署。刚方正直，土司敬礼之，辑《卫志》，简严有体（旧《府志》）。

谌本琏，字宾侯，邑诸生。性孝友，敦行崇学，时士之通经者多出其门。嘉庆初，白莲猖獗，本琏率乡人于杉木坝之关门岩，垒石为关拒贼，贼慑不敢进。旋制府帅军叩关，本琏

① 介胄：指披甲戴盔的武士。
② 博洽：学识广博。
③ 桑梓：桑树和梓树是古代宅边常种的树，因以“桑梓”比喻家乡。
④ 奚：家奴。

恐贼之伪，捍益严，乃令人引长絙缒己下，与乡人约曰："如贼杀我，可掀石击之。"乃见制府，制府褒其义勇，年七十余卒（旧《府志》）。

李盛松，庠生。存心正直，立品端方。子文玉，恩贡；孙德珍，庠生。

陈绶，武生选拔，陈训之孙。为人诚朴刚正，兼优文事。太守杨公创修南郡书院，遴派监修，不避嫌怨，独任其劳，落成后金尽无膏火费。公具呈县尹詹公，请将向日入官田产拨归院中管业收租，以作奖励人材之资，学使鲍给予"宣勤翼教"匾额。子廷策、廷选，武生；廷芳，附生；廷楠。孙玢德、高仕、高衡，俱详武功志。

朱尚志，字景伊，岁贡。博学能文，游其门者皆蜚声学序。郡向无书院，力请于郡伯杨公毓江募修之。蒇事后，汪制军[①]以南郡名院颜额于厅事，志颠末而并为公励焉。

钟尚直：岁贡。笃信好学，家贫，恃砚田[②]作生涯。尤工书，得二王[③]笔意，默坐尝自警曰："娱人子弟损阴功。"其慎独如此。

成君贤，从九品衔。其父由江右贸迁[④]于施，携公偕来，公襄理店务，亿屡中[⑤]，家遂大康。为人乐善好施，郡有义举如修学宫、连珠塔、江西会馆，输重资不少吝。耄年尤信神明，进香东岳宫，目睹庙宇神像颓败，怅甚，发愿独力重修。即延戚友董监，告成，费钱万串余。又因明及幽，另捐产创盂兰会，只尽其己力能为遂已，讳言邀奖。其他周贫施棺，修路焚券等类，难以备述。卒年八十有三。子朗山，贡生；耀南，从九品；裕亨；旭初。孙宅之、道谦。曾孙锦俱、国学、子昆、山孙、焘燧，详选举志。

朱荣禄，字任山，恩贡。性笃天伦，昆季[⑥]四环为母寿，促公就仕承欢，而公不旦暮远也。山居课子，敦品为先，尝读史慕范文正[⑦]，好行其德，慨然曰："秀才负荷匪轻，靦颜[⑧]呼负负[⑨]耶？"设孤贫御寒院，置义冢，费颇不赀[⑩]。复见学宫倾圮，倡议督修，建南郡书院、连珠塔。作育人文，任其重，不以为劳，乡人德之。晚年手抄《卫志》四卷，《府志》资为粉本。四弟荣寿，理问厅，恪守庭训[⑪]，以勤俭孝友勒为家箴[⑫]。子辉宪，孙宬，俱详选举志。

① 制军：明、清时期总督的称呼。
② 砚田：文人恃文墨为生，故谓砚为"砚田"。
③ 二王：王羲之和王献之的合称。
④ 贸迁：贩运买卖。
⑤ 亿屡中：亿，意料，猜测；中：符合。典出《论语·先进》："赐不受命，而货殖焉，亿则屡中。"
⑥ 昆季：兄弟。
⑦ 范文正：范仲淹。
⑧ 靦颜：犹厚颜。
⑨ 负负：惭愧。
⑩ 不赀：指无从计量，表示多或贵重。
⑪ 庭训：父教、父训。
⑫ 家箴：家训。

李世达，号微之，贡生。好学笃行，为士林楷模，教授生徒百余人，多知名士。年八十余，讲学不倦，性沉静谨厚，言动悉循礼法，虽燕居[①]必整衣冠。年九十卒。子甸春，贡生；孙应钟，庠生。

胡在泗，号杏亭，岁贡。为人肃恭，恒讲求修身寡过之学，以宋大儒为依归，遇事持正，不可以非议屈。郡伯尹北窗太史常目之曰："是真康侯裔也。"讲学三十年，造就多一时之彦，选蕲州训导，卒于官。子正棻，字芷塘，贡生。

尹其璋，号礼南，岁贡。笃志经史，老而不倦。性严正，不妄交，见者肃然。晚年学益粹，尝训子弟曰："人立身守正不阿，尤宜抑然自下，故自号益齐。"选郧县训导，化生徒骄矜[②]之习。侄孙寿衡，秋部以进士起家，皆其教育之力也。子煓吕，孙克坦、克均，俱庠生。

周炳先，号星桥，岁贡。笃学安贫，选房县训导，卒于官。

褚上林，号春农，岁贡。制行不苟[③]，淡于仕进。而性耽吟咏，曾客游江汉间有所作，人多传诵。詹湘亭[④]《赐绮堂集》中采录尤多。冯展云学使访求遗稿，深加赏识。樊鉴庭军门[⑤]为梓其《香雪山馆诗集》行世。长子希昉，贡生；次希昆，庠生。

向正书，字玉麟，庠生。性刚直，守正不阿，生平笃尚实行，事继母以孝闻。子三：长存道，武举；次元魁，武进士；三奎文，岁贡。孙入胶庠者数人。

杨联绅，号逸亭。性率真，无矫饰。人有忧危事，必措之安而后止。朋友有过，常直言无讳。子炳轩，岁贡。

王家筠，号滋圃，拔贡。生平敦行孝友，砥砺廉隅。著有《文公丧礼撮要》一编，考核精详，乡人多奉行之。有《听雨楼诗集》四卷，冯展云学使为之题其集而梓行之。子正续、正纬，俱贡生。

赵铭哲，号智莽。性沉毅，植品端方。博览群书，多留心天下之务，胡文忠公辟参军务，未几还山，卒。子世玩、世逮，均庠生。

鄢耀廷，字藻卿，岁贡。寡言笑，慎取与。家徒四壁，黄卷青灯外[⑥]，无干预，不尚修饰，望而知为儒者。子荣昭，府学廪生。

① 燕居：闲居。
② 骄矜：骄傲自负。
③ 制行：德行。不苟：不随便。
④ 詹湘亭：詹应甲，清戏曲作家。原名广桃，籍名应甲，字鳞飞，号湘亭，婺源虹关人，任恩施知县。
⑤ 军门：清代为提督或总兵加提督衔者之尊称。
⑥ 黄卷青灯：形容深夜苦读，或修行学佛的孤寂生活。

朱孔殷，字惺庵，廪贡生。言规行矩，性爱林泉，不萦情仕宦。家饶裕，捐修驿路三十里，所费不赀。督修南郡书院，郡伯杨作舟先生赠以“敦行尚义”匾额。

李景芳，字春甲，拔贡。性孝友，善事孀母，承继长房析居[①]，与兄弟均产。好读书，甫弱冠，入庠食饩[②]，郡守问其名，延之西席[③]。平生好排难解纷，与人以诚，不欺然诺[④]，人咸敬之。少师事罗成章，章没，其弟冠乙方幼，遵师遗嘱，多方成就之，冠乙卒有声庠序。芳尤工书法，教授乡间，知名士多出其门。子道南，庠生；道衡，廪生。

赖远传，字省斋。性朴质，不妄言笑，能济人急。足不履城，市里有争讼，得一言无不立解。尝为母疾愿减佃租三年，以祈神祐，卒年八十有二。子朝宗、朝正、朝纲俱贡生。

康光远，字镜堂，盐运同衔。遇事精明，存心浑厚，尤敬礼贤士大夫。平生乐善好施，捐赈济仓，产业备荒，修天门坡路，绵亘数十里，养孤贫数十名，岁以为常。晚年创宗祠，广置祀田作贻谋[⑤]计，其他设渡，建桥梁，助宾兴，立义冢，縻金数万，太守顾椿题“广种福田”额以赠。子明义，候选训导知县；国珍，卫守备，宣之翰林院孔目[⑥]；文焕，詹事府[⑦]主簿。

张光珩，字耀楚，按知事[⑧]。幼嗜学，作文力追古人，精思诣征，屡困风檐。兄光玉管家政，家中落，母令珩改业服贾[⑨]，田产仍珠还[⑩]焉。兄把晤[⑪]辄赧然，而珩且慰劳之，分润[⑫]不时，至白头如初。平生性耿介，道貌严严，不可以非礼干。而度务精详，如建塔，设宾兴、义仓，靡不指画贴妥，名闻当路[⑬]，修城筹防，咸倚重焉。卒年七十有八。

杨嘉廷，字良佐。性质悫[⑭]，以利济[⑮]为心。嘉庆庚申，郡城大荒，米价昂贵，廷捐资自来凤运米煮粥，以活饥民。太守马维驭奖以“惟义是式”额，邑令赵秉醇亦额以“乐善可风”。卒年八十有八。

① 析居：分居，分家。
② 食饩：指明、清时经考试取得廪生资格的生员享受廪膳补贴。
③ 西席：古人席次尚右，右为宾师之位，居西而面东。后尊称受业之师或幕友为西席。
④ 然诺：许诺，答应。
⑤ 贻谋：指父祖对子孙的训诲。典出《诗经·大雅·文王有声》：“诒厥孙谋，以燕翼子。”
⑥ 孔目：官名。掌文书簿籍或财计出纳。
⑦ 詹事府：官署名。管理东宫事务，以詹事为长官。
⑧ 按知事：按察司知事，官名。掌刑名勘察。
⑨ 服贾：经商。
⑩ 珠还：比喻东西失而复得或人去而复回。
⑪ 把晤：会面，互相执手晤谈。
⑫ 分润：分取钱财，分享利益。
⑬ 当路：指当权者。
⑭ 质悫：质朴诚信。
⑮ 利济：救济施恩。

李衡庵，素好义，常为人排难解纷。其孙文致好义，能继祖志。少与邑庠生孙葆交好，葆死，遗子为昭，甫六岁，家贫无依。时文致家亦艰难，抚养为昭，教读婚配与己子同，后为昭与文致子德庆同入邑庠。

宣恩县

国朝

唐仁智，原籍湖南黔阳县人。乾隆初，家于宣，为人端正和厚，喜化导乡愚，常谕以奉公大义。年八十余卒，其子皆恂谨有父风。孙开甲，武生。

唐义嘉，仁智三子。业儒倡首，呈请设文武学额，复集众捐资建修施郡考棚，大有功于学校。

田琏，东乡里人。厚重简朴，丰年积谷，凶年平粜，贫者赖之。延师课子，尊礼备至。子文锦，岁贡生。幼聪颖，胸襟开阔，好读书，能文章，年十九，入郡庠，旋食饩，著作甚多，喜成就后学。孙永松，岁贡生。

宋宏尧，轻财仗义。其父大奇修庙、建桥、新学署等事，宏尧实继成之。嘉庆丙辰，“教匪”阑入，以捐粮数百石议叙州判，旋选山西青州州判未赴。

杨楫，岁贡生。品行端方，为乡党推重，教子孙以安分守法为要，故祖孙五代无讼事。孙光琼，七品军功。

彭国旒，少失恃[①]，事父以闻，先意承志，得其欢心，年五十余，孺慕不衰。父殁后，丧祭如礼，人以为难。

滕家龙，高罗里人。存心忠厚，好施与。里有困穷者，使自垦荒土，贷牛耕之，不取其租。负债者岁终不索。友人李才万病笃，以寡妇孤儿托，友卒，常给衣食，无难色。精痘科，活幼子无算，从不计谢，贫不能具药者并捐资助之。晚年生子，振振[②]满堂，乡人以为忠厚之报。卒年八十有三。子傅玑，从九品；孙代琇，郡庠生。

段金魁，忠建里监生。嘉庆元年，白莲教起，魁挺身带勇为桑梓保障。时来凤城陷，李家河得保全者，金魁力也。大宪上其功，授即补分县，以亲老辞不就。卒年八十有六。平生未尝欺人一语，乡里服其直而不知其壮年移孝作忠也。

① 失恃：指母亲去世。典出《诗经·小雅·蓼莪》：“无父何怙，无母何恃。”
② 振振：众盛的样子。

周得旺，忠建里人。存心忠厚，敬礼神明。尝为亲疾两次进香南岳，从不敢作欺心事，故言无口过，行无怨恶，乡人莫不加敬焉。子作怀，孙制详，邑廪生；佑溥，庠生。

覃长有，岁贡生。恬静少言，居廛市[①]，不履公门及势利家。设帐宗祠十数年，课督之暇，终日危坐无倦容，从游者贡生。孙高华辈，多一时之彦。其事兄文宏，敬爱兼至，终其身不衰。后授枣阳训导，相传某学使以八骏试士，惟长有能备详其名以对，学使重之，其学问之渊博有过人者。

胡敦诗，高罗里人。性明敏，内行修洁。少习举子业，晚年讲究身体力行之学，行不由径，语不见齿。授教李溪，先器识[②]而后文艺，里中知名士多出其门。卒年八十有六。

张明文，字公庭。存心公正，资性沈毅，有干济[③]才。嘉庆元年，“教匪”李登敖倡乱，文募勇五百余人堵御安家岭、龙马山地方，贼不敢犯。邑令苏於洛举军功，文以亲老固辞。居乡排难解纷，数十年无讼事。孙光岳，岁贡生，即选训导。

熊宗清，忠建里人，字朗山。持家俭朴，安分力农。年二十九，妻谭氏病故，抚二子，守义不娶，现年六十有四。子与周，业儒。

宋永炣，字文奇，国学生。家丰裕，好行善事，凡建桥梁、修道路，视为故常。丙辰匪窜晒坪，捐银三千两募勇五百人，命子宏增随邑令苏於洛堵御，贼知有备不敢入，城赖以全。

来凤县

国朝

覃隆基，字佑启，散毛司覃勋麟长子。性仁孝，有干济才。母田氏卒，泣血哀毁，庐墓三年，诸邻司重之。麟爱次子鸿基，欲袭之，诸司不平，欲袭隆基。隆基潜诣诸司，泣陈父命宜遵，己不愿袭。邻司感其诚，麟卒，鸿基袭职，隆基复代为经理，境赖以安。子三：璠、玙、璋。

覃璠，字焕若。叔鸿基卒，子瑄嗣袭。改土后，瑄卒，无嗣。大吏欲奏请璠袭，璠力辞。亲治瑄丧，归里。子述纶、述书，见选举志。

① 廛市：市廛。商肆集中之处。
② 器识：指度量和见识。
③ 干济：谓办事干练而有成效。

杨逢祥，字吉人，拔贡。性廉介，甘淡泊，居家严肃，有颜氏、柳氏遗风。主讲朝阳书院数十年，未尝有所干谒①。接引后进，乐道先正②格言，晚年学益粹。道光元年，举孝廉方正，旋选谷城县教谕，以老病不赴。

刘宗发，字崇实，庠生。严气正性，言笑不苟。幼读书必正襟危坐，如对圣贤。壮与邑诸生相砥砺，学益进。前令范举孝廉方正，力辞不就。主讲桂林书院，三十年谆谆以实学诲人。卯峒人传其遗事，谓里有向氏子樵山中，忽发狂，执庙中神刀盘旋跳舞，崇实移坐对之，伏地而醒。又有严氏女被祟，歌哭不休，崇实为书数字于衣，即愈。语云邪不胜正，谅哉！子必芳，增生；次毅，孙心杰，均庠生。

田启芳，庠生。生有至性，好读书，能文。师事刘崇实，佩服终身。嘉庆元年，其父荣葵剿贼阵亡，芳誓雪仇，气郁结，遂成心疾。偶一触念，两眼发赤，狂走叫杀。一日至巡司署病发，适崇实至，厉声曰："启芳！不得无礼！"芳曰："惟，不敢。"俯首，逡巡而退。崇实殁后，芳得遗砚，常俎豆奉之。子成杰，孙鸿仪，均庠生。

张士儒，字成松。性严正，明大义，治家以礼，尤乐善好施。元年匪变，有至戚某无资，士儒闻之，贷金三百。戚请书券③，士儒蹴然④曰："大劫将至，我等相见不可知，何以券为？"乱定后，亲友先后旋里，复造门慰劳，以贷之不计利，无吝色，亦无矜容。以募勇剿贼功议叙县丞。子思隽，见仕宦志，孙有严、有守、汇恩，俱见选举志；子思诚，孙有祜，俱庠生。

何文龙，字在田，国学生⑤，原籍湖南新化县。兄弟四人有姜家大被⑥风，文龙其季⑦也。性忠厚，识大体，尤重师儒。乾隆初，来邑新设，文教未兴，重聘延师训子弟，恭敬逾恒。一日至馆中，师见所服新制獭袖，美之，归即脱赠。约亲友置义冢，并施棺槥⑧，久不倦。前令刘以"麦舟遗风"额奖之。年七十卒于家，卒之前一日，造所往来戚友家告别。越晨起沐浴更衣冠，拜祖先，呼家人环侍中堂，端坐而逝，若夙知者。子显榜、显梁，俱见仕宦志。孙映斗，庠生。

① 干谒：指为某种目的而求见。
② 先正：泛指前代的贤人。
③ 书券：指写借据。
④ 蹴然：惊惭不安貌。
⑤ 国学生：国子监的学生。
⑥ 姜家大被：同"姜肱被"。典出《后汉书·姜肱传》："姜肱，字伯淮，彭城广戚人也。家世名族。肱与二弟仲海、季江，俱以孝行著闻。其友爱天至，常共卧起。及各娶妻，兄弟相恋，不能别寝，以系嗣当立，乃递往就室。"后比喻兄弟间相亲友爱。
⑦ 季：指兄弟排行第四。
⑧ 棺槥：粗陋的小棺材。

张文言，原籍湖南长沙县，父正廷，笃于学。乾隆丙辰，征博学宏词，不赴，隐居教授。屡代人偿债，家中落，文言就馆[1]于来，以资奉养。父卒奉母，与胞叔迁来，孝养不衰。一日至街肆，邻人被酒，詈[2]其后，文言若不知。人曰："呼汝名。"曰："天下岂无同名者乎？"卒不校[3]。又尝自乡村归，突遇负薪者挤坎下，泥污履。家人讶问，曰："适过某处，路狭甚，微负薪者掖我，几陷沟中矣。"每秋熟时，必亲赴乡村慰劳庄户，预戒勿盛供具，其生平之孝让[4]如此。子鸿范，贡生。

曾有光，字吉堂。性沈静，虑事周详。父早逝，母刘氏，性严厉。光奉命惟谨，初乡先辈创修仰止书院，奉祠朱子，光因与及门，讲求《文公家礼》。母年八十卒，哀毁[5]尽礼，不用浮屠[6]，人多则之。素好读书，手不释卷，其为文醇厚简洁，力追先辈。中嘉庆戊辰恩科[7]第二名举人，选安陆府训导，未赴，卒。

何文哲，字鹏飞。性友爱，兄弟四人，独任家事，务农桑，尚节俭。分爨[8]后，过兄弟家诣庖室[9]，子弟有事烹调者，辄呵之。故杖履[10]所至，有公孙内厨外膳之殊，乡党传为佳话。有粤客携金数百至其家，封未启，聚各房子弟曰："此前十年粤客贷吾金贩麻，久以为乌有矣，系公物，应均分之。"其同体相关，不欺心如此。子楷、桂，俱国学生；棂，庠生。孙映焘、映焯、映辉，见选举志，映焜、诚孚，均庠生。

何显荣，字汉亭，恩贡。居心平恕[11]，持身朴实，事继母得欢心。兄显模，早逝，事寡嫂敬，抚二侄视同己子，理家数十年无积。子诚一，贡生。孙天照，庠生。远鉴、远椿均见选举志。

何显槐，字古春。性慷慨，有远识，人有急难，必多方拯之。捐从九，签发河南，改山西，署丰镇厅司狱。亲视囹圄，涤械具，禁狱卒苛索，狱中人德之。初外洋不靖，怡堂之忧形于词色，将卒，遗言族中子侄必修洞寨以为遗种处。辛酉，"粤匪"入境，族中赖以保全，先见之力也。平生仗义轻财，尤笃于宗族，族中子弟有质美者，必多方成就之。子诚立，举

① 就馆：指开馆授徒。
② 詈：骂。
③ 校：计较。
④ 孝让：孝顺谦让。
⑤ 哀毁：谓居亲丧悲伤异常而毁损其身。后常作居丧尽礼之辞。
⑥ 浮屠：指替人超度的和尚。
⑦ 恩科：科举考试的名目之一。清制，三年一次的乡试、会试之外，特于朝廷有庆典之年加举一次，称为恩科。
⑧ 分爨（cuàn）：分开来做饭。后比喻兄弟分家。
⑨ 庖室：厨房。
⑩ 杖履：老人所用的拄仗和鞋。引申为对老者、尊者的敬称。
⑪ 平恕：公平宽恕。

孝廉。谦，国学生，品行端方，资性明达于先儒语录，实有见地，与人交终始不变，隐居教授，学者称为益斋先生。

张鸿范，字羽仪，岁贡。天资孝友，内行修洁，读书过目成诵，有经济才。嘉庆元年，率勇剿贼，议叙七品军功，选孝感县训导，著有《军中纪事》一卷、《静斋文集》四卷、《杂言》四卷。子光泰，贡生；光烈，庠生。孙荣岳，见选举志。

邓代英，字玉振。忠厚正直，乐善好施，兄弟四人，和而有礼。凡遇喜庆丧葬，必宣扬《圣谕广训》，乡人闻而感化者众。每岁除，邻里贫乏者称量周给，平生有《日行录》，功过皆书以自省。卒年八十六，眼观五代。

张廷植，字艺圃，原籍浙江山阴县。直质诚悫，有古人风。年甫冠，徒步走京师，同乡有劝其入部习吏事者，遂入兵部为吏。存心忠厚，不肯置人于险，每事关出入，必力争之堂，司官[①]咸悚然动容，曰："是守正不阿吏，而有儒行者也。"先是，入都时同乡某遇之厚，所积数百金悉存其家。某家中落，不能偿，抑郁以殁。廷植入，临哭之哀，取券柩前焚之，吊其遗孤，慰劳备至。座上无贤不肖，莫不叹为长者。客京师十九年归，家族戚里贫乏者量力周恤，岁以为常，卒年七十六。子毓麟，见仕宦志。孙凤翔，业儒。

查国荣，多阴德，尝修桥梁，施义冢，乡里称善人。

向朝魁，原籍贵州人。性孝友，形貌魁梧，力能擒虎。生平济难扶危，尤喜交远近豪杰，待朋友不欺人，亦生死不相负，盗贼不入其境。身虽布衣，信义著于乡里。子通俩，武生；通权，庠生，豪侠好义，人有急难，多投焉。父患目疾，遂弃举业学医，有求医者昏夜叩门无弗应，不以远近贫富计也。家置大柜，聚药材，遇贫苦者检药付之，数十年不倦。

尹思和，字在麓。天性笃厚，两兄早卒，抚侄如子。有女兄适周氏，夫妇俱卒，抚甥如侄，自奉俭简约，喜行利人事。有熊某岁荒鬻妻，和厚赠劝止。通岐黄[②]，有病无医药者则邀至家治之，故感恩者常刻骨。子三，皆恂恂[③]有父风。

李伯霖，素敦信义，与熊盛美相善，伙同贸易数十年如兄弟。熊卒，子幼，抚之如子，熊氏子亦事之如父，分财多取亦不之较。卒年八十有二，今子孙三代犹同贾焉。

金道发，以小贸为业，尝于兴隆坪桥上还人遗金，又于逆旅[④]倾囊完人夫妇，乡人高其义。

① 司官：清代各部属官的通称。指部内各司的郎中、员外郎、主事以及主事以下的七品小京官。中央各独立机构的属官对其长官亦自称司官。

② 岐黄：指岐伯和黄帝，传说是中医的始祖。

③ 恂恂：谦恭的样子。

④ 逆旅：客舍；旅店。

张佑明，性廉介。路拾一囊，有银十余两，坐以俟之。少顷，有夫妇仓皇至，讯之得实，还之。

王尚林，贫而好义。广东难民陈某鬻子，母子不能舍，哭于路。林见而心恻，捐资代赎，遂为母子如初。

唐正顺，妻刘氏，生二子，病故。顺年廿九，不再聚，出而耕作，入而炊爨[①]，以子道兼父道，父母安之。间遇邻人妇与言，即赧然退避。年已七十，终无败行。

黄鉴，字朗山，岁贡。性情和平，举止闲雅。工楷书，家贫，馆于郡。拒奔女[②]不纳，旋托故他徙，人因重之。

滕成坤，家贫食力，克念天显。常为人佣，岁得所积，概以奉兄，凡有所需，不少拂意。兄嗜酒，醉辄怒詈，坤颜色自若，友爱如初。

周明先，学织带艺。甫就其师，夫妇继卒，遗二子俱幼。明先抚孤，造作如师在日，同市以重价雇之，不肯。越十余年，二子皆婚聚，取券结之，丝毫不苟。卒年八十，子启毓。

彭明松，佣工度日。戊辰除夕，由龙山归，拾钱票百余贯，徐觅失主还之。失票者分三分之一酬之，坚执不取。

覃述祥，质直好义，敬事继母。性嗜酒，每醉，与人争，他人劝慰，莫能解，闻母謦欬[③]即止。与人交不欺然诺，虽醉后言必践。

覃启发，卯峒铁工。同治四年夏，火灾延烧数十家，无赖子劫货物寄其家。发不许，恻然曰："同街火起不能救，忍以为利乎？"无赖欲与瓜分，坚执不可，强留钱一贯，发取而投之江。

王廷弼，号斌夫。博学能文章，有干济才。丙辰匪变，赴郡请援，随官兵剿贼，议叙七品军功，母老不仕。著有《寸丹吟》《碧秋山馆诗文稿》五卷。

张书绅，字道存。天性真挚，家贫笃学。主讲乐育斋，极一时人才之盛。著有《惺斋文稿》五卷，诗十卷，云梦陈春农方伯为之梓行于世；《庐游小草》一卷。子炼，廪生；镇，庠生。

王煜，字晓楼，廷弼子。状颀而黑，目炯炯精光外射，读书目数行下，为文天马行空凌今古。尤长诗赋，古体排奡纵横[④]，动与古会，书法二王。辛酉院试，以《问月亭赋》，受知

① 炊爨：烧火煮饭。
② 奔女：私奔的女子。
③ 謦欬：咳嗽。
④ 排奡纵横：排奡，矫健貌；纵横，奔放，不受拘束。谓诗文书画笔力矫健奔放，不受拘束。

学使鲍侍郎觉生[①]击节叹赏，登拔萃科[②]，为之游扬公卿间，名噪江汉。中年后因事被谪，士林惜之。著有《冬青馆诗草》二十卷，古律体赋各四卷，古文五卷，骈体文二卷，《县志稿》二十卷。

张有守，字介人。邃于经学，年十四，补弟子员。乙酉登拔萃科，家居教授，著有《听云山房文集》。子宗铸、宗钧，庠生。

欧阳祖玙，字敬亭。幼聪颖，家贫好学。儿时牧山中，骑牛背，执《离骚》，吟哦不辍。邑令卢公见而器之，勉其专志读书。旋入邑庠[③]，工诗，兴之所至，随手成篇，不假雕琢，有陶韦[④]致，远近谈诗者必曰欧阳子。著作甚富，以不自收拾，往往散佚不传。

何诚立，字礼门，一字两山。幼倜傥，其父官山西，年未冠，徒步往省，往返万里。好读书，能文章，丁酉选拔中式。淡情仕宦，以养亲、教授自娱。地方官有疑难，必咨度焉。著有《两山文集》，兼通青乌[⑤]家言，别有心得，能正诸家之谬。

张镕，字金在。博学能文，尤工试帖[⑥]。乙酉登拔萃科，留京四载，以亲老归，教授乡里，士多出其门。

饶建寅，字春圃。性聪颖，读书过目成诵，下笔千言。癸酉选拔未与，朝考[⑦]病卒。著有《石涧诗钞》。子琳，事母孝，有俊才。孙宗泌。

咸丰县

国朝

王文焕，城南教场坝人。性质朴，语言不苟，济困抚危，不遗余力。尝设家塾，收族中子弟而教之，乡里有纷争事，力为排解，费重资不惜。子伟，见选举志。

覃树德，妻金氏，生子勋中病故，德年二十，誓不再娶。四十入邑庠，居乡教授，以礼节自持，有以续弦请者，辄笑置之。孙吉祥，岁贡生。

① 鲍侍郎觉生：鲍桂星，字双五，号觉生。安徽歙县人，清朝官员，文学家。清嘉庆四年（1799）进士。历官工部侍郎、翰林学士，因事革职，官终詹事。

② 拔萃科：科举制科名称。唐代设置，属于长才类科目。

③ 邑庠：县学。

④ 陶韦：陶渊明和韦应物的合称。

⑤ 青乌：指相地风水之术。

⑥ 试帖：科举考试诗体之一。亦称赋得体。始于唐。因诗须紧扣题意，类似帖经，故称。

⑦ 朝考：清朝科举制度。即对新科进士再进行的一次殿廷考试，专为选庶吉士而设。

利川县

国朝

陈世凯，字赞伯，屯籍，陈家湾人。国初滇、黔、蜀省犹未靖，利地连蜀。凯年十四，与牟大宾统众御贼，因献策四川总督李国英，随征川东、巫、巴诸贼有功。复从征“闽逆”耿精忠，不著兜鍪[①]攻城，身被数创不退，卒拔其城，军中号曰“陈铁头”“牟老虎”，官至浙江提督。浙人感全温之德，崇祀名宦（见《湖北通志》及旧《卫志》）。

牟承五，字建极，号龙山。幼有远志，十六入邑庠食饩。闻夏欢农太史掌教江汉书院，往从之十余载。博极群书，太史甚器之，当事巨公选刻院文，独以承五居首。由是名噪江汉，州郡交聘，延主鹿门、兰台、墨池各书院，门下掇巍科[②]者指不胜屈。而先生屡困棘围[③]，竟以诸生老，乡人惜之（旧《府志》）。

冉大进，恩贡生。识微见远。时邑初设学，文风未启，公设帐激励后学，讲解弗倦，士林矜式之。初，巨寇林之华之未叛也，侦探道路，伪为游学者。公窥其行径，知他日必蹂躏此方，心忧之，每以绸缪未雨垂戒。公殁后，林果叛，其子孙遵公遗训防堵，合村无恙。

覃章组，忠路土司裔也。爱惜名义，崇尚廉洁，正己率人，负一方清望。晚年琴书自乐享高年，无疾而终，向春谷为之著行述[④]，子四。

刘云富，恩贡生。性肫诚[⑤]，善承先志，亲殁后，春秋祭必致哀。少从瞿交山游，交山殁，迎师母奉养，事之如母。其侄盛芳，明经[⑥]，克媲美前徽[⑦]。

黄楚昌，卫学附生。国初各司争并民，鲜由礼。昌入学后，苦心教授，及袭职设学宫，延师训课，公余亲为讲解，并教弓马，学中游泮[⑧]者二十余人。

何东洋，沙溪司人。性耿介，康熙时为宣抚舍人。土官黄楚昌故邻司禀请与黄美昌协理司务，纳土投诚，后大宪饬宣圣谕，化导土民、土弁。迁隶江夏，复奉司檄代买官业，分毫不苟。守令详请议叙，固辞。制军赐“贤能共仰”额。子文林，邑庠生。“教匪”滋扰，带勇

① 兜鍪：作战时戴的头盔。
② 掇巍科：犹高第。古代称科举考试名次靠前列者。
③ 棘围：科举考试，防备甚严，于试院围墙处皆插荆棘，以防传递、出入。
④ 行述：旧时叙述死者生平事迹的文章。
⑤ 肫（zhūn）诚：诚挚。
⑥ 明经：贡生的别称。
⑦ 前徽：前人美好的德行。
⑧ 游泮：明清时期，经州县考试录取为生员者就读于学宫，称游泮。

堵剿，勒经略赏给军功，亦不受。

邓贤才，贡生。性肫诚，居父母丧，悉遵古礼。平生专事教读，不干外事，兄弟友爱，四世同居，八十余人，无间言[①]。所著诗文甚多，子永寿，庠生。

李远德，为人诚信，然诺不欺。有相识周常才，佣工积钱十余千，负至山阴将窖之。远德自林中出，周嘱曰："慎勿言。"李颔之。次年周病笃，谓其友王钜潮曰："我尝积钱若干窖山中，子为我取作葬费。"王掘其处，分文不失。

蒋立鉴，性敏。家贫，事诗书，苦心孤诣，未冠即以舌耕[②]养亲。交游偶有馈遗，归奉高堂，历久不变。父母卒，尽哀尽礼，宗族贤之。

蒋功明，敦厚谨慎。尤善事继母，历数十年如一日。子八人，皆笃诚有父风，处宗族乡党，亦从无忿言戾色。

冉光综，庠生。为人品端言讷，一介不取。子仁山，恩贡，从师馆郧县。署中有武生某，袖百金置诸怀，严拒之而阴息其讼，徒步归梓。教授生徒，其得诸庭训者然也。孙洪陶，颖悟，能诗文，尤工小楷，弱冠食饩，将光祖德，旋卒，士林惜之。

建始县

明

刘志道，贡生。殖学敦品，邑诗礼实一人肇之（详《夔志》）。

向门第，贡生。文章温粹，性爱林泉，好善乐施。捐建玉皇阁，铸铜像二十余尊。

刘应谕，贡生，任岷州卫训导，升渠县教谕。培植士类。明季流贼之乱，以儒官而捍御城邑，士民咸赖焉。

国朝

向龙，字飞熊，任广东顺德等处总兵，劳积懋著，兵民戴德。

刘允达，贡生。博综经史，教授生徒，本邑及四川万邑知名士，多出其门。邑令刘珙征赠诗有"天留木铎启斯文"之句。

秦应光，康熙丙子科举人，知河南淅川县。莅政勤敏，仕不废学，分校豫闱，得士最盛，卒于官。子锬，岁贡生。

① 间言：非议之言。
② 舌耕：旧时称以授徒讲学谋生。

范述之，字泉麓。乾隆丁酉由选拔中式，丁未大挑二等，补江夏训导。与修县志，详请终养[1]，著《自有堂诗》数卷。嘉庆元年“匪”变，练勇协剿。时良民间被牵连，公白当事，得释者数十人。后鹤峰州贼窜境，大兵剿捕，复巡卡运饷，日夜不息。父世荣，年逾九十，忽一日心动，归省。越二日，父无疾而卒，人以为孝感。子启端，廪生；启彝，庠生。孙佑正，详选举志。

龙麟铨，监生。每逢歉岁，减衣食以周乡里。嘉庆二年，“教匪”叛，铨与兄麟魁纠合义勇，捍卫乡里。及大兵进剿，复捐五百余金助饷。凡邑中公事，无不先捐为倡。子光斗，庠生；如化，武生；文治，岁贡生（以上本旧《府志》）。

朱真玟，字赤亭，乾隆壬子举人。品行端方，授教三十余年，多所成就。道光癸未，截取知县不就，旋授武昌县教谕，卒于官。著有《焦窗文集》。子士燕，庠生。

杨永中，字道岸，庠生。家贫好学，事亲孝。教子弟以正心术为要，主讲五阳书院，从游者多饬谨之士。卒年八十有三。子列三，邑庠生。

刘淑元，字比翁，邑庠生。居家孝友，不修边幅。生平好贤若渴，嫉恶如仇，每对客谈经史，娓娓不倦而法戒昭然，门人私谥之曰端。子衡坦，邑庠生。

陈言斌，字省斋，监生。幼失怙，事母以孝闻。平生立品端方，排难解纷，人咸服其公正，故里中鲜有讼事。嘉庆初，“教匪”倡乱，曾与同里万正楚团练乡勇，捐资铸炮，保卫乡里。子知新，癸酉选拔。

杨义凤，敦孝友。教子以义方，自奉俭约，乐周贫乏。曾坠溪流不死，人以为善报。孙文成、章成，俱邑庠生。

吴时亮，字麓溪，廪生。敦孝友，读书必穷究其义，故行文沈著，鲜肤润语。而尤工书法，从游者多所成就。子嘉王，业儒。

何先炜，字管卿。沉静端凝，笃友于[2]，厚交游。事继母尤谨，禔[3]禔其躬。蚤岁成名，虽生长城市，读书外一无所事。同治元年，由邑廪生举孝廉方正，旋卒，士林惜之。

① 终养：奉养父母或其他老人，以终其天年。
② 友于：指兄弟之间相互友爱。
③ 禔（tí）：安宁，安享。

忠烈

施南府　恩施县

宋

向艮，施州道正乡人。初署参军，历升都统。景炎元年，元兵袭州城，破之，不屈死（《楚纪》）。

元

向寿福，施州人。至正时从征襄阳，功授行枢密判，历同枢密院[1]。守铁筑城时，明玉珍据蜀，明高帝遣蔡哲往谕，其子明升复令伪丞相戴寿攻城，寿福死之。

向绍荣，施州人。元末招集乡人守御本州，大将刘应宝奏署元帅府事。明玉珍据重庆，屡招不应。遣将吕万户来攻，绍荣败之，执万户。时副元帅谭登私释万户，以城降。绍荣耻之，遁入蛮中，不知所之（《楚纪》）。

向廷芳，寿福从子[2]。同宗兄向景仁征襄汉有功，授夔路总管，随刘平章出征，战死。景仁领其众防铁筑城，后城陷，亦死之（旧《湖广通志》）。

明

黄九鼎，字君重，施州人。崇祯末以乡贡授遵义府推官，升马湖同知，遇土贼不屈死（旧《卫志》）。

覃大允，东乡土司。子事君，天启间征黔，父子死事，加二等，升宣慰司。

童天申，字禄所，施州卫官籍，由乡贡授蕲水训导。流贼入蕲，以身殉难，赠国子助教（乾隆四十一年附祀忠义）。

以上并见《湖广通志》。

崔希文、黄志明，并卫旗军。覃璧之叛，欲缚主将，二人奋力刃数人，势不能支，并死之（旧《卫志》）。

赵光大，施州卫岁贡生。崇祯时死流寇之难，予恤（童《志》）。

① 枢密院：官署名。主要掌管军事机密、边防及宫廷禁卫等事务。
② 从子：侄子。

国朝

嘉庆元年以后，剿除“贼匪”，死事弁兵义勇祀昭忠祠者：

黄国珍，本协把总。元年丑月从剿“教匪”于来凤之旗鼓寨，冒矢石，首先拔帜，刃数“贼”，“贼”并力环拒，力竭阵亡。赏世袭云骑尉。

曹绪德，武生。元年从征“教匪”，以功给六品衔。五年，匪窜兴山，势愈。张带勇踪剿贼，忿甚，令军中生禽者获上赏，走狭谷中，被获。德大呼“速砍我”，不绝口。贼怒缚柱，火其身。当事上其绩，世袭云骑尉。

郑绍举，元年从剿贼匪，以功给六品衔。五年，亦同绪德剿兴山贼，阵亡。赏世袭云骑尉。

滕美贵，本协把总。元年，来凤“教匪”滋事，带兵攻剿，复搜捕匿匪，阵亡。赏世袭云骑尉。

刘凤，兴山籍，恩施人，本协把总，以事被议。元年，从征“教匪”，一鼓前驱，以援师稍后遇害。赏世袭恩骑尉。

李盛敏，本协把总。三年，从剿“教匪”，请大宪分途派捕，自率劲旅捣巢阵亡。赏世袭云骑尉。

姚士华，貌魁梧，有胆略。由施南右营守备历征大小金川花苗有功，晋蓝翎都司。嘉庆初，“莲匪”猖悖，陕甘尤甚。华率所部会大军进剿，以功升滇景蒙营游击。越五年，奉派追袭窜匪于阶州之枫香沟，贼众三千余，华以数百人大破之。核溃而复聚，轻骑至，八出阶州搜捕，经石观子沟，匿匪啸聚百余，突出合围。华仅四骑，战且走，匪不敢迫近沟。身重马疲，挥策跃之，陷沟中，匪众以长矛洞胸死，援军得其尸。时上谕方擢升参将，换花翎。事闻，赐世袭云骑尉，饬子诸生金榜，扶榇驰驿归葬。

钟志茂，本协把总。五年，从剿“川匪”，力图歼除，深入阵亡。赏世袭云骑尉。

赵甲，本协把总。六年，从征阵亡。赏世袭云骑尉。

向廷芳，二年，从征“教匪”，首先冲锋破贼于四川奉节县，给六品衔。七年二月，匪犹蔓延川楚，廷芳复率练勇分途堵剿，屡立战功，以首尾不应阵亡。赏世袭云骑尉。

王大伦，二年，与向廷芳同破贼，给八品衔。七年，又与向廷芳同时阵亡。赏世袭云骑尉。

王友贵，六年，在巴东长岭杀贼有功，授外委。后与向廷芳等同时阵亡。赏世袭云骑尉。

黄振万，二年，“教匪”滋事，率乡勇剿捕，被贼获。诱之降，不屈，复胁以刃，振万怒发冲冠，骂不绝口，贼杀之。

段茂林　许大成　李　唐　王朝龙　贾光禄　邹尚连　袁世雄

齐登贵　许登敖　林如松　刘永和　刘从政　刘士信　康添元

舒　华　陈朝富　刘登举　邓明义　龙启相　商文彩　潘世俊

李　云　刘永国　潘世信　杨开太　吴启文　陈廷富　胡启文

张世明　彭世纪　张明聪　李文锦　商文星　袁存智　汪之选

吴廷珍　张　荣　杨万朝　周启贵　张启荣　王仕得　王朝良

熊廷照　陈　悦　徐成凤　郭正祥　陈廷福　钱大胜　张启瑞

陈　太　刘登榜　赵　文　袁天祥　张兴贵　陈贤韬　李光大

梁　富　陈武福　吴天寿　冯胜元　谢光德　潘明先　舒绍云

黄　贵　周朝品　张启朝　罗仕元　肖立常　李　烈　汪正荣

李光耀　向光明　祝金榜　金　富　彭国富　王定科　张世观

商恒德　吴天相　张　坤　张　烈　刘登魁　杨宗仁　贺继全

魏登举　谭英育　金　祥　贾　元　彭世义　潘世佐　袁　龙

金荣玉　金荣科　金　秀　金　玉　张元贵　周德荣　杨　烈

陈邦元　许登海　史　科　周尚义　江　坤　谭仕伦　毛　凯

肖立荣　彭恩义　杨　彪　李　安　黄廷禄　谢兴林　崔复贵

荀　珍　张有德　彭世志　陈维德　吴启富　袁廷槐　谭天才

李宗哲　陈才举　梁　元　李朝俸　禹其贵　刘宗仁　李世德

王玉龙　张明远　龚元贵　卢　贵　邹启成　莫士荣　黄望高

谭　海　陈正云　赵　元　刘兴德　陈　云　孙　云　刘朝信

（以上兵丁）

彭平江（九品军功）　赵彦龙（军功）　张应国（军功首领）　谭永谟（军功）

黎清照（文童军功）　高　相（乡勇恩施）　陈大勇　萧　太　周　龙

谭　贵　管　贵　向应道　李怀勋　吴允兴　张朝青　杨正陇

易永达　张志相　熊瑶相　陈明爵　陈自太　李添澍　沈启才

陈万清　孙成富　吴侯宗　刘添富　谭景贤　刘上坤　余正太

向思唐	田东秀	杨　常	毛成万	吴宗伯	向明新	范正科
唐天其	向昌密	张　清	向德成	向昌瀌	李大富	向德贞
佘　云	周能乾	向天义	王大贵	杨洪万	文光富	胡德明
文明纲	况临明	向晶明	敖世富	龚廷禄	向元启	周烈富
向萃先	贾　光	蒋元德	廖启义	邱　尧	王国元	龚朝江
黄思富	杨必富	庞绍同	黄士江	肖玉振	李子明	方显达
易丕周	易永春	陈之纲	向子珠	向子栋	张乾恒	刘永科
胡章龙	刘远成	向文范	黄锡言	陈保尚	李光全	向应廷
刘宏达	孟　富	谭心荣	向光朝	黄世太	徐金华	刘秀福
金　升	冯　文	刘家恒	杜光廷	刘加善	谭永华	向应科
田　太	梁坤才	黄天全	黄锡元	周宗德	龚占先	鲁绍勋
胡文禄	胡昌国	张　华	刘廷玉	廖泽明	李光文	冉大明
胡天顺	黄希孝	田宏贵	陈世明	杨世春	李华国	向宗宇
杨万升	徐　芳	刘兴教	金光裕	李祖元	周谷明	杨廷选
彭忠诰	赖廷相	胡傅仁	周天巷	汪家书	金大鹏	李元春
梅维玉	张志元	戴永伦	邵　魁	陈文榜	解舒圣	向登楠
李兴连	刘　魁	卢　太	崔尚华	魏学文	李开先	谭文和
周文学	董元宗	黄　义	孙月圣	张万明	周宗雄	王启和
胡天仁	王　猛	赵　文	舒公法	朱承鹏	杨正茂	黄廷贵
向　经	黄金魁	黄光荣	刘启相	崔炳国	何大绪	向登举
黄文清	雷士科	柴国选	刘大伦	余廷槐	傅贤才	万　理
舒杰清	韩宗保	朱廷凤	向士洪	李士华	向国用	杨国选
黄先凤	吴敬福	刘德文	朱成学	夏良佐	钱　明	廖光和
方　吉	冯傅子	卢恒士	瞿世举	唐正权	舒正益	李登山
赵大顺	龙　富	赵德钊	黎盛贵	向登恒	方文盛	谭述朝
谭士品	邹生义	刘正朝	杨德春	朱　朝	黄天纯	陈国义
陈在凤	谢万有	杨文斗	彭起运	周德意	黄士彬	李士才
易　贵	朱正当	陈　富	周维斌	杨文龙	邹若玉	刘大坤

夏天举　谢家桂　向金元　谭大秀　金廷富　覃文美　周　贵
谭正楚　陈志礼　谭兴德　黄希瑚　毛明扬　冉国义　潘国明
赵彦元　刘在贵　廖宗潮　许承富　熊彦朝　吴盛元　袁启元
崔国顺　熊景凤　陈上魁　廖启和　陈　喜　向盛明　龚绍赞
邱　玫　张廷美（以上乡勇）黄万全（生员）
（以上旧《府志》）

陈连升，广东三江口副将。道光庚子年英咭唎犯粤，争虎门。其时，公正防堵澳门，旋奉调守沙角炮台。公昼夜梭巡，夷不敢近约战。公虞兵单，请益师，弗与，给火药少许。公知道事不济，谓长子举鹏曰："尔可将印札赍回虎门，吾受君恩深，当捐躯以报。"次日，夷大至，卒尽靡。公发炮，弗然[①]。叹曰："此吾报国时也。"受炮洞胸死，举鹏将印扎交营书某去，誓死殉父，亦与难。关军门[②]素善公，每中夜晤，握手劳苦，而公请兵愈力，涕泣随之，军门辄大呼起，秉烛达旦，不能寐。事闻，赐葬祭，晋总兵衔，赏骑都尉世袭，敕广东建立专祠，恩施入祀昭忠祠，褒以忠孝兼全。诏见三子起鹏，钦赐举人。

陈展鹏，连升次子，袭骑都尉，任道士洑都司，升襄阳游击。咸丰七年，"发逆"窜黄州，战死于斗城，赏世袭云骑尉。

陈受桂，举鹏嗣子，袭恩骑尉，任抚标千总。咸丰二年，"发逆"陷武昌，与其叔起鹏俱死于难。

钟淑友，咸丰二年，从征武昌阵亡。子业光袭。

咸丰年出征各府及外省阵亡兵丁：
邱元德　宋维新　贾腾连　鲁定雄　刘玉文（二年）　史起英
萧有文　陈国安　袁国喜　蔡元章　李先芝　王连升　许大成
许廷钰（三年）　赵裕昆　张应达　谭兴伦　萧永贵　许登训
刘明杰　冯朝新　李名魁　陈焞芝　王国珍　吴得申（五年）

咸丰十一年出师咸、来二县阵亡弁兵：

黄一才，千总，随惠协戎[③]带兵出防咸邑，"发逆"间道窜来凤，复移师忠堡。十二月围攻来城，贼怖，急将弃之去。忽南军反旆[④]，贼并力拒我师，一才血战麂子峡，死之。赏世袭云骑尉。

① 然："燃"的本字。燃烧。
② 关军门：指关天培。
③ 惠协戎：指惠春。
④ 反旆：出师归来。

黄金钟　蔡光炎　陈义申　袁有荣　彭正芳　金明科　鲁绍钟

王家春　李大才　黄应福　舒大发　唐弥发　乐兴发　鲁绍诚

（以上咸丰线坝阵亡）

用传香　王光胜　杨大权　方玉春（武生）　谭荣禄　刘光禧

张义达　邹大经　彭永胜　苏士琼　杨上林　罗世富　潘明扬

何光顺　唐绍达　潘正贵　左子福　赵庆章　李大福　莫如宗

刘启常　曾祚贵　柳光福

（以上俱《县志》）

李世斌，世袭云骑尉，任宜都营把总。咸丰辛酉秋，"发逆"窜来，城陷，太守陈公乞一旅援师，势不可终日。宜镇遣兴山游击兴禄往率弁兵至八百有奇，世斌不与焉。世斌以忝窃[①]世禄报称无状，一旦桑梓告警，何忍祖宗庐墓坐成丘墟。请效力前驱，殄群丑，励臣节，为乡党光宠，至施营于忠堡。十二月廿五日，随兴公会施南惠协戎春抵贼巢围剿，毙贼不以数计，迨贼蜂拥而出，力不支，死于来凤城外之麂子峡。事定，请袭。

吴业成、丁立成，俱于同治三年从戎，历保至花翎尽先守备。旋于六年二月随统领开化全军江赴援黄陂，时贼踞许家硚，势鸱张[②]，莫之敢撄。业成等英气逼人，入虎穴，寻虎子，漏尽更阑[③]，天大雨而贼未之知也。忽贼首若警惧然，趣左右起，燃炬上下照，被获，诱之降，不屈，同时以洋枪刺死。事闻，各赐恤银，赠都司衔，赏世袭云骑尉，入祀昭忠祠。

田运开，随吴业成从戎，保蓝翎千总。旋入开化营剿黄陂县贼，战死于许家硚。赐世袭云骑尉，入祀昭忠祠。

宣恩县

明

覃大允，东乡土司。子事君，天启间征黔，父子死事，加二等升宣慰司（见《郡志》，恩邑同）。

① 忝窃：谦词，言辱居其位或愧得其名。
② 鸱张：像鸱鸟张翼一样。比喻嚣张、猖狂。
③ 漏尽更阑：漏，古代滴水计时的仪器；更，夜间计时单位。喻指夜深之时。

国朝

嘉庆元年以后，剿贼阵亡弁兵义勇祀昭忠祠者：

陈维指　赵成瑞　鲁　全　鲁　贵　潘　耀　梁朝佐　王启舞

王志勇　张海明　沈先照　龚启宽　李尚翰　廖向文　鲁世礼

舒　贵　田之受　赵化龙　张胜文　任　申　彭世勇　钟尚勇

汪连升（以上兵丁）

李　进　孙正隆　石遂臣　田永升　赵正品　曹盛隆　曹逢才

李方中　何　先　潘必贤　唐兴隆　席富生　伍尔学　姚长生

杨再能　陈大品　甘登举　孙文福　吕宗文　滕玉林　郭学礼

李荣魁　符代武　吴朋九　侯世选　徐逢儒　刘世科　陈老二

吴勇贵　李必富　冯春惠　周昌贵　吴耳躲　唐士才　张子高

李文忠　陈岩匠　邓如维　尹龙滕　杨玉才　杨昌敖　熊文举

张宏荣　杨文龙　周　清　萧世科　易显文　王立春　徐昌龙

秦秀虎　刘勇甲　席老四　王老幺　张绍周　张登纬　李万京

张荣先　席逢春　贵裴然　黄文泽　黄绍德　汪士奇　宋启荣

朱文德　何安得　覃树樊　张武俊　龙启志　田生金　覃老七

侯良贵　田生明　佘昌应　陈良富　刘老三　王学仁　周朝选

刘必景　杨世爵　陈宪书　张谷相　陈上彦　邓胜一　周国宝

王　贵　张文一　秦胜学　谭大材　邹连升　覃世任　胡南勋

范学元　向正品　李见忠　谭志华　彭忠告　李朝文　彭世传

王占魁　禳又伍　陈　宏　赵国凡　张敬忠　陈　昭　罗开太

陈　富

（以上乡勇，俱旧《府志》）

咸丰十一年，穿箭河等处堵剿“发逆”阵亡士民丁勇：

满建禄（团首）　满建洪（监生）　满建英　刘乡望（团勇）

卢光盛　刘麻子（即满志）　张承举　李有仁　彭万学　李光明

赵天培　王泽富　李玉吉　郭长修　陈志德　谭世元　胡步杰

（以上乡勇，同治元年俱申报请奖）

蓝世英，年八十五岁，骂贼死，兄大英同日遇难，时年八十有六（同治元年申报请奖）。

郭元培，武生。随惠协戎春殉难于来凤鹿子峡。事上，奉旨：郭元培从优照外委例给恤银一百两并加赠外委衔，究非官职，毋庸议给世袭（以上旧志）。

来凤县

国朝

萧大钟，字秀川，邑庠生。少慷慨有志节，喜谈古忠烈事。家贫，舌耕养亲，素与刘宗文、龚殿元为刎颈交。嘉庆元年，“白匪”变，钟等以策干孙节相[①]，待以殊礼，士为知己者用，筹防筹剿颇著勤劳。节相卒，朝廷下受降诏，钟等御总督福公命谕降，贼喜，治酒留宿，旋以百人从至督营，福帅阳受而阴杀之。而三人不知也，复往，贼杀之。樊副将为之收葬，至今称三烈士墓云。难平，从祀昭忠祠。

田荣葵，慷慨士也。“白匪”乱，率族里分道堵杀，斩首千余级，扼其余于险。贼忿甚，并力溃围。葵接战，手刃数贼，力竭阵亡。从祀昭忠祠。彭明俊亦同时战死。

向兴庠，兴校之弟。从邑令庄公[②]剿贼阵亡。

何潭，字巨源，邑庠生。慷慨尚气节，从学师甘公[③]游。甘殉“白匪”乱，潭往哭骂不绝口。贼追及，以矛刺死。

周南，邑庠生。奉大母及母避难鹿子峡洞中，贼掩至，诱之降，不答；胁以兵，不惧。度[④]母及大母远逸，乃大呼曰：“我读书人，岂降汝者？”贼杀之。署县王公三锡题曰“孝子洞”（以上《县志》）。

嘉庆元年以后，剿“教匪”阵亡兵丁义勇祀昭忠祠者：

刘世举	张正敖	谭　璋	张朝中	叶加朋	田　德	张　林
林从文	向文锡	向文盛	李　甲	田玉葵	杨世朝	向大胜
向正龙	刘世全	向学孝	张思能	沈大凯	方金典（以上兵丁）	
宋元章	田正禄	罗在廷	段维文	田正乾	田生德	唐友义
郑　全	郑　禄	冯飞万	田光玉	田应玉	莫万选	王明富
张宗德	向文秀	丁世俊	陈合仁	张宗仁	杨正书	田金敖

① 孙节相：孙士毅（1720—1796），字智冶，一字补山，浙江仁和人，清朝大臣。
② 庄公：指来凤知县庄纫兰。
③ 甘公：指来凤县学教谕甘杜。
④ 度：揣测，估量。

梅常文　王应祥　陶英才　朱文才　雷显才　胡德举　姚文高
姚文智　姚彦才　姚彦升　姚彦贵　乾正显　徐起乾　谭寄保
田三阳　黄文学　陆朝俸　张有灿　杨再和　向胜隆　钱正敖
姚宗成　杨宗胜　唐武万　姜应学　张明新　王　贵　田有宗
王文新　赵必义　欧丹桂　张心奇　杨德昌　王光富　萧　仁
向大义　向大礼　张　富　田科江　陈之荣　王起富　王起贵
朱克俊　杨大学　杨大仁　宁正化　罗志文　罗志奇　向　化
杨有奇　罗世楷　黄明连　向　德　易成声　易成学　易成扬
向文广　向文启　向光才　向光英　田大成　向光宗　向光祖
向光志　易文高　滕茂魁　杨国华　向彰德　刘允忠　熊茂春
萧景云　向富德　杨芳茂　王德元　官伯才　魏之洪　谢伯顺
田荣忠　田光显　常廷贵　王之礼　朱克明　赵文科　陈魁洪
余朝榜　唐万才　金德胜　田正伟　吴照一　黄明吉　黄连乔
段王才　向老石　马祖富　李文玉　罗爵然　曾德贵　陈文典
周德新　吴立得　安尚义　杨思诚（以上乡勇，俱旧《府志》）
田大胜　曾大刚　易宏豹　谭　贵　马大成　胡启龙　王永贵
张必开　田大中　向正德　申　云　张士伦　向文孝　夏　云
周大德（以上兵丁）
王德元　宁正文　罗志荣　张　贵（以上乡勇）

李鸿钧，字春舫，原籍江西吉水县。幼聪颖，终朝能诵《西都赋》，少长为文，随手成章，不加点窜[①]。甲午举于乡，以贫故，幕游[②]公卿间。陕西张中丞芾出其门。咸丰五年回吉水省墓[③]，值“发逆”乱，张公开府江右，奏留团练保卫桑梓，剿贼遇害。事上赐祭葬银两，赠知府，赏世袭云骑尉。

万全，武生。咸丰辛酉，“发逆”陷城，督勇东门外，战死之。

蒋天爵，性伉爽[④]，有丈夫气。生二子，肖其行。一日，闻邑城陷，率二子鸣锣齐团以备，贼恶蜂，环攻之。爵不支，呼二子曰：“大丈夫一死足矣，勿为不义！”父子俱及难。

① 点窜：删改文字。
② 幕游：旧时称离乡当幕友、幕僚。
③ 省（xǐng）墓：祭扫先人的坟墓。
④ 伉爽：刚直豪爽。

游世坤、游永祥、游远朝、聂廷贵，素友善，尚气节。频年屡惊风鹤，里闬[①]中恃若长城焉。邑不守之四人者，率众防乾洞硚卡，贼至，众散若鸟纷纷。然四人挺戈突战，毙五贼，贼将溃，适大股自红泥泉来抄其后，冲突不得出，俱战死。

陈官品，父老且衰。邻人纷纷避贼，品窃负而逃行涧中，被贼获。品恐伤父，忍从之入城。次日，贼使为向导，品不从，贼胁以挺[②]。品怒目，眦尽裂，贼杀之。剖腹取肝，逼其父食。父曰："虎不食儿肉，况人乎？"甘与俱死，旁一贼曰："此义士也，释之。"

李文孝，中年一子，世乱，惧罹于罗，谓妻刘氏曰："若子者祖宗血食[③]嗣也，曷匿之以待时清？"携之往，行且泣，踯躅不前而贼已尾其后矣。孝拔佩刀力拒，贼杀之及其子。妻见夫与子俱亡，呼天怒骂，贼甘语诱之，从骂愈毒，贼又杀之。

杨成华，气力绝伦。城陷而不之惧，贼亦喜其状，欲怖之降。华奋骂不止，贼缚之柱，轰以炮，骂愈厉，七炮乃死。

杨二逸，其名有胆识。家人议避贼，二驱之行，独留守。贼至，招二降，不屈，挺刃直前毙二贼。贼怒，环攻之，二度不免，呼曰："速杀我，我良民，从汝反耶？"贼磔杀之（以上《县志》）。

王隆衡，素慷慨，敦手足情。兄若嫂惧贼远遁。衡不去，贼至，迫令汲水，衡笑叱之曰："汝辈贼视我为何如人耶？"贼怒，杀之。其侄于顺见衡被难，亦以骂贼死。

全福，郡增生。方课读，忽闻贼警，诣县力劝邑侯筹饷团练为守御计。迨城陷，复往各里募勇，猝与贼遇，执之使降，不屈死（《县志》）。

唐学文，年八十有二。"发逆"入境，访其老而知医，围获焉。贼病，唐置毒药中，贼因以死者甚众，事泄杀之。

咸丰辛酉年防剿"发逆"阵亡乡勇：

田庆富	张仕荣	王有志	覃心义	刘德心	周必奎	黄喜和
王廷富	杨再武	蒋占元	杨学林	尹国寿	李顺祥	黄志芳
聂正仕	王正喜	胡定胜	姚武贤	田兴顺	张启友	李尚香
张绍魁	萧宗友	邓大成	田孝荣	陶学成	米尚富	潘学海
范青云	马兆龙	陈占元	冯德胜	姚荣兴	萧占鳌	杨在佑
李大元	张正清	赵联芳	朱逢春	石志芳	王愉昆	姚荣梅

① 里闬：里弄之门。代指乡里。
② 挺：通"梃"，棍棒。
③ 血食：享受祭祀。古代祭祀要杀牲取血，故名。

龙在田　尤桂林　曹士镇　田光明　向大兴　冉遇春　王秀林
田光胜　刘昌祥　曹洪明　罗寿喜　彭硝荣　谭成华　赵星明
李昌明　胡光麟　郑万里　张应登　陈子和　向光之　许隆盛
徐希训　吕可居　吕世名　徐希富　吕声林　李士荐　罗顺明
曹洪发　田世远　谭　成　汪世宽　杨胜芳　张启贵　杨文明
文瓦匠　孙光合　杨正文　栗宏仁　郭如榜　张　华　周成龙

（《县志》）

咸丰县

明

杨天柱，大田千户，正麟子。崇祯九年土司攻黔，柱随父往援，阵亡，祀黔邑。

国朝

嘉庆元年丙辰剿贼阵亡兵勇祀昭忠祠者：
蒲世文　陈邦英　龚组华　王　凤　冯祖雄　冯世消　冉寄文
许应科　张兴国　杨宏德　陈大福　周维甲　秦　富　孙　金
张大魁　唐国才　陈开太　余士学　张振文　李天德　张士学
郭　太　马友贵　黄志忠　童国祥　王文德　舒如德　石文灿
张光廷　杨宏荣（以上兵丁）
陈国祚　胡王龙　莫怀义　吴天佑　莫玉衡　彭禄生　廖世成
贺光贵　王士蛟　满廷相　吴廷贵　吴士文　杨有琼　朱学文
黄廷章　罗德相　冷世祥　符继盛　彭正连　侯大选　王家详
黄子正　张万盛　钟潮佐　钟胜业　全　文　张克明　李万海
刘大明　曾世虎　龙凤芝　王凤才　秦登荣　枝万柯　杨维贵
梁世太　王友南　林文清　蓝正举　彭　海　罗君友　丁胜典
张金莲　彭万明　彭经纶　胡朝珍　张志士　陈诗礼　王国荣
王凤才　贺肇富　徐正笏　林雄才　余以时（以上乡勇）
（以上并旧《府志》）

冯永清　陈维顺（咸丰二年从征湖南阵亡兵丁）　陈可宣　毛用坤

陈维太　唐理维　吕洪申　洪正和　邢大奎　唐棣才　李明蛟

夏正奇（五年从征随州、浙河阵亡兵丁）　尹孝忠（外委，九年从征安徽阵亡）

咸丰十一年咸、来地界剿除“发逆”阵亡弁兵乡勇均录于后：

秦钟俊（附生，赠把总衔）　魏连生（五品蓝翎，留川守备）　周文义（义勇）

邢大圮（武童）　张槐之　周乾坤　颜定礼　彭占敖　文化楚

冉裕升（以上兵丁）

石家兴（文童）　蔡兴顺　冯大昭　彭文学

黄喜禄　熊登明　王宗盛　杨光琪　张　春　陈万松　龚正友

金三盛　敖占元　王三盛　王兴贵　魏德宣　何正祥　何正富

张登富　王朝新　钱乔保　李隆发　廖兴富　唐正禄

（以上乡勇俱见《县志》）

利川县

国朝

牟大寅，与陈世凯同征川东袁郝逆贼有功，历升定海关总兵。后“闽逆”伪都督包大生据寨叛，复四窜胁民，寅屡剿屡捷。时陈世凯镇温州，入贼巢，寅为救援，获胜，升松江提督，旋卒于任。虽未殁于疆场，事闻，朝廷褒以忠勇，赐葬祭，御制墓志神道碑文。

张仲胜，邑人。随陈世凯从川督征刘二虎[①]等贼，殁于阵，赐葬祭并给银赡其家。墓在四川万县五通桥。

嘉庆元年以后，剿贼阵亡兵勇士民祀昭忠祠者：

李世章　贾光禄　罗世俊　朱承鹏　黄国栋　覃章经　李昌茂

张仁义　贾　玫　金万富　高宏明　马应凤　张明甲　石天明

吴天爵　谷面成　邓国明　卞世国　金　魁　谷胜敖　罗仁义

杨应宗　刘　玉　魏朝安　陈正义　杨与贵　李国相　孙开国

杨文明　杨作伦　刘　俊　杨大魁　邓廷魁　杨宗明　王大魁

谢世华　吴天明　鄢学明　陈才申　杨之友　向学义　钱国宾

① 刘二虎（？—1663）：名体纯，别名体仁，乳名二虎，砖坪滔河口人。李自成农民起义军的成员。

钟志顺　连世远　冉　明　蒋达林　李国荣　蒲长青　邵文举
谢　太　马大贵　夏长凤　牟秀礼　陈景文（以上兵丁）
牟承煜（武生军功）　冉明康　庄老幺　方来新　冉天仁　谭宇英
冉光美　刘洪才　张荣锦　冉大常　刘通富　杨明都　蔡善元
牟楚才　杨明受　谭甫义　牟振先　柏占魁　陈德明　向元凤
舒贵英　邹大明　朱胜功　吴存义　丁德明　牟大志　杨克修
谭三阳　邓诚实　欧国安　姚奇章　黄世太　谭在扬　何以礼
周伯成　王得安　向日佩　冉廷举　黄成武　游士伦　谭兴位
冉明士　周远富　冉玉莲　谭恒修　刘秀富　冉明举　牟奇桂
杨　洪　张选杰　冉光彦　童　富　杨礼富　熊世祥
（以上乡勇，以上俱旧《府志》）

于东庠，职员，庠生，克成之父。性慷爽，赈饥助镶皆弗吝。同治壬戌闻来凤贼耗，招集团练堵卫一方，贼深衔[①]之。一日，群贼犯境，突入其室掳之去，不屈，遂及于难。忠州孝廉张耀云有诗吊之。

部典，邑庠生。贼踞来凤时，邑令谕作团首，贼入境，忽被掳去。典骂贼不屈，夺贼短刀，手刃数贼，众贼怒围之，身中二十余创死。岫云居士吊以诗曰："凶犷正披狂，所至无不灭。哀哉部秀才，一门遂流血。专阃非无人，走避少雄烈。毕竟愧儒生，尚死勤王节。"（以上《县志》）。

建始县

国朝

晏升，快役也。嘉庆初长阳"教匪"麋至官店口，邑令赵公源生率勇往剿，被困于老鸦沟不能出。升一身捍卫，奋勇直前，杀贼十余人，脱公于难而自死于乱军。贼去后寻骸骨不得，仅捡其衣履，葬于邑南通明桥下，至今过其墓者犹壮之（《县志》）。

嘉庆元年以后，剿贼阵亡兵勇祀昭忠祠者：
张　龙　陈进荣　杨宗礼　胡　凤　胡天贵　陈　春　黄志德
李士洪　杨宗武（以上兵丁）

① 衔：指衔恨。

冉国仁　李允卿　苏敬德　卢以清　王正榜　王叙武　吴中义
李克伦　向元松　解映梅　向学珍　李洪恩　苏大海　陈言达
龙德胜　晏升（有传）　杜凤朝　万世方　罗天元　平安云　宋丕振
刘士龙　张大榜　向子夏　蔡学道　向凤林　田朝应　田元一
田　俊　向先枝　贺先爵　向　贵　曹安邦　王光士　周福远
郝老大　尹兴有　尹嗣子　黄国选　彭东桂　杨起元　彭明重
孙士荣　唐廷聪　戈从顺　汪士忠　唐衣忠　王　兆　毛成顺
龙发林　黎槐黄　张明楚　汪家书　金大鹏　张万明　陈文榜
吴洪才　王光元　曹士科　刘廷开　陈正尧　熊会珍　朱成学
李开禄　尹登玉　陶朝魁　王启龙　周国税　邹登科　黄禹排
楚清坤
（以上乡勇《旧志》）

孝友

施南府　恩施县

明

张森，施州卫人。生而母目已盲，森常以舌舐之二十余年，母目复明（《楚纪》）。

李如昂，胞弟如璧，并施州明经。事母至孝，当并仕以次出，留一以养母（唐《志》）。

周之麟，卫官籍，岁贡生，任罗源县知县，历秦州同知。父尝病痔，麒跪吮之。麟初无子，父叹曰："汝勿忧无子矣。"年五十有奇，连举三子：三畏、三奇、三元，俱成名（童《志》）。

卢士奇：不识诗书，笃友于之义。兄乏嗣，强为娶妾生子以续祀（唐《志》）。

国朝

胡以成，木抚人。未尝学问，每问乡先生何谓尽孝，或对以定省温凊，成由是奉行不敢忽，数十年直如一日。母卒，逢忌日必哀。

田宗武，布衣也。嘉庆二年覃家耀叛，田负祖逃难，夜行遇贼，胁之从。田泣曰："予二岁失怙，母又他适，非祖父不有身也。今祖年八十矣，与孙相依为命，其忍跬步离哉！"贼感其孝，释之，与脯一方助甘旨。今明经耀暹，其长子也。

周远杰，号伟堂，岁贡生。品行端方，能慎取与。先家贫，弟强析居。及弟卒，怜其子孤弱，仍令同居。迨婚嫁毕，复以已所置产半分之，而秘不语人。且好学能文，督学王霞九侍御曾梓其制艺于试牍（以上《县志》）。

潘成泰，业农，身材短小，弱不胜衣。父学超为虎伤，成泰奋不顾身毅然持械刺虎胁，虎伤重逸去，学超得以不死。太守杨公为之立传，详艺文志。

陈举鹏，邑武生。性纯孝，幼不喜读书，闻人谈忠孝节义事，辄孜孜讲求不倦，父连升器之。连升官广东副将，携之往。道光庚子，连升奉调剿“夷匪”，出虎头门，命举鹏后。忽焉夷大至，连升死之。举鹏泣血疆场，气几绝者屡矣。苏而奋曰：“夷势张，我岂能为必胜而谓父仇何？义不并生也。”挺身跃马，血战竟日力不支，以身殉焉。当路上其事于朝，嘉其孝并奖其忠，旌其门曰“忠孝之门”，世袭恩骑尉。

宣恩县

国朝

董世全，性孝友。胞弟世高、世虎、世才、世斌亦恭兄不衰。家庭内肃若朝廷，且五代同堂，男女百二十余人同财合爨，力农安分，家无间言。

唐开洋，字百川，武生。弱冠居父丧，火延柩旁，洋奋不顾身，带雇工二人扶柩出，举重若轻，刚出墙，室焚。事继母尽礼尽哀，族里称之。子武灿、武联，庠生；武钊，武举人；武英，武生。孙以中庠生（以上《县志》）。

杨正富，高罗人。系出湖南苗裔，家贫，为人佣工，常省午饭以供母，主家饷以肉，未尝食，胥归以遗之。卒年八十有四，子通礼、通智。

来凤县

国朝

张光远，性纯厚。善事瞽母，贫不能娶，琐艺之事身任之。黎明起，操生业日旰，谨伺母醒，扶持着衣，菽水修洁，数十年如一日。母卒，哀毁动行路。后娶妻，生子云寿。

向肇龄，字仁德，事母孝。嘉庆初，“白莲”倡乱，弃妻女不顾，独负七旬老母走避川中。乱定归里，妻女无恙，人以为孝感。少好学，不得志于有司，援例得江南州同，历知铜山、宝应、仪征等县，有政声。

袁永达，星士也。父老手足痿痹，达躬亲扶持无稍懈，与妻子常并日而食，亲膳必备甘旨。

杨祥鳌，杨发科之养子。家贫，躬操作，温清不废，父殁尽哀尽礼。事母尤虔，每出佣，必积钱数百遗母以备不时需。会值岁除，窘甚，私谓其妻曰："人皆欣欣度岁，我赤手，母何以堪？"相与泣下，孰知向以遗母者而母未用也，母觉，呼以与之。

虞和毓，兄弟七人，父母早世，家赤贫。兄和税出赘，诸弟幼，皆毓抚之，小贸以自给。及冠，不能娶，所需衣履胥灯下躬亲操作，无愠色。迨诸弟成立，家亦稍裕，各为授室。兄老而无子，迎养焉，饮食必偕，门庭之内，雍雍如也。复创筑书舍，延师训子侄。子廷信，辛酉秋被贼掳，越二年逃归，人以为善报。

杨二，鳏而贫，织履为业。兄瞽无以为生，就养于二。性嗜饮食，必索酒，醉后詈骂百端，二不之校，敬爱终身。二，亨康里丝栗坪人。

黄光华，性友爱。其父昆季三，父行居季，长次各四子，季仅华耳。分爨时谓诸兄弟曰："我辈九人，席先代余业，九泉下冀皆为克肖子。芝草无根，人贵自立，何低昂判焉。宜一律析箸，勿贻先人隐忧可也。"乡里争羡之。

姚秀藻，庠生，姚澍之子也。家贫力学，事亲尽礼，居丧三年，不饮酒茹荤，处乡党遇事化导，同村百家无讼者四十余年。卒年七十，子华苑、华衮，俱业儒，能以孝友世其家（以上《县志》）。

刘世兴，性刚方，事母柔顺。辛酉闻贼警，将奉母遁山谷中。贼突至，恐惧其母也，给贼别墅，将货之，阴令其妻乘间偕老母逸去。少顷，贼觉其诈，怒刃之，与格杀，三贼力委顿矣，骂贼死。

易显文，板桥人。汲水度日。其叔得废疾，无子。显文事之如父，辛酉"发逆"入境，杀其叔，显文忿不顾身，直前夺贼刃倒向，群贼环刺之死。

咸丰县

国朝

刘光贵，大路坝人。家贫，有孝行。咸丰间地震，里闬山石崩，压无遗类。惟光贵奉母岩穴中，恍入桃源深处，不知世有沧桑之变者。大中丞胡公给"纯孝格天"额，邑侯卢公为之立传，详艺文志。

陆必瑞，龙坪人。笃天伦，事母尤孝，颠沛流离中无忘也。邑侯卢公作《卢孝子传》，详艺文志。

向义文，天性纯笃。少失怙，事母，查数十年色养不衰，刑于妻子，俾母得终柏舟之志。乡党咸敬而爱之，曰真顺子也。

刘毓瀛，邑庠生。家贫，以舌耕代养。同治壬戌，母年九十，方春“发逆”入境，闾里皆空，母不去。毓瀛侍左右，贼胁以从，不屈，遂被害。

利川县

国朝

牟大袭，屯籍，大塘人。与陈世凯同时以功授副将，剿贼时嫡母、生母俱在堂，兵戈扰攘中每食必具甘旨。事定归田，色养不衰，年七十余。后先居两母丧，涕泣如婴孩，乡人重之（旧《府志》）。

李耀湖，字北珊，嘉庆己卯进士。事亲生死尽礼，孝哉之称，人无间言。太守谭公为之记，其事详艺文志。

陈金龙，忠厚诚朴。同治壬戌春，“发贼”将至，为宗祀计，命二子远遁，长子台富依依不忍离。贼至，刺台富项，伤寸许不死。人咸谓孝行所感，抑翁盛德之庇与？翁越二年卒，年九十有七。

向钟珍，农家子也。与兄钟川勤耕作，辛苦备尝。兄年五旬失偶不娶，而少时胼胝过劳，寝辄畏寒，珍遂与同衾为之暖足，历十余年不稍离。

倪乾惠，二岁失怙，茕茕孑立。及长，天性纯笃，母老患足疾畏寒，每冬夜必火以温席，二十余年无间，且旦夕焚香为母祈寿。母年果八十余无疾而终。

冉永忠，东鄙勇夫也。一日醉后被“发逆”缚去，及醒，将绳挣断拟逃归。忽见胞弟亦缚，欲救之反，“白贼”不允，怒强之。贼亦怒，群以戈击。时忠手无寸铁，急禽一贼提其足作流星舞旋转如风，贼兵刃莫能近，贼首乃愕然呵止，转以温语诱之降。忠不屈，贼恶其倔强，阳赐以酒食，乘醉拉杀之，弃其尸于野。弟目击，不敢言，阴志其处。后贼去，弟于积尸中寻得，众皆无完肤，惟忠僵卧如生。

何士宽，业儒，倜傥有胆略，尤敦孝友。父殁，葬祭尽礼，庐墓三年。壬戌“发逆”告警，宽倡议团练不果，遂奉母携弟远遁。其季弟母尤钟爱，被贼掳，母恸不欲生。宽急欲纾母忧，携战马洋烟以赎，投所好也。迳入贼营，告以故。贼收其马与烟，漫应之，实不为，踪迹其弟。宽悔堕贼术，不觉激烈怒骂，遂遇害。

刘益广，性纯孝。母死不饮酒茹荤，庐墓三年，日夜悲泣，哀毁几至灭性。人以为柴子高再见也。

王永贵，樵夫也。家贫，年六十余未娶，奉母抚侄，极尽孝慈，每日以薪易米烹爨自任，母食必精，己与侄啜苦菜羹而已，生平无忤色高声。一日入山采樵，失足坠悬岩下约百丈余，竟无恙，归亦不言，恐伤母心。年七十，母殁，结庐墓侧，哀毁骨立，仍负薪度日，幸侄已成立，事贵一如事母焉（以上《县志》）。

建始县

国朝

龙泽江，岁贡生。三岁失怙，母董氏守贞抚孤。江承志力学，年十八入泮，随食饩。母病，衣不解带，近侍汤药。迨卒，水浆不入口。母以节旌，江以孝闻，且绩学课士及门成就者八十余人（旧《府志》）。

何钟祥，性笃天伦。父早逝，事母依依不忍离。母患痿痺症，饮食起居悉躬亲奉养，不假他人手，母亦非钟祥不食，委曲承顺者七年。母殁，终日泣血，绝而复苏。既葬，庐墓两载，始返。子义涛，邑增生。孙晓山，训导。培三，庠生。

陈世华，幼失怙。事母隆孝养，母性畏寒，华每预卧俟衾暖始奉母寝。母年九十六而卒，华朝夕哀痛，水浆不入口，邻里称之。

黄万元，家贫，业农。事亲至孝，节己食以供，甘旨必精。一日贸游，过大溪，履舟坠水，漂流三十余里，遇救得苏，人皆以为孝感云。

何先辉，敦孝友，崇节俭。累于家口，父足废目瞽，辉服劳奉养不衰。每家有空乏，必多方掩饰，不令父知。咸丰八年，送两弟赴乡闱，为父购羊裘一袭。归途次大雪寒侵，不敢衣，抵家病剧，诸父责其愚，强衣之。辉谓妻曰："修短有数，服此终不安也。"命私易之，寻卒。子一，志坤，业儒。

钟德喜，农夫也。家赤贫，父早逝，母氏张抚喜弟兄三人，俱各析箸。喜日则佣工，夜则自种，齿积以养母，冬为母温席。稍暇，即浣濯补缀亦与焉。如是者二十余年，喜之兄弟迎养母，弗去也（以上《县志》）。

增修施南府志卷之二十四终

增修施南府志卷之二十五

人物志下（节孝　节烈贞女烈女附）

人才之盛，实征地灵。故或焕旂常[①]，或耀词藻，或德昭坊表，或品重圭璋[②]，耆旧[③]夙儒[④]，已辉煌志乘矣。若夫贤妇致坚确之操，贞女亮明白之节，综其行跡，烈士犹以为难，矧[⑤]捐躯徇难，杀身成仁，足以存万古之纲常于不坠欤？兹择其可录者皆实著，巾帼信及比闾[⑥]，虽节妇与节烈各书，贞女与烈女互著，而厉薄俗，扇芳风，表清洁于当时，标姓名于来叶，即与日月争光可也。志节孝。

节孝

恩施县

明

杜邓氏，卫人，杜暹之妻，年二十夫故守节。卒年七十，万历时旌。

田李氏，田宏锦之妻，夫故守节。

胡童氏，胡百户之妻，年二十夫故守节。

周许氏，周之屏之妻，夫故，族中人强嫁之，誓死不从。当事者为之请旌。

陈李氏，陈埍之妻，夫故守节。养姑教子，有司表其宅。

商吴氏，商思永之妻，夫故守节。抚孤成立，当事请旌之。

张陈氏，张延祚之妻，随继祖姑闵氏、继姑邢氏三世守节。抚孤成立，有司请旌。

陈周氏，陈瀛之妻，年二十二夫故。无子，父母欲嫁之，周誓死守节。崇祯中崇祀节孝祠。（按，瀛即乡贤陈濬子也。）

① 旂常：代指功勋业绩。
② 圭璋：本指两种贵重的玉制礼器。比喻高尚的品德。
③ 耆旧：年高望重者。
④ 夙儒：素有声望的学者，饱学儒士。
⑤ 矧：何况。
⑥ 比闾：比、闾，为古代户籍编制的基本单位。后因以“比闾”泛称乡里。

张蒋氏，张延庆之妻。庆为贼所执，骂贼死，氏抚孤守节以终（以上并见《湖广通志》）。

张邢氏，光禄寺，署丞张三阳之妻。夫故，抚孤守节。

覃冉氏，施州土司覃染之母。崇祯时剿流寇有功未邀，旌赏（以上本《卫志》）。

国朝

张陈氏，张益富之妻。夫候选游击，从征吴三桂溺死洞庭。氏守节抚孤，成名，督学吴奖以额。

何李氏，何芳玉之妻，年二十余夫故，长子梅三岁，次子桂甫三月。氏守节，抚二子成名，督学缪奖以“清门令范”。

杜陈氏，杜菁年之妻，夫故，守节抚孤。乾隆四年请旌。

李崔氏，李世杰之妻，年二十二夫故守节。抚子成名，乾隆四年请旌。

邓黄氏，廪生，邓熙皞之妻，年二十八夫故守节。教二子墉、埉皆成名，乾隆十年请旌。

刘陈氏，刘靖邦之妻，年二十四守节。事舅姑，抚夫弟纯仁及其子皆成名，乾隆十八年请旌。

熊李氏，熊珍之妻，年十九夫故守节。抚孤成立，乾隆十八年请旌。

陈张氏，陈廷策之妻。廷策随营効力，乾隆六年从征湖南苗匪，在营病故。氏年十九守节抚孤，前太守尹公奖以“劲节维风”匾额。

张廖氏，张如玉之妻，年二十八守节抚孤。卒年七十有七。

高李氏，高有魁之妻，年二十八抚孤守节。卒年六十余。

张杨氏，张子登之妻。嘉庆十三年四月，燕子崖崩，夫及舅姑妯娌皆压死。氏守节抚孤，其家复振。

向王氏，向源昶之妻，年二十二夫故守节。

姚贾氏，姚承柱之妻，年二十四夫故守节。

黄向氏，黄明锦之妻，年二十夫故守节。

黄谭氏，黄德风之妻，年二十五夫故守节。抚孤成立。

李宋氏，李文范之妻，年二十七夫故守节。

涂张氏，涂元臣之妻，年二十二夫故守节。抚孤成立。

谭冉氏，谭述连之妻，年二十五夫故守节。抚孤成立。

杨周氏，杨懋彩之妻，年二十九夫故守节。抚孤成立。

余任氏，余思圣之妻，夫故守节。抚孤成立。

杨滕氏，杨联绂之妻，年三十夫故守节。坐卧一室，虽内戚罕觏其面。抚宪胡请旌，卒年八十有六。

向刘氏，向志太之妻，年二十。

季李氏，季传贤之妻。

李崔氏，李如金之妻。

李向氏，李如栻之妻。

杨谭氏，杨典之妻。

杨白氏，杨梦熊之妻。

向黄氏，向正学之妻。

向谭氏，向大明之妻。

向黄氏，向发载之妻。

刘贾氏，刘汉典之妻。

严朱氏，严开典之妻。

向谭氏，向大立之妻。

李尹氏，李方圯之妻。

宋邓氏，宋士楷之妻。

张黄氏，张能静之妻。

杨邓氏，杨逢镐之妻。

张左氏，张大荣之妻。

黄陈氏，黄世文之母。

刘高氏，刘国汉之妻。

朱王氏，朱正璞之妻。

袁金氏，袁天铨之妻。

吴宋氏，吴永辉之妻。

涂蔡氏，涂联富之妻。

曾熊氏，曾景芳之妻。

黄王氏，黄进逵之妻。

向张氏，向明耀之妻。

程范氏，程宗武之妻。

彭黄氏，彭绍禹之妻。

周陈氏，周学清之妻。

刘廖氏，刘惟扬之妻。

向黄氏，向登早之妻。

马姚氏，马尚听之妻。

郑朱氏，郑楚华之妻。

朱黄氏，朱正明之妻。

梁陈氏，梁作华之妻。

万魏氏，万国兴之妻。

汪张氏，汪绪达之妻。

叶龚氏，叶大受之妻。

谭向氏，谭琛之妻。

张曾氏，张靖公之妻。

金冯氏，金学顺之妻。

朱刘氏，朱正身之妻。

朱钟氏，朱盛国之妻。

刘黄氏，刘敷慎之妻。

敖孟氏，敖士进之妻。

李张氏，李庆侯之妻。

贺李氏，贺之德之妻。

杨王氏，杨光炳之妻。

袁陈氏，袁天锐之妻。

陈余氏，陈光国之妻。

黄向氏，黄光华之妻。

张李氏，张以忠之妻。

颜王氏，颜方柏之妻。

李唐氏，李碧堂之妻。

袁王氏，袁在珍之妻。

冯黎氏，冯光耀之妻。

向陈氏，向明贵之妻。

胡杜氏，胡文杰之妻。

以上俱夫故守节（旧《府志》)。

许史氏，许登海之妻。嘉庆三年，海从征石牌阵亡。氏年十九，抚遗腹子，坚志守节。督学王奖以“节配夫忠”，巡抚胡奖以“节孝可风”，请旌。卒年九十有四。

许杨氏，许大琏之妻。年十六嫁，甫三月夫故。家贫无子，仍归母家，矢志守节。卒年四十，抚宪胡请旌。

杨袁氏，杨佳明之妻，年二十八夫故。无子，继夫弟次子联级为嗣，旋夭，与媳滕氏矢志守节，闭户纺绩度日。抚宪请旌。卒年九十有三。

黄胡氏，黄廷获之妻，年十七夫故，遗孤甫七月。家贫，事翁姑极孝，抚子仕田成立，里人咸称之，现年六十有二。前县主杨奖以“克相夫子”，署县李奖以“彤管扬休”，督学杜奖以“柏节松操”，抚宪胡奖以“节孝可风”，咸丰九年请旌。

左吴氏，左国瑞之妻，年二十五守节。孝事翁姑，下抚孤晓峰成立，咸丰十一年请旌。

龚邓氏，龚仲清之妻，年二十九夫故守节。现年六十有四，请旌。

杨毛氏，杨秀义之妻，夫故守节。咸丰十年请旌。

朱沈氏，朱辉达之妻，年二十二夫故守节。现年七十有一，抚子增德、增敏成立，咸丰十年请旌。

陈龙氏，陈开贵之妻，夫早逝，矢志守节。子美珍娶妇刘氏，生子景明。未几，美珍夭，刘氏继姑之志守节，抚子成立，娶妇亦刘姓女。未几，景明又夭。刘又继姑与祖姑之志守节抚孤，家颇富，周恤贫乏，又捐金三百入义学。一门之中柏节霜操，三世相承，乡人钦之，呈请旌表。

蔡高氏，蔡方田之妻，年二十六夫故守节。家颇富，能提携亲戚，赈济邻里。里人有不能葬者，氏代营棺椁、衣衾之具，无德色。现年五十有三，邑人钦之，呈请旌表。

陈佘氏，陈光国之妻，生一子，年二十三夫故守节。卒年一百零二岁，邑宰奖以“青年苦节”匾额，请旌。

孙谭氏，庠生孙执中之妻，年二十九夫故守节。抚孤耀先业儒。卒年七十有一，同治年间请旌。

李陈氏，江南徐州卫守备李纬光之继妻，年二十三夫殁于任。氏勤俭自持，大义克明，归夫榇于数千里外，且敦孝行，全妇职，啧啧乡里。现年八十有七，请旌。

李宋氏，庠生李文范之妻，年二十七守节抚孤。道光年请旌，学使王奖以“节孝可风”额。

李胡氏，庠生李世萤之妻，年二十六守节，奉姑抚子。咸丰年请旌，抚宪胡奖以“冰霜世德”额。

吴陈氏，吴思禹之妻，夫故守节。家赤贫，减己食以养舅，教子成立。卒年九十有七。

吴李氏，吴肇俊之妻，年二十三夫故，无子。抚侄守节，事翁姑以孝称。

向崔氏，向正宽之妻，夫故守节，抚子成名，学宪王奖以“节孝可风”。

周吴氏，周先琳之妻，年二十二夫故守节。家贫，勤纺绩以事霜姑，抚二女成立。卒年八十有三。

刘李氏，刘盛祥之妻，年二十六夫故守节。子女俱幼，翁姑殁，归母家纺绩度日。卒年四十有四。

朱饶氏，朱大缙之妻，年十七夫故守节抚孤。现年五十有九。

陈王氏，陈文魁之妻，年三十夫故，遗子三。家贫守节，奉舅姑孝养备至。

易刘氏，易文志之妻，年二十三守节抚孤，事翁姑孝。

陈周氏，陈启炳之妻，年二十五夫故，无子，矢志守节。家贫，勤女工以自给。现年八十有二。

何叶氏，何正榜之妻，年二十六抚孤守节。家贫，依母族居，纺绩度日，教子成名。

朱范氏，朱叔明之妻，年二十夫故守节。继夫弟子为嗣，读书婚配，慈严兼尽。现年五十余。

张罗氏，张文元之妻，年二十九夫故守节。不以家贫易志。现年六十余。

聂陈氏，聂绍邦之妻，年二十二夫故守节。孝养翁姑，抚子成立，岁荒采蕨，食处之晏如。现年七十有九。

徐王氏，徐茂昌之妻。舅任直隶巡检，随夫之父任，父子俱殁任所。氏年二十二，奉孀姑匍匐归里，鬻衣度日，衣尽断炊。郡伯何公闻之，醵金以馈。现年七十有三。

刘孙氏，刘维高之妻，年二十六夫故守节。

李陆氏，李国扬之妻，年十九夫故守节。

张任氏，张近礼之妻，年二十六夫故守节。卒年九十有四。

程刘氏，程大荣之妻，年二十夫故守节。抚堂侄为嗣，县宰奖以“志坚冰霜”匾额。

宋崔氏，宋思忠之母，年二十四夫故守节。奉孀姑孝。

康于氏，康存之之妻，年二十八夫故守节。抚姑成立。

程彭氏，程启德之妻，夫故守节。抚孤成立，请奖表庐。

李胡氏，李世莹之妻，夫故守节。

宋向氏，宋仕学之妻，年二十七夫故守节。子德茂早夭，媳崔氏年二十，奉姑守节。姑媳同志，乡里称之。

鄢卓氏，鄢耀廷之妻，年三十夫故守节。抚子成立，族邻敬之。

熊袁氏，熊廷魁之妻，年三十夫故守节。抚子成立。

丁陈氏，丁天榜之妻，年二十一夫故抚孤，苦节三十年。贞静专一，乡里无闲言。

覃鲁氏，覃金隆之妻，年二十二夫故，遗子三岁。族有逼令改适者，氏漆身为痴，矢志抚孤。

黄刘氏，黄之杰之妻，夫故守节。奉翁姑，孝养不衰，抚子成立。

刘张氏，刘光福之妻，夫故守节，家贫。纺绩度日，孝养舅姑，抚三子成立。现年五十余。

龙黄氏，龙万青之妻，年二十五，家贫守节。上事翁姑，下抚孤子，辛苦备尝。现年五十有六。

孙邱氏，外委孙世和之妻，年二十四夫故守节。孝事翁姑，抚子成立。现年五十有一。

向谭氏，向启芳之妻，与弟启斗妻黄氏孀居砺节，迄今十余年无异。

王曾氏，王鸣盛之妻，年二十一夫故无子，矢志守节。翁酗酒，氏婉容事之。卒年四十有八。

张吴氏，张武魁之妻，年二十四夫故无子，矢志守节。事姑尽孝，家有余粟，常济贫人。现年七十有五。

张黄氏，张睹级之妻，年二十夫故无子。继夫弟之子为嗣，矢志守节。坐卧皆与姑处，足迹不出户庭，乡里罕睹其面。

向冉氏，向裕昆之妻，年二十八夫故守节。卒年七十有三。

胡龙氏，胡以朝之妻，年三十夫故守节。抚子成立。现年六十有二。

覃陈氏，覃学义之妻，年二十六夫故守节。事翁姑尽礼，抚三子成立。现年五十有九。

姚何氏，姚邦安之妻，年二十一夫故守节。抚子佣工度日。未几，子夭，遗一孙甫周岁，而媳又亡，氏坚节抚两世孤。卒年八十有四。

向冉氏，向华山之妻，年二十七夫故守节。教子义方。现年八十有八。

易雷氏，易国祥之妻，年三十夫故守节。教子严，事孀姑孝。现年七十有余。

刘彭氏，刘家玫之妻，年二十六夫故守节。抚子成立。现年七十有七。

向谭氏，向昌品之妻，年三十夫故守节。抚子成立。现年八十有余。

杨梁氏，杨昌鳌之妻，夫故守节。

毛邱氏，毛为炡之妻，年三十夫故守节。事姑以孝闻。

谭崔氏，谭天池之妻，年三十岁夫故守节。抚子成立。现年七十有七。

袁潘氏，袁开槽之妻，夫故守节。抚子成立。现年五十有五。

杨倪氏，杨正道之妻，年二十二夫故守节。抚子成立。现年六十有五。

李范式，李国林之妻，年二十夫故守节。

唐尹氏，唐大海之妻，年二十八夫故守节。

崔黄氏，崔毓桐之妻，夫故守节。

江周氏，江南轩之妻，夫故守节。

龚吴氏，龚仕仕之妻，夫故守节。

龚曹氏，龚仕朝之妻，夫故守节。

龚唐氏，龚仕贵之妻，夫故守节。

陆张氏，卢承格之妻。夫拙而家贫，氏克尽妇道，孝事翁姑，凡一粥一饭未敢先尝。佣工度日，毫无怨言。

谭向氏，谭兴礼之妻，年二十，夫渡江溺死，遗子数月。氏甘贫守节抚孤，未几，子夭，复抚孤孙至于成立。卒年七十。

熊周氏，熊伯华之妻，夫故守节。抚孤德顺成立。现年五十有八。

卢周氏，卢大祥之妻，年二十七夫故守节。养亲抚孤，以纺绩自给。现年七十有八，犹操作如故。

卢郜氏，卢宏休之妻，年十九夫故，遗子甫八月。矢志守节，辛苦备尝。现年五十有二。

莫陈氏，莫知宪之妻，年十九夫故守节。素服终身，颦笑不苟，操作勤苦，抚子成立。卒年六十余。

李钟氏，李登龙之妻，年二十九夫故守节。继长房子为嗣，学宪王给“节孝可风”额。

尹刘氏，尹克梅之妻，夫故守节。现年八十有五。

曾高氏，曾大琛之妻，年三十夫故守节。现年五十。

刘赵氏，刘顺德之妻，年二十九夫故守节。

熊郑氏，熊三福之妻，年三十夫故守节。

敖孟氏，敖仕俊之妻，年三十夫故守节。义方教子，学宪王奖以“节孝可风”额。

万赵氏，万家秀之妻，年二十九夫故守节。

向谭氏，向正科之妻，年二十六夫故守节。持家有道，教子有方。

向谭氏，庠生向应试之妻，夫故守节。孝养翁姑，诗书教子。尤好施予，每逢岁饥，村中赖以举火者数十家。学宪王奖以“节孝可风”额。

易朱氏，易和美之妻，年三十夫故守节。家贫无子，抚二女。现年八十有四。

刘商氏，庠生刘元魁之妻，年二十八守节。胞侄盛时兼祧为嗣。氏年五十三卒，抚宪胡奖以“守身为大”额。

姚张氏，姚金桂之妻，武义都尉士华之次媳也。士华生子三，长媳、三媳俱无出，惟氏举一子尚清。士华出师甘肃阵亡，朝廷优恤，赐云骑尉世袭，华长子袭焉。未几，桂兄弟先后继没，家业荡然，姚氏一脉惟氏是赖。氏矢志抚孤，愈以家贫为砺节。时氏年二十八，子尚清三龄，母子茕茕相依为命。子长，氏创家，称小封，出资遣清入都承袭。卒年八十有余。

皮张氏，庠生皮业超之妻，年二十六，夫回原籍江右习举子业，氏生子甫数月，而夫卒。氏抚孤守节，足不出户，虽邻里罕见其面，历三十年如一日。

刘吴氏，刘顺理之妻，年二十八夫故守节。现年七十有二。

向刘氏，向启发之妻，年二十于归，半载，夫故守节。抚前妻子成立，事姑孝。现年五十岁。

向杨氏，向世贤之妻，年三十夫故守节。抚孤成立。现年七十有二。

艾康氏，艾文忠之妻，年三十夫故，守节。抚遗腹子章海，妾子章河均入邑庠，督学王奖以“清操励俗”匾额。

吴赖氏，吴宏典之妻，年二十二夫故守节。孝事孀姑，抚子成立。现年五十有一。

黄向氏，黄锡鼎之妻，夫故守节。勤俭持家。现年七十余。

黄向氏，黄钰之妻，年二十一守节。孝养翁姑，抚三龄子成立。卒年八十有九，督学杨奖以“闺阁典型”额。

杨舒氏，杨有儒之妻，夫故遗一子。家赤贫，矢志守节。卒年七十有八。

周黄氏，周登秀之妻，年十九于归，未一载，夫出外病故，遗腹一女。复不育，上无舅姑，家赤贫，母劝改适，氏之死靡他，苦节终身。卒年八十有二。

唐姚氏，唐光进之妻，年二十夫故守节。抚二子成立。卒年八十余。

唐张氏，唐光练之妻，年十八夫故守节。抚子成立。卒年八十余。

宋朱氏，生员宋经葵之妻，年二十四夫故，无子，矢志守节。卒年七十。

何吴氏，生员何熙珏之母，江右巨族女也。未嫁，其夫以贫故，贸于施，数载不归。氏以摽梅苟赋，恐寒盟，终日泣不语。父母微窥其志，遣氏兄弟三千里送施成礼，遂家焉。生四子，年三十夫故，抚孤成名，家亦颇裕。卒年八十有一。

陈万氏，陈启芳之妻，年二十六夫故守节。抚子瑞祥成立。现年五十有二。

梅宋氏，生员梅映香之妻，年二十七夫故，遗孤一。家贫，矢志守节，抚孤成立。卒年四十有九。

谢朱氏，谢开仕之妻，年二十三，抚一岁子守节。事姑以孝闻，纺绩度日，辛苦备尝。乡里称之，大宪给“节孝可风”匾额。

康沈氏，廪生康光灿之妻，年二十八，抚孤守节。学使王奖以“节孝可风”额。

田胡氏，廪生田岱云之继妻，年十八适田无出，抚前室二子如己子。田乡试病故，氏撤钗珥，迎榇归葬，甘贫苦志，完节终身。卒年六十有七。

陈敖氏，陈朝栋之妻，夫故守节。现年八十一岁，学宪江给以“节寿延禧”匾额。

廖李氏，监生廖南薰之妻，庠生李大文之长女，年二十五，抚孤守节。夫有胞弟方在襁褓，姑卒，氏乳哺之三年，小心敬慎，不出户庭。现年四十有四。

彭金氏，生员彭元庆之妻，年二十夫故。有欲夺其志者，金曰：“夫为儒士而改适，畔乎义矣。”或曰：“无子而家贫，恐难继志，奈何？”金曰：“吾十指食一人足矣。”族兄玉成嘉其志，迎之家，旋以疾终。

何田氏，何大海之妻，夫故守节。

周刘氏，周怀德之妻，年二十四夫故守节。抚子成立。

胡向氏，生员胡国寿之妻，年二十七夫故守节。抚子成立。

邓谭氏，邓文普之妻，年二十五夫故守节。抚子成立，现年五十有九。

吴徐氏，吴立祥之妻，年二十四夫故守节。抚子成立，现年五十有九。

黄杨氏，黄长庆之妻，年三十夫故守节。现年五十有六。

何蔡氏，何正榜之妻，夫故守节。现年七十有五。

王袁氏，文童王廷隆之妻，年二十夫故。生一女，家故贫，翁姑怜之，劝其改醮。氏泣曰："王郎新丧，二老无人侍奉，且家计艰难，儿去，百岁后魂魄将何依乎？"呜咽欲绝。乃抚堂侄为嗣，恩情备至，凭针凿纺绩为仰事俯畜资。翁姑继殁，尽哀尽礼，里党称贤。现年六十有六。

谭崔氏，文童谭德春之妻，年二十二夫故守节。勤俭自持，语言不苟，孝事翁姑，义方教子。现年五十有二。

蔡何氏，监生蔡芳来之妻。性情贞静，言语温和，年十九抚孤守节，寂处一室，虽族邻罕睹其面。现年五十有二。

杨谭氏，武生杨芳林之妻，年二十九夫故守节。教子成立，父母老而无子，氏迎家终养焉。现年六十有二。

熊刘氏，熊燕崇之妾，年二十八守节抚孤，寿桃。

熊马氏，熊寿昆之妻，年二十有一夫故守节。抚孤暹景成立。现年六十有三。

熊汪氏，熊寿岸之妻，年十八夫故守节。无出，同节妇氏抚侄暹景，无嗣。

熊姚氏，熊暹景之妻，年三十，抚孤春芳，守节。熊氏妇三代四节，乡里称之。春芳聪俊异常，人咸以为苦节之报。（以上节妇年岁，见本《县志》纂录。）

孝妇（附）

张杨氏，张仰高之妻。姑任氏，年八十余，惛愦如婴儿。杨委内政于子妇辈，自与姑同寝处，昕夕服侍，姑呼食，食之；呼衣，衣之。浣濯提挈之役，他人不能堪者，氏视为故常，积十余年不倦，乡里咸称之。

节烈

明

谭氏，卫人，不详其姓名。崇祯末，土蛮肆掠乡村，妇女被执。氏负幼子行至竹王沱投水死，后二日，母子浮出，面如生。

李周氏，李成璘之妻。同弟妇刘氏素相睦，并为刘二虎伪牛总兵所劫，相约以死。至野猪跳，周在桥上一呼而下，刘奋身从之，俱死。后取其尸，臂依手挽，肤著处皆合，强分之，鲜血迸流。因各去其棺之左右合葬，至今号妯娌坟（唐氏《卫志》）。

黄赵氏，生员黄鼎之妻。流寇入城，鼎死。氏殓毕，闭门发火，伏棺上焚死（见《湖广通志》）。

薛钟氏，薛某之妻，千户某之女。甲申乱后，连年兵荒饥馑，斗米银四两，饿殍枕藉。氏尽出己奁以奉舅姑，自投水死。

谭向氏，被一只虎兵掳，欲污之。氏诳辞以夫在，意在释夫也。贼杀其夫，氏佯顺之，借贼刀埋夫。竟贼方睡熟，乃杀贼，遂自刎。

林方氏，林国仕之妻。被一只虎兵所掳，自刎。

童杨氏，童养用之妻。夫杀人报仇，欲诣官自首，氏出奁资使逃。自诣官，询其夫，不言所在。氏方孕不便刑，置狱中数日，度夫去远，自缢灭口（以上《卫志》）。

向谭氏，向光志之妻。偕夫采樵，夫坠岩死，氏亦跳岩殉之，闻者无不太息。

贞女

国朝

向允善女，五姑、六姑年及笄，均许字未嫁。两婿继亡，姊妹矢志守贞，终身不嫁。督学鲍奖以“姊妹双清”。

姚德华之女某，幼字胡世文，未及于归而婿亡。女矢志守贞，终身不嫁。

宣恩县

国朝

向谭氏，向先妻，年十九归向。甫一载，夫抱疯疾，氏鬻衣饰市药，医治五载。夫故无子，家赤贫，孝事翁姑，年余，翁姑继没。氏归依母家，时年二十五岁，或劝之改嫁，氏涕泣自矢。寻父母亦亡，诸弟幼，氏不遗余力，以养以教，至于成人，各立室家，后诸弟轮养之。氏于向节孝俱著，于谭严慈并推，洵巾帼中罕靓者，邑侯专详请旌表。

唐杨氏，唐廷逢之妻，年十七守节。善事翁姑，抚侄为嗣，苦节凡三十有九年卒，请旌建坊。

张李氏，: 张永思之妻，夫故守节。上事病姑以孝称，下抚二子成立。学使王给“节孝流芳”额，请旌。

宋董氏，廪生宋宏谟之妻，抚孤守节。孝事翁姑，人无间言，当事请旌之。

覃赵氏，覃绍之妻，年二十九守节。卒年八十有六。

宋李氏，宋启湛之妻，夫故守节。孝事翁姑，勤俭持家。现年九十有四。

田屈氏，田榜之妻，夫故守节。勤俭持家，抚子若孙，教读成立。现年八十有四。

覃田氏，生员覃志远之祖母，夫故守节。孝事舅姑，孀居六十余年。现年九十有三。

向蔡氏，向起凤之妻，年三十守节。性仁慈，奉翁姑孝。现年九十有二。

宋吕氏，宋寿山之妻，夫故守节。殁年一百六岁，嘉庆年旌表“贞寿之门”。

侯田氏，侯文钦之妻，守节。请旌。

田赵氏，夫故守节。

陈刘氏，陈维国之妻，夫故守节。

石孙氏，石维仁之妻，年二十九守节。抚二幼孤成立，眼见曾孙，卒年八十有五。道光年请旌。

唐彭氏，唐开榜之妻，年二十四守节。抚子成立，内外无间言，卒年四十有四。学使李给以“节贞孝挚”额，请旌。

郭张氏，郭文朝妻。

吴孟氏，吴正顺妻。

田谭氏，田文藻妻。

夏丁氏，夏治麟妻。

张向氏，张永年妻。

夏祝氏，夏景唐妻。

李刘氏，李之恒妻。

以上俱夫故守节。

曹张氏，曹盛隆妻，夫故守节。详请旌表。

田朱氏，田文世妻，夫故守节。

严毛氏，严大信妻，夫故守节。

周滕氏，周仁声妻，抚孤守节。学使王奖以“节孝可风”额。

刘胡氏，刘振文妻。

张郑氏，张士鳌妻。

黄郑氏，黄飞凤妻。

郭张氏，庠生郭腕之妻。

王袁氏，王秀琳妻。

覃吴氏，覃璋之妻。

田向氏，田振万妻。

刘唐氏，刘廷纲妻。

以上俱夫故守节。

李张氏，李洪都之妻，年二十四守节。先是夫病年余，氏侍汤药，衣不解带，后事翁二十余年。翁年已九十五矣，孝敬如一日。勤俭持家，抚孤成立，邑侯陈请旌，上宪给“行继姜听”匾式。

郭赵氏，郭金铭之妻，守节抚孤。姑病十年，扶持汤药勿稍怠，邑侯陈请旌。子元培，武生。

萧王氏，萧邦文之妻，夫故守节。事翁姑以孝闻，邑侯陈请旌。

唐彭氏，唐家猷之妻，归唐一载，夫故守节。事姑孝，抚侄为嗣，邑侯陈请旌。

刘尹氏，刘纪芳之妻，夫故守节。事翁姑，孝敬不衰，尤善事继姑，勤俭持家。抚孤成立，邑侯陈请旌。

叚彭氏，叚延柏之妻，夫故守节。无子，抚侄为嗣，孝敬翁姑以慰暮年，邑侯陈请旌。

朱李氏，朱大品之妻，年二十八夫故守节。孝顺翁姑，教子义方。年八十余，耳目聪明，咸丰年请旌。

李高氏，李先鸣之妻，夫故，遗孤仅一月，矢志守节。翁姑殁，家有余资，周恤亲族邻里。择师教子，不惜束脩，尤尊贤礼士，有陶母遗风。现年七十余，咸丰年请旌。

曾伍氏，曾昭贤之妻，年二十五夫故守节。事孀姑以孝闻，勤俭持家，抚侄成立，邑侯陈请旌。现年六十有六。

李孙氏，李才达之妻，年二十八守节抚子。奉姑慈孝并称。现年六十有二。

刘周氏，刘豫吉之妻，年二十守节抚孤。现年五十有二。

周刘氏，周仁跃之妻，年二十二夫故。遗子甫数月，氏亲操井臼，不辞劳劬。

周匡氏，周义昭之妻，年二十二守节抚孤。眼见孙枝林立。

周由氏，周洪范之妻，年二十二守节。敬事翁姑，善抚子女。

谭杨氏，谭俊升之妻，年二十四守节。现年六十有三。

萧范氏，萧亦明之妻，年二十二守节。家贫无子，抚侄为嗣。现年八十有八。

张杨氏，张光怀之妻，年二十六守节。子二，家贫，历尽艰辛，抚子成立。现年六十有三。

李向氏，李彩麟之妻，年二十四守节。子二，家贫，纺绩自给，邻里重之。现年六十有七。

朱龚氏，朱章之妻，年二十六守节。子四，矢志三十年，内外无间言。现年六十有三。

田刘氏，田安才之妻，年二十七守节。秉性严正，孝事翁姑。卒年七十有五。

李罗氏，李才万之妻，年二十五守节。家贫，纺绩抚孤成立。卒年八十有四。

滕黄氏，滕传璋之妻，年二十七守节。秉性温恭，勤俭持家。现年五十有二。

包徐氏，庠生包闻道之妻，夫故守节。家赤贫，纺绩度日，养亲抚子，乡人敬之。现年六十有三。

段张氏，段祥璋之妻，嫁甫数月，夫故守节。抚夫弟子为嗣。现年四十余。

李孟氏，李国周之妻，年二十九夫故。家贫，遗二子甫脱襁褓，既无翁姑，复无伯叔。氏矢志守节，备尝辛苦，子稍长即遣就名师，勤学敦品。现年六十有二。

谭杨氏，谭再朝之妻，年二十四夫故，无子，一女，矢志守节。现年九十有八。

田魏氏，文童田定进聘妻，年十七，闻夫病笃，请往候焉。父母不可，固请，乃行。至家侍奉汤药，衣不解带，月余夫卒，内外家父母皆欲另择婿。女泣诉曰："女事二夫，何以言节？况田郎新丧，翁姑无人奉养，儿愿以媳代子，了此余生，誓不归矣！"遂抚夫兄子为嗣，劳力苦心，以仰事俯畜为己任。未几，子复夭，家益窘，翁姑亦渐衰迈，女则日事针黹，纺绩终宵，二十余年如一日。迨翁姑继殁，女无所依，魏氏子侄迎养焉，年已五十余矣。每遇族邻子女辈，必晓以必戒必敬之义。今年八十有四，鹤发翩翩，人犹呼为寿姑娘云。（以上节妇年岁，据《县志》录。）

节烈

国朝

蓝林氏，蓝昌德之妻，年三十四。咸丰年“发贼”窜宣境被掳，过穿箭河投水死。

黄宋氏，黄金相之妻，年三十三。“发贼”窜境被掳，行至穿箭河投水死。

丁陈氏，忠建里丁建寅之妻。辛酉“发贼”窜境，氏被掳，行至两河口赴水死。

蓝陈氏，蓝昌忠之妻，年四十一。“发贼”窜境，见烈妇林氏被掳，投穿箭河死，氏同死。

曹吴氏，忠建里曹士奇之妻，吴廷玉之女。“发贼”入境，其父被杀，掳女至两河口。强之行，不从，贼杀之，投尸于河。

贞女

国朝

王石香，孝养父母，终身不字，邑侯陈请旌。

陈姑，施南里陈某之女。幼字刘氏子，刘氏将迁家陕省，约三年不归，听其另嫁。逾期，父母欲改嫁之，女泣曰：“刘一日不归，待一日；百年不归，待百年。”以死自誓，父母见其心坚，从之。至老纺织闺中，家人罕见其面。殁年六十有六。

王姑，高罗里王家松之女。终身不字，孝养父母数十年如一日，内外无间言。巡司史赠以“闺中曾闵 ”额。

烈女

元

谭向二女，均字人。后为明玉珍所选，投池自尽。今其冢在池旁，土人号为“仙女池”。（宣恩县长潭河乡诺西村境内。）

明

唐一鸿女，幼字岁贡邓宗启。遭兵燹，恐被污，屡悬梁、投水，俱以救免。迨贼至，赋诗于忠建里自尽，惜其诗未传。

国朝

蓝巳香，乾坝司蓝世杰女，年十四。“发贼”窜境，被获，行至苦竹凹。女咬贼手，众以刃割之，骂声愈厉，头断声绝。时有乡人被掳者俱见之，莫不流涕。

来凤县

国朝

何吴氏，处士何显模之妻，夫故守节。性耿介，寡言笑，礼法自持。年八十卒，嘉庆年奉旨建坊。

张陈氏，处士张宏谟之妻，年十八夫故守节。平居动必以礼，居心仁恕，未尝疾言遽色。道光年奉旨建坊。

何蒋氏，生员何潭之妻。嘉庆元年潭骂贼遇害，氏苦志守节。卒年七十有八，学使王给“节孝可风”匾额。

刘李氏，庠生刘崇实之母，年三十守节。义方教子。卒年九十有七。

莫杨氏，莫启臣之妻，年二十六守节。卒年九十有九。

向曾氏，向仁瀚之妻，年二十五守节。卒年六丨有四。

向胡氏，向仁寿之妻，年二十二守节。卒年七十有三。

向聂氏，向仁溥之妻，节妇曾氏、胡氏之娣也，年十九守节。卒年七十有三，学使王给“三节鼎峙”匾额。

梁何氏，武生梁庆享之妻，年二十九守节。抚族侄为嗣，学使王给“节孝可风”匾额。卒年七十五。

梁蒋氏，梁祚华之妻，年二十八守节。学使王请旌。卒年八十有四，子四。

曾潘氏，岁贡生曾有典之妻，年二十四守节。躬亲纺绩，艰苦备尝。卒年七十有四。

何刘氏，儒童何远培之妻，年二十守节。卒年三十。

周姜氏，周金鳌之妻，生员周南之祖母，夫故守节。

周胡氏，周启泰之妻，生员周南之母，夫故守节。两世孀居，冰霜共凛。

刘魏氏，年二十三守节。卒年七十有一。

龙刘氏，龙云之妻，年二十九守节。卒年五十有六。

欧阳郑氏，监生欧阳绍裘之妻，夫故守节。卒年七十有五，学使王奖以额。

王郭氏，王炜之妻，年二十三夫故，遗腹生子怀曾，抚孤守节。年四十卒。

邹管氏，邹世泽之妻，年二十抚孤守节。卒年五十。

徐陈氏，生员徐世玠之妻，年二十抚孤守节。卒年四十有三，子果。

王潘氏，生员王元弼之妻，年二十七夫故守节。抚兄子煜为嗣，教之成立。

徐樊氏，徐世琅之妻，年二十八夫故守节。卒年九十有三，邑侯王请旌。

郭钟氏，郭进华妻。

袁王氏，袁璋绍妻。

萧段氏，萧天顺妻。

周汤氏，周世楷妻。

曾杨氏，曾德辉妻。

杨石氏，杨正衡妻。

朱谭氏，朱相禹妻。

颜陈氏，颜大学妻。

刘张氏，刘经伦妻。

向覃氏，向光连妻。

张郭氏，张化仁妻。

郭钟氏，郭宏敖妻。

杨邱氏，杨秀成妻。

以上俱夫故守节（旧《府志》）。

张黄氏，庠生张先烈之妻，夫故守节。卒年五十有九，道光年奉旨旌表。

何向氏，生员何诚孚之妻，年二十五守节。抚兄子为嗣，卒年六十有七，巡抚胡给“志励黄鹄”匾额。

李曾氏，李奇千之妻，年二十四守节。抚孤成立，未几，子媳相继卒。又抚孤孙数十年，零丁孤苦，纺绩营生。后家稍裕，犹亲操作，训子孙以勤俭忠厚为务。卒年九十有三，学使王给“劲节遐龄”匾额，巡抚胡给“清操冰雪”匾额。

杨聂氏，杨如松之妻，嘉庆丁丑年夫故守节。抚弟子为嗣，同治年请旌。现年七十有八。

黎鄢氏，庠生黎悦诚之妻，年二十七夫故守节。言笑不苟，知府黄给“节孝可风”额，巡抚胡给“光昭彤史”额，同治二年请旌表。现年六十有七。

向何氏，处士向正富之妻，年二十五夫故守节。抚弟子为嗣，上事翁姑，备尝辛苦。卒年七十有六，学使王给“节孝可风”额，巡抚胡请旌。

陈李氏，陈良玢之妻，年二十八夫故，守节。事翁姑孝，邑侯王请旌，巡抚胡给“柏舟矢志”额。现年七十有三。

谭段氏，谭光凤之妻，年二十七夫故守节。善事翁姑，教子义方，邑侯王请旌。

向田氏，向化鲲之妻，年二十九夫故守节。事翁姑，抚孤子，俱克尽道。卒年六十有二，同治年请旌。

覃田氏，文童覃懋和之妻，年十九夫故守节。抚兄旭和之子殿元为嗣，教养成立，娶媳刘氏，生子运昌。三年而殿元卒，氏又抚孙运昌，既成立，娶孙媳陈氏，生子鉴。三年而陈氏又卒，又抚曾孙鉴成立。年七十有八，邑侯王请旌。

李萧氏，李文元之妻，年二十七夫故守节。抚孤奉姑，孝慈兼尽，邑侯王给“清节不磨”额。

郦祁氏，节妇王氏之媳，郦国高之妻，年十九夫故守节。菽水[1]承欢，冰茶茹苦，克嗣徽音，凡苦节六十四载。卒年八十有三，邑侯王请旌，巡抚胡给“三代怀清”匾额。

张郑氏，张君良之妻。家故贫，得氏内助，衣食稍裕，生一子一女而良卒。氏年二十五，人以青年子幼劝其再醮，氏正色拒之。日课耕作，夜勤纺绩，苦节七十余年。卒时寿登百岁，眼观五代，学使王给“砥砺怀清”匾，咸丰年请旌。

向田氏，向光雅之妻，年二十归向。岁余，雅卒，氏痛哭不欲生。因念夫为翁姑钟爱，不忍重伤亲意，含哀守节，媳供子职，备极孝养。佐兄嫂操持家务，待诸侄如己出，族党称贤淑焉。以兄子为嗣，现年六十，邑侯王请旌。

褚孙氏，褚以道之妻，年二十九夫故守节。邑侯王请旌。

彭黄氏，彭光华之妻，年二十八夫故守节。邑侯王详请旌表，现年六十有六。

陈简氏，陈开桂之妻，年二十九夫故守节。秉性严峻，动必以礼，邻里敬之。现年五十有一，同治年请旌。

萧黄氏，萧圣桢之妻，年二十九夫故守节。奉翁姑，抚孤子，孝慈兼尽。卒年五十有一，邑侯王请旌。

王舒氏，文童王锦廷之妻，年二十五夫故守节。事翁姑，生死尽道，同治年请旌。

王刘氏，王永清之妻，节妇王舒氏之媳，年三十夫故，守节。卒年六十，同治年请旌。

---

① 菽水：指清贫者对长辈的供养。典出《礼记·檀弓下》：“啜菽饮水尽其欢，斯之谓孝。”

王胡氏，文童王宗泽之妻，年三十夫故守节。事亲教子，孝慈兼尽，邑人钦之，呈请旌表。

辛李氏，辛宏业之妻，年二十九，夫客外，中途病故。氏徒步往营葬事，上事翁姑，下抚子女，备极勤劳。卒年五十有二，同治年请旌。

向覃氏，武生向光朝之妻，年十九夫故守节。卒年七十有六。

张王氏，文童张承銮之妻，年十六归张，未周年夫故，矢志守节。奉侍祖母，孝顺翁姑，皆得其欢心，抚兄子为嗣，守节十四年卒。

何李氏，文童何远程之妻，年二十七夫故守节。卒年五十有三

何姚氏，文童何远垠之妻，年二十八夫故守节。卒年五十有七。

何李氏，职员何诚王之妻，年三十夫故守节。卒年七十有六。

刘张氏，刘元伸之妻，夫故守节。现年六十有六，巡抚胡给“柏劲松贞”匾额。

张何氏，国学生张有仪之妻，夫故守节。卒年六十有七。

何张氏，处士何远泽之妻，年三十夫故守节。义方教子，现年五十有六。

张何氏，儒童张宗铭之妻，年二十六夫故守节。翁姑殁，氏善事诸弟，抚养孤子，至于成立，人无间言。

何邓氏，生员何显达之妻，年二十三夫故守节。上事翁姑，下抚遗孤，邑侯王给“节孝可风”额，巡抚胡给“寸心千古”额。卒年八十有一。

邓彭氏，邓远杨之妻，年二十七夫故守节。善事翁姑，言动有法，卒年七十有一。邑侯朱给“节著松筠”额，学使王给“节孝可风”额。

张冯氏，张同仁之妻，年二十四夫故守节。现年五十八。

舒黄氏，舒心华之妻，年二十夫故守节。卒年七十有四。

舒余氏，舒开位之妻，年二十六夫故守节。现年七十有二。

何张氏，监生何远明之妻，年二十夫故守节。荆钗布裙[①]，不出中门，族党钦之。卒年五十有六。

张夏氏，贡生张光焘之妾，年三十焘故守节。卒年六十有六。

姚向氏，姚胜成之妻，年二十九夫故守节。现年六十，子四。

余覃氏，余先之妻，年二十四夫故守节。卒年六十有四，巡抚胡给“清操冰雪”匾额。

① 荆钗布裙：荆枝为钗，粗布为裙。妇女简陋朴素的服饰。

田向氏，儒学田振德之妻，乾隆己亥年，夫故守节。教子义方，持家勤俭。卒年六十有四，学使茹给“丸荻遗风”匾额。

向覃氏，向金忠之妻，年二十八夫故守节。子学熙早卒，继堂弟之子为嗣。现年六十有九。

杨王氏，杨玉纪之妻，年二十八夫故守节。继兄子为嗣，上侍孀姑，下抚孤子，四十余年无异。卒年八十有二。

向田氏，向振之妻，年二十三，生一子，夫故。有弟稚而愚，翁恐氏青年难守，哭子恸。氏拭泪慰之曰：“子虽亡，媳即子也；叔虽稚，媳即兄也。老人何重伤为？”翁姑喜，付以家政，经理有条，抚诸侄男女不异己出，至婚嫁时始知为伯母云。

萧张氏，萧圣栋之妻，年十六归萧。时栋年五十，敬事无违，生二子世淦、世浚，而栋卒，氏矢志守节。作男装贸易于市，人莫之知，远近称奇女子焉。世淦早卒，媳邱氏亦苦志守节，克嗣徽音。

周钟氏，周芬信之妻，年二十三夫故守节。教三女以贞淑闻。

向田氏，向兴庠之妻。嘉庆元年匪变，庠随前令庄御贼遇害。氏孀居守节，学使朱给“节孝可风”额。

莫黄氏，莫胜官之妻，年二十六夫故守节。现年八十三。

李潘氏，李安佑之妻，年二十四夫故守节。子邦植甫八月，家贫抚孤。年五十一，子卒媳嫁，孙定松甫三岁，氏又抚养成立。卒年八十有四。

陈龙氏，陈茂贞之母，年三十夫故，守节。事亲教子，皆能尽道。现年九十有六。

李黄氏，李思芳之妻，年二十四夫故守节。子四岁，抚养成立，治家有法。卒年八十有三。

王金氏，王某之妻，年二十三，夫出游不归。氏佣工度日，苦志守节。现年八十有七。

向李氏，向安时之妻，年二十四夫故守节。子士和方六岁，氏抚养成立。卒年七十有六。

伍何氏，伍华祺之妻，年三十夫故守节。家贫子幼，艰苦备尝。卒年九十有三。

朱刘氏，朱受泰之妻，年二十八夫故守节。念遗孤无人约束，携回原籍江西高安，依宗族居。子成立授室，仍回来邑，族中高其节，赠二百余金。卒年八十有六，眼观四代，无疾而终。

吴卢氏，吴拔萃之妻，年二十九夫故守节。卒年八十有一。

吴刘氏，节妇卢氏之媳，吴士烟之妻，年二十八夫故守节。卒年七十有七。

王蒋氏，王乾春之妻，年三十夫故守节。现年七十有七。

覃田氏，覃昭和之妻，于归甫月余，昭和出游山东，久而不归。家赤贫，奉侍翁姑养葬，能竭其力，抚兄子为嗣。子病故，氏纺绩度日，贞心不改。现年六十。辛酉秋，“发贼”入境，氏避难时，兢兢以先人手录族谱草稿为重，载之行箧，覃氏家谱得不毁于兵燹，氏之力也。

邓李氏，邓宏景之妻，年二十夫故守节。教子义方，族里无间言。现年六十有七。

沈胡氏，沈必奇之妻，年二十六夫故守节。现年八十有六。

周杨氏，周宗臣之妻，年二十八夫故守节。抚二子一女，家教甚严。

沈刘氏，沈必显之妻，年二十八夫故守节。现年八十有三。

李覃氏，李应龙之妻，覃述祥之女，年二十六夫故守节。现年五十。

沈颜氏，沈必寿之妻，年二十四夫故守节。现年八十有五。

何邹氏，何诚钰之妻，年三十夫故守节。善事翁姑。卒年六十有一。

向田氏，处士向文珂之妻，年二十二夫故守节。卒年六十有四。

滕张氏，滕士贵之妻，年二十七夫故守节。家贫亲老，独力支持。现年七十有二。

吴李氏：吴家祥之妻，年二十二夫故守节。善事翁姑，克勤克俭。咸丰七年病故，翁姑痛哭几于丧明。

张宋氏：庠生张焕奎之妻，年二十八夫故守节。能知大义，族党称贤。

杨虞氏，杨再义之妻，年二十四夫故守节。卒年五十有六。

李吴氏，李定华之妻，年二十二，夫远出不归。矢志守节，继兄子为嗣，孝事孀姑，勤抚孤子。卒年六十有七，巡抚胡给“截耳风高”匾额。

田覃氏，田某之继妻，年二十归田。无出，继亦不育，夫故。乃以夫前妻之女妻其母家侄覃述虞，移与同居，纺绩营生，励志守节。每逢春秋，设祭田氏祖先及其夫，终身不衰。卒年七十有二，学使王给“砥节怀清”额。

田覃氏，处士田隆江之妻，归田三载，年二十二夫故守节。继夫侄为嗣。卒年五十有二，学使王给“节孝可风”额。

黄李氏，黄光隆之妻，年二十四归黄。刚百日，夫故，逾数月生子，矢志守节。抚孤成立，尝训其子曰：“幸而子生孙，孙又生子，非我坚操，乌有今日。尔辈待人，须存忠厚，持家宜务勤俭，当体我心，无违我训。”卒年八十有二，乡邻咸以女中君子颂之。

叶饶氏，叶建清之妻，年二十八夫故守节。厚重简默，善事翁姑。现年六十有六。

覃莫氏，覃运煌之妻，年二十一夫故守节。善事祖母，勤劳不倦。现年五十有二。

潘周氏，潘必昆之妻，年二十八夫故守节。家赤贫，纺绩度日，事姑抚孤，交尽其道。现年七十有九。

邹龚氏，邹广俊之妻，年三十夫故守节。治家勤俭，秉性严介，学使王给“砥节怀清”额。卒年八十有七。

周黄氏，周福章之妻，年二十七夫故守节。身带重疾，侍奉甘旨，未尝稍怠，人以为难。

杨向氏，杨再荣之妻，年三十夫故守节。克勤克俭，里无间言。现年五十有二。

李邱氏，李宏芳之妻，年二十八夫故守节。善事翁姑，义方教子。现年七十有二，邑侯王给“仪型闺阃”匾额。

谭张氏，谭善祥之妻，年二十五夫故守节。现年五十有六。

徐何氏，徐寿中之妻，年二十九夫故守节。现年六十有二。

李邓氏，李应举之妻，年二十九夫故守节。无子，抚兄子为嗣。

郦平氏，郦尔昌之妻，年二十三夫故守节。事亲抚孤，凡苦节七十二载。卒年九十有五，寿近期颐[①]，节孝两全。

郦王氏，节妇平氏之媳，郦文达之妻，年三十夫故守节。子方幼稚，氏上事孀姑，下抚藐孤，凡苦节六十余载始卒。至今眼观四代，年逾九十。

向田氏，向正绥之妻，年二十二夫故守节。现年七十。

王范氏，王邦达之媳，年二十九夫故守节。其姑孀居，年八十余，家仅小康，子幼，独力支持。值荒年，埋胔骼，不少吝。

张邬氏，廪生张鍊之妻，年二十九夫故守节。上侍孀姑，二十余年无稍怠，无出，抚堂兄之子为嗣。卒年五十有六。

程夏氏，程星齐之妻，年三十守节。家贫，事姑抚孤，孝慈兼尽。现年六十有二。

潘贾氏，潘世耀之妻，年二十六夫故守节。有劝之改嫁者，氏正色曰：“妇人以节为重，况堂上翁姑老矣，忍心他适乎？”事遂寝。事翁姑十余年，顺意承志，怠卒，尽哀尽礼如孝子焉。现年九十有二。

① 期颐：称百岁之寿。典出《礼记·曲礼上》：“百年曰期颐。”

施任氏，施秀仁之妻，年二十六夫故。遗腹一孕三子，贺客盈门，以为人瑞[①]。氏上奉二亲，下抚三子，茹蒿饮冰，人无间言。现年五十有九，子俱成立。堂上番番[②]白发，氏亲具甘旨犹朝夕间，起居不衰。

彭张氏，彭青云之妻，年二十八夫故守节。事翁姑以孝闻，族人贤之。现年七十有七。

田莫氏，田逢明之妻，年二十九夫故守节。有子俱幼，氏养亲抚孤，十余年不倦。翁姑殁，尽哀尽礼，乡党称之。现年八十有七。

谢文氏，谢定相之妻，年二十七夫故守节。继弟子为嗣，延师教读，督课甚严。现年六十有九。

莫刘氏，莫远明之妻，年二十七夫故守节。事翁姑克孝，教子义方。卒年七十有五。

彭向氏，彭清贵之妻，年二十五夫故守节。继兄弟之子为嗣。卒年六十有五。

陈谢氏，陈士星之妻，年二十五夫故守节。门衰祚薄，无伯叔可依。氏义方训子，遇正人则命亲近之，遇匪人则命远避之，居恒绩纺不辍。卒年五十有四。

彭田氏，彭永清之妻，年十七夫故守节。抚兄子为嗣，素娴姆训，事翁姑孝，治家严整，子弟咸敬惮之。卒年五十有八。

周戴氏，周希龄之妻，适周四载，翁卒，夫远游不归。姑以家贫，悯其青年无子，令他适。氏不忍离，愿纺绩终养，誓无他志，侍奉三十余年如一日。姑卒年八十有二，氏典簪环为殡殓[③]具，守制如礼，人以为难。现年六十有八。

李邹氏，李永锡之妻，年二十六夫故。有遗腹子，矢志抚之。秉性严峻，治家勤俭。现年五十有九。

颜杨氏，颜如玉之妻，生一子一女而玉卒。氏年二十三，矢志守节，未几，子夭。先是兄弟皆析居远徙，氏独留事二亲，生死尽礼。现年七十有二。

张唐氏，张思永之妻，年二十九夫故守节。卒年八十有九。

杨陈氏，杨胜忠之妻，年二十九夫故守节。孝养翁姑，族党敬服。现年五十有八。

向杨氏，向日韬之妻，年二十四夫故。一子方半岁，矢志抚之。事翁姑和宗族，幽静自守，足迹不出中门。

姚向氏，姚胜成之妻，年二十七夫故守节。现年六十。

① 人瑞：人事方面的吉祥征兆。
② 番番：头发花白的样子。
③ 殡殓：入殓与停柩。

戴黄氏，文童戴希达之妻，监生黄廷秀之女，年二十七夫故守节。先富后贫，以针黹[①]营生，艰苦备尝，冰操益励。现年六十有九。

何伍氏，何诚茂之妻，年二十四夫故守节。安贫茹苦，不出中门，有宋共姜[②]之风。卒年五十有九。

陈鄢氏，陈得芳之妻，年二十九夫故守节。卒年四十有四。

姚杨氏，姚华福之妻，年二十八夫故守节。善事翁姑。卒年六十有九。

陈青氏，陈增荣之妻，年十九夫故守节。家极贫，上事翁姑，下抚孤子，毫无怨言。卒年七十有四。

姚杨氏，姚秀庆之妻，年二十八夫故守节。事翁姑孝。现年七十有五。

舒姚氏，舒朝锦之妻，年二十八守节。抚孤安贫，久而不渝。现年八十有一。

张徐氏，张光汉之妻，年二十守节。现年五十有六。

舒姚氏，舒朝锦之妻，年二十八守节。抚孤安贫，久而不渝。现年八十有一。

彭王氏，彭宗元之妻，年二十二守节。家贫，事姑克孝。现年六十有三。

田刘氏，儒童田心发之妻，年三十守节。孝顺父母，教子义方。现年六十。

高徐氏，高志仁之妻，年二十九守节。现年六十。

唐卢氏，唐延柏之妻，年二十五守节。备极穷阨，事亲抚孤，孝慈兼尽。现年七十有六。

萧匡氏，节妇黄氏之媳，萧世勋之妻，年二十守节。抚侄为嗣。现年四十有一。

黄萧氏，庠生黄中和之妻，年三十夫故守节。苦逾寻常，抚堂兄子为嗣。现年五十有一。

欧阳萧氏，庠生欧阳文之妻，年二十七夫故守节。抚一子一女，家教甚严。

周王氏，周福章之妻，年二十守节。事姑孝，谨抚二子成立。现年五十有一。

李舒氏，李某之妻，年三十守节。事翁姑，生死葬祭俱无违乎礼。卒年六十。

陈王氏，陈缘万之妻，年二十九守节。事翁姑以孝闻。现年六十有六。

胡金氏，文童胡光清之妻，年二十九守节。现年五十有二。

曾费氏，曾承松之妻，年二十归曾。姑早卒，继姑性悍，动以非礼相加，氏承顺愉婉，久亦感格。夫素无行，欲嫁之。氏悲号自誓，愿针黹纺绩供夫饮食，夫犹百般挫折，节终不

① 针黹（zhǐ）：指缝纫、刺绣等针线工作。

② 共姜：指守节不嫁的女子。典出《诗经·鄘风·柏舟序》："柏舟，共姜自誓也。卫世子共伯蚤死，其妻守义。父母欲夺而嫁之，誓而弗许。故作是诗以绝之。"

改。后姑与夫相继殁，无所依，与胞侄庠生绍鲁居。每遇祖父母及夫生忌辰，必命绍鲁虔修祀事，酒肴必躬亲之。现年六十有四。（以上节妇年岁，本丙寅年《县志》纂录。）

节烈

国朝

龙赵氏，龙民贵之妻。夫外出，恶少潘某入其室欲犯之，不可，胁以刃。氏大呼，恶少惧，遂刺杀之。事在乾隆三十五年，邑宰廉其实，诛恶少，请旌烈妇，建坊邑东门外。

萧唐氏，三官坪萧连喜之妻，龙邑谢家坝人。生一子，家贫，善事翁姑。翁姑殁，家益窘，其夫利某财私嫁氏，迎有日矣。氏知之，泣劝不允，遂携子谒翁姑墓，痛哭半日方苏，归自缢死，乡里莫不嗟叹其烈。此道光初年事。

谭罗氏，称匠谭有福之妻，年二十九无子，一女方周岁。福病故，朝夕痛哭，有劝其改醮者，面斥之。福有胞妹在宣邑板栗园，往投焉。忽一日寄女于妹，奔回遍告诸戚邻曰："吾夫死家贫，终难了局也。"不数日，服毒死，街邻助金葬之。时同治四年闰五月初三也。

明瞿氏，明进禄之继妻。禄夙婴[①]恶疾难近，氏殊坦然，朝夕侍汤药不倦。越六年，夫卒，遗孤方五岁，昼夜悲泣。适有逼改醮者，氏闻而愈悲曰："吾命尽，将从吾夫地下矣。"遂自经死。时方盛暑，三日就敛，犹凛凛如生。

萧王氏，萧振理之妻，事翁姑曲尽孝道。辛酉秋，"发逆"犯境，理举家买舟避难，至鲤鱼潭，贼乘夜突至，理负母逃。氏被掳不从，遂与子德松、长女慈姑、次女晓云、三女卿云同投江死（烈女附见）。

熊郑氏，熊宗安之妻。"发贼"犯境，与烈妇萧王氏同船避贼，贼执刃逼之。氏不胜忿骂，遂携女玉枝投江死（烈女附见）。

夏熊氏，夏启盛之妻，自贤之母。辛酉秋，贤携家避难龙邑，贼突至，大肆搜括，掳掠妇女。氏携幼女，坠悬崖死，时年五十有八，女折左股。贼去，叔启华寻至，移日[②]方苏。

朱姚氏，朱大忠之妻，年二十。"发贼"破城，避难白崖洞。被贼掳，不从，投井死。

朱唐氏，朱大朋之妻，烈妇朱姚氏之嫂，年二十八。同避难白崖洞，朋被掳。氏出望夫被执，痛哭骂贼，自投水田中不死，贼杀之。

① 婴：被……所缠。
② 移日：移动日影。形容时间较长。

颜禹氏，颜本富之妻，年二十八。避贼龙邑，贼猝至，夫妇被掳。氏给[1]贼曰："释我夫与子，即从汝行。"贼信，释之。私谓夫曰："君速行，勿顾我。"富不忍舍，遂偕行焉。沿途防范不得脱，比至清泰门，贼防稍懈，氏抱子投井死。

何黎氏，何远坦之妻。"发贼"入境，氏促其夫携子女速去，夫方逾垣，氏即投井死。同治元年，城复，其夫归，举尸于井，面如生。

周李氏，周焕景之妻。"发贼"陷城，氏从夫逃，行至龙邑。贼忽至，氏见夫被掳，投水死。时年二十有一。

黄姚氏，岁贡生黄鉴之妻。辛酉贼陷城，避难龙邑饶姓宅其婿家也。饶先尽室行，惟一老妪正彷徨间，贼已至，老妪被杀。氏大骂，贼怒，腰斩之，血溅碓柱，至今痕迹宛然。时年六十有六。

何邓氏，字玉姑，何远裕之妻。事翁姑孝，"发贼"入境，氏携姑同匿石洞中，贼至，姑投岩下，氏随之，未死。贼持刃刺姑，氏以身卫曰："愿代姑死。"贼拽之，咬贼指筋骨尽碎，贼怒，以刃刺死。贼去，其夫及翁寻至。姑尚能言，泣曰："媳不护我，不死贼手，世上难寻此孝媳，当以大棺葬之。"不数日，姑亦死。

唐何氏，字恩姑，唐世官之妻，年二十二夫故守节。辛酉避难母家，偕弟妇烈妇玉姑匿山穴中，贼搜至，胁之去。氏即舍生坠崖下，贼扶之，氏骂不绝口，贼割其舌，旋杀之。其父收其尸与玉姑合葬焉。

田李氏，田寿华之妻，年二十八。辛酉扶姑避难，遇贼掳，沿途骂贼，贼割其唇舌，犹骂不绝口。行至龚家潭投水死，尸沉水底，越五日，尸浮出，颜色如生。

文向氏，文光壁之妻，年二十二。辛酉秋遇贼被掳，胁之不从，骂不绝口。路遇偏岩，跃身投水，贼复刃之，尸淹三月不朽。

吴虞氏，吴国清之妻，年二十二。辛酉遇贼被掳，行至接龙桥，诈称步履艰难，欲桥上小憩。贼防稍疏，即抱幼女投水死。

任陈氏，任秉龙之妻。辛酉避难海梁峰，贼至被掳，有女年及笄，许同里向姓未嫁，亦被掳。至红石坂，氏不肯行，骂贼，贼怒，碎身数段以死。女不从，亦被杀（烈女附见）。

李吴氏，李顺喜之妻。辛酉遇贼，以刃胁之，不从，遂携一子一女同赴溪水死。

① 给：欺骗。

李王氏，李恒德之妻。辛酉与其媳简氏避难咸邑金家洞，贼入洞胁之行，氏不从。贼以火燔洞，遂与其媳简氏同被熏死。

徐钟氏，徐克家之妻。家故贫，勤纺绩，善事孀姑。辛酉秋，避贼龙邑，突遇贼，贼胁之，氏詈骂不从。贼乱刃劈杀之。

王覃氏，王代显之妻。辛酉秋避贼高洞，贼胁之行，大骂不从。贼怒，杀之。

覃何氏，福建邵武府经历覃绍鼎之妻。在籍侍奉祖母，辛酉九月避贼老刹口，贼胁之，大骂不从，贼杀之。

覃章氏，覃绍鼎之妾。与主妇同时骂贼，贼杀之，气未绝，旋自缢死。

杨李氏，杨家豪之妻。辛酉秋，避贼龙邑，遇贼，被杀。年二十有二。

吴欧阳氏，吴光合之妻。素贤淑，辛酉秋避贼匿荆棘中，贼搜获，胁之行。氏大骂，以短刀刺贼，贼杀之。

田陈氏，字辛莲，田邦直之妻，陈茂常之女。善事翁姑，辛酉贼入境，扶祖姑匿山中。贼寻至，胁氏同行至老司城，投水死，乡人呼其河为烈妇河。

钱杨氏，钱正纪之妻。与其子俱被掳，贼逼之胁杀其子，不从，自缢死。时辛酉九月。

杨谭氏，谭辛酉之女，杨某之妻。辛酉秋遇贼不从，贼杀之于红岩溪。

吴杨氏，吴光和之妻。辛酉秋，“发逆”犯境，氏年二十，贼胁不从，骂不绝口，贼杀之。

张刘氏，张宗耀之妻。辛酉秋遇贼不从，贼杀之。时年三十。

何熊氏，文童何士贤之妻。辛酉避难长岭冈，遇贼不从，贼杀之。

游张氏，咸丰辛酉避贼于乾洞桥之河岸上，岸高数百寻。突遇贼牵氏衣，氏怒，力扭贼发，尽力一跃，跌死岸下，贼亦身碎而死。

李刘氏，李文孝之妻。辛酉秋随夫携子避乱田家沟，贼至，杀夫及子，又欲胁氏。氏怒骂，贼又杀之。

戴熊氏，戴廷辉之妻。避难佛潭，泊舟中流，贼迫甚急，投水死。

周步氏，农人周宏友之妻。辛酉闻“发逆”陷境，恐身为夫累，乃烹伏雌[1]与夫诀别，负一幼子，同子妇马氏投简家潭死。

① 伏雌：指母鸡。典出《乐府诗集·琴曲歌辞四·秦百里奚妻琴歌一》：“百里奚，五羊皮。忆别时，烹伏雌，炊扊扅。今日富贵忘我为！”

周劳氏，周时英之妻，小字梅姑。自幼读书知礼，年二十余归周，敬事翁姑，街邻称善。生子立鑫未周年，英病故，氏矢志靡他。值岁饥馑，几不聊生，有以再醮逼之者，遂服毒死。年二十有八。

蔡梁氏，字癸姑，蔡文扬之妻。辛酉避难洗白车，匿荆棘中，贼搜获，胁之行，詈骂不从，贼杀之。时年十八。

梁刘氏，梁永宗之妻。辛酉同夫妹癸姑避贼，贼搜至，胁之去。见妹被杀，詈声骂贼，遂抱乳子投水中，不死，贼杀之。

廖彭氏，廖宏魁之妻。家贫，夫远贾，翁利人财逼嫁氏，氏自缢死。

贞女

国朝

田氏女，父母早世，兄嫂随卒，遗侄惟良。女矢志不嫁，抚之成立。

李明祥之女，幼许字[①]同里邹朝焕，未嫁而焕卒。女年十三，矢志守贞，父母严责善劝不可转。平居闲静少言，喜读女四书[②]。年二十一父卒，朝夕依母，不出中门。年四十四，母病期年，亲调汤药，衣不解带。咸丰十一年七月母卒。九月，“发逆”突至，举家避难红岩溪洞中。夜半闻喊声，烟焰四起，谋逃宣邑，突遇贼。兄弟冲散，贼欲胁之行，拼死不从，身受七伤，贼以为死，遂去。越四日，家人寻至，仅存一息，舁至赵家山，调养半年始愈。先邹姓族中以女矢志守贞，议以朝焕堂侄明堂权继为嗣，屡欲迎养，以父母终养为词，茹苦含辛几四十年矣。现年六十有二。

王齿一之女，幼喜书，常伴兄显栋读。父游，家贫母多病，女愿终身不嫁以奉母。未几，显栋亦卒，女同嫂操持家务，抚养遗孤，迄于成立。年六十余，白发鬖鬖[③]，里中犹以王大姐呼之云。

刘月秀，刘光兴之女。性幽闲，幼失恃，事继母曲意承顺。年及笄，姑母胡见女贤淑，欲谋作媳，兴不允，姑遂使无赖子赖婚图害，几致构讼。女愿终养二亲，誓不嫁，事遂寝。后兄弟分炊[④]，亦不取。父母家资日勤，女红数十年，积金数百，复以为二老养生送死之资，且于兄弟分多润寡。年六十余，无疾而终。

① 许字：把女子许配于人。
② 女四书：传统女教之书，包括《女诫》《内训》《女论语》《女范捷录》等。
③ 鬖鬖（sān）：头发蓬松散乱。
④ 分炊：分居，各自为炊。即分家。

向文汉之女，幼许字同里彭氏，未嫁，彭氏子客死。父母欲令他适，女不可，曰：“从一而终，女之道也。今虽不幸，义可背乎？”誓不字，父母寻殁，与其弟别院居，抚其侄，侄卒，又抚其侄孙。年七十余，犹凛凛如昔。

王氏女，王焕之女，年十九未字。其祖父笃疾，女衣不解带者经年。祖父殁，女以积劳成疾，亦相继而终。

袁绣贞，袁以恕之女。恕早卒，兄善诱业医，以贫故常远出，母杜氏多病，恃女为侍养。幼许字何氏，尝泣告兄曰：“吾愿在家养母，不愿适人[①]。”兄漫应之。及长，何求婚，女遂剪发断荤以矢志，何察其志坚，听之。适有女尼来其家，女谢之曰：“吾性愚昧，不知因果，惟知有母当孝，愿以后勿相溷。”自是深自韬晦，虽亲戚罕见其面。事病母三十年，甘旨无缺，温凊无间，乡里贤之。现年五十有二。

烈女

国朝

孙氏女，父文登溺死伏虎洞，遗腹生女。母改嫁周氏，周殁，母复不贞。女年已及笄，谏不听，怒加楚挞，狂且欲并乱之。烈女遂投北门外井中死，时方盛暑，越数日出其尸而如生。

周氏女，庠生周鼎之孙女。幼许字陈氏，将笄而陈氏子夭，女悲泣几绝。家人劝慰，佯诺之，乘间赴池水死。

何蘪姑，选拔何盛忠之女。辛酉秋避难长岭岗，贼突至，胁之去，不从，贼杀之。

何满姑，蘪姑胞妹。同避难遇贼，见蘪姑被害，大骂贼，贼亦杀之。

蒋氏女，蒋德崇之女，年二十有三，许字刘忠永未嫁。辛酉秋，避贼龙山，遇贼，不从，被杀。

邹玉莲，邹永铜之女，年十六未字。辛酉阖家避贼红岩洞，贼破之，女祖母被焚，母受重伤，女且泣且骂。贼欲胁之行，女从洞口奋身跃崖下坠死。女母舅贡生何远略为立石以志之。

符贞姑，符景星之女。咸丰辛酉冬，避难龙邑，遇贼，胁之行，不从，投涧死。时年十八。

陈月英，陈永裕之女，幼字邓元寿。咸丰辛酉，“发贼”陷城，女年十八，随祖母避难宣恩忠建里长滩河。讹传其父母死贼，恸不欲生，又惧贼至被污，投河死。

① 适人：女子出嫁。

田氏女，勇敬里人。其父晨起牧羊，突与豹遇，呼救无敢近者。女持械奔击，豹为所毙，里人惊叹，以为孝行有神助云。同治八年六月初九日事。

夏氏女，夏朝国之孙女。辛酉秋遇贼投河，贼援而诱之，不从，遂被杀。

咸丰县

国朝

蒋覃氏，蒋进明之妻，故土官覃梓椿之女，年十九夫故，抚孤守节。事姑以孝闻，勤苦持家，动中礼法，戚里称之，乾隆四年请旌。

廖田氏，廖锷相妻，夫故守节。

杨甘氏，杨廷佐妻，夫故守节。

蒋周氏，夫故守节。

田萧氏，田锦华妻，夫故守节。

田萧氏，田锦兴妻，年十九夫故，抚孤守节。嘉庆五年请旌。

熊李氏，武举熊金榜妻。

李彭氏，李天麟妻。

黄胡氏，黄天忠妻。

滕李氏，滕成先妻。

陈詹氏，陈德大妻。

李戴氏，李均成妻。

杨冉氏，杨昌隆妻。

宋蒋氏，宋瑰万妻。

李周氏，李正培妻。

谢鲁氏，谢正元妻。

姚杨氏，姚胜珊妻。

袁梁氏，袁章焕妻。

李宋氏，李正权妻。

萧李氏，萧宏替妻。

杨袁氏，杨继贞妻。

郜王氏，郜文祥妻。

杨程氏，杨秀洪妻。

宋曾氏，宋朝选妻。

宋江氏，宋朝榜妻。

冯王氏，冯世均妻。

熊张氏，熊锡阳妻。

李杨氏，李天福妻。

万田氏，万志珍妻。

严周氏，严大堂妻。

严周氏，严修文妻。

田王氏，田先来妻。

覃黄氏，覃廷璠妻。

黄熊氏，黄义和妻。

刘严氏，刘正龙妻。

以上俱夫故守节（旧《府志》）。

刘张氏，刘正友妻，年十八夫故守节。道光十年，学宪王给“松柏长荣”匾额。

田刑氏，田敬德妻，年二十八夫故守节。卒年六十有一，请旌。

向查氏，向日显妻。

王杨氏，王世裕妻。

严杨氏，严道卫妻。

周严氏，周心富妻。

杨黄氏，杨廷璋妻。

冯张氏，冯德伟妻。

杨梅氏，杨秀汾妻。

邓冯氏，邓胜友妻，年二十八。

叶孙氏，叶光宙妻。

周黄氏，周国瑚妻，年二十八。

冯张氏，冯德佩妻。

王龚氏，王宏高妻。

以上俱夫故守节。

王鲁氏，王大淮妻，年二十二夫故守节。卒年八十有六。

王陈氏，王大汉妻，年十八夫故守节。抚侄太和为嗣兼祧[①]。卒年八十有七。

赖谢氏，赖嘉会妻，夫故守节。

张翼氏，张苊芝妻，年二十九夫故守节。卒年八十有三。

刘孟氏，刘仕选妻，夫故守节。

李刘氏，李兴周妻，年十五嫁周，甫一月，夫故守节。

董谭氏，董元泰妻，年十八。适董两载，泰回祖籍湖南常郡不返，氏无子女翁姑，依母家守节以终。卒年七十。

刘谭氏，刘启柏妻，年二十四夫故守节。

洪李氏，太和里洪秀枝之妻，年二十归洪，生一子。夫远出不归，家故贫，里人怜之，有劝其改醮者。氏指其子曰："洪氏血食赖有此耳，吾去则婴儿谁依？诸公无狗彘[②]我也。"里中人且惭且敬之。后为子娶媳覃氏，生三孙，不幸子与两孙俱殁，仅一孙方在抱。氏温言慰藉，与覃氏日勤针黹，夜则纺绩，姑妇二人相依为命。现年六十有五。（以上节妇，咸丰间本《县志》纂录。）

节烈

国朝

黄冉氏，监生黄承德之妻，其女适同里吴宗祺。壬戌春避贼洞中，为贼所逼，母女携手坠崖而死。

朱周氏，生员周德高孙女，适儒童朱英崴。壬戌年二十一避难入洞，贼至，恐被辱，赴阴河死。同治三年，邑侯学师会题[③]"节烈可风"匾额。

烈女

国朝

① 兼祧（tiāo）：在宗法制度下，一子同时继承两家宗祧的习俗。兼祧人不脱离原来家庭的裔系，兼做所继承家庭的嗣子。
② 狗彘：犬与猪。常比喻行为恶劣或品行卑劣的人。
③ 会题：即有关衙门共同会衔向皇帝题奏公事。

刘三女，矢志守贞，捐躯明志。乾隆五十四年请旌。

利川县

国朝

黄牟氏，庠生黄举之妻，年二十夫故，遗孤方数月。抚之成立，养葬翁姑。卒年七十。

谭牟氏，谭永彝之妻，年二十二夫故。抚夫幼弟及三子俱成立。现年七十有六。

牟谭氏，牟元弼之妻，年十九夫故，遗腹生男，矢志守节。上无舅姑，归依母家，有劝改适者，誓死不二。忍饥寒，俟婚嫁毕，然后归牟牵萝补屋[1]以居。卒年五十有四。

陈牟氏，陈思任之妻，年十九守节，遗腹生女。断发明志，半生寂处，未尝与外人接语。卒年五十有一。

牟向氏，庠生牟承睿之妻，年二十五夫故守节。抚二子成立。卒年五十有九。

萧朱氏，萧善正之妻，年二十九夫故守节。抚子成立，请旌。

牟谭氏，牟登岸之妻，年二十一夫故守节。孤复早夭，抚孙成立。卒年六十有三，请旌。

吴向氏，吴宗碧之妻，年二十五抚孤守节。凡五十余年，请旌。

徐曾氏，徐天培之妻，年二十六抚孤守节。抚二子成立。卒年七十有六，请旌。

牟陈氏：牟照林之妻，年二十八夫故，遗腹生男。抚孤事亲。卒年五十有八，请旌。

黄牟氏，黄光太之妻，年二十八夫故守节。抚三子成立。卒年七十有四。

姚杨氏，姚国太之妻，年二十八夫故守节。抚三子成立。卒年七十有四。

冉向氏，冉光寅之妻，年二十四抚孤守节。卒年八十有五。

覃马氏，覃世袭之妻，年十八夫故，遗腹生男。抚孤守节，卒年八十有六。

唐邓氏，唐胜榜之妻，年二十抚孤守节。卒年四十有三。

谭牟氏，谭琼英之妻，年二十二抚二子守节。卒年六十有五。

白李氏，白崑岳之妻，年二十抚孤守节。子久中，今已成立。

谭赵氏，谭忠龙之妻，年二十一抚孤守节。卒年七十有六。

向周氏，向永侯之妻，夫故，抚二子守节。卒年五十有八。

李胡氏，李俊明之妻，年三十抚孤守节。卒年五十有七。

刘牛氏，刘应荣之妻，年二十八抚孤守节。卒年八十有二。

① 牵萝补屋：牵引藤萝补房屋的漏洞。比喻生活贫困，挪东补西。

刘汤氏，刘世政之妻，年三十抚孤守节。卒年六十有六。

赵秦氏，赵廷佐之妻，年二十四抚孤守节。卒年六十有七。

梁吴氏，梁仲之继妻，年二十二夫故。抚前妻谭氏子，子夭，遗孤孙，抚之成立，守节凡五十六年。卒年七十有八。

牟谭氏，牟元高妻，年二十七抚孤守节。卒年四十有五。

翁余氏，翁思泰之妻，年二十五抚孤守节。卒年七十余。

杨张氏，杨顺达之妻，年二十四抚孤守节。卒年七十余。

牟陈氏，牟登俊妻。

文季氏，文雅璠妻。

郭王氏，郭世伦妻。

牟田氏，牟承矫妻。

曾周氏，曾广琼妻。

孙覃氏，孙韬顺妻。

吴杨氏，吴正刚妻。

潘旷氏，潘有才妻。

曾李氏，曾广碱妻。

伍李氏，伍登华妻。

向吴氏，向天碧妻。

周刘氏，周德亨妻。

周张氏，周德利妻。

金蒋氏，金三玉妻。

孙牟氏，孙兴德妻。

以上俱夫故守节（旧《府志》）。

曾赵氏，曾广璠妻，年二十八夫故守节。现年八十有余，呈请建坊。

郭张氏，郭兴坤妻，年十九夫故守节。奉孀姑，抚孤子，始终不倦，人无间言。请旌，奖给“冰雪为心”额。

何张氏，何正斌妻，年二十五抚孤守节。现年六十有八，咸丰十年请旌。

谭胡氏，谭正儒妻，夫故守节。咸丰十年请旌。

陈杨氏，陈世家之妻，年二十守节。孝翁姑，抚幼子。现年六十有五，请旌。

李尹氏，李士海之妻，年二十守节。道光年请旌。

牟陈氏，牟某之妻，夫故守节。道光年请旌。

杨赖氏，杨凤祥之妻，年二十七守节。咸丰年请旌。现年五十有八。

陶曹氏，年十六，适陶生子长青。二十夫故，服阕回家省亲，其母私语曰："汝守节固善，但长青尚幼，万一不虞，终身何依？"曹怒，即投箸起，泣而归。从此励志守节，誓不他适，外人莫敢议婚者。现年五十有八，长青亦成立。

邓彭氏，邓子贵之妻，年二十四夫故守节。生平清操自矢，乡党宗族无间言。卒年八十。道光六年学宪王给额以奖，至今子孙蕃衍。

李曾氏，李某之妻，年二十二夫故无子，以胞侄承祧。抚之成立，督学给额表其庐。卒年五十有八。

李蔡氏，李某之妻，年三十夫故守节。素娴姆训，冰霜自矢，生三子，教以义方。现年八十，学政奖以额。

郭朱氏，郭隆光之妻，年三十夫故守节。生四子，教以义方，当事给"坤道永贞"匾额。卒年七十有七。

徐某氏，忠路庠生徐顺常之母，夫故守节。生六子，亦相继而亡，其媳六人俱矢志抚孤，先后成立。贞萃一门，晚近不数观者。

李王氏，李日章之妻，夫故守节。抚一子又卒，复抚二孙。卒年五十有余。

瞿雷氏，瞿必贤之妻，年二十八夫故守节。孝舅姑，抚三子成立。卒年九十有一，学宪王给"节孝流芳"额。

张王氏，张启蛟之妻，年二十五夫故守节。抚一女，性和顺，宗族乡党无间言。道光六年，学宪王给"节孝可风"额。卒年七十。

冉牟氏，冉继昌之妻，年二十一归冉，生子甫十日而夫故守节。抚孤课读綦[①]严，每以黄豆计数，夜则约以纺声息，书声乃止，六十年如一日。乡党欲以母仪闻于当路，母不许，谓名非孀妇所宜，只求殁后无愧丈夫足矣。一日谓子曰："昨夜梦与汝父晤以黄泉，有面陪夫子白玉无瑕，播史官十四子告余。余惊寤，殆不祥也。"次日遂不起，卒年九十有一。

① 綦：极。

覃牟氏，覃珺侯妻，年二十五夫故守节。抚二子，生孙四，不幸子孙皆早夭，遗婆媳三人，苦节六十年。邑宰以“世节维风”额表其庐。

向周氏，向永侯之继妻，年十九于归，未逾年而夫故，氏矢志守节。抚前妻二子成立。卒年七十有八。

向覃氏，向宜春之妻，年十七抚孤守节。未几，子又生孙，不幸皆早夭，氏仍苦节，凡七十六年。卒年八十有余。

张郭氏，张武发之妻，生三女，年二十九夫故。堂上垂白①，膝下藐孤②。氏奉亲抚女，以从堂侄承夫祀，教读成立，拮据五十余年，无惭妇道。李处士东阳有诗曰：“昔闻梁寡妇，今见郭夫人。不怨红颜命，能甘白屋贫。一身兼孝养，百代树彝伦。岭上清风在，阿谁步后程。”

冉谭氏，冉明魁之妻，年二十八夫故，矢志守节。事继姑，抚四子成立。卒年六十有四。

萧陈氏，萧光海之妻，年二十四守节。上事翁姑，下抚弱息。卒年七十余，子明松。

罗吴氏，罗宗富之妻，年二十四守节。抚二子至于成立，乃先后亦复下世，仅遗孙二，氏又偕孀妇抚养完婚。现年八十有二。

萧李氏，萧志和之妻，年二十守节。抚孤成立。卒年六十余。

张闻氏，张九芳之妻，年二十守节。孝翁姑，抚幼子。现年六十有五。

谭梅氏，谭家炳之妻，年二十守节。抚子成立。现年五十有五。

谭覃氏，谭正孝之妻，年二十守节。卒年八十。

王张氏，王家益之妻，年二十一夫故守节。凡三十有一年，人无间言。

谢刘氏，谢成珍之妻，年二十二守节。始终不渝。卒年六十有四。

朱杨氏，朱维之妻，年二十八守节。事孀姑，抚子女，拮据凡六十载。卒年八十有八。

王刘氏，王奇清之妻，年二十四守节。仰事俯畜，咸尽妇道，茹苦二十八载。卒年五十有二。

李胡氏，李俊明之妻，年二十三守节。卒年八十有六。

李陈氏，李士旗之妻，年二十一守节。现年五十有七。

杨谢氏，杨德朝之母，年二十二守节。抚孤成立，辛苦备尝。卒年七十有四。

黄吴氏，黄万品之祖母，年二十六守节抚孤，终身不怠。卒年七十有六。

牟张氏，牟维斗之妻，年二十四守节。事翁姑，抚弱息幼子，辛苦备尝。卒年七十有二。

① 垂白：须发将白。谓已近老年。
② 藐孤：幼小的孤儿。

廖黄氏，廖世勋之妻，年二十九守节。抚侄承祧。现年六十有五。

廖文氏，廖世应之妻，年二十六守节。抚孤成立。现年六十有五。

马黄氏，马世万之妻，年二十三守节。事翁姑，抚孤子。卒年七十。

谌满氏，谌考科之妻，年二十七守节。抚孤成立。现年七十有五。

徐张氏，徐天伸之妻，年二十五守节。仰事俯畜，始终如一。年八十有五，无疾而终。

蓝邓氏，蓝正举之妻，年二十二归蓝，甫一载，夫故省垣，氏矢志守节。抚族侄承祧，教读完配，子又生孙。现年六十。

贺赵氏，贺道友之妻，年二十六守节。现年七十有六。

李陈氏，李正龙之妻，年二十八守节。现年六十有五。

张陈氏，张世玙之妻，年二十六守节。现年六十有四。

郑李氏，郑昌贤之妻，年二十六守节。抚孤成立。现年七十有六。

黄朱氏，黄正祥之妻，年二十八守节抚孤。现年六十六。

谭程氏，谭志富之妻，年二十二守节。卒年八十有八。

萧周氏，萧明学之妻，年二十六守节。上事六旬孀姑，下抚半岁孤子，躬操井臼，以立家计。卒年七十有四。

段萧氏，段永祥之妻，年二十八守节。无嗣，氏侍奉翁姑，抚养诸侄，不异己出。现年六十有四。

萧梁氏，萧明金之妻，年三十守节。上事双亲，下抚二孤，艰苦备尝。卒年六十有一。

罗张氏，罗大义之妻，年二十一守节。含冰茹苦，以抚孤儿，勤俭持家，以致饶裕。其曾孙入邑庠，氏犹及见之。殁年八十有九。

萧蒋氏，萧明德之妻，年三十夫故守节。家贫，独力支持，抚养孤子。现年七十有九。

吴钟氏，吴国兰之妻。夫故家贫子幼，氏冰心自守，抚六子成立。殁年七十有九。

向谢氏，向廷龙之妻，年三十夫故守节。抚二子成立，克振家声，卒年七十有四。其子显容妻刘氏亦早寡，上事孀姑，下抚幼子。现年六十一，两氏坚贞，乡里钦敬。

李杨氏，李忠美之妻，年二十四守节。卒年七十有四。

冉谭氏，冉明魁之妻，年二十八守节。抚四子成立。卒年八十余。

李杨氏，李忠美之妻，年二十四守节。卒年七十有四。

冉谭氏，冉明魁之妻，年二十八守节。抚四子成立。卒年八十余。

谌田氏，谌义昭之妻，年二十九守节。现年五十有二。

黄邵氏，黄兴山之妻，年二十八守节。现年五十有一。

谢袁氏，谢裕明之妻，年二十九守节。现年五十有二。

谢张氏，谢义彬之妻，年二十九守节。现年五十有三。

陈杨氏，陈世家之妻，年二十九守节。现年五十有二。

朱牟氏，朱天睿之妻，年二十三夫故守节。现年六十五。

江李氏，江千祥之妻，年二十六守节。卒年四十九，子卜生。

张周氏，张开祖之妻，年二十八守节。现年五十有三。

张黄氏，张大鼎之妻，年二十四守节。现年五十有五。

向赵氏，向登甲之妻，年二十七守节。现年五十，请旌。

左周氏，左应凤之妻，年二十九守节。现年七十有三。

方黄氏，方正洪之妻，年二十九守节。现年六十有三。

郑刘氏，郑兴周之妻，年二十夫故守节。

赖朱氏，赖宗文之妻，年二十九守节。现年五十有一。

季陈氏，季国义之妻，年二十一守节。现年五十有六。

倪赵氏，倪大伦之妻，年二十二守节。现年八十有一。

吴刘氏，吴先第妻，年二十九守节。卒年五十，请表建坊。

向吴氏，向英璋妻，年二十六守节。卒年五十六，（请旌）建坊。

殷蒲氏，殷斯琼妻，年二十八守节。现年七十六，（请旌）建坊。

王冯氏，王明翼之妻，年二十四守节。现年六十。

吴杨氏，吴祖朝之妻，年二十四守节。现年六十有三。

文李氏，文颂选之妻，年二十八夫故守节。

邓刘氏，邓长春之妻，年二十四守节。现年五十有一。

张吴氏，张合庆之妻，年二十四守节。咸丰六年详报。现年五十有八。

戴袁氏，戴自麟之妻，年二十七守节。咸丰六年详报。现年六十有一。

黄王氏，黄通莲之妻，年二十一守节。咸丰六年详报给匾。现年五十有六。

黄王氏，黄某之妻，夫故守节。咸丰六年详报给匾。

向杨氏，向地琼之妻，年三十守节。咸丰十一年举报。现年五十有二。

胡汪氏，胡正邦之妻，年二十五守节。咸丰十一年举报。现年五十有六。

李刘氏，李开秀之妻，年三十守节。同治四年举报。现年七十。

牟胡氏，牟天锡之妻，年二十五守节。同治四年举报。现年五十有五。

解金氏，解传心之妻，年二十八守节。抚子成立，请旌。

孝妇（附）

朱黄氏，夫故家贫，佣工度日。翁老病，与伯氏同居，妇迎养至家，奉事维谨。有幼子二，衣不蔽体，而翁常获温饱焉。（以上节妇年岁，闻本《县志》纂录。）

节烈

陈牟氏，陈开榜之妻。同治元年正月，遇贼于赵家岩，负子投岩死。

康朱氏，康大昭之妻。同治元年正月，遇“发逆”，胁不从，死于仙女洞。

吕王氏，吕德孝之妻。骂贼被害于卢家坡。

司蒋氏，司明礼之妻。壬戌正月，同夫率二子二女避贼杨家山，见贼拥至，恐被污，缢死于树。时年三十有五。

于钱氏，于之宗妻，夫故守节。无嗣，依侄居。年五十，“发逆”入境，投岩死。

涂吕氏，涂步德之妻。壬戌正月，避贼干溪山，贼至，氏恐见辱，抱幼子投池水死。时年二十有二。

秦杨氏，千总秦殿魁之妾。壬戌正月十五日，贼围逼铁炉寨，氏与尼僧元善、广胜同时自缢。

烈女（附）

国朝

田姑，田洪远之妹。年及笄，待字，容貌端好。嘉庆二年，土匪居其家，掳女至寨，欲纳之。不从，胁以兵，女骂不绝口，贼杀之。

秦戊秀，壬戌正月，“发逆”入境，女与母避贼佛宝山被掳。女不屈，骂贼遇害。时年十五。

阳姑，阳成洪之女，许字伍姓，尚待年。壬戌避贼于山，贼逼，恐为所污，坠岩死。

陈鹿鸣，陈洪苏之女，许字赵姓未归。壬戌春，同母王氏避贼白玉山，贼逼，骂贼，贼以刃刺喉死，母亦自缢。女年十九，王氏三十有六。

贞女

国朝

刘若玉，刘廷桢之女，子幼守贞不字。咸丰十年举报。现年四十有四。

向二秀，向睿奇之女，幼字牟秀寿长子，年十二夫故，守贞不字。咸丰十年举报。现年五十有二。

何金兰，何其万季女，年十四夫故，守贞不字。咸丰十年举报，现年五十。

李霜梅，郭传德聘妻[①]，年十八，未嫁而夫故，依母家守节。为夫立嗣，苦守凡三十余年，请旌。

杜女，幼许吕氏子为室，未嫁而夫故，守贞不字。父母亦不之强，亲殁，依兄嫂居，以纺绩为事。生平不苟言笑，不御铅华，松柏之操至老不移。年八十有一，无病终，葬于山之南。墓前有碑，大书“杜贞姑之墓”，旁书“自欲寂处，不欲再配，八十一岁忽赴幽冥”十六字，迄今二百余年，字迹朗然。

李姑，李昌荣之女，乾隆时人，守贞不字。孝养父母。卒年六十。

建始县

国朝

龙谭氏，龙鳞金之妻。

于黄氏，邑廪生于大晟之妻。

黄向氏，黄大胜之妻。

何李氏，何允俊之妻。

冉孙氏，冉尔俸之妻。

向陈氏，向友乾之妻。

杨于氏，杨加秀之妻。

黄向氏，黄加隆之妻。

① 聘妻：指已订婚而未娶的妻子。

王杨氏，王端周之妻。

何向氏，何其全之妻。

向黄氏，庠生向孔文之妻。

黄孙氏，黄兴福之妻。

喻高氏，喻国仕之妻。

向黄氏，向登义之妻。

吴汤氏，吴洪泰之妻。

杨吴氏，杨君诚之妻。

龙向氏，庠生龙鳞九之妻。

李刘氏，李永校之妻。

黄宋氏，黄天桂之妻。

唐吴氏，唐达先之妻。

刘于氏，庠生刘日桢之妻。

刘冉氏，刘琼之妻。

张蒋氏，张天福之妻。

黄孙氏，黄仑之妻。

龙董氏，龙相之妻。

车萧氏，车端之妻。

向于氏，向大宗之妻。

向邓氏，向乾之妻。

张李氏，张光宗之妻。

江龙氏，江叶之妻。

李夏氏，李润之妻。

刘汪氏，刘世选之妻。

冉黄氏，冉大潮之妻。

龙向氏，龙泽芝之妻。

于向氏，于廷驹之妻。

蒋李氏，蒋仲逸之妻。

龙黄氏，龙廷顺之妻。

吴刘氏，吴文书之妻。

黄喻氏，黄奇琳之妻。

谭向氏，谭学岩之妻。

谭向氏，谭延忠之妻。

龙杨氏，龙德裕之妻。

姚陈氏，姚廷孝之妻。

饶刘氏，饶从兴之妻。

向于氏，向学龙之妻。

谢刘氏，谢纪常之妻。

以上俱夫故守节。

郑张氏，庠生郑文会之妻。姑性偏爱少子妇，虐遇氏，氏奉事惟谨。一夕，氏诞育，姑不与火食[①]。越日，课井臼[②]，亦甘受无怨。时翁馆于外，闻之归询其事，氏恐伤姑意，力白其诬。年二十九夫故守节。夫弟谋夺其志，氏闻之，故跌伤肢体，呻吟床褥，暗使人戒娶者曰："必若是，将自杀也。"娶者惧，乃止。后姑病笃年余，氏抱负扶持，不避臭秽，甘旨医药，不惜资财，姑乃悔悟。氏严于课子孙，故其后相继入庠，乾隆五十七年旌表。

何孙氏，何如淮之妻，年十九守节。敬事舅姑，勤俭持家，义方训子。卒年八十有三。

张刘氏，张传智之妻，事姑孝，年三十夫故。或劝改适，氏剪发明志，守贞勿他适。姑病癣，日夜侍汤药，不避臭秽，为之吮咂，癣赖以愈。抚孤成立。嘉庆二十五年旌。

郑何氏，郑世杰之妻，年二十一夫故，遗一子甫四月。家赤贫，翁姑欲令改适，氏嫠面自誓，抚孤守节，艰苦备尝。一日，翁姑患疫毒，一门传染，氏在母家，闻之仓皇欲归。兄阻之，氏曰："翁姑病笃，忍心不返，尚靦然人世耶？"遂孑身赴归，晨昏奉侍。适岁荒家窘，药饵无资，夫兄外出，夫弟尚幼，氏典钗市药，外为人佣以济日用需。后翁姑殁，殡葬一切皆赖氏女红所蓄积也。凡苦节一十五年。卒年四十有六，子庠生。

龙谭氏，龙锐之妻，年二十八守节。上事孀姑，下抚幼子皆成立。卒年五十有六。

刘于氏，刘文炳之妻，年二十五抚孤守节。孝闻闾里。卒年六十。

① 火食：伙食，饭食。
② 井臼：汲水舂米，指操持家务。

潘邓氏，潘成琥之妻，嫁甫三月，琥外贸病故。时姑已七旬，氏年二十四，矢志守节，纺绩奉姑。越五载，姑殁，殡殓无资，邻里高其节孝，赙葬之。氏由是抚侄子以续夫祀，苦守凡三十余年而卒，乡人公举入祠。

张卢氏，张传柱之妻，年二十五夫故守节。凡四十七年。孝事翁姑，抚二子成立。卒年七十有二，孙入武庠，嘉庆年旌表。

黄申氏，黄文相之妻，善事翁姑，夫故守节。勤俭不懈，家渐饶裕，补修桥庙，施舍衣襦，邻里靡不称其贤淑，已请旌入祠。迄今子孙显达，人以为苦节为善之报。

陈鄢氏，陈嘉品之妻，年十九夫故，子言斌甫八月，氏守节抚孤，备尝艰苦。凡五十有七年，已请旌入祠。

龙张氏，廪生龙链之妻，善事翁姑，持家勤俭，夫故守节。抚孤成名，子岁贡生。

范蒋氏，范佑镗之妻，年十六守节。事七旬姑始终不懈，乡人咸称颂之。

何孙氏，何光武之妻，年二十四守节。敬姑嫜[①]，抚二子，日夜操作。凡二十八年无间，里人钦颂之。

朱吴氏，朱志纲之妻，年三十夫故，无子。舅姑劝其改适，誓死不从。家贫，氏组织针黹以奉旨甘，翁姑殁，尽哀尽礼。抚侄以继夫嗣。

朱范氏，朱启茂之妻，年二十夫故，无子。抚侄光育子为嗣孙，矢志守节，勤俭持家。凡三十有五年卒，乡里至今犹传颂焉。

李朱氏，李正鳌之妻，年二十二守节。敬事翁姑，抚育二子，苦节凡三十有八年而卒。

郭刘氏，郭桂柳之妻，年二十四夫故，次子生甫四月，甘贫守节。始终不懈，苦志凡四十有四年卒。

李郑氏，李正宪之妻，事翁姑以孝闻，年二十九夫故守节。淡泊自甘，纺织不倦，内言不出阃，亲友罕见其面，守节凡三十有八年。

刘傅氏，刘先庆之妻，年二十二夫故，无子。家贫，誓不再适，乃依母家守节，苦志凡二十有六年。

戴杨氏，戴先礼之妻，年二十五夫故守节。姑劝改嫁不听，苦节凡三十有五年。

魏康氏，监生魏常贞之继妻，年二十四夫故，遗一子尚未弥月。氏立志守节，抚孤并教养前妻子，均已游泮。善事孀姑，先意承志，守节凡二十有一年。

① 姑嫜：丈夫的母亲与父亲。

朱刘氏，朱任玉之妻，年二十八夫故。家极贫，姑老且病，氏纺绩工作，克尽孝道。抚育二子，迄于成立，苦节凡十有五年。

刘饶氏，拔贡刘云章之妻，年二十九，夫赴朝考，卒于京师。氏闻讣，几不欲生，因念舅姑已老，子女尚幼，未忍即死，乃脱簪典裙，归夫柩于数千里外。由是操作勤恳无虚日，守节凡三十有五年。

刘华氏，刘本立之妻，夫故守节。勤持井臼，孝事翁姑，抚二子成立（以上俱旧志）。

黄何氏，庠生黄元明之妻，年二十一夫故，无子，仅遗女。氏矢志守节，凡三十有四年，请旌。

谢饶氏，谢世安之妻，年二十四夫故。贞操自励，教子有方，苦节三十有二年，请旌。

黄张氏，黄志彬之妻，年二十二守节。家贫亲老，矢志不渝，凡苦节三十有八年，请旌。

胡于氏，胡世富之妻，年二十八夫故，守节凡三十三年。现年六十有一，请旌。

李潘氏，李克美之妻。姑早逝，遗幼弟三，氏抚之若母。年二十四夫故，子正心甫四岁，氏立志守节，独持家政。追继姑冉氏复生三弟，氏待之尤谨，后弟妇饶氏、魏氏以次孀居，时称一门三节。苦守二十年，声不出壶，行不履庭，亲戚从无一面者，请旌。

张焦氏，监生张光有之妻，年二十八夫故守节。纺绩度日，敬事翁姑，凡守节五十七年。现年八十余，请旌。

冉黄氏，冉广薛之妻，年二十六夫故。家贫子幼，立志抚孤，守节凡四十有七年。现年七十有三，请旌。

徐刘氏，徐景发之妻，年二十七夫故。家贫，勤纺绩，抚子成立，凡守节六十年。现年八十有七，请旌。

刘何氏，刘国旺之妻，年二十四夫故。家贫亲老，氏饮冰茹蘖[①]，善事舅姑，及殁，丧葬尽礼。现年四十有六，请旌。

樊王氏，樊仕伦之妻，年二十五夫故守节。凡四十有七年，请旌。

万丁氏，万表彦之妻，年二十九守节。家贫姑病，氏侍奉不少离，尝祈神愿以身代，病剧，割股和汤药以进。凡守节五十有六年，请旌。

唐向氏，庠生唐贤传之妻，年二十八夫故守节。艰辛备历，矢志靡他，守节凡三十有九年，请旌。

① 饮冰茹蘖：喝冷水，吃苦味之物。比喻处境困苦或心情抑郁。典出清纪昀《阅微草堂笔记·槐西杂志三》："节妇非素有定志，必不能饮冰茹蘖数十年。"

吕郑氏，吕兴周之妻，年二十六守节。家贫姑瞽，氏贞操自励，昼夜辛勤，事姑抚子，孝慈周至。凡守节二十有九年，请旌。

黄周氏，黄文元之妻，年二十五夫故，遗一子甫周岁。氏事亲尽礼，教子以义方，凡苦节三十有九年，请旌。

黄龙氏，黄景成之妻，年二十三夫故守节。言笑不苟，纺绩自勤，孝事翁姑，善和妯娌。现年六十有五，请旌。

孙谢氏，孙大寿之妻，年二十九夫故。姑老子幼，柏舟自矢，仰事俯畜，备极艰辛。现年五十有七年，请旌。

何欧阳氏，何起兴之妻，年二十八夫故。持家有法，教子綦严，苦节凡四十有一年，请旌。

罗余氏，罗阶升之妻，年二十八夫故。亲老子幼家且贫，氏奉养以代子职，督课而兼严父，不以饥寒易初心也。迄今子孙荣贵，家亦小康，实氏基之，苦节凡五十有五年。

何郭氏，何尊模之妻，年二十六夫故。无子，抚堂侄为嗣。姑年逾七旬，卧病数年，氏奉侍汤药，日夜不懈，及姑殁，尽礼尽哀。守节凡十有六年。

郭刘氏，郭清柳之妻，年二十七夫故守节。淡泊自甘，言笑不苟，勤纺苦绩，教子有方，守节凡五十有二年。

刘李氏，刘绍勋之妻，年二十八夫故。诗书训子，为善于乡，守节凡三十年。

刘李氏，刘麟勋之妻，年二十九夫故守节。尚勤俭，寡言笑，教子有方，凡苦节二十有三年。

李饶氏，李克润之妻。幼聪慧，其父口授诗书，辄记诵不遗，长读《烈女传》尤讲求精义，不令囫囵而过。年二十一夫故，遗一子甫三月。氏守节安贫，昼勤纺绩，夜则篝灯[①]课子，乡里咸钦之。凡守节三十有二年。

李魏氏，李克俊之妻，年二十三夫故。典钗为治丧资，教二子以义方，家业复赖以振。凡守节三十有一年。

涂方氏，涂大开之妻，年二十四夫故。茹蘖饮冰，艰辛万状，凡守节五十有一年。

孙郑氏，孙亨豫之妻，年二十九夫故守节。家无立锥地，奉舅姑，畜诸子，皆仰赖十指间，苦况何可名言。凡守节二十有三年。

胡李氏，胡国宾之妻，年二十七夫故。家贫亲老，子尚在襁褓，氏勤苦自持，阨穷而不怨。凡守节四十有四年。

① 篝灯：置灯于笼中。

李周氏，李学焻之妻，年二十四夫故。子幼翁病，四顾泫然[1]，而氏不以遇之艰萌他志，翁殁尽礼尽哀。抚子底于成立，守节凡四十年。

莫陈氏，莫国兴之妻，年二十九夫故。藜藿[2]自甘，言笑不苟，苦节凡三十有五年。

徐朱氏，徐林芳之妻，年二十九夫故。家贫亲老，氏甘心茹苦，矢志无他，守节凡三十有三年。

张向氏，张久珩之妻，年二十九夫故。昼夜纺绩，以事继姑，苦节凡二十有一年。

周赖氏，周东望之妻，年二十一夫故守节。继姑生三弟，氏善承姑志，竭力经营，各完婚配，苦节凡四十有八年。

汪潘氏，汪德泰之妻，年二十九夫故。家贫无子，仅遗二女。氏饮冰茹蘖，其志弥坚，守节凡三十有三年。

许吴氏，许天麟之妻，年二十七夫故。家贫亲老，勤纺织以佐旨甘，苦节凡三十年，邻里称之。

吴徐氏，吴祚选之妻，年二十二夫因就塾溺死。氏立志守节，事亲孝，教子严，以迄于今。现年五十岁。

黄刘氏，文童黄道清之聘妻，家贫甚，年十八未归。道清病故，氏闻讣痛不欲生，即更素服随母吊其门，谒翁姑，修子妇礼，哀毁守制。食贫居艰，姑病剧，吏清夜焚香默祷，割股和药以进，凡守节四十年。勤纺绩，甘藜藿，抚侄子以续夫祀。（以上节妇年岁，闻本《县志》纂录。）

孝妇（附）

邹彭氏，邹忠贤之妻。家赤贫，灌园食力奉养翁姑。其姑马氏素患眼疾，氏日侍汤药，寝食几废。一日，姑思食木耳，遍寻无获。忽见古堰塘边有老柳一株，枝干参横，倒垂水面，木耳生其上。氏缘木探取，失足坠水，忽空中雷电大作，若有掖之起者。随跃于堤岸，豁然云霁天开。有农夫李玉书者，闻声往见，氏已端坐堤边，因扶至其家，炙火更衣。归见姑病剧，煮木耳汤以进，翌日病瘳[3]，里人以为孝心所感云。

① 泫然：流泪的样子。
② 藜藿：藜草和豆叶。泛指粗劣的饭菜。
③ 瘳：痊愈。

节烈

姚张氏，姚耀庭之妻，夫故守节。熊姓强娶之，因自缢，乾隆三十六年旌表建坊，在县南一里。

烈女

国朝

黄氏女，邑南三百里茶蓼河人。性贞静，习女仪，家贫，父母早逝。及笄，有邻村恶少窥女少艾[1]，伺家人皆外出田作，潜入室中强污之。女悲愤不欲生，惟念沉冤未白，一死不甘，乃不辞跋涉，赴城鸣官。恶少闻风远飏，案悬未结。氏抑郁计穷，遂赴城南漩龙滩投水死。时嘉庆二十年也，呈请旌表。

田氏女，年十四。父母早逝，家贫无依。道光十九年冬，随杨媪行乞城中，一夕，避风雪于破屋内。适乞丐吕双幅亦投宿于此，见女少艾，辄挽杨媪求合，女拒弗许。双幅夜奔强逼，女愤骂，复持刀恐吓，女骂益毒，幅怒刃其喉而死。事闻官，为昭雪，题请旌表，建坊于城南河畔，今犹存。

周赖氏，周东望之妻，年二十二岁夫故守节。尽孝尽慈，抚子声远入邑庠。孙兆棠，恩贡生。

增修施南府志卷之二十五终

① 少艾：年轻美貌。

增修施南府志卷之二十六

人物志（寿考　畸行）

古者论年以七十为稀，若耋[①]若耄[②]，若期颐，非尤人所难几而不敢冀幸者哉！施在万山中，得山水灵秀静象也，即寿征也。阅世生人不知凡几，旧志缺焉，兹广为增辑，仰见我朝圣圣相承，重熙累洽。物未效其灵，人先呈其瑞，即有甘心陨命[③]不暇待，祈年之祝者率皆割股奉亲，阴行其孝。事虽不可为训，而至情至性为足多也。志寿考而畸行附焉。

寿考

国朝

施南府　恩施县

谭心浩，光明磊落，慷慨好施。卒年九十有三。子醇儒，孙名山，俱庠生。

安老人，逸其名，水田坪人。现年一百零五岁，忠厚传家，安分力农，五世同堂。子成榜已八十余岁。

唐显达，现年一百四岁。子一，孙二，曾孙七。

庾有恩，现年一百一岁。子道柏、道祥。

刘佳名，现年九十八岁。邑侯彭公燮以“期寿难逢”匾其庐。

刘明月，现年九十有六。子六，孙七。

田凤山，现年九十。

张玉国，现年八十八。

康希富，卒年八十有一。性嗜朴俭，心存忠厚，慷慨好义，久为乡里交推。子光第，同知，孙佩谦，知县。

① 耋：年老，多指七八十岁。
② 耄：高龄，八九十岁。
③ 陨命：丧失生命。

赵永祥，字云亭，现年八十有三。为人朴质，不慕显荣，经星经、地理、卜筮之学，犹有心得。子寿南，庠生。

刘明魁，卒年八十有二。孙其璹，庠生。

刘良长，字体仁，卒年八十有二。孙宗楷，庠生。

姚天兴，卒年九十有七。子焕星，斋奏厅。

杨心荣，卒年八十有五。

皮家骍，卒年八十有二。

耿纯北，乡人，卒年九十四岁。

幸国才，卒年八十有二。

谢观国，现年八十有三，宜都营千总。

华略余，卒年八十有八。慷慨好义，宗族均沾其惠。

黄复远，卒年八十有六。子元弼，湖南乾州同知。

何千祥，卒年八十有六。一生不娶，有议婚者，辄以有侄不孤为辞，亦异人也。

张绍周，卒年九十三岁。子君泽，卒年八十有八。孙重英，卒年八十有四。曾孙映芸，现官福建南安县知县。

熊经典，现年九十有二。一生谈阴骘，文辄娓娓不倦。

王德辉，卒年九十有二。

黄士连，卒年九十有二。

商秉中，卒年八十有三。子文彬，卒年八十。孙祖垣，庠生。

涂立祥，卒年八十有四。

冯万咸，卒年八十有二。妻田氏，卒年八十有一。子世经，庠生，媳潘氏，俱卒年八十。孙应升，妻杨氏，现年八十。

朱李氏，崔坝把总朱光之妻，卒年八十有三。媳韩氏，卒年八十有六。次孙媳郭氏，卒年八十有六。四孙媳邓氏，现年八十。孙荣位，斋奏厅；荣禄，恩贡生；荣名，监生；荣寿，理问厅。

杨侯氏，杨子荣之母，卒年九十有七。持家勤俭，语言不苟。子五，孙二十，多业儒。

谭冯氏，文生谭心静之妻，卒年九十有五。孝事翁姑，和睦妯娌，能婉言助成夫志，子孙成丁者四十余人。

袁陈氏，文童袁天锐之妻，卒年九十有四。天锐贫而好学，氏出妆资以成其志。遇人急难，能损已周之，至老不倦。孙大品，邑庠生。

杨袁氏，卒年九十有三。

许史氏，卒年九十有四。

杨滕氏，卒年八十有六。

刘谢氏，卒年九十有三。孙宗楷，庠生。

康李氏，卒年八十有一。

刘蒋氏，卒年八十有四。曾孙其; 庠生。

宣恩县

董有年，卒年九十有九。形貌魁梧，膂力过人，平生以攻石为业，手大铁锤日夕山中。凡石穴中有土者，辟之为种黍，地家因小康。年九十余，凿碍道之石，犹孜孜不倦，前后数里皆成坦途。人呼为百岁老人云。

李朱氏，监生李兆山之母，卒年八十有二。

邓崔氏，庠生邓敏行之妻，卒年九十有二。子士林，庠生；士琼，武生；士玫，孙朝议，俱详武功志；朝钧，武生。

吴刘氏，现年八十有一。夫早故，抚二子成立，孙二。

蔡王氏，蔡光前之母，现年八十有八。

李潘氏，武生李琼之妻，卒年八十。媳王氏，现年八十有六。子大绪，监生；大经，武生。

金龙氏，金炳堂之母，现年九十有二。

陈佘氏，东乡三里荒人，卒年一百三岁。

张左氏，张大荣之妻，年九十有七。五代同堂，卒时子光玉、光珩夫妇均及八十。孙旭怀，曾孙世松，俱庠生。

刘李氏，卒年九十有八。子兆华。

吴陈氏，吴文儒之母，卒年九十有七。儿女皆白发绕膝，郡伯佟公景文题“熙朝人瑞”额以赠。孙绍伟、绍诚，曾孙咏之，俱庠生。

龙谌氏，庠生龙际云之母，卒年八十有二。三子际唐，武生，卒年八十有七。孙万青，庠生。

张舒氏，张有伦之母，现年九十有二。眼观五代，儿女皆白发绕膝。

牛嵩，庠生，年九十余。能作蝇头小楷，眼观四代，平生甘淡泊，厌尘嚣，课读为业。

黄之昌，卒年八十有七。前三日预知死期，临卒戒家人盛沐浴，衣冠膳毕，一笑而逝。妻王氏，卒年九十有三。

冯正起，卒年八十有八。妻郭氏，卒年八十有四。

周应瑞，现年九十余。妻余氏，卒年八十有八。

周奇泰：妻张氏，同年同月生，俱现年八十余。白发齐眉，精神如壮年。子文尧，监生，孙金魁，武庠。

李如成，年八十有七，无疾而卒。子方祥，卒年八十有九。孙可本，现年八十有六，日行数十里，人谓以寿传家。

包上泽，现年八十有六。妻张氏亦现年八十有四。

张士高，现年九十有四。

隋世钦，邑庠生，卒年九十有七。子代纯，庠生。

赵之璧，恩贡生，沉静端方。卒年八十有五。

丁克本，现年八十有七。能书蝇头细字，日行数十里如健夫。幼业儒，壮年训蒙[①]乡里。曾还人遗金若干两于店中。

陈再爵夫妇，皆九十余岁。步履康强，子孙蕃衍。平生居心忠厚，朴实无华，以务农为业。

田定蛟，现年九十有二。性刚直，喜张公道，少习武艺，膂力过人。

文应楷，卒年八十七岁。生平正直，学问甚富，设馆四十余年，有先正风范，门下入泮者数十人。

黎祚国，卒年九十九岁。为人朴厚，眼观五代。

简充文，现年九十余，老而愈健。

曾段氏，曾义银之妻，卒年八十有八。居心慈善，家法严明。孙慎微、焕奎，俱邑庠生。

段瞿氏，段祖光之妻，卒年八十有八。持家勤俭，乡里贫乏者不时赒之。子延龄，庠生；延楠，贡生。孙云，庠生。

覃恩光之妻，氏现年九十有六，犹勤纺绩。

田侯氏，田永珑之妻。卒年九十有二。

黄梁氏，黄玉昆之妻。现年九十有二。

① 训蒙：教育幼童。

钱陈氏，钱勇刚之妻，现年九十有一。耳目聪明，犹躬亲纺绩针织之事。

魏陈氏，魏安富之妻，现年九十有四。耳聪目明，持家有法，教子义方。

宋吕氏，宋寿山之妻。母疾侍奉三年，衣不解带。乾隆三年，携子永炣来宣，因家焉。寿至一百零六岁，详请旌表建坊（《县志》）。

袁阙氏，袁鹏程之妻，寿至一百零一岁。眼见四代（《县志》）。

谭杨氏，谭再朝之妻，现年九十有八。氏年二十四夫故，无子一女，志矢冰霜，七十余年直如一日（《县志》）。

孙陈氏，寿登期颐，眼观五代。子志善，郡庠生。孙百祥，从九品，百福县丞。

吕董氏，年九十有八。仰事俯畜，备极勤劳，乡里咸钦之。后孙曾林立，眼观五代。孙绍熊、绍谦，俱庠生。

来凤县

张文俊，字拔万，卒年九十有二。天性朴实，取与分明。妻萧氏，卒年八十，白首齐眉，眼观五代。子仕儒、仕陶、仕缥、仕智、仕柄。

曾有华，卒年九十有三。居乡循分，生九子，蕃衍至百七十丁，眼观四代。子思达，武生；思海，现年八十有六。

何显俊，字光华，卒年八十有一。气量宽宏，乡里称长者。孙远镇，庠生，候补府经历；远略，岁贡生，候选训导。

张凤鸣，字昌廷，卒年八十有二。居心和平，妻饶氏，卒年九十有一。秉性端严，乐善好施，夫妇白发齐眉，眼观五代。子书绅，孙镕，俱见选举志；鍊，廪生；镇，庠生。

杨天干，卒年九十有六。天性纯朴，动循礼法。子焕之，孙徽猷、徽策，俱庠生。

唐成隍，卒年九十。

杨九老，卒年九十有六。孙昌进。

敖天生，年六十生子绍章，年九十六无疾而卒。绍章卒年八十有九。

刘显耀，卒年九十有五。

袁文奎，卒年九十有五。

喻民安，卒年九十有三。弟民泰，卒年八十有九。

杨志贤，字希圣，卒年八十有五。自奉俭朴，尝倾囊为友偿债。孙承杰，庠生。

张绍伦，有孝行，与妻李氏卒年俱八十有五。子廷松，孙光斗、光统，俱庠生。

何映珍，卒年八十有五。存心耿介，遇事敢言。弟映章，卒年九十有三。

曾思顺，卒年八十有二。形貌魁梧，豪侠自喜，能为乡里排难解纷。孙绍鲁，庠生。

姚应寿，卒年八十有九。通堪舆，善处乡里。

萧祚长，卒年八十有九。居心正直，与人和易。

萧国举，卒年八十有二。居心诚笃，与人交不欺。

田志正，性好善，七十生子，八十有八见孙，卒年九十有三。

谢世安，卒年九十有五。忠谨性成，与世无争。弟世桢，卒年八十有九，善气迎人，终身不出恶言。

郑仕南，庠生，卒年八十有三。悃愊[①]无华，谨守卧碑[②]。

王启文，卒年八十有三。性纯朴，与物无竞。子宗彝，岁贡生。

熊学健，卒年八十有三。性豪爽，喜张公道，尤敬礼贤士。子凤翙，庠生。

鲁元坤，卒年八十有六。居心忠厚，敬礼神明。

陈文藻，年八十二，无疾而卒。为人正直，乐济贫困。妻覃氏，卒年九十有四。孙嘉谟，庠生；大炳，监生。

邹文虎，字玉文，卒年九十有三。性朴实安分，力农。

田朝珺，卒年八十有一。事继母以孝闻，性刚直，乡里有事，多排解之。子雨芳，庠生。

姜敬一，卒年八十有六。妻雷氏，卒年九十有五。相敬如宾，人言无间。

何映熙，卒年八十，乐易好施。子天曙，庠生；远松，武生。

田仁杰，卒年九十有二。性耿直，喜张公道，妻刘氏，卒年八十有二。

田鸿猷，卒年八十有六。嘉庆元年，"教匪"入境，出力剿贼。妻汪氏，卒年亦八十有六。

朱荣富，卒年八十有一。貌魁梧，膂力过人。嘉庆元年剿贼，手执百余斤巨炮，指挥如意，贼畏之。

劳世魁，卒年八十有五。好读书，喜近贤士。

向正彬，卒年九十有五。好学能文，见重乡里。

劳丰润，卒年八十有五。世魁子，喜录先正格言，至老不倦。

罗周道，卒年九十有一。

王文贵，卒年一百零八岁。原籍龙山，或云山东人。

---

① 悃愊：至诚。

② 卧碑：镌刻禁令的石碑。

刘明立，卒年九十有六。

马启富，卒年九十有一。

李正泰，卒年九十有一。

莫子富，卒年八十有九。

龚友谅，卒年九十有四。

王国顺，卒年九十有二。

周益盛，卒年八十有二。少孤贫，常依拔贡张镕家为佣。辛酉城破，贼欲火其宅，盛以死争之。贼怒截其鼻，横加炮烙，哭且呼曰："宁死不出此一步也。"贼义而释之，宅获无恙。

张思徽，卒年八十有七。性耿直，恤人困苦。子来仪，庠生。

刘孙榜，卒年九十有三。直朴忠厚，乐善好施。妻袁氏，卒年九十。孙登瀛，武生。

覃洪基，年八十有一，无疾而卒。居乡好排难解纷，远来贫民，多方周济。族姓咸遵其约束，终身未入公门。

彭明照，为人端方，卒年八十有九。

汪君相，性喜交游，卒年八十有九。

杨万才，卒年九十有五。

郭士凤，卒年九十有一。

余嘉会，卒年八十有九。

张绍信，妻印氏，卒年俱八十有九。

闵子裔，卒年九十有一。

田敏，卒年八十有二。通堪舆，喜为人言阴骘[①]事，与同里段学成修永寿桥。

张大贤，卒年九十。

黄世才，卒年八十有四。耿介忠直，事母至孝。

张思鳌，卒年八十有二，天性浑厚。子峻，乙酉科选拔。淡于仕进，授徒养亲，博学能文，兼精岐黄，为时名医。

王嗣贵，卒年九十有五。存心忠厚，凡粜谷于其家者皆供餐饭。其子贤举，现年八十有九。

刘勋详，现年八十有七。为人耿直，居乡循分。孙万选，庠生。

张廷桂，现年八十有一。性友爱，至老不衰。妻魏氏，卒年八十有一。

① 阴骘：阴德。

舒心文，现年九十有七，眼观四代。

邓玉明，现年八十有四。尝以古人忠孝逸事编成小曲，歌以劝人。

刘应琏，现年八十有七。

唐世华，现年九十有二。

萧顺祈，现年八十有九。

萧顺交，现年八十有九。

何显经，现年八十有六。子诚学，六品军功。

张士福，性耿介，现年九十有二。

张远光，存心忠厚，现年八十有七。孙从益、从贤，俱从九。

彭启亨，现年九十有三。为人朴实，临财不苟。

谭万顺，现年九十有二。存心忠厚，和睦邻里，门无诟谇[1]。

汪世文，与妻喻氏相敬如宾，俱现年八十有九。

王荆川，卒年八十有二。

周耀奇，卒年八十有三。

向安朝，现年八十有五。精岐黄，时行方便。

萧道盛，现年九十有七。持躬正直，喜张公道。

覃述和，现年九十。持躬直率，厚恤亲戚，尤敬礼师长。子乐中，岁贡。孙维藩、维观，俱庠生。

马祖乾，现年八十有八。性冲和，终身无讼事。

刘锦春，温厚和平，现年九十。

田启禄，现年九十有九。

李成象，现年九十。性和蔼，常以善言劝人。

杨通茂，持家勤俭，现年八十有八。

姜熊，现年八十有七。

田万富，现年九十。妻曹氏，现年八十有八。

田万才，现年八十有六。

周时明，现年八十有六。

① 诟谇：辱骂。

王衍祥，现年八十有七。

瞿天寿，现年八十有七。

田启刚，现年九十有三。弟启纲，现年九十有二。

滕成彦，现年九十有九。

余兰策，现年九十有二。

王再清，家世孝友，卒年八十有六。

熊来征，字占祥，性恬淡。现年八十有二。

王宗秩，性和平，有应务才。现年八十有二。

萧圣梁，现年八十有一。性好施与，同族无冻饿者，里中贫苦亦多所周恤。尤喜张公道，与妻袁氏白首齐眉，眼观四代。子凤仪，邑庠生；风仪，恩贡生。

田天富，耿直勤俭，现年八十有四。

陈宏胜，卒年八十有二。秉性和平，晚年尤喜谈阴骘。辛酉避难，贼追及，问囊负何物，曰："阴骘文也。"贼以为长者，凡三遇贼而三释之。

文忠义，为人正直，现年八十有三。

罗文锦，现年九十有三。居心公正，持身浑朴。

何刘氏，卒年九十，湖南新化县处士何万位之妻。性端严，有丈夫气，夫故家贫，携五子大贤、大贵、大桢、大宝、大赞迁居来邑。

何江氏，何文龙之妻，卒年八十有三。仁慈严肃，好周贫乏。子藩，直隶知县，梁云南巡检。

王樊氏，卒年九十有二。端庄慈惠，尊礼师儒。子廷弼，孙煜，俱拔贡生。

曾刘氏，卒年八十有三。性严毅，闺门内肃若朝廷。子有光，举人。

何胡氏，庠生何显棂之妻，卒年八十有九。性慈祥浑厚，喜周贫乏。子映焜，庠生；绍本，增生，广西巡检。孙天衢、远畴，俱庠生。驰封[①]儒人。

张唐氏，议叙县丞张仕儒之妻，卒年八十有四。以子思隽贵。驰封孺人。

张唐氏，张仕陶之妻，卒年八十有一。性贤淑，克敦孝敬，子孙蕃衍，列胶庠者代不乏人。

张向氏，六品军功张仕柄之妻，卒年八十有三。性乐施与，不欲人知，遇庶子犹己出，其慈祥之性然也。子思九，安徽休宁县县丞。孙浩，庠生；治，岁贡生。

① 驰封：旧时官员以自身受封之爵位名号，呈请朝廷移授给亲族尊长。

覃王氏，世袭云骑尉覃庭中之妻，卒年九十。庭中治家严厉，氏以宽和佐之。子清和，云骑尉；敬熙，甘肃府经历。孙绍鼎，福建府经历；绍彝，陕西巡检。

张邬氏，拔贡张书绅之妻，秉性和柔，卒年八十有二。子鍊，廪生；镇，庠生。

彭伍氏，彭文选之母，卒年九十有四。

滕陈氏，卒年九十有八。媳杨氏，卒年八十。

匡曾氏，匡士清之母，卒年九十。

田彭氏，彭兴隆之妻，卒年九十有六。

陈杨氏，卒年九十有一。眼观五代，儿女皆白发绕膝。子德政，孙际盛，庠生。

刘廖氏，刘之刚之妻，卒年八十有九。子大和、大中。

曾匡氏，曾思禄之妻，卒年九十有三。

倪谭氏，倪宗胜之妻，卒年九十有二。

邓何氏，邓仕学之妻，卒年九十有一。

张钟氏，张润泽之妻，卒年八十有三。秉性慈祥，乐周贫乏，夫妻相敬如宾。子镕，拔贡生。

官舒氏，官正清之妻，卒年八十有九。

黄杨氏，居心慈善，卒年八十有九。子世才。

刘蔡氏，卒年八十有五。性贤淑，乡党奉为阃范[①]。子必芬，增生。

覃樊氏，公安县训导覃旭和之妻，慈善端庄。现年九十有七，犹能教孙女辈针黹。

黄胡氏，监生黄庭秀之妻，现年九十三。子拱，兄弟六人。

杨舒氏，杨光凤之妻，现年九十有四。年四十夫故，有子六人，女二。氏抚养成立，今子女皆登古稀，氏犹康强。

鄢熊氏，鄢祖殿之妻，现年八十有五。无子有女，适邑庠生黎悦诚，女夫故守节，迎氏奉养之。

杨邹氏，杨再祥之妻，现年八十有六。子正璧。

汤邹氏，汤廷显之妻，现年九十有二。子居胜、居友。

张刘氏，庠生鼎之母，现年八十有二。

程张氏，程祥万之妻，现年八十有一。

① 阃范：指妇女的道德规范。

罗田氏，罗善朝之妻，现年八十有二。

曾刘氏，曾祖兆之妻，现年八十有三。

谭蒋氏，谭永良之妻，现年八十有三。

蔡马氏，蔡开榜之母，现年八十有一。

陈胡氏，陈鸿祥之妻，现年八十有一。

杨莫氏，杨天禄之母，现年八十有二。

李莫氏，李永康之母，现年八十有二。

杨郑氏，杨光贵之妻，现年八十有七。

邹姚氏，邹朝友之妻，现年八十有二。

陈饶氏，庠生陈忠议之母，教子有方，现年八十。

陈李氏，陈德崇之妻，为人贤淑，现年九十有一。子鸿翥，庠生。

唐姚氏，现年八十有三，子守怀。

唐彭氏，唐成开之妻，现年八十有六。

唐黄氏，唐守敬之母，现年八十有三。

储谢氏，储尚青之妻，现年八十有五。

胡陈氏，胡盛宽之妻，现年九十有二。（以上年分俱从丙寅年计算，本《县志》。）

文蒋氏，文忠信之妻，现年八十有三。

田刘氏，田天贵之妻，现年八十有三。孙桂林，武生。

文包氏，文正榜之妻，现年八十有二。

何王氏，何诚龙之妻，现年八十有四。

萧李氏，萧在凤之妻，现年八十有三。子体仁、锡安，孙人卓，俱庠生。

田勾氏，田生贵之妻，卒年九十有六。

王田氏，王隆盛之妻，孝顺翁姑，现年八十有三。子汝梅，岁贡生。

傅袁氏，附生傅求仁之母，现年八十有二。

李唐氏，李万章之妻，现年八十有五。子连登。

咸丰县

覃勋中，现年九十余。子吉祥，贡生。

祝嵩陵，贡生，卒年八十余。教授生徒，不慕荣名。

洪陈氏，武生洪秀奇之母，现年九十有六。

王鄢氏，王正纲之妻，现年九十有二。

利川县

郭李氏，郭佑鸣之妻，隆杞之母。生于康熙六十年，八子，二十六孙，曾孙十五，元孙[①]五，来孙[②]二，六世同堂。道光元年，邑令唐方耀详请旌表。道光五年卒，享年一百零四，真熙朝人瑞也。

黄大松，年九十有三。无疾而卒，少失偶，守义不再娶。性耽经史，教授乡里，知名士多出其门。

建始县

范世荣，举人，范述之之父。年九十，无疾而卒。

范周氏，举人范佑正之母，现年九十有四，犹视听不衰。郡属登大年者颇不乏人，即来凤已见一斑，至咸利等县寥寥数辈，因《县志》未列此门，无从稽核，阙之以俟将来。

畸行

明

施南府　恩施县

陈矿，卫人，父隆。乐善好施，年八十有九，将卒，取负券焚于庭。矿性至孝，母疾，割左肋取肝和粥以进。

周诰，字新吾，卫人。好学能文章，年十六，割股疗母疾，学道[③]取准充学。

张一奇，卫人。割股愈母疾，巡按赵、学道周并旌其门。

柳时达，卫人。年十五，割股愈母疾。

王家臣，卫人。割股救父疾。

杨鹏翼，卫行伍。割股救母疾。

黄鼎，卫人。割股愈亲疾。

① 元孙：玄孙，曾孙之子。
② 来孙：玄孙之子，从自身算起第六代。
③ 学道：即学政。

张楚，字郢伯，卫人。年十六，割股愈亲疾。

李思，卫人。割股庐墓（以上并见《湖北通志》）。

李俊明，卫世袭指挥。年十四，割股救父疾。

赵姑，卫指挥赵承亨女。父病刲股愈之。

陈姑，卫人，陈钦顺女。割股愈父疾。

戴姑，卫人戴汝相女。割股愈父疾。

马姑，卫人马应瑞女。割股愈父疾。

彭姑，年十五，割股愈父疾。

李姑，卫人。父病笃，刲股疗之，按院①、提学②咸旌以额。

唐钱妻向氏，邑北乡木抚民女，年十六于归。次年归宁③，母谭病笃，女割股疗之。

旗军王世臣妻杜氏，姑疾，割股疗之（以上旧志）。

国朝

石坚，卫庠生。年十六，割股救母疾。子天麟，割股如之（童《志》）。

童复庆，幼失怙，恃堂兄海明抚以成立。海明病笃，庆割股疗之。

杨维楫，四川合州人。天启间兵乱流入卫，拜杨姓为父，父殁母疾，割股疗之。崇祯癸酉岁，火灾近其舍，楫拜之，反风灭火，人以为孝感。

张光耀，少养左氏，母病，割股愈之（以上旧《府志》）。

胡以成，年十四，割股愈母疾。

崔元珍，割臂愈亲疾。

金玉成，邑庠生。年十八，割股疗母疾。

刘敦训妻崔氏，未嫁时，其父崔新年病，割股疗之。

米杨氏，有至性。年十九，割左臂肉愈母疾（以上《县志》）。

宣恩县

覃文昭，割股疗母疾。

黄玉书，刲股疗母疾。

① 按院：明代巡按御史的别称。
② 提学：宋代以后管理府、州、县等地方学校及教育行政之官员。
③ 归宁：已婚妇女回娘家看望父母。

高光宗胞兄光前，闻刲股能愈疾，因母老病危，持刀欲下。光宗窥见，诳云：“兄不便自割。”即接刀出己臂刲之，煮以奉母，病寻减（以上并《县志》）。

周蒋氏，东乡人。年十九，翁姑俱殁，夫出外未归，祖父病剧，氏割左股为羹。

来凤县

姚正松、正楫，甫成童，母病笃，各割左膀肉以救母。

姚秀科次女，年十四，母病笃，割左膀肉以救母。

咸丰县

周立璜，卖卜[①]养母。母病，刲股作羹以进，病遂愈。

杨胜志，割股调羹愈父疾。

刘玉麟，切指疗父疾。

利川县

瞿一端，年二十二，割肝救父。

马志魁，割股救母。

杨顺元，年二十三，割股救母。

瞿世台，年十七，割股救母。

徐德寅，割股救母。

张应光，年二十二，割股救母。

向万彰，年二十六，割股救父。

蒋吉源，年二十六，割股救母。

喻年鸿妻石氏，割股救姑。

建始县

李黄氏，庠生李学伟之妻。姑疾危，氏割左股以疗之。

黄贞女，文童黄道清聘妻。割股丸药以疗姑病（以上《县志》）。

增修施南府志卷之二十六终

① 卖卜：以占卜谋生。

增修施南府志卷之二十七

人物志（流寓　方技　释氏）

哲士挺生①，人因地重，贤豪寄迹，地以人传。施据荆楚上游，襟巴蜀而带潇湘，汉唐以来，或经历其地，或啸歌其间，名臣学士，代不乏人。外此，医卜星历，擅一技微长，人往风微之际，亦莫不争艳之，曰某术某精之某精其术，过此卒莫肖项背②者。嘻，虽小道亦古今不朽之人也。北朝高谦之③之言曰："佛者九流之一家也，是可牵连书之。"志流寓并志方技，而释氏附焉。

流寓

施南府　恩施县

唐

李白，流夜郎时经此，登城北碧波峰，有《把酒问月诗》。后置亭，遂以"问月"名焉。

杜甫，集中有《郑典自施州归》诗，中云："听子话此邦，令我心悦怿。"又云："我有平肩舆④，前途犹准的。翩翩入鸟道，庶免蹉跎厄。"盖公寓夔，距施不远，或尝至此。

郑虔⑤，访裴施州冕，至此。

唐十八，代宗时坐事配清江（旧志）。按，《唐书》未载，十八或寓李字。

宋

苏轼，曾至施，有《赠施州乔太傅》诗。

黄庭坚，谪涪时，尝至施，题咏甚多。石通洞书有"涪翁"二字。按，山谷有《赠主薄赵彦成》诗，盖赵为之主也。

① 挺生：挺拔。引申为杰出。
② 项背：颈的后部和脊背，指人的背影。
③ 高谦之：字道让，北魏孝明帝时铸钱都将长史。
④ 肩舆：轿子。
⑤ 郑虔：字趋庭，又字若齐（一字弱齐、若斋），河南荥阳荥泽人。盛唐著名文学家、诗人、书画家，也是一位精通天文、地理、博物、兵法、医药近乎百科全书式的一代通儒，诗圣杜甫称赞他"荥阳冠众儒""文传天下口"。

朱胜非，字藏一，蔡州人，宋绍兴间拜尚书仆射。《宋史》有传，曾至施，有《石通洞》诗。

张灏，（见《一统志》，未载事迹。）

曹觷，有题咏（旧《卫志》）。

明

邹维琏，字德辉，江西新建进士，任考功司郎中。天启三年，以攻魏党，戍施一载。后起南太仆少卿，巡抚福建。在施著作题咏甚多，有《友白集》《大梦草》，俱毁于兵燹。

文安之，字汝止，彝陵州人。天启二年进士，改庶吉士[1]，受检讨，迁南京司业。崇祯十六年至施，住四载，《明史》有传。

滕之伦，字伯伦，广西解元，官庶吉士。崇祯末至施，有《题象牙》《五峰》二诗。

熊汝学，字自福，江西南昌人，荆州府工部厂官，楚抚尚文公子。避兵至此。

陈正言，字鹿野，彝陵州人，川东制宪，工诗画。避兵至施。

张京，字士将，汉阳举人，陕西道。避兵至施。

王奇，字大可，麻阳举人，访袁守戎至施，多题咏（以上旧《府志》）。

刘福，字宝善，蜀人，访黄溥至施。

国朝

吴朝发，荆州监利庠生，乾隆间游学至施。设帐授徒，讲求制艺极精，施之文风颇资其力。

彭邦鼎，字配堂，江西南昌人。工书善词赋，晓昆山音律。嘉庆间为佟郡伯幕宾，赘樊副将家，后官山东巡检。

罗成章，字文藻，湖南茶陵州庠生。父先贸迁至施，折资不能归，章以在籍教读所获脩金岁寄以养父，后送其母至施，遂寄籍恩施。博学工文，造就多士（以上《县志》）。

杨松磬，云南浪穹进士，宰恩施，后调任应城。历遭“发逆”之难，坚不欲出，仍入山家焉（有传，见政绩）。

哈廷珍，汉阳举人，任府学。以老病辞，延师课子，诗酒自乐。

咸丰县

汉

韩信，以策干羽，羽不用。汉主入蜀，信亡楚归汉经此。

① 庶吉士：官名。明、清由新进士中选入翰林院庶常馆学习者。

明

余麟，万历元年封湘王到荆州，委牛口邑丞。余麟临所，丈征开垦田土，编户条粮。见其深沟陡箐，崖多土少，民不堪命，勉强丈征编银二百五十四两五钱，将本所前项银两改为湘府样米（见《梅氏谱》）。

沈庆，卫佥事。聘士修志。

童昶，卫指挥，靖州参戎。著有《施州卫大田所志》，毁于兵燹（俱《县志》）。

利川县

谷际岐，滇南人，乾隆初翰林也。乞假回滇，因县令陈春波会试出其门，以师谊纡道来利。时吴三锡拔贡馆于署，晨夕过从，诗酒流连。三锡堂兄克纯回梓省亲，谷作歌以赠曰："白云何冉冉，青山亦迢迢。君有高堂宴，愧我尚折腰。吁嗟乎年年，瓠系何日了。木叶落兮风萧萧，君去君乐我魂销，滇南回首隔重霄。"其他作多佚散。

何金枝，麻城人，明崇祯时以茂才异等除西川南部令，历升至监察御史。奉命至沙溪司采办皇木，值甲申之乱，遂弃官隐居沙溪。后川督李国英以原官屡征不起，临终切嘱其子，但题其墓曰："明故生员何金枝之墓。"

戴廷杞，字酉山，蒲圻孝廉，乾隆十七年任训导。事性醇厚，工制艺，时利邑初设学，与诸生辨析经义，寒暑不辍，文风士习，殊赖以振。后升常德、郧阳两府教授，任满后仍回利家焉。至今淳厚、淳学，其曾孙也。

方技

施南府　恩施县

许环，施州卫人，博学通医，以明经任睢宁知县。有乡绅女得奇疾，卧帐内，揭帐即死。诸医不敢视脉，许至其家，命汲水二十石，贮两缸于卧内。入房揭帐去衾，见风死矣。许令其家人将水淋之，尽十石，女微动；再尽十石，令侍女拭干，覆以衾。许出坐未定，女乃得大汗而愈。又一绅士暮年得子，赤肉无皮，绅窘急，谒许。许问产母饮食起居，绅曰："某苦无子，得孕置妾于楼，产亦在焉。"许令以净黄土末遍身扑之，三日靥脱而皮生矣。又一皂隶伏阶下泣，询之，曰："母疾，愿得一方。"许曰："孝子也。"往视之，一药而愈。致仕后，活人多类此（旧《府志》）。

周宗范，字尚文，石首诸生，寄籍恩施。精医，治沉疴无不应手而起。曾有冷姓妇孕，周见之曰："此鬼胎也。"治之堕下如猕猴状。又治杨姓妇鬼胎，堕下如蛙蛇状。博学而不以词章炫。家贫，而遇人急则虽斗粟亦分半与之，无隔贮，淡如也（《县志》）。

利川县

舒墨林，巴陵人。善丹青，得马远[①]家法。初寓南坪，后居邑之南华宫。性嗜酒，倜傥不羁，卖画得钱，喜为文字饮[②]。凡读书有气骨者靡不交，兼通内典[③]、二氏[④]者流，亦时时来往。诗非所长，题《大米山水图口占一绝》云："浓云泼墨失林峦，雨过楼头客倚栏。两眼放开无着处，不如自己画来看。"其傲岸可想。或有问墨林曰："画家何以不画猪？"答曰："子几见扇头屏幛有写八股者乎？"此言殊耐人思。

马道人，自郁山镇来利，住毛坝之关庙。为人温良乐易，少遇异人，授以眼药方，去翳障有奇效，远近延请者无虚日。从学数十辈，依方和药，亦能奏效而灵敏逊之。

钟灵子，姓张，成都人，于钟山结茅而居。乾隆时部鹏明经往访，见其丰度不凡，语多元妙[⑤]，甚敬之。一日，示鹏以金丹，大道鹏不喻，遂不复言。后再访之，莫知其向，惟见壁上一绝云："非儒非释亦非仙，小住钟灵又一年。炼就金丹无赠处，一声长啸返西川。"

张三丰，火龙真人高弟也。嘉靖时混俗和光[⑥]，云游川湖，将有所度。一日，过邑之石穿山，题诗于壁曰："混沌何年石凿穿，回光返照一轮圆。人从月窟间来往，悟得空空便是仙。"至今字迹依稀尚存。

采药道人，佚其名。顺治初结庐于七岳山麓，日以采药为事。是时施州卫未奉正朔，黔蜀尚阻声教。丙辰、丁亥之交，寇贼公行，其渠魁[⑦]姚黄、刘体仁、李赤心、高必正、袁宗第、王友进、呼九思、靳可系、武大定、李来亨、高鸣鹤、马朝、袁韬等号十三家者常出没南坪一带，大肆剽掠。道人屡戒不听，遂仗剑与之斗。贼皆披靡，群知其为非常人，众莫敢犯，一方赖之。后药采齐，莫知所之，山是以又名齐药（以上《县志》）。

① 马远：字遥父，号钦山，河中人，南宋画家。
② 文字饮：以文字佐酒，即一边饮酒，一边赋诗论文。典出唐韩愈《醉赠张秘书》诗："不解文字饮，惟能醉红裙。"
③ 内典：佛教徒称佛经为内典。
④ 二氏：佛、道两家。
⑤ 元妙：玄妙。谓深奥微妙之道。
⑥ 混俗和光：同于尘俗，不露锋芒。指不求特异，与世无争。
⑦ 渠魁：首领。

释氏

施南府　恩施县

明

玉峰，不知何处人。明时往来施地，初在小茶园建寺，既入石通洞炼丹。有樵者母病笃，无丧具[①]，仓卒过洞前，师知其故，曰：“尔需几何。”曰:“三两足矣。”师命取一石来，樵者取石不大，师曰：“尔心诚。”置炉中炼之，成银三两，樵者遂以办丧。有诡辞往恳者，师亦曰：“取石来。”其人取石甚大。哂之，置炉中炼不成银，师曰：“尔心不诚，胡为啰嗹？”遂去，不知所往。

寂明，不知何处人，娴武艺。崇祯七年，流寇猖獗，檄施南、东乡二司进剿，以指挥邓宗震、唐德尧及寂明分督之。至巴东平阳坝遇贼入川，大队败绩，寂明死之（二条系宋《志》）。

海明和尚，有堂弟童复庆，幼孤遭乱，流入蜀。海明思续祖祀，寻归，经纪[②]其生理[③]。后海明病，庆割股疗之（宋《志》）。

祥禧和尚，寂明法子也，旧为卫南郭外文昌祠住持。康熙三十七年，卫庠生张延龄、陈桢、陈树文等重建祠宇常住，田地以老成凋散，界至莫考。幸祥禧犹存，年已七十矣，远住大田所，闻祠工告竣，一函将田地祠基界址眉列告知诸绅耆，执书呈卫，始得另给印契[④]管业至今。借非祥禧犹存，即存而非有心人，均将化为乌有，祥禧之名与祠并寿矣。函略附在于后：

启者，文昌祠自唐时天福三年创建，兴废更改，历代难纪。明成化六年八月，重建正殿、厅堂共八间，而山门在祠右挨街西向。至永历元年，有钦差何腾蛟督兵过此，建关帝庙，逼近祠山门，以至路改。而本祠基址四界常住，水陆田地丘号约据炳存，但年久朽坏不堪。因明末流寇猖獗，僧师寂明奉檄剿死于难，僧时哭天无路，至大田所依师叔居住。今闻诸公建祠告成，僧即欲抱文约而来，奈师叔又已化去，乘便羽[⑤]将唐宋时滥老约二纸并呈诸公查夺。倘有不清，明岁五六月间，僧亦不辞跋涉之苦，与诸公再来手指脚踏，也不枉我师徒做一世和尚矣。

① 丧具：丧葬用具，衣棺之类。
② 经纪：经管料理。
③ 生理：生活，生计。
④ 印契：官府盖印认可的田宅契据。
⑤ 便羽：乘便替人传递书信的人。

来凤县

常宽，近凤山寺僧也。咸丰辛酉，“发逆”大至，僧不避，语贼曰：“勿近三宝，须食素断荤。”贼怜其老，笑置之。已而贼割豕烹鸡，宽怒骂曰：“贼，汝伤天理，污佛地，官兵一至，那时斩汝头，剐汝肉，喂猪狗矣。”贼怒拥至寺后杀而分劈其尸投诸河。（《县志》）

咸丰县

莲池与柳池法兄弟，莲池入吴，柳池入楚，各以道显。结庵咸邑治北八十里，法名无相，所居虎豹驯伏，苗民和辑。涅磐时吐火自焚，乡人建寺以祀（宋《志》）。

曹和尚，邑之麻柳坝人。少年贩布为业，年三十入软塘观音阁为僧，后挂锡[①]于胡家山严氏之家庙。年八十余，持牟尼珠然大法炬自焚，观者如堵。道光十八年三月望日事也（本《县志》）。

利川县

铁笔和尚，峨嵋名僧也，道行高洁。崇祯初，知“献贼”[②]将寇蜀，遂打包来利，于乾溪山之石峰寺，开乞放戒。陈守先率子世凯往叩之曰：“余小子弱龄嬉游，克家无令名[③]，祈和尚示一偈以约生平。”和尚举笔曰：“鹤立松梢月，鱼行水底天。风光都占尽，不废半文钱。”是预知世凯后来必贵，和尚亦神矣。

耳毒禅师，不知何许人。明末挂锡古峰寺，开乞说法，每多奇验。陈世凯是时尚幼，从谒问法，和尚说偈以赠之，有“海底红尘玉兔走，山头白浪碧鱼游”之句，后世凯果位至提督。甲申之乱，莫知所终。

梁山双桂堂开堂祖师，名破山，有神悟。避“献贼”之乱，寓忠路镇国寺，寺属前宣慰司覃氏所建。破山因与覃世藩善，每从游听讲无生妙谛。康熙初，群寇荡平，破山思蜀，一日往别藩。值藩卧病未起，遂于纸窗上以指穿四窟而去，盖示以仍返四川，也其机锋，多类此。善画破荷叶，残缺翩反，皆超逸有致。适豪右某获其一，张之中庭，初弗贵也。忽邻里不戒于火，延烧殆尽，惟张画之屋巍然独存，始悟为神画也。又云破山于后江河之石壁以口运津，指画“水晶宫”三字于上，至今日斜，水面倒影，悬崖三字犹及见之。

① 挂锡：挂起锡杖。谓僧人寄住于寺院。
② “献贼”：对明末张献忠农民起义军的蔑称。
③ 令名：美好的名声。

刘桃姑，怀明之妹。母梦食仙桃而生，自幼不食荤，长不适人。性恬静至孝，长斋奉佛，母殁时水浆不入口者四十九日，亦不饥，人谓至孝所感。失恃后无依，遂于圆包嘴之山隈诛茆[①]结庵居之，苦修多年，悟彻内典。值家庭阋墙[②]，姑晓以外侮大义，争始息。咸丰初，知世将乱，一日，无疾坐化。

僧清远，一品山披剃[③]僧也。打包都门，住龙泉寺，虽逃墨而为人多气节。辛酉选拔无锡三殁于京，清远敦乡谊，数千里命人送柩回利。其子昆山作书致谢，清远覆云："弟自去春退居后，一意捡藏。不染外缘。至为尊大人归榇一事，乃一时激于义气，即揆以桑梓之谊，方便之道，亦分所当为。来函奖誉，益增赧颜[④]。倘先生不忘旧好，于家师处鼎力护持，则感情多多矣。"味其言，亦方外[⑤]之矫矫者，张船山有访清远诗。

僧锡极，西蜀人。崇祯初挂锡于邑之忠路七保，谓其乡人曰："成都黑气蕴隆[⑥]，硗杇交加，覆军象也。今年元旦，风从西方来，五车[⑦]之北砺石四星甚明，野鸡[⑧]、积尸[⑨]二星，又复光芒摇动，正照益州巫夔，以上不久变为战场。当年太岁幸临，诸君所居之地，乐土也，可以避灾，贫僧愿假峰前片席之地以安瓶钵[⑩]。"众允俞[⑪]，爰建庙于香炉峰下，清静焚修十余载，不染外缘。迨"献贼"监亭被箭后，锡极忽辞乡人曰："蜀中天稷星大明，岁必大穰[⑫]，

乱极返治，兵戈不复忧也。贫僧丘墓[⑬]在蜀，理宜归省[⑭]。"别众人，飘然飞锡而去。此顺治戊子年事也（以上俱见《县志》）。

增修施南府志卷之二十七终

① 诛茆：同"诛茅"。芟除茅草，引申为结庐安居。
② 阋墙：兄弟失和相争。
③ 披剃：削发出家。
④ 赧颜：因羞愧而脸红。
⑤ 方外：尘世之外。指出家人。
⑥ 蕴隆：指暑气郁积而盛，闷热。
⑦ 五车：星名。亦称五潢，属毕宿，共五星。
⑧ 野鸡：星名。《晋书·天文志上》："野鸡一星，主变怪，在军市中。"
⑨ 积尸：星名。《晋书·天文志中》："荧惑入舆鬼，犯积尸。"
⑩ 瓶钵：僧人出行所带的食具。瓶盛水，钵盛饭。
⑪ 允俞：允诺。
⑫ 大穰：大丰收。
⑬ 丘墓：坟墓。指祖坟。
⑭ 归省：回家探望父母。

增修施南府志卷之二十八（上）

艺文志（诗　文）

史志艺文，皆录典籍卷目，不及诗文。《湖北通志》亦循此例，各郡邑志则杂收诗文，典籍或反阙焉。盖一都一邑，著述罕觏，不足以备外史之纪也。施志虽有成书，而昔贤遗典讵无零落，兹复旁搜，酌纂其残碑断碣之流传，学士文人之纪录，纪山川，咏风土，亦方志考镜[①]之资也。志艺文。

诗

唐

郑典设自施州归

杜　甫

吾怜荥阳秀，冒暑初有适。名贤慎出处，不肯妄行役。
旅兹殊俗远，竟以屡空迫。南谒裴施州[②]，气合无险僻。
攀援悬根木，登顿入天石。青山自一川，城郭洗忧戚。
听子话此邦，使（令）我心悦怿。其俗则淳朴，不知有主客。
温温诸侯门，礼亦如古昔。敕厨倍常馐，杯盘颇狼籍。
时虽属丧乱，事贵当匹敌。中宵惬良会，裴郑非远戚。
群书一万卷，博涉供务隙。他日辱银钩[③]，森疏见矛戟。
倒屣[④]喜旋归，画地求所历。乃闻风土质，又重田畴辟。
刺史似寇恂[⑤]，列郡宜竞惜。北风吹瘴疠，羸老思散策。

① 考镜：参考借鉴。
② 裴施州：裴冕，时任施州刺史。
③ 银钩：比喻书法刚劲有力。
④ 倒屣：急于迎客，把鞋穿倒。
⑤ 寇恂：（？—36），字子翼，上谷昌平（今北京市）人，东汉开国名将。

渚拂蒹葭寒（塞），峤穿萝茑幂[1]。此身仗儿仆，高兴潜有激。
孟冬方首路，强饭取崖壁。叹尔疲驽骀[2]，汗沟血不赤。
终然备外饰，驾驭何所益。我有平肩舆，前途犹准的。
翩翩入鸟道，庶脱蹉跌[3]厄。

赠裴施州冕

廊庙[4]之具裴施州，宿昔一逢无此流。
金钟大镛在东序[5]，冰壶玉衡悬清秋。
自从相遇减多病，三岁为客宽旅愁。
尧有四岳[6]明治理，汉二千石[7]真分忧。
几度寄书白盐北，苦寒赠我青羔裘。
霜雪回光避锦袖，龙蛇动箧蟠银钩。
紫衣使者辞复命，再拜故人谢佳政。
将老已失子孙忧，后来况接才华盛。

把酒问月

李　白

青天有月来几时，我今停杯一问之。
人攀明月不可得，月行却与人相随。
皎如飞镜临丹阙[8]，绿烟灭尽清辉发。
但见宵从海上来，宁知晓向云间没。
白兔捣药秋复春，嫦娥孤栖与谁邻。
今人不见古时月，今月曾经照古人。
古人今人若流水，共看明月皆如此。
唯愿当歌对酒时，月光常照金樽里。

① 萝茑：女萝和茑。两种蔓生植物。常缘树而生。
② 驽骀（tái）：劣马。
③ 蹉跌：失足跌倒。
④ 廊庙：殿下屋和太庙，后指代朝廷。
⑤ 东序：学校。相传夏代设学于东序，因以代指学校。
⑥ 四岳：相传为唐尧四大臣，即羲仲、羲叔、和仲、和叔。分管四方的诸侯，故称。
⑦ 二千石：汉官秩，又为郡守（太守）的通称。
⑧ 丹阙：朱红色的宫殿。

送张拾遗赴施州司户

释贯休①

道之大道古太古，二字为名争莽卤。
社稷安危在直言，须历尧阶挝谏鼓②。
恭闻吾皇至圣深无比，推席却几听至理。
一言偶未合尧聪，贾生须看湘江水。
君不见，顷者百官排闼赴延英，阳城③不死成令名。
又不见，仲尼遥奇司马子，佩玉垂绅合如此。
公乎公乎施之掾，江上春风喜相见。
畏天之命复行行，芙蓉为衣胜绝绢④。
好音入耳应非久，三峡闻猿莫回首。
且啜千年羹，醉巴酒。

宋

送乔施州⑤

苏　轼

恨无负郭田⑥二顷，空有载行书五车⑦。
江上青山横绝壁，云间细路蹑飞蛇。
鸡号黑暗⑧通蛮货，蜂闹黄连采蜜花。
共怪河南门下客，不应万里向长沙。

① 贯休：姓姜，字德隐，婺州兰溪（今浙江省兰溪市）人。五代时期前蜀画僧。
② 谏鼓：相传尧时曾设鼓于庭，使民击之以进谏。
③ 阳城：代指陈胜，陈胜为阳城人。
④ 绝绢（shī juàn）：品质稍次的丝织品。
⑤ 乔施州：名叙，字禹功。曾任施州知州。
⑥ 负郭田：指近郊良田。
⑦ 书五车：五车书。指书多或形容读书多，学问深。
⑧ 黑暗：犀角的别称。

将次施州先寄张十九[1]使君[2]

黄叔达[3]

书来日日觉情亲，今信施州是故人。
许我投名重入社，放狂作恼未应嗔。
一别施州向十霜，传闻佳句望风降。
空拳[4]不易当坚敌，振臂犹思起病创。

题小猿叫驿

大猿啼罢小猿啼，箐里行人白昼迷。
恶藤牵头石啮足，妪携儿随泣陆续。
我亦下行莫啼哭。

次韵答清江主簿赵彦成

日转溪山几百遭，厌闻虎啸与猿号。
笙歌忽把二天酒，风雨犹惊三峡涛。
已作齐民寻要术，安能痛饮读《离骚》？
看君自是青田质，清唳[5]常闻彻九皋[6]。

和张仲谋送别

夜郎[7]自古流迁客[8]，圣世初投第一人。
不是施州肯回首，五溪三峡更谁亲。

又

五溪三峡漫经春，百病千愁逢故人。
何故看君岁寒后，欲将儿女更论亲。

① 张十九：张知命，字仲谋，施州刺史。
② 使君：汉代称刺史为使君，汉以后用作对州郡长官的尊称。
③ 黄叔达：字知命，分宁（今江西修水）人。黄庭坚的弟弟。
④ 空拳：无箭的弓。
⑤ 清唳：鹤鸣声。鹤鸣清响，故谓。
⑥ 九皋：深泽。典出《诗经·小雅·鹤鸣》：“鹤鸣于九皋，声闻于野。”
⑦ 夜郎：指宣恩县，宣恩古属夜郎蛮夷之地。
⑧ 迁客：被贬谪在外的官吏。

题驴瘦岭马铺

老马饥嘶驴瘦岭，病人生入鬼门关。
病人甘作五溪卧，老马犹思十二闲[①]。

上南陵坡

风餐水宿六千里，蛇退[②]猿啼百八盘。
上得坡来总欢喜，摩围依约见峰峦。

次浮塘驿见张施州[③]小诗次其韵

叹息施州成老丑，当年玉雪莹相照。
旧时去天一尺五，今日万里听猿叫。

马上口号呈建始李令

驿亭[④]新似眼般明，箐路开如掌样平。
谁与长官歌美政，风摇松竹是欢声。

石通洞

黄庭坚

古木萧萧洞口风，昔人曾此出樊笼。
崖前况有涓涓水，好涤尘襟[⑤]去效翁。

通天洞

张　纲[⑥]

人道潜通[⑦]小有天，由来神物镇山川。
苍生切切思霖雨[⑧]，试问龙曾在此眠。

① 闲：栅栏，养马的圈。
② 蛇退：如蛇之倒退而行。常用以喻险地难行。
③ 张施州：张仲谋。
④ 驿亭：驿站所设的供行旅歇宿的处所。
⑤ 尘襟：世俗的胸襟。
⑥ 张纲：宋宝祐年间施州教授。
⑦ 潜通：暗通。
⑧ 霖雨：连绵大雨。

石通洞

朱胜非[①]

涪翁[②]诗名垂宇宙，李杜摧锋君殿后。
山川草木经品题，千古佳名长不朽。
中年微累谪黔中，石通曾运羲之肘。
不独乡人敬重之，神物堪持百年久。
我昔涪溪口崖游，敬诵君诗三四首。
至今声价[③]重潇湘，一字千金[④]犹未售。
石通当在伯仲间[⑤]，更藉文人开尊口。

罗盏山

张 灏[⑥]

道盏原非盏，言罗不是罗。
只因山突起，个个尽如螺。

竹 鼺[⑦]

苏 轼

野人献竹鼺，腰腹大如盎[⑧]。自言道旁得，采不费罝网[⑨]。
鸱夷[⑩]让圆滑，混沌惭瘦爽。两牙虽有余，四足仅能仿。
逢人自惊蹶[⑪]，闷若儿脱襁。念兹微陋质[⑫]，刀几[⑬]安足枉。
就擒大仓卒，羞愧不能飨。南山有孤熊，择兽行舐掌。
（见《建始新志》增入）

① 朱胜非（1082—1144），字藏一，蔡州（今河南汝南）人。累官至尚书右仆射、同中书门下平章事兼知枢密院事。
② 涪翁：指黄庭坚。
③ 声价：声望和社会地位。
④ 一字千金：本意是增损一字，赏予千金。称赞文辞精妙，不可更改。
⑤ 伯仲间：比喻差不多，难分优劣。
⑥ 张灏：字子文，遂宁（今重庆潼南）人。南宋光宗绍熙四年（1193）进士。宁宗庆元中知云安军。
⑦ 竹鼺：又名竹鼠，肉质肥美细嫩，被视为山珍野味。
⑧ 盎：古代一种腹大口小的器皿。
⑨ 罝网：泛指捕兽的网。
⑩ 鸱夷：指盛酒器。《汉书·陈遵传》："鸱夷滑稽，腹如大壶，尽日盛酒，人复借酤。"
⑪ 惊蹶：惊慌颠仆。
⑫ 陋质：对自己资质的谦称。
⑬ 刀几：切肉用的刀和几案。

铁沟行

城东坡陇何所似，风吹海涛低复起。
城中病守无所为，走马来寻铁沟水。
铁沟水浅不容舟，恰似当年韩与侯。
有鱼无鱼何足道，驾言聊复写我忧。
孤村野店亦何有，欲发狂言须斗酒。
山头落日倒金盆，倒着接䍦[①]搔白首。
忽忆从军年少时，轻裘细马百不知。
臂弓腰箭南山下，追逐长杨射猎儿。
老去同君两憔悴，犯夜醉归人不避。
明年定起故将军，未肯先诛霸陵尉。
（见《恩施新志》增入）

合阳卫石卿摄邑建始，暇日拉向全美、王仲蔚、严叔介来游石通洞，因和壁间韵为乐（乾道己丑年上巳前二日）

卫石卿

空嵌两洞石相通，翠筱[②]娟娟碧雾笼。
手扶青藜[③]访奇古，岩洞妙墨识涪翁。

石通洞

朱　翁

披荆扪萝入洞中，拂尘剥藓识涪翁。
我缘直道来施右，君为清诗到石通。
定后寂寥无异议，危初萋菲竟何功。
投豺畀北[④]言犹在，厄宋饥陈道不穷。

① 接䍦：一种头巾。
② 翠筱：绿色细竹。
③ 青藜：指拐杖。
④ 投豺畀北：对于谗言小人，应丢给豺狼、老虎吃掉，或丢到北方寒冷不毛之地。表示强烈的憎恨。典出《诗经·小雅·巷伯》："取彼谮人，投畀豺虎；豺虎不食，投畀有北。"

明

朱东溪寅丈[1]邀同金虹桥、杨益吾二学博游石通洞，和韵（万历四年滇南月潭）

杨师丹

偶玷清朝列宿中，暇来游此学山翁。
千寻白日无尘到，一窍青天有路通。
剥藓封题陈往迹，小芳迎步报春功。
何人漫访桃源隐，琴鹤萧然味不穷。

秋日漫游

朱东溪

吏隐清闲日，幽岩纵目时。洞辟宜驱石，天通似累梯。
飞泉添细雨，老衲助新诗。愧乏王乔屐，明朝还杖藜。

端阳游石通洞

（一作林廷辉）无名氏

携蒲撷艾趁清游，直到青峰最上头。
壁削偏宜云物绕，洞空忽放日光浮。
偶探地窟心偏远，伫想[2]天涯兴正幽。
一醉暂抛千万绪，滩声过处听鸣鸥。

春日游石通洞（万历丙申）

倪伯鲯[3]

琼台虚敞自何年，结驷[4]来游宦隐偏。
岩瀑万珠云外落，芝芳千仞望中悬。
阴崖窈窕迷无路，石洞空明别有天。
自是境奇人叹赏，不妨地僻吏为仙。

① 寅丈：对同僚的尊称。
② 伫想：久立凝思。
③ 倪伯鲯：江苏常熟人。曾在建始为官，后任四川忠州知州。
④ 驷：古代一车套四马，因以称一车所驾之四马或驾四马之车。

石通洞（崇祯己亥）

张廷谟

飘尽柳绵榴正开，招寻共向此中来。
山如盛宇皆堪玩，洞有灵文忍遽回。
且斗飞觞酬胜景，莫夸绳解有长才。
佳辰已向明朝改，捧得簿书冗复堆。

右诗七首，系国朝建始令光山袁景晖补入，记其略云：道光辛丑八月六日，诣朝阳观进额，因招王竹溪少尉，李秋圃明经，大学生谢芝圃、敦善，昆仲毛可言，世棣范立斋、敖吉堂，何觉夫茂才及门下婿张子卯川同行。还，游石通洞，见石壁间镌有宋元明历朝题咏。归命伯修、仲修两男，偕张子卯川携笔往，扪萝剥藓，择其可识者录之，得诗七首如左。虽风徽①已杳而姓氏犹存，晖敢谓阐厥幽光，亦征文之余韵也。

通天洞

沈　庆②

胜日寻芳迹，山中洞府宽。碧桃千树古，流水一溪寒。
火伏丹应结，云凝龙尚蟠。登天知有路，即此跨青鸾③。

蛮王冢

路口蛮王冢，蛮王冢已芜。高崖留夕照，古木噪饥乌。
妖血腥犹在，狂名世尚呼。圣朝欣混一，尺地入舆图④。

圆通寺

凌空梵宇郁嵯峨⑤，暇日登临景最多。
崖瀑雨晴飘素练⑥，山云风卷漾青螺。
经翻贝叶⑦炉薰袅，刻转莲花午漏⑧过。

① 风徽：风范，美德。
② 沈庆：明永乐十九年（1421）进士，任湖广按察司佥事。
③ 青鸾：古代传说中凤凰一类的神鸟。多为神仙坐骑。
④ 舆图：地图。
⑤ 嵯峨：高峻的样子。
⑥ 素练：白绢。
⑦ 贝叶：指佛经。
⑧ 午漏：午时的滴漏。亦指午时。

胜地难逢幽赏惬，遂令尘虑顿消磨。

问月台

银蟾[1]初挂画楼东，皎洁清光万里同。
乐奏有人开绮燕[2]，鲸骑[3]无客寄仙风。
迢迢凉夜星河迥，漠漠遥天宝鉴空。
鹤氅[4]欲披谁共赏，朗吟疑在月明中。

洪崖山

闻说洪崖绝顶幽，赤城霞举碧云头。
光摇浅渚丹砂炫，色映遥空火斋浮。
鸾凤翥时偏趁晚，雁鸿宾处最宜秋。
会当月白风清夜，应有仙人跨鹤游。

兴国寺（在咸丰）

公余几度访招提[5]，宝殿阴廊入望迷。
曲曲涧幽云作路，登登山险石为梯。
忘情驻节[6]从吟赏，适兴凭阑任品题。
珍重道场传世业，宗风千古继曹溪[7]。

寄施州卫黄经历（溥）[8]

萧　荣

内台久羡无双士，臬府初推第一人。
亲见至公权国法，几将刚直犯龙鳞。
春辞天府花千树，秋到清江月一轮。
有道自应舒复卷，相逢莫恨别离频。

① 银蟾：月亮的别称。传说月中有蟾蜍，故称。
② 绮燕：亦作“绮宴”。华美丰盛的筵宴。
③ 鲸骑：骑鲸，比喻隐遁或游仙。
④ 鹤氅：鸟羽制成的裘。用作外套。
⑤ 招提：寺院的代称。
⑥ 驻节：身居要职的官员在外地住下，执行使命。
⑦ 曹溪：禅宗南宗别号。以六祖慧能在曹溪宝林寺演法而得名。
⑧ 黄经历（溥）：黄溥，字澄济，广信弋阳人。明天顺二年（1458）由四川按察使谪施州卫经历，有政绩。

赠建始令谭朗然[①]

张居正[②]

天涯人去倍离忧，故国情多感昔游。
燕市有金神骏老，长门无赋翠娥愁。
云边舄送青凫[③]下，峡里江翻碧树浮。
白帝城头天万里，相思应上最高楼。

大观阁（城南门外文昌祠后）

邹维琏

良朋招我游，选胜大观阁。河水潆如带，群峰列成幄[④]。
最高客星山，空翠飞相泊。鸟若参禅鸣，花疑说法落。
嗟哉人世间，百年苦尘缚。谬以隋侯珠，轻弹千仞雀。
所以瞿昙[⑤]子，出世称极乐。李公戴发僧，鲍君修翎鹤。
刹那西方移，口中莲花灼。

澄清阁

世间快意在何处，山水卜筑[⑥]轩当树。
双柑斗酒一棋枰[⑦]，图书万卷供朝暮。
客来弹棋始罢觞，人生得此乐事长。
摩诘[⑧]曾构辋川庄，欧公亦有六一堂。
君家高斋面山水，暮树重重烟雾里。
羁客何幸啸咏来，座上清风两腋起。

问月台同李一凤、张三阳小酌

碧波涌出孤峰起，浩荡乾坤双眼里。

① 谭朗然：茶陵举人，明嘉靖初任建始县令。
② 张居正：字叔大，号太岳，湖北江陵人。明朝中后期政治家、改革家，万历时期的内阁首辅。
③ 青凫：即野鸭。
④ 幄：篷帐。
⑤ 瞿昙：释迦牟尼的姓。一译乔答摩。
⑥ 卜筑：择地建屋。
⑦ 棋枰：棋盘，棋局。
⑧ 摩诘：王维。

四山尽列翠围屏，当前一湾衣带水。
登高俯视下界小，城郭烟树相缭绕。
月上江山清复清，方丈蓬壶共洁皎。
天设形胜谪仙来，探奇占作问月台。
月在台空谪仙去，何人更举台上杯。
李公原是太白身，张公饮中八仙人。
诗圣草圣依然在，携我扪萝蹑嶙峋。
青天作幔地作榻，白云当帷草当茵[①]。
一壶不必千钟酒，一笑已清万里尘。
每羡前辈风流古，今日名山君作主。
自有天地有此山，何为兹山重兹土。
登高览胜岘山同，感慨不独晋羊祜[②]。

问月台

旅邸春归赋早梅，遐荒[③]千古一亭开。
山多文笔参天出，江有清流绕郭来。
自别豫章寒雁少，更堪巴峡暮猿哀。
幸逢此地名公迹，把酒时登问月台。

象耳山

清墟一阁逼天宫，上帝真堪呼吸通。
山似众星纷拱北，江如四渎[④]远朝东。
参差古木红尘外，缥缈香烟碧落中。
欲访广成闻至道，登临疑此是崆峒。

大莫园（城南门外李一凤别业）

开园辟径瞰沧浪，招客亭台绿草芳。
辋水庄中诗作画，浣花溪畔草名堂。

① 茵：垫子或褥子。
② 羊祜：（221—278），字叔子，泰山南城（今山东费县西南）人。西晋政治家、文学家。
③ 遐荒：边远荒僻之地。
④ 四渎：长江、黄河、淮河、济水的合称。

闲来隐几[①]听天籁，啸罢鸣琴送晚觞。
我愧羊求君许过，白云明月满山房。

戍施一载，蒙诏放还，且奉南太仆少卿之命，留别二首

匹马萧萧自此东，关河晴雪逗春融。
学经患难方知浅，诗到穷愁尚未工。
雨露一天君德大，风烟万里友情同。
江干[②]别后怀人梦，犹在仙亭问月中。
流落南冠学楚吟，故园远隔白云深。
敢期汤网开三面[③]，已信盘瓠老一岑。
忍死快听明主诏，放归犹是岁寒心。
停骖握手临歧处，转眼吴门不可寻。

铁　沟

劫火从教海底烧，铁心堪对铁沟遥。
千年词客题诗在，不与滔滔水共消。

客星山

青山何惜客星名，几度星移山自青。
我作客来君作主，烦供佳色到园林。

猿啼山

巴山何处不猿鸣，今古偏伤逐客[④]情。
猿自善啼吾善笑，谁云堕泪只三声。

清　江

沧浪几处听渔歌，好解尘缨[⑤]濯此波。

① 隐几：依凭着几案。
② 江干：江边。
③ 网开三面：把捕捉禽兽的网撤去三面。比喻采取宽大态度，给人一条出路。典出《史记·殷本纪》："汤出，见野张网四面，祝曰：'自天下四方，皆入吾网。'汤曰：'嘻，尽之矣！'乃去其三面。"
④ 逐客：指被贬谪远地的人。
⑤ 尘缨：帽子上的灰尘，比喻尘俗之事。

莫说涓涓[1]衣带水，还将一勺小黄河。

题卫城（卫治诸水环流，形若楼船）

万里沧溟天际开，探奇直欲问蓬莱。
夜郎有力舟能运，徐福[2]频来人未回。
潮卷冈峦蛟乱舞，城环堞雉[3]鹢[4]飞来。
殷勤分付操舟者，莫道东洋那一隈[5]。

连珠岭

郊外春晴赋胜游，无边风景入盈眸。
水声带郭清堪挹，山色连天翠欲流。
路隔红尘江口寺，云迷画栋戍边楼。
夕阳吟罢应回首，赢得新诗满担头。

开元寺

致斋信宿寓开元，为喜山居隔市廛。
门抱玉虹双涧合，窗推螺髻[6]两峰圆。
无声叶坠珠林树，不老花开宝地莲。
坐久悠然尘虑息，始知方外好逃禅[7]。

梅　溪

黄　溥

别业迢迢远世尘，就中光景四时新。
斑鸠唤雨千峰暗，黄犊[8]催耕百亩匀。
路曲疑通盘谷阻，园青分得鹿门春。
将军花下开樽处，明月天边共主宾。

① 涓涓：细水慢流的样子。
② 徐福：即徐市，字君房，琅琊人。秦代著名方士。
③ 堞雉：泛指城墙。
④ 鹢（yì）：古书上一种像鹭的水鸟。
⑤ 隈（wēi）：角落。
⑥ 螺髻：古代妇女的发式，形似螺壳的发髻。指如螺髻的山。
⑦ 逃禅：指遁世而参禅。
⑧ 黄犊：小黄牛。

客星山

清江之山天下奇，客星峙立无与齐。
低处犹疑红日近，高处恍觉青天低。
群峰落落何巀嶪[①]，欲断不断如劈铁。
云间树色自远近，雨后岚光[②]靡断绝。
千峦万岫势压天，凭凌五岳冠山川。
白鹤元猿岁相侣，幽花野草春争妍。
孤高自是施之望，左右群山皆退让。
瀑流不数庐山雄，奔腾直下三千丈。
丹崖翠壁高重重，阆风元圃疑相通。
避俗岂无旷世士，采芝应有商山翁[③]。
君不见，太白人中仙，谪仙于此曾盘旋。
又不见，涪翁千载士，居黔访旧亦游此。
到处景物皆品题，何事兹山无一语。
山川灵秘岂待时，后三百年来何迟。
胜迹二公探索遍，敢诵前贤畏后诗。
我有烟霞想，欲赋汗漫游。
呼风乘云驾黄鹄，扶摇直上最高头。
万里银河可飞越，遨游拟叩元皇阙。
下与浊世扫秕糠[④]，上抉青霄扶日月。
功成追逐浮丘翁，冥鸿[⑤]杳杳秋蒙蒙。
便欲与君饮一斗，醉后拔剑斫取十二青芙蓉。

劝农台（城东五峰山峡口）

布谷声干雨初歇，年年忙杀春三月。

① 巀嶪（jié yè）：高峻貌。
② 岚光：山间雾气经日光照射而发出的光彩。
③ 商山翁：指商山四皓，即东园公、绮里季、夏黄公、角里先生。
④ 秕糠：比喻琐碎无用之物。
⑤ 冥鸿：指高飞的鸿雁，喻避世隐居之士。

大儿扶犁小儿耙，新妇插禾阿姑馌[①]。
沾体涂足不为辱，但愿时和生事足。
大麦垂黄小麦青，晚稻含华早稻熟。
木绵可纺麻可绩，蚕丝在缫布方织。
年丰只足偿逋租[②]，幸免官家多督责。
田家但了公家债，更贺升平时运泰。

清　江

清江浩浩天际来，春波万顷青于苔。
清江迁人[③]事幽讨，画船载酒相徘徊。
城南山水更奇绝，客星翠若终南结。
文峰两点青插云，西岭千寻寒积雪。
翠涛丹嶂遥相连，天边隐隐开金莲。
大河一线抱城下，流觞胜迹今犹传。
良畴几处带山郭，茅屋人家尤寂寞。
麒麟溪合梅溪水，龙首五峰珠错落。
观澜亭在江之滨，空虚路僻无纤尘。
开元寺废今复创，览胜能无千载人？
钓鱼台空峙江渚，倚棹[④]台边一延伫[⑤]。
山色晴迷远岫云，滩声寒泻长空雨。
长滩北去滩复滩，扁舟欲上独蹒跚。
万竿烟雨竹临水，隔竹仿佛闻鸣鸾。
龙潭深深清见底，孤舟待渡横沙际。
怪杀江头双白鸥，飞来点破波心翠。
清江故县江之边，小涧通潮人漫传。
离离禾黍泣寒露，萋萋碧草飞晴烟。

① 馌（yè）：饷田，即给田里干活的人送午饭。
② 逋租：欠租。
③ 迁人：指被贬谪的官吏。
④ 倚棹：靠着船桨，犹言泛舟。
⑤ 延伫：久立，长久等待。

月台独耸象耳北，上顶有亭名半逸。
乱峰叠叠拥碧波，万仞芙蓉眩空碧。
双凤遥落江天开，狂涛万斛号春雷。
怪石如龙枕江浒，争奇献巧何异哉！
教场北望田万井，东作西成[①]乐丰稔[②]。
行行又至盐水河，水碧山明好风景。
蟠龙溪远难往还，三百六十长短湾。
兴阑返棹更回首，夕阳冉冉低衔山。
把酒吟诗欢不极，此乐何须游赤壁。
短歌聊写寄行踪，安得好事为刻石。

清　江

千里清江一画船，遨游况值九春天。
铁沟河下寻坡老[③]，问月台边访谪仙[④]。
草色碧连天色远，波光清澈月光圆。
茫然不悟身何处，疑是蓬莱弱水[⑤]边。

蟠龙溪

清江万顷潴[⑥]重渊，龙隐江中不记年。
四海苍生望霖雨，莫教闲处抱珠眠。

钓台（瑞狮岩上刻“钓台”二字）

百尺台高次水滨，几回来此独垂纶[⑦]。
不知应兆飞熊[⑧]后，更有何人踵后尘。

① 西成：指春种秋熟。
② 丰稔：丰收。
③ 坡老：指苏轼。
④ 谪仙：指李白。
⑤ 弱水：传说中的水名。其水不能负芥，鸿毛不浮。
⑥ 潴：水停聚。
⑦ 垂纶：垂钓。
⑧ 飞熊：姜太公，名尚，字子牙，道号飞熊。

清　江

高维勉[①]

清江秀绝三巴地，草木香蒸二月天。
村里烟波横钓艇，犁头春色趁耕田。

影娥洞

庞一德[②]

普陀禅寂[③]处，千古閟[④]灵踪。甃有苍龙护，阶都碧藓封。
金床何幻杳，元钥自穹隆。三五晴明夜，姮娥下界逢。

文昌祠

胜友翻经处，光芒耀列星。山盘来七曲，水带入双汀。
天畔风初劲，篱根菊已馨。不妨从此别，世外数高翎。

五岭连珠

一曲清江漫陆离，山开五指叠牟尼。
羁人计日珠江去，说着连珠泪一垂。

野意楼（西北城上）

野意楼高任客过，开帘四望足吟哦。
长松古柏云霄过，细草幽花雨露多。
远水东流通渤海，好山西下接岷峨[⑤]。
闲来亦拟穷登览，白发萧萧[⑥]奈老何。

观澜亭（城南石上镌“观澜”二字）

观澜亭在清江上，暇日来游喜不还。
正好驰心瞻北阙，更宜把酒问南山。

① 高维勉：长乐人，明天顺间任施州卫学教授。
② 庞一德：海南人，明施州卫儒学教授。曾主修《施州卫掌故初编》。
③ 禅寂：佛教语。释家以寂灭为宗旨，故谓思虑寂静为禅寂。
④ 閟：隐匿。
⑤ 岷峨：岷山与峨眉山的并称。
⑥ 萧萧：头发稀疏枯少的样子。

白云芳草浑无际，野鸟江凫相与闲。
景物尽堪供赋咏，好留佳句在人间。

施州卫寄所亲

夏熙臣[①]

环卫皆君长，东南尽筰邛。流官乘小驷，蛮妇织花賨[②]。
刀剑生睚眦[③]，衣冠列附庸。不烦司马檄，尺土亦王封。
跋涉皆天意，艰难未敢辞。地传巴子国，人拜竹王祠。
山水多奇气，烟云无尽时。更兼旬日雨，得不赋秋悲？

通天洞

潘希曾[④]

洞门闲倚白云开，洞里残碑半是苔。
奇绝自然超世界，渺茫何处有蓬莱。
窍通天表原无极，泉去人间定不回。
万里停骖[⑤]一回首，好题青壁记曾来。

通天洞

刘子历

一窍中通小有天，旁开门户揖群仙。
金丹合就悬钟乳，玉粒收成废石田。
残榻欲醒卢氏梦，断碑犹记至元年。
游来拟作寻源客，洞口桃花莫浪传。

① 夏熙臣：字无易，孝感人，贡生。七岁补诸生，以岁贡官安陆府教授。工诗，著有《巢云阁诗》。
② 花賨（cóng）：賨，古代巴人对所交赋税的称呼。指以花布为租税。
③ 睚眦：怒目而视，借指极小的仇恨。
④ 潘希曾（1476—1532）：字仲鲁，浙江金华人，明弘治十五年（1502）进士，改庶吉士，授兵科给事中。著有《竹简集》《奏议》。
⑤ 停骖：停车。

通天岩

宋洪泰[①]

窍引寒光竟万寻[②]，谁将大斧凿重阴[③]。
兔升午夜双抛玉，乌下平川半破金。
箭括钩深知绝险，月岩取象定元针。
往来多少探奇客，击鼓敲钟石有声。

龙居寺

李若讷[④]

寂寞招提独宿时，四千里外一身羁。
纵使寒来煨芋熟，长源无意懒残知。
半榻然灯磬一声，凭谁细雨说无明。
猿啼虎啸空山外，一任羊肠世路行。

天桥（并序）

李谦然[⑤]

余以枝江赵尹双庐、典史徐莹，请验木[⑥]复至此，守戎桥东胡公挥使别泉、王君偕因小酌焉。郡太守津南陈公，前月督木临卫，欲览此桥之胜，连雨竟不得乘兴一行。兹对景念及，且慨良晤之不易也，漫纪二律。时嘉靖三十八年六月既望。陈公名全之，闽人，甲辰进士，前礼部祠祭司郎中。

抡材徂暑[⑦]入天桥，悬壁清幽午更饶。
流水弹琴如宓子[⑧]（谓赵尹），雁门鸣剑有嫖姚[⑨]（谓胡公）。
崖藏鼯燕[⑩]飞惊突，石幻象狮卧欲摇。

① 宋洪泰：莆田举人，明代任施州卫抚夷同知。
② 万寻：犹万丈。
③ 重阴：指地下。
④ 李若讷：生年不详，文学家，临邑县临邑镇贯家村人。任夏邑县知县，官至四川参政。
⑤ 李谦然（1509—1559）：字益卿，号璧山。明朝著名诗人。历任广信府推官、荆州府同知。
⑥ 验木：漕政用语。即查验造船所使用木料的木质。
⑦ 徂暑：盛暑。
⑧ 宓子：指宓不齐。
⑨ 嫖姚：指霍去病。
⑩ 鼯燕：鼯鼠，会飞的一种鼠。

梁栋喜看缘缆出，大夫期早上青霄。
冈垄横出跨溪头，底石中间巧引流。
谷口藤枝迎旧客，洞门风磴讶新秋。
莓苔就席情真朴，波影侵杯酒共浮。
河朔不逢五马饮（怀津南也），山阴共忆雪明舟。

象耳山

山径通仙阙，崖扉迫市阛①。远非游郭外，高已入云端。
豁目千峰秀，清心水一湾。碧霄原有路，谁谓杳难攀。

问月台

皂盖②影摇疏雨散，竹枝歌罢夕阳催。
荆州山简③风流在，醉趁斜曛并马回。

梅　溪

文安之④

结伴寻春踏石间，桃花深院赋闲居。
攒眉⑤每笑陶彭泽⑥，犊鼻真惭马相如。
陌上莺花频见约，年来鲂鲤久无书。
栽桑扑枣嫌多事，半鹿初传薄板车。

文昌祠

瑶坛清磬响暄妍⑦，靡曼⑧春深柳正眠。
泥醉厌闻河朔饮，劫灰愁望洛阳烟。
思归引入桐三弄，作赋耽余月上弦。
卜筑林塘无限好，不堪重问杜陵田。

① 市阛：市场的围墙。
② 皂盖：古代官员外出所用的黑色蓬伞。
③ 山简：字季伦，河内怀人，山涛第五子。
④ 文安之：字铁庵，夷陵（今湖北宜昌）人，明天启二年（1622）进士。
⑤ 攒眉：紧蹙双眉。不愉快的神态。
⑥ 陶彭泽：指陶渊明。
⑦ 暄妍：天气暖和，景物明媚。
⑧ 靡曼：美丽。

野意楼

草堂题句冻频呵，高阁连口散委和。
自惜清时依钓艇，岂因薄宦[1]老渔蓑？
墨庄岁赋霞千亩，江采朝牵锦一梭。
北极春晖连马谷，客星山下尽恩波。

连珠岭

腾之伦[2]

隔岸翛然[3]处，初春试一探。足将穷上下，目已概东南。
灌木天藏碧，流波柳带蓝。寻常诗酒债，花鸟与同贪。

象耳山

酒暖春寒坐夜分，论兵未已复论文。
城边木落风兼雨，天外山空雪间云。
孤掌平临星是客，千头奇崛[4]廪为君。
还嫌俗耳因丝竹，故使钟声得得闻。

梅　溪

野外书堂昼不扃，特来雨后看山青。
傍檐茶树春分火，隔水梅花天烂星。
宜我尊罍浑欲罄，因君笔墨总能灵。
六时佳句堪流转，十二风光纸上屏。

龙居寺

程道新[5]

出谷清溪绕梵宫[6]，空门只与白云封。
客来越水四千里，僧在巴山一万重。

① 薄宦：卑微的官职。
② 腾之伦：字伯伦，广西解元，官庶吉士，崇祯末至施。著有《象牙山》《五峰山》等诗。
③ 翛然：自在超脱的样子。
④ 奇崛：独特不凡。
⑤ 程道新：明代象县官生，任施州卫抚夷同知。
⑥ 梵宫：佛寺，指龙居寺。

檐鸟见人鸣上下，庭松挂壁影横纵。
自怜鞅掌曾无补，徙倚经台听暮钟。

梅　溪

梁思泰[①]

青门结侣恣长游，别有仙人洞壑幽。
小径隔溪窥邃窟，虚崖布席俯长流。
风光绝似春三月，景物全胜汉十州。
饱饭胡麻归路迥，不知暝色在山头。

清　江

黄　珪

平台雨后氛埃净，川色峦容开霁景[②]。
涧中风过水生纹，台上月来花弄影。
临流探道独徘徊，注目晴澜发深省。
此身此乐信所之，浪笑浮生类萍梗[③]。

大石岭

许言诗[④]

石岭高无尽，寒风拂面生。寻常饶雨露，倏忽变阴晴。
竹翳悬崖密，云铺大壑平。家乡回望远，游子暗心惊。

清　江

二水源来远，合流宜都行。
蜀江水自浊，清江水自清。

① 梁思泰：珠崖人，任荆州府通判。
② 霁景：雨后晴明的景色。
③ 萍梗：比喻行踪如浮萍与断梗一样漂泊不定。
④ 许言诗：太康举人，明代施南抚夷同知。

开元寺

王征明

秋深萧寺里，暮色淡孤烟。人静迷松径，僧闲对玉田。
疏林清磬[①]度，古殿一灯悬。最爱空门月，幽栖恰问禅。

葵　园

袁千里[②]

山水依园长翠莎，濠梁远远度渔歌。
苍崖入户萝为幌，绿水侵阶竹作波。
醉上江楼明月近，梦离花树鸟声多。
嗟予更胜山阴兴，夜半回船奈戴何。

龙居寺

石　濬

云横石柱添愁思，雪拥山根断旅魂。
何代有龙居此地，昨宵无犬吠花村。

半逸亭

陈全之

不厌山中寂，起登江上亭。秋清惊鸟唤，日午接云屏[③]。
山色缘江碧，花枝夹岸清。兴阑驰马去，细雨又冥冥。

龙居寺

周宗休

雨余幽静半生苔，屈指曾游第几回。
门外绿拖流水去，墙头青送好山来。
宦情[④]牢落[⑤]凭谁语，诗思淋漓信手裁。
忙里偷闲心自静，更无飞梦到阳台。

① 清磬：磬是古代的一种乐器，以清音见长，故曰清磬。
② 袁千里：袁胜，字千里，南丰（今江西南丰）人。明代荆州守备。
③ 云屏：喻层叠之山峰。
④ 宦情：居官的心情。
⑤ 牢落：孤寂，无聊。

半逸亭

昌应时[1]

不为登高赋，而因访戴来。风尘今日共，尊酒故人开。
地净黄花少，天空白雁哀。杜陵愁转切，相对且徘徊。

洪崖山

邓　梗

巍峨形势壮山城，极目云烟更莫京。
万壑风飕闻虎啸，五更月冷听猿鸣。
叶飘钟磬知秋老，岚起楼台觉景新。
每欲诛茅来此地，访求丹药悟长生。

清　江

童　昶[2]

清江之水来施州，与君夜宿江上舟。
我与清江最知己，恋恋欲流欲不流。
君不见，清江水浅蜀江深，蜀水不似清江清，
清江若有蜀江大，此水当擅[3]天下名。
我昔与君别，又似别此水。
来年我若还，此水鲲[4]当起。

奉忆黄溥

人与春皆去，莺花惜别离。马便来日路，民有去思碑。
檗苦还堪味，歧多慎勿悲。一言能悟主，洗耳豸冠[5]时。

客星山

一日休得告，芒鞋聊见亲。山寒鸟欲毳[6]，岸古石多皴。
驱虎人喧夜，分蜂叟记辰。隔林何处鼓，知是赛田神。

① 昌应时：明嘉靖朝进士，其他不详。
② 童昶：字明甫，施州卫人，明朝将领。初为卫指挥佥事。博学，有文武才，著有《周正考》《施州卫志》《大田所志》。
③ 擅：享有。
④ 鲲：传说中的大鱼。
⑤ 豸冠：獬豸冠，古代法官戴的帽子。
⑥ 毳：鸟兽的细毛。

连珠山

名山连络面东开，如贯匀圆江上隈。
疑是两仪分藏宝，始知五岭露珠胎。
风来水面骊龙①戏，月到天心老蚌猜。
剖腹自知非我愿，献图作赋愧无才。

兴国寺

捻指重游又摄提，苍梧老木半凄迷。
帘含河水鱼鳞亩，石次余霞雁齿②梯。
半日有缘随衲子，百年无警到雕题。
吟成拟扣传灯事，归促花鞯月满溪。

石乳山

界分楚蜀控喉咽，诸葛遗踪俗尚传。
一锁南封千里地，双峰高拄九重天。
华夷今古关防③立，草木春深造化权。
我忝书生有边寄，瓣香心绪托前贤。

临流石阁（城南五里，指挥唐一鳞别业）

娲皇炼石补天处，石破山空一洞天。
我欲辟开三十六，不知何处隐真仙。
独乘款段④策长鞭，来访壶公⑤静里天。
一树梅魂招不反，欲将此诀问神仙。

羊角山

羚羊溪口石为门，度马盘多欲碍云。
未信阴崖春不到，幽花偏自笑斜曛。

① 骊龙：传说中的一种黑龙。
② 雁齿：形容事物如雁行有次序。
③ 关防：驻兵防守的要塞。
④ 款段：借指马。
⑤ 壶公：东汉时期的卖药人，传说他常悬壶于市肆中出诊，市罢辄跳入壶中，一般人不能见到他。

都亭山

窃慕平泉力不支，好奇心与物皆奇。
愚公岂是真愚者，见好溪山便欲移。

画屏山

雪糁[①]云屏四面开，匹马寻春处处梅。
忽见好山如素识，十年残梦记曾回。
瓦仓东接画屏山，山信多缘我再看。
唤作画屏犹未识，郭熙[②]重起画应难。

仙女池

鹤质云容去渺茫，远山如愧蜀宫妆。
纱绛不系当年臂，池上红莲岁岁香。

成山书院

张问礼[③]

小构茅斋接上台，横斜窗影数株梅。
五珠苍翠环东绕，一鉴玻璃自北来。
课读夜阑灯映月，栽花雨后翠侵苔。
吾人若解窗前意，万种生机好自培。

大观阁

李一凤

楼船不系欲何之，高阁中流一柱支。
势刺碧云回燕雀，影沉沧海骇蛟螭。
月摇画壁浑疑动，潮撼窗纱恍似移。
会待春来桃浪起，锦帆遮莫[④]泛天池。

① 雪糁：雪珠。
② 郭熙：字淳夫，河南温县人。以山水画知名一时。
③ 张问礼：号立垒，施州卫人，明万历四年（1576）举人，任睢州知州。
④ 遮莫：或许，大约。

龙居寺

闲寻香刹[①]碧溪湾，且傍空门[②]学止观。
最是远公[③]留意处，萧萧细雨话松坛。

猿啼山

陈　止[④]

西望崚嶒雪岭遥，土人占候[⑤]准风翘。
巅迷柳絮秋才老，麓散梅花腊正娇。
叱犊不劳知冻解，遗蝗应已共寒消。
江南三尺家家庆，共酌金罍贺岁饶。

朱砂溪

炼药山人失名姓，朱砂化石溪如镜。
早来溪上访仙踪，何必觅除勾漏令[⑥]。

大莫阁

唐一骐

曲折崖通径，萧疏木拥楼。开轩移客座，倚树听江流。
诗索青莲[⑦]调，情深元亮[⑧]瓯。何当饶绮席，徒自愧羊裘。

临流石阁

雪鬓[⑨]藤形懒应酬，拨云凿石洞天幽。
俯听碧涧潺潺响，远见轻烟淡淡浮。
静觉浑无蕉鹿梦，忘机[⑩]常伴白鸥游。
倏逢老衲谈空妙，遥指商山桔里秋。

① 香刹：佛寺。
② 空门：佛教以空为入道之门，故称佛法为“空门”。泛指佛家。
③ 远公：指晋代高僧慧远，居庐山东林寺，世人称为远公。
④ 陈止：字对沧，施州卫人，明岁贡生，任颍州州判。
⑤ 占候：根据天气变化预测吉凶祸福。
⑥ 勾漏令：指葛洪。
⑦ 青莲：指李白。
⑧ 元亮：指陶渊明。
⑨ 雪鬓：指老年人。
⑩ 忘机：消除机心，超然物外。

江口寺

唐一元

千年峡口涌天波，乱石参差水急梭。
载酒轻舟飞似叶，停桡①江浒醉仙窝。

国朝

石通洞

吴李芳②

发兴耽思③远，寻幽得地偏。酒酣千日后，诗出万峰巅。
树似云支谷，溪疑石补天。山空迷曲径，洞邃隐长烟。
巨手何年凿，当头此日圆。白光疑火伏，红旭照霞笺。
何必买山隐，于斯好坐禅。旷怀因太室，极目感桑田。
遗孑来求牧，征文试古镌。涪翁堪尚论，未敢薄荒边。

朝阳观

史　晟④

策杖⑤银河麓，猿声引步长。褰衣探石壁，披棘入云房。
冷水湔苔绿，轻霜洗菊香。幽寻耽寂寞，岂敢叹冯唐。

朝阳观

武令谟⑥

蚓鸣蚁穴祝尧天，鸡肋雷封百里弦。
脂辖秦中曾七载，劳心蜀道已经年。
高峰迟步惊鸿雁，福地闻香惹净莲。
仙令飞凫堪仰止，何时许我得真诠⑦。

① 停桡：停桨。
② 吴李芳：字茂孙，邵阳人。清康熙三年（1664）进士，康熙二十三年（1684）由内阁中书改补建始县知县，后官固原知州。
③ 耽思：深思。
④ 史晟：福建晋江举人，清康熙二十六年（1687）任建始知县。
⑤ 策杖：拄杖。
⑥ 武令谟：山西太原进士，清康熙四十年（1701）任建始知县。
⑦ 真诠：真谛。

过石门

黄　襄[①]

磴道崎岖涧水分，动行俯仰悸如焚。
崖悬走马春愁雨，谷邃飞花日看云。
古洞藤萝皆鸟迹，新碑墨刻半龟文。
狰狞石虎山头见，更有猿啼两岸闻。

陪应明府桐冈前辈问月亭远眺

乘兴登临夏日游，孤亭历历在峰头。
秧苗稍长寒崖水，麦穗初黄绿野畴。
撩乱[②]晴光石笋出，森罗[③]远甸碧烟浮。
追陪杖履行相访，旧碣新碑太白楼。

赋赠陈赞伯[④]将军

施闰章[⑤]

汉家飞将旧横行，枹鼓[⑥]年来卧不惊。
剑倚龙泉轻万马，身先虎穴拔孤城。
销锋海国归樽俎[⑦]，锡土天书别姓名。
共说军前容揖客，醉余缓带笑谈兵。

陈世凯剿十三家巨寇[⑧]荡平黔蜀

高　培

秋风吹塞角，杀气起黄云。斩首俘千级，肤功[⑨]振六军。
草枯鹰已肃，馘[⑩]献鼠无群。黔蜀山河定，饶歌到处闻。

① 黄襄：字国著，明代南安（今江西大余）人，嘉靖朝进士。历任辽东巡按御史、太仆寺少卿等。
② 撩乱：纷乱，杂乱。
③ 森罗：密密排列。
④ 陈赞伯：陈世凯（？—1689），字赞伯，湖广恩施人，清朝将领。
⑤ 施闰章：（1619—1683），清初著名诗人。字尚白，一字岂云，号愚山，晚年号矩斋，后人也称施侍读，另有称施佛子。
⑥ 枹鼓：鼓槌和鼓。
⑦ 樽俎：盛酒和装肉的器具。
⑧ 十三家巨寇：即李自成余党夔东十三家。
⑨ 肤功：大功。
⑩ 馘：战争中割取所杀敌人的左耳以计功。

陈赞伯将军新任浙江提督

李仙根[①]

彤弓宠锡焕东吴，坐镇娥江展庙谟[②]。
瓯海长鲸新屏迹，楚山威凤旧规模。
投醪[③]久洽三军惠，沛泽方行万户苏。
铃阁[④]从容消剑气，伫闻茅土[⑤]下铜符。

赋赠陈赞伯将军贼呼陈铁头

苏　霖

闻道联飞捷，潢池[⑥]未解围。苍生余病骨，社稷恃戎衣。
滩下东江急，云迷高岭巍。铁头才一到，百万慑天威。

赋陈世凯军门

包秉彝

日照黄门外，风清紫禁间。恩波流太液，喜气动天颜。
烟阁衣冠古，云台剑履闲。铁头真好汉，勋业振朝班。

前题

将星天遣护金瓯[⑦]，饮尽风霜试壮猷。
巫峡先登身是胆，浙江百战铁为头。
蟠胸兵甲孙吴授，唾手山河李郭收。
不伐[⑧]由来推大树，逢人惟说庙堂谋。

① 李仙根（1621—1690）：字子静，四川遂宁人。清顺治十八年（1661）进士，升任秘书院侍读，官至光禄寺少卿。

② 庙谟：帝王、朝廷的谋略。

③ 投醪：《吕氏春秋·顺民》："越王苦会稽之耻……下养百姓，以来其心。有甘脆，不足分，弗敢食；有酒，流之江，与民同之。"后因以"投醪"指与军民同甘苦。

④ 铃阁：将帅或州郡长官办事的地方。

⑤ 茅土：王、侯的封爵。

⑥ 潢池：指叛乱造反。

⑦ 金瓯：比喻国土完固。也指国土。

⑧ 不伐：不夸耀。

前　题

谢于道

千骑朝来谒至尊，东南又沐令公恩。
干旌[①]坐镇金瓯肃，剑佩趋朝雨露繁。
春暖鲸鲵[②]消海澨，风高燕雀避辕门。
雅歌曾记文溪上，花气霏霏扑酒樽。

前　题

余泰来[③]

阃外声名羡绛侯[④]，简书[⑤]策命圣恩优。
飞龙骑出归元老，绣虎[⑥]旗开列上游。
千里湖山沾雨露，五军刁斗和歌讴。
凌云图绘天家重，鹰写英姿第一流。

赠牟文绶[⑦]凤卫侯

包秉彝

陵寝今无恙，勋高帝眷隆。虎头增厚福，鹊印壮荣封。
投笔风犹在，插貂气自雄。威名垂凤泗，保障拜元戎[⑧]。

前　题

何腾蛟[⑨]

赫赫功勋拜虎臣，勤劳三十有余春。
抚绥[⑩]黔蜀恩膏渥，恢复登莱智勇神。
百战中华惊霹雳，一封外藩靖烟尘。

① 干旌：旌旗的一种。以五色鸟羽饰旗竿，树于车后，以为仪仗。
② 鲸鲵：比喻凶恶的人。
③ 余泰来：浙江山阴人，清康熙二十一年（1682）进士。
④ 绛侯：指汉初名臣周勃。
⑤ 简书：用于告诫、策命、盟誓、征召等事的文书。
⑥ 绣虎：比喻文采优美、才气横溢的人。
⑦ 牟文绶（1595—1653）：字章甫，湖北利川人，明末清初名将。
⑧ 元戎：主将。
⑨ 何腾蛟（1592—1649）：字云从，贵州黎平卫人。历官南阳知县、右佥都御史等。
⑩ 抚绥：安抚，安定。

芳名首铸皇陵侧，黼黻[①]圣朝第一人。

前　题

包秉彝

坐镇皇陵屡建功，三千铁弩亦称雄。
酬庸且挂封侯印，不与当年画阁同。

贺牟文绶平河南贼

单骑临虎穴，一战胜南阳。对垒山河动，赴援将士忙。
旌旗连夏口，剑戟冷秋霜。父老攀辕[②]切，铙歌[③]遍四方。

两溪春涨

（建始令）刘珙徵[④]

春潮带雨下山溪，巨壑飞涛四望迷。
形若淇泉分左右，派同瀍涧别东西。
涓涓流潦千条合，浩浩洪波两岸齐。
漫到沧江夸胜概，一湾新可（涨）入诗题。

建阳翠黛

岧峣[⑤]此地号巍关，苔藓纷披玉女颜。
飞雨过时山积翠，落花黏处石生斑。
浓铺霞彩妆眉钿，淡抹云烟绕鬓鬟。
望去春光增绮丽，却愁险峻路难攀。

灵泉甘雨

刘珙徵

一洼清浅类蹄涔[⑥]，闻有灵虬迹可寻。

① 黼黻：礼服上所绣的黑白相间的花纹。
② 攀辕：拉住车辕，不让车走。旧时用作挽留贤明官吏之辞。
③ 铙歌：军中乐歌。用来激励士气和宴赏功臣。
④ 刘珙徵：江西临江进士，清康熙四十六年（1707）任建始知县。
⑤ 岧峣（tiáo yáo）：高峻的样子。
⑥ 蹄涔（cén）：形容容量很小。典出《淮南子·氾论》：“夫牛蹄之涔，不生鳣鲔。”

曲水谁来飞羽爵，氿[1]澜正好鼓牙琴。
源通石罅流通涧，注作渊泉沛作霖。
澄澈四时长不竭，相沿祷雨比桑林。

往散毛土司勘田，日行万山中

柯煜[2]（石庵）

归州已历万重峦，又入蛮中地屈蟠。
举首对天原咫尺，放怀行路岂艰难。
竹兜可坐宁嫌窄，冬日如春未觉寒。
要使遐方蒙闿泽，只凭劳苦致均安。
篮舆虽驾半徒行，径曲岩欹怪石横。
缥渺似仙身已悆，鳞皴入画骨还惊。
仆随猿引常连臂，水激钟撞不绝声。
欲倩巨灵平险阻，试扪心地更宜平。
奇秀还如目素经，云开天朗快瞻听。
瀑布聒耳疑匡阜[3]，修竹连山宛敬亭。
高岭擘分双髻绾，远峰环列十眉青。
飞行济胜惭无具，且挹清晖养性灵。

入施南司界

渐觉山平远，殊方[4]岂惮行？车徒[5]虽简略，父老尚逢迎。
树暖经冬绿，溪寒见底清。君看汉循吏[6]，半是鲁诸生。

入箐

归州山隘鸽穿天，此地兼无鸽可穿。
深箐互施重顶幄，奇峰微露倒垂莲。

① 氿（guǐ）：泉水从旁流出。
② 柯煜（1666—1736）：浙江嘉善人，字南陔，号实庵。清雍正元年（1723）进士。官湖北宜都知县，改衢州府教授。
③ 匡阜：庐山的别称。
④ 殊方：远方，异域。
⑤ 车徒：车马和仆从。
⑥ 循吏：奉公守法的官吏。

猿吟隔涧纷相应，树卧当途碍折旋。
遥忆曲江同宴客，紫霄稳步作神仙。

散毛司即事

谁道南荒行路难，圣朝冠带遍群峦。
计程不似巴山峻，莅众宜知汉法宽。
岂有凭依成险阻，共遵礼教自平安。
石庵行处皆称佛，莫作苍鹰乳虎看。
高林深箐翠成围，人自中原到者稀。
懒访丹砂收箭镞，兼无绮语织弓衣。
犬牙相错勤区别，蜗角[1]纷持孰是非。
父老聚观添喜色，汉官言动蔼春晖。

宿建始农家

异哉荆南行，忽涉西蜀界。酒用芦管吸，屋取木皮盖。
田家有古风，话言极亲爱。见其二子焉，鸡黍辞之再。
虽非隐者流，悠然自尘外。

大田道中

绝少丰貂可御冬，敝裘聊复敌霜浓。
涓涓石底通泉脉，隐隐山头见匿峰。
碛[2]稍平时欣马驶，宿当投处尚云封。
眼看汉地劳如此，何况蛮溪险百重。

万山深处

除却樵夫到者谁，画师词客几曾窥。
略无十步宽平径，但讶千岩孔窍奇。
转侧岂惟骑马滑，岧峣只觉过云迟。
丹青百斛殊难状，那得形容入小诗。

① 蜗角：比喻微小之地。
② 碛：浅水中的沙石。

猴子岭

木册诚哉险，他山不足言。

莫惊猴岭峭，扶侍有青猿。

大田至施州途中偶记

天然气象异蛮中，秀色联绵望不穷。

点黛山川环禹甸[①]，含春草木被华风。

戍楼迎客三声角，儒者谈经一亩宫[②]。

牧竖樵夫知避立，问津历历指西东。

冒寒涉水加犒舆夫

天逢九九气岩凝，赤脚何堪更踏冰。

就浅已惊波汹涌，碍人尤避石崚嶒。

宛渠螺远应难觅，蚱蜢舟轻未易乘。

辛苦舆夫功不细，豚肩斗酒鼓飞腾。

施州遇雪

忽洒施州雪，中宵起视勤。客星添照耀，天女散缤纷。

留滞人千里，踟蹰酒半醺。莫为行役计，且就火氤氲。

施州城外见清江

源出蛮中漉漉[③]鸣，碧波千里绕崖行。

施州城外清江水，直到江州始著名。

（自注：此江至宜都城北更宽，澄碧迥异他水，稍过城东，并入大江，即无此色矣。城东有合江亭，盖谓此也。宜都一名江州。）

宿崔家坝

界分楚蜀戍楼连，小队弓刀楚独前。

自愧弹丸虚抚字，转于粉堠有因缘。

① 禹甸：本谓禹所垦辟之地。后因称中国之地为禹甸。

② 一亩宫：喻指居室狭小，并用以表现儒士生活。典出《礼记·儒行》："儒有一亩之宫，环堵之室。筚门圭窬，篷户瓮牖。"

③ 漉漉：水流声。

金光百丈迎人立，黛色千寻隔水悬。

处处与山成莫逆[①]，数峰又到枕函边。

又经建始界

陟巅拽修绠，下坡顿长绳。严冬历蛮峒，春夜梦已征。

人事莽难料，前定若可凭。心契山水缘，日有翰墨增。

跋涉纵劳苦，尚胜行脚僧。再经建始地，茅栋适寝兴。

蜀山入我掌，积雪添崚嶒。君平不必问，且复醉瞢腾[②]。

施州石门

石门连石屋，结构自天成。岂独堪招隐，端宜习养生。

凉逾松作荫，光似月添明。鳞次余岩洞，谁同枕漱[③]情。

按，府属自雍正末改设后，人才辈出，艺文数倍往昔。道光癸巳岁，郡伯王松庐[④]先生编辑此门，六邑概系浑载，附于前代及国初之后。而此次重修，所有未立府以前者体例仍旧，自乾隆元年始，则依县纲分辑，标列眉目，俾阅者瞭如指掌。

（石庵先生，浙江嘉善人，康熙辛丑进士，选宜都令，著有《慈恩集》。此其勘田散毛时作也。）

恩施县

南里渡

（郡司马）商盘（宝意）

意外见琉璃，放舟南里渡。四山屏障开，一水醍醐注。

修眉落镜中，连娟各呈露。绿净唾方宜，翠深行易误。

衡茅[⑤]两旁分，尽傍平林住。是时十月交，小春未寒冱[⑥]。

早纳东屯禾，旋收西岭芋。年丰赛鸡豚，日吉行嫁娶。

此乡诚乐郊，翻起无穷虑。休将地利贪，幸赖天心护。

他年幸大夫，或议减蛮赋。

① 莫逆：彼此情投意合，没矛盾。

② 瞢（méng）腾：形容模模糊糊，神志不清。典出唐韩偓《马上见》："和裙穿玉镫，隔袖把金鞭。去带瞢腾醉，归因困顿眠。"

③ 枕漱：犹言枕石漱流。即以山石为枕，以流水漱口。旧时指隐居生活。

④ 王松庐：即王协梦，号松庐。

⑤ 衡茅：衡门茅屋，简陋的居室。

⑥ 寒冱（hù）：严寒冻结。

连珠岭（并序）

城东五峰并峙，状若连珠，为郡治八景之一。明童昶有诗，而形容未备，补赋是篇，为兹山写照，刻划圭角[①]，殊伤大雅也。

历历五星垂，累累八音贯。占象臾区[②]优，典乐后夔[③]赞。
兹山灵秀钟，割取朵云擿。为属非为独，相连不相断。
十眉虽未全，一握已堪算。数奇那得偶，卦萃安能涣？
挟将群岳来，蔚为众峰冠。有邻德不孤，如珠光可玩。
神羊[④]髯自垂，老蚌[⑤]胎谁判？骊容造次探，鹊以等闲弹。
一云悬大宝，辉煌彻昏旦。又云现牟尼，色空惊变幻。
得因象罔寻，投或太阿按。是石还是珠，聚讼成疑案。
待叩妙明师，真假片言断。

磨嵯神祠曲

磨嵯岩下纷击鼓，楚巫降神神不语。
闻昔西川广政年，曾助官军攻洛浦。
聪明正直神所为，生有厥功死祝之。
能御大灾捍大患，非此族者皆淫祠[⑥]。
阴兵击贼传稗史[⑦]，怪事荒唐违正理。
敕封本授孟知祥[⑧]，英烈翻过巴蔓子。
庙食千秋蛮土同，灵旗飒飒暮卷风。
喜嗔醉饱谁复见，断猿啼月寒林空。
神兮寂寞归山中。

① 圭角：圭的棱角，比喻锋芒、痕迹、迹象。
② 臾区：鬼臾区，又作鬼容区，号大鸿。传说上古医家，黄帝之臣。
③ 后夔：人名，相传为舜掌乐之官。
④ 神羊：獬豸的别称。传说是一种能以其独角辨别邪佞的神兽。
⑤ 老蚌：对有贤子者的誉称。
⑥ 淫祠：不合礼制而设置的祠庙。
⑦ 稗史：记载民间轶闻琐事的书。
⑧ 孟知祥（874—934）：字保胤，邢州龙冈（河北邢台西南）人，五代十国时期后蜀开国皇帝。

送保将军[①]励堂之施南

（钱塘）袁枚[②]（子才）

吴下骊歌[③]夹耳闻，我来刚值送将军。
请看江上双旌影，已似将飞一片云。

履曳星辰剑上方，偏教生性爱文章。
仓山[④]几曲风华调，君尽能歌我转忘。

千条红烛两枝花，饯别依依小杜家。
他日巴山听夜雨，更谁行酒进琵琶。

弓刀猎罢万山青，风卷红旗过洞庭。
可带横塘一枝笛，夜深吹与老龙听。

善抚生苗与熟苗，追陪严武与韦皋。
八风平处双声稳，一卷新诗即六韬[⑤]。

送君南浦草萋萋，望见杨花首欲低。
一样天涯送行客，杨花能到夜郎西。

鳌脊山

（学使）吴省钦（白华）

鳌者大鳌耳，荒唐立四极。从黾不从鱼，钓自谪仙谪。
而何梼昧[⑥]徒，窜取入名籍。俗书真误人，欲断安可得。

① 保将军：保泰，字励堂，曾作侍郎。
② 袁枚（1716—1797）：字子才，号简斋，晚年自号仓山居士、随园主人、随园老人，钱塘（今浙江杭州）人。清乾隆四年（1739）进士，选庶吉士。历任溧水、江宁等县知县。著有《小仓山房诗文集》《随园诗话》《随园随笔》等。
③ 骊歌：离别时所唱的歌。
④ 仓山：代指袁枚。
⑤ 六韬：又称《太公六韬》《太公兵法》，是中国古代著名兵书。
⑥ 梼（táo）昧：愚昧无知。

我从鳌峰来，荡荡戟门辟。一峰闯射堂，竹树映妍泽。
戒且响清泠，奉香影络绎。虽然灵所寰，龟山名久锡。
孰与谥城隍，未免僭凫绎。矫首语山祇，不如字鳌脊。
蛟脊嫌下拖，麋脊引旁射。莫此枕清江，灯山闹元夕。

象牙山

昔闻象奴言，象耳鼠所窜。其鼻卷如席，其背耸如案。
其牙如佛牙，万目竞传看。滑泽自琢磨，槎枒[①]在标干。
奈何艮为占，忽作坎为赞。初非熊耳尊，孰与虎牙悍。
一山沿二名，疑狱待谁断。厥势本崚嶒，垂下欲旁撺。
岩岩枕学宫，岌岌戴灵观。乃知耳与牙，灭裂齿堪粲。
牙错史注伪，牙布史文漶。识字乃读书，邦人勿河汉。

施州行署柬艺洲[②]太守，时辛丑秋杪[③]

夷水[④]如罗绕郡楼，使君管领渐风流。
隐囊纱帽无双手，赌得宣城太守不。
皇华驻马使臣光，第十文风第　堂。
一种烟霏排闼[⑤]好，家山犹自话城隍。

（楚北今设十棚，行署射堂前一山，有城隍祠，士人谓龟山，予改曰鳌脊，杭城隍山即吴山）

几家买犊几弦诗，属县搜牢[⑥]案涉疑。
人少石多公莫恼，数通谁采色丝碑。（时利川尚捕“咽匪”，而数觅碑材见示）
周家盐米戴家柑，笺补文房截瘿枬。
想像主人悬榻[⑦]后，不教精舍等荒龛。

（时怀芳、友衡偕至，予为题二客精舍，辱以瘿木文柜贻之）

① 槎枒：形容错落不齐之状。
② 艺洲：指施南府知府陈嘉谟，字艺洲。
③ 秋杪：暮秋，秋末。
④ 夷水：清江，古称夷水。
⑤ 排闼：推门，撞开门。
⑥ 搜牢：抢掠。
⑦ 悬榻：比喻礼待贤士。

题问月亭

碧波峰隔夜郎东，问月传疑捉月同。
在手一杯金潋滟，转喉几调玉玲珑。
清新俊逸人如在，琐尾流离主不聪。
凭仗高亭联胜赏，五峰环照夕阳红。

右亭见于地志，谓太白流夜郎时醉此。李司训宗汾辨其非是。辛丑九月二十七日，校射既，偕芑洲太守及诸博士径焉，忆商宝意[①]前辈佐郡时二绝云：

谪仙遗迹在人间，采石当年数往还。
身到蛮乡重怀古，碧波峰似翠螺山。

披来宫锦暗无光，一代仙才剧可伤。
莫话播迁[②]天宝事，三郎当日亦郎当[③]。

商以翰林出丞太平，移施，故及翠螺山，其末章非风人之义，附此当诗话一则。

问月亭怀古

（府学）李宗汾

何缘胜迹千年后，此日重寻兴不穷。
清化江光新夜月，碧波草色旧春风。
无端迫胁参僚佐，曾向戎行[④]识令公[⑤]。
一问停杯心事远，芳名千古在亭中。

二郎庙

（协戎[⑥]）樊继祖

古寺岿城北，岩深花草馨。江流依岸碧，山势插云青。
灌口恩波旧，施州惠泽零。我来亲展拜，万庶仰神灵。

① 商宝意：商盘，号宝意。
② 播迁：迁徙，流离。
③ 郎当：潦倒，颓唐。
④ 戎行：军队，行伍。
⑤ 令公：中书令尊称。
⑥ 协戎：清朝绿营兵总兵的副将。

秋日登象牙山见暮色缥缈，口占三绝

欧阳镄

非雾非云淡远空，无边暮色望何穷。
人家聚处知多少，尽在苍然缥缈中。

淡淡秋阴远近铺，千家山郭半模糊。
登高认取喧阗①处，几点灯光辨有无。

晚炊秋罢暮烟低，半露青山半罨②溪。
好是秋光痕最淡，轻抛匹练过桥西。

莲花池

（督学）茹棻③（古香）

峭壁立万仞，刻画龙雷文。蒙茸④露微径，拂拂衣上云。
起视对面山，朗若掌上纹。却恐人声高，咫尺帝座闻。
滑路劣容足，土石浑不分。蓝舆任摇兀，默默占灵氛。
地已在云上，人还入天中。但知径路绝，或有猿猱通。
桑麻并鸡犬，竟与人间同。高高复下下，其疾乃趋风。
㧐⑤身竟倒掷，下视仍长空。苍苍⑥者正色，闻之漆园翁⑦。
山城过百里，寂寞无烟村。侵晨⑧戒仆夫，雨气犹昏昏。
常恐半道中，势若雷霆奔。终朝竟阁雨，入夜急溜喧。
欹枕叩天佑，敢作再请烦。岂知披衣起，朝旭迎温暾⑨。

① 喧阗：喧闹。
② 罨：覆盖。
③ 茹棻：字稚葵，号古香，浙江绍兴人。清乾隆四十九年（1784）状元。
④ 蒙茸：蓬松、杂乱的样子。
⑤ 㧐（sǒng）：挺立，挺起。
⑥ 苍苍：深青色。典出《庄子·逍遥游》："天之苍苍，其正色邪？"
⑦ 漆园翁：指庄子，因其曾作漆园吏。
⑧ 侵晨：破晓，拂晓。
⑨ 温暾（tūn）：微暖，不冷不热。

城隍山

广庭初试士，对面横青山。城隍非与是，一笑还开颜。
葱郁富林木，秀结菩萨鬘[①]。空翠扑人衣，咫尺若可攀。
须臾转蓬勃，云气蒸弯环。雨脚迎面来，檐溜闻潺潺。
山光岂有别，愧此猿鹤间。

瘿[②]木

自我来彝陵，妇女瘿[③]垂颈。山有不流泉，衣裁常阔领。
饰以璎珞[④]珠，晨妆斗娟靓。岂知施州山，妙得香楠瘿。
鸟兽布形奇，山川肖清影。匠石资磨砻，布置真井井。
慨兹材不材，自古无定境。人瘿容有矉[⑤]，于木乃成幸。
要知斤斧烦，臃肿终为眚[⑥]。天工巧结撰，毋乃心精逞。
山中失轮囷[⑦]，人间多器皿。何如杜征南[⑧]，雅歌镇荆郢。

至施南二首

到府不一舍，过山仍几重。人迎谕蜀使，地是夜郎封。
战守前朝隘，耘耔[⑨]瘠土农。山川新管领，休说向王踪。

闻道萑苻[⑩]扰，疮痍剩几村。伏戎真鼠窃，比屋[⑪]痛鲸吞。
扫箨书陈迹，诛茅认旧痕。多年劳捍御，韬略[⑫]试重论。

① 鬘（mán）：头发美好的样子。
② 瘿：树木上生长的瘤状物。
③ 瘿：长在颈部的大瘤子。
④ 璎珞：用珠玉穿成的装饰物，多用作颈饰。
⑤ 矉：同“颦”，皱眉。
⑥ 眚（shěng）：过错。
⑦ 轮囷：盘绕屈曲的样子。
⑧ 杜征南：指西晋杜预。
⑨ 耘耔：除草培土。指从事田间劳动。
⑩ 萑苻（huán fú）：指盗贼，草寇。
⑪ 比屋：家家户户。
⑫ 韬略：本指《六韬》《三略》，均为古代兵书。此指用兵谋略。

施州校士对城隍山有感

蚕丛[①]直到夜郎滩，浪说当年蜀道难。
鸠化尽教佳士许，龙蟠还得好山看。
苍深定益诗囊[②]富，綷縩[③]兼收药笼[④]宽。
漫道城隍真色在，隔江转忆禊亭兰。

施州行（为尹太守作）

（学使）鲍桂星[⑤]（觉生）

施州，古之巴子国，后来强族窃据之。
有明设官不铨授[⑥]，以土治土聊羁縻。
皇朝德威四暨讫，改置郡治归有司。
割夔一邑隶其属，遂领六县开疆陲。
承平既久户版盛，发垢不栉[⑦]虱生虮。
白莲包蘖谁酿祸，自蜀奔窜来恩施（嘉庆六年）。
恩施尹者厥氏尹，阁学之弟海内知。
廉声惠政称杜母[⑧]，以母召子形影随。
提戈一呼四面集，喑僮跛妪皆貔貔。
是时贼众凡数万，风鹤未免生惊疑。
公曰无疑急与战，第扼关隘防奔驰。
韬钤[⑨]乃出文吏口，甲士可使胥徒[⑩]为。
谋成胆决勇气倍，再战再克歼渠魁。
合围要遮大斩获，贼惧不敢荆南窥。

---

① 蚕丛：相传为蜀王之先祖，教人蚕桑。
② 诗囊：指装诗稿的袋子。
③ 綷縩（cuì cài）：衣服摩擦声。
④ 药笼：盛药的器具。比喻储备人才之所。
⑤ 鲍桂星（1764—1824）：字双五，一字觉生，安徽歙县人，清嘉庆四年（1799）进士。历官工部侍郎、翰林学士、詹事等。
⑥ 铨授：选拔任命。
⑦ 栉：梳头。
⑧ 杜母：东汉杜诗。指有惠政的地方官。
⑨ 韬钤：《六韬》《玉钤篇》的并称。此指用兵谋略。
⑩ 胥徒：泛指官府中供役使的人。

大府飞章帝嘉叹，曰汝英图功何奇。
汝一县尹乃能尔，爵汝上者颜忸怩。
玺书褒美擢五马，至今南郡喧口碑。
蛮云瘴雨尽扫涤，日月所照风清夷。
我来重跰历参井，有童哑哑娃嬉嬉。
禾麻既获弦诵[①]起，选士亦复抽囊锥[②]。
古者失官四夷守，况今天子登轩羲。
施州一隅万山窟，障蔽荆楚连巴夔。
民愚地险杂獞僰[③]，匪贤守令曷克治。
作歌美昔劝来者，共襄上理绥嘉师。

施州选拔覆试日有作

万山青到古施州，啼鸟声中驻碧油。
镜海日排云雾出，升堂人比凤麟游。
十年偃伯弦歌起，几树翘英药笼收。
圣主恩深莫孤负，勉弛天路策骅骝[④]。

口号四绝句

畏寒不逾济，喜雪偏耐冬。
鸲之复鹆之，爱尔巢云松。（鸜鹆[⑤]）

锁院非梵宫，鸽来殊不怖。
白衣何翩跹，飞飞出烟雾。（白鸽）

圉人[⑥]畜二猴，人物情相狃。
清夜闻啼声，如过蜀江口。（猕猴）

① 弦诵：指礼乐教化或学校教育。
② 囊锥：比喻显露才华。
③ 獞僰：对壮族的蔑称；僰，中国古代西南地区的少数民族。
④ 骅骝：赤色骏马。
⑤ 鸜鹆（qú yù）：鸟名，俗称八哥。
⑥ 圉人：养马的人。

对面鳌脊峰，涌出几案间。
朝晖与夕霏，咫尺三神山。（鳌脊山）

沙渠吟

（邑令）张家榯

石壁周环景最奇，中通小径草离离。
蛮王寨只留遗址，不是持刀佩剑时。（蛮王寨）

城南春雨水平池，飞去虾蟆正此时。
悟到鹰鸠及鴽[1]鼠，拈毫何事浪传奇。（虾蟆池）

威慑群酋一世豪，今留庙貌镇江皋。
秋来浣女知多少，只听砧声杂暮涛。（竹王祠）

峰峦曲折拥青苍，人去亭空草木荒。
凭吊谪仙情切处，万山如画月如霜。（问月亭）
童家庄址尽荆榛，何处山深有异人。
试到白泥坡上望，几家犬吠雨如尘。（白泥坡）

野猪跳下水如油，妯娌坟前日未收。
欲访李家双烈妇，悲风飒飒小桥秋。（妯娌坟）

沙渠竹枝词

朱寅赞[2]

除石为田石作围，牛羊弗践麦苗肥。
何须两稻充家食，留待输租愿不违。
伐木支椽为草舍，借粮作种号棚民。

① 鴽（rú）：鸟名。鹌鹑之类的小鸟。
② 朱寅赞：字夔堂，生平籍贯不详。

但教粱稻俱成熟，流寓山中亦福人。
男当门户女亲耕，僻壤人家一半贫。
莫信离方惟女健，少陵诗注是传真。
入鼻如腥晨雾重，风号峻岭夏犹寒。
箐深石险多倾跌，客子空歌行路难。
山下常愁湿热侵，气多温暖又多阴。
头风难觅陈琳檄，最怕年衰病又深。
腊月严寒已放亡，祭山又喜季春忙。
肴蔬酒饭皆罗列，跪拜声声祝岁穰[①]。

竹王祠题壁

詹应甲[②]（湘亭）

鬻熊[③]弧矢[④]开楚疆，剪却棘矢[⑤]留筼筜[⑥]。
出胎剖出孩儿香，竹君之后有竹王。
锦衣绣褓来何处，化龙几欲凌霄去。
颇同佛子产空桑，不屑将军封大树。
天生材武霸南州，自大方能驭众酋。
始信平安贻两字，终教灵惠祝千秋。
我来竹下拜祠宇，竹书难溯王风古。
金戈铁马去空山，瘴雨蛮云归故土。
落日灵旗水面斜，年年箫管赛山家。
夜郎城上谁投笔，春水江头自浣纱。

斑鸠崖

詹应甲

鸠唤晴，崖崩千丈巢易倾。

① 岁穰：年成丰收。
② 詹应甲：原名广桃，籍名应甲，字湘亭，安徽婺源举人。历任湖北天门、应城、汉川、恩施等地县令，颇有政绩。
③ 鬻熊：又称鬻熊子、鬻子，楚之祖先。相传曾为周文王师，成王时追封功臣后裔，其曾孙熊绎受封于楚蛮，建立楚国。
④ 弧矢：弓和箭。
⑤ 棘矢：用棘枝做的箭。
⑥ 筼筜（yún dāng）：一种生长在水边，皮薄、节长而竿高的竹子。

鸠唤雨，崖悬一线巢难补。

鸠能振翼枝可栖，人苟失足身已糜。

崖上有嵯峨怒起之怪石，崖下有奔腾倒流之恶溪。

君今胡不自崖返，试听鹧鸪林外声声啼。

我行十步九颠蹶[①]，荆棘钩衣始全活。

鹊闻见喜鸦见凶，万事不如鸠养拙。

种药吟

施州西北曰木抚，地最高寒无沃土。

山人不解艺禾黍，剪尽荆榛开药圃。

药种分贻不贷牛，药苗倒插能避暑。

板桥蒿坝百余家，大半药师兼药户。

刀耕火耨笑人忙，抛却农书翻药谱。

雪后点处子匀排（药种子雪后下之），云叶蒸时芽渐吐。

自然蔓长与藤抽，三年不用占晴雨（种药不忧旱潦，下种后三年得之）。

无心盼到紫参甘，有口差同黄蘗苦。

药贩居然列市廛，药租且免输官府。

男携背篓女肩锄，同问蓝桥求玉杵。

蛮烟瘴雾积未消，采向深山爇[②]松煮。

药气浑如草气薰，药名懒比花名古。

翻[③]怪乡人不信医，虽知药性终无补。

偶然疾病跳师巫，画符捣鬼无药愈。

荡田还可栽黍苗，百药何如谷有五。

由鸭松溪寻源入山，遇牧竖，自言村居风景，颇觉此间殊俗，惜未详其姓氏也

万山中有一溪曲，溪上人家松盖屋。

松毛缺处隐山楼，占得当门鸭波绿。

一牛导我寻溪行，夹岸红蕉兼墨竹。

① 颠蹶：倒仆，跌落。
② 爇（ruò）：焚烧。
③ 翻：反而。

满身苍翠湿衣裾[①]，失却疲牛遇归牧。
自言生聚[②]托溪流，不问溪源出深谷。
几家落落自成村，居邻未议何年卜。
薄有溪田聊共耕，但计犁锄便分谷。
岁时伏腊[③]还相亲，男女婚姻颇殊俗。
溪水从无瘴疠[④]生，不事医疗与巫祝。
松花吹落溪水香，人如浮鸭沿溪浴。
今年溪涨到山腰，未届秋成已再熟。
君从何处入深山，前路茫茫难托足。
郫筒[⑤]酿就新浊醪，佐以山殽无鱼肉。
茆堂短榻尚能支，可惜溪声杂琴筑。
扰君终夜不安眠，未敢邀留歌信宿[⑥]。
一声长笛破松风，笑指青山飞散鹄。
回头不见水遥村，淡笔空描云一幅。

南里渡

史铭桂[⑦]

舆人指翠微，前路青溪港。到见隔岸山，弥高不可仰。
一叶渡中流，手掬尘襟爽。昨夜梦归家，从此泛双桨。

经花石版诸处

再上几不敢，咫尺排苍穹。讵宜乔野质，阑入丹霄宫。
我欲游层城，营度惊九重。我欲上蓬莱，掣转愁回风。
是皆疑信半，缥缈虚无中。泰岱[⑧]四十里，远望吴门骢。
西华五千丈，帝座呼吸通。千人共瞻仰，称为天下雄。

① 衣裾：上衣的前后襟。
② 生聚：繁殖人口，积聚物力。
③ 伏腊：指伏祭和腊祭之日。泛指节日。
④ 瘴疠：瘴气引起的疾病。
⑤ 郫（pí）筒：竹制盛酒器。
⑥ 信宿：连宿两夜。
⑦ 史铭桂：湖北沔阳人，拔贡。清道光二年（1822）任黄梅教谕。
⑧ 泰岱：泰山的别称。

及经施州道，万古开心胸。下一上十九，所上俱高峰。
方谓造已极，前望尤其崇。登尽岭又接，回瞻旋蚁封。
是惟披陵迟[①]，层累跻遥空。若拔平地起，记里难为弓。
更嗟南徼[②]远，僻陋邻蚕丛。名人少经过，渺无仙佛踪。
欲买一邱住，为启山鸿蒙。奢愿力太小，毋乃嘲愚公。

将渡清江望施郡城郭

群山列屏障，一水环襟带。江清碧油油，岭连云霭霭。
雉堞倚岩隈，望里图堪绘。巘嶪崎岖中，蟠结[③]大都会。
我闻汉晋前，夜郎惟自大。唐宋半縻羁，密迩[④]蛮夷害。

圣朝二百年，櫜甲浓恩沛。六邑土司多，请属叩关丐。
改土百年来，椎结易冠盖[⑤]。尧舜迄于今，服畏始清泰。
近更混沌开，文风写天籁。灵秀必有钟，覆帱[⑥]何中外。

施州草木诗九首

（学使）吴其濬[⑦]（瀹斋）

笼竹苗寒笋，旬日得十丈。霜雪压脆梢，劲与松柏仿。
佳儿见头角，未肯脱锦襁。坐待春风来，方作出尘想。
玉立两三竿，矫矫[⑧]不成党。岁晚主人卧，迎客自俯仰。

楚客颂皇树，诧为众木尊。空山多硕果，此实岂其元。
我行夔子国，凛烈雪正繁。百卉生炎洲，陨落如中原。
孤峰见翠葆，绿润照璇源。三年刻一楮[⑨]，此价未易论。

① 陵迟：山坡平缓。
② 南徼：南方边陲。
③ 蟠结：盘曲纠结。
④ 密迩：贴近，靠近。
⑤ 冠盖：指官员的官服和车乘。借指官员。
⑥ 覆帱（dào）：亦作“覆焘”。比喻恩泽荫庇。
⑦ 吴其濬（1789—1847）：字瀹斋，别号雩娄农，河南固始人。著有《植物名实图考》《植物名实图考长编》等。
⑧ 矫矫：卓越出众的样子。
⑨ 刻楮：即刻楮，比喻技艺工巧或治学刻苦。

生平笑李衡，僮比卓王孙。利欲驱草木，奴隶视兰荪[①]。
荒阜已成蹊，桃李两无言。

三巴产蜜罗，轮囷拙可笑。败絮实其腹，黄与佛手肖。
但乏麻姑爪，不凿混沌窍。旧腊预传柑，赐果瑛盘照。
怀归冰沾衣，罂管色相耀。岁寒臭味同，无借形骸妙。
方朔穷且丑，徇偻金门诏。

（闽中岁以密罗作贡，去腊蒙赐十数枝，冰坚如石，置茶中作佛手黄，内廷珍之。）

哥窑兔褐盆，锦石衬菖蒲。年年盼花开，徒为古所愚。
岂知山居人，蹴如秣马刍。根节走蛟龙，绿叶净可娱。
石窦无寸土，灵液相滋濡。细梢戴晓露，皎如摩尼珠。
倘能照我心，不辞山泽癯。

耰锄剔山骨，爬土得盈握。乱石如犁齿，仰刺牯牛足。
豌豆苗寒藤，枯槎寄瘦绿。蔓弱不自胜，倒垂玉钩曲。
采撷供朝餐，脆滑压苜蓿。但恐羊踏园，不愁鱼疾腹。
土人相惊猜，嗜歜[②]鼻为蹙。他日元修来，餐尽冬山绿。
贮药吾未能，此事差免俗。

磥砢[③]不材木，生无万牛引。不如自僵偾，朽腐成美菌。
深山无冬日，阴雪蛟龙尽。由蘖蒸湿云，生机傲箨陨[④]。
错落小叠钱，轮囷大扬盾。肥岂类晚菘[⑤]，滑宜媲冻笋。
草木余菁华，旨为造物窘。君看疢疾[⑥]人，智慧出愚蠢。

北方千尺冰，曝檐醉白日。南山十日雪，不禁池水溢。

① 兰荪：菖蒲，一种香草。
② 歜（chù）：盛怒，气盛。
③ 磥砢：众多委积的样子。
④ 箨陨：即陨箨，谓草木凋落。
⑤ 晚菘：秋末冬初的大白菜。
⑥ 疢（chèn）疾：疾病。

池中如船藕，皎如玉缜栗。池上宝珠茶，赤焰忘凛慄。
芙蓉自畏寒，晚花露萧瑟。始知天地气，升降非胶一。
舒惨互相循，生机仍时逸。长安方腊鼓[①]，海棠照盘橘。

雪中画芭蕉，俗眼亲诋毁。不知玉楼台，缘天更清美。
粤犬不知雪，镇岁啖蕉子。结为炎热蒸，无复风致矣。
清江竹王城，甘苴照绿水。上有六出花，飘洒风吹柹。
青山瘦固寒，白战净可喜。欲织五铢衣[②]，惟有姑射[③]耳。

虎刺珊瑚珠，的皪[④]红累累。移向壶中峰，旬日渐已萎。
甘为小草生，羞作卷施死。不如寒天竹，结实垂堂戺[⑤]。
冻雀啅[⑥]丹砂，繁星攒朱李。翦剔作盆栽，金屋藏彼美。
嗟哉此离离，南国相思子。世无相思人，弃为篱边枳。

余试施南，读壁间鲍觉生前辈口号四首诗，格谨严然，未能测其寓意所在。余以道旁所见草木，有所感触，得九首。兰芷满山，不见采择，有如此矣。

郡治后园有榴柚二果同时并蒂，各生五枚，诗以记之

（郡守）谭光祥[⑦]（兰楣）

禾不生九穗，麦不秀两歧。
年年幸免饥馑耳，无一善政愧可知。
小园不少杂花树，如下董帷都懒窥。
民和未见颂声作，瑞应[⑧]敢望天公私。
去年兹蒂榴四实，忍冬再花曾作诗。
今年两事皆再见，谓此易得非罕希。
庭前移栽两桂树，秋未著花意颇疑。

① 腊鼓：古代民俗。在腊日或腊前一天击鼓驱疫。
② 五铢衣：传说神仙穿的一种衣服，轻而薄。
③ 姑射：神仙或美人的代称。典出《庄子·逍遥游》："藐姑射之山，有神人居焉。"
④ 的皪（lì）：明亮的样子。
⑤ 堂戺（shì）：厅堂与台阶。
⑥ 啅（zhuó）：鸟啄食。
⑦ 谭光祥：字兰楣，江西省建昌府南丰县人，清乾隆五十八年（1793）进士。嘉庆十五年（1810），外放湖北施南府知府。
⑧ 瑞应：古代以为帝王修德，时世清平，天就降祥瑞以应之，谓之瑞应。

摘榴五实忽并蒂，五柚并蒂又益奇。
中央一枚似居首，左右前后辅相之。
如统所尊众环拱，如序以齿肩相随。
如星聚奎聚东井，如臣佐舜福衍箕。
如声如色如方如岳如邻如伍恰应天地数，
如嬴秦五松如汉京五柞如移彭泽五株柳。
如折燕山桂五枝，传观一座叹希有。
詹尹[①]信手穿牟尼，长城分吟四十字。
笔花落纸光陆离，徐陵纪事许濡墨。
杨炯妙词待藻批，榴房取象颂多子。
蕨包橘柚东南宜，征兰吉梦不敢卜。
五丈夫得一亦足慰我思，一心有定似硕果。
三品作贡或如杶干栝柏菁茅龟。
丰年为瑞不贪实，民欲必从天听卑。
春华阅尽见秋实，风雨露雷无妄施。
未来事业且休问，眼见聚散风中鹥[②]。
当歌对酒聊尽兴，岭上梅花开及时。

祷雨酬任钱溪明府见赠

施州地无一里平，依山垦土尽室耕。
施州无三日不雨，十日不雨愁叹生。
下车初喜时雨浥，转为雨多嫌漏湿。
山行五月或披裘，官舍六时稀见日。
六月七日小暑过，旬有六日炎歊[③]多。
高田龟坼下田涸，坐看稔岁无稻禾。
殷忧都不暇诹吉，四更披衣五更出。
我心无日不齐明[④]，难得同官志如一。

① 詹尹：官名。战国时楚国有此官，掌占筮。
② 鹥（yī）：鸥。
③ 炎歊（xiāo）：暑热。
④ 齐明：中正明智。

众诚感神神格思，期以三日神曰迟。
东郊待汲龙洞水，西岭先发雷车驰。
夜分檐溜似悬瀑，起看泼墨云四垂。
风伯作力助雨师，再接再厉益酣嬉。
平明不许腾朝曦，急则易尽当缓之。
或布密云或散丝，遣吏四郊察耘菑。
入土一寸甘膏滋，恐神责我诚意衰。
再吁更乞滂沱施，山头黯黯雾气弥。
徐飘细洒时淋漓，受之以渐亦以随。
山农此时喜可知，彦升妙句冠一时。
太守薄德愧誉词，敢贪天功己力为。
明日报谢陈尊罍，时旸终赖皇天慈。

题丰乐桥

（岁贡）朱尚志[①]

欲识城南路，此溪第一桥。红岩开虎榜，青石接龙腰。
共入清江浦，同归大海潮。巴公忠烈在，千载盛名标。

九日

王协梦

响晨爆竹满山城，问俗知缘节序更。
插菊方邀人共醉，登高难得雨初晴。
此间福地寻荒徼[②]，几处丰年乐太平。
虎渡蝗迁成底事，静闻衙鼓有余清。

施州食物

菽乳[③]昉淮南，宵分[④]不停磨。如大辂椎轮，浆未石膏和。

① 朱尚志：恩施岁贡生。
② 荒徼：荒远的边界。
③ 菽乳：豆腐。
④ 宵分：夜半。

野菜错杂调，温黁[1]出土铧[2]。嘉名踵黎祈[3]，奈何罔以惰。（嫩豆腐）

蒲桃有佳酝，果实成酝材。况闻番薯蓣，亦可供尊罍。
山中富蜀黍[4]，曲糵[5]缸面开。糟床滴真珠，浮蚁[6]堪衔杯。（包谷酒）

晨炊菰米[7]香，更有鲜可食。根在碧涧中，清脆远雕饰。
传闻性颇寒，每每中厨敕。长安竞华筵，荐此亦增色。（茭白）

安肃诧秋菘，半世菜根咬。觏此圆如球，造物亦何巧。
胚胎至味含，顿食可以饱。持以敌吴莼，何必忆峰泖。（绣球白菜）

闲考神农经，著录列山药。浓涵土脉厚，方趾乃象脚。
创为玉糁羹，滑甘殊不恶。蛮乡蔬品奇，莫讶称名错。（脚板薯蓣）

山田出野菌，痦瘰如蜂窠。遽作肥羚想，朵颐良足诃。
远莫致鸡枞，费无逾燕窝。樵子筠篮中，采掇何其多。（羊肚菌）

晚自高桥坝归作

（知县）唐方耀[8]（春墅）

十里高桥坝，桥高水乱流。花深沽酒路，柳暗钓鱼舟。
凤岭寒云薄，麟溪夕照收。归来刚日暮，灯影出城头。

晚自杉木村归道中作

半沟流水几人家，杉木青青日欲斜。
莫道空山春不到，一枝开遍隔墙花。

① 温黁（nún）：温暖馨香。
② 土铧：炊具，犹今之砂锅。
③ 黎祈：豆腐的别称。
④ 蜀黍：高粱。
⑤ 曲糵（niè）：酒母。
⑥ 浮蚁：酒面上的浮沫，也借指酒。
⑦ 菰（gū）米：菰的子实。可煮食代粮。
⑧ 唐方耀：字德晖，号春墅，湖南邵阳副榜。清嘉庆四年（1799）任咸丰知县。

丁酉仲春月课新生

（广文）彭人檀[①]（树香）

蓿槛招群彦，东风橐笔[②]来。斯人都沆瀣，此地接蓬莱。
苦励三年学，狂思一石才。池中有神物，隐跃待轻雷。

转眼槐黄[③]近，诸生意若何？文章愁轧茁，岁月易蹉跎。
大海排珊网，秋林仗斧柯。阶前书带草，名欲换登科。

颇笑郑虔老，迂疏寄一毡。抗颜[④]趋弟子，高咏动山川。
未觉羞边笥[⑤]，相看策走鞭。蟾芝莫轻献，此道有真诠。

庭中牡丹盛倍，当年瑞也，邑人士必有售者，爰具壶招集讲舍诸友，作探春之宴，秋风拔帜，紫陌连镳[⑥]，真意中事耳，率成鄙咏，书为左券

我闻此花天下第一花，忽向寒斋弄春色。
想从月殿分仙艳，飞下文坛逗消息。
忆自移栽今几年，年年长恐东风颠。
元气未复根先固，一枝两枝憔悴春。
可怜月维中辰岁，丁酉桃花已落棠。
梨又庭前忽报状元红，不放火前放火后。
小者如盂大者盘，杨兮魏兮胭脂团。
久经霜雪护蓓蕾，勃发云霞横栏杆。
老夫潦倒已惯冷官冷，闲向花间更弄婆娑影。
客来虽无好锦兼名香，尚欲擘笺相与竖新颖。
山城晴日风吹空，雕镌嫩绿戴轻红。
吾侪况有二三子，酒龙诗虎尤文雄。

① 彭人檀：字树香，长阳举人。任恩施教谕。
② 橐笔：指文士的笔墨耕耘。
③ 槐黄：槐花黄。指儒生准备科举考试。
④ 抗颜：神色庄重，态度严正。
⑤ 边笥：同“边氏腹”。称满肚子学问犹如装满典籍的书箱。
⑥ 紫陌连镳：紫陌，郊外的道路；连镳，骑马同行。

坐尔花间花欲语，彩笔畴檀如椽巨。
香艳好赓白傅诗，源流重补欧公叙。
吁嗟乎，奇花异草夸登科，昔尝如此今则那。
劝君更倒金叵罗[1]，桂林杏苑人非他。
将进酒，为君歌，君不醉，如花何？
吁嗟乎，不见昔时金带围，座中之人皆纶扉[2]。

庚子九月二十九日，独游鳌脊山，登奎阁纵目，偶忆东坡岭南菊开较迟，以十一月望作重九，因寄所托，聊尔成咏（五首）

高楼直上俯江浔，天地萧疏入短吟。
木落顿教惊岁晚，云多容易起秋阴。
鱼鳞万叠人家密，鸟道千盘石栈[3]深。
岭外重阳犹后日，黄花莫笑此登临。

真成终日在楼台，凭酹山光酒一杯。
红叶当门村落艳，青烟匝地晓晴开。
石田岁稔收仍俭，滩峡风平浪不催。
却喜懋迁[4]舟楫少，不防偶赚有余财。

楚蜀连疆此最雄，过山仍旧在山中。
依崖支灶石为屋，转水灌田车有筒。
井邑半分夔子国，烟霞深锁竹王宫。
川原莫道无珍品，上药犹存寿世功。

香楠文梓[5]重当时，后起英英尽紫芝。

① 金叵罗：金制酒器。
② 纶扉：内阁，是为皇帝撰拟诏制之地。
③ 石栈：在山间险绝处凿石架木而成的道路。
④ 懋迁：买卖，贩卖。
⑤ 文梓：有斑纹的梓树，为良木美材。

折节漫羞称弟子，培根先要得人师。
论文但有书三昧，射策[①]能无桂一枝。
依样咏痴终自悟，虚心早下董生帷。

年来惭愧拥皋比[②]，记问都荒敢说师。
差幸此中区义利，庶几有作判醇疵[③]。
江山洒落人孤往，苜蓿清狂酒一卮。
翙[④]凤栖梧知共勉，奎光伫看耀昌期。

木杪仙人洞

出东城七里余。宋宝祐元年，清江郡守王公次畴侍其亲，挈僚佐一游，摩崖题名，称洞府窈深奇怪，不类人间世，迄今几五百年，无问津者。丁酉夏五，偕朱仁山州别驾，李春甲明经，罗冠乙、春樵两茂才诣焉。奥如旷如，不可穷诘[⑤]，与石壁所志无异。而《施州卫志》所载宝祐中六人，既不相涉，碑亦不可复见，怅然久之，乘月而归，赋此记游云尔。

却访仙家洞口春，轻舆小驷问前津。
江山暇日容吾辈，宾从[⑥]高风忆古人。
尚有烟云通户牖，能无金石委沙尘。
林峦如此偏芜没，莫为方隅[⑦]怅隐沦[⑧]。

前门如宴后如城，一穴中空接太清[⑨]。
石乳当头垂欲堕，山禽偷眼噪相迎。
飞仙何处寻踪迹，委蜕[⑩]无人问死生。
再五百年似今日，知渠笑我好微名。

① 射策：泛指应试。
② 皋比：古人坐虎皮讲学。后因以指讲席。
③ 醇疵：醇美与疵病，正确与错误。
④ 翙（huì）：鸟飞的声音。
⑤ 穷诘：深入追问，追根寻源。
⑥ 宾从：宾客的随从。
⑦ 方隅：四方和四隅。借指边疆。
⑧ 隐沦：隐居。
⑨ 太清：指天空。
⑩ 委蜕：如蝉弃其所蜕之皮。引申为死亡。

初夏闰月既望，偕李春甲明经，罗冠乙、朱廉泉、陈梧冈、吴心畲茂才，上舍江右刘松山游白衣庵

曾约诸君共酒杯，云关谢客不轻开（前两日拟游不果）。
今朝宾主都仓卒，挈榼[1]提壶取次[2]来。
佛阁阴森境不凡，危栏迢递[3]俯层岩。
眼前大有江南意，只少遥汀半幅帆。

题天桥

（郡守）顾椿[4]（蔼亭）

碧水跨长虹，群仙从此过。
跌岩天门开，万山来朝贺。

癸巳岁，彭树香同年招同郡学博罗子峰游影蛾洞，以诗见示，次韵酬之

（选拔）王家筠[5]（滋圃）

我似鹿门庞[6]，不爱州府哄。校志招我来，局中且随众。
无才若翻帑，迷离如昏雾。那得散步游，免使疑义贡。
恰有濠梁招，假我青丝鞚[7]。罗公老兴豪，闻之笑且哄。
两马犹未行，一舆已先玒[8]。叹羡天成山，山为天播弄[9]。
不然巉岩坚，是谁敢凿空。好奇情如飞，如飞足先Г[10]。
悬根手攀援，履险几惊恫。踏壁复横行，摩碑颇洁砻。
仰瞻何穹窿，苔藓如锦幪。何必寻谟觞，相与活罄控[11]。
藉以藏名书，不必虑充栋。借以藏旧醅[12]，何妨时盈瓮。

① 榼：酒器。
② 取次：次序。
③ 迢递：遥远的样子。
④ 顾椿：字蔼亭，广西桂林府临桂县人。官桂林知府。
⑤ 王家筠：字滋圃，清嘉庆十八年（1813）选贡，候选教谕。
⑥ 鹿门庞：即东汉庞德公。
⑦ 鞚（kòng）：借指马。
⑧ 玒：到达。
⑨ 播弄：摆布，支配。
⑩ 嵸（zōng）：敛足。
⑪ 罄控：同“磬控”。善御马，操纵自如。
⑫ 旧醅：陈酒，旧酿。

阴森寒袭人，因之欲呵冻。如游桂海[①]中，作志纪岩洞。
钟乳滴琼浆，如珠结雾淞。料得引诗人，诗草长新蕻。
我比石更顽，安能继咏讽。东溪有蟠龙，北山有飞凤。
南洞有影蛾，何以相伯仲。譬如钴鉧潭，能发柳州[②]痛。
古人与今人，命意每奇中。兴尽欲归来，两阂解相送。
能使采访人，都已惬清衷。登诸志乘编，摹绘颇倥偬[③]。
偶然闻铎声，大为醒尘梦。

清江楼晚眺

清江城似画，向晚一登楼。挂树啼猿小，归林去鸟幽。
蔓山斜照冷，孤涧暮烟收。古月今宵问，杯中影自留。

登连珠塔

（岁贡）褚上林[④]（春农）

连珠东望与天齐，佛塔孤高出小溪。
四面烟云空倚傍，一城楼郭认高低。
盘旋石磴携娇女，指点峰鬟话老妻。
无数好山看不厌，归车已趁夕阳西。

吊广东三江镇协戎陈公

（广东博罗）韩荣光[⑤]

海氛四塞云冥冥，狂蛟拔浪天风腥。
楼船駊騀[⑥]压山岳，飞炮霹雳轰雷霆。
虎门雄踞天设险，海飞山走当重扃。
将军伐鼓鸣金钲[⑦]，一军沙角屯孤营。

① 桂海：指南海。
② 柳州：指柳宗元。
③ 倥偬：事务纷繁促迫。
④ 褚上林：号春农，恩施人，清嘉庆朝选贡。
⑤ 韩荣光：（1793—1860），字祥河，号珠船，晚称黄花老人，广东博罗县人。清道光八年（1828）举人，任刑科给事中等。擅诗、书、画，人称“三绝”，著有《黄花集》。
⑥ 駊騀（pǒ ě）：高大的样子。
⑦ 金钲：乐器名。铜铙。军中用代号令。

目光如炬胆如斗，当关丈八长矛横。
有儿黄须侍膝下，将门真种千人英。
羽书[①]昨夜敌请战，鲎帆鼍鼓张先声。
孤军众寡势不敌，急请炮药兼援兵。
何人坐视动掣肘，致使海徼摧干城[②]。
地雷药寡仅一伏，尚教夷血飞膻腥。
矢亡援绝士弃甲，奋呼怒发冲冠缨。
宝刀未斩酋虏首，连珠已洞将军膺[③]。
淋漓不觉血及踵，七尺挺立双眸瞪。
濒危呼猘儿[④]，我死分所应。
我生不能杀贼报天子，死当化作厉鬼诛长鲸。
汝朝不坐宴不预，汝无官守逃余生。
语毕但挥手，再三挥手儿不行。
父既死忠儿死孝，耿耿大义垂天经[⑤]。
云垂海立风惨淡，半夜双陨中军星。
九重览奏涕泗零，煌煌天语褒忠贞。
既旌忠孝一门烈，宜享俎豆[⑥]千秋声。
使臣珥笔[⑦]书汗青，功烈况有旂常铭。
我今作诗播人口，要使妇人孺子皆识将军名。
将军谁？楚北陈氏名连升。

咸丰乙卯秋，来凤张海云大令轩鹏来郡，出所题天桥诗示余，因用原韵志和

（郡守）陈寿图[⑧]（达甫）

蜀客凫飞[⑨]来宰楚，相见一笑旧时伍。

① 羽书：即羽檄，古代插有鸟羽的紧急军事文书。
② 干城：比喻捍卫国家的将士。
③ 膺：胸。
④ 猘儿：比喻勇猛的人。
⑤ 天经：天之常道。
⑥ 俎豆：祭祀，崇奉。
⑦ 珥笔：侍从朝臣在冠侧插笔以备记录。
⑧ 陈寿图：字达甫。曾任湖北郧阳府知府。
⑨ 凫飞：指县令离职去任。

自言来自万山间，两山屹立路几阻。
中有一桥跨天半，天然炼石娲皇补。
影蛾洞里日倒影，凌空疑有神仙武。
虎头颜额曰天桥，桥边廿字轩轩举。
数十年来陈迹非，茂先接踵题桥侣。
我来兹郡少闲暇，未曾策蹇[1]一筇拄[2]。
今读君诗当卧游，依稀半月梯云取。
吁嗟乎，乡关廿四歇箫声，安得凯歌彻师旅。

过长沙河坡

（邑令）杨松磐（春岩）

石栈勾连一道通，笋舆轻软趁天风。
人争俊骨摩云出，天压群峰入望雄。
远树断岩迷日雨，插花边界（犬牙交界之界，土人呼为插花界）辨青红。
无才抚字资秋熟，酿稻炊烟处处同。

重至施州校士

（学使）冯誉骥[3]（展云）

复有三巴役，重歌四牡骓。野梅迎使节，山鸟识儒衣。
揽胜思乘蹻[4]，论文尚锁闱[5]。虚堂当翠巘[6]，终日对斜晖。
英才先后起，振藻各翩翩。郢曲[7]追骚客，唐风溯谪仙。
骏蹄千里迅，凤采九苞妍。他日中和颂，应从汉殿传。

题褚春农明经《香雪山馆诗集》

弦秋馆畔诵瑶编[8]，得识韩门籍湜贤。

① 蹇：指跛脚的牲畜。
② 筇（qióng）拄：拄着竹杖。
③ 冯誉骥：（？—1883）：字“仲良”，号“展云”“崧湖”，晚年号“卓如”“钝叟”，斋名“绿伽楠馆”。道光二十四年（1844），考取进士二甲第六名，授翰林院编修，累督山东、湖北学政。
④ 乘蹻：道家所谓飞行之术。蹻，方士穿的鞋。
⑤ 锁闱：锁院，科举考试的一种措施，考生入试场后即封锁院门，以防范舞弊。
⑥ 翠巘：青翠的山峰。
⑦ 郢曲：指优美的乐曲。
⑧ 瑶编：珍贵的书册，书籍的美称。

兰畹芳馨纫楚佩，竹枝幽怨写蛮笺。
飞仙偶跨江楼鹤，过客同听蜀道鹃。
最是霓裳开宝曲，玉箫牙板有人传。

偶驻星轺[1]访俊英，眼中不见颜回生。
千金骨待求燕市，一卷书还取马卿。
寂寞杜陵空有恨，艰难罗隐竟无名。
丹山万里桐花树，雏凤翩飞望继声。

题王滋圃明经《听雨楼诗集》

少年不得意，书剑远游遨。蜀道攀危栈，巴江狎巨涛。
羁怀缘客久，奇语入天高。杜老夔州作，追踪亦自豪（卷中多巴山蜀水，诗甚奇伟）。

一赴鸿都[2]召，还山事隐沦。著书消白昼，听雨过青春。
垂老伤知己（集中有《哭鲍觉生侍郎》诗），诸郎叹绝伦。辋川遗集在，珍重宴楹陈。

赠王竹田明经兼题其《付园诗集》

前年红旆拂征尘，使馆惧迎鹤发宾。
丛桂淮南招隐士，雪蕉辋水见高人。
新声按拍双牙板，妙语抽丝独茧纶。
今日停骖重把卷，梅花香放万山春。

吴江旧尹说詹何，青眼[3]逢君赠短歌。
少日机云驰誉早，望中师友感怀多（集中有《哭鲍觉生侍郎》，詹湘亭明府诗）。
荒山风雅开榛莽，晏岁[4]芳声动薜萝。
共道谢庭吟咏好，手裁玉树长枝柯。

① 星轺：使者所乘的车。亦代指使者。
② 鸿都：汉代皇家藏书的地方，亦借指秘书省。
③ 青眼：对人的器重或喜爱。
④ 晏岁：岁暮。

赋答胡芷塘明经即以奉题《沙渠逸士吟稿》

王胡偕过我，屐履快将迎（甲寅试毕，君与王竹田辱承枉过）。
家擅春秋学，人推俊及名（君与褚、王褚人均早负诗名）。
闻名临箐路，苦调和鹃声。
两载殷情意，天边盼使旌。

太冲传咏史，叔夜赋从军。
凭吊心何壮，悲歌意不群（集中有《咏史》《出师》诸作，最称佳绝）。
毫端神鬼泣，箧里蕙兰薰。
翻愧陈恩语，讥弹到小文（大集属于点定，猥承致谢）。

题王滋圃《听雨楼诗集》

陈寿图（达甫）

燕蜀云山策马过，壮游豪气半销磨。
书窥中秘[1]三千卷，涕洒秋风十二科。
开径望怜春意少，登楼愁迸雨声多（建有听雨楼，楼下开门曰望三）。
荆南此日征文献，宝剑光犹跃太阿[2]。

岭峻滩高势不平，气吞河岳笔纵横。
眼青遇感逢仙吏（鲍觉生学使、詹湘亭明府俱以国士相遇），
眉白才良似阿兄（令弟竹田明经并擅诗才）。
云本无心衔岫出，泉因有韵在山清。
阶前满种芝兰草，留得余芳向晚荣。

问月亭怀古

（邑令）多寿[3]（静庵）

人生几代谢，明月自今古。月圆本天成，月缺又谁补。

① 中秘：宫中珍藏文物图籍的地方。
② 太阿：宝剑名。相传为春秋时代楚王命铸剑名家欧治子、干将所造。
③ 多寿：字寿庵，镶蓝旗附生，任恩施县知县，参与编纂《恩施县志》。

先生流夜郎，万里程途苦。对酒发浩歌[①]，邀月作宾主。
开筵俯万山，醉月觞飞羽。一醉且停杯，恨无修月斧。
搔首试问之，问月月如许。月果来何时，谁辟清虚府？
上下百千年，曾几夜三五。消息在两间，屈指不可数。
先生去茫茫，遥情寄一缕。我来山亭游，遗迹重摩抚。

登问月亭口号（乐府四章）

（经历）鲁宝增[②]（庆初）

人影逐明月，天门呼吸通。群峰俯首处，岚气[③]漾微风。
人人有颜色，今月曾相照。提笔山欲摇，神妙毫巅到。
存既称诗仙，殁即为诗神。有诗吟不得，昔时语惊人。
今古一谪仙，今古一明月。安得月常圆，长使圆弗缺。

九日登五峰浮图

（府学）哈廷珍[④]（湘侬）

天霁云开万象澄，最高塔耸势崚嶒。
自知凡骨无飞翼，竟有仙人在上乘。
红豆连畦新雨活，青枫带郭晚霞蒸。
巫山巫峡萧森意，愁杀吟秋杜少陵。

戊午之秋七月十有三日，颐既卸篆[⑤]闲居，邀刘遇庵、查小谷、杨淇园诸君子，周玉樵世长，朱星南、伯嘉贤竹林[⑥]并同僚高晓崧、陈辛甫两广文暨罗翼堂、孙星阶同乡小集于城南之广福会馆。风日清美，机趣横生，言笑晏晏，谊洽情亲。想李伯时[⑦]之西园雅集，谅亦不过如是，所恨不及绘而成图耳。猥蒙朱云门宪台[⑧]闻之，欣然而来，众客欢迎，避席前趋，老子于此兴复不浅，是即武昌楼中之庾元规也。既而入座，悉宽礼数，击壶酣歌，纵酒围棋，则又欧阳公之记醉翁亭，苏子瞻之登妙高台也，前贤高致，兼而有之。于是众客俱欢，复期后会，

① 浩歌：放声高歌。
② 鲁宝增：字庆初，生平籍贯不详。
③ 岚气：山林间的雾气。
④ 哈廷珍：号湘侬，汉阳举人。任府学训导、代理恩施教谕。
⑤ 卸篆：卸印。谓辞去官职。
⑥ 贤竹林：对他人叔侄的敬称。
⑦ 李伯时：名公麟，号龙眠居士，安徽舒州人。博学好古，尤善画山水、佛像。
⑧ 宪台：御史官职的通称。

颐虽不敏，请记以诗，并希赐和。

（邑令）倪应颐[①]（梅羹）

超然胜境据清流，胜友如云称胜游。

陶令顿忘归故里（“回匪”盘踞滇省，颐因久无家报，寝馈难安，今日之乐，不觉顿忘），庾公乘兴赴南楼。

衔杯管领山林趣，倚楼高歌水调头（周玉樵音律互精，人咸称赏不已）。

漫拟谪仙将月问（客有约登问月亭者，期与中秋再会），早期佳会到中秋。

和倪梅羹广福馆楼小集原韵

（府学）高维岳[②]（晓崧）

选得名区待客游，先生旷达是清流[③]。

人来高处都开眼，月照他乡共举头。

酒兴消残千古恨（滇省“回匪”滋事，公久不闻家报，常以为忧），笛声吹出万山秋。

愿将传世传神笔，图画诸公此一楼（公善丹青，愿绘此雅集图，以纪一时之盛）。

问月亭怀古

（宣恩训导）蔡景星[④]（半如）

谪仙去千载，名迹重施州。今古一轮月，江山万里秋。

天空搔首问，云杳荡胸收。杯酒当年事，遥情忆此游。

清江闲眺

蔡景星

湛湛清江水，源流远复深。澄观宜洗眼，静对独盟心。

潭影摇山岳，波光鉴古今。闲游来此地，鱼鸟寄讴吟。

丁卯秋将解任去，天心人事有不能遽忘情者，赋《祷雨》《除莠》二律留赠寅僚

（郡守）许赓藻[⑤]（枚卿）

灵境天然辟阆岑，偶因祷雨展微忱[⑥]。

① 倪应颐：（？—1861），字梅羹，一字鼎和，昆明人。任恩施知县。
② 高维岳：字晓崧，江夏人。任施南府学训导。
③ 清流：比喻负有时望、清高的士大夫。
④ 蔡景星：字半如，湖北蕲州举人。任宣恩训导。
⑤ 许赓藻：原名容江，字涛山，清道光二年（1822）壬午举人。任湖北黄梅知县，官至施南知府。
⑥ 微忱：微薄的心意。

嵌空古洞波澜涌（龙洞距城十五里，水从半山穴出，一日三潮，波涌起尺许，作澎湃声），杳蔼[①]崇祠气象森。

凫舄[②]奋勇隆报赛，鳞逢今又渥甘霖（朱敬轩大令去秋往祷雨，随车至，因建祠祀之，今秋祷亦有验）。

匆匆未及椒馨荐，一瓣香[③]含鉴此心。

是谁榛莽誓盟坚，砚弟梅兄不计年。

树始萌芽忙践履，草须芟薙[④]戒牵连。

涛声巫峡烟云黯，石势辰关剑戟全（近有哥弟班名目，稍稍从川南阑入）。

咫尺揭来防煽惑，长官条约要先传。

问月亭怀古

（县学）李瀛[⑤]（海环）

太白本是长庚宿，万丈光芒烛世宙。

天心钟毓五百年，为安唐室生灵秀。

明皇赏识亦寻常，不重经济重文章。

纵抱将相匡时略，手无斧柯[⑥]徒彷徨。

斡旋荐有汾阳[⑦]在，天下才为天下宰。

酒仙诗伯非疏狂[⑧]，谲谏君王庶几改。

至德忽作夜郎游，不似灵均泽畔愁。

快哉何地无明月，上排玉宇耸琼楼。

前生同住大罗天，问月相别几经年。

北司南衙淑与慝[⑨]，悬镜定察秋毫颠。

昔日曾斥高力士，志黜佥壬[⑩]从此始。

野鹿敢衔禁里花，渔阳鼙鼓声不起。

无稽谣诼播宫闱，妇口出走幡然归。

① 杳蔼：深远的样子。
② 凫舄（xì）：借指县令或地方官。
③ 一瓣香：形似瓜瓣的香。本为礼佛所用，因用为敬仰之意。
④ 芟薙：除草。
⑤ 李瀛：字海环，江夏岁贡。清同治九年（1870）任恩施县教谕。
⑥ 斧柯：斧柄，比喻权力。
⑦ 汾阳：指郭子仪。
⑧ 疏狂：狂放不羁。
⑨ 慝（tè）：奸邪，邪恶。
⑩ 佥壬：小人，奸人。

广寒殿阙近尺五[①]，犹可凌霄依清辉。
唐祚中兴赖辅翼，推贤让能谪仙力。
补天浴日建奇勋，第一忠贞已报国。
自惭裔属青莲后，素不工诗不嗜酒。
惟爱皓月最相亲，照我肺腑为良友。
登亭放眼月影团，皎洁合呼白玉盘。
默忆先芬频搔首，至今人尚仰头看。

重建问月亭落成口占

高维岳

高山今又起亭台，古月新亭万象开。
亭待先生月待问，先生盍与月重来。

送张贻山太守之武昌

两载相随久佩钦，爱公才调本儒林。
先劳咸羡精神足，乾惕[②]常忧过失深（公署内厅事自颜其额曰愿闻过斋）。
山里白云多变态，江边黄鹤最关心。
此行自有同声应，玉笛梅花听赏音（以公之才，各大宪见之必有重任）。

聚散原来无定踪，知心到底离愁浓。
酒因别易杯难举，诗为情多句少镕（岳同书院诸生共饯公于奎星楼，各呈诗章送别）。
春夜犹思宴桃李（公于每月课试关诸生，宴时甚多），秋江忍不恋芙蓉（屡承栽培，情何忍忘）。
骢歌唱罢花骢去，望断青青数万峰。

《营卒行》哀黄君死事也

杨炳轩[③]（小逸）

“粤匪”来，官吏散，岳州失，汉阳陷。
千船万船逼江岸，城中大吏欲窜不得窜，下令纷纷议守战。

① 尺五：一尺五寸。形容近。
② 乾惕：朝乾夕惕，形容一天到晚勤奋谨慎，没有一点疏忽懈怠。
③ 杨炳轩：号小逸，生平籍贯不详。

君施州人，厥氏黄名国栋。
妻曰张有叔，有叔客武昌，君往省之隶戎行[1]。
大府有令，师皆登陴[2]，以炮置城隅付火。
君执之，遇贼发，勿先贼驰。
季冬[3]四日天未明，大雾沉沉不可开。
城头诸健儿，以首触城墙，鼾声正若雷，霹雳一声百丈摧。
君自念，丈夫死耳奚悲哀？舍身发炮血流腮。
贼何众，兵何寡，贼来如蜂，兵解如瓦。
不能一一禁止，溃卒如奔马。
炮发一回首，只君一人者，头血涔涔归家别母。
磨刀霍霍入室索妇，母不容妇死儿手，出门大哭提刀走。
是时贼众至矣，腥风号，大怒杀人沉江皋。
君出走兮执一刀，不知前途所遇谁。
贼曹抑斫君市井，抑葬君波涛。
贼去，其家不知死所。再三求之，尸骨累累，谁辨尔我。
伤哉壮士心，并无马革裹。
我闻其事怜其死，为君歌之存原委。
吁嗟君一营卒耳，安得九州之卒人如此。
人如此，贼敢尔。

问月亭怀古

寻仙人到碧波峰，客去千年亭亦空。
欲访遗民问开宝，断碑零落夕阳中。

当年潦倒醉千觞，猿路鹃声剧断肠。
漫把艰难怨行路，有情天子亦郎当。

① 戎行：军队，行伍。
② 陴：女墙。
③ 季冬：农历十二月。

千年人物递成尘，蔓草荒烟阅世新。
惟有清江江上月，夜深还照后游人。

双古铜印歌

胡正荣（芷塘）

清江水拥蛮云走，幪布倓钱[①]俱腐朽。
剩有青铜双印存，时移已落农夫手。
田夫见之辍耕叹，惧跃祥金献长官。
董鼎[②]大书太师爵，蜀镜镌记乾德年。
始知元代金瓯破，西国精夫距宝座。
吹角惊降巴子蛮，提刀割据夜郎大。
悬持此印耀山中，僰覃相郑拜英风。
愿贡黄连三千石，愿输赤米十千钟。
想钤此印为符箓，僰僮筰妪皆奔慑。
甘心负弩先前驱，甘心吹芦从野猎。
天星忽堕旌头妖，风卷狼烟顷刻消。
那识沉沙千载铁，犹堪磨洗认前朝。
唐丝属曲朱文古，趸尾龙鳞起起舞。
梼杌书烧鸡次亡，龟头之上寻年谱。
印兮印兮留完膺，身备蛮王命官书。
光晕人争夸古物，摩挲我更发狂吁。
当时若削撑犁号，手捧盐山奉汉诏。
白狼能歌归义诗，钱王定入昭忠庙。
君不见将军肘后悬黄金，史官列传纪功臣。
公孙[③]妄自尊西蜀，终是蛙鸣井底春。

① 倓（tán）钱：古代南方少数民族用以赎罪的钱。
② 董鼎：字季亨，鄱阳人。著有《尚书辑录纂注》《孝经大义》。
③ 公孙：公孙述（？—36）：字子阳，扶风茂陵（今陕西兴平县）人。两汉间政治人物。曾经割据蜀郡，并以“白帝”自比。

南郡书院对月

（来凤举人）何远鉴[①]（葆山）

潮漫山色拥青螺，夜静江声听转多。
我有遥情寄明月，人间天上总蹉跎。
地僻宵长更鼓迟，横天北斗影参差。
一庭风月无人管，塔影凌霄自主持。

詹邈故里

（刑部主事）饶应祺[②]（子维）

赐第争传元祐年，登龙故宅倚桥边。
峰头卓笔钟灵早，池上嘉莲兆瑞先。
岂仅文章魁远代，还钦俎豆配前贤。
科名自古因人垂，五夜闻鸡著祖鞭[③]。

① 何远鉴：（1804—1881）：字葆山，湖北来凤县人。清道光十七年（1837）中举，任嘉鱼县教谕。著有《崇阿诗文集》《趋庭笔记》《崇阿杂闻》等。

② 饶应祺（1837—1903）：字子维，号春山，湖北恩施人。历任同州知府、甘州知府等。

③ 祖鞭：表示先行或占先。

增修施南府志卷之二十八（下）

诗

宣恩县

高罗访太白宅

（邑令）苏於洛①

夜郎传遗宅，青山何处寻？空留一片月，长照万古心。
仙才继骚雅，憔悴泽畔吟。投老②声名累，旷世遥沾襟。

东门关

晓树依微暗远村，凌空直上俯朝暾。
千层石磴盘云矗，百丈流泉赴壑喧。
地据积高齐北斗，天开重险壮东门。
遥知帝座通呼吸，便欲乘风到九阍。

高罗晓行

苏於洛

一湾流水绕孤村，水上梅花照影昏。
晓雪冲寒行十里，山家犹自闭柴门。

李　溪

疏篱茅屋两三家，有笋当头逼水涯。
欲访春风犹未识，深山雪后见梅花。

① 苏於洛：河南汤阴县人。清乾隆五十六年（1791）任宣恩知县。
② 投老：到老，垂老。

东门关

贾思谟[1]

晴岚霭障耸尘寰，目极山光景物间。
千树峥嵘含野翠，万峰环抱蔚新颜。
门留垒迹成今隘，化洽[2]邮边辑古蛮。
驻足欣观形胜地，楚天一色锁高关。

玉柱峰

石柱巍峨插碧空，孤峰矗起大崖中。
披星戴月曾无异，栉雨沐风自不同。
勋纪伏波犹被谤，名标诸葛代称雄。
几回翘首青云外，仿佛龙门百尺桐。

宣署偶题

张廷烜[3]

热官[4]何事转清闲，如坐枯禅在此间。
别后青山应笑我，出山依旧去看山。

九日镇江阁登高作

去年登高同到此，奎阁新成叹观止。
今年九日此阁成，一东一西恰对峙。
突兀两峰青龙边，接联双盖碧波里。
自无而有谁创始？邑中由来数二子。
前有宋宏尧，岁岁兴修良有以。
石梁险径如履平，塔刹庄严辉贡水。
生来性有土木癖，誓不破产功不已。
后有唐开洋，捐助亦复相济美。

① 贾思谟：四川铜梁举人。清乾隆四十年（1775）任宣恩知县。
② 化洽：教化普沾。
③ 张廷烜：甘肃通渭举人。清嘉庆九年（1802）至道光六年（1826）任宣恩知县。
④ 热官：指势要之官。

黄花满酌看君饮，阁上文星亦应喜。
感君义举偿君劳，从此人文蝉联[1]起。
陈氏二难，荀氏八龙，德星重聚高阳里。

东门关

巍巍东门关，远望云端峙。连山尽陡绝，一径披榛[2]始。
絙引上肩舆，缘壁蚁行似。未至山顶忧，既至山顶喜。
山僧瀹茗通，禅房说前史。蛮峒十八司，设险实在此。
负固今谁存？荒烟剩遗址。闻言三太息，斯语富且旨。
众志贵成城，土崩城斯圮。寄语守土人，雄关不足恃。

清明日山行

（贡生）田文锦[3]

游山当令节，问景趁初晴。林壑无边绿，春流到处生。
遥村烟气静，远树鸟声清。郑重韶光好，呼童问酒情。

留别宣邑士民古风三十韵

（广陵）纪昌期[4]

少时曾负凌云志，自恨蹉跎甘暴弃。
渐逵[5]无路栖南宫，老大徒伤为末吏。
去年承乏来施州，一官匏系[6]寄蜉蝣。
君恩祖德敢背负，慎察民情仔细筹。
宣恩旧属三苗地，方言杂处人各异。
弱肉强餐察若何，善良多被奸尻鸷。
法纲森严咎犯科，刑苛又虑干天和。
案牍满前恒戒惕，惟患无辜罹密罗。
制锦无才惭执固，忽来过誉成佳句。

① 蝉联：连续不断。
② 披榛：砍去丛生之草木。
③ 田文锦：宣恩人，贡生。
④ 纪昌期：河北文安人。历任湖北宣恩、襄阳知县等。
⑤ 逵：四通八达的道路。
⑥ 匏系：比喻不得出仕，或久任微职，不得升迁。

悬额公堂父母呼，更觉汗颜滋惶怖。
正期报称子黎民，瓜代[①]相催走风尘。
新官自有鸿恩布，何须临别语谆谆。
爱戴深情思难补，箴规[②]不患谈迂腐。
从来苦口疾可疗，寄语士民当听取。
此方士风敦古处，泄柳为俦澹台侣。
非公不至品固高，尤当苦读思鸿举。
古今将相岂家传？惟恃吾儒志意专。
云汉为章诚豹变[③]，何难绝后与空前。
屡课诸生多俊乂，自可空群称奇骥。
慎勿畏难图苟安，及时当奋鲲鹏翅。
山中水土旧言薄，贫民男妇勤耕凿。
家家纺织不停声，夜阑犹见灯光灼。
终年辛苦积铜钱，铜钱无多心血干。
无端负气思兴讼，倒箧倾囊始泰然。
官呵吏骂遭荼毒，满腔冤抑徒蒿目[④]。
讼卦文爻皆主凶，忍耐一时当自足。
语无伦次言不精，匆匆话别写真诚。
士民爱我如父母，好恶何曾遂物情。
聊凭数语相赠答，保身保家美不胜。
他年礼乐闻邑境，康乐呈书秀齿登。

壬子冬，邑绅送匾悬堂曰“铁面冰心”，率拈一律答之

（中州）赵广恩[⑤]

自问难称百里才，深虞[⑥]有负入山来。

① 瓜代：官吏任职期满由他人接替。
② 箴规：告诫规劝。
③ 豹变：像豹子的花纹那样变化。比喻润饰事业、文字或迁善去恶。
④ 蒿目：举目远望。
⑤ 赵广恩：河南洛阳县人。清咸丰二年（1852）至五年（1855）任宣恩知县。
⑥ 虞：忧虑。

科条幸获从风化，桃李还须待日栽。
士率同乡堪固圉，兵安旧伍妙储材。
因人成事浑无治，溢美跻堂愧举杯。

留别

来宣计历已三年，学制才疏内歉然。
剪去獍鸮[①]敦善俗，培成桃李结文缘。
爱深劝谕殷勤布，信久官民意气联。
赋别此心何忍恝[②]，一番回首一缠绵。

带兵过东门关

（湖南）易佩绅（笏山）

绝壁控荆蛮，西征第一关。风飘汉旌节，云压蜀江山。
立马千峰顶，搔头六合[③]间。从来多地险，何术靖民顽。

八　景

（县学）蔡景星（半如）

晴霁望珠山，苍苍林表曙。
积翠滃[④]人家，天风扫不去。（珠山晓翠）

看水有源头，脉络自分析。
光澈涌文澜，胸怀共洗涤。（贡水文澜）

崆谾两石洞，果伏神龙否？
此洞自千年，不雨泉声吼。（洞伏双龙）

何处飞来峰，突成三凤峙。
一览千仞巅，德徽钟毓此。（峰栖三凤）

① 獍鸮：獍，传说中的恶兽名，似虎豹而小；鸮，猫头鹰。
② 恝（jiá）：不经心，不在意。
③ 六合：天地四方。
④ 滃（wěng）：云气涌起。

自昔来谪仙，溪犹以李传。
峨峨溪畔石，古色何斑然。（李溪层石）

二女死亦仙，冰心结莲蕊。
至今池水清，不受人间滓[①]。（仙女池清）

壁立万仞山，险要扼东关。
洞口有飞瀑，高悬碧落间。（东关飞瀑）

城北保民山，上有吕仙寺。
晚来百八钟，敲破千林翠。（吕寺晚钟）

太白祠怀古

公之诗才世无敌，大罗天上群仙籍。
如公何意羁夜郎，夜郎得公名亦扬。
宣恩旧属夜郎地，今之李溪犹可志。
玉柱峰在溪之东，此峰昔有祠祀公。
我来溪边一凭吊，又于峰顶一登眺。
荒祠断碣瞑寒烟，天风飕飕吹万窍。
自公去此千百年，歌罗父老能口传。
记得停杯曾问月，今古此月自盈阙。
我对今月思古人，古人不见只伤神。
公之平生诗与酒，仙可与游人莫偶。
吁嗟乎，我亦徒生千载后。
遥指山水曰某某，一二遗迹余未有。
吁嗟乎，陵谷变易知是否？
峰岚耸兮溪声吼，公之名兮终不朽。

① 滓：污浊，污染。

高罗道中（咸丰辛酉秋，催办团练口号）

野鸟随风下，投林借一枝。孤云淡幽壑，夕照冷空池。
牧笛知村近，征边觉道迟。纷纷疆场事，烽燧[1]靖何时？

小　溪

澄澄小溪水，悠悠出山谷。
溪浅不容舟，穿岩三十曲。

东门关题壁（壬戌秋九月十一日宿此）

巨石起雄关，城东第一山。目穷红日落，胸荡白云还。
疏磬空林外，飞泉绝壁间。危楼人宿处，星斗手能攀。

八　景

（邑令）张金澜[2]（茗泉）

珠山晓色趁新晴，面我轩窗分外明。
灵秀独钟应管领，群峰环拱不知名。（珠山晓翠）

半湾贡水碧盈盈，涤尽尘襟空宦情。
倘抱廉泉移一勺，可能依旧出山清。（贡水文澜）

龙洞幽深暑亦寒，潺潺上下泻波澜。
渭清泾浊分明判，一样泉流两样看。（洞伏双龙）

何年三凤集高冈，此日登临总渺茫。
安得笔花生梦里，飞来山谷吐文章。（峰栖三凤）

天生丽质璧无瑕，玉臂羞缠蜀绛纱。
池畔至今双冢在，冰魂皎洁比莲花。（仙女池清）

① 烽燧：古代边境报警的烟火。
② 张金澜：浙江嘉兴府平湖县人。清同治元年（1862）任宣恩知县，监纂同治版《宣恩县志》。

东关屹立翠微巅，匹练高悬碧落边。
石磴千层凌北斗，乘风直欲上青天。（东关飞瀑）

层石嵯峨似塔圆，玲珑叠翠锁朝烟。
清溪何幸留遗迹，乡曲[1]还能溯谪仙。（李溪层石）

保民山外夕阳沉，隐隐钟声度远岑。
敲出禅关一片月，特教清夜警人心。（吕寺晚钟）

万山吟

宣恩地居万山里，万山环绕通迤逦。
一峰未平一峰起，峰峰应接八百里。
第一东关气象雄，千层石蹬盘晴空。
俯视众山如儿童，恍疑身在蓬莱中。
飞泉倒挂声奔淙，山高水低万壑通。
水归石柜不可见，十里廿里又忽见。
泉源起伏神龙变，足底白云飞片片。
我来山中遍游迹，一声长啸暮山碧。
安得陶公五亩宅，纵情诗酒永朝夕。
穿蜡屐[2]，探幽僻，慰我生平烟霞癖。
结诗客，浮大白，长歌短歌奏节拍，
从此万山瘴疠辟。

师次玛瑙河（四川酉阳州所属）

飞骑逐狼氛，秋风卷暮云。
先声寒贼胆，昏夜走纷纷。

① 乡曲：偏僻的地方。引申为乡里。
② 蜡屐：涂蜡的木屐。

秋日登署后宜山

万里云山到眼来，荒城新霁画图开。
秋花冷澹[1]高人瘦，古木萧森旧主裁。
不尽层峦空翠合，无边落叶晚风催。
登临扫净愁千叠，一试长吟一举杯。

和尚岩

张金圻

石梯千级露伶俜[2]，高矗云间接渺冥。
岩顶秃如僧顶秃，不须修到佛头青。

春晓登泰平山

（附生）石廉[3]

寻春趁晓步山溪，石径苍茫路转迷。
日霁[4]烟消回首望，桃花隔在数峰西。

访天马山暮归

长堤古树挂斜晖，回首梵宫[5]入翠微。
数里春烟炊火起，一声渔笛钓船归。
禅林风静山禽宿，茅店月明过客稀。
此际倦游回旅舍，主人犹自坐柴扉。

文笔山

（贡生）谢金诏[6]

卓笔拟孤峰，云烟留墨迹。
秋风趁雁行，书破楚天碧。

① 冷澹：素净淡雅。
② 伶俜：孤独的样子。
③ 石廉：宣恩县人，参与同治版《宣恩县志》编纂，任分校。
④ 日霁：天晴。
⑤ 梵宫：佛寺。
⑥ 谢金诏：宣恩贡生，参与同治版《宣恩县志》编纂，任分校。

题佛塘

（增生）唐武联

何年胜地辟高岑，此日登临度竹深。
石蹬危盘藏古寺，龙潭深锁镇禅心。
堂悬清磬凭虚响，树老寒蝉自在吟。
流水高山参妙境，归途指点暮烟沉。

双溪寺题壁

（贡生）姚复旦[①]

斜阳古寺粉飘零，雨后苔钱[②]绿满庭。
树影遮门无客到，钟声渡水有鱼听。
萧条小市人原少，寂寞空山佛不灵。
只有闲僧犹解事，街前伫立看冬青。

来凤县

惜　春

（典史）张宁[③]

宦况频年薄，匆匆百五过。春残莺尚啭，愁重马难驮。
花骨埋红雨，吟魂散绿莎。东风今已去，几度对松哦。

来凤“教匪”未靖，奉檄守硖寨

（邑令）王三锡

竹架窝蓬木扎城，凭高扼要势纵横。
独怜负戟抛锄者，尽是宣恩乡勇兵。
拳室安身硖口间，编篱隔断旧青山。
耽诗自是书生癖，谈论孙吴不得闲。

① 姚复旦：宣恩贡生，参与同治版《宣恩县志》编纂，任同纂。
② 苔钱：苔点形圆如钱，故名。
③ 张宁：浙江山阴供事，任来凤典史。

四野蛙声杂雨声，溪流喧涨客心惊。
戍楼鼓角忙催柝，数到连敲第五更。
喜得滂沱水漫川，任他炮响震连天。
贼人不会投鞭过，寄语将军自在眠。

吊萧紫峰（大钟）墓

陈魁春[①]

太乙灵旗指夜郎，书生投笔事戎装。
能伸大义回妖梦，又挺雄心破鬼场。
地下高谈见隋陆，天边遗憾又金张。
枫林关塞魂来远，死后犹闻侠骨香。

狂风卷地水增波，击贼谁能竞荷戈。
两道烟尘昏战马，一腔血泪洒长河。
使君正气乘朱马，仙尉吟魂散绿莎。
太息虫沙[②]同往劫，精神无处散头陀

（张典史旧有《惜春》诗“花骨增红雨，吟魂散绿莎”之句。予馆来凤，与萧听夜梵，谈古忠烈士事，生云：“今夜精神抖擞，如向头陀矣。”）。

腾空蓬火动妖氛，大节堂堂迥不群。
为国共推唐许远[③]，请缨何愧汉终军[④]。
烟销虎峒嘶残月，日落龙山哭暮云。
浩气成仁魂魄毅，灵旗风雨夜深闻。

妖星横拥木城门，独有兹生气节存。
临阵未曾忘母病（入贼寨时生母病笃，星奔省视，焚香哀祷，经宿遂痊），读书原要报君恩。

① 陈魁春：字头梅，号大岩，湖南新化贡生。
② 虫沙：比喻战死的将士。泛指因战乱而死的百姓。
③ 许远（709—757）：字令威，杭州盐官（今浙江海宁西南）人。历任侍御史、睢阳太守等。
④ 终军：字子云，西汉济南人。西汉著名的政治家、外交家。

三忠碧血同心誓，百里青山独葬魂。
壮烈至今神鬼泣，怒风穿骨散毛昏。

上将威名动列侯，帏中每得赞前筹。
雷声震石魑魂碎（匪有被雷震死者），火弹冲云剑气遒（时以火攻破贼）。
三堡树深狐啸雨，九龙烟净日横秋。
平妖可赋才人逝，猿咽西风渡夹牛。

和熊[1]五夜有慈亲，羡尔才华迥绝伦。
千里孀居吟苦节（生之母，予姨也），半生归梦憾孤贫。
悲风远送黄聪曲，片土沉埋玉树春。
报国心雄遭计毒，惭他朱履上星辰。

一枝春赋冠群贤，几日联吟小雪天。
填海苍茫饶健翼，甲坡惨淡是重泉。
何期春露丛兰后，竟化哀蝉落叶天。
奇字满床谁问讯，竹窗萤火对愁眠。

萋萋宿草墓门芜，忆尔悲歌击唾壶。
义激生前倡勇士，名留死后振顽夫。
深闺对影愁鸾镜，远道遗言吊女媭。
最是伤心寒食节，一盂麦饭泣孤雏。

庄邑侯殉难诗

王廷弼[2]

到官甫三月，山城煽白莲。相与兴义勇，仓卒无人烟。
贼众夺公去，云公是好官。好官不可杀，但令勿生还。

① 和熊：指母亲教子勤学。
② 王廷弼：字亮寅，号斌夫，来凤县城内碧秋巷人。清嘉庆十六年（1811）拔贡。

或曰不杀官，此举为无名。全尸瘗墙下，真待时太平。
今朝同公子，启殡易冠缨。襄老丧既归，先轸面如生。
忠义格天日，鬼神呵护情。伫待天恩沛，如公极哀荣。
皋复及今日，招魂泪如洗。愧我同公战，未得同公死。
公死犹如生，公名不朽矣。尚赖公英灵，灭贼靖边鄙[①]。
送公昭忠祠，英风镇千纪。

张尉殉难诗

分栽花县多年岁，一战空留碧血残。
化鹤仙人今在否，更从何处葬衣冠。

甘学博殉难

广文学官耳，一死不为愚。守土虽无责，尼山亦有徒。
读书明大义，授命信良图。愧彼干城侣，空留血肉躯。

念王明府伊犁远戍

万里玉门关，流人几见还。大荒飞鸟外，残驿夕阳间。
此地难埋剑，何年看赐还。英雄流血泪，落草即成斑。

来凤杂咏

（邑令）周向青[②]（苏门）

邑小咨求易，民贫补救难。所期存利济，何忍薄饥寒。
心在周千室，身非恋一官。夜深作封事，枕上尚汛澜。

偕邑绅祭殉难三公祠

市上传筹放白莲，妖氛[③]已在佛芝先（“教匪”初起，有佛象生芝之异）。
散毛土俗情犹犷，沥血[④]疆场志益坚。
张许虽非同日死，王杨尚赖一时全。
平生识字惟忠孝，香瓣南丰奉致虔。

① 边鄙：边远的地方。
② 周向青：字苏门，浙江钱塘举人。清道光七年（1827）任来凤知县。
③ 妖氛：不祥的云气。多喻指凶灾、祸乱。
④ 沥血：流血。

世俗因循实罪梯，管弦声哑响征鼙①。
人皆乌合宜投首，事为狐疑反噬脐②。
守节无惭三尺土，登陴难觅一丸泥。
至今衰草斜阳外，尚有哀猿不住啼。

闽越循良楚北英，一时同难得齐名。
政成三月时方浅，节顾千秋死亦轻。
徒有衣冠昭激烈，可无祠庙表忠贞。
圣代旷典③超前代，恤荫诚为泉下荣。

借箸全凭方叔猷，相传羊祜亦轻裘。
南雷助阵能惊敌，瞻尚从戎得报仇（庄公子念谋、甘公子方郁、张公弟城）。
一老猜嫌甘误国，几人歌舞尽封侯。
书生眼见沧桑事，说到功高涕泗流。

夏日即景

（邑令）方策④

到来长夏似深秋，早晚阴晴气不侔⑤。
一阵蛮风吹瘴雨，征人五月尚披裘。

吊三烈士墓（三士，萧大钟、龚超元、刘尚文，诣贼巢说降，被杀于指甲坡）

（武生）何远松⑥（雪芳）

东风料峭夕阳残，杜宇声啼血未干。
忠烈同时埋指甲，草茅⑦一样露心肝。

① 征鼙：出征的鼓声。亦比喻战事。
② 噬脐：自噬腹脐。比喻后悔已晚。
③ 旷典：罕见难逢的盛典。
④ 方策：福建闽侯人。清嘉庆二十三年（1818）进士，任东湖知县。
⑤ 不侔（móu）：不相等。
⑥ 何远松：字雪芳，生平籍贯不详。
⑦ 草茅：在野未出仕的人。

妖氛未靖身先死，阃帅无情命共残。

却惜史编搜不到，空留精气散毛关。

二月二十日募勇烂柴峒、陈家湾，作此示诸同事

（孝感县训导）张鸿范[①]（羽仪）

釃酒[②]将心白，椎牛歃血[③]红。与君盟皎日，大树起雄风。

家国仇须报，安危志要同。自惭才术短，努力望群公。

嘉庆丁巳，奉檄至来凤协办善后事宜，馆于王斌夫别驾宅，暇日，斌夫与其季弟建侯邀同卢星丹少府登半边城，感而得诗

（试用知县）刘起鹍[④]（碧崖）

无字空中指，纷纷春复秋。性虽凶水草，势莫等干矛。

九寨豺狼静，偏城屋宇休。青燐飞夜半，鬼哭尚啾啾。

曾闻受降诏，屡下圣仁朝。天道不好杀，元戎[⑤]心益骄。

坑人学曹翰，定远赖班超[⑥]。巴蜀犹烽火，难为兵气销。

风尘昏百里，臣节尽三公。白马飞腾久，苍生愿望空。

读书难报国，感旧忆从戎。王子真奇杰，归耕不计功。

指点残营垒，凄凉万鬼场。请缨犹壮志，著屐又斜阳。

才大通兵法，时清赋国殇。起家自忠孝，谁复似王章[⑦]。

随伯兄斌夫陪刘碧崖明府、卢星丹少府登半边城作

（庠生）王良弼（建侯）

兄弟得随行，东山趁晚晴。青青三月草，寂寂半边城。

冷落新烟火，销磨旧甲兵。不堪回首处，狼豕忆纵横。

莲花作祸胎，大意笑如来。就戮一开士（匪僧佛忏），报恩三秀才（萧大钟、何谭、周南）。

杀降无可诉，守义不能回。魂魄今犹毅，鬼雄俱可哀。

① 张鸿范：字羽仪，来凤县城内白鸟巷人。任孝感县训导。
② 釃酒：滤酒。
③ 歃血：古代会盟时饮血或涂血在口旁，以示诚信。
④ 刘起鹍：字碧崖，生平籍贯不详。
⑤ 元戎：主将，统帅。
⑥ 班超：字仲升，扶风安陵（今陕西咸阳东北）人。东汉时期著名军事家、外交家。
⑦ 王章：字仲卿，泰山巨平（山东泰安西南）人。西汉官员，以敢于直言著称。

街市不复见，回思心尚寒。积薪堆鬼骨，炙脍[1]杂人肝。

鹰犬交相恶，鲸鲵[2]不足叹。可怜泉水白，曾见血流丹。

唱罢国殇曲，凄凉不可支。兵戎亦天意，儒雅得吾师。

刘向通经术（碧崖明府），卢纶咏古诗（星丹少府）。元方曾报国，感寂少年时。

鸣凤楼

（邑令）劳宗焕[3]（宜生）

百尺岑楼在，苍茫倚夕曛。星躔[4]参翼宿，天象炳奎文。

秀挹蕉溪水，晴开桂岭云。朝阳羡鸣凤，雍翙九霄闻。

渐改蛮方俗，归流已百年。光华萃文物，淳朴辟山川。

风景足图绘，乡闾多诵弦。沟渠闻利溥，一脉引原泉。

眼界高空扩，登临一放歌。崇岗列屏障，老树上藤萝。

石磴题诗去，风廊载酒过。剧怜晴日少，只是野烟多。

昼永衙参[5]罢，时为踏屐行。试开千里目，同上半边城。

落日含乡思，浮云淡宦情。所欣春雨足，秧鼓劝农耕。

望水堡寻前县庄公殉节处

劳宗焕

嘉庆丙辰年，二月十七日，公莅来凤甫三月。

风吹妖氛开白莲，散毛纷纷讹言传。

书生在官尽官守[6]，佛芝流毒愁蔓延（难作之先，有佛像生芝之异）。

有陈松者前来致祠，诡陈形势劝公剿之。

公闻率众遽往讨，中道遇贼望水堡。

民未知兵力不支，一时安望欃枪[7]扫。

贼众缚公胁公降，公骂不绝截公吭。

① 炙脍：烤熟的肉和细切的肉。
② 鲸鲵：比喻凶恶的人。
③ 劳宗焕：字宜生，浙江石门拔贡。清道光二十八年（1848）任来凤知县。
④ 星躔（chán）：日月星辰。
⑤ 衙参：官吏到上司衙门，排班参见，禀白公事。
⑥ 官守：官位职守。
⑦ 欃（chán）枪：彗星的别名。

刀砧引受血肉飞，凛凛正气扶纲常。
张典史，甘广文，同时死事先后闻。
男儿就义职无小，奇气不让南齐云。
我来吊古慨陈迹，一腔热血苔花碧。
千秋万岁表忠魂，视此红岩一片石。
一片石，七品官，大书特书字深刊，
侯官举人庄纫兰。

表忠歌题前广文殉难甘公墓

（县学）李大训[①]（香圃）

先生之学在求仁，先生之官在明伦。
学不求仁必苟禄[②]，官不明伦必受辱。
先生之死重丘山，清风高节邈难攀。
彤管标芳非等闲，声名常在天地间。
我后先生亦司铎，昔有干戈今礼乐。
掞新学校大兴作，祀公名宦人心乐。
闻公名已列昭忠，今之乡贤复祀公。
一身三享俎豆隆，我拜先生甘下风。
孤坟黉序[③]之东首，衰草寒烟蒙盖久。
树碣表忠君知否？潜江香圃李氏某。

来凤王生小楼以拔萃试京师，被落将还，苦索赠诗，挑灯成此以塞吾友之意。

谚云：泥佛劝土佛，执笔赧然。嘉庆甲戌仲冬朏[④]，书于朱文正师旧宅

（学使）鲍桂星（觉生）

王生归荆南，倚马索赠言。我何以赠生，述古当新篇。
易云谦有终，宝俭老所传。谦则客气屏，俭则介节[⑤]坚。

① 李大训：字香圃，潜江岁贡。任来凤训导。
② 苟禄：无功而受禄。
③ 黉序：古代的学校。
④ 朏：农历每月初三日。
⑤ 介节：刚直不阿的节操。

为君试扬搉[①]，四座请勿喧。人生天壤内，昼食而夕眠。
同此七尺躯，我独奚异焉？最古号才子，两目空人埏。
文接马班踵，诗拍李杜肩。傲睨[②]皇古上，放浪师友前。
况复不修检，佻挞[③]且轻儇[④]。风流败名教，谈笑积罪愆[⑤]。
遂干鬼神怒，毕世罹迍邅[⑥]。总因一念肆，不肯佩韦弦[⑦]。
反而痛自克，江海下百川。至于慎取与，此中亦有权。
苟非吾所有，一介犹山渊。食民间二卵，干城尚可捐。
视道傍遗金，割席宁舍旃。所以不廉故，皆由俭德难。
衣食与声色，溪壑[⑧]不可填。尺寸少纵轶，寻丈逾防闲[⑨]。
画齑啜吾粥，忧乐天下关。卓哉范文正，壁立万仞巅。
平生于二者，服膺颇拳拳。行年逮知非，清夜良恧然[⑩]。
百端未践一，始叹行之艰。生也不羁才，崛起楚蜀间。
见我称弟子，执礼恭且虔。家贫性则介，不与时俗迁。
二者生所优，饶舌惭丰干。为学贵精进，覆篑成丘山。
树德务滋培，时雨润良田。吾躬耻不逮，吾语出古先。
请效颜回赠，不须绕朝鞭。

门人王小楼举拔萃北上道出武昌，以《喜雨行》见赠，感其意之勤而无以酬也，走笔赋五律二章以送之

（郡守）谭光祥（兰楣）

南郡有才子，情深江汉云。空山一相见，几日复论文。
奇笔争三峡，雄怀薄五君。声名追贾董，会向汉庭闻。

① 扬搉：举其大略。
② 傲睨：轻慢，轻蔑。
③ 佻挞：同“佻达”。轻薄放荡。
④ 轻儇（xuān）：轻佻，不庄重。
⑤ 罪愆：罪过，过失。
⑥ 迍邅（zhūn zhān）：处境艰难的样子。
⑦ 韦弦：比喻警戒、规劝。
⑧ 溪壑：溪谷沟壑。比喻不可满足的贪欲。
⑨ 防闲：防范。
⑩ 恧（nǜ）然：惭愧的样子。

作郡吾滋愧，吟诗亦不闲。弹琴流楚水，橐笔写燕山。
短剑悲歌切，空囊客路艰。吹嘘有鲍叔，早到五云间。

丙辰纪事

（拔贡）王煜[①]（晓楼）

嘉庆丙辰之乱，予年尚幼，家大人道军中本末甚详，乃捃拾[②]故实，作乐府十四章，选五首。

"白巾贼"，述胁从之冤也

裹白巾，披白衣，悬白帐，竖白旗。
一身挂白一家白，道是白莲台上莲花。
师拜灯，诵经咒，一饮醉似泥。
得死以为幸，异哉氓蚩蚩[③]。
无字空中贼之旨，贼中老母尊莫比。
但知皈佛不知身，引颈餐刀笑不止。
就中亦有呼号声，半皆乡曲胁从耳。
贼中胁从多复多，可怜无知罹网罗。
焦头烂额等闲事，洞府穿胸可奈何。
录囚争送司命府，受降杀降谁活汝。
迷途一人无生途，尽室骈诛[④]何自苦。
天可怜，几人雪尔盆下冤。
他生生长太平年，再莫佛前拜白莲。

野有尸，伤死者不尽国殇也

朝杀人，暮杀人，贼兵斗杀人。
乡兵仇杀人，生灵十万几家存。
无处纸钱吊新鬼，无处净土寻荒坟。
死不得葬，葬亦不得保其身。

① 王煜：字晓楼，著有《冬青馆诗草》等。
② 捃拾：拾取，收集。
③ 蚩蚩：敦厚的样子。
④ 骈诛：一并诛戮。

可怜尸骸如山积，春草芊芊[1]都化碧。
杜鹃啼断枯树枝，明日便作西归客。

庄令尹，叹县官之能报国也

腊月来，二月死，官不及七旬，令尹事毕矣。
令尹不要钱，虽死贼手贼亦怜。
全尸瘗墙下，时平归骨九仙山。
公子麻衣易棺看，先轸如生万人叹。
驾鹤应来丁令威，持矛空感公孙瓒。
丈夫读书当报国，城亡与亡令尹职。
太山鸿毛一死分，灵旗壮我山川色。

甘广文，幸见危之能授命也

广文老无力，难御跳梁贼。
日闭冷署不出声，贼胁公降不可得。
贼曰不降便杀之，公曰丈夫死耳肯降贼。
读圣贤书学何事，如此偷生愧臣职。
贼劝不绝口，公引三尺绶。
明伦堂上授命时，英灵聊步庄公后。
庄公先亦广文官，琴堂鲟舍两相欢。
一时同入昭忠祠，名在丰碑神在天。

哭白马，痛王明府之以功获罪也

白马驰，王公虽危如不危。
白马死，王公投荒[2]几万里。
白马与公寄生死，当年脱险北门北，马如游龙人不识。
王公从此加颜色，太岁威名壮山国（贼见白马皆反奔，军中呼为“白马太岁”）。
士死知己马亦然，马岂愿服黄金鞍。

① 芊芊：草木茂盛、葱绿的样子。
② 投荒：贬谪、流放至荒远之地。

大师索之不能得，封章[①]直达天子前。

冤公军事曾有愆，马兮马兮人可怜。

一朝命下伊犁谪，玉门关外天何迫。

马在公无功，公在马何益。

大师高高天咫尺，人兮人兮马可惜。

呜呼，马受豢养恩，感恩殉公惟一身，吁嗟大师伊何人。

仙人洞

若有人兮山之巅，岩栖不知几何年。

何年此地炼金丹，金丹炼就飞上天。

碧崖终古留云端，山高逼霄汉。

洞在山之半，门前八九木兰干。

旧者欲堕新者换，兰干纵横何处无，仙境终与凡境殊。

岩中碧潭清无底，如从海上望蓬壶。

君不闻，海内洞天三十六，龙抱神渊虎啸谷。

五出曾坐黄安龟，一车争驾卫卿鹿。

茅山况有茅初平，时下元州戏赤城。

三山宫阙金银色，三华神气余晶莹。

昆山琼蕊炼魂魄，牧羊都是紫霄客。

采药当成四合车，论交请坐三生石。

石下水声暮饮碧，石山霞光晓餐赤。

仙人只合住名山，何当同骖鸾鹤白，柯烂[②]犹呼棋局残。

棋子声落云汉间，几时饱吃青精饭，从师浮丘去不还。

邓卫公愈[③]振武岩

南荒旧有散毛峒，元朝天子早纳贡。

宣慰军民亦有年，感化山川竟无用。

① 封章：密封的奏章。

② 柯烂：比喻世事变迁。

③ 邓愈：初名友德，字伯颜，虹县（今安徽泗县）人。明朝开国将领之一，战功卓著，封卫国公，死后追封为宁河王，谥号武顺。

天魔舞起国事非，玉珍据蜀散毛归。
已作沿边都元帅，不知明祖更尊威。
朝贡不来干戈起，虔刘芟夷[①]及边鄙。
自大真如夜郎王，眼中何有汉天子。
声灵已及蛮山陬，天戈[②]直指荆南州。
征南将军邓卫国，堂堂元老壮其猷。
摐金伐鼓骇林莽，燔燧然烽惊酋党。
飞扬旌旆如云荼，三十九峒齐扫荡。
野旺前徒已倒戈，牵羊衔璧[③]降山阿。
军前献出伪夏印，汉关壮士齐长歌。
长歌声中便振旅，为洗高崖镇戎虏。
昨朝曾告太岁神，果然将帅如貔虎[④]。
分道更有周（德兴）吴（良侯），五溪蛮峒同时休。
水尽源通塔平处，依然贡献三年秋。
散毛关外驻征旆，三月功成此其最。
扬威特书振武岩，擘窠[⑤]三字如斗大。
卫公开国多奇功，卫公吐气若长虹。
当世惜无班固笔，稟经酌雅铭英风。
将军挥毫濡醉墨，下手震惊千百国。
苔封藓护五百年，字体模糊犹可识。
我闻遗事笑前明，远略虽勤非至诚。
设卫广屯焉可制，年年岁岁烦天兵。
何以我朝敷文命，阃外[⑥]不劳霍去病。
一民尺地皆版图，帝德远迈唐虞盛。

① 芟夷：删削，铲除。
② 天戈：古指帝王的军队。
③ 牵羊衔璧：指国君投降。
④ 貔虎：猛兽，比喻勇猛的将士。
⑤ 擘窠：擘，划分；窠，框格。刻印时在印章上划分的横直界格。
⑥ 阃外：指京城或朝廷之外。

我今亦堕散毛乡，访古为吊宁河王。
此岩昭昭悬日月，高摩碧落生光芒。

迎春日作

（邑令）康义民[1]

亮舆露冕出东关，日迎旌旗雪满山。
愧我无能苏百姓，为迎春色到人间。

奉陪夏培堂夫子游天姥洞

（拔贡）杨逢祥[2]

坐风立雪已多年，杖履追随更有缘。
妙境还寻丹穴下，豪情长放碧山巅。
时伸佛手拈花笑，独寓婆心枕石眠。
明日扁舟回望处，摩崖锦字起云烟。

烈女井

（庠生）雷锡庆[3]（怀卿）

烈女姓孙氏，父文登，儒者，乾隆辛巳随伏虎洞水中死。母熊氏，遗腹生烈女，改适周姓，周后物故[4]，烈女已及笄[5]矣。母多失德，屡阴谏之，不听，转加凌虐狂且复诱胁之，遂于己亥七月投北门外井中死。时天暴蒸，尸从井中出，颜色如生。生员欧阳祖玙亲见其事，纪其颠末，道光间茂才雷锡庆偕同人立石井畔，并刻以诗。

借彼井中水，为侬洗尘襟。
侬有何尘洗，即此鉴侬心。
侬心清如水，誓不受尘侵。

① 康义民：江西泰和拔贡。历任恩施县丞、来凤知县等。
② 杨逢祥：来凤县城内彩耀街人，清嘉庆六年（1801）府学拔贡。道光元年（1821）举孝廉方正，授谷城县学教谕。
③ 雷锡庆：字怀卿，来凤庠生。
④ 物故：死亡。
⑤ 及笄：女子年满十五岁。

庄明府

（增生）饶琳[①]（月樵）

乾坤莽荡起风烟，为国捐躯岂偶然。
宦辙已悲春梦短，遗民争颂使君贤。
危疆自惜无城郭，旷典于今享豆笾。
闽海忠魂飞不到，子规啼血自年年。

甘广文

苜蓿堆盘苦备尝，何期厄运遘黄杨。
官非守土生何害，职在明伦死不妨。
纵使招魂满天地，可怜延颈报君王。
圣朝曾赐褒忠典，俎豆长同泮藻香。

全秀才福殉难辞（时年七十二岁）

（远安县训导）张光杰[②]（伟人）

老秀才，老秀才，时危矣，避速哉！
秀才答言君不晓，吾人一生读书已到老。
滑贼如此恣猖狂，无官无民杀之如菅草[③]。
蚩雾蔽青天，妖氛迷白日。
大府诚何心，一卒竟莫出。
草莽欲起一旅师，无人忠奸义胆共。
赋同仇，与有为，伤哉义气犹未张。
中途遇贼殊仓皇，贼众直缚秀才往。
谓是妖头胁之降，秀才骂贼不绝声。
蠢尔幺麽何纵横，一时忠义愤发身。
不顾声泣风雨气挟雷霆，激昂慷慨轻死生。
一贼起云杀之快，老头巾耳何足爱。

① 饶琳：字月樵，来凤增生，其他不详。
② 张光杰：字伟人，来凤县城内白鸟巷人，清道光六年（1826）府学贡生。历任光化、黄梅等县训导。
③ 菅草：草茅。比喻轻贱。

一贼起云释之便，畜老惮杀况人面。
秀才之节穷且坚，不畏威武不受怜。
怒骂之声仍凛然，不恤颈血溅贼刀。
魂魄飞散云天高，贼为秀才留廉耻。
章身不脱敝缊袍，秀才头衔不足奇。
秀才一死有维持，无官无守且如斯。
呜呼！无官无守且如斯。

邑侯王公筱华殉难诗

（岁贡署安陵县训导）张瑛[①]（立堂）

松柏本有心，心能傲霜雪。竹箭本有筠[②]，筠不畏磨折。
正气钟于人，时穷方见节。公昔宰吉阳，同舟识邦杰。
蕉溪公既来，匪徒迹消灭。为民预筹荒，社仓谷千石。
政行恩与威，谁可比贤哲。“发逆”窜城中，挺然宝剑掣。
相斗力不支，捐躯以报国。踞久贼远扬，尸寻北濠得。
守护仗鬼神，禽兽不咀啮。面目犹如生，精灵竟独绝。
骸骨归故乡，士女咸悲切。仰蒙高厚恩，祠祀奖忠烈。

题虎耳山寺

（拔贡）张书绅[③]（道存）

寺祀灵官，妖蛇凭之，甚有灵验，湖南老儒某作诗颂神异，因辟焉。

笑煞兰台老一经，误将妖物作神灵。
全无膏雨[④]流乡里，独有腥风荡野亭。
春色蓬莱千嶂碧，秋光沧海一灯青。
安心好傍医王法，莫使苍天怒激霆。

① 张瑛：字立堂，来凤县城内白鸟巷人，清道光九年（1829）府学贡生。历官安陆、应城训导。
② 筠：竹子的青皮。
③ 张书绅：字道存，来凤县城内彩耀街人，清嘉庆六年（1801）拔贡。著有《惺斋文稿》《庐游小草》等。
④ 膏雨：滋润农作物的及时雨。

孝子洞

何旸

一剑当门人鬼隔，全家匿洞死生悬。
卫亲险脱𪊲鼯穴，骂贼愁深瘴厉[1]天。
血染苍崖留麂峡，恨听秋雨泣龙泉。
我来驻马频搔首，露冷陂塘散白莲。

吊邑侯王筱华殉难诗

（庠生）段延泽[2]（春圃）

倚剑空城力不支，援兵望断羽书迟。
濠梁一片无情月，照见孤城喋血[3]时。
收骨时经秋复春，纷纷士马尽成尘。
凛然面目还生气，呵护端知有鬼神。

天圣石柱歌

（候选训导）张钧[4]（莲舫）

群山如龙不肯住，飞腾都绕富阳去。
一山戴石作虎蹲，上有天圣立石处。
石柱胡为在此邦，州分富顺境相望。
蛮触所争仅蜗角，虔刘岂惮盘羊肠。
天禧之中略用武，夫子桓桓[5]来夔府。
穷鸟已见号雕弓，小河无须画玉斧。
股慄耳帖垂十年，蛮云墨墨生风烟。
边吏不敢告天子，羽书夜达刺史前。
刺史指挥出云栈，蠢尔小丑何足办。
天上将军下史方，马前夷长降田晏。

① 瘴厉：瘴气引起的疾病。
② 段延泽：字春圃，邑庠生。
③ 喋血：踏血而行。形容激战杀人很多，血流满地。
④ 张钧：字莲舫，国子监学正衔。选用训导，参与《来凤县志》纂修。
⑤ 桓桓：威武的样子。

巉巉之石坚且圆，为之界破混沌天。
详记叛服分畛域[①]，大书岁月深雕镌。
南人自此不复反，七女栅前春风满。
持护常同神物看，摩挲敢忘天威远。
蛮荒撑拄经元明，毛发毕见光晶莹。
一朝变化挟雷雨，响彻林木藏山精。
吁嗟乎，金人何处长承露，石马谁家终守墓。
白石黄金有尽时，天倾地陷亦常数。
此物当年在人间，久与咸平镇百蛮。
我今驻马寻残柱，洞雨溪风暗二关。

凤山泉

一脉香通凤岭巅，在山泉胜出山泉。
洗来俗耳人应笑，清到诗脾我欲仙。
候鼎时闻风飒飒，不波自浸月娟娟。
从金要与生公约，调水无符莫浪转。

回龙山访唐开元寺遗迹

（庠生）张浩[②]（敬卿）

城西有山凌碧空，峭若天际之芙蓉。
岩谷绵亘数千里，蜿蜒屈曲如回龙。
山势重叠地清回，我亦登临来绝顶。
烟销日出风景开，步步引人入佳境。
上有古柏干青霄，下有鸣泉声怒号。
林猿野鸟语岩壑，茅舍竹篱临溪桥。
老人扶杖向我揖，问我何事遍游猎？
旧闻开元有古寺，欲向老人细研诘。
老人言在云山前，故址寥落无完全。

① 畛（zhěn）域：界限，范围。
② 张浩：字敬卿，邑庠生。

春风春雨数百载，桃李无言空门研。
旁有僧墓小如斗，松林老鹤日相守。
可惜古寺今无存，徒留此山长不朽。
登山须到山尽头，山中古人今在不?
林鸟不知人去尽，低头向我鸣啾啾。

游佛潭

（举人）何盛矩[1]（值方）

山色苍苍高浮天，溪声汩汩平入川。
山耶溪耶两清绝，岩端忽涌千叶莲。
城东古寺压山腹，牟尼隐现珠光圆。
鬼伯蛮君列四壁，金身趺坐[2]中高悬。
丹壁无梯那可上，奇哉造化工雕镌。
飞楼涌殿夺天巧，直自林麓穷其巅。
手剔苔藓寻断碣，字迹犹识咸康年。
忆自胡羯犯嵩洛，司马家儿方南迁。
中原衣冠化尘土，夜郎万里无烽烟。
帛姓妖僧来身毒[3]，奉持神咒夸通元。
腹孔拔絮发光怪，锦衣雕辇事尤虔。
听民奉佛制非古，遂令荒徼遥相沿。
历亿万劫恒不坏，眉放白毫照大千。
坐阅沧桑数千载，面目剥落神常全。
偶来小憩借僧榻，到门六月风萧然。
老藤翻空瘦蛟舞，檐端滴溜声溅溅。
潭水炫绿深不测，旧闻此处沉铁船。
大旱欲雨祷辄应，箫鼓惊起痴龙眠。
道人延客忘礼数，苦茗新汲溪流煎。

① 何盛矩：字值方，清咸丰六年（1856）县学恩贡。
② 趺坐：佛教徒盘腿打坐。
③ 身毒：中国史籍对古印度的别称。

扰扰尘世苦醉梦，云山佳处心神便。
繁华过眼喜清净，英雄末路多逃禅。
我思不朽可立致，人寿何须金石坚。
如来闻言应大笑，不图作佛遑云仙。

烈女井

白莲花，在泥滓[①]，偶出污泥生，誓托清流死。
花落香风拂井水，井水无波风来苦多，古井无波风奈何。
我于儿时闻孙烈女，父溺母出女时年十五。
莫慰母心谓他人父，烈女之生遇独苦。
曹娥碑，凯风诗，女以一身两兼之。
母不贞生何为儿？完全死已迟。
身是女贞木，岂容鸺鹠巢其枝？
饮泣诀母，披发呼天，母也不谅，下从阿父黄泉。
是时六月昼忽冥冥，雷砰硠，风悲鸣，一跃入水天为惊。
水不波，云密布，一尸在水神常护。
尸出三日面如生，蛟龙远避，蝇蚋无声。
只恨难回慈母心，亦如古来古臣不得于君父。
汨罗江上哀屈平，江水浊，何如井水清。
井以人传千古名，碑已折，泉已竭。
烈女之名常不灭，女娲石，补天缺。

癸亥七月初六日书事

（选用通判）张鉴[②]（镜如）

同治癸亥秋，七月初六日。“逆党”李复猷，由川而黔出。
拥众数万人，狼鸱[③]厉且疾。焚掠虾蟆池，与吾实相逼。
风鹤时闻警，羽书叠告急。或觅险寨逃，或向高洞匿。

① 泥滓：污泥杂质。
② 张鉴：字镜如，来凤县城内白鸟巷人。选用通判。
③ 狼鸱：即狼突鸱张。像狼一样奔突，像鸱鹰一样张开翅膀。形容坏人猖狂到了极点。

稚子路旁弃，老人街前泣。斗大一石城，势决又必失。
民心忽然回，父诏兄勉力。皆言民尽去，官何以独立。
官好民弃官，患难谁保恤。众志城可成，况有城之邑。
去者相勉还，徙者复劝集。团练[①]一时齐，戈矛各竖植。
鼓鼙[②]壮风声，旌旗耀日色。贼闻有备矣，宵遁之他国。
嗟哉牧民者，端贵有仁术。仁则危可安，不仁凶少吉。
前后一齐观，斯理大可必。

登回龙山访唐开元寺遗迹

（拔贡）张峻[③]（小山）

群山起伏乘云走，矫若游龙昂厥首。
刿然回顾从西来，天公暗消黄金纽。
头角峥嵘向碧天，舒张鳞中生云烟。
伟哉造化钟灵怪，其中应有飞来仙。
传闻古佛曾居此，梵王宫殿参差起。
借问住锡来何年，三郎沉醉为天子。
版图庸必附明皇，寺号开元属渺茫。
我登绝顶寻遗迹，恍同末世谈洪荒[④]。
樵夫拍手向余笑，胡为洒泪来凭吊。
阿房仁寿俱尘埃，千桑万海谁能料。
一声长啸谢山灵，断碣残碑目未经。
金粟如来何处访，斜阳一片数峰青。

邑侯王筱华殉难诗

西风吹送鼓鼙声，仅恃区区斗大城。
戍卒雷奔悲失险，丁男鼠窜痛无兵。
魂飞楚北秋云黯，梦绕江西夜月明。

① 团练：旧时地方官绅编练的武装。
② 鼓鼙：大鼓和小鼓。军中乐器。
③ 张峻：字小山，来凤县人，清道光五年（1825）府学拔贡。参与《来凤县志》编写。
④ 洪荒：指远古时代。

事不可为甘一死，高堂泣别泪先倾。
求援偏觉羽书迟，贼众城空势莫支。
健仆尚留真血性（仆彭元从难），同官谁作好男儿。
秋风激烈天含怒，夜色凄凉鬼守尸。
但恐龙门编不到，长吟为赋大招诗。

过振武岩吊古

过客争谈卫国公，金戈铁马畅英风。
土酋罗拜迎元帅，石壁留题耀武功。
营垒虚无新月白，旌旗想像夕阳红。
可怜呜咽天桥水，夜作寒涛泣鬼雄（覃氏言其祖被俘，邓愈于天桥杀之）。

学宫种松偶成

（举人、嘉鱼教谕）何远鉴（葆山）

大厦急需梁栋支，十年树木未为迟。
储材廊庙[①]心先养，托迹[②]宫墙节不移。
秀色定标霜降后，涛声好听日中时。
春风春雨欣欣长，指顾参天谨护持。

和何葆山孝廉圣宫种松原韵

（邑令）李勖[③]（南渠）

才出蓬蒿力不支，殷情扶植未须迟。
自将泮水池边种，好趁东山雨后移。
拓地预留盘鹤处，参天应有化龙时。
铁楷老桧分灵气，万仞宫墙总护持。

① 廊庙：指殿下屋和太庙，后借指朝廷。
② 托迹：寄身。
③ 李勖：字南渠，山东诸城人，清咸丰二年（1852）进士。同治四年（1865）任来凤知县，主修同治版《来凤县志》。

题张莲舫广文天圣石柱歌后

李　勖

心折张郎石柱歌，长篇突兀兴如何。

一时坛坫[①]斋盟少，三楚江山得助多。

大有雄风开瘴疠，欲镌好句向岩阿[②]。

倘逢孝穆西来使，片石韩陵[③]两不磨。

烈女井

黄宗器[④]（板桥）

妾心如井水，妾身沉井底。

非妾甘沉身，妾心不能已。

佛潭迎月

张宗达

山静佛天豁，潭空月影孤。

那知尘境外，犹有小蓬壶。

蕉溪夜雨

寒云低野渡，蕉叶覆溪桥。

一夜潇潇雨，应添几许潮。

烈妇井

（文童）张之沛[⑤]（小镜）

烈妇姓黎，适同邑何星阶，文生悦诚女也，母鄢氏，旌表[⑥]节孝。咸丰辛酉年九月十五日夜，“发逆”陷来城，烈妇身纤弱，恐为夫累，遂投园井死。贼退，得烈妇尸如生，乡人哀之，呼为烈妇井。

平生秉性如金铁，一朝殉难更激烈。

① 坛坫（diàn）：诸侯盟会的场所。
② 岩阿：山崖的边侧。
③ 片石韩陵：借指少见的好文章。
④ 黄宗器：字板桥，生平籍贯不详。
⑤ 张之沛：字小镜，生平籍贯不详。
⑥ 旌表：用立牌坊、赐匾额等方式加以表彰。

身弱足纤行不得，缓死须臾贼必获。
劝夫早逃莫少息，无为妾累遭惨刻[①]。
妾不速死恐污涅，身辱作鬼亦不洁。
双双携手正泣别，群贼已环烈妇宅。
催促夫走逾墙阙，身投园井声寂寂。
贼退夫妇寻踪迹，漉起[②]全尸形如活。
绉絺[③]尚蒙作袢绁[④]，珠钿犹压在鬟发。
水神昼夜守尸骨，时经五月不变色。
吁嗟乎，烈妇有母誓守节，节烈相继光赫赫。
巾帼之中此奇特，扶持纲常不朽立。

吊王邑侯筱华殉难诗

何　旸

时局难期众志成，独将一死守孤城。
只今惟有西江月，照彻丹心万古清。
誓将清白报君亲，大节无惭守土臣。
回忆梅花高格调，新诗早见性情真。

咸丰县

署中书怀

（邑令）张曾敭[⑤]

缁袍布袜已多年，万户安危系一肩。
吏肯读书方不俗，官能爱士始称贤。
疗饥讵可吞鸟啄，止渴何容饮盗泉。
我亦焚香无敢告，惟临赤子莫瞒天。
自出京华面扑尘，下车才得息劳薪。

① 惨刻：凶残刻毒。
② 漉起：捞起。
③ 绉絺：细葛布。
④ 袢绁：白色细葛内衣。
⑤ 张曾敭：字司纶，号盥露，安徽桐城人，清乾隆三十九年（1774）举人。曾任来凤知县，著有《盥露诗稿》。

山深恰称潇疏性，俗厚犹含太古春。
肯为宦情成浊吏，常愁教养外穷民。
只莫爱钱兼莫懒，不然那不负皇仁。

瀑泉留别

黄家璲

毫无好处告诸生，谬被虚誉感至诚。
教养才疏知少益，士民意密自多情。
王曾①讵想温和饱，单父原资父与兄。
易象吾应时体味，赠言重复递称觥。

即事五绝

吴观乐②

万山深处一山城，邑小如拳俗尚清。
不满人家三百户，夜街常有读书声。

讼庭渐欲长莓苔，放早衙时眼一开。
最爱青龙山色好，连天碧色进城来。

郭外良田万顷多，交春停讼听农歌。
高螺山下垂杨里，官亦微行踏浅莎。

蜀黍秋成粳稻黄，新醪初酿满城香。
山中更见民风厚，瓦缶携来馈我尝。

设县归流仅百年，城乡人士遍歌弦。
蛮云瘴雨今非昔，寄语文翁后至贤。

① 王曾（978—1038）：字孝先，青州益都（今山东青州）人。北宋大臣，官至宰相。
② 吴观乐：字嗣衡，又字和庭，曾任咸丰知县。

戊寅新春题瀑泉衙斋

山城又见早春归，四面烟岚拥翠微。
去日苦多难铸错，行年[①]到此合知非。
名为画饼争何益，心有菩提种却稀。
我爱梅花留傲骨，满山风雪自芳菲。

咸丰留别

瀑泉承乏三载于兹，秋初将远役滇南，士民咸深依恋，而余心亦不禁黯然也，赋此以志离怀。

云深缘重此羁迟，敢谓偏隅可卧治[②]。
肥瘠八区生计薄，哀矜一念上苍知。
日甘吏隐栖岩谷，夜少尘机扰梦思。
岂意氋氃[③]深涧鹤，秋风吹送到滇池。
欲别还留属望[④]深，誉髦[⑤]频为作人吟。
蔚文喜辟储材地，敬业亲题课士箴。
三载搜岩勤采干[⑥]，一时入治尽祥金。
再来定卜天荒破，无负滋培此日心（蔚文书院为题“敬业乐群”额）。

留别广文鲁一斋先生

到耳秋空雁一声，金鞭将捉不胜情。
感君骨傲能知己，恨我尘劳只远征。
良友忽离关气数，高人何必定公卿。
骊歌互唱还留赠，他日相逢酒再倾。

① 行年：经历过的年岁。
② 卧治：谓政事清简，无为而治。
③ 氋氃（méng tóng）：羽毛松散的样子。
④ 属望：期望。
⑤ 誉髦：指有声誉的俊杰。
⑥ 采干：比喻多方搜求人才。

癸未春送邑侯唐春墅归湖南

（县学）鲁元[①]（一斋）

风流伯虎艺空群，草圣淋漓每半醺。
酒令严时常恕我，诗情豪处转输君。
屡游古刹题青壁（附郭兴国寺最为名胜，明府听讼余闲即游此寺，寺壁题咏几满），新构高楼纳白云（署内东偏明府新建一楼，颜曰“纳云”）。
自恨他乡偏赠别，归帆安稳送斜曛。

癸未冬蕉农明府引新进诸生谒圣，示诸生

秀才原非小，自命竟何如。天外飞神物，池中养巨鱼。
勤耕心上地，善读古人书。欲步尼山路，才识莫粗疏。

题冯世玘爱日轩

（邑令）唐方耀

大冯门第重湘城，早岁移家隶建平（群先世家湖南，与予为同乡）。
卅载功名新绾绶（新选直隶涿州吏目，因居忧未赴），九秋风雨夜酬兵（嘉庆年间来龙“教匪”滋事，以堵御功咨部，从优议叙）。
委怀琴酒心常足，结宇[②]林泉梦自清。
笑我簿书鱼鹿甚，也携柑酒听林莺。
满林风露湛清华，镇日凭栏兴自赊。
疏雨碧痕鸦舅树，夕阳红影鼠姑花。
幽轩旧榻双钩墨，佳句新笼四壁纱。
茗碗香烟相对好，居然碧洞说栖霞。
凌晨双屐扣山扉，坐到林梢夕照微。
人与烟霞真有癖，我耽泉石亦忘归。
半晴花柳香生席，一路松篁翠满衣。
何处更寻山水窟，风流常忆谢玄晖[③]。

① 鲁元：号一斋，黄陂举人，咸丰训导。
② 结宇：建造屋舍。
③ 谢玄晖：南朝齐诗人谢朓，字玄晖。

种　菜

公余无事掩门屏，散步闲来坐小亭。
土瘠喜抽新菜甲[①]，官闲时课老园丁。
满畦薄薄霜初下，一夜蒙蒙雨又零。
待取黄齑香满瓮，秀才风味本来馨。

线坝旧句

一水浮孤棹，秋风线坝来。楚江千里去，蜀道五丁开。
獠女寅墟集，山僧亥市[②]回。犬牙相错杂，揽辔独徘徊。

县试

（邑令）文艺[③]（蕉农）

书生初作吏，权现宰官身。试士童分队，抡才[④]我采珍。
仙根原有种，慧业[⑤]岂无人。蕊榜[⑥]来朝放，谁为独角麟。

秋日登高螺山

朱　霞[⑦]

城以山为郭，何劳陟远岑。路原无半里，人已立千寻。
稻趁秋风熟，鸡催夕照沉。年丰兼世泰，差慰宦游心。

甲午首夏按行咸丰，途中有作

（郡守）王协梦（松庐）

山石似层冰，一一水痕冻。鸿蒙未辟时，想见势澒洞[⑧]。
浩乎挟天风，滔滔孰能控。凝结万万古，犹讶波涛送。
方理砉然解，可代瓴甓[⑨]用。岩前一把茅，涂塈欲无缝。
石罅自成畦，山田绿方种。

① 菜甲：菜初生的叶芽。
② 亥市：隔日交易一次的集市。
③ 文艺：字蕉农，直隶镶白旗，清道光二年（1822）进士。任咸丰知县。
④ 抡才：选拔人才。
⑤ 慧业：佛教指生来赋有智慧的业缘。
⑥ 蕊榜：旧时称进士榜为“蕊榜”。
⑦ 朱霞：满洲举人。道光年间任咸丰知县。
⑧ 澒（hòng）洞：弥漫无际。
⑨ 瓴甓（pì）：砖。

方从山后来，忽度山前去。下下而高高，沿绿百盘路。
篮舆行山腰，径可入缣素，绝壁喷飞泉，群峰隐深树。
此间著蕉团，岂谓烟霞痼。惜哉蜀道难，羁游寡欢趣。
且啖诸葛薇，且饱嫩残芋。

山灵笑我俗，鸣驺[①]到山阿。重崖历石磴，宛转如旋螺。
居人共牵引，直上无延俄。恍师巴猿智，连臂下饮河。
阮孚蜡游屐，视此应殊科。部民乐趋事，吾政敢侧颇。
要须去害马。无为劳者歌。

石鼓定坚致，嵌空何玲珑。木发土为肤，绵亘蛮烟中。
崇山极鸟道，绝磵开蚕丛。山攒水亦聚，气本相流通。
天生此略彴[②]，底用丸泥封。瀑布自聒耳，飞云应荡胸。
何当迷游侣，桐帽支吟筇。

舆中口占

连罫新秧绿，如针出水齐。桥通蒲涧直，路绕麦田低。
行县春方老，还乡径欲迷。万山青不断，终日子规啼。

山中晓发

呕轧篮舆岭路长，沿山花草逐风香。
百盘危磴青云近，十里疏林晓日凉。
滴露竹梢偏袅娜，经霜木叶渐丹黄。
吴麻蜀黍皆成熟，不用循行策救荒。

① 鸣驺：鸣，喝道声，驺，驺卒。谓贵官出行。
② 彴（zhuó）：独木桥。

春日自赋

（郡别驾）夏文蔚①（朴斋）

日日开帘对水滨，闲曹②雅称不才身。
堇荼③自昔尝含苦，齑臼从来解受辛。
户外东风斜入座，山间凉月淡为邻。
匏樽④一曲重搔首，孤负光阴又一春。

初秋因公越乡宿次遇雨感怀，次东坡先生《秋怀》韵

（邑令）杨明善⑤（理元）

斯邑号简辟，奔走乃无时。山居聊小憩，遂忘秋兴悲。
微雨倏洒窗，凉风复透帷。深崖闻长啸，安知狐与狸。
默坐寂无事，静热枯松枝。缅昔鸣琴治⑥，高风邈难追。
自惭谫陋质，敢与古心期。年谷庶顺成，闾阎⑦鲜怨咨。
商飙⑧由大化，无为怨暮迟。残灯不成寐，卧听潇潇雨。
秋虫四壁吟，寂寥无与语。念此感我心，何如安环堵。
翻思田家乐，谁云田家苦。丘壑任取携，况逢足禾黍。
璞本献荆山，珠或藏合浦。所以古达人，志不忘畎亩。
囊差买山钱，衷怀愧宣吐。

冬日因公至咸，过学署访贺广文不遇，见其幼子

（郡守）顾椿⑨（霭庭）

依依田水绕当门，岚翠⑩横窗带雪痕。
玉笋佳儿修礼肃，金兰良友赠诗存。

① 夏文蔚：字朴斋，云南昆明人，清嘉庆元年（1796）进士。
② 闲曹：闲散的官职。
③ 堇（jǐn）荼：野菜名。苦堇和苦菜。
④ 匏樽：匏制的酒樽。泛指饮具。
⑤ 杨明善：字理元，顺天宛平进士。清道光十二年（1832）任咸丰知县。
⑥ 鸣琴治：称颂地方官简政清刑，无为而治。
⑦ 闾阎：泛指民间。
⑧ 商飙：秋风。
⑨ 顾椿：字霭庭，广西桂林府临桂县人，清道光二年（1822）进士。曾任施南郡守、桂林知府。
⑩ 岚翠：山间青绿色的雾气。

此山东向衙斋冷，吾道南行学序尊。

人忆羲皇风自远，白云回首又黄昏。

丙午春赴汉阳府学任留别

（县学）贺青莲[①]（蕖塘）

十七年来弹指过，骊驹[②]忽唱泪沾巾。

重阶稚子悬弧[③]地，六邑吾徒赠策心。

舟载好花香作伴，庭留翠柏叶成阴。

晴川异日高吟处，回忆山城月满岑。

刘烈女

（邑令）王久益[④]（子征）

昔读曹娥传，今过烈女坊。两间留正气，百代树纲常。

洁志秋潭静，贞魂皓月凉。建牌重表节，亘古蕙兰香。

闺门留大义，彤管最称先。志以贞为质，情因烈益坚。

红罗真足惜，碧血又堪怜。事已垂青史，英魂尚宛然。

游安乐洞

（县学）熊启愚[⑤]

万仞巉崖峭，空明石洞开。客从丹嶂至，衣带白云来。

苔绿侵棋局，山青入酒杯。石高头枕卧，此地即蓬莱。

新正即事拟柏梁台体

（邑令）应銮阶[⑥]（平坡）

篮舆西城转东城，朔风吹面天难晴。

沿途滴滴残叶声，积雪未消前山横。

韶光几时春向荣，家家新岁桃符更。

① 贺青莲：字蕖塘，号展如，蒲圻人，清嘉庆二十三年（1818）举人。历任咸丰训导、汉阳教授。著有《贺青莲诗文集》。

② 骊驹：古代客人告别时唱的诗篇。

③ 悬弧：指生男。

④ 王久益：字子征，甘肃凉州武威人。

⑤ 熊启愚：字柳溪，松滋贡生。

⑥ 应銮阶：字崧高，号平坡，福建延平人，清道光二十四年（1844）举人。

儿童比邻奏管笙，嫩柳鲜花催芽萌。
原田千顷春水盈，农夫及时勤深耕。
绝顶叩关访老成（是日就见冯子馨老人），归途乐意听鸟鸣。

天台寺题壁

（邑令）卢慎徽[①]（惇五）

禅关深锁翠萝中，密密幽林曲径通。
苔路踏来双屐绿，花幡坐对一龛红。
鸟随云影归无际，风卷钟声响半空。
我欲吟诗辉古壁，他年惭愧碧纱笼。

瀑泉八景

蒋仕槐[②]（荫亭）

三星伴月

岭抱奇峰数点明，浑如星月聚山城。
官衙宛在清虚府，愿假辉光明庶氓。

墨池生香

孔圣祠边水一池，生香不断色黟黧[③]。
宫墙数仞迁何处，翰墨流馨尚在兹。

朝霞焕彩

破晓霞光半霭空，朝朝遥映岭头红。
赤城标向天台建，想与其间约略同。

积翠笼烟

层层积翠在山头，暗合云烟空际浮。
浅爱阴晴深爱雨，浓宜春夏淡宜秋。

① 卢慎徽：字惇五，福建永定汀州举人。清咸丰八年（1858）任咸丰知县。
② 蒋仕槐：字荫亭，咸丰县人。曾任汉阳府学训导、湖南湘阴县丞。
③ 黟黧（yī lí）：黑黄色。

秀屏锦障

东南郭外数峰青，排作天然古画屏。
树影云容兼草色，开门直送到前厅。

青龙烟雨

石为头角土为身，蘚作皮肤草作鳞。
岭上烟生旋致雨，山灵毕竟早通神。

朝阳飞凤

一只山如彩凤翔，双分羽翼舞朝阳。
边城尚有文明象，况彼神京与帝乡。

广利源泉

不识泉源利若何，涓涓涌出在平坡。
时看用汲人争往，即此能知受福多。

笏山秋日晚眺

杨秀浩[①]（晓溪）

杖藜[②]闲看翠微巅，浑讶庐山涌瀑泉。
笏拟象牙撑石齿，峰排雁字写云笺[③]。
半弯斜挂峨眉月，一柱高擎楚塞天。
艳说灵崖多桂子，好参玉笋列班联。

泮宫柏

冯永旭[④]（晓湖）

列柏冲霄迈等伦，养根竢[⑤]实乐天真。
居然彰美内含士，不禁宫墙外望人。

① 杨秀浩：字晓溪，咸丰县人，清嘉庆十八年（1813）拔贡。
② 杖藜：拄着拐杖。
③ 云笺：有云状花纹的纸。泛指精美的信笺。
④ 冯永旭：字晓湖，咸丰县人，清道光五年（1825）拔贡。
⑤ 竢：同“俟”。等待。

劲节岂争桃李艳，孤标[1]先负圣贤心。
泮池得地谁为侣，挺挺常留万古春。

唐崖司

烟树苍茫望里分，当年歌鼓寂无闻。
惟留废苑埋荒草，但见空山走白云。
古木寒鸦玄武寺，斜阳衰柳土司坟。
千秋凭吊情何极，况听哀猿又叫群。

蛮王石牌

宋奇耀

蛮王牌上草萋萋，远近人家一望迷。
秋老梧桐山欲瘦，春深杨柳鸟争啼。
图开楚北方千里，洞绕湖南第九溪。
兵燹屡经余旧迹，高悬砥柱夜郎西。

烈女刘三姑行

宋文藻[2]（古芗）

为访香檀入幽谷，群芳中有女贞木。
鸺鹠欲啄女儿花，河姑下视天应哭。
烈哉贞女刘三姑，随爷持家阿母俱。
生成丽质招人妒，倏来浊水涴[3]明珠。
久贮深闺谁觌[4]面，桃花不合墙头见。
伏戎恶少伺而狙，风语华言佯相煽。
风狂且暴屡将侵，狡童有意妾无心。
阖门谨避鱼潜沼，烧香不敢立花阴。
一朝绲綮晨出汲，四顾无人势岌岌。

① 孤标：指山、树等特出的顶端。
② 宋文藻：字古芗，咸丰县人，贡生。参与《咸丰县志》编纂。
③ 涴（wò）：污，弄脏。
④ 觌（dí）：相见。

向天大号贼胆惊，雨欲淋花花未湿。
网罗幸脱归来晏，婉转娇啼香魂颤。
阿母闻之慰藉深，妾恐狂且情犹恋。
只愁门前或再逢，绣履罗裳密密缝。
针线未停肠已碎，拼将一命绝狂蜂。
夜深悄把房栊[①]闭，珠泪阑干[②]啼声细。
拜谢爷娘养女恩，今生难报双亲惠。
惨把七尺红菱裁，琼花入梦岂重开。
誓将为厉来杀贼，贞魂不肯上阳台。
邑宰张公贤令尹，采风及此闻之悯。
旋将恶少置典刑，颈血浇坟慰幽眇。
更为表奏请于朝，丹诏飞来下九霄。
牌坊棹楔辉金碧，刘氏三姑烈女标。
考厥朝代书简编，乾隆五十有四年。
距今才经六十载，瓦败碑残蚀雨烟。
遇溪先生好访古，与我同心馆斯土。
偶寻断碣立斜阳，相视恻然愁肺腑。
先生作传识芳烈，我亦长歌眦欲裂。
从古佳人福不佳，貌则芙蓉肠则铁。
延陵昆季古贤流，慷慨酎金[③]续此楼。
只许贞魂长坐卧，不容游蝶漫寻秋。
楼成重过牌楼山，楼下清溪水一湾。
流水似为呜咽语，贞魂犹自怨红颜。

① 房栊：窗棂，窗子。
② 阑干：纵横散乱的样子，交错的样子。
③ 酎（zhòu）金：汉代诸侯献给朝廷供祭祀之用的贡金。此指捐资。

哭秦生（并序）

张光杰[①]（俊甫）

生名毓藻，字钟俊，舞勺[②]从余游，举动异人，决为将来正士。游泮风晨雨夕，论上下古今忠臣烈士，辄蹈舞悲歌不自禁，少年伟丈夫也。辛酉八月，“发逆”踞蜀之黔邑，惠协戎带兵防堵线坝，生练勇从戎。九月卡溃，来凤陷，协戎移营忠堡，生复与焉。迨十二月，合兵勇径薄来城，至麂子峡，贼已绕道山后截其归路，腹背受敌，全军俱没。掳生入城，诱之降，骂不绝口，且持砖击之。贼怒，木棉裹生浸油置诸火。悲夫，夫以一羸弱书生，手无节钺[③]，能舍生取义，如此吾门之幸也！抑吾门之幸耶！

鼓角齐鸣雪夜天，书生底事此躯捐。
成功耻落他人后，临阵敢当众士先。
胸有甲兵空画策，手无棰笏怒抛砖。
儒冠未脱甘焚死，令我拈毫涕泗涟。

哭秦生钟俊骂贼遇难

丁秀鋑[④]（金舫）

髫龄[⑤]鼓箧[⑥]记从游，马帐谈兵几度秋。
纵使抛砖能击贼，可怜投笔不封侯。
骨堆白雪尸横野，血染红花岭带愁。
一片雄心灰劫火，泪随斑管[⑦]落双眸。

过唐崖谒张桓侯庙

熊飞[⑧]（遇溪）

森森花木径通幽，二十年来记旧游。
栋宇凄凉空署冷，乡村错落午烟稠。

① 张光杰：字俊甫。曾任咸丰训导，参与《咸丰县志》编纂。
② 舞勺：古代儿童所学的一种乐舞。
③ 节钺：符节与斧钺。古代授予将帅，作为加重权力的标志。
④ 丁秀鋑：字金舫，丁寨人，贡生。参与《咸丰县志》编纂。
⑤ 髫龄：幼年。
⑥ 鼓箧：谓击鼓开箧，古时入学的一种仪式。此指负箧求学。
⑦ 斑管：毛笔。以斑竹为笔杆，故称。
⑧ 熊飞：字遇溪，咸丰岁贡。参与《咸丰县志》编纂。

崖疆已改新周索，石马如腾古阆州。
国士有风威不猛，千秋庙貌枕江流。

利川县

蛮王古冢歌

（郡司马）商盘[①]

施州城北都亭乡，悬岩百丈势郁苍。
下有洞门一十二，云是蛮王归葬地。
高岸为谷谷为陵，古往今来几废兴。
此冢亦遭人所发，但存冢木缠枯藤。
当年曾作西南长，姑缯壁垒坚无两。
花铃芦管散云烟，漆齿雕题埋土壤。
苗疆尺寸纳天朝，腊壁高罗部曲消。
孟获何曾纵复反，尉佗敢称生前骄。
阴风吹冷荒郊月，刀扇摇歌声已歇。
杜宇难平望帝心，幽篁[②]空洒湘妃血。
安得蒙庄语髑髅[③]，残魂剩魄莫生愁。
牧儿夜火穿秦垄，义士冬青表宋丘。
君不见，累累道左今无数，玉鱼石马知何处？
有酒堪呼泉下人，一尊且酹刘伶墓。

烧山行

朔风猎猎夜更遒，烈炬烧山腾郁攸[④]。
黄茅白苇何足惜，中有楩楠高百尺。
昆冈玉石并杂焚，其势直欲苍崖髡[⑤]。
火牛长驱燕垒破，队象突出吴师奔。

① 商盘（1701—1767）：字仓雨，号宝意，会稽人，清雍正八年（1730）进士。
② 幽篁：幽静深暗的竹林。
③ 髑髅（dú lóu）：死人的骨头。
④ 郁攸：火气，火焰。
⑤ 髡（kūn）：剃去头发。此指草木被烧光。

君不见，天楼去天才一握，密箐深林掩圭角。
下策翻宜用火攻，高坡渐可施钱镈[①]。
国家休养经百年，蛮土尽辟为良田。
炎炎秉畀应时令，太平了不惊烽烟。
须臾火熄风且止，翠微依旧清如水。
明朝樵客入山行，烂额焦头虎狼死。

采蕨

采蕨复采蕨，蕨生蛮峒䠱[②]。
秋将蕨粉收，春待蕨苗发。
蕨苗葱翠如禾苗，布种不用施锄铫[③]。
妇女提筐立沙嘴，儿童负笼穿山腰。
施州地广民富足，况逢五谷穰穰熟。
比邻都有好田园，此产还同闲草木。
君不见，嫩韭初芽荠未花，登盘蕨菜定足夸。
夕阳一片踏歌起，社前竞采西岩茶。

下车兼旬即景成咏，以当采风

峒花犵鸟不寻常，天遣题诗到夜郎。
特较江南风土异，雪中解箨[④]见新篁。
放衙官似放参[⑤]僧，小院人稀寂寞增。
乾鹊楂楂鸠谷谷，方晴忽雨总无凭。
冉駹遗种语侏离[⑥]，大旺当年有旧司。
苗锦如云成五色，胜他番褐紫驼尼[⑦]。
远山叠叠近山攒，负郭人家占地宽。
一带枳篱茅舍畔，尽多豕栅少牛栏。

① 钱镈：古代两种农具名，后泛指农具。
② 䠱：窟，洞。
③ 铫（yáo）：大锄。
④ 解箨：竹笋脱壳。
⑤ 放参：指佛门中放免晚参（晚上坐禅）。
⑥ 侏离：形容方言或少数民族语言难懂。
⑦ 紫驼尼：毛织尼布之一种。以骆驼毛纺织而成，故称。

蕨薇佳产并来牟[①]，葱翠连坡复满畴。
春摘嫩苗秋贮粉，全家粮食不须忧。
蛮俗新移尚未成，不知纺织但知耕。
一城四面方如斗，三分居民七分兵。
早禾晚稻积京坻[②]，击鼓咚咚息蜡时。
白酒黄鸡盛背笼，明朝去赛竹王祠。
羊肠蚁穴路弯弯，古迹犹存振武关。
散木良材同一炬，年年十月便烧山。
东西赞佐旧曾闻，忠峒唐崖两处分。
莫怪猖狞蛮语熟，新来蛮府作参军。
野性依人欲啄同，白鹇养得羽毛丰。
一官潦倒无归思，不与开笼只闭笼。
椎髻雕题[③]态若何，利宣余习未消磨。
金环贯耳谁家女，解唱蜘蛛蛱蝶歌。
官符商引到山家，绿雪纷纷乍吐芽。
莫怪采茶时节好，火前茶胜雨前茶。

题吴桂亭[④]《匹马从军图》

胡万清

不上凌烟阁，甘栖旧草庐。柳营[⑤]曾试马，湖畔又骑驴。
论定恩无匹，功成画不如。儒生何所负，矧又读兵书。
单骑归山城，将军早息兵。貔貅咸以律，鸡犬总无声。
驿路停鞭语，花溪缓辔行。刀头[⑥]真快意，从此事春耕。
凯奏功成日，图披索句时。恩原非画饼，意不为题诗。
雅量藏杯酒，雄才付局棋。幸陪晨夕永，山水与心期。

① 来牟：亦作“来麰”。古时大小麦的统称。
② 京坻：形容丰年堆积如山的谷物。典出《诗经·小雅·甫田》：“曾孙之庾，如坻如京。”
③ 雕题：在额上刺花纹。古代南方少数民族的一种习俗。
④ 吴桂亭：利川儒生。
⑤ 柳营：细柳营的省称。亦泛指军营。
⑥ 刀头：“还”的隐语。还归。刀头有环，环、还音同。此指回乡归田。

前　题

（学使）初彭龄[①]

族忆南阳贵，人称楚国豪。为存桑梓谊，独任爪牙劳。
目笑探丸[②]辈，身先负羽曹。此行真踊跃，所至禁喧嚣。
跋涉思良骥，功名在宝刀。还家衣锦绣，受级沐恩膏。
克敌胸中甲，传神颊上毫。丹青留汗血，水墨染征袍。
笔扫尘氛净，人应义勇褒。云台驰想像，满壁画英髦[③]。

前　题

何凌汉[④]

都亭西北好游遨，归去来兮再赋陶。
世外阮刘[⑤]夸伴侣，图中屈宋[⑥]擅风骚。
能将宦境随时澹，自有闲情触处遭。
从此灌园成隐逸，松间月下想英豪。

前　题

法式善[⑦]

枥[⑧]马忽悲鸣，将军事远征。何如真国士，转自笑儒生。
月冷弓衣句，风高铁甲声。豆棚秋话雨，从此不谈兵。

前　题

李宗瀚[⑨]

书生冠剑自翩翩，荡寇论勋石勒燕[⑩]。

---

① 初彭龄（？—1825）：字绍祖，一字颐园，原籍莱阳北黄村。清乾隆四十五年（1780）进士，历官编修、御史、云南巡抚、刑部侍郎、内阁学士等。

② 探丸：摸取弹丸。犹抓阄。多用于吟咏游侠代人报仇。

③ 英髦：优秀杰出的人。

④ 何凌汉（1772—1840）：字云门，号仙槎，道州（今湖南道县）人。清嘉庆十年（1805）进士，授翰林院编修，先后任广东、山东、福建乡试主考。

⑤ 阮刘：阮肇与刘晨的并称。

⑥ 屈宋：屈原和宋玉的合称。

⑦ 法式善（1753—1822）：姓伍尧氏，原名运昌，字开文，别号时帆、梧门、陶庐、小西涯居士，蒙古正红旗。清乾隆四十五年（1780）进士，官至国子监祭酒。乾隆皇帝盛赞其为奇才，赐名“法式善”，满语中“奋勉有为”之意。

⑧ 枥：马槽。

⑨ 李宗瀚（1770—1832）：字春湖，江西临川人。清乾隆五十八年（1793）进士，历任侍讲学士、侍读学士等。

⑩ 石勒燕：即勒石燕然，比喻在边疆建立辉煌战功。

绝胜南山随李广，短衣匹马尽残年。

前题

张问陶[①]（船山）

夕阳芳草接晴川，回首戎旌[②]尚凛然。
一卷阴符[③]三尺铁，图成也抵画凌烟。

访清远上人

经声才起市声遥，人海中分路一条。
佛地光明惟有月，宦途消长不如潮。
僧闲未肯轻饶舌[④]，官冷何须畏折腰。
坐看秋风摇落久，莫将坚固问芭蕉。

巡戍岩口

（邑令）陈春波[⑤]

山城出宰六年余，寇警频闻走羽书。
险捍高岩安塞垒，平筹积粟济军储。
狼烽入境三旬殄[⑥]，凤嘴衔音五马[⑦]除。
自愧才庸无以报，披坚执锐不遑居。
书生佩剑整绒衣，鸟道盘空上翠微。
密雪愁添鸾旆重，污泥苦趁马蹄飞。
小民勇悍能轻敌，巨寇猖狂幸破围。
凭仗国威朝灭此[⑧]，勤王齐唱凯歌归。

① 张问陶（1764—1814）：字仲冶，号船山。清乾隆五十五年（1790）进士，官至山东莱州知府。著有《船山诗草》。
② 戎旌：军旗。指战事。
③ 阴符：即《阴符经》，古兵书名。亦泛指兵书。
④ 饶舌：唠叨，多嘴。
⑤ 陈春波：字滋田，福建侯官人，清乾隆四十五年（1780）进士。任湖北利川第十八任知县。
⑥ 殄：消灭，灭亡。
⑦ 五马：借指太守。
⑧ 朝灭此：即灭此朝食，先把敌人消灭掉再吃早饭。形容急于灭敌，斗志坚决。

春日游城东各洞

张宗孔[①]

公余寻胜景，揽辔出城东。弱柳垂堤绿，夭桃夹道红。
四围山不断，群壑水相通。俯仰皆成趣，俨然入画中。
又过鲇鱼洞，幽深隐巨潭。渔舟冲浪碧，石藓映波蓝。
谈笑山皆应，空虚妙孰参。问途期尽兴，随意步苔龛。

柳桥烟雨

（训导）张定模[②]

垂杨几树占桥边，一望迷离翠接天。
绿染山眉朝过雨，青遮渡口晚含烟。
长条折送行人辔，轻絮飞迎钓客船。
可惜灵和无限种，风流谁复想当年。

钟灵叠翠

一山迤逦抱城闉，叠嶂层峦秀绝伦。
骏马奔腾张翠鬣，神龙夭矫[③]振青鳞。
灵奇未可容巢许[④]，钟毓还应降甫申[⑤]。
试看云霞蒸蔚处，分明间气属斯人。

九日登团包山

天涯极目底须愁，到处云山共此秋。
鸿雁无家随去住，黄花有主任淹留[⑥]。
一声长啸千岩应，十里明霞半榻收。
最喜群公能作赋，西风吹帽[⑦]复何羞。

① 张宗孔：山西凤台举人，清乾隆五十四年（1789）至乾隆五十七年（1792）任利川第十七任知县。
② 张定模：当阳人，曾任利川训导。
③ 夭矫：屈曲环绕。
④ 巢许：亦作“巢由”，是巢父和许由的并称。
⑤ 甫申：仲山甫和申伯的并称。
⑥ 淹留：停留，长久逗留。
⑦ 吹帽：指重阳登高聚会。

石龙寺

怪石盘根幻作龙，浑身鳞甲白云封。
若非老衲矜雕琢，早趁风雷上九重。

鲇鱼洞

怪似鳄鱼甚骇闻，寻常嘘气已成云。
自从改土归流后，不假昌黎一道文。

节妇行（有序）

（邑令）彭惠畴[①]

节妇黄氏，儒童[②]张大鼎之妻也。年十九而嫁，二十三产一子而大鼎卒。家贫不给饘粥[③]，舅姑老且衰，呱呱者方在襁褓，几有不能图存之虞。黄氏愿甘苦守，为夫事亲抚子，誓终身不改适，忍饥寒，日惟一餐，而奉舅姑惟谨。厥后舅姑相继亡，典衣裳以营葬[④]，具无怨言。儿稍长，教之读，其束脩[⑤]皆出自纺绩，可谓苦矣。无何，有周姓某欲夺其志，黄氏不可，且强之。不得已，诉诸邻，托其子，欲以死殉。邻妇为之悲而无如何，以其情呈之学。学师悯其节，为保全焉。予采风至此，不能无感，作《节妇行》以纪其事云。

节妇之心贞且坚，巍然巨石化山巅。
节妇之操清且涟，湛然[⑥]明月照寒泉。
泉水不枯石且烂，节妇精神同聚散。
黄鹄[⑦]早寡不双飞，令人闻之为赏叹。
忆昔结缡[⑧]甫四年，镜破即惊琴上弦。
孤雏在抱高堂老，夜夜山头泣杜鹃。
忍心暂缓须臾死，为夫事姑兼抚子。
茹苦尝辛日复日，周恤不闻通桑梓。
碧梧月落乌号霜，一灯纺绩守空房。

① 彭惠畴：江西新昌进士，清道光二十一年（1841）至道光二十二年（1842）任利川第三十三任知县。
② 儒童：凡应考生员（秀才）之试者，不论年龄大小，皆称童生，别称文童或儒童。
③ 饘粥：稠粥。
④ 营葬：办丧事。
⑤ 束脩：古代入学拜师的礼物。此指学费。
⑥ 湛然：清澈的样子。
⑦ 黄鹄：鸟名。即天鹅。
⑧ 结缡：系上佩巾。古代嫁女的一种仪式。也指男女成亲。

明朝菽水从何出，全凭十指事姑嫜。
椿萱[1]继卸桑榆[2]景，室内空空如画饼。
殡殓营葬事事难，衣裳典尽甘寒冷。
年年泪洒湘妃怨，且喜儿大如母愿。
机杼[3]余资奉束脩，朝夕殷情以学劝。
无端同时相催残，琵琶逼抱别舟弹。
节妇闻言心胆裂，柏舟自矢死非难。
罗张阱设无生路，避人潜与邻家诉。
诉尽生平无限情，托孤即欲冥泉赴。
邻家贤妇动哀怜，不觉双泪落胸前。
慷慨代写陈情表，转向学师求矜全[4]。
学师一生重节义，多方谋为节妇地。
护花铃动鸟雀惊，从此间里息群议。
群议既息节妇安，瑶池冰雪作心肝。
誓指南山松柏树，不改青青耐岁寒。
苦节苦节苦更苦，更朴实难终息数。
作为此行以纪之，庶几风化昭千古。

青 岩

袁景晖[5]

昧爽[6]下青岩，竟日行空谷。仰观云出岫，俯视泉流瀑。
鸣鸟自往还，林花开朴遬[7]。定有羲皇人，出入友麋鹿。
何当一过访，味兹林泉福。明月抚青琴，长歌招隐曲。

① 椿萱：古称父为“椿庭”，母为“萱堂”。因以“椿萱”为父母的代称。
② 桑榆：比喻晚年。
③ 机杼：借指织布机。
④ 矜全：爱惜保全。
⑤ 袁景晖：河南光山举人，清道光二十二年（1842）任利川知县。
⑥ 昧爽：天将明，黎明。
⑦ 遬（chì）：密。

游乳泉洞

名山综三百，所到止一二。揽胜愧未曾，探幽予素志。
见说城北隅，滉瀁[①]滴空翠[②]。革非民气淳，衙斋适无事。
岁居上春初，况值雪新霁。佳日放晴和，洒然陶胸次[③]。
薄言命驾往，侍从屏游骑。菜畦桑圃间，触处皆生意。
螺蜂插碧霄，连珠排累累。揽衣陟山腰，岩洞辟幽邃。
玲珑石乳垂，淅沥声稠坠。漱齿清且甘，煎茶沁肝胃。
渊源有自来，其出应无匮。山与泉俱寿，安知亿万季。
因思抱道儒，体深用不敝。即小可喻大，此理信非寐。
短歌不求工，聊作洞游记。

金字凌云

（县学）徐崇文[④]（郁甫）

祥光万道灿林於，金字煌煌接太虚。
出岫无心怀靖节[⑤]，凌云有志赋相如。
层峦起伏分浓淡，大笔淋漓任卷舒。
点缀楼台都入画，携筇好趁晓晴初。

钟灵叠翠

晴岚[⑥]叠叠拥钟灵，软翠分明列画屏。
衣带水迤僧眼碧，剑茫山染佛头青。
蔚蓝密锁朝烟聚，晚黛频添宿雨零。
疑是双眉天际晕，妆成雾鬓立亭亭。

归源晚钟

钟鸣古寺韵悠然，一百八声向晚传。
逸响敲残千嶂雨，余音摇破半山烟。

① 滉瀁：水深广的样子。
② 空翠：雾气。
③ 胸次：心间，胸怀。
④ 徐崇文：字郁甫，蕲水人，贡生，任利川县学训导。
⑤ 靖节：即陶渊明，私谥靖节。
⑥ 晴岚：晴日山中的雾气。

何人倚枕频惊梦？有客凭栏顿悟禅。
日落梵宫撞未已，又随征雁度遥天。

星岩夕照

暮霭迷离树影稀，星岩闲眺客忘机。
一轮斜日余残照，万叠苍山带夕晖。
远浦渔舟摇橹去，前村野老荷锄归。
休嫌此景桑榆晚，尚有红霞射翠微。

贼匪窜利避难有感

吴　清[①]

五十无闻后可知，况当狂寇啸呼时。
买山愧乏千金费，避乱难将十口移。
都尉成名怆岁晚，向平了愿比人迟。
伤心更负泉台[②]望，表墓焚黄未有期。

吊于东庠遇难

张耀云

六十余年阅历深，沧桑陵谷[③]感浮沉。
功名未遂男儿愿，沟壑不忘志士心。
吴札重来空挂剑，钟期已逝漫横琴。
招魂惆怅云山阻，一束生刍[④]托短吟。
立意勤王着祖鞭，忠肝义胆忆生前。
人从渭北怆知己，客自川西吊逸贤。
此日家山[⑤]悲蹂躏，当年文字结因缘。
泉台漫洒英雄泪，生气而今尚凛然。

① 吴清：利川增贡。
② 泉台：墓穴，墓穴之下。
③ 陵谷：比喻自然界或世事发生巨变。
④ 生刍：吊祭贤者的礼物。
⑤ 家山：故乡。

滴水洞生成石观音像

萧湛露

鬼斧与神工，肖此观音状。峋嶙类普陀，趺坐却西向。
云气白衣披，松阴七宝障。石骨变禅心，山云时供养。
任教风雨侵，年年依岩上。下有水涓涓，湛然空色相。

乳泉洞

吴世琳

北郭有石洞，洞中豁如堂。石楼布石级，石门通石梁。
可倚石为几，可借石作床。可以饮石髓[1]，肺腑皆清凉。
山僧偶挂锡，瞥见石佛光。天然蔽风雨，所乞为斋粮。
近复打包去，石炉断焚香。来同白云住，去任白云荒。
此洞本无主，千载依山旁。不比田与海，容易变沧桑。

游岩洞寺

冉复初[2]

软红[3]飞不到林泉[4]，客坐祇园[5]别有天。
满座庄严空色相，半生文字结因缘。
寻真幸入琅环[6]地，携酒同参玉版禅[7]。
我欲移家依洞住，年来愧乏买山钱。

戍马鬃岭

牟竹泉[8]

凶犷居邻境，边关告急忙。请缨驰马岭，带勇走羊肠。
雪压荒城冷，风吹画角[9]凉。同心资保障，振旅射天狼[10]。

① 石髓：即石钟乳。也称“玉髓”。
② 冉复初：邑廪生。
③ 软红：软红尘。形容都市的繁华。
④ 林泉：山林与泉石。多指隐居之处。
⑤ 祇园：寺院。
⑥ 琅环：亦作“嫏嬛”。传说中的仙境名。
⑦ 玉版禅：笋的别称。
⑧ 牟竹泉：利川人。参与同治《利川县志》编纂，任采访。
⑨ 画角：乐器名。古时军中多用以警昏晓，振士气。
⑩ 天狼：星名。属于大犬座。古人以为此星主侵掠。

铁炉寨歌

吴尚贵

铁炉之山矗重霄，洪钧[1]烧后无人烧。
一方景物经煅炼，至今劫灰未曾销。
炉仅离城三里许，携酒偕行游梵宇。
到来高唱升天行，两脚踏云不踏土。
我来炉头坐下视，何雄哉！缭绕烟云时吐纳。
群山鼓舞一齐排，为阖为辟为橐籥[2]。
如呼如吸如相偎，但见八面罗列而崔巍。
风伯恍从头上煽，火候抽添夕照来。
岂徒煮白石[3]暖绿醅，可以甄陶[4]万汇奔走风雷。
倘有僧人烧丹持赠我，安知我辈非仙才。
疑是古娲皇，炼石补天壤。迄今五千年，仙迹依然在。
又疑混沌以前洪水方澎湃，鬼斧神工施狡狯[5]。
水沙激荡风轮巅，曾把山川人物镕在一炉内。
祖龙收不尽，五丁欲凿难。鹈膏[6]点不彻，白豹啖不完。
忽然罡风[7]一吹化为石，操蛇二子莫能擘。
清风既散浊气坚，遂令岿然成铁壁。
至今欲鞭鞭不得，欲毁毁不能。
一阴一阳迭运炭，年年岁岁烟光凝。
忆昔赤眉乱，共争蛮触战。洞户避烽烟，山民共惊窜。
伐木作寨踞炉巅，眷属家家赖保全。
迩来承平数百载，残碑废垒尚依然。
未几乡人改作庙，殿宇辉煌金碧耀。

① 洪钧：指天。
② 橐籥（tuó yuè）：犹今之风箱。
③ 煮白石：旧传白石先生烧煮白石为粮，后世用作咏仙道的典故。
④ 甄陶：制作陶器。
⑤ 狡狯：狡诈奸滑。
⑥ 鹈膏：即鸊鹈膏，古人用以涂刀剑，使不生锈。
⑦ 罡风：高空强劲的风。

烧痕不见走青燐，留与诗人供远眺。
兹游正值秋天明，仿佛炉中火尚青。
红黄霜树烧灿烂，对此令人妄念生。
我闻神仙济世多有点金诀，戟指[1]一竖遂变色。
安能点此一座山，霎时幻作黄金阙。
大呼此邦人，取不尽兮用不竭，
家给而人足，如斯愿乃毕。
换鹅主人酌我酒，听我狂言呼否否。
神仙游戏大罗天，讵肯轻向凡间走。
君不见，庐山之侧香炉峰，更比此山高数重。
又不见，华岳峰头有铁头，似此炉兮莫比肩。
倘能一一试点之，世上金银不值钱。
天地一大炉，造化一大冶。水火与地风，四大合皆假。
吾侪[2]生其中，尘埃吹野马[3]。
凡事当作如是观，妄想徒令见闻寡。
余闻斯言亦唯唯，极知奢愿难偿已。
但欲广被大千之颠连[4]，聊为快心之论耳。
吁嗟乎，人生识见不陶镕，有如顽铁梗炉中。
孔铸颜钻谁解悟，枉费炉边烹炼功。
忽忽天风吹我衣，归途回首望金猊[5]。
士苟有才思就范，乞取山灵一一事钳锤。

① 戟指：伸出食指和中指指人，其形像戟一样。
② 吾侪：我辈。
③ 野马：春日野外林泽间的雾气。
④ 颠连：困苦。
⑤ 金猊：香炉的一种。炉盖作狻猊形，空腹。

船山石锁歌（有序）

张宗颜[1]

支罗有山形如船，一径独升上有田，船头向东，有天然石锁横绾之，若镇压然，实天生异境以卫育一方者也。有明黄中乱，立伪署，今遗踪尚存，爰作歌以志其异：

天船泊在绛河边，偶恋红尘下大千。
上帝闻之勃然怒，遣将五雷追不远。
帝曰此船深负我，堕落尘网乌乎可！
以后不准天汉横，特命六甲将船锁。
锁向人间不计年，镇以天符永不迁。
苔钱叠印封条固，金钮又倩古藤缠。
犹恐容易毁仙迹，罡风一吹化为石。
神工鬼斧牢关键，大手巨灵莫能擘。
从此维舟不借绳，寒泿之子漫相矜。
陆地行舟莫须有，似此船兮见未曾。
遥望群山如叠浪，有时风撼舟疑荡。
昂头势欲浪中移，赖有银铛作保障。
昔年倡乱首黄中，跳掷[2]船头妄逞雄。
沉舟不解公无渡，妖血一腔染舶红。
际此澄清数百载，小丑跳梁风俗改。
相与枕藉乎舟中，满载稻粱深嘉乃。
何须利涉泛江乡，伙伴同舟有盖藏。
共济而今忘禁锢，浮家端不羡艅艎[3]。
我来欲向帝天请，钥问北门谁管领。
卭须何处索解人，扣舷一曲托毛颖[4]。

① 张宗颜：清道光岁贡。
② 跳掷：上下跳跃。
③ 艅艎（yú huáng）：泛指大船。
④ 毛颖：毛笔的别称。

游木站屯

李正心

岂独黄云一望平，田家景物画难成。
延篱瓜蔓垂头长，守稻茅棚合掌撑。
牛负八哥登垄卧，鸭随白鹭踏沙行。
分明引入桃源路，无计归农愧此生。

落水洞歌

郑盛侨

南来一水绕东城，势欲朝宗赴蓬瀛。
不意中流不通津，两峰夹岸一峰横。
山灵拦住不许行，水石激搏乱相争。
到此都作不平鸣，造化从中费经营。
消息[①]一洞内凿成，调停众流一齐并。
实大声宏响轰轰，五叠六叠势峥嵘。
陡然一落山岳倾，下有怪石抵死撑。
河伯与之欲抗衡，鱼龙奋舞百戏呈。
疾如沧海斗鲵鲸[②]，散如曹部理匏笙。
猛如昆阳大交兵，逢逢[③]鼍鼓抓訇訇[④]。
乱如淮阴渡木罂，出没杂踏靡旆旌。
烟飞雾喷雪满坑，百尺长簾挂水晶。
我来环视心怦怦，萧然意欲返柴荆。
山中人兮忽相迎，坐我磐石饮巨觥。
指点源头细品评，道是此水识亏盈。
不比沧桑有变更，来与世人汰物情。
出山依旧入山清，急流勇退甚分明。

① 消息：消长，事物的生灭、荣枯。
② 鲵鲸：即鲸鱼。雄曰鲸，雌曰鲵。
③ 逢逢：象声词。鼓声。
④ 訇訇：象声词。疾雷、狂风暴雨、金鼓等巨大声响。

升沉万状总不惊，埋头一去不计程。
未许渔人设网纮[①]，未许孺子濯足缨。
未许海客[②]订鸥盟[③]，道元注水遗其名。
嘱君为我试重赓，闻之使人百感生。
归来作歌目犹瞪，耳边时闻怒涛声。

利川竹枝词

吴子丹[④]

南瓜莱菔[⑤]杂芸薹，种遍山隈与水隈。
一带平畴将绿绕，好风吹送稻香来。
每逢路转见村烟，不羡桃源别有天。
扪虱老翁闲曝背，画眉啼到竹篱边。
嫣红姹紫绕山家，麂眼篱笆故故斜。
流水一溪门半掩，悄无人处有桃红。
高唱山中招隐歌，前溪游客偶经过。
听来不是寻常调，知有诗人住薜萝[⑥]。
屋角阳坡尽种茶，雨前忙煞野人家。
抛荒园内新蚕豆，一半犹开指甲花。
镇日[⑦]不闻车马喧，寥寥一犬吠柴门。
残山剩水游人少，疑是江南黄叶村。

御边有感拟杜甫《诸将》二首

吴晓峨[⑧]

火色飞腾羡马周，功名莫漫殢[⑨]吴钩[⑩]。

① 纮：系网的大绳。
② 海客：浪迹四方的人，走江湖的人。
③ 鸥盟：与鸥鸟订盟为友。指退隐。
④ 吴子丹：利川人。参与同治版《利川县志》编纂，任采访。
⑤ 莱菔：萝卜。
⑥ 薜萝：薜荔和女萝。
⑦ 镇日：整天。
⑧ 吴晓峨：利川监生。参与同治版《利川县志》编纂，任采访。
⑨ 殢（tì）：滞留。
⑩ 吴钩：指精良的刀剑。

陈琳草檄才还在，祖逖着鞭志未休。
西蜀偏安严仆射，南人不反武乡侯。
全消兵气天应许，坐待桃林好放牛。

风角握奇并六壬，阴符一卷太钩深。
无传遁甲终难信，有限妖氛定易擒。
制胜全凭才学识，观时要悟去来今。
阵图兵法因人妙，驱策群材在一心。

建始县

核桃园

（郡司马）商盘（宝意）

停鞭核桃园，渐近建始县。连朝陟层峦，到此稍平善。
如经霜雪余，复睹阳春面。岩草寒不枯，石濑缓犹溅。
稻畦半高低，竹坞多葱蒨[①]。此景似江南，村居颇堪羡。
劳生[②]困风尘，知历几邮传。骅骝道路长，蟋蟀年华晏[③]。
失足因坦夷，束身[④]在磨练。艮止利永贞，危途慎勿践。

石门

（学使）吴省钦[⑤]

前过石门滩，昨饭石门洞。千峰接万峰，骨立[⑥]寒天空。
相对面两崖，无路许携从。偶从发浩呼，四谷响交哅[⑦]。
历乱如堆蓬，突兀累桂栋。混沌谁凿开，万象归饰弄。
庄严示佛法，金碧晕鞭鞚。沿缘度双磴，出门快飞鞚。

① 葱蒨：草木青翠茂盛的样子。
② 劳生：指辛苦劳累的生活。
③ 晏：晚。
④ 束身：约束自身，不放纵。
⑤ 吴省钦（1729—1803）：字冲之，号白华，江苏南汇人。清乾隆二十八年（1763）进士，由编修累迁左都御史。著有《白华初稿》。
⑥ 骨立：形容人消瘦到极点。比喻山石嶙峋。
⑦ 哅：喧闹声。

石门歌（并序）

（学使）鲍桂星（觉生）

入建始境，由龙潭坪西南行四十里，有地曰“石门”。万峰盘回，峭壁巉绝。两崖门径才里许，而磴道纡折五千余级。度石桥，涉潨[①]涧，攀萝拾级而上。有三洞，奇奥类鬼工。洞石下垂如云物[②]，如钟乳，谲诡不可名状。第二洞垂瀑如珠箔，尤可赏悦。再上一洞即石门也。洞口垒石为二门，有一夫当关之险。人马过者，皆穿洞出入，望若飞仙。四面峭峰危岫，紫翠斑驳，飘缈天际。平生涉历南北，见奇如此者不多得也。来时猝尔经过，目未周赏。归途携唐甥朴甫，操瓢挈榼，共往游焉，作《石门歌》：

楚山四出无拘束，捷若猿猱[③]乱升木。
走向南天不肯停，饥鼯瞑鸟空相逐。
操蛇之神可奈何，上诉阊阖[④]排嵯峨。
帝遣夸娥氏二子，取石东海填山阿。
山为邃古未开辟，石是娲皇昔抛掷。
五色曾经锻炼余，双丸竟塞风云际。
撑天矹硉[⑤]屹两门，万山到此不敢奔。
虬龙缩颈虎豹伏，一一堆垛齐尻肩（石门面南山，势渐杀，无复夷陵以北之险矣）。
丹岩黛壑相回抱，奇奥无如三洞好。
盘云倒袅石发卷，腻乳杂结寒蛟涎。
翠箔乱洒真珠泉，冷浸玉树珊瑚鞭。
覆盂绽裂一线天，行人背偻马足穿，破空而出如飞仙。
寒轻吐怪亿万状，使我愕立神矍然。
回顾两崖中断处，碧霭青林悬瀑注。
五千磴道绕旋螺，中有飞梁架烟雾。
乍聆琴筑惜匆匆，回日携尊孝绰同。
石阑浮拍夕阳下，犹嫌亭吏催归骢。

① 潨（cóng）：急流。
② 云物：云彩。
③ 猿猱（náo）：泛指猿猴。
④ 阊阖：传说中的天门。
⑤ 矹硉（wù lù）：高耸，突出。

平生足半九州地，快绝荆南览瑰异。

设险从占大易爻，探奇待补名山志。

宿龙潭坪

史铭桂[1]

登山复登山，险峻无平陆。忽见龙潭坪，坦夷[2]豁心目。

江南好稻田，播种乃包谷。人言雪早降，利取秋成速。

瑟瑟朔风鸣，旅馆进醽醁[3]。地炉火不温，料量加征服。

一廛数十家，家家瓦都木。荆妻[4]倘言念，谁知在板屋。

将近石门

将进石门道，数峰高插云。卓立猿猱穷，孤峙青若分。

岂是夸父铛，将毋盘古坟。野人唤石鼓，象形吾亦云。

碑词诗语别，石虎传纷纷（石门山脊数峰，土人称石鼓。及观碑志，皆称石虎，不如石鼓之切也）。

游石门

寒涧响淙淙，流出石门麓。石门对岸呼，七里才一曲。

舍舆下仙桥（俗称凭虚结构，为仙人所造），彳亍[5]行缩缩。小憩移片时，神凝气仍促。

下下又高高，扶持戒童仆。凹处一线微，顶覆檐牙啄。

仰视蔽青天，俯瞰惴深谷。几谓好奇心，后殆不可复。

岈然石窦开，神灵此修筑。幽闷[6]蜇龙蛇，阴森飞蝙蝠。

步步引入胜，毗连列华屋。末路奇之奇，通明走山腹。

麻姑（洞在麻城，春间游此，有诗三章）春散怀，三游（洞在彝陵，秋游亦有鄙句）秋寓目。得一已自奇，未若奇相属。

徘徊日向西，好景看不足。痴心订归路，三日石门宿。

① 史铭桂：湖北沔阳人，拔贡。清道光二年（1822）任黄梅教谕。

② 坦夷：平坦。

③ 醽醁：美酒名。

④ 荆妻：对人谦称自己的妻子。

⑤ 彳亍（chì chù）：小步走，走走停停。

⑥ 幽閟（bì）：囚禁，禁闭。

石门叹

我行半天下，石门景独妍。少见固多怪，目睹或未先。
山水奇且险，石窦相钩连。可以面壁坐，可以丹鼎煎。
使其生绝域，附会丹青[①]传。谓为古道场，朝谒方喧阗。
兹虽具阁观，寂寞寒山边。由来耳目近，难驾词虚元。
即今我经过，一家此借眠。世人倘乍见，鲜不疑神仙。
名胜人所造，初不关林泉。知希还故我，山水全其天。

道经石门，用香山《游石门涧》韵

顾羹梅[②]

路绝通石门，幽深骇仙迹。经传古无稽，遗闻访曩昔[③]。
俯临万丈溪，对峙千寻[④]壁。车马少经临，碑碣难寻觅。
残雪沍[⑤]高岭，新曦照瘦石。藤罗蔓垂垂，松杉树历历。
探奇纵大观，紫翠岚光夕。

冬瓜寺，用韦苏州《义演法师西斋》韵

连涉上层峦，到耳闻清磬。僧寮[⑥]访白云，时鸟适天性。
松竹荫经台，藓苔铺曲径。静听玉板禅，苍然暮色瞑。

关　口

破晓上层峦，风高清露沃。拾级连步跻，蛇径纡而曲。
肩舆旋转难，登顿劳双足。杉桧笼寒烟，枫柏绚朝旭。
垂萝偶攀援，野花自繁缛[⑦]。云气湿征衫，泉声漱鸣玉。
乘兴穷其巅，停憩无茵褥。扼隘俨雄关，考古无高躅[⑧]。
俯视人村稀，炊痕互断续。

① 丹青：丹册与青史。泛指史籍。
② 顾羹梅：江苏长洲县监生。清道光三年（1823）任建始县县丞。
③ 曩（náng）昔：往昔，从前。
④ 千寻：寻，古代八尺为寻。形容极高或极长。
⑤ 沍：冻结。
⑥ 僧寮（liáo）：僧人居住的小屋。
⑦ 繁缛：众多，繁茂。
⑧ 高躅：高尚的品行。

立春后三日偕朱梧村游朝阳观

李庆英[1]

清晨命肩舆，陟彼朝阳观。甫辞西郭门，到眼景物换。
原隰[2]柳欲荑[3]，堰塘冰已泮[4]。众山暗春阴，朦胧似隔幔。
远目怅未穷，一山亘天半。对面宛相招，欻[5]被溪流断。
修线引平矼[6]，聚米石零乱。踯躅度行人，连步未敢散。
疐后而跋前[7]，壁立面崖岸。石磴盘高空，历井苦无干。
引绳仗八驺，束帛擘两段。次第雁齿排，腾跃虾须撣。
纡如磨蚁旋，疾若栏兽窜。挽强功在肩，将牢力归骭[8]。
虽无奔车忧，时深绝靷[9]患。披帷肤生寒，顾众背浃汗。
却讶声讪然，招提已入看。步入纵观瞻，制粗备轮奂[10]。
一室殊清幽，纵横列几案。梧村先我来，约践游山畔。
探胜寻山僧，语言涉支蔓。出寺恣幽寻，冀获残碑按。
宋元了无征，何论唐与汉。绕郭信皆山，大都童未冠。
兹山气郁葱，丘壑良足玩。稻田铺砥平，沃泉富滋灌。
松屏翠帷张，岫云时纠缦。风景足四时，阴晴变昏旦。
附郭三里遥，讵碍登临惯。胡为千百年，咏题鲜文翰[11]。
胜地待人传，临风共长叹。石洞问通天，云向山腰见。
蹑窟途既迂，当春寒可惮。舍此待重来，归斋日未旰[12]。
即事付长歌，淋漓笔挥判。借解游人嘲，聊博春山灿。

① 李庆英：安徽当涂举人。清道光七年（1827）任建始县知县。
② 隰：低湿的地方。
③ 荑（tí）：发芽。
④ 泮（pàn）：融化。
⑤ 欻（xū）：忽然，迅疾。
⑥ 矼（gāng）：石桥，小桥。
⑦ 疐后而跋前：即跋前疐后。比喻进退两难。
⑧ 骭（gàn）：小腿。
⑨ 靷：牵引车的皮带，一端系在马颈的皮套上，一端系在车轴上。
⑩ 轮奂：形容房屋高大华美。
⑪ 文翰：文章。
⑫ 旰（gàn）：晚。

业州竹枝词

（县学）周鲲化[1]

三里板桥七里坪，烟墩山下业州城。
居人爱饮茨河水，只有西南水独清。
一年一树打冬耕，坝厂渠疏便种粳。
荍麦沿山聊布种，莪[2]麻方可望三成。
包谷根从石罅寻，石田戴土土如金。
秋风莫扫野鸡啄，传说天荒救老林。
亦有斤茶勉贡输，火前香味最清腴。
趁他阳雀未开口，好挈筠篮伴小姑。
年糍成对米花红，簇簇堆盘馈岁终。
要是山人情意重，鲜鱼新出小池中。

背　笼

（学使）茹菜（古香）

山城行履艰，厥势利用控。橛株利若锥，背笼圆如瓮。
本为采樵资，猱升入云雾。嗟我乘传来，襆被[3]劳尔送。
后应前者呼，小市成一哄。负戴存古风，嘉兹朴与戇。

锦鸡歌

筠笼笼鸡声喔喔，谁辨生哺与生噣[4]。
乍疑文彩双鸳鸯，羽衣蹁跹锦斑驳。
朱冠绿顶应号翚[5]，翛然长尾还类鹤。
介性本与雉不殊，尔雅未熟费商榷。
今为定指翰天鸡，于蜀有之此为确。

① 周鲲化：湖北钟祥县举人。清道光八年（1828）任建始训导。
② 莪（yì）：种植。
③ 襆被：用包袱裹束衣被，意为整理行装。
④ 噣（zhuó）:同“啄”。啄食。
⑤ 翚（huī）：五彩的野鸡。

何曾抗嗉[1]一长鸣，时其饥饱利用穱[2]。
惟兰有膏象有齿，炫耀翻遭猎师捉。
试看斥鷃下蓬蒿，两两飞去生处乐。

山猴歌

昔闻三峡多猿啼，山猿踯躅来山溪。
少陵但爱如拳小，猿猴错认空留题。
施州迢递天为梯，主人好事重环携。
子母拥抱捷升木，断尾跳掷黄与黧。
垂胡作囊宿其粻[3]，用强凌弱占厥妻。
伸爪搔爬了不畏，解避鞭棰供提撕[4]。
偃师傀儡戏最古，沐猴而冠宜与齐。
物生有欲斯有制，蠢兹丑类何足稽。

九日同蒋明府登朝阳观

（江夏训导）范述之[5]

忆昔登临日，于今二十年。宴仍枫叶地，人老菊花天。
远岫[6]来秋色，孤城入午烟。相酬有佳句，岸帻[7]亦陶然。

朝阳观

西山绕奇峰，东折欲登倦。胡复至城隅，贾勇倏一变。
复岗据鼎足，挂石走帆片。清湛环双流，蜿蜒界一线。
洞豁午风生，径仄秋云转。扫苔诵古诗，恍若观昔彦。
最高得平壤，疏林隐僧院。翻经息众想，放眸收广甸。
况复近吾庐，生小游所惯。人人惜兹山，寂寞鲜表见。
予曰有佳境，僻处亦称善。虽远名胜区，不失本来面。

① 嗉：鸟类食管下端盛食物的囊。
② 穱：早熟的谷物。
③ 粻：粮。
④ 提撕：拉扯。
⑤ 范述之：字泉麓，建始廪生。清乾隆五十二年（1787）补授江夏县学训导。著有《自有堂诗集》。
⑥ 远岫：远处的峰峦。
⑦ 岸帻：掀起头巾，露出前额。

元夜（铜鼓凸作）

雪霁寒犹冱，村醪供取携。却看明月上，不觉晚风凄。
四井余灯火，三川尚鼓鼙。总师[1]新拜命，传是旧安西。

石门感旧

石门千仞郁崔嵬[2]，五色霓旌映上台。
太守自行督属吏，中丞亲说见如来。
固知虚妄无常理，转盼繁华已劫灰[3]。
剩得匡庐[4]真面目，依然山秀水潆洄[5]。

巡戍至野三关赠龙一庵

山鸡佐馔屡称觥，极目干戈白发生。
烽火南通巴子国，羽书西过酉阳城。
借才黉序劳冰鉴[6]，搜甲田畴尚水耕（邑侯渝一庵团练乡兵御寇，兵集而民不扰）。
毋惰毋骄君自省，腐儒未许妄谈兵。
盈盈一水压层峦，横剑高峰并马看。
小丑漫云同瓦注，雄关此日藉泥丸。
戈鋋[7]昼拥溪云动，刁斗[8]宵沉岭月寒。
两字功名何敢论，男儿须是此心丹。

朝阳观

傅南川[9]

拔地耸奇峰，磅礴势未倦，如何视众山，昏旦气倏变。
岗绕树千株，岭积雪一片。岸峭危如壁，水镜环若线。

① 总师：即总兵。清代绿营兵高级武官。
② 崔嵬：高耸的样子。
③ 劫灰：劫火的余灰。
④ 匡庐：庐山，又称匡庐。
⑤ 潆洄：水流回旋的样子。
⑥ 冰鉴：光洁如冰的镜子，比喻明察秋毫。
⑦ 鋋（chán）：铁把短矛。
⑧ 刁斗：古代行军用具，白天用以烧饭，夜间击以报时警备。一说指小铃。
⑨ 傅南川：建始人，清道光二十二年（1842）恩贡生。

朝见金乌[①]出，夜看冰轮[②]转。扶筇寻古洞，留题效昔彦。
披襟快风清，闻钟来深院。豪兴立山门，一览收芳甸。
朝阳多胜景，由来推日观。谁识绝顶处，风光宛然见。
着屐逢佳客，陟彼定称善。欲入吴子[③]笔，翻失真来面。

蓬莱仙境（朝阳观十景之一）

约伴来方丈，蓬莱有洞天。地原尊绣佛，人是会群仙。
红烛金莲灿，清班玉笋联。几生修到此，丹桂月初圆。

石涧天桥（朝阳观十景之一）

岂有仙鞭石，凌空驾此桥。济人同宝筏，过客快金飚。
地接灵山近，源寻慧海[④]遥。搬柴兼运水，踏月碎琼瑶。

赋刘贞媛节孝

全贞还全孝，纲常节力保。贤哉刘贞媛，冰心何皎皎。
弱岁字黄童，无双声誉早。未嫁而婿亡，坚金不屈挠。
永断连理枝，誓作孤飞鸟。韶华十九龄，大节超群表。
忆昔姑病时，寸心忧如捣。号泣呼苍天，午夜焚香祷。
厥疾不能瘳，郁郁忘昏晓。计穷惟刲股，痴望沉疴[⑤]好。
姑病从此逝，翁年亦已老。先畴存硕果，仓箱收获少。
可怜白头人，终岁菜根咬。爰与弟妇谋，债台高未了。
何不将田庐，如金分管鲍。庶免里中豪，兼并心计巧。
从此合力耕，秋收三石稻。晨昏奉高堂，娣姒[⑥]犹鲜饱。
春深挑野菜，秋末餐豆藁。清操励冰霜，苦味忘荼蓼[⑦]。
姑嫜生存日，欢愉无烦恼。姑嫜没世后，哀毁形枯槁。

① 金乌：太阳。
② 冰轮：月亮。
③ 吴子：指唐代著名画家吴道子。
④ 慧海：佛教语。言佛的智慧深广如海。
⑤ 沉疴：长久而严重的病。
⑥ 娣姒：妯娌。兄妻为姒，弟妻为娣。
⑦ 荼蓼：荼味苦，蓼味辛。比喻处境艰苦。

支子奉明禋[1]，童乌悲寿夭。再继同宗子，眷念箕裘[2]绍。

劳逸殷勤训，母道兼父道。我钦士女行，孤凤翔天杪。

幽兰馨空谷，明月澄芳沼。正气存天地，狂澜障倾倒。

神君表潜德，奇节珍鸿宝。大吏封章达，天光照幽窅。

恩纶[3]降九重，绰楔门楣造。煌煌节孝祠，千秋荐蘋藻。

游石通洞

袁景晖

搜罗不惮路纡回（时纂修邑志，网罗旧文），怕有空山姓字埋。

访古遥临丹嶂下，征诗直到白云隈。

壁留大篆余虫迹，人问前朝已劫灰。

笑我往生曾作吏，香飘金粟[4]又重来（石壁旧刻有“龙溪”二字）。

夕阳洞口剪荒芜，一径丹梯入画图。

字辨涪翁都漫灭（《府志》载石壁镌“涪翁”二字，今不见），诗寻淳祐半模糊。

每逢泉石成宾主，不问神仙事有无。

为语从游诸髦士，人间至乐即蓬壶。

落水洞

相传二十年前，石洞潴水深不可测，尝有巨鱼游翔，洞口后为农人闭塞，水亦它注矣。

洞口平教石闭藏，崖花依旧压云黄。

何如凿破通明窍，放出泉流自在香。

山行偶记

峰连嶂复漫称奇，景况何堪注目思。

几撮山苗生石罅[5]，数椽茅屋傍云涯。

棕栟着体经寒暑（山谷穷民多取棕栟皮补缀成衣），蒿蕨充肠耐苦饥（穷民多采蒿苗、厥根为食）。

抚字心劳惭众母，温言聊复慰蚩蚩。

① 禋：泛指祭祀。
② 箕裘：比喻祖先的事业。
③ 恩纶：恩诏。
④ 金粟：桂花的别称。
⑤ 石罅：石头的缝隙。

自清江望关口崖

浩浩临中流，波平心可鉴。
极目入青苍，飞崖挂一线。

由桃花源至大水田，山势忽中开，林壑幽秀，清流漾波，桃花夹岸，兼有良田美池桑竹之属

李廷棨[①]

茅屋依红树，清流漾白沙。峰过巫峡雨，溪满武陵霞。
蜀道通千仞，秦人尚几家。劝农有循吏，春事正桑麻。

敬和原韵

袁景晖

灵雨初过甸，潜鳞跃浅沙。峰腰余积润，谷口放晴霞。
香满栽花地，春留种稻家。輶轩宣令德，第一问桑麻。

敬和李公廷棨建始道中原韵

卿月[②]遥临石柱巅（青里坝东有石柱峰），施州父老望殷然。
无心膏雨含于野，有脚阳春来自天。
民瘼[③]周咨同粝食[④]，方言下采及唐年。
仁声到处歌声溢，一路香猊起篆烟[⑤]。

城西晚眺

（光山廪生）钱选一

茨河石漱水泠泠，径绕松杉列翠屏。
籁静云痕封塔白，雨余山色逼城青。
万家秋思砧敲月，满目乡愁雁浴汀。
凉到川原人不觉，西风吹放稻花馨。

① 李廷棨（1789—1849）：字戟门，号莩村，山东章丘人。清道光九年（1829）进士。历任广州知府、雷州知府、顺天府尹、湖北分巡荆宜施道道员等。著有《纫香草堂诗集》《纫香草堂文钞》等。

② 卿月：月亮的美称。

③ 民瘼：指人民的疾苦。

④ 粝食：糙米。泛指粗劣的食物。

⑤ 篆烟：盘香的烟缕。

游石通洞

李如桂[①]

雨霁登西山，揽胜朝阳观。豁然开异境，一洞通山半。
护苔尘不生，悬瀑珠常溅。中有仙人居，疑真亦疑幻。
五十七年前，童子游曾惯。忆拜石丈人，梦魂犹恋恋。
天台幸又来，谢傅招相伴。蹑窟入云深，迂回行敢惮。
仿佛悟前生，陈迹同柯烂[②]。壁上旧题诗，瑶镌多漫漶[③]。
老眼刮金篦，相与摩挲看。乾道淳祐间，七百余岁算。
旷代嗣音希，山灵应亦灿。讵如没字碑，欣有中州彦。
访古兴不穷，涪翁宛觌面[④]。高咏和前贤，文字因缘善。
从兹发幽光，添教山色焕。濡笔纪清游，桂馥闻岩畔。

米水河

范启端

几掬清泉注壁空，何年穿破石玲珑。
潜滋土脉群峰下，资养嘉禾万亩中。
酝[⑤]若醴泉[⑥]冬更暖，浊如泔汁岁占丰。
寻源闻说三篙涨，兰桨飘来蜀道通（春夏盛涨时，洞下常有船板浮出，或曰“水通蜀江云”。）

登朝阳观

严厚铭[⑦]

心游天宇清，足蹑人烟白。
峰栖五色云，尘逐百年客。
仙乎去不还，寒钟撩空碧。

① 李如桂：建始县人，清道光二十二年（1842）岁贡生。
② 柯烂：比喻世事变迁。
③ 漫漶：模糊难辨。
④ 觌（dí）面：相见。
⑤ 酝：味厚的酒。
⑥ 醴泉：甘美的泉水。
⑦ 严厚铭：建始人，清道光年间在世，生平不详。

朝阳观

（举人）范佑正[①]

朝上西峰霁色铺，琳宫绀宇[②]即蓬壶。
荡胸云气成文锦，到眼岚光入画图。
树引清风醒鹤梦，花含细雨湿蜂须。
呼童扫叶煎茶饮，水挹[③]天池味自殊。

吊晏升墓

范佑廉[④]

衰草迷离古墓寒，残碑细认意悲酸。
匹夫慕义心何壮，下隶殉君世所难。
邃谷何人收骼胔[⑤]，荒原有地葬衣冠。
佳城[⑥]累累知多少，谁似芳名金石刊。

春仲，登朝阳观游石通洞

郑本勋[⑦]

朝阳山势耸崔嵬，凤阁云霞喜半开。
一路野花香石涧，十年梦里似曾来。

山静犹余太古风，千重树木翠凌空。
碧桃满地无人扫，应有神仙在洞中。

一窍通天势蜿蜒，分沙漏石响涓涓。
何当净洗筝琶耳，局步闲听胜管弦。

① 范佑正：建始人，范述之之孙。清道光二十九年（1849）举人，其他不详。
② 绀宇：即绀园。佛寺之别称。
③ 挹（yì）：舀。
④ 范佑廉：建始人，范述之之孙。道光间县学廪生，其他不详。
⑤ 胔：尚存残肉的骨殖，尸骨。
⑥ 佳城：指墓地、墓穴。
⑦ 郑本勋：湖北江陵县廪生。清咸丰六年（1856）任建始训导。

石通洞里锁烟霞，人到何须更忆家。
拟买平畴三五亩，自鞭白鹿种瑶花。

旋螺小径入云隈，古寺苍茫枕绿苔。
斜倚幽岩听暗瀑，松梢晴雨忽飞来。

蜀境灵台面面通，仙宫高矗翠微中。
石床卧看松山色，四壁云涛万壑风。

石林精舍自参差，乘兴还来尽一卮[①]。
花鸟无愁山不老，沉吟多在夕阳时。

高山为谷谷为陵，转瞬萧萧素发增。
物外莺花方外侣，题诗聊复记吾曾。

游朝阳观石通洞

（县学）贺九如[②]（赓堂）

振策出西郊，邀朋揽清景。越溪度寒梁，披榛蹑峻岭。
果然名胜区，奇险辟异境。石危峭壁欹，山怪飞岩挺。
绿萝一径幽，红树千林炯。绝壑隐禅扃，翛然氛埃迥。
湿翠滴松杉，寒光秀畦町。阶余晚菊香，窗瘦梅花影。
净室涤尘襟，清磬发深省。老衲清且闲，殷勤进杯茗。
相邀入石通，奇妙无与等。山裂骇心魂，岩悬眩目睛。
一穴透洞天，万窍阴风猛。白日走雷霆，太古烟霞冷。
兴来倚仙床，狂歌啜芳酩。一醉抱云眠，山禽唤不醒。

① 卮：常用来盛酒的器皿。
② 贺九如：湖北蒲圻县举人。清咸丰九年（1859）任建始县训导。参与编纂同治版《建始县志》。

奉差至建始，冬至随某明府诣万寿宫早朝

蒋树昌

百僚此际整冠裳，五鼓登朝侍两廊。
天外微臣皆辇毂[①]，海边旭日上扶桑[②]。
望风士庶多含泽，迎岁梅兰渐吐芳。
未识楚江多事后（时闻贼窜黄梅），可能共沐好春光。

海螺石

（邑令）熊启咏[③]

怪石荦确[④]如海螺，云根隐轸蟠山阿。
天工巧试造化手，恐是琢炼遗皇娲。
中空其腹旁有孔，灵壳何年蜕鸿洞[⑤]。
幽疑猿啸三峡冥，猛骇鲸呿[⑥]百川动。
我昔从军意萧瑟，朔风呼呼愁觱栗[⑦]。
幕中一曲长离声，戍卒征夫皆感泣。
此石清音戛鸾凤，玲珑不减龟兹弄。
莫携远塞作铙歌，吹散貔貅十万众。

增修施南府志卷之二十八终

① 辇毂：皇帝的车驾。常用以指代天子。
② 扶桑：传说中的神树名。长在东方日出处。
③ 熊启咏：湖南零陵县监生。清同治四年（1865）任建始县知县。同治五年（1866）纂修《建始县志》。
④ 荦确：众多的样子。
⑤ 鸿洞：虚空混沌的样子。
⑥ 呿：口张开。
⑦ 觱栗：即觱篥。管乐器名。

增修施南府志卷之二十九

艺文志（文）

宋

石通洞记

宝祐元年，岁在癸丑，郡太守潼川王次畴侍亲游木杪仙人洞，约贰车[①]开封赵与端、郡从事[②]重庆焦震雷、清江令忠南青阳龙孙、法曹掾[③]眉州蔡昌文偕行。洞府窈深奇怪，不类人间世。亲年八十岁，步履如飞，观者瞩目，暮春十有二日。（《恩施县志》）

明

太祖颁卫指挥诰

昔圣王之治天下也，必资[④]武力以安黔黎[⑤]，未尝专修文而不演武。朕特仿古制设武治以卫治功，受斯任者必忠以立身，仁以抚众，智以察微，防奸御机无暇时，能此则荣及前人，福延后嗣，而身家永昌矣，敬之无怠。（旧《卫志》）

神宗给三宣八安抚等司鼎铭

惟星拱北，惟水朝宗。惟天王建极[⑥]，八方会同。惟西南民土，各世其封。惟敬天勤民，庶不坠尔祖厥功。尔其不信，视杨应龙。

（考《明史》，万历二十五年，播州宣慰使杨应龙叛，遂纠诸苗反浸[⑦]。及湖广命李化龙总督川、湖、贵州军务，讨之。贼乘官军未至，率众陷綦江，尽杀城中人，投尸蔽江，楚黔道梗。二十八年六月，化龙集三省兵大破之，应龙自缢死，七子皆就擒。诏斫应龙尸，以其

① 贰车：副车。此指副职。
② 从事：官名。汉以后三公及州郡长官皆自辟僚属，多以“从事”为称。
③ 掾：古代官府中属官的通称。
④ 资：凭借的本钱，依托。
⑤ 黔黎：黎民百姓。
⑥ 建极：谓王者建立法度。
⑦ 浸：同“侵”。侵占，侵犯。

地置遵义、平越二府，分属川、贵，遂赐鼎铭。大田始稍平靖数十年，崇祯初，流寇披猖[①]，始为梗抗，继而合各司攻劫本所三十余年。康熙初，始就荡平。《咸丰县志》）

与湖广巡抚议撤施州兵备书

张居正

辱翰示，知道从已临楚地，无任欣慰。兹有一事请教：施州兵备，旧无此官，偶以邻境小寇漫事增设，今地方事定，此为剩员矣。夫官多民扰，供亿费烦，姑未敢论，且分司荆南道，原控制蜀之瞿塘如得其人，何事不举？而另设官于事体便乎？否也。今李佥宪[②]尧德已升，铨部停缺未补，俟两院具题即议省矣，惟裁之幸甚。

再与雷巡抚书

屡辱翰示，已一一具复。近闻施州兵备缺，当裁革乃李佥宪，亦自以为当裁，则舆论可知矣。部中已停缺不补，幸具议以便题覆。（二书见《张文忠公集》）

拟奏制夷四款

童　昶

蛮獠多诈而少实，负争而好斗。事无大小，兴词具奏。委官行勘，两造俱避。督责少急，则据寨固守。以后土官有奏无印者，照腹内人民递解，不与给引。有印者，非其该管部属，立案不行，提问不出，亦立案注销。计必择廉明谨勤有司一员，专抚夷情，久于其任，务使情形允当。即不得已委之武戎，亦必择清廉者始可。

施卫所属田覃二姓，当宋元未分之前，其势甚盛，故屡为边患。自国朝永乐以来，二氏子弟分为十四司，传之后世，亲者渐疏，遂为仇敌。势分则患少，盖彼弗靖，则环视他司，有内顾之忧。此与主父偃[③]令诸侯王得以户邑分子弟同意，真制夷长策。

国朝设立关隘，把截甚严，至今尚传“蛮不出境，汉不入峒”之语。永乐二年，令守臣招抚，不意渐徙内地，如施南、金峒等司，则入施州地矣。弘治间，忠路、忠孝又徙施州都亭等里。施南唐崖，又侵黔江之夹口。夫轶[④]侵其地，其贪未厌，而守土不之问，势可畏也，宜先事制之。

① 披猖：猖狂。
② 佥宪：佥都御史的美称。
③ 主父偃（？—前126）：，复姓主父，临淄人。西汉大臣，主张进一步削弱诸侯，实行推恩令。
④ 轶：突击，袭击。

国初，土官袭职，属吏部。三年，改兵部。七年，子绝，许弟侄袭。永乐十五年，例出十年者亦准袭。天顺二年，许会奏就彼处冠带。弘治二年，许年未十五者亦管事。五年，令土官袭于本卫习礼三月，回司理事，今皆荡然。郑端简公[①]之论尤宜整顿矣。

施州卫争复额饷永思碑

朱光祚[②]

施州自汉唐历宋元，我高皇始省州入卫，改为军民指挥使司，编户三里，领五所，辖十四土司，专节制于楚而制始定。于是设守戍以坐镇之，增抚夷同知以御牧之，贞肃于上，则有兵备道[③]。盖夷汉错绣楚蜀咽喉，方千里一大重镇，故兵设而饷即随之，其来已久，胡以曰“复”？曰“争”？有纷更之者矣！粤稽卫饷岁三千五百五十八两四钱，额于荆岳二府征给。嘉靖间，因蜀之重夔输漕险远，而荆岳饷施亦艰跋涉，公私交病。当事者疏议楚代蜀漕，蜀给施饷，此其初便固在蜀也。至万历庚申，夔丞谭天相代府庖，妄议以施饷给驿移重属，以永久逋传银抵。夫永逋不能近瞻夔驿，而肯遥饷施戍乎？迨天启辛酉，蜀事方殷，既借援于楚，复留饷于施，而请者谆谆，听者藐藐，竟以楚欠协饷[④]为口实。夫协饷即欠，亦属全楚，胡忍听施士之呼庚苦[⑤]，荆郡之偏累乎？坐是年复一年，官无俸，士无廪，戍无糈[⑥]，舆台[⑦]不饱，在公之禄，汹汹[⑧]脊脊[⑨]，无日不登郡庭而号焉。太守紫珍熊公，暂以永折息钱略支，旦夕甚苦心，非长计也。光祚窃闻而忧之，是以壬戌守奉常有“重抚夷增使，宽约法以涂边衅之疏”，意为施云。荏苒五六年，余从河上归，问之当事，仍蒿目蹙额云：“蜀中泄泄犹故也。”于是太守问歆胡公力争于上，会二元朱公署抚夷事，竭力佐参，节次申详措给。观察泰来游公，来旬至止，目击卫众鳞集抢吁之状，与公同心并力，转于中丞，直指台大中丞学海吴公、行方伯[⑩]友白杜公，复上洪公，亦既咨蜀会题矣。而胡公仍关札夔守五云谢公、游公，仍咨重庆道忠虞樊公、春碧熊公，其词危迫，有不得请不休者。余乃述二公意，再致樊公与

① 郑端简公：即郑晓（1499—1566），字室甫，海盐人。明嘉靖二年（1523）进士，历任兵部职方主事、兵部右侍郎、刑部尚书等。

② 朱光祚：湖广省荆州府江陵县（今湖北省荆州市江陵县）人。明朝官员。历任验封司员外郎、考功司员外郎等。

③ 兵备道：官名。明制，各省重要地方设整饬兵备的道员，称为“兵备道”。

④ 协饷：指清代经朝廷批准从本省收入中拨给他省充作军饷的部分。

⑤ 呼庚苦：“庚癸之呼”的省称。庚癸，军中乞粮的隐语。

⑥ 糈：粮食。

⑦ 舆台：古代十等人中，舆为第六等，台为第十等。泛指地位低微的人。

⑧ 汹汹：骚乱不安的样子。

⑨ 脊脊：纵横杂乱、相互践踏的样子。

⑩ 方伯：泛指地方长官。

奉节令元之刘公，共切未雨彻桑之虑。乃夔守详画两道，转呈蜀抚张公，允议从三年为始，仍楚代蜀漕，蜀解施饷，在夔属二千五百三十七两六钱，与重属忠州一千二十两八钱之额编，径解施州，不烦展转。夫然后蜀数十年纷乱之旧章始复，荆府道厅十年舌敝颖秃之葛藤始断，施卫官师而下十年叹息愁憾之声始销，是胡公大有造于楚蜀也。

施饷既复，施之人喜可知，已乃思勒石，而乞言于不佞①。如胡公辈者何可一日忘也！故系之曰“争复额饷永思碑”，以志今日有斐不谖之感，以垂昔者庸夫扰事之戒，于圣朝设卫卫民，辅车楚蜀至意，亿万斯年，与天无极矣！是役也，措饷四年，焦心秃颖，克复旧章者，太守胡公，名公胄，浙之德清人，万历癸丑进士。署抚夷司理朱公，名邦圻，浙之桐乡人，天启乙丑进士。兵巡参知游公，名玉庭，江西临川人，万历丙辰进士。绸缪于昔者，则前守熊公，名秉鉴，直隶吴县人，万历癸丑进士。在蜀，则节令刘公，名汝乾，楚人。夔守谢公，名宸，秦人。重庆守道大参樊公，名王家，楚人。巡道臬副熊公，名花，江西人。而请勒石者，则施绅、徽州府同知李君一凤等，守备陶希谦等，卫弁石美中等，备纪石后。

唐卫侯力复诸生资斧碑记

葛楚士②

卫自建学来，因其赴省险远，各项俱额有路费，正科③举每生一十四两，遗材每生六两，每年正陪贡④共十六两。至科、岁二试，至荆一千有余里，历蒙宪尊怜其跋涉艰辛，困于季考，给赏派为盘缠八钱，征于三里，每年五十两。厥后诸生众而数不敷，抚夷陶公特立猪、盐二税以增之，遇考每生各给银八钱，惠至隆而法可久，已迩被中伤，暗议裁革。幸我唐侯新主卫政，首事恢复，惓惓⑤以崇儒为任，遂蒙院、道、府各批遵旧，永为定例。事虽因而非创，惠则减而能全，秋毫皆公力也。是用镌石以志，俾后来诵习者感恩而知所自，秉政者厚士而知所法焉。

重修施州卫学记

黄　概

道之大原出于天，而任于圣。若伏羲、神农、黄帝、尧、舜、禹、汤、文、武之相传，

① 不佞（nìng）：谦词。无才。
② 葛楚士：岁贡生。
③ 正科：明、清时指按期举行的科举考试。
④ 陪贡：亦称“次贡”。清代地方官学预备贡入国子监肄业的生员。
⑤ 惓惓：恳切的样子。

天之道也。然而讲明斯道，以扶植纲常；弼休治理，以垂宪万世。使天下国家不可一日无者，实赖孔子。孔子之功，万世之功也。我国家列圣相传，内而国都以及天下府、卫、州、县，靡不建学以崇祀孔子，颛[1]用其道，以化民成俗，其尊之也，至矣。迄今百有余年，太平之治良有以也。施州卫远在数千里外，而亦不废学。学，故在南门外，迁于卫治之西北有年矣。景泰中，湖广按察司佥事沈庆分巡戾[2]兹，病其卑隘弗称，列疏于朝，仍徙故址。更历十六年，庙学倾圮，时按察副使新淦卢君巡施，祗谒先师，慨然叹曰："庙学弛，而明祀弗崇，教化弗立，人才弗振，匪徒弗以称塞令典[3]，抑亦司风纪者之责。"遂谋诸挥使李君，捐清俸为之倡。凡百僚耆旧生徒咸佐为之费，乃诹日鸠材鸠工。庙自大成殿，以达东西两庑、戟门、棂星门。学自明伦堂，以及志道、据德、依仁、游艺四斋，会馔之室、休息之庐、宾客之位，下至庖湢、饩廪[4]、周垣，悉撤旧更新、瓦甓墁甃[5]，丹漆黝垩[6]之饰，加于旧规。又饬先师及配饷之仪，增制簠、簋、笾、豆、罍[7]、爵[8]之属，以严祀事。百宪咸备，制度森如，焕然壮观。经始于成化六年六月八日，成于是年十月十一日。役不费民，财不费官。于是李公率学官、诸生行释采礼，训导王聪具事本末，来请纪其成。呜呼！学校之兴废，治道之隆替系焉。使今之司风纪者，皆能如卢君奉宣德意，作新学政，以光弼圣天子文明之治，则教化兴行，人才丕变，风俗醇厚，天下何有于治乎！施在遐方，得沾风化，来游士子，进谒庙庭，就学官务，讲明圣人之道，以深造乎格致、诚正、修齐、治平之理；入焉而孝于家，出焉而忠于国，夫然后不忝明宪司与卫侯作新之盛意矣！谨为记其岁月，俾镵[9]诸石。

重建问月亭记

（吏部郎谪戍施州）邹维琏（豫章人）

李太白之在唐，可谓流落不偶[10]矣！其身后遗迹所在，凭吊珍惜，有若甘棠[11]。是故，沔阳则有太白湖，汉阳则有太白楼，江油则有太白台，姑苏齐鲁之间则有太白祠，而施城北碧波山则有太白问月台。一峰特耸，天阔无垠，江山崖壑，城郭烟树，无不在目；天籁泉响，

① 颛：同"专"。
② 戾：至，到达。
③ 令典：法令典章。
④ 饩廪：公家按月供给的粮食等生活物资。
⑤ 墁甃：涂抹和用砖砌物。
⑥ 黝垩：涂以青黑色和白色。
⑦ 罍：盛酒、水的器皿。
⑧ 爵：古代饮酒的器皿，三足。
⑨ 镵（chán）：刻，錾凿。
⑩ 不偶：不幸，不好。
⑪ 甘棠：称颂官吏的政绩。

鸟语猿声，无不在耳，诚施城之大观也。予初奉旨谪施，亲友作诗赠行，皆指斯亭以为辞。予曰："琏无谪仙才，而患难行素，讲习有年，当不令此君在施独邀千古。"及抵施访之，州人张熙寰、李歧阳云："年久亭圮，正欲新构，而时未遑。"一日，二子载酒招余同游，果见奇绝，如其所闻，为之夷犹[①]不忍去。至是亭成，问记于予。予曰："古今重太白，与太白之所以为亭重者，果酒与诗而已乎？《清平》三调，暗刺玉环，此讽谏也。人主倘悟，祸水立消，岂有马嵬之事耶？唐之宦者干政，自高珰始，媚灶[②]实繁有，徒太白于人主之前，呼役如奴隶，岂真使酒慢上，无人臣礼？盖借酒以规，刑余[③]贱役，原非天子所当宠，此谲谏也！使人主能悟，而不留弊以贻子孙，又何至北司重于南衙，天子在其掌中哉？呜呼！太白似醉非醉，似狂非狂，有远识，有深心，而又有侠骨，谓其为智士可，直臣可，酒仙、诗圣足以尽之哉？予尤羡其少时谒时相，题"海上钓鳌客"，相问：'以何为丝钩？'曰：'虹霓为丝，明月为钩。'又问：'以何为饵？'曰：'天下无义气丈夫为饵。'相悚然。奇哉斯言，已见直道事人，落落难合之嚆矢。不然以彼之才，少自委蛇，卿相何难之有？然则永王璘之事何如乎？曰：'道迫胁不从，挥金明节。太白诗序甚详，九江王中丞昭雪疏辞亦甚明。苏子瞻曰：'太白能于侍伍中知郭子仪之为人杰，岂不能知永王璘之无成？'此语足为千秋铁案矣！"予愿登斯亭者，想见其为人，即酒与诗才不逮谪仙，但以"义气丈夫"一语相体味，勉力名行，仰止古人，无徒为太白充钓饵，则太白重而亭亦重，庶不负乎构亭义举哉！亭修于天启七年月日，成于月日。前轩中堂及后室缭以周垣，祀太白于其中。置田若干亩，饭僧一人司香火。董其事者，张公熙寰，讳三阳，由明经官光禄署丞；李公歧阳，讳一凤，以孝廉官徽州府同知。而土司某，暨乡绅某、学某某共勷厥成。

七里坡石磴记

童昶

石湖范公感浮屠德宝之新峡路也，为诗以讽当官者，有曰"勿云此事小，惟有行人知"，又曰"岂无金闺彦，不如林下缁"。盖有所激而云者，二州守长，竟亦不闻有所兴。余每过此地，诵此诗，因以慨数百年无再造也。然则是诚小事哉！《周礼》掌方国[④]之道路，既

① 夷犹：犹豫不进。
② 媚灶：比喻巴结权贵。
③ 刑余：指阉人，太监。
④ 方国：四方诸侯之国，四邻之国。

有候人[①]，又有野庐[②]；掌天下之道路，既有司险[③]，又有合方[④]，主治者非一官。《夏令》曰："九月除道，十月成梁。"《月令》曰："季春开通道路，无有障塞。"修除者有其时也。王政不行，日趋愒[⑤]玩。当官者以簿书法律为能，以征科逢迎为急，其委为小事而使缁流[⑥]掩为己有者，得不重起石湖之感耶？昔郑之大夫，以其乘舆济人于溱洧，孟子讥其不知为政，陈之司空废职，道路若塞，单子知其必亡。石湖之心，孟、单二子之心也。诵其诗，岂不重有感于今日耶？施东有山曰橐驼，有水曰铁沟，并山水为路，曰七里坡。坡夷上洒下，厥土涂泥，雨湿淖溢，陟不能寸而辄蹶[⑦]，虽晴亦择地而后投步，乘者，荷者，折股坠货之患久矣。郡人孙君怀艺者，见恤于此，岁甲申发资于家，庀徒辇石，鳞次而阶之六百余尺，为级三百五十有奇，糜钱三万五千，为工七千二百有奇。始仲秋，讫岁除，为日百二十有奇，乃告成焉。初，或有劝其募于众者，怀艺曰："余岂浮屠氏[⑧]之为耶？"余闻而益有感焉。夫浮屠氏以桥道为八福田之一，彼因众而成者，尚有望于福田之获，怀艺固不若浮屠氏之为，亦不有浮屠氏之望矣，则其志为可嘉矣。若德宝者，石湖犹矻矻[⑨]许之，若见怀艺，其许之又当如何耶？周生廷兰请为记，遂不辞而书之。怀艺，名能，同知卫事孙君廉之叔父。莅是役者，则二子恩惠也。

成志桥碑记

陈　址[⑩]

卫城南有麒麟溪，两岸相距近三百尺。其下水激如箭，其冷如冰，虽盛暑，涉者莫不股栗[⑪]。天雨，岸上泥泞没骭，雨骤水涨，则谋利者，渡人以舟，涨退不可以舟也，厉揭[⑫]稍失足及溺者有焉。先年，唐公尝建木桥，而木易坏，耆老[⑬]又尝募造石桩，而板易漂。是必纯用石，庶乎其可久耳。然而仁者有是心，而无其力；富者有其力，而无是心，未见其有成也。

① 候人：古时在国境或道路上守望及迎送宾客的官吏或士卒。
② 野庐：官名。掌通达国道至于四畿，管交通秩序及道禁等。
③ 司险：官名。掌全国地图和通山川险阻之路。
④ 合方：官名。掌修通四方道路，统一度量衡，互通财利等。
⑤ 愒（kài）：荒废，苟安。
⑥ 缁流：僧徒。僧尼多穿黑衣，故称。
⑦ 蹶：跌倒，绊倒。
⑧ 浮屠氏：指和尚。
⑨ 矻矻：辛勤的样子。
⑩ 陈址：字道从，别号鹭江，连江东岱人。明嘉靖十九年（1540）中举，任临高县令。
⑪ 股栗：大腿发抖。
⑫ 厉揭：连着衣裳涉水叫“厉”，提起衣裳涉水叫“揭”。
⑬ 耆老：指老年人。

周君汲泉，仁者也，而力足以副之。乃于建桥之前一年，聚谷为粮，范金为器，克日[①]兴工，而尊人二江公疾笃，汲泉视膳[②]尝药，不少暇。二江公知之，进汲泉于榻前而励曰："桥成，亦吾志也，汝勿以吾疾而懈于用力，其勉成吾志。"汲泉遵父命，乃运石鸠工，亲自督率，其妻躬亲执爨[③]，二子之桢、之麟往来莅事，不以委僮仆也。计桥十八度，每度树石柱二，约高一丈二尺，总计新旧三十六柱。每二柱跨石盘一，约长七尺，厚一尺二寸许，计十九盘。每盘覆石板三或二，约长六尺，阔五尺许，计石板五十有奇。两岸泥泞处各设石蹬三十余级。经始万历七年季秋，至次年孟夏，计二百十日而事竣。于是大尹西野许公同云冈诸公，散步于桥而赞曰："是桥穹窿[④]壮丽，可与江山争秀，当皎日霁月，天水相照之时，则如长虹饮水；当笼烟迷雾，溪水暴涨之时，则如苍龙卧波。桥长在，则汲泉之功亦长不泯矣！"夫遵父命，孝也；济病涉，仁也。汲泉洵可纪矣。

夜郎辨

李一凤[⑤]

夜郎非古文献之邦，何必强附以名高，所以纷纷者，以太白流寓所在，千古依光。争太白，非争夜郎也。今亦不辨太白之至与未至，但问施亦夜郎境地否？亦不问夜郎之是施非施，但问夜郎惟播独称否？

尝考《通鉴》开夜郎注，以竹王说为据，而竹王事详《华阳国志》，云女子立江边，见竹中流，有儿声，剖竹得男，养之，材武，自立为王，以竹为姓，死封侯，立祠施州。宋赐"灵惠"庙额，此崇宁中事也。夫播去施远甚，与竹郎漫不相及，何得强施人以尸祝乎？不然，又岂宋人考核不逮今人，而谬为赐额乎？夜郎尝有诗曰："沐芳莫弹冠，浴兰莫振衣。"此盖指清江而咏也。夫播亦有清江否？贞观十六年，置夜郎、丽皋、乐源三县，后并为夜郎，又并为珍，为鹤，为业。夫珍在施歌罗寨，歌罗乃今高罗司地，杨升庵《丹铅录》可证。珍在施，夜郎独在播乎？不然，又岂唐人考核不逮今人，而漫以命名乎？城东二郎庙，故老相传为竹王祠，王讹为郎，故黄石崖诗曰："清江犹绕竹王居。"岂无所见而漫云？又考山谷诗"夜郎留仙（流迁）客"，即云"施州肯回首"。施与夜郎不属，何故同笔而咏耶？又五溪去播甚

① 克日：约定或限定日期。
② 视膳：侍侯尊长吃饭。是古代一种礼节。
③ 执爨：司炊事。
④ 穹窿：长而屈曲的样子。
⑤ 李一凤：字岐阳，施州人，明万历三十七年（1609）科举人。历任贵池县令、徽州同知等。

远，而与施近邻，杜每以“五溪”咏施，而太白亦云“过五溪”，“到夜郎”，此不可证乎？或谓夜郎不知汉大，在黔中郡。夫秦伐楚，取黔中郡地七百里，置黔郡，今称贵州、黔中。施之交界为黔江县，楚之辰、宝及施亦称黔。然则秦郡包举楚蜀贵州，皆夜郎所据，所以不知汉大也，又岂独一播也哉？大抵夜郎地不止播，而施实竹郎之丰沛也。故谓太白过施，而流寓不在施亦可；谓太白流播，而称夜郎亦可。谓施非夜郎界，而独一播称夜郎则不可，是不能无辨。

修城隍庙记

张　鹬[①]

我国家奄甸海宇，祀典维严，燔柴[②]瘗玉[③]之后，诏有司建城隍庙于天下，凡一千四百七十二处。施有庙，旧矣，址在卫治东龟山之巅。正德间，客星童侯袓陋祠宇弗称祷祀，率同寀[④]孙侯廉、赵侯辅、李侯宏捐俸资以新之。鸠工营建，为殿者三间，为庑者东西各称，是为拜厅者。如之外门坊，额二座，则为卫处士陈海、陈溢昔所创者，周为缭垣[⑤]。对树嘉木，完饰宏敞，轮奂一新。迨后，岁久物敝，鼎新有待。嘉靖甲午，得贾人[⑥]王再六者，倾囊倒廪，锐然以兴坏起废为己责，化尘埃，耀金碧，灿然改观。辛丑复工，彰施采色，列驺马侍从，周以楼槛，帱以雕甍[⑦]，门闼[⑧]静深，丹漆辉映，足称神栖，便瞻仰矣。是岁，予自成均[⑨]归，瞻谒庭下，怵然兴怀，乃作而叹曰：“夫为事在志，不在贫富。富者财力虽有余，惟务多积，为子孙计，其肯拔一毛建一事哉！贫者又力不赡，此事之所以不克济也。兹再六之志，良可嘉哉！”未几，再六踵门告曰：“某继诸卫侯修辑，今既殚力矣。迩值石侯岳、唐侯训伐石布砌，鳞次相比，以便登者。且廊庑日入于圮者，兹又新之，使不为记，不惟前绩渐泯，抑何以使将来嗣葺者劝？敢请。”予方唯唯，或有从旁而谓予曰：“厥灵丕显，有祷必应，贾人之心，毋乃徼福[⑩]者之为也？”予曰：“不然。再六，江西金溪人也，侨居吾施。家不及中资，力不足以干济，未知其心之徼福与否，而其志之有恒，为可取也，则安得而勿记乎？且请录诸卫侯之绩，是不没人之善，尤为可记也。”遂援笔书之，俾镌诸石焉。

① 张鹬：明岁贡，景州州判。
② 燔柴：祭天的仪式。将玉帛、牺牲置于积柴之上进行焚烧，使烟气达于天。
③ 瘗玉：埋玉，古代祭山礼仪。后世用以代指祭山之礼。
④ 同寀：同僚。
⑤ 缭垣：回旋曲折的围墙。
⑥ 贾人：商人。
⑦ 甍：栋梁。
⑧ 门闼：内门，小门。
⑨ 成均：泛指官设学校。
⑩ 徼（yāo）福：祈福、求福。

关圣庙碑记

何腾蛟

阅古今精忠之气，萃于西北，而关圣挺生焉。灵显历朝，功赞当代，迄今且食报无疆矣。余偕忠贞营诸勋镇，奉命督师，念夙昔赫濯之威，仪型如在。乃中营副将魏怀等适于施州建庙，鸠工落成，问记。究厥所由，以先年虏酋犯顺，本营将士奋勇剿除，灭此朝食，默祷其灵，期以事济，崇新庙貌。乃自远安以迨巴巫，苦无善地。后奔驰未遑，今于夜郎南郭开元、文祠两古刹间，山仅数武，形势壮丽，珠峰雪岭，麟水铁沟，峙汇其间，旺哉神居，可以俎豆万年矣。于是诸将诹吉醵金，庀材命匠，不日成之。呜呼！时有治乱，神无古今，以帝历千数百年，人心思如一日，则时事大义，神人共应之。巩山河如斯庙，奠园陵如兹灵，千万斯年，庥[①]垂天壤，庶不虚诸勋镇结构苦心矣！

国朝

重建城南文昌祠碑

范福咏[②]

施州凭江环山，壤界楚蜀三峡之阳，一要区也。城南郭外，儒学旧址，原建文昌祠，莫知所自始，兵燹之后，鞠为榛莽焉。余以甲戌秋，受事兹土，俄历五霜，簿书之暇，游息于斯。有语余者曰："城，舟形也。此祠为桅，桅必举，舟始通。"余不习形家言，亦弗深考。但此都人士彬彬，而自国初定鼎[③]以来，科目[④]寂然，毋亦惟是坤灵[⑤]弗效之故。按，文昌为斗宫贵曜，司嗣禄桂籍，名区大邑，学舍黉宫皆祀之，是非不典。爰咨于众，盍抑图功，有众同志载欣载奔，庀材鸠力，榱桷[⑥]丹垩[⑦]，缭垣涂茨，次第就规。刻期[⑧]告竣，乃择谷旦登礼而凭眺焉。四水萦会，双峰耸峙，近则月台、象岭，远而客星、香城。金瓦、罗盏诸山如芙蓉万叠，掩映云霄，信为此地之关梁[⑨]，神人之快睹矣。是役也，自寮采绅士，下逮氓庶，相助

① 庥：荫庇。
② 范福咏：山东诸城武进士，清康熙二十年（1681）任施州卫守备。
③ 定鼎：建立王朝。
④ 科目：指隋唐以来分科选拔官吏的名目。
⑤ 坤灵：大地之神。
⑥ 榱桷：椽子。
⑦ 丹垩：涂红刷白，泛指油漆粉刷。
⑧ 刻期：约定或限定日期。
⑨ 关梁：关口和津梁。指水陆交通要道。

观成，余不佞，岂敢尸之。且余既荒先人绪业，从事韬钤，复蒙圣朝举之制科[①]，畀以民社，朝乾夕惕，负戾旷瘝[②]，尚奚徼冀之有！惟祈神庥，丕符佑于此都人士，匪青紫[③]是侈，将有文章道德如宋濂溪、眉山其人者，则余不佞与有荣焉，当拱而俟之耳。

陈世凯提督纪略序

施闰章

览古命世之英，多历试于艰难，而后成天下之肤功。当其穷蹙[④]困踣[⑤]，几不得苟活，与佣贩者伍。及功建名立，天下以伟人归之，说者谓有天幸，要非智勇深沈，经百折，出万死而不挫，则尺寸不能以倖成。譬若楩枬松柏之材，天固老之以待用，向使其才不胜任，则凋急雪而陨崩崖，其不为槁茎腐草者鲜矣。陈公赞伯之以战绩显也，余旧闻而伟其人，有故人高使君尚孚，分巡温、处二州，说温镇陈将军不去口。既相见，抑抑礼让如儒生，语及战阵间事，惟上颂朝廷之福，亲王、贝子、督府将将之能，及师武臣之力，无一语自伐[⑥]。请至再，乃出《纪略》一册。夫功业待时而建者也，勇略不待试而具者也。公姿岸不过中人，生而雄武，有画地为阵之意。明末，寇大扰，其先公蒙乱，愤不共天，聚乡人杀贼，歼其渠，群贼必欲得公甘心。公脱身独走，冲虎豹，披榛莽，饥三日夜，至生啖野彘肩，坠智井[⑦]深穴中，伏匿得免。可谓万死余生矣。然终不肯黄项老牖下，转徙川蜀。

国家拓定蜀土，仗剑效顺，累授都督，始以敢战闻。久之，部补协守杭城，多善绩，杭人颂焉。会滇闽构逆，温处连陷，金与衢且剥肤。督府令大司马李公谓公才可大任，亲王、贝子试可，决策推毂[⑧]。一二岁间，大小三十余战，卒复温、处而绥靖金、衢，遂以总兵镇温州。当是时，贼众所在数万，东阳、义乌之间蚕食豕突，而金、衢故浙西门户也，温、处又所以屏翰[⑨]金、衢，而闽海之冲也。公料敌策胜于处，则先夺桃花岭于温，则率其子纪先破石塘，皆二郡最要害处。既夺，迎刃解节，二郡遂平。公既负勇敢战，数以寡歼众，直捣中坚。或仿阴平入蜀故智，腾鸟道，绕出山背，皆身先士卒；或免胄，冒矢石，大呼而入，间举一

① 制科：亦称“制举”。由皇帝亲自下诏而临时设置的科举考试科目。
② 旷瘝：旷废职守。
③ 青紫：汉制，丞相、太尉皆金印紫绶，御史大夫银印金绶。因以“青紫”借指高官显爵。
④ 穷蹙：窘迫，困厄。
⑤ 困踣：困顿潦倒。
⑥ 自伐：夸耀。
⑦ 智（yuān）井：枯井。
⑧ 推毂：比喻助人成事。
⑨ 屏翰：屏障，藩卫。

炮，催锋折纛，应声而倒。贼望之披靡，呼为“陈铁头”。及其师旋，则又以身殿，全军无恙。昔人有言，使遇高帝，万户侯岂足道哉！捷闻，天子大悦，于是以左都督加世职，又特简浙江提督。公感涕沾膺，未尝不追痛出万死而重被国恩也。客请书其本末，乃略纪之，以劝有功，以示后裔，且志诸王督府之知人善任使也。功臣宿将，多渔猎[①]子女玉帛，以侈娱乐。公惩念少贱仳离，不置歌儿舞女，戢部曲毋淫掠，又多方从他将赎释俘妇。於戏！岂非知仁勇廉者哉！爰叙其略。

赠提督陈天培纪略

包秉彝

公非所称翩翩佳公子耶？何气之壮而勇之至，功之深而绩之懋哉！公总角[②]髫龄时，即好演武习骑射，昂昂不群，已具千里驹之气象。及长，而膂力超人，射穿七札[③]，胸富万兵，不仅勇略冠军，即运筹帷幄，决胜千里，无不发辄中窍。今事平，论定其忠心义胆，伟略丰功，不能尽载也，请仅纪其略。

当闽疆告变，浙壤震惊，楚、粤、蜀、陇莫不骚动。公受赞伯翁老祖台之重任，遂毅然受命曰：“当此而不捐躯以报国恩，并以报父恩，非臣子也。苟畏死以贪生，生无可幸；舍生以就死，死有余芳。”于是辟易贼锐，东冲西障，戮叛抚服，恩威并布。非智勇双全，孰能披坚陷阵，有如摧枯拉朽者乎？于是进浦江、义乌，则恢复二县；进永康、缙云，则席卷长驱；进括苍、瓯江，则屡战大捷。在在[④]奇功，莫可殚纪。至石塘一役，地势险峻，峭壁层岩，炮矢如雨，我师三进三却。公奋勇独登，发三箭，杀三人，大呼直上，遂夺梁走贼。贝子见而叹曰：“真将种也！”啧啧赞美不止，录为首功。札载：“石塘开路，奋勇争先，冒锋破垒，战功懋著，应授游击职衔。”此贝子之奖励也。制府李公札开：“处州逆贼，久踞石塘，官兵进剿，克期扫荡，本官独能奋勇前驱，立功建绩，足征勇敢。”此制府李公之嘉尚也。剿抚功深，随经制李公，题授宁村营守备。地方初复，人民逃散，公抚恤流离，多方招徕，渐见哀鸿甫集，而士女各还旧土矣。当兵燹之日，饥馑洊臻，米珠薪桂[⑤]，民不聊生。公捐俸采买，赈济度歉，而所活无穷矣。汪洋逋寇，连䑸行使，沿海残黎，每遭劫掠。公遴

① 渔猎：引申为掠夺、霸占。
② 总角：未成年者扎在头顶两旁的发髻。借指童年。
③ 札：铠甲上的叶片。
④ 在在：处处，到处。
⑤ 米珠薪桂：米贵得像珍珠，柴贵得像桂木。形容物价昂贵。

员给费，悉心招抚，遂至投诚接踵，而海不扬波矣。他如设闸防川，而水有蓄泄；旱魃步祷，而立沛甘霖；豁免夫徭，而兵民爱戴；廉洁持己，而饷无虚悬，此皆彰彰在人耳目者也。若夫修台筑寨，则措置有方，兵民无扰，而地方永固；捍外卫内，则相度地利，贼难登犯，而边境肃宁。

总之，功难尽数，绩难尽述，是以制府李公特疏题荐，奉旨纪录。又奉皇恩议叙军功，加授副将。又荷抚提二公会疏，题升盘石营偏将。又蒙圣恩特简[①]浙江、宁波提督。将来勋猷爵秩，正未可限量。其克绍箕裘，克振峻业，要皆不外乎昔间膝下谆谆训谕，燕翼贻谋之所致也。

噫！公非所称翩翩佳公子耶？何气之壮而勇之至，功之深而绩之懋哉！

卫守备徐尚谋宜民碑

童天衢[②]

康熙四年岁在乙巳春，本府奉简来卫，适王营尽带士民投诚荆南之日也。夏五月，自巴东聚卫民，老弱残瘵者十余家，典衣脱骖[③]，裹粮露宿，相携进卫。手辟荆棘，足履颓垣，卧薪枕块，并日不炊者久之。始得哀鸿稍集，又四路关取流民，陆续发回。抚字虽劳，瘠苦未苏，较之前季，百不存 矣。旧制安可问哉！嗣奉上宪查取丁粮顷亩，荒熟数目，咨询数月，始知大略。顾以城市灰烬，建仓实难，民力衰疲，挽运不易，请改折色[④]。蒙赐题达俯准：民粮每石征银三钱，屯粮每石征银四钱五分，其民丁正力，仍照旧例征输。本府五年于兹，悉见尔等淳朴无华，奉公守法，本府自愧不敏，莫予云德，谅后来制锦[⑤]有人，尔等食福有日，但恐章程不立，赋役无稽，不免追究前愆。因酌条款，庶几上不病国，下不病民云尔：

一、民种军田，纳军粮，当民差；军种民田，纳民粮，当军差。

二、夫马差徭，奉裁不设，而各上司差委到卫，不得不勉为应付。凡勘合牌内有夫马字样，村屯应承夫役，年终册报，无则以情理善辞。

三、每年应进表笺，乃臣庶恪恭之心，但无存留，开销合于官绅士民公同捐备。

四、钱粮库秤交纳，花户[⑥]自封投柜，不得假手胥役，而里书屯书，亦不得借民指索。

① 特简：明清任用官员方式之一。由皇帝直接选用。
② 童天衢：明代施州岁贡，纂修《卫志》。
③ 脱骖：解下骖马，以助治丧之用。后指以财助人之急。
④ 折色：中国历代赋税中原定征收的实物称本色。改征其他实物或货币，称“折色”。
⑤ 制锦：喻贤者出任县令。
⑥ 花户：旧时造户口册子，把人名叫作“花名”，户口叫作“花户”。

五、投诚绅士奉批，务宜安插得所，酌于正粮外，免其杂派。

六、本卫正堂及佐贰、儒学、衙役现在办公，除正粮外，免其杂派。

七、鳏寡孤独者，本无养济粮石，如种有田地，除正粮外，免杂差以恤困苦。

重修文庙记

吴李芳

学校者，人才所出也。皇上崇文重道，雅意[①]作人，实度越前代，而兹邑圣庙殿宇摧颓圮堕，趋拜于荒烟蔓草间，是非有司之责欤？（芳）不敏，窃大惧儒学芜废，兴慨子衿，罔以称上德意，且重益守土罪戾[②]。爰进诸生而询之，知邑原有圣庙，毁于明末兵燹。我朝康熙十二年，邑侯谭君特为营造。曾几何时萧条若此，岂圣灵陟降[③]所不到，而人文化成之盛，独不可见于此地耶？夫三苏之文章，四陈之气节，蜀中人才，昔曾照耀寰宇矣。兹固蜀疆而铜锣故墟，实维宋詹状元邈诞育之区，访水丘而问钓游，至今父老犹有能言其地者。可见人才不择地而生，而鼓舞培植之必有其道也，其不可不以文庙为先务之急矣。爰以绅耆[④]之同心咨度经营，鸠工庀材，不扰不亟，自冬徂春，四阅月落成。妥侑[⑤]有所陟降，如在泮宫之诗曰“鲁侯戾止，言观其旗”，而继以“济济多士，克广德心”。异日者学成而才裕，邑人士熙绩亮工，以光辅我王国也，芳亦借以宣上德而奉厥职，欣观儒术经济之盛，岂维竞科目而邀利禄云尔哉！

重建文庙记

史　晟

盖闻学校肇自有虞，圣宫始于先汉，历世相沿，日益昭灼，但未有崇尚文教如我皇上今日者也。余于丁卯冬来宰是邦，视事之明日，谒至圣先师庙，但见半椽茅蓬，荆棘荒秽，所谓阶墀[⑥]墙庑，无一存者。亟询厥由，始知建邑自明季寇乱，地绝人稀，居者四十余载，城郭宫室焚毁俱尽，而圣庙竟瓦砾焉。继以吴、谭叠逆，残害蹂躏，作者无人，成之无力，是以衰替凌夷[⑦]一至于此也。呜呼！职忝天子之命臣，身为圣门之私淑[⑧]者，如之何不疾首痛心，

① 雅意：美意，好意。常用为敬词。
② 罪戾：罪过。
③ 陟降：升降。后指往来。
④ 绅耆（qí）：旧时指地方上的绅士和年老而有声望的人。
⑤ 妥侑：妥，安坐；侑，劝。
⑥ 阶墀（chí）：台阶。
⑦ 凌夷：衰败。
⑧ 私淑：私自向所敬仰的人学习，没有直接受教。

竭蹶[1]踌度也。于是集诸生创建焉。诸生学同所宗，思同所职，欢欣共事，鸠工构木，日以继月，靡有倦色。是役也，工兴于康熙庚午年十月十四日，告成于康熙辛未年九月二十日，一匠一作，一木一石，皆余躬亲董率，以底于有成。凡兹殿宇、廊庑，悉如制，虽无刻栋雕楹、山节藻棁之华，然至圣端其座，先贤安其列，风雨不侵，瞻拜有地。视前之敝庐荒区，鞠为茂草者，私心少慰焉。若夫辟宏敞，增华丽，全兹所不及，益兹所未就，以轶美汉唐，佐圣天子右文之治者，又端有望于后之同志君子也夫。

四癖老人传

童天衢

四癖老人者，明季一老穷酸也。生平落落，无多结交，人与之游，终日无可言笑。若有谈往事，则欣欣听之忘倦。若呼之饮，则避，见人嘻戏或由醉之言，则怅怅不欲观。其貌面黄骨瘦，疏齿颠毛。居家，内子[2]不问饥渴，亦未尝自言。人以是知其有癖病焉。或问之曰："子病癖乎？"曰："有之，吾癖有四。"问者曰："一癖尚足以害生，况四癖乎？子试言之，吾能为之药四癖。"老人曰："吾少也，三岁失恃[3]，而形貌尫羸[4]。年十岁，严君始令就外傅[5]。及解字义，即嗜羲画姬爻，所谓龟龙之负而自水出，彩凤之衔而自天降者，窃心究之。年长，则自周、孔、颜、孟而外，青囊黄石、庄老浮屠、岐黄方饵、天官舆志以及诸子百家之编、古今传记之牍，无不欲得而饥餐渴饮之。间有得者，犹以为未足也。今老矣，国覆家贫，寇氛灰烬，虽褴褛藜藿[6]，一字不堪炊用，而此志亦复不衰。惟苦于残缺难得，力疲鲜记，旨趣无归，不敢比左氏之痼结，病则同也，此其癖一。春葩秋萼，吐秀舒芳，苔痕布绿，草色摇青，庭树交香，山禽对语，固不敢冒读书之乐事，亦自幼至老之所爱惜也，其癖又一。静夜更阑，身寒骨瘦，坐不成寝，穿茅破壁之间，俄而冰轮乍涌，瞻望盈眸，不觉穷愁劳攘，泠然消也。抑或魄生半壁，影落千江，隐现松头，移映花影，种种清光，皆所恋恋乎心者也，其癖又一。深山幽谷，古道颓垣，茂林丰草之下有物焉：或顽或怪，或苍或黄，或磷磷而白，或如羊如虎，或如醉道士，或如望夫妇，或可鞭而晴，鞭而雨，或可醉者卧而醒，光怪万状。盖辋川之画图莫可绘其奇，犯斗张骞必俟持诣君平而后识也。虽一卷之多，

① 竭蹶：颠倒，竭尽全力。
② 内子：古代对人之妻、己之妻的称呼。
③ 失恃：丧母。
④ 尫羸（wāng léi）：瘦弱。
⑤ 外傅：古称教导学业的师傅。
⑥ 藜藿：藜草和豆叶。泛指粗劣的食物。

而夏云之奇峰，秋云之白衣苍狗，以至如龙如马，如仓囷美人，莫不根从此生，是能静而寿者与？宜米颠[①]之袍笏以拜，携而与俱卧者也。吾甚爱焉，苟遇之则坐卧不遽去焉，其癖又一。奈不能自药，殆将抱斯病以老矣！”

问者曰：“子之病，中于性情，入于膏肓矣。起岐伯诊其脉，轩辕主其方，神农和其剂，秋夫思邈操其针砭，尽厥神圣工巧，何能为哉！”问者辞，归而为人语之。予闻之，因问其为人，衣冠陈腐，坐立花间，手时执书一卷，略类儒者。问其貌，黄瘦鸡肋，修然柴骨。问其年，四十有五六。问其平居服食，萧萧似野僧，破衲。问其姓字，因久逸而不知，自号“素道人”云。予以其年近五十也，即谓之“四癖老人”，是为传。

邑侯鹿公祠记

张如彤[②]

尝读《南山有台》之诗曰：“乐只君子，民之父母。”父母也者，好恶同民之谓也。今我邑明府鹿公，莅任六载，抚字心劳，僻壤化洽，弊无不革，利无不兴，善政不可殚述，兹特撮其大者言之。廉以励己，庄以临民，坊表所以独隆也。缓征薄敛，杂徭悉蠲，国课所以乐输也。设学明伦，作育人才，化道于焉振兴也。巡行阡陌，劝课[③]农桑，民生所由盈宁也。折狱明允，宽猛互济，讼端日见其息也。饬谕乡保，严禁游惰，盗贼已清其源也。柔远惠迩，饩廪称事，百工莫不忻悦也。仓谷充实，散敛及时，凶荒莫不攸赖也。凡此诸善政，咸以实心运之，匪伊朝夕矣。是以上之诚求保赤，洽人瘠瘵；下之瞻依匪懈，将其悃忱。深恩厚泽，仁人有加无已。跻堂介寿，愚贱每念不忘父母之颂，舍此其谁与归乎？故凡属在士民，莫不共笃缁衣之爱，永怀甘棠之泽，以见秉彝[④]好德，三代直道，虽处下邑，何尝一日不在人心也。爰建祠堂，镌列德政，以垂不朽云。

修路碑记

蒋宏毅[⑤]

郡城之道路，若人身之血脉然。荒茀则底式微[⑥]，坦荡则兆昌炽，理固然也。故周礼司于

① 米颠：即米芾。
② 张如彤：康熙年施州卫岁贡，任永安教谕。
③ 劝课：鼓励与督责。
④ 秉彝：秉执常理。
⑤ 蒋宏毅：江夏贡生，清康熙五十五年（1716）任施州卫教谕。
⑥ 式微：衰落，衰微。

合方，王政重乎除道。殿最[①]攸关，不但谯楼更鼓而已。施城僻处山陬，咽喉楚蜀，自宜至施，计程五百，置邮凡九。其间巉岩绝涧，平陂相参，仄径羊肠，行者苦之。迨己丑秋，林公莅任斯土，披高历险，篝栈道危，乃慨然曰："是郡予之所驻，是路即予之责也。"越翌岁仲吕[②]，乃捐资鸠工，遴营目能者，任以监督，六阅月而告成。由是陟山而不知山，登险而不知险，此都人士谓是不可不志厥美也。故请记于余。余念斯路自入国朝，其阅夫轩冕[③]多矣。而必有待于公，则公之自命为何如哉！绌天衢之羽仪而辉煌枳棘[④]，降补衮[⑤]之讦谟[⑥]而疆理坑阱。行旅出途，歌荡平者，啧啧不衰，则使施不式微而俾施于昌炽者，微我公其谁归？公讳濬，字哲庵，江南秣陵人。由庚辰武科及第，陛侍五载，出参潼津，而调镇施城。经文纬武，挽近无与，颉颃韩、范，非溢美也。其尊大人将军公提师入闽，一靖海氛，能活生灵数万。公与伯兄提督公悉魁天下，以是知公之德业皆可久而可大，流福祚于无穷者矣。至万民讴歌之事，亦不暇记，请直以此意勒之贞珉，俾不忘于奕祀。

恩施县

重建问月亭记

（协戎）保泰[⑦]

余读昌黎《滕王阁记》至"无侈前人，无废后观"之句，不禁掩卷三叹，而知古迹之不可湮没也。盖古人之遗迹，山川借以生色，文风与之转移，不徒作后世之观瞻已也。施州问月亭者，唐李太白酬月处也。太白以永王璘事，谪居夜郎，每于此赋诗问月以自鸣，潇洒不羁之致，而亭之存与否，邈乎莫考。自明季李自成、张献忠辈次第跳梁，其部贼往来滋蔓者十余年，田舍民庐，荡然一尽，此亭竟付之荒烟蔓草中矣。在太白诗名，卓越千古，原无借乎此，而流风余韵，历久常新。亭虽无存，犹与长安之市、采石之矶，并挂人齿颊也。

我皇上御极[⑧]之初，改土归流，设郡县以束编氓，立学校以崇文教。四十年来，人心向化，陋俗潜移，已大非昔比，惟文风尚觉郁而未彰。夫文风之发越[⑨]，在乎读书，读书之端倪，由

① 殿最：考核官吏，上等为最，下等为殿。泛指高下，优劣。
② 仲吕：农历四月的代称。
③ 轩冕：卿大夫的车乘和礼服。借指官位爵禄。
④ 枳棘：比喻恶人或险境。
⑤ 补衮：补救皇帝的缺失。
⑥ 讦（xū）谟：远大的谋划。
⑦ 保泰：蒙古正白旗，任施南协副将。
⑧ 御极：犹登极。谓皇帝即位。
⑨ 发越：散播，散发。

于慕古。昔苏子瞻读老庄而得心，周必大登颇山而选胜，是古迹之相沿，实与文风相表里也。余系出蒙古，少值禁廷，家承钟鼎之休①，性有诗书之好。参戎吴下，频探佳境以抒怀；载旆施南，更仰先贤而留意。因于公退之暇，出北关外里许，登碧波峰之巅，寻遗迹于枳棘中，为之流连不忍去。谓斯地也，斯亭也，断断不可湮没者也，遂慨然有更建之思。邑宰刘公渭川闻之，与余有同心，因偕文武各同僚捐资兴作。亭之外兼设数椽，以为游人憩足之所，俱古朴不事繁华。未匝月②，工已告竣，而问月亭得于此再睹矣。自兹已往，士子果能知所观感，究心读书，俾文风骎骎日上。向所谓悍梗③之邦者，一变至鲁，再变至道，数百年后，安知非文献之邦也耶？此正余之厚望也夫。

清江为《禹贡》荆之沱辨

（学使）吴省钦（白华）

楚有两夷水。其一以桓温父讳彝，改曰“蛮水”。《明一统志》谓之蛮河，源出房县，至宜城西南六十里入汉，即莫敖乱次以济者也。

其一今曰“清江”，《水经注》：“夷水，色清照十丈，分沙石，因名清江。”齐氏召南曰：“清江源出四川石龙关东山，东南曲流百余里，合大跳敦河，经官渡坝南，又东至忠孝司（今利川县境）北，有水来会，至火铺塘伏焉（即磁洞）。北逾重山，复流出，折而东。又数十里至恩施县北境，有龙马河，合东北水田坝河西南来会。又有乾平溪自西南经沙子门岭东北流来会。又南经三龙坝西，西受一小水。又东南经恩施县城东北，东受一小水。又东南有冷水河，自西南经出水洞来会，折东北流数十里，经三岔口塘南。又东北数十里有一河，西南自施南司之南山，东北流经司北。又东北八十里来会清江。又东有龙溪河自西北来合。建始县之小河诸水来会，水势大盛。东北经桃符塘、金鸡口、红沙堡（俱恩施县境），黄家湾、天地口（俱建始县境）。又东南经长阳县城南。又东稍北，受北来传靳溪塘水，折而南，经湾西市有十八堰溪，西自杨柳池来会。又东南至宜都县城西北，会西南来之汉洋河，东入大江。凡行六百余里，受数县诸小水无数。

又曰龙溪河，所会建始县之小河，源出县北滟滪南岸大山。东南流经水坪东南，曰蒲潭溪。折西南流，有桐木溪自西来会。又南有木瓜河，合二水自西北来会。南经县东南，有西溪自城西南来会，曰小河。又南折西流，又南与龙溪河会。龙溪河源出十三关大山者，南流

① 休：美善，福禄。
② 匝月：满一个月。
③ 悍梗：强悍固执。

折而东南八十里，其南源东北流来会。又东流七十里会小河。又东折而南，经双耳洞东。又南经南里渡西，又东南与清江会。胡氏谓曰："《水经》：'夷水出巴郡鱼复县江，东南过佷山县南。又东过夷道县北，东入于江。'注云：'夷水即南山清江，昔廪君浮此水，据扞关而王巴。是以法孝直[1]有言，鱼复扞关，临江据水，实益州祸福之门。夷水又东径建平沙渠县，县有巫城水，南岸山道五百里，其水历县东，自沙渠入佷山县，水流浅狭，裁得通船。'又东经佷山县故城南，又东北径夷道县北，又东径宜都县北，东入江。渭按，夷水首出鱼复江，尾入宜都江，行五百余里，是亦荆州之沱也。古自巴入楚，避三峡之险，皆由此路。"《史记》："张仪说楚王曰：'秦西有巴蜀，大船积粟，起于汶山，浮江以下，至楚三千余里，舫船载卒，十日行三百余里，不至千里而距扞关。'"此言舟师由夷水入楚也。何以知之？《楚世家》："肃王四年，蜀伐楚，取兹方（《正义》曰：'古今地名，云荆州松滋县，古鸠兹地，即兹方）。于是楚为扞关以拒之。"《后汉书》："李雄说公孙述曰：'东守巴郡，拒扞关之口。'徐广曰：'巴郡鱼复有扞水、扞关。'章怀注曰：'扞关故基，在今峡州巴山县。'"《寰宇记》云："废巴山县在长阳县南七十里，即古扞关也。"《水经注》："江水自江关（在今奉节县南，瞿塘峡口），东径弱关、扞关。"弱关在建平秭归界。盖大江出三峡，径弱关；江沱出佷山，径扞关，划然两道。仪言浮江以下距扞关，则不经巫山明矣。夷水受江处，不知何时就堙。后汉建武中，岑彭率舟师长驱入江关，吴汉留夷陵，装露桡船，泝江而上，其时夷水已不胜战舰。自后荆梁有事，舟师未有不由峡江者，然郦云："裁得通船。"后魏时水道犹存，下逮唐初，建始之北遂成断港。故章怀云："夷水出清江县西都亭山。"《寰宇记》云："夷水自施州开蛮界，流入长阳县。"《明一统志》云："夷水源出自旧施州，开蛮界，经建始、巴东、长阳，至宜都入江。"盖不复知此水出西北奉节之大江，而以为西南施州卫之山源矣。然汉志已疏略，不言首受江，《水经注》原委详明，而又有仪之言为证。禹导江自梁入荆，必浮此水也。愚常读而韪之，兹过建始境抵恩施，知清江伏流处尚多，重山连亘，非如峡江之可凿，且巴东之峡，禹既凿以导江，何复以人力万难施之处，与数百里重山争此丈尺之水？且《汉志·南郡·夷道县》，应劭曰："夷水出巫，东入江。"是夷水自巫出，非自巫而受江。《索隐》曰："扞关，楚西塞。"以愚度之，当在今巫山、巴东江岸。故法孝直言："临江据水。"《水经注》亦言："江水自江关径弱关、扞关。"扞关所以扞敌，非止一处。故方氏以智谓赵扞关在陆，楚扞关在水。况郦氏言："扞关，廪君浮夷水所置。"是廪君之扞关，非即楚肃之扞关。张仪又言："扞关惊，

① 法孝直：法正（176—220），字孝直，扶风郡（今陕西省眉县）人。三国时刘备谋士。官至尚书令、护军将军。

则从境以东尽城守矣。黔中、巫郡，非王之有。”是扞关在巫郡上游，尤为明证。

要而论之，是水在夷道入江，故曰夷水。其发源处曰夷溪，以其有扞关故，亦曰扞水。其经流谓之盐水（后周盐水县，故城在施南府东十里），亦谓之清江，亦谓之佷山北溪（佷山，汉县，属武陵，故城在今长阳县西）。明廖永忠伐明玉珍，别将由长阳、巴东境所云百里荒者，潜出夔门之上游，此固踵张仪之故智而反行之。仪谓以舟师下扞关，非谓舟师可由夷水也。苏代曰："蜀地之甲，乘船浮于汶，乘夏水而下江，五日而至郢。”吴汉、岑彭以前舟师，无不由峡江者。胡氏《括地》最精，而以夷水为荆州之一沱，不可不辨。苟欲求合《汉志》“过郡二，行五百四十里”之文，则以奉节县滟滪南岸白盐山所出者为是水之源也可。

王封镇传

（府学）李宗汾[①]

王公名封镇，字建元，施州卫诸生，绩学立品。雍正甲辰，馆容美土司署中，有女夜扣馆门，称奉主命来，公拒弗纳。次日以大义责主人，束装欲归，主人固留，乃止，由是益重之。一日将归省，主人欲捕鱼以遗其母，邀同观鱼。池鱼多而所捕者少，疑校人[②]为奸，欲杀之。公正色告曰："天子以民付公抚循[③]，何得以细故[④]杀人，自取罪戾？况事起捕鱼赠余遗母，是重余不孝罪也。”主人竦然听命，乃弗杀。嗟乎！建元见色不惑，醇谨之士犹可企及。惟当土官横暴，生杀自恣之秋，正色昌言[⑤]，能使之有所惮而不敢肆，此其刚正之气足以摄奸权之胆，则其所以保全土官，而为朝廷靖边，为生民息祸者，厥功匪浅矣。虽以诸生终，较之掇巍科、登显仕，而功业不著于时者，其贤不肖为何如耶？建元诚可述矣。公在容美署中，纂辑《卫志》，简严有法，今得借为粉本焉。

南汇吴公视学碑

施南例赴宜昌附院试[⑥]，岁己亥，前院洪公以前郡守汪公之请，与督抚两院会请分棚，报可。辛丑九月廿二日，学使南汇吴公至。公自归州山中遇险步行，腓股[⑦]甚惫。顾不以为憾，匾院斋曰“至喜堂”，曰“扬清”。考清江源出自盐山，以合《汉志》，以救《禹贡锥指》

① 李宗汾：施南府学训导。
② 校人：主管池沼的小吏。
③ 抚循：抚恤，安抚。
④ 细故：小事。
⑤ 昌言：善言，正言。
⑥ 院试：清代由各省学政主持的考试。因主持考试的学政称提督学院，故名院试。
⑦ 腓股：腓，小腿肚；股，大腿。

之失；改象耳山曰象牙山，以正旧志之罔。以府学额不及他郡之半，谓须由县府议请而行。

十月五日试已，乃去。盖岁科试文武生童四千余卷，随予发落，试期则两月前早檄示诸生童，落卷点阅灿然[①]，无聚粮之苦，无抱璞[②]之憾。公前按数郡，皆两月前示期，及期，连雨辄霁，当盛暑则雨必在前夕日。施多秋雨，今仅于公抵施夕及撤示后雨，雨无所患。嘻！亦异矣。

公名省钦，字冲之，号白华。丁丑召试内阁中书，癸未进士，今日讲起居注，官翰林院侍读学士。洪公名朴，字伯初，歙县人，辛卯进士，以吏部郎中来视学。汪公名献深，字鉴堂，钱塘人，以正安州牧擢守此郡，今守荆州。提调是事者，今郡侯陈公嘉谟，字芑洲，辛巳进士；恩施邑侯则韩公悦曾，字以安，长洲人，礼部尚书文懿公孙，皆注意学，纪勒于石，乾隆四十六年十月初四日述。

六六井铭

乾隆元年，施州卫改府，建学宫。三十八年癸巳，始设官。乙未春，余秉铎斯郡。明年，太守吕公就学宫闲房，招生徒，任以讲席[③]。公署原无井，掘西庑墙处地，不数尺，两穴泉涌，结砌井署内，生童养而不穷焉。尝考《皇览》云："先圣讲堂在诸弟子旁舍，并井甃犹存。"今兹所穿，望后世存而不废，虽难与洙泗书院井甃比，然泉出庙旁，学者可即掘井及泉，想斯道之有本，必无掘井不及泉之虑也。其名六六井者，成于六月既望，记时也。因为之铭曰："文德诞敷，蛮夷率服。旧卫新府，黉宫[④]考卜。特开义馆，英才乐育。井从旁穿，味甘气馥。不损不益，渊涵渟蓄[⑤]。日月代明，澄清照昱。因时命名，标以六六。洌井寒泉，象耳山麓。"

问月亭辨

施城北碧波峰问月亭，相传李白谪夜郎，尝于此赏月，此《一统志》所载也。《卫志》取《青莲集》中《把酒问月》篇，以实其事。尝考太白年谱，肃宗至德二载丁酉二月，永王璘兵败，白亡走彭泽，坐系浔阳狱。宣慰大使崔涣及御史中丞宋若思为推覆清雪，若思率兵赴河南释其囚，使参军事，并上疏荐白才可用，不报。乾元元年戊戌，即至德三载，终以永王事长流夜郎。二年己亥，未至夜郎，遇赦释回，憩江夏、岳阳，后如[⑥]浔阳。此集中有《流夜

① 灿然：明白、清楚的样子。
② 抱璞：比喻怀才不遇。
③ 讲席：讲学或讲经的席位。
④ 黉（hóng）宫：学校。
⑤ 渟蓄：停留积聚中，储存积聚。
⑥ 如：往，到。

郎，半道承恩放还兼欣克复之美有怀，示息秀才》作也。《图经》载：“施州形胜，南入牂牁之夜郎。”夜郎即今遵义府，是去施几千里，太白未至夜郎，而施又非其所属，此间问月之亭台，其足信哉！

再《把酒问月》篇原注：“故人贾淳令予问之。”未题流夜郎，且白自诏流夜郎，如《于乌江留别》及《赠辛判官》《刘都使》《易秀才》《忆秋浦桃花旧游》诸作，不题曰“流夜郎”，则题“时窜夜郎”，是未至夜郎有作。自叙且然，岂已至长流之所而自序所作，顾独不然乎？且篇中俱不似在施碧波峰者，又安见必为此地咏乎？或谓《明一统志》载遵义府有怀白堂，在贞明长官司南六十里，昔人建以怀李白。据“半道承恩放还”，又何以称焉？不知堂之以怀白名可想矣，必既至后怀之乎？又安知非望其至怀之乎？至谓有宅在夜郎里，《一统志》不统载，此无征不信者矣。抑谢君直[①]解诗“贲然来思”云：“贲者，华采也。贤人所过之地，山川草木皆有精采，蓬户荜门皆辉华也。”太白有长流夜郎之诏，则无论既至与否，可作既至观也，何必怀白之不有堂也；并无论过此与否，可作过此观也，何必问月之不有亭也。《图经》：“南入牂牁之夜郎。”施南夜郎错壤，又东北入南郡之巫县，太白虽未至夜郎，曾泛洞庭、上三峡、至巫山矣，安知自窜流以及放还时，不尝过此而把酒问月乎？倘承恩放还过此，应无“流夜郎”与“时窜夜郎”之自序矣。即令此篇非为此地咏，而既以问月名其亭台，何不可摘此篇以实之乎？此亦如东坡赋赤壁于黄州，周子号濂溪于庐麓，固无乎不可也。况青莲芳躅[②]所在，如彰明之宅，江油之台，嘉定之亭，汶上之山，婺源之渡，汉阳之湖以及济宁之酒楼、眉州、象耳、平武、牛心、万县，悉有读书处，无不啧啧人口，问月之亭台亦然。更如会同白杜山、藤县、怀远之太白岩，俱谪夜郎时遗迹，何独于问月亭台而疑之？至《严氏书画记》戴文进《李白问月图》（见任碕玉《珊瑚网》）张以宁[③]题“竹王祠前雾如雨，踯躅花开啼杜鹃”，是指施为证然，则斯人也、斯台也、斯亭也，而在斯地也，俱足千古矣。

詹邈中元祐三年宏词科辨

宋《哲宗本纪》：“元祐三年三月丁巳，御集英殿，策进士。己巳，赐礼部奏名进士诸科及第出身一千一百二十二人。九月丁卯，御集英殿，策贤良方正能直言极谏科。”又《选举志》：“元祐三年，因刘世安奏，诏大臣奏举馆职，并如旧诏试除授。”此则元祐三年有进士及贤良方正能直言极谏、馆职召试诸科，无所谓宏词科也。

① 谢君直：谢枋得（1226—1289），字君直，号叠山，信州弋阳人。南宋诗人。
② 芳躅：前贤的遗迹。
③ 张以宁：（1301—1370）：字志道，自号翠屏山人，古田（今属福建）人。

《哲宗本纪》："绍圣元年五月甲辰，罢进士习试诗赋，令专一经，立宏词科。"又《选举志》："绍圣初，哲宗谓制科试策对时政得失，进士亦可言，因诏罢制科试。既而三省言，今进士纯用经术，如诏诰、章表、箴铭、赋颂、赦敕、檄书、露布、诫谕，其文皆朝廷官守日用不可缺，且无以兼收文学博异之士。遂改置宏词科，岁许进士及第者诣礼部请试，凡试二日四题，试者虽多，取无过五人。"此则绍圣初始立宏词为科也。

詹公既中元祐三年状元，则必非中博学宏词科；既为博学宏词状元，则必不在元祐三年，当在绍圣年间矣。旧志载"元祐三年博学宏词状元"，则与《哲宗本纪》及《选举志》俱不合，恐考之未详也。又考《哲宗本纪》，绍圣二年三月乙未试宏词，黄符等五人各循一资。《选举志》："绍圣初，宏词科词艺超异者，奏取旨命官。"詹公既中宏词科，想亦必循一资矣，想亦必奏取命官矣。而旧志失载，惜哉！

施非夜郎考

夜郎之名，由来久矣。或名县，或名郡，或名郡即以名县，或名县仍以名郡，或名县而随省之，或所属之州废而改属之。总之，不离牂牁郡者近是，而施无与焉。

《前汉书》："南夷君长以十数，夜郎最大，皆属西南外蛮夷。"师古[①]注："后为县，属牂牁郡。"此以夜郎名县也。施南汉属南郡，不属牂牁也。晋永嘉二年，分牂牁立平夷、夜郎二郡。此以夜郎名郡也。施在晋属建平，不属牂牁也。《宋书》："晋怀帝永嘉五年，宁州刺史王逊分牂牁、朱提、建宁，立夜郎太守，领四县，夜郎其一。"此名郡，即以名县也。施在宋不属夜郎太守也。至唐武德四年，以恩州之宁夷县置夷州、义泉郡，析置夜郎县，后夷州废而县省，此名县而随省之也。贞观八年，以辰州之龙标县置叙州潭阳郡，析置夜郎县。十六年，开山峒置珍州，并旧夜郎县，后为夜郎郡。元和二年，珍州废，而县属溱州溱溪郡。此名县仍以名郡，后州废而改属之也。施在唐属清江清化郡，不属义泉、潭阳、溱州溱溪也。盖夜郎最大。《唐书·地理志》为夷、为叙、为珍、为溱，悉属其境。夷在今贵州石阡府，叙在今湖南沅州府，溱在今四川涪州之西，珍在今贵州遵义府桐梓县、正安州等界。《宋史》云："夜郎在汉属牂牁郡。"今涪州之西，溱、汉、播、珍等州封域是也。然封域虽大，不能强施之不属者而包举之。《宋史》："施州蛮南接牂牁诸蛮。"《施州图经》："南入牂牁之夜郎。"《通志》："施州形胜，远控夜郎。"夫曰"南接"、曰"南入"、曰"远控"，则施本非夜郎，而夜郎总不离汉牂牁郡境界，断可识矣。

① 师古：颜师古（581—645），名籀，字师古。隋唐训诂学家。

重修府学文庙碑记

（郡守）马维驭[①]

施郡自乾隆元年丙辰改卫为府，置六县，立七学。而郡学文庙之设，则自三年始，董其成者，田公也。乾隆庚寅岁，张公复补修之。迨后历年久远，已就倾圮。五十四年，前守赫公劝捐修建，工甫半，旋以事去。日朘月削[②]，败堵颓垣，鞠为茂草。嘉庆四年春，余来守斯郡，莅任之初，恭谒文庙，目击情形，踖踽[③]者久之。因思至圣为万世吾儒之宗，郡学乃六邑会萃之所，举凡春秋祭祀，鼓征讲习，昭诚敬而宏教化，胥是赖焉。亟应鸠工缮葺，以肃观瞻。若任其剥蚀漂摇，固彼都人士之咎，实亦守土者之责也。

正拟创议经营，欣逢督学陈公按临。余即以兹事请，公闻而欣然慨捐清俸，谆谕诸生而鼓舞之，靡不踊跃趋事。爰估记工料，除原存基址旧料堪用外，其椽、柱、砖石、采饰之需，非二千余金不能蒇事。用是缮立捐簿，分给六邑，会同各学，广为劝输。诹吉于九月之朔兴工，所有经费出入、庀材购料、董率工匠，皆于衿士中择其殷实老练者，俾司其事，无滥无浮，务使归于实济。其乐输各姓字并备载碑记，以昭盛举。

庚申孟冬月告竣，而崇圣祠、明伦堂亦一律创造焉。规模弥焕，庙貌维新，将圣教昌明，由此而乡举里选，为宾王国，其所以启士林之盛，尽守土者崇祀之忱，不无有裨也夫？

新建文昌祠碑记

（郡守）尹英图（北窗）

粤维郡城鳌脊山，一峰独秀，襟带[④]清江，旧列城隍祠宇于上，体制卑陋。岁壬子，余宰恩邑，徘徊瞻眺，深用怃然[⑤]。夫神奇灵奥之区，实斯文发祥之地。施郡文昌祠，岁久倾圮，奎星无阁，而斯山巍然面重，离象文明，尤造物精英所聚。更张位置，一得其宜，则气象发皇[⑥]，数十年后，人文会萃，休征[⑦]其有聿见者。顾非常之原，黎民所惧，棼橑栋桴[⑧]，所需良复不尠。爰于课士之下，进诸生于庭而倡言之，诸生踊跃欢欣。李生琼、李生忠、朱生尚志、

① 马维驭：奉天吉林进士，清嘉庆四年（1799）任施南府知府。
② 日朘（juān）月削：形容逐渐削弱或减少。
③ 踖踽（jí jǔ）：局促不安的样子。
④ 襟带：衣带。比喻险要地带。
⑤ 怃然：怅然失意的样子。
⑥ 发皇：奋发，焕发。
⑦ 休征：吉祥的征兆。
⑧ 棼橑栋桴：棼橑，阁楼和屋椽；栋桴，房梁。

张生启明首任其事，劝谕乐输，人士坌集[1]。举凡捐资出入，诸生掌之，不杂胥吏。先建城隍庙于山麓，以妥神灵，规模宏阔。山顶更建奎星阁三层暨文昌祠，焕然一新，不数月报竣。祭告之下，列文冠者数百人，可谓盛矣。由是而诸生慕实心、崇正轨，家弦户诵。丙辰岁，邪逆倡乱，远近骚然，无一青衿[2]为其所惑。文生黄万全，竟以骂贼死烈，受朝廷奖祀。即余东西带兵剿除，文武生效力行间，克昭允济，谓非神之妥佑不至此。壬戌秋仲，贼匪荡平，余奉命撤巴卡兵勇，来守是邦，是岁奉谕旨崇祀文昌，礼仪并同关帝。于是重登斯阁，洁斋将事，感神人之䜣合，期文风之丕振。加勉诸生，其益肆力于学，以期黼黻皇猷[3]，无忝山川钟秀。是则余之所厚望也。诸生等问序于予，予为志其缘起如此。

潘成泰传

（郡守）杨毓江[4]（作舟）

潘成泰者，恩施县奇峰坝人，父学超，世业农。嘉庆十四年十一月十四日，虎晨至其村，啮毙郭氏儿，旋蹲于成泰屋后，一村皆惊。村民朱六率张起科、陈楚贵等十数人，各执械逐之。虎咆哮起，众皆震慑。虎乃扑朱六，伤右手及脊背，并啮叉，折其柄，势益猛厉，奋身一跃，以爪攫学超项及右膊，众益股栗，成泰挺矛直刺虎后，复连刺其胁。虎始舍学超走，陈楚贵趋而前，刃及虎口，力怯不能中，然虎已先负重伤，不暇顾。众亦遂听虎走伏林莽间，不敢复击。有顷，邻村方家坝方启莞闻之，约其村数人来视，逐之。虎复起，啮伤启莞，于是两村之人始合力毙虎。逾日，朱六死，众舁[5]虎来献，劳以酒肉，而使鬻虎皮、骨，给死伤者之家。

成泰年甫十九，方学超之与虎格也，设成泰亦如众人之怯，则学超亦朱六之续耳，乌能为？成泰身不满五尺，力非强于众也。问其当虎啮朱六时，胡不即挺矛刺之？曰："小人惧。"然则继之挺矛刺虎，固不惧也。虎一而已，人之心忽惧忽不惧，何也？前之惧者，心有虎也；继之不惧者，心有父也。有父故不惧，而勇于刺虎，性也。孟子曰："亲亲，仁也，达之天下也。"孔子曰："仁远乎哉？我欲仁，斯仁至矣。"观成泰之刺虎，可以识仁道矣。

① 坌（bèn）集：聚集。
② 青衿：称读书人。
③ 皇猷：帝王的谋略。
④ 杨毓江：陕西府谷进士，清嘉庆十四年（1809）任施南知府。
⑤ 舁（yú）：抬。

修龙神祠记

（郡守）谭光祥（兰楣）

祭法曰："山林、川谷、丘陵能出云为风雨，见怪物皆曰神。诸侯在其地，皆祭之。"龙之为神，昭昭矣。云行雨施，屡丰之年，以绥万民，厥功巨焉。故春秋之祭，载在祀典，郡县皆然，而施南独阙。施南跬步皆山，十日不雨，则民有忧色，其邀贶[①]于龙神，宜亟矣。前太守法公，仅建小龛于城东五峰山之麓，广九尺，袤半之，背山面溪，有攀跻之劳，无绵蕝之地，日久并废其礼。欲扩充之，限于势，仍其旧不可也。今于郡城南门内黉宫之西，得袁氏旧居，改建祠宇。于孟春诹吉鸠工，期以仲春告成，举行祀事。仓庚[②]未鸣，东作方兴，守土者为民祈福之心，同于百姓自为祈福之心。而其所以受福之由，则惟于龙神祠自献其心而已。同官既捐俸于先，绅士商民量力以施于后，因而克期告竣，则守土者为民祈福之心以慰，而民之实受其福，亦可从而决之矣。

巴公溪丰乐桥记

谭光祥

出南门西行半里，有桥曰文明，其下为药溪。溪南行半里，有桥曰成志，其下为麒麟溪。又南行里许，为巴公溪，有桥曰济政，属县宣恩、来凤、咸丰之要津也。志载，明指挥唐贵、贡生李庠始造木桥，乡官周汲泉改用石焉。

巴公溪者，相传郡南有巴公冢，昔有巴国大栅王世葬于此，或呼为巴公山也。大雨时行，溪涨汹涌，断行旅辄数日，水落犹苦泥泞。桥卑隘，屡需修治。己巳夏五月，遂圮。辛未仲夏，贡生朱尚志等议作石堤于溪南，广五十有二尺，袤八十有一尺，高三十有六尺。其北则凿山为路，广十有三尺，袤百九十有五尺，砌以石级，缭以石栏，增以石桥，高三十有六尺，广十有八尺，袤七十尺。秋七月鸠工，冬十有二月桥成。

余以九月之武昌，今年五月始归，六月堤成路治，适以祷雨，未暇一视。秋七月，乃偕同知徐公、副将曹公往视之。是日也，小雨乍凉，秋气自清，行者忘其劳，居者悦其色。顾瞻四山，高下一碧，庶几哉，其可免于凶年乎？犹忆去年六月，尚志等议建桥时，方旱祷而得雨；七月霪雨，祷而得晴。今桥成，余又以祷雨后至，登斯桥也。盖亦欲以岁事丰稔、民气和乐，为施人祝，而不仅以桥成为行旅幸也。

① 贶：赐予，赏赐。
② 仓庚：黄莺的别名。

志载，济政桥，即跨虹桥。施郡多山，无河渠之利，十日不雨则忧，虹为雨止之象，不宜称。因汲泉“济政”之废，而改作之，而非“济政”之旧，其名可易也。昔欧阳子[①]尝以“丰乐”名亭，余以“丰乐”名桥，可乎？汲泉为明万历时人，其所建桥至于今，不可谓不久，安知今日之大而新之不可为数百年不坏之基耶？因而志之，遂请为文以记之。

南郡书院开讲碑记

（郡守）佟景文[②]

郡未有书院，杨作舟、谭兰楣两太守经始而落成之，主讲之席尚虚。岁甲戌，余奉命来守斯土，遂坐皋比，盖一时之权宜耳。丙子闰夏，督课[③]之日，董事生砻石以待，请为记以志之。余曰：“唯否。夫广轩司马之为记，志书院之权舆[④]也。前太守雅望镇俗，政教兼施，故不可以不志。余不过师其意，继其声而已。曷志乎？”生曰：“不然，夫莫为之前，虽美弗彰；莫为之后，虽盛弗继。且锡嘉名、翊正学，制府[⑤]之盛心也；捐俸钱以为之倡，督学之雅意也；核义田以沃之膏，邑侯之惠政也；翼教宣勤，都人士之趋义恐后也。公以课吏之暇，进而课士，所以为教者，皆前贤之嘉言懿行，务俾多士敦实行，通经术，为国家有用之材，而不徒讲乎文艺之末。既为大府嘉尚，谓教士子即以正民风为方今要务，愿并志之而并传之。继自今读斯记者，皆晓然于朝廷兴贤育德之原，司牧移风易俗之效，胥由于此。父诏其子，兄勉其弟，慕前修之高躅，希往哲之芳踪，乐善好施，积小成大，使讲院之中齑粥而外束脩以上，皆宽然有余。然后延访明师，朝夕砥砺，文行并重，名誉日章，孝友著于家庭，廉让型于闾里，薰其德而善良者，且蒸成风俗矣。则斯记也，故犹是司马剖析义利、激励薄俗之意，前郡伯之未竟，留以有待者，其志于是乎慰，而其效正未有艾[⑥]也。”余曰：“诺。”是为记。

建立南郡书院碑记

（司马）徐润第[⑦]

嘉庆十有四年，岁在己巳，前施南太守府谷杨公名毓江，创为南郡书院。方启其端，以

① 欧阳子：指欧阳修。
② 佟景文：满洲正白旗监生，清嘉庆十九年（1814）任施南府知府。
③ 督课：督察考核。
④ 权舆：起始。
⑤ 制府：总督的别称。
⑥ 艾：止，尽。
⑦ 徐润第：字德夫，号广轩，东冶镇人。

他事去职。明年庚午夏，南丰谭兰楣先生以户部河南司郎中来守郡，踵其议而督劝之。明年辛未夏，润第来为郡丞，至则太守方筹办地方不法许登魁、高齐周辈。太守义不吐刚，而拔奸之难，有符噬胏[①]，涉二千里赴武昌会鞫。明年壬申夏始旋郡，而书院落成，遂谋束脩膏火之资。维时“川匪”不靖，所至抢夺。郡三面皆川，举步可入。太守用守望相助法，教民待暴，披图吁俊，日夕靡宁。郡民素健讼，往往敢兴巨狱而鲜情实，案牍之繁且难，又加勤焉。然太守虽庶务交迫，而筹画书院，思所以成之者，自下车以来至于今，三年未尝刻谖也。

润第曰：“南郡，陋土也。书院之设，似非急务，而我公皇皇[②]焉者何也？”太守曰：“子陋斯郡，而欲以书院为缓图耶？吾则正以斯郡之陋，而欲急建书院以救之也。夫斯郡之弊，一言以蔽，利而已矣。天下熙熙，皆为利来，天下攘攘[③]，皆为利往。斯郡地瘠民贫，土流杂处，其走利也为尤甚。强者力占，则土豪所由滋也；智者诈虞[④]，则讼师[⑤]所由聚也。日相寻于争斗诪张[⑥]之场，一旦外侮皆侵，其不至乘势相害，亦云幸矣。欲其互相救恤，不能也。然此岂刑格势禁可以回其嗜利之心，而使之翕然向义也哉！义之与利，势不两立而两相需。从事于义利者，义之和也。建立书院，收其英俊，教以民义，俾知行义未尝不利；而去义怀利以相接，则利未得而害反随之。庶几睦姻任恤之行多，争讼之风不期其衰而衰矣。惟学术为民风之本图，故书院为吏治之先务。杨公创此，可谓知政，而子乃欲缓之，不亦误乎？”

润第曰：“地方之有书院者亦多矣，其有验者，至于得科甲而止，未见其有裨风化者，何也？”太守曰：“是非书院之无益，乃择师不精，讲学失旨，有司者苟且从事之咎也。夫学以明人伦，非以求功名富贵也；学在求放心，非为饰语言文字也。今学旨不明，师之长技，不越乎语言文字；弟之立志，不外乎功名富贵。又其下者，阳托掌教肄业之名，阴怀束脩膏火之计，求一工文章、取科甲之效且不可得，遑言风化哉！然此自有司苟且从事之咎，而非可据是以罪书院也。子慎毋因噎而废食也。”

润第改容谢曰：“若是乎书院之设，与锄奸待暴、听讼折狱诸政乃一事，非两端也。彼第理其标，此乃治其本也，是非鄙人之所及也。是诚今日之急务，而不可不竭力以为之者也。”

出而语人，则皆曰善，且请作记以告后之有司与为师为弟者。润第以癸酉秋引疾告休。

① 胏（zǐ）：带骨的肉。
② 皇皇：匆忙。
③ 攘攘：纷乱的样子。
④ 诈虞：欺骗。
⑤ 讼师：旧时以替打官司的人出主意、写状纸为职业的人。
⑥ 诪（zhōu）张：欺诳。

将归，恐泯没两太守建立书院之意，因序次前言，手书泐石[①]。至其经营节目之详，则经营既足，延师讲学之日，自将另文以记，今不具书。时六县之为宰者，恩施詹应甲、宣恩王信芳、来凤朱鸣凤、咸丰祥福、利川韩厥田、建始杨兆杏也。

重修县学文庙碑记

（邑令）张起云[②]

盖闻作育人才，为政之先务也，而所以仰体国家右文[③]崇儒之德意，使文行蔚起，儒术克端，要自学宫始。溯查恩邑文庙，创自宋元祐时，其址旧在城南门外，旋迁治之西北。明景泰五年，佥司沈君疏于朝，仍徙故址。其移置今地者，弘治中参议林君、佥事郑君也。初，施南为清江郡，恩施为清江县，后并为施州，置卫官。国朝雍正六年，始题改为恩施县，隶归州。十三年，增设施南府。乾隆元年，设官定制，于是新建府文庙，而此庙遂为县学焉。尝考上下数百年间，凡莅兹土者，副使卢，守巡祖，指挥李，抚彝宋，守戎任、涂，广文张、鄷、宋、陈诸君，或重修，或补葺，代有其人。计自嘉庆辛酉，前令李君补苴以还，已二十余载，庙学日就颓圮。时道光癸未，左君莅施，谋诸耆旧生徒，集金若干，更自请于太守文、秀二公捐廉，以先之庀材，兴作大殿。甫成，左君适有滇南之役。六年春，余下车谒圣，悉其颠末，因思学校为王道之本，风化之原。学校之兴废，治道之隆替系焉。为政者之先务，孰有急于此哉！爰诹吉经营，内而启圣祠，外有丹墀、月台，以达东西两庑、尊经阁、奎文阁、金声亭、玉振亭、名宦祠、乡贤祠、大成门、泮池、月宫桥、腾蛟门、起凤门，四周黉墙。学自明伦堂，以至大门，悉与撤旧更新。至若圣贤神位，与夫俎豆、乐器、匾额、窗棂，彰施采色，并皆焕然，洵足以壮观瞻而昭诚敬矣。是役也，左君倡于前，而多士善于后，而余适逢其会，克勤厥事，越十月而告成，良有以也。愿后之宰斯邑者，惟怀永图，俾庙宇常新，礼明乐备。而凡邑之人，士各励其学，入而教家，出而华国，以光弼盛世亿万年文明之治，余实有厚望焉！谨记。

① 泐石：刻文于石。
② 张起云：慈溪人。清道光六年（1826）代理恩施知县。
③ 右文：重视文化教育。

重修县学文庙碑记

（县学）石时和[①]

予以嘉庆二十一年秉恩施铎，值崇圣祠及明伦堂漏烂将圮，学宫围墙倒塌，不蔽内外。爰商之诸生，共捐微资，用以葺颓补坏。嗣是每岁检盖，暂可支持。惟正殿以中柱坚实，虽敝未倾。两庑及大成门，名宦、乡贤两祠，势已难支，屡拟劝修，因连岁歉收，未果。至道光三年，合邑绅士建议重修。予适奉委晋省，将行，以经理事宜商之邑侯云南左君章晒，议以克合。差竣回署，则美举果行。维时众举贡生朱荣禄、监生李朝举提总领修，踊跃急公，鸠工庀材，办理颇善。越岁，而正殿及大成门初就。余拟以次兴修，而左邑侯以铜差回籍，天津张君映玮接篆[②]，未几，以奉委去任。四乡捐费不继，工遂止。次冬，慈溪张君起云来署斯邑，锐意踵修，追缴捐项，不徇情面，措置周详，阅岁余而功竣。

窃以文庙乃文明重地，合邑根本，本拔而求枝叶之茂，其道无由。每见各州县学宫规模宏远，壮丽可观。恩施学，前明崇祯己卯重修，迄今几二百年，虽屡经修葺，不过随地补苴，未遑遍及。此次则殿堂门庑，丹漆黝垩，焕然一新，非从前小补气象。行见清江毓秀，五峰呈祥，则文教日以兴，学校日以盛，佻达[③]无讥，蔼吉载咏。诸生诚由庠序践古人之迹，今日之端人谊士，即他日之理学名臣。人杰地灵，科名蒸蒸蔚起，基诸此矣。是为记。

补修郡城记

孙仲清

施郡治恩施，原施州卫地，虽处一隅，然接壤三蜀，藩篱[④]全楚，实要区也。旧卫城久圮，乾隆间因故址重筑，倚山环水，颇称天险。余于嘉庆十五年绾是篆，始至，见城郭完固，廨舍严整，谓可肩随诸郡。旋受代去，阅十五载。客秋重莅是邦，觉风景少殊焉。郡署门堂榱颓栋欹，环城周览，内外圮者不一处；西北城楼皆已倾塌，女墙堕坏尤多。牛羊之入可径，门关之钥空管。复隍致吝，孰塞夷庚[⑤]？设险是占，谁筹先甲？郡守职司专城，讵宜听其若是，补筑之举，固难刻稽，况乎功非甚巨，亦无事吁上宪请帑金也。已于客冬捐廉重建署门，补修堂室。及今夏五，集郡士民筹修城事，士民亦感予意，慷慨输金，得若干数，乃命恩施尉

① 石时和：兴国举人，清嘉庆二十一年（1816）任恩施县教谕。
② 接篆：新官到任接印。
③ 佻达：轻薄放荡，轻浮。
④ 藩篱：比喻屏障。
⑤ 夷庚：平坦的大道。

鲁鹏翮董其事。经始于乙酉六月，迄八月竣工。重建西北两楼，择用旧材三之一，补筑圮城数十丈，高厚如旧式，增女墙数百堵，共用钱七百余千。是役也，一切木石瓦甓，皆赋价于民，而取其物；迁运修筑，皆借力于民，而酬以资。凡物视其时之值，凡工如其私之佣，是以民乐趋事，成之不难，且速也。爰伐石以纪其始末，并锲乐输姓名于左。

施非夜郎考

陈　诗

恩施张涵谷卸黄陂广文篆，需次[①]鄂城。一日言其乡古迹有问月亭，相传李白谪夜郎，尝过此赏月，见《明一统志》。人遂有疑其地为夜郎者，是果然欤？予曰：是非可以臆决也。乃遍检史传示之，而后申其说焉。

夜郎在未设郡县之先，为夜郎国。《汉书·地理志》："犍为郡领县十二，牂牁郡领县十七，皆其地也。"设郡置吏，乃有夜郎县。班《志》于"夜郎"下注云："温水东至广郁。"又于"郁林郡之广郁"下注云："郁水首受夜郎豚水，东至四会入海，过郡四，行千三十里。"《后汉书》所谓"东接交趾"者是也。其非施州明矣。夜郎之县，《隋志》无之。唐时设县凡三：其一，武德四年，析宁夷置夜郎。贞观元年省，今遵义府绥阳东有废宁夷县。其一，贞观八年，析龙标置夜郎。李白《闻王昌龄左迁龙标》诗云"我寄愁心与明月，随风直到夜郎西"，即此。然天宝元年，已更名峨山矣。其一，贞观十六年，开山峒置夜郎县，隶珍州，后属溱州。今遵义之桐梓县东，有故夜郎城是也。白诗有曰"我窜三巴九千里"，又曰"夜郎万里到，西上令人老"，其此谓乎！太白之谪，以乾元岁八月《半道承恩寄王明府》诗："去岁左迁夜郎道，今年敕放巫山阳。"盖自梓州闻赦得还，而往来皆由水道，其《留别》诗云："白帝啼猿断，黄牛过客迟。"又有《自巴东舟行，经瞿塘峡登巫山最高峰作》，而"朝辞白帝""千里江陵"何尝取道施州，百舍重趼[②]乎？

涵谷于是释然以喜，乃摘史传及《太白集》汇而录之，都为一帙云。

书吴白华《清江为荆之一沱辨》后

（府学）罗德昆[③]（子降）

按，胡氏以夷水为荆州之沱，古自巴入楚，避三峡之险，皆由此路。盖沱于《水经注》

① 需次：旧时官吏任职，按照资历等待依次补缺。
② 重趼（chóng jiǎn）：老茧，多指跋涉辛苦。
③ 罗德昆：字子峰，兴国举人。曾任施南府学训导，编纂《施南府志》。

之一言，因附会群言以实之，而不知夷水之必非由受江，必不可以行舟也。盖自夷陵以上，大江两岸，连山复岭，其地高于大江，不可以寻丈计。水惟入江而不能出江，此夷水之源，必非由受江也。其水自发源以至入江，中间五百余里，伏流不一处。其通流处，又多自峻岭下泻，此其不可以通舟，势则然也。考夷水源出都亭山，在今利川、奉节两县界地，则《水经注》谓出巴郡鱼复县，本为不误，惟谓出鱼复县江，多一“江”字，遂滋胡氏之疑，至其引《史记》张仪之言“浮江而下，距扞关”，则扞关之在大江岸，而不在夷水岸。原灼然[①]无可疑，胡氏惟欲明夷水之可以通舟，从而为之辞。

文昌祠培筑山麓记

鳌脊山居郡城之中，郡境之山自北来，迤西入城，至此而止，嵬然[②]为一城之镇。国主名山，自古志之，不必形家言也。前太守尹公迁文昌祠于其上，前建奎星阁，盖取独占鳌头[③]之意，为郡士兆科名，其意甚盛。而一郡主山，苟有剥削，亦能召灾，故立祠镇之，则其所以保护居民者，意尤切也。自时厥后，户口益繁，环山四面而居，虽切宅私地，亦无敢稍侵山麓者。盖耆旧相传，故不禁而自戢焉。岁己丑，郡民潘甲乃于东麓筑墙造宅，侵削山根。郡衿崔元魁等吁县饬止，署令姒公朝绾捐廉补给用费。时把总谭君纶、杨君应忠以梓谊[④]调剂其间，潘甲遂愿卖地入公，受值毁垣。因培筑山根，永封禁焉。诸衿以为一时善举也，砻石请记。予维施郡居楚上游，昔为各土司地，自乾隆元年改卫设府，而后迄今九十余年，生息涵濡，物丰饶而民乐恺[⑤]，诗书弦诵之声，比隆上郡，此固圣朝郅化所陶成，而地灵人杰。凡官斯土者，所为仰体德意，以惠恤此邦者，固宜若是，无微不至也。夫山川清淑之气，磅礴郁积，久而必泄。吾知秀异之士，奋志科名，必有出而效国家之用者，其于诸生，尤有厚望焉。是为记。

祠旧在南关外。嘉庆三年，太守尹公英图迁祀于鳌脊山上，仍城隍旧殿，因于山头创修奎星阁。而殿宇乃明时所建，年久损坏。道光二十八年，因拆毁新修，时县学廖公华国知形家术，集邑士商之，谓此地形势，清江环绕，五峰拱峙，宜向东为正。爰改昔日南向，鸠工庀材，落成后，正途科甲异路，功名均有成效。祠基鳌脊山原有明嘉靖二十二年陈海、陈溢弟兄捐四界，均齐山根，城隍庙中竖有碑记。道光十四年，民人潘甲突于奎阁前花墙外修造

① 灼然：明显的样子。
② 嵬（wéi）然：山高耸的样子。
③ 独占鳌头：科举时代称中状元。后比喻占首位或居第一名。
④ 梓谊：同乡情谊。
⑤ 乐恺：和乐。

房屋，首士崔元魁等具呈请勘，县令姒公朝绾断令拆毁，俯念贫寒，捐廉补给用费，出示永禁在卷。同治九年，又有山根连东界之营书黄良福将近宅山腰钻挖，首士成朗山等控案，县令朱三恪勘断，判谕："文昌宫所属之鳌脊山原系陈海、陈溢所捐，其有四界均齐山根，而营书住宅虽与文昌宫连界，而宫岩即有崩塌，必得先行禀请示知，方可开挖。该书自行延匠将岩中挖凿，实属不成事体，令该书黄良福将连界之园地归入祠内，以作公地，并饬职员成朗山等勒石完案，此谕。"

施非夜郎辨

施州南接夜郎，见于《图经》。后人因作问月亭于城北碧波峰上，谓太白谪夜郎时尝过此赏月，载《明一统志》，然未尝谓施为夜郎也。迨后郡绅李司马一凤，则径谓此地为夜郎，以竹王祠及歌罗寨为证，谓竹王祠，宋赐灵惠庙额，即施郡东二郎庙。歌罗即卫属之高罗，援古证今，其辞甚辨。苏明府於洛又谓唐之夜郎郡非汉之夜郎国，唐夜郎郡属珍州，在今宣恩县之高罗，高罗有珍山，州以是名，则因李氏而实之，而不知其非也。

按《史记·西南夷传》："西南夷君长以什数，夜郎最大。"索隐曰："荀悦云夜郎，犍为属国也。"韦昭曰："汉为县，属牂牁。"《后汉书》云："夜郎东接交趾，其地在湖南，其君本出于竹，以竹而为姓也。"《正义》曰："今从州南大江南岸协州、曲州，本夜郎国，又牂牁江入南海。"据此则知施非夜郎国也。考《唐书·地理志》："武德四年，析宁夷县置夜郎县。武德七年，析龙标县置夜郎县。贞观十六年，开山峒置珍州，并置夜郎、丽皋、乐源三县，后为夜郎郡。长安四年，以沅州之夜郎、渭溪二县，置奖州龙溪郡。"以今考之，宁夷废县在贵州遵义府绥阳县，珍州即府属之桐梓县，乐源即府属之正安州，沅州原属湖南辰州，今为沅州府，龙标城亦在其地。然则夜郎之地盖在黔、蜀之交，居辰、沅上游，过五溪而至夜郎。太白《赠王龙标》诗，亦其证也。盖唐之夜郎郡即因汉之夜郎国而名，固不必岐而二之，而今之遵义府即唐之夜郎郡，尤不可移而他属也。抑汉之夜郎为国，犹与施州相接，而唐之夜郎为郡，距施州甚远，虽太白之流风可慕，不能无溯洄宛在之思，其如风马牛之不相及也。至永王璘败后，白当诛，郭子仪请解官以赎，有诏长流夜郎，会赦，还浔阳，坐事下狱。时宋若思将吴兵三千赴河南，道浔阳释囚，辟为参谋，未几辞职。李阳冰为当涂令，白依之。代宗立，以左拾遗召，而白已卒。此本传之文，并无再放之事，年谱舛谬，盖不可信。

平山堂记

今上御极之十一年辛卯三月，北海吴公逊甫以给谏[1]来守施南数月，政通人和，乃颜厅事曰“平山堂”而题其后。义取乎称物平，施而平其政也，其言平山也。施故山区，公之始至，登顿颇劳，既而民安其教，吏畏其法，若不劳而理者几莫测其致之之由，乃今于“平”字得公为政之原焉。尝稽左氏记夫子之论政，曰“施之以宽”，曰“纠之以猛”，而终曰“平之以和”。盖宽猛济而后和，和乃平也。公始至时，搜疵剔隐，使上泽必得以下究，下情不壅于上闻，则施以宽之义也；去蠹惩奸，使吏不得以鱼民，豪不得以蚀懦，则纠之以猛之义也，如是而政乃平。虽然此其迹也，至于变动随时，不胶成见，喜怒中节，不参浮情，鉴不设形而妍媸毕照，衡不留物而铢累难欺，则又学问所陶淑，师友所辅成者。文法俗吏，殆不能窥其藩篱，况堂奥[2]乎？而其大端则犹有可言者。盖公始至楚，或谓公不妨少留，可权他郡，事日审之，习施者言：“郡僻在万山中，荦确不得施犁锄，其稍夷衍者，又多陷为洞壑，无几谷土，财赋不及列郡百分之一。穷谷之民，狐狸与居；藜藿为食，壤毗黔蜀。莠民[3]出没其间，露刀拔关，而掠财伤人者无时无之。往者借乡兵之力协剿‘教匪’，故其民习于技勇，忘死轻生。昔以急公义者，今或即以快私仇焉。又流人麇至[4]，桀黠煽诱，悍鸷[5]之心，济以机诈眦睚之怨，酿为事端。郡县或不能平，至于叩行台、击登闻者踵相接也，施殆不可为也。”

公曰：“君命也，虽难焉避。”既至，信然。某谋引去，某避不来，或意公不必久留。公曰：“天子幸不鄙夷此邦，视同列郡，慎选守令，且视列郡为优。况国家生息涵濡，薄海同风，其可以山区异视？不能抚字其民，顾谓民不可为理也耶？”此则公之盟诸夙夜者，惟其析义理精，审物情熟，故不择剧易，不问嫐恶[6]，以大公至正平其心，斯可以不刚不柔，平其政也。其颜斯堂也以自镜，抑以厉寮属也，故窃衍其义如此。或疑欧阳文忠公平山堂在广陵，其上为蜀冈，兹郡近蜀，义盖取此，则公序未之及，亦不赘。

① 给谏：六科给事中的别称。
② 堂奥：喻指深奥的义理，高深的境界。
③ 莠民：坏人。
④ 麇至：群集而来。
⑤ 悍鸷：强悍凶猛。
⑥ 嫐（měi）恶：善恶。

募修连珠塔引

（邑令）姒朝绾[①]（晋堂）

盖闻升墟望楚，允臧载咏于《卫风》，卜洛观瀍和会，具详于《周诰》。凡夫名都邑所肇建[②]，莫非贤君相所经营。盖人杰必由地灵，故仰观尤资俯察。顾水流山峙，菁华之荟萃，固属天成，而益下增高，乾坤之斡旋，尤凭人力。是以书授青鸟，形家竞言宅相；经驮白马，震旦[③]亦有浮图[④]。朱雀青龙，名原详于《曲礼》；天门地户，位亦本于《羲经》。右伏左昂，用聚山头之秀；来大去小，爰标水口之称。志始纪于孟坚[⑤]，术特精于郭璞[⑥]。凡属郡邑，莫不有塔，以象文笔，则科名乃兴。以拟帑藏[⑦]，则资财自裕。理有足信，义实非虚。懿惟清化名区，建平古郡，星分翼轸，贡纪和夷。藩全楚而控三巴，据上游而冠九郡。山明水秀，形胜具著，图经深麓崇冈，封疆尤详旧志。夜郎乍过，李太白问月而流连；典设初归，杜少陵闻风而羡慕。轶才[⑧]间出，秀气时钟，詹子以宏博占魁；清徽未昧，童公以文武驰誉。遗韵犹存，洎乎元明，亦多英彦[⑨]。至于本朝，文教覃敷，殊方向化。金洞木册，皆改土而归流；棰结侏俪，悉投戈而讲艺。井疆历历，比户有弦诵之声；俎豆莘莘，在城无佻达之诮。固宜科名接轸[⑩]，宦达联镳[⑪]。然而民间挂于榜花，饮屡惭夫墨水，岂文章之无据，抑风水之不全？诚以清江带绕，五岭珠连，融结固属天成，而飞阁流丹，层峦耸翠，培补尚须人力。（绾）承乏此邦，欲伸士气，亟愿导夫先路。尤思假以长风，访遗迹于崇阿，得先贤之旧址；观澜江口，溯千里之潆洄；览胜峰头，尽满城之形势。山原盱其睃瞩，高下宛乎在心，必合其尖，事犹需夫后日。虽覆一篑，志宜定于当时。盖绵力虽微，而众擎易举，不辞饶舌，愿订同心。虑图始之为难，乃捐廉以为倡。乐善不倦，耻君子之独为；多福自求，愿明廷之载半。义无借乎劝募，取不仅在锱铢。惟桑梓必恭，不乏布金长者。矧阿堵[⑫]厚积，岂云聚塔。童心无靳[⑬]，

① 姒朝绾：字晋堂，蜀人，任施南郡守。
② 肇建：创建，始创。
③ 震旦：古代印度对中国的称呼。
④ 浮图：指佛教。
⑤ 孟坚：班固，字孟坚。
⑥ 郭璞（276—324）：字景纯，河东郡闻喜县（今山西省闻喜县）人。东晋文学家、训诂学家。
⑦ 帑藏：国库。
⑧ 轶才：出众的才能。
⑨ 英彦：才智卓越的人。
⑩ 接轸：车辆前后相接而行。形容众多。
⑪ 联镳：言骑马同行。
⑫ 阿堵：指钱。
⑬ 靳：吝惜。

解囊允资。鼎力行见，不日斯成。凌霄在望，从兹鸿才蔚起。白镪[①]飞来，驷马高车，悉附凤攀龙之彦。雕甍绣闼，皆累裀列鼎之家，未惜长言，用呼将伯[②]。是为引。

五峰山建塔记

（郡守）王协梦（松庐）

天下不尽皆可待之事，而有不能不待之时。施州初立郡县，规模草创，尚沿朴僿之风。官斯土者，筑城凿池，相阴阳，观流泉，虽未明言其坐向环卫之势若何，而证之形家者言，固无一不吻合也。尝过通都大邑，窣堵波多峙于巽方，说者以为巽巳木火，有文明之象。《青囊》《天玉》《催官》诸书，亦未有不以此方为最吉者。往往无塔之区，或就城东南隅建危楼，以祀奎宿，蕊榜[③]频登，历有明验。乾隆辛卯，前太守铅山张公来守是邦，创修府志，募建考棚，政通人和，百废毕举。复念士人无奋迹于科名者，周览五峰山之府，地当巽维，而适踞清江、药溪、巴溪、麟溪四水之胜，议置浮图七级，以肖木星，以象文笔。经始未几，旋即罢去。道光壬辰，余复继来守郡，盖去张公建议之时逾六十年矣。先是蜀人姒大令权恩邑宰，鼓舞绅庶，仅甃七层之二，岁且不登，土功亦辍。甲午，弋阳陈君捧檄[④]斯土，禾黍有秋，乃锐意成之，民志既同，士气亦奋。是秋踏省门者四十余人，而来凤李生鸿钧遂裒然获隽[⑤]，谁谓堪舆之不可信也耶？抑余闻之，塔庙之作原于释氏，信心皈依，如无量功德。是役也，无佞佛之作，有作人之美，张公所竭蹶从事，而力有未逮者，不能不有待于后之人。至于民俗之隐赈[⑥]，文物之玢豳[⑦]，无不蒸蒸日上；而有开必先，行且见科名之联翩而起也已。司事者朱明经荣禄、李茂才大魁以记来请，余乐观厥成，因不辞而记其缘起如此云。

桅灯记

（协戎）岱昌

尝谓天地之大，造化之巧，往往留不尽之意以待斯人，如工师之于木，械器之于陶冶，所在皆然。施南协署局制宏厂，花时而搜而苗，如天上坐，堪舆家争以船形呼之。余乙未秋

① 白镪：白银的别称。
② 将伯：称别人对自己的帮助或向人求助。
③ 蕊榜：旧时称进士榜为“蕊榜”。
④ 捧檄：奉诏赴任。
⑤ 获隽：科举考试得中。
⑥ 隐赈：繁盛，富饶。
⑦ 玢豳：玉石的纹理杂然纷陈的样子。

权协篆来斯，公余凭眺，觉隐隐窾木，极虞姁[①]、工倕[②]之能，而风樯[③]缺如，匏系何时，依然陆地一舟耳。急欲创立桅座，旋以解任去，不果，郁郁于心。夫施为归、巴之咽喉，黔、蜀之唇齿，湘南之锁钥、砥柱，荀颠浩瀚，讫无涯际，官此者宜如何整我戎行，作未雨绸缪？读郡守王松庐先生诗，“共处岩疆资控制，殖禾除莠任非轻”，未尝不色然而起。幸不久居此，或鸠可藏拙，无鳌戴[④]惧与？今年复奉命，寄以封疆营制规为，虽经锐意讲求，而与诸寅寮、士卒相期同忾[⑤]，尤不能不作久安长治之想，振兴数月，一洗从前积弱之习矣。爰集中阃胡小于、左营守戎张云安、右营守戎张凤池议树桅灯三株，符地形，助江山阙憾。昌两莅兹土，训练频年，士卒，吾子弟也；国政，吾家事也。敢冀扬帆远驰，谋一身一家光宠[⑥]，特设兵以备不虞。一旦跳梁肆志，往而征之，摧坚破竹，当亦有风利不得泊者，桅灯盍能已于树哉？不则，山川方呈其灵秀，人罔克心天地之心，笃材也而弃材之矣几何？非木之不遇工师，械器之不遇陶冶耶？读《南史》至张融[⑦]答上问谓：“臣陆处无屋，舟居无水，窃以岸上之舟且住为佳，今而后同此舟中人一帆风好，济巨川，破万里浪。”非过情之期许也。是为记，时道光二十年庚子十有二月朔日。

重修问月亭记

（郡守）朱启仁[⑧]（云门）

施郡城北碧波峰者，一峰高峙，清江流出其下，山间旧有问月亭焉。相传太白流夜郎至此，登临作《把酒问月》诗，后人建亭以志名贤遗躅。论施非夜郎者，或以汉之夜郎在播，为今遵义；或以唐之夜郎在珍，为今宣恩。罗德昆引唐析宁夷、析龙标为夜郎县，其地盖在黔、蜀之交，居辰、沅上，去施甚远。陈诗引白《闻王昌龄左迁龙标》诗“我寄愁心与明月，随风直到夜郎西”句为证，并谓白半道放还，往来皆由水道，引《留别》诗“白帝啼猿断，黄牛过客迟”句为证，皆决施非夜郎，白未至施。是皆泥于考古，俱存畛域之见，不若李宗汾谓“斯人、斯台、斯地，俱足千古”数语，足以尽之为妙也。窃以当时太白处天宝之世，召见金銮，论当世务，明皇赐食，亲为调羹，恩遇已极，遂感激图报，托诗篇，讥祸水，叱

① 虞姁：人名。传说中船的发明者。
② 工倕：相传为尧时的巧匠。
③ 风樯：帆船。
④ 鳌戴：比喻负荷之重。
⑤ 同忾：相同的愤慨。
⑥ 光宠：光荣，荣耀。
⑦ 张融（444—497）：字思光，一名少子，吴郡吴县（今江苏苏州）人。南朝齐文学家、书法家。
⑧ 朱启仁：顺天大兴监生，清咸丰七年（1857）任施南知府。

刑余如仆隶。人主醒悟，则挽狂澜于既倒，幸蜀之厄，于斯可免。迨贝锦[①]兴谗，蛾眉见嫉，迄放还山，孤忠骨鲠[②]，当日已如屈子贾生，固不待永璘构祸，始赋离忧也。使白曩昔自知落落寡合[③]，匿迹烟霞，入山惟恐不深，毕生徜徉山水间，芳躅仙踪，山川增色。如施郡云屏四拥，波带弯环，在唐时近邻蛮夷，远接夜郎，然山川绝佳，人迹罕至。白遂以此境隐遁遗世，韬光晦迹[④]，亦不屑宫袍。故舟采石金陵间，则可终免水军之迫，而为放弃之臣矣。其后戴南冠[⑤]，窜遐方，泛洞庭，上三峡，过五溪，振衣碧波峰顶。"青天有月来几时"之咏，吟啸之余，深情如绘。往者不可谏，来者犹可追，奚啻接舆狂歌，自恨其晚。黄庭坚梦中三诵竹枝，数百载后，谪仙犹未忘夜郎之游耶？山川精采，诗人魂魄有不能磨灭者。遐陬[⑥]异地，千古巍然，亭台之建久矣，岂无征不信可比？斯地、斯台，借斯人以传。世之纷纷聚讼，必辨其在彼不在此者，何为哉！戊午夏，余出守来郡，亟访遗址，断碣残碑，荒烟蔓草，徘徊不忍去。适朱廉泉学博、李缉熙参军及在城诸君，以公事来谒，从容及之，诸君概任其事。遂于今春二月鸠工庀材，克成此举，创楼三层，仿黄鹤之制，以祀太白。稍下，其东建屋三楹，为无敌堂，为钓楼。俯视清江，冈岭四合，城市阛阓[⑦]，鳞鳞万屋，皆入望中。风雨晦明，云烟变幻，与夫青天月满之夕，太白其神游乎此，栖乎此？无足为渺茫疑似也。爰作歌以招之曰：

杜鹃啼千山兮红茶然，沐瘴雨兮栉蛮烟。
邀灵均兮迈七潭，行吟清江兮波潺潺。（其一）

耸飞檐兮跨长鲸，邈江汉兮招黄鹤。
罢钓鳌于沧海兮，挹银蟾之光而仰问碧落。（其二）

憩夜郎兮睠九野，不弃遐荒兮心如写。
佐圣朝以敷文教兮，咸仗扶轮之大雅。（其三）

望灵旗之赍兮神其归，山川草木兮生光辉。
酌金樽兮醉千古，仰止崔巍兮神所凭依。

① 贝锦：比喻罗织罪名、毁谤诬陷别人的谗言。
② 骨鲠：比喻正直，刚强。
③ 落落寡合：形容与人合不来。
④ 韬光晦迹：收敛光芒，隐藏踪迹。比喻不显露锋芒和才能。
⑤ 南冠：借指羁留异地或作为囚犯的代称。
⑥ 遐陬：边远一隅。
⑦ 阛阓：市场。

题跋朱公启仁《重修问月亭记》

（郡守）夏锡麒[①]（云舫）

是记为前任朱君云门所作，落落百数十言，叙太白之生平与是亭之颠末，叙次错落，折奥盘旋，是殆神与古会者。惜役未竟而朱君卸任去，记亦勿克传。呜呼！朱君殆以未成之业付余，余不能踵成之，奚以副朱君意而免司土羞？爰集旧日司事，为之修葺完整，计五阅月而工乃成。昌黎有云："毋侈前人，毋废后观。"因即原记勒诸石，而特为之跋。

郡伯黄公去思碑

公名益杰，号紫山，湖南平江县附生。咸丰十年八月莅施南府任，甫一载，上宪以功有经济才，召襄军务，百姓沐公之善政善教而不能忘也。施郡僻处万山中，民多质朴，然无不畏官长，而胥吏与无赖子狼狈为奸，句串[②]陷害，民之受害尤深。公正色率属，嫉恶如仇，凡在官者皆恂恂惟谨，滑吏奸民为之屏迹，闾阎之内晏如[③]也。而尤倍倡文教，勤课士子，以南郡书院乃作育人材之所，因公项日久废弛，经费支绌[④]，为追积欠数百金。复刊石立据，作善后持久计，以及赈济义仓，莫不皆然。至于案无留牍，民乐奉公，措施罔不裕如者，盖公之为人以俭养廉，以威济惠，以诚率属，以勤办公，其治易行而事易举也。士民感公之德，不忍公之竟去也，爰立石以志之。

创修麟溪书院碑记

（邑令）许光曙（晓东）

壬戌秋，余奉檄权恩施事，由宜昌西上，峡危滩险，计七百里，始抵邑境。山簇而秀，水驶而清，及下车观风[⑤]南郡，亦莫不质有其文。盖自改卫为县，涵濡于诗书礼乐之化，已百数十年。不匝月，饶生应祺，崔生德璋，尹生克墨同领乡荐，为恩邑开科之始，咸争艳之。余曰："是邦之气，积厚而发迟，倘学校修明，知必有伟人喆士，蔚为国华，区区科第，不能独当也。"考县志，向有书院曰"崇化"，曰"凤山"，久废。迨嘉庆庚午，始建南郡为府书院，宣、来、咸、利、建亦次第举行。恩邑士子，则惟附南郡。夫家有塾，党有庠，术有序，国有学，古制也。恩邑地僻而民富，固非其力不及也。有志之士莫不好学，又非其不愿为此也。

① 夏锡麒：字云舫，浙江钱塘县人。清咸丰六年（1856）进士，咸丰八年（1858）任湖北蒲圻县知县。
② 句（gōu）串：勾结串通。
③ 晏如：安定的样子。
④ 支绌：谓顾此失彼，不够支配。
⑤ 观风：观察风俗民情。

毋抑官斯土者，困于簿书，役于酬应，甚或别有好尚，于根本之地则迂阔置之。嗟乎！国有秀良而学不兴，政教之阙，实有司之羞也。爰延邑绅议建书院，捐廉为之倡，邑之士庶皆争先输写[①]，计得捐款并军需余项共八千缗有奇。遂于西城外度地诹吉，鸠工庀材，谕令邑绅董其事，由夏及冬，六阅月而落成。因其据麒麟溪之上游也，颜曰“麟溪书院”。窃愿邑人士，敦品力学，勉为通儒名宦，俾天下后世知恩施大有人焉，则庶几乎！至修脯、膏火、宾兴，业购田产为备经营，倘由是而增益扩充之，则又有望于后之令是邑者。

复设宾兴碑记

恩施距武昌二千余里，舟楫不到之处，远至六七百里，近亦三四百里，士之能读书者，又多寒微。有志进取之士，非惮跋涉，则因旅费无出，嗒然[②]顿阻。以故与宾兴者人数较少。道光十五年，陈琴泉令是邑，以修塔余资作为宾兴，嗣以经理失宜，辗转挪借，存者仅矣。余到任后，邑之士绅屡以此请，余曰：“此诚善举矣。顾不置田产，惟子母[③]是权，积久变生，鲜不侵蚀置产矣。不积谷公所，亦滋物议[④]，计欲万全，则莫如置产存公所。而斯时也正创建麟溪书院，民力未堪再劳，或余久于其任，当勉图之。”未几，川省逆匪窜逼施属，筹费设防，力节浮靡[⑤]。迨撤防，余四千缗有奇，以书院每岁经费之余置产生息，以六分作膏火，四分作宾兴，并于院之西立室三楹，延曰“宾兴馆”。庶可垂诸久远，于寒士进取之资不无补云。

重修《恩施县志》序

（邑令）多寿（静庵）

昔子朱子知南康，下车即首阅其方志。论者谓为知务，盖政治之得失，于民风见之。疆域既殊，风俗各异，修政教者不备察夫盛衰升降之故，亦安能得所利病，而缓急轻重以布之。此《周官》外史掌邦国之志，所以为后世考政问俗计，非徒绘其山川，扬其辞华，仅作《鸡次之典》而已。恩施在施郡为附郭县，其地去省较远，舟车之所不通。余自戊午捧檄入山，即取其旧志读之，见夫山川道路之迷离，田货经制之同异，风俗沿革之舛遗，与见今所行者，十不得其二三焉。询诸都人士，佥曰：“明季兵燹，载籍无存，仅有王氏《卫志》抄本一册，于前代沿流已不能悉张。”志修于嘉庆年，亦未设局采访，惟就改府后约略言之，无一语及于

① 输写：倾吐，宣泄。
② 嗒然：形容沮丧怅惘的神情。
③ 子母：古代称钱币重的为母，轻的为子。
④ 物议：众人的议论。
⑤ 浮靡：虚华不实。

卫事者。罗氏《府志》载恩施一邑稍详，然王郡伯谓其略于近，今犹非完书，故捐廉延绅，意将补其不及。乃开局未久，罗君以事去官，王公亦以擢观察而行，遂携其稿于吴中付锓[①]，实皆未成之书也。今夫恩邑之志，本不同于他邑，他邑县自为县，详一县之事斯已耳。恩施在前代为郡、为州、为县，已自变置不常，而省县入州，改州为卫，又改卫为县，改县为府。其间或属郡治，或属州治，或属卫治，作志者苟无体例以酌乎其中，又于府志奚别？余方欲与二三君子究厥指归，以补缺拾遗。乃“粤贼”内窜，戎事倥偬，迄无暇晷[②]。同治初元，防剿甫撤，余又以调剧出山，凡所欲见诸施行者迫不及待也。甲子秋，三莅斯土，时逢我郡伯夏公勤政造士，百废俱修，而藩宪亦以修志之檄下诸郡县。于是谕集邑绅，博采遐搜，踵旧志而增修之。虽不足为一隅之完书，然授之行人，以上答大宪之嘉命，且以副郡伯废坠咸修之盛德，并质诸后之莅斯土者。虽或指余固陋，而例以子朱子下车阅志之义，庶亦谓为先务之当急也哉！

育婴堂记

（郡守）张观钧（贻山）

女曰婴，男曰孩，男之贫无以养，间亦有育之者，女则弃之而已，此堂之所以以育婴名也。施郡地僻，溺女之患相习成风，牢不可破。余心痛焉，故育婴堂尤亟宜设也。考道光元年旧案，前太守秀公已捐廉买有地基，建立养生堂。其十年，堂因雨甚坍塌，其基尚存，陆尉禀报在案，阅四十九年迄于今。秀公至仁恻怛[③]之意，余岂一日而忘诸乎？何谓婴？婴者，胸前也，抱之胸前乳养之也。夫育一婴，必养一乳媪[④]，育十婴，必养十乳媪，婴愈众，乳者愈多。且婴而育以成人，亦非一朝夕事，在在捐廉，或恐难乎为继矣。惟思强有力者因公劝其出资，多行善事，日积月累，或可遹观厥成。余于丁卯岁来守斯土，迄今两载，发愿出资，共襄善举者，或三五十缗，或百数十缗，多寡不一，集腋成裘，计九家共得制钱九百缗，姓名数目，胪存案牍。除给书院膏火四百缗以及陆续公用充赏百缗之外，尚余四百缗。面商之董事成君朗山，以付康君佩谦、皮君越群发商生息，取息一分，留作育婴堂经费存始基也，吁惜未能观成而去。虽然，人之好善，谁不如我，事之成，何必独在余哉？有继此而成之者，安见其至仁恻怛之隐，不可复以秀公之心为心耶？安见其惨淡经营之志，用底厥成者不更较

① 锓（qǐn）：刻，雕刻。
② 暇晷：指空闲的时间。
③ 恻怛：同情，哀怜。
④ 乳媪（ǎo）：乳母。

区区之心而更有进耶？成何必独在余哉？抑又思之，自秀公创始以来，虽有基勿坏而平地一篑已四十九年于兹矣，成之岂易易耶？因复虑夫代远年湮，人亡政息[①]，或其事寝而不言，有负秀公之美意，而无以挽回斯土陷溺之久也，故勒石识之以告后之君子。是为记。

问月亭说

（府学）高维岳（晓崧）

夜郎国地舆甚广，博古者云今施南郡亦附古夜郎焉。《唐书》载李白谪贬夜郎，博古者云今施南郡之恩施邑，即李白所到之古夜郎焉。至若公之到与未到，考古者虽不无异词，而后世慕古者众，以公为谪仙才，具达观特识之胸怀，不戚戚[②]于得失，兼有《把酒问月》诗一章，以故邦之人士于城北昔曾建亭于山之巅，名曰“问月亭”。盖亭以问月名，是因公问月以名之也。然日久倾废，亭阙如焉。同治壬戌元年冬，施南郡太守夏公莅此，勤于政治，百废俱兴。越四年乙丑，重修亭，补旧制，盖欲借古事以传古人，借古人以传古事，借古人古事以与古亭并永传于兹土，斯可云三不朽矣。予窃忆公当日谪贬夜郎时，岂无郁郁不得志之怀耶？第绎公问月之义，其或天朗气清，尘氛尽净，公玩月之光而问月之何由克明？抑或心旷神怡，宠辱皆忘，公慕月之华而问月之何由克精欤？不然，或去国怀乡，忧谗畏讥，公有尤人之意，问月乃所以尤人耶？即不然，或发不平之鸣，如屈原之《天问》，公有怨天之意，问月乃所以怨天耶？皆未可知也，其是与否，予固不敢妄评，然公独不观夫月之圆缺乎？盖圆之时也，月不自知其何以圆；缺之时也，月亦不自知其何以缺，气运使然也。夫日往则月来，月往则日来，一昼夜之气运如是也。寒往则暑来，暑往则寒来，一岁序之气运如是也。满极者损之机，否极者泰自开，盛衰兴败，剥复消长，万世之气运亦如是也。盈天地古今间者，凡人凡物凡事，无不如是也，而月其最彰明较著者也。公岂不知其故而有是问哉？予尝观史，知孔子厄于陈蔡而弦歌之声不绝，颜渊、子贡、子路相与问答。孔子曰：“匪兕匪虎，率彼旷野，吾道非耶？吾何为如此？”颜渊曰：“夫子之道大，天下莫能容。虽然不容，何病不容，然后见君子。”孔子欣然笑曰：“有是哉，噫！”圣贤虽处困厄之地，而师弟自足以相乐，其超然物外，脱去世俗之忧而自乐其乐也如此。故夫子曰：“君子不怨天，不尤人。”子思曰：“素患难，行乎患难；素夷狄，行乎夷狄。”君子固无入而不自得者也。又尝读公《宴桃李园序》云：“天

① 人亡政息：谓执政者死去，其所定的政治措施等也随之停止。
② 戚戚：忧惧的样子。

地者，万物之逆旅；光阴者，百代之过客。浮生若梦，为欢几何？”公之意，何其潇洒淡逸若斯也？杜子美曾谓公之诗为“无敌”之诗，称公之思为“飘然不群”之思。予追公之言，忆杜之赞，未始不低回景仰慕。公固谪仙才，具达观特识之胸怀，自能脱去世俗之忧，无所往而不乐，岂犹怨天尤人，拘拘于尘物之内，而戚戚于得失间耶？然吾今于公问月之意，独不能释然于“问”字之旨趣。故因重修问月亭落成之日，谨制楹帖一联，以附于亭之左右曰：“圆缺但当观皓月，盈虚何必问苍天。”予以为圆缺盈虚，乃月之往古来今无有不同，无时或变，千万世一定不易之气运也。公问之月而月不知也，公即问之天而天亦何能言哉？予故又为是说，以公之所问复问之公。

笃桂堂记

语云“物必聚于所好”，不好则物必不能聚，不好且笃，则聚亦必不能久。昔渊明好菊，想必笃于菊而菊聚，濂溪好莲，想必笃于莲而莲聚。余好桂，未尝不因笃而始能聚焉。咸丰丙辰春二月，余司铎建平郡学，入署后，见杂树森森，独无秋桂，心甚念念。旋遣人寻诸郭外，久而弗得。戊午春，始得四小株，长不满尺而根节错盘可爱，即植于内厅之后苑，然欲获丈余者，卒不易得。凡客自高山来者，余尝重托之且数数托之。至己未冬，有南乡知我者，持五小株来赠余，长不满两尺。余亦植于内厅之后苑，合戊午己未所植者，计九株。余时时灌溉，渐有成林之势。庚申秋，已五株著花[1]满树矣。同治元年仲春，余忽遇荷桂者于途，有二株，虽未盈丈而枝干孳蕃[2]，与前戊午己未两次所得者较倍长。余即以善价购之，植于内厅之前苑。越三日，此售桂者又荷四小株来，与前所售者倍短而根颇硕茂。余爱之尤逾于前所售之长者焉，仍复给以善价，植于内厅前之东西两旁，合前后苑共计十有五株，皆属材之甚厚者。噫！此非余十数年笃好之心所结而得者哉？盖因其材之甚厚，勤勤焉，恳恳焉，培植之意固未尝一日稍懈。窃思天之生物，必因其材而笃焉，爱物者亦当体天心，因材而笃之心以为心。余故额其厅为“笃桂堂”，愿后之登斯堂者，勿翦勿伐，勤护之，善培之。复有主人之好而能聚，聚而能久，久而且笃，亦若好菊者之笃于菊，好莲者之笃于莲。俾此桂得以拔地参天，蒸蒸日上，叶茂花丛，万山皆馨，是又余所远望于后来因材而笃之君子者也。同治己巳八年秋九月记。

增修施南府志卷之二十九终

① 著花：开花。
② 孳蕃：繁殖。

增修施南府志卷之二十九（文）

宣恩县

县治厅事名来宣序

姚棻[①]

余辛巳释褐后，谒选得宣恩，蒙恩调授靖远。靖为陕右新设邑，番民杂处而风俗颇醇。治二年，迁皋兰，靖民走五百里诣大府请留不得，而余亦惘惘[②]不忍去。因思宣邑亦苗疆始辟，未知其民情何若也。越六年，来守郢，复守鄂，每以不得一至宣邑为憾。甲午，施郡矿厂创兴，余奉命调任兹土。行部所至，宣之民扶老携幼，欢然荷锸[③]而来者踵相接也。回忆曩者靖之民惜余之去，今者宣之民喜余之来，然则宣之民情固无异于靖民也。邑之人士，涵濡圣教三十余年，今岁始有应试者，邑宰杨紫园年友为举宾兴礼，观者如堵墙，而余之来，又适当其时。乃思向之濒来而不果，欲来而不得者，今得与其士若民，劝农讲学，骎骎[④]焉共臻于治化，岂非幸与？宣扬德意，二千石之责也，爰窃取诗人之意，题于县治之厅事。所愿与贤邑宰勤勤勉勉，共襄治理，庶几无忝厥职云。

邑侯陈公寀去思碑

从来朝廷命官分职，非徒宠以爵位也，必其宣上德而达下情，实无愧乎父母斯民之任，然后副乎靖共尔位之常。故州县一官，于民最亲，为上所倚赖最重，而在新辟之邑为尤难，非才德兼优，未有能胜厥任者也。宣恩旧为苗疆，今上乾隆元年，改土归流，始设县治。我侯陈公，以汉军名家，遴选兹邑。莅任之初，邑之人延颈望治焉。时则诸务草创，佥为公难，而公乃次第而敷布之。自正杂衙署文武，文昌城隍诸庙，先农社稷诸坛，无不遵式鼎建，以及仓廒营房，关津渡口，凡有关于国制民生者，皆咸与维新。帑不过费，民不言劳，由公之经理者善也。至于邑系初辟，公则广为招徕，轻徭薄赋，政简刑清，人歌乐土。且以公余导

① 姚棻：字香茝，号铁松，安徽桐城人。清乾隆二十六年（1761）进士，历任甘肃靖远知县、广东按察使、江西巡抚等。著有《蒙求草》《焚余草》等。

② 惘惘：茫然若有所失的样子。

③ 锸：锹。

④ 骎骎：兴盛的样子。

民讲礼让，崇文教，由近及远，渐有读书声。此诚国家之风气，有开必先，而我公之饮食教诲，无思不服者也。岁之癸亥，公以年例锦旋，邑父老谋所以留公不得，因思古者甘棠遗爱，虽以巡行所及，一憩一茇，且戒勿剪，拜而载之诗歌，以志不忘。况僻陋编氓[1]，初睹圣化，其沐浴我公之膏泽[2]者，固已六年于兹也哉！我公之治绩，班班可考，前无所承，后足为法，所谓才德兼优，无愧父母斯民，而克副靖公尔位之常者，公真其人矣。用勒诸石，俾传久远云。

东门关观音阁茶亭记

（郡廪生）邓墉[3]

邑东六十里许有东门关，相传土司时分疆别界，故设是关以资保障。自改土归流，一视同仁，由施郡以达楚南，为往来通衢[4]，而此关不烦锁匙[5]者，历有年所矣。关踞山顶，千峰叠峙，耸翠出霄。其下则万壑竞流，回环映带，亦名胜区也。旧有茶亭，日久倾圮。邑侯唐公捐资重建，命胡汉卿董其事。一时文武官僚，以及兵民商贾，俱忻喜乐助，不日观成，后供观音像，前为施茶亭，俾往来行人得以憩息而瞻仰焉。夫神之慈航普渡，有感必应，而圣天子无忘宾旅[6]，无远弗届，惟我侯因势而利导之。关亭虽小，亦足以觇平政之一节，且所以广柔远之大端也。墉时馆宣城义学，登临极目，萧然意爽，用记片言，以志不朽云。

高罗太白祠记

苏於洛

高罗，唐夜郎郡，太白长流处也。北有李溪，相传旧居在焉，因以得名然，亦不可深考。余尝往来过之，青山碧水，修竹茂林，掩映于疏篱茅屋间，辄低徊留之不能去，欲为堂以祠之。顾方有事于文庙，土木之工，不可重劳吾民，遂有志焉而未之逮也。

高罗田生者，故土司裔，于其祖祠之余地筑室三楹，背山面河，环植花木，翛然有尘外之致。闻余将有是举，踵门[7]而告曰："某筑室久而未有以名之也，即以祠太白可乎？"余深嘉其意，额以"谪仙芳躅"，遂迎神主而祠焉。

嗟乎！太白之从永王璘，非从禄山比也，况出于迫胁，心迹甚明，故少陵于太白，反复

① 编氓：编入户籍之民。
② 膏泽：恩泽。
③ 邓墉：宣恩人，郡廪生。
④ 通衢：四通八达的道路。
⑤ 锁匙：钥匙。
⑥ 宾旅：宾客，旅客。
⑦ 踵门：登门。

嗟叹，一篇之中，三致意焉。然锦里浣花，名昭千古；夜郎遗迹，士人无知者。唐代诗人，李杜同称，而所遇又有幸不幸焉，岂非天哉！

余令宣恩，不乏读书好古之士，而于音韵尚所未谙，因于簿书之暇课以文艺，教以诗律，邑人士咸乐从予游也。于是祠之日远近承学者咸在，因定于岁春秋仲月望日修祀事，献花酌酒，不用牲牢，从公所好也，佥曰：“诺。”遂记其事如此。

李太白流夜郎说

夜郎之名始于汉，国也，非郡也。夜郎之郡，置于唐，郡也，非国也。名同而实异，如黑白泾渭之分明，而说者纷纷聚讼，皆未尝博考而详辨之也。

按，《史记》：“西南君长，夜郎最大。始楚威王时，使将军庄蹻将兵循江上，略巴蜀、黔中以西。庄蹻者，故楚庄王苗裔也。蹻至滇池，地方三百里，旁平地，肥饶数千里，以兵威定属楚。欲归报，会秦击楚，夺巴、黔中郡，道塞不通，因遂以其众王滇。秦灭及汉兴，皆弃此国而开蜀故徼。建元六年，番阳令唐蒙始请通夜郎道，乃拜蒙为中郎将，将千人从巴蜀筰关入，遂见夜郎侯，约为置吏，使其子为令。夜郎侯始恃南越，南越已灭，夜郎侯遂入朝，上以为夜郎王。”此汉之夜郎也。考其地临牂牁江，自巴蜀、黔中以西至滇池，方数千里，岂独播州、遵义哉？今指播州与遵义为夜郎，而以施南非所属疑之，误矣。

又按，《唐书》：“施州隶江南道，领清江、建始二县。”寻废业州入施州，即今施南府恩施县。又置珍州。贞观十六年，置夜郎、丽皋、乐源三县，后为夜郎郡，此唐之夜郎也。考其地，在今宣恩高罗里，地有珍山，故名珍州，后置夜郎郡。宋初复称珍州，刺史田景迁内附，乾德中赐名高州，元、明为高罗土司。

杨升庵《丹铅录》载：“夜郎在歌罗，即高罗也，今距县治东南一百二十里。”太白诗注，引证确凿，不惟与汉之夜郎无涉，并与施州亦无涉也。

而《一统志》载施州卫北碧波峰，有太白“问月亭”者。盖亦有说公尝自叙：“泛洞庭，上三峡，至巫山，过五溪到夜郎矣。”此地为夜郎必经之路，振衣千仞，把酒问月，非谪仙高致，何克有此？今读集中《流夜郎闻酺不预》诗云：“北阙圣人歌太康，南冠君子窜遐荒。”又《放后遇恩不沾》诗云：“独弃长沙国，三年未许回。”则公至夜郎明矣。说者谓公未至夜郎，以集中有《流夜郎，半道承恩放还》为证。今考《年谱》，公以永王璘事当诛，系浔阳狱，郭子仪请解官以赎，有诏长流夜郎。宣慰大使崔涣、御史中丞宋若思为之推覆清雪。若思率兵赴河南，释其囚，使参谋军事，并上书荐白才可用，不报。时肃宗至德二载，半道放还，正在此时，诗义甚明。至乾元元年，终以永王璘事长流夜郎。二年，遇赦得释，故于中道放还。诗后又有《至西塞》《题葵叶》诸作。读其诗，考其传，则公始未至而终至，更无疑义矣。

论者纷纷聚讼，皆由唐之夜郎郡，误为汉之夜郎国，知至德二年之半道放还，未尝考乾元二年之遇赦得释，宜其格格不合也。予新修《宣恩县志》，见前人考辨皆游移其词，窃叹考古论世，未可轻心。因详述其始末，以俟知言者。

宾兴序

（山阴）陈文炤[①]（星南）

楚北设府十，而施郡最远，施南属县六，而宣邑最贫。以故改土归流百余年，士无举于乡者，岂无绩学之士欤？抑无种德之人欤？良由跋涉艰难，资斧无出。观光者每等于空谷之足音，此士气之所以不伸，而文风之所以不振也。戊午秋，余莅任兹土，询知前令彭槐阁、学博郭湘帆曾有宾兴之议，而醵金[②]不多，复屡被侵蚀，心窃憾之。夫人将欲谋一事、习一业，或适百里外，犹必预计行囊而后就道，何况就试于二千里外，以与万余人鏖战棘闱乎？毋论其畏缩不前也，即或决于一往，于山则有支井、天门、朗坪之险峻，于水则有泄滩、新滩十二碚之剽疾，以及荆沔、江汉之巨流。甚至假道常澧，扬帆洞庭，而满腹精神，道里之奔驰耗其一，波涛之震荡耗其一，舟车旅食之隐忧又耗其一。此即有惊神泣鬼之才，拔剑斫地之气，而床头金尽，壮士无心，尚安有文章之可以动有司哉！兴言及此，余又甚悯之。己未春，始厘其事，察其弊，收其剥削之余，合龙洞、凤山两处，得数百千，分饬生息，永以为春秋赴闱之费。吾愿邑人士，由是绩学，由是种德，行见扶摇而上者九万里，幸勿再以远且贫为辞也，是则余之厚望也夫。

考棚记

士有学，农有畔，工有肆，考校有考棚，各其业也，亦各其所也。自选举废而科目兴，士之怀瑾握瑜，显名于世者，莫不借考校以见其才。故人才至今日，虽孔孟复生，无以易制科而别出一途也，则考棚之设，由来久矣。我国家以文治泽海内，二百余年，风气蒸蒸日上，凡直省郡县，士皆争自濯磨[③]。宣邑涵濡圣化，沐浴教泽，亦已久矣，而考棚依然阙如，何也？

① 陈文炤：字星南，浙江绍兴山阴人。监生，清咸丰八年（1858）至十一年（1861）任宣恩知县。
② 醵（jù）金：集资，凑钱。
③ 濯磨：洗涤磨炼。比喻提高修养，以期有所作为。

岂吏困于簿书，士穷于衣食，而真无暇及此欤？抑因陋就简，而未尝鼓舞以作兴之耳。余宰宣之二年，奉檄进诸生而试之，见其伛偻提携，自负几桌，就试于县堂东西两廊檐下，用其心思，兼劳其筋力，谋其栖息，更运其灵明。而且风雨之飘摇，晦明之变幻，未获神闲意定，何以抽秘骋妍，不禁怅然者久之。试竣后，士民兴建考棚之议，予谓曰："可。"急捐廉以倡，邑之人输将恐后，不三旬而经费已集，遂购宋氏旧址，鸠工庀材，自头门而仪门而东西文场，进而至于大堂、二堂，规模具备，焕然一新。是役也，创始于九年之秋，落成于十年之夏。凡经营工作，余以簿书之暇总其成，更择廉谨之士，分任其细而胥吏[①]不与焉。继自今振兴之责，余不敢辞矣，而士之怀瑾握瑜[②]，以就试于考棚者，虽非广厦千万间，而各安笔札，亦可欢颜以尽所长，行见争自濯磨，以仰副圣天子作人之雅化，余实有厚望焉。

寨峰记

（岁贡）田文锦

环吾乡皆山也。而望之巍然秀削，屹立于二妙庐之前者，寨峰也。每春夏时，浮岚耸翠，花木交加；秋冬之际，林疏石瘦，霜雪清华，苍苍莽莽之气，皆可于几席间挹之。吾兄绣林常欲偕余一跻其巅，不果。余老友任丈过访，指而异之，亦约与余兄弟携酒一登，而卒不果。既而吾兄下世，余亦寂寂无偶，游兴索然。尝有《晚坐》诗云："峰高先得月。"盖指寨峰也。而乃铜柱擎天，翠屏在目，竟不获一涉诸峰顶，以览名胜者，盖已四十年于兹矣。夫余岂局促辕下[③]，块然[④]枯槁之人哉！忆少时尝欲登太华之巅，探会稽之穴，游龙门而浮碣石，上昆仑而至崆峒。行将云窟问士，石窦访儒，于以歌风醉月，推拓胸襟，此其意气，岂不盛哉！然天下事，图于大恒略于微，志于远反忽于近。自余束发受书以来，寨峰日在耳目间，以为可狎而有之也。而何平生之屐齿莫至，坐使朝烟暮霭、石泉山月，空呈色相于岩阿也？是其负吾寨峰也实甚。而猥欲遍历名山，极天下之大观而无憾，亦何异一指蔽目，泰华在前而莫之见哉！余故记之，以为切问近思之鉴。

① 胥吏：官府中的小吏。
② 怀瑾握瑜：胸怀手握美玉。比喻人具有纯洁优美的品德。
③ 辕下：辕门之下。引申为门下、部下。
④ 块然：孤独的样子。

圣庙石鼓记

（候选训导）张光岳（崧皋）

宣邑圣庙大成门廊下有石鼓二，相传建庙时土中掘出，当事者珍为古器，移置于斯，上无镌字，不知为何代物。昔韩昌黎有《石鼓歌》，古色班烂，载在简册，文得鼓而传，鼓亦得文而著，盖相得而益彰也。斯鼓也，产于万山中，其制不甚巧，其琢磨不甚精，有质无文。倘使无人掘之，千秋万岁沉埋于泥沙中，已而又恶能卓立宫墙，争光于宗庙之美，百宫之富也哉！吾因之有感矣。春秋时，沮溺[①]丈人[②]辈，栖身草野，不求人知，乃问津焉，止宿焉，其事千古，其人亦千古。是春秋诸隐君子以夫子而名，彰其辙环未周之地如沮溺丈人者，正不知凡几，而有传不传，盖有幸不幸也。吾故备书之以为石鼓贺，时咸丰十年庚申岁也。

石虎记

（候选训导）姚复旦

吾乡有石焉，其状狞狰，钩爪锯牙毕具，其色黑，与《尔雅》所云："虪[③]，黑虎者"相类。故老相传某年间，啮里人豚几绝其类，里人苦之。未几，复入桧里，人不敢近，旁睨之，阴志其去向，诘朝迹之，固赫然虎也。谛视之，则顽然石也。其石窍间，血犹涔涔滴。里人异之，归告其邻。邻人曰："石而虎，可畏哉，虎仍石，可图也。"乃约里中人，请石工持斧凿。凿其目，断其足，劈其头，洞其腹，自是而害遂除。余尝过其地，见其全身卧土中。噫！可哀也哉！世之人有类是者。吾见冥顽不灵，块然仅具形质者，则石也，乃机械生，混沌凿，假诪张而以为智巧矣，假鬼蜮而以为才干矣，假势利而以为纵横矣。狡狯不已，变为忮害[④]；忮害不已，变为搏噬[⑤]。叵测其心，睚眦其目，其与视眈眈，其欲逐逐者，何以异当是时人之罹其害者，窃窃然伺之，又窃窃然谋所以去之，逮久而知其技之止此也。而其祸遂不可解，机关一露，气焰尽消，一人奋袖，百夫累石，唾詈之，摧挫之，必至食其肉而寝其皮，而后观者以为快。史册中，奸险之夫往往当其发覆[⑥]时，鬼神夺其魄，卒无有一人得脱者，岂不大可哀也哉！吾故志之以警天下之石而虎，虎而仍石者，是石也，距吾居二里许，至今犹呼为猫儿岩云。

① 沮溺：长沮和桀溺。春秋时的两个隐士，隐居不仕，从事耕作。
② 丈人：古时对年长男子的尊称。
③ 虪（shù）：黑虎。
④ 忮（zhì）害：忌恨伤害。
⑤ 噬：搏击吞噬。
⑥ 发覆：揭开覆蔽。

创修《宣恩县志》序

（邑令）张金澜（茗泉）

古者輶轩观风，采诸名公卿之纪载及里巷之谣传，勒为成书，以验风俗。今之志书，仿佛类此，而其间微有异者，盖十五国之风，美刺杂出。而志体则有美而无刺，于其可美者笔之，其可刺者削之，无两用者也。近代人文浸兴，无论通都大邑，其为志也详且备，即山城岩邑，莫不有志。志者，志其风土山川，嘉言懿行而不使湮没不彰也。余于壬戌四月奉檄宰宣，莅任之日，礼书以邑志呈，阅其全书，仅三页。纪六土司沿革原委，此外附载山川不及十之一，且略而不详，余甚异焉。夷考宣之地，上古为廪君国，春秋时属巴子国，又属夔子国，自秦汉以来，建置不一，分隶亦不常，或曰夜郎即其地也，或曰否，宋以下为六土司所分据。夫当六土司之时，桀骜不驯，弱肉强食，其无文可考，无献可征，亦固其所。我朝家天下，子元元[①]，清四海，服百蛮，初仍旧制，而负固者心渐回，狡强者迹胥敛，已不复昔年之犷悍矣。其后，圣圣相承，重熙累洽，无远弗届，格及有苗，观于东乡、忠建、施南三司之以罪改流，忠峒、高罗、木册三司之自请归流，悉见圣天子威德兼施，上轶中天，远超前代，猗欤休哉！何治之隆欤！溯自乾隆元年设邑至今，涵濡至化，百有余岁，其士讲礼乐而习诗书，其民知廉耻而守法度，家弦户诵，日进醇良，而犹使风土山川、嘉言懿行湮没而不彰，益增余憾矣。顾时方筹资宾兴，倥偬少暇，有志未逮，迟回久之。越七月，从弟金圻自沪来此，余喜纂修之有助也。乃谋诸学博蔡君，蔡君善属文，恳其同蒇厥事，搜得《施南府志》全册，以资考证。癸亥六月，邑诸生石廉携前任贾公志稿一本，其大概如郡志所载。盖贾稿创于乾隆四十四年，郡志成于道光十五年，固已选入无遗也，惟艺文所未载者，今并录之。夫为志难，为志于宣邑则尤难，采访资之绅士，而选择未尽周详，稽核责诸吏胥，而案卷半遭回禄[②]。虽借贾志为粉本，语而不详之讥，固所不免，盖有无可如何者也。夫余非好为志也，不惟虑风土山川、嘉言懿行湮没而不彰，而尤恐我国家如天好生之量，岁捐帑金以拯此一方，或食毛践土者未尽深体圣恩，共为皞皞之民，此则余之悒悒[③]者也，而为志其次焉耳。盖宣扬德意，守土之责也，故以此为风俗之书可，以此为劝忠之书亦无不可。至于证今考古，采择无遗，非仓卒间事。余署理逾年，行将去任，急欲告成付剞劂[④]氏，非敢自信为完书，修饰而润泽之，更有望于后之秉笔者。是为序。

① 元元：百姓，黎民。
② 回禄：指火灾。
③ 悒悒：愁闷的样子。
④ 剞劂（jī jué）：借指书籍的雕版。

来凤县

文庙碑记（乾隆二十一年）

（邑令）林翼池[①]（警斋）

国朝定鼎之初，诞兴文治，即隆至圣之祀典。国学有庙，阙里有庙，直省郡邑有庙，崇祀先师大成至圣及七十二子。凡先儒有功圣门者，亦皆从祀庙庭。列圣相承，重兹典礼。

皇上洽治重光，尤加意文教，崇学尊师，而德化之覃敷无远弗届，蛮疆改设，百凡未周，即首事文庙。盖以几希之存于人心者，不可一日或去，而大圣人明善复性之教，不可不时时胥智愚贤否，而偕之大道也。盖大圣人之道，巨无弗包，而细无弗入，初不以今昔遐迩而有间。圣人之道，即天地之道，流行充塞于宇宙间者，无所往而不在焉。施阳来凤，旧为楚蜀之交，去京畿三千余里，古要荒[②]之地，历年多而渐摩久，风气日开，俗亦浸变。

今上御极之元年，奉旨建先师圣庙，峻整深邃，巍然当座。圣像益尊，后建崇圣祠，崇祀至圣，五代牌位，制亦周备，神获妥安。颜曾思孟与十哲位次配列左右，复作东西庑，分序从祀诸贤。左旁置明伦堂一座，后垣隙地可数亩，作斋舍。盖自行义路入礼门、大成门一望，俾夫列宫墙内跂宫墙外者，一顾瞻而知圣道之可修，圣教之可尊也。弦诵之勤，风化之美，不于兹庙有以正其本而锡之极欤？夫古者党庠序塾，以次升于司徒，论诸司马，今虽学宫未备，补弟子员者，渐附施学，儒官未有专司。然数年生聚，数年兴育，庠序之制，师儒之官渐次完备，将文章蔚起，经术修明。其所以仰答我国家，岂弟之化者砥砺躬修，一返于古，期无负大圣人明善复性之教，无使觇风化者谓文教之隆，独在科名已也。是则官斯土者之与尔诸后生心期而愿望之者，爰为之铭曰：

缅维圣道，历久弥光；无行不与，江汉秋阳。生民未有，千秋素王；顾瞻庙貌，佩服不忘。惟兹来地，新辟土疆；维尔多士，克念彝常。毋诡于正，毋嬉于荒；明体达用，允罔不臧。冯翼孝德，凤鸣高冈；步趋贤圣，喜起明良。

重修文庙碑记

（学政）鲍桂星（觉生）

圣人驭宇，首隆学校，春秋仲月上丁[③]，崇祀至圣先师，四配十哲及两庑诸贤大儒，典

① 林翼池：号警斋，福建侯官人。清乾隆十年（1745）进士，任湖北来凤县县令。
② 要荒：要，要服；荒，荒服。古称王畿外极远之地。
③ 上丁：农历每月上旬的丁日。

至巨也。直省各府、厅、州、县莫不设儒学，即莫不祀先圣，特颁帑金，修建庙宇，蒸尝诵习，匝寓穷垓，声教所讫，莫之或外。来凤古夜郎国地，宋元以来为蛮峒官司，其时固不知学，亦不知教。宪皇帝雍正乙卯年改散毛七土司地为来凤县，纯皇帝乾隆丙辰元年乃设官输赋，而其地始有宣圣庙，然规制犹多阙略，未之讲也。今天子即位之元年丙辰，邑遭“教匪”蹂躏而圣宫颓坏，急宜营造，当事者屡请修建，以郧襄军务旁午，稽久不报。越八年癸亥，合邑绅士倡义重修，愿醵金币、效勤劳，请于县令朱君桐雨，乃共经始，卜筮吉日，鸠聚工材。明年甲子，大成殿、崇圣祠、东西庑、大成门皆黝垩异旧观，其未建者，以经费不及。又越九年壬申，伐木石，树棂星门一座，建乡贤、名宦两祠而告厥成功焉。明年癸酉秋，予视北楚学将葳事，所拔萃生王煜道其详，因为之记。予以蛮荒不识诗书，如昼之晦也久矣。我神圣震叠万国，先师之教经数千年而后行于是邦，俾生其间者如行青天白日中，虽设学不及三十年，而德洋恩普，沦浃肤肌。于是邑人士皆知大义，先后十年间，惨淡经营，不避劳怨，劝输白金三千余两，重建至圣庙堂，以妥侑神灵而钦若祀典，邑人士可谓知所本矣。捐俸督办，知县朱鸣凤；力为赞襄者，训导萧琴；先首事者，拔贡王廷弼、举人曾有光、生员龙世清；同管工部署，监生夏思盛；分里劝捐，则有若拔贡杨逢祥、张书绅，岁贡陈天煦、张鸿范、杨正谊、曾有典，咸宁教谕张思隽，云南巡检何显梁，廪生覃协中、周宏藻，生员滕自书、向兴校、向仁浩、覃述常、田瀛江、王朝仪、钟待聘、田启芳、刘中华、向伯龙、向振鹏、杨如桂，军功武生张士柄。

建社稷三坛记

林翼池

古者建国，则立坛壝、祀社稷以祈报而宜民也。下自郡邑，各得置坛墠[①]于郊垧[②]。南祀风云雷雨山川，北祀社稷，而厉坛亦隶北，从幽奥之义也。来自改县治，南北各有专祀而坛未设，仅庶几席地旷置之，而又厉祀与社稷同地，非宜。余每承祀其间，肃恭蠲洁[③]，以介神劳，计令典之缺未备，更虑地之渐侵没于民也。乃营筑坛地，南坛负离面坎，北坛负坎面离，高各三尺，周十三丈，缭以垣，四置石柱，前辟神路，左右各为阶级。更置厉坛于北隅，制视社稷较隘，不与社稷同位。其上俱不构瓦木，以未糜赢公帑，又不欲闻于民也。坛成，余复承祀，践位行礼，视初之旷置荒地，尤有昭明焄蒿之意。其在诗云：“圭璧既卒，宁莫我听。”

① 墠（shàn）：供祭祀用的经过清除平整的场地。
② 垧（jiōng）：远郊，郊野。
③ 蠲（juān）洁：清洁。

在昔火旱有灾，则变置之。盖祈报飨以效灵，资民生者，化甚溥也。夫天地好生，率育不已。长民者，勤施而左右之，用其恺悌[①]，升为馨香，足以播和导祥，茂对赞育，原不在斯须之神听格度，可以邀致鸿庥也。君子之交于神，以政不以文，而政本乎德。《书》曰“黍稷非馨，明德惟馨”，余惧凉德[②]，无以宣时序而质鬼神。若夫器度仪章之际，其奚与于休嘉之征也哉！是为记。

范邑侯重建义学碑记

侯，中州世家也，甲辰魁乡荐，癸丑捷南宫。初分符[③]，得施之建始，政简刑清，廉调来邑。甫下车，奉聘入闱。经数月，旋复兴数大政：知邑之学校未兴，则详请之；知邑之荒郊膏腴，则劝垦之；知邑之胥役鲜当，则摈斥之。其有好事舞文，无情健讼[④]者，一经分断，不惟负者忘刑，直令人倾服，而后知是非不罔，公道在人间也。至于庠序之典，尤惓惓注意，所有义馆诸童，每亲诣讲贯，多方鼓舞。尤虑远迩就学者不足以容，复为之重修建设，门厨、前堂、后室，焕然维新。异日文风兴起，端有赖于斯矣。是侯以天下才，仅父母一邑，未数月，政通人和，则由期月而三年以答圣天子之休命者，诚不知其何如矣。从兹待命枫宸[⑤]，龙章宠贲[⑥]，煌煌善政，铭彝鼎而传青史，固其所必然者。区区勒石一隅，何足为侯重，第使后之继侯以父母来邑者，观斯石而效斯政，侯德之延绵，在千百世矣。则此一石也，岂特为一时志，作人之庆已哉！

天人桥记

治之西南三十里为马鬃坡，越坡数里为高洞。洞临溪，溪之阔无过十余丈，但此地非官路，不设官船。近民募制苇渡，制小，其截流有嵌石横栏，上轾下轩，作掬水势。非暴雨溪涨时，离水数寸，骡马徒步可从此过，特左岸缺二丈余，如牙齿脱落其一者。水深流急，放木梗者从此下滩捷甚，不知天之生水生石，故流一缺以通木道，抑或通木道者之凿破混沌使然欤？而济渡者恒以是隔，有架独木其上，以便来往者。木狭而溪险，水涌急时不及收，常漂以去。余尝走大旺汛，舆人贪由此视官路近十里，每到是，为行人危之。而二尹[⑦]蒲公过此，亦有难色，爰与议造木桥。即溪中之嵌石凿窟，植砥柱，高三尺许，上架三木梗，宽亦约三

① 恺悌：和乐平易。
② 凉德：薄德，少德。
③ 分符：即剖符。帝王封官授爵，分半符给大臣作为信物。
④ 健讼：古时称好打官司为“健讼”。
⑤ 枫宸：宫殿。汉代宫庭多植枫树，故有此称。
⑥ 宠贲（bēn）：征聘的荣耀。
⑦ 二尹：清代县丞的别称。

尺，维以铁缆。溪涨时，梗浮而铁缆维之其畔，砌石磴使坦平，则舆马[1]之济如康庄矣。下令里民取材庀工，一阅月可竣。程盖栏溪，自然之石桥五居其四，补一段之木即可以利济。因天之功而人易为力，亦丘陵为高，川泽为下之遗法也。桥成，爰立碑于桥头，勒曰“天人桥”，以志不病涉之意云。

岐阳书院记

自唐虞立德，三代立政，而教行乎德政之间。孔子兼之，祖述宪章，生民未有，子思直揭修道谓教。道之在天地也，发于山川，泄于人文，上自日月星辰，下逮昆虫草木，莫不有道。吾身渺焉中处，所以位育参赞者，于道是赖，国家养士取人，率用是理。顾教必有其地，地必有其名，欲专业其地者，循名而责实焉耳。我朝重道崇儒，兴贤育德，其自郡国州邑，俱令建义学，为讲学肄业地。来邑隶施阳，改设以来，学宫未建，首置义学于城南。犹虑负笈[2]者惮于登涉也，大旺、卯峒复两设义学。是皆廿年来莅斯土者，闻之上官，筹画周详，仰体我皇上作人之雅化，冀存几希[3]于不没也。比年[4]来，风气渐开，执经请业者蒸蒸然起。本城义学旧制卑陋，亦几就圮，且残屋数椽而未经悬额位置。爰即旧舍，鸠工庀材，营葺完固，额曰“岐阳书院”。前讲堂，后学舍，周缭以垣，可数亩，为后来增置学舍地。盖虽未能规制完备，仿岳麓、石鼓万一，亦聊以使此一方之执经问业者，无风雨不蔽之叹焉尔。

顾学以立教，教以明道。昔朱子记合江书院，谓诸生之所以学，而非今之人所谓学。吾友张子敬夫记岳麓者，语之详矣。顾于下学之功，有所未究，是以讲其言者，不知所以从事之方而无以蹈其实，然今亦何以他求哉！亦曰：“养其全于未发之先，察其几于将发之际，善则扩而充之，恶则克而去之，如是而已。”后之学者信能于朱子所谓“将发未发”之先、“善”与“不善”之间，而得其所以为善之实。行远自迩，登高自卑，亲亲长长，而天下平。穷理尽性之学，于是乎在，而岂第章句、文词之末，徒可剽取科名也哉！吾愿与来邑人士喻之，愿与五方戾止[5]来邑之人士共喻之，且愿继自今莅兹土者，所以嘉惠我来邑人士。属望后起者，无不以入孝出弟，守先待后，为讲学明道之教，由是而升堂而入室，则此讲堂一席地，不仅使一方之执经请业者，无风雨不蔽之叹，而直可作圣域贤关视也已。是为记。

① 舆马：车马。
② 负笈：背着书箱。指出外游学。
③ 几希：极少。
④ 比年：近年。
⑤ 戾止：到来。

陈大岩哭萧紫峰殉节诗序

（湖南人）杨兴植[①]（苏圃）

余观天地之正气，流注人间，或为忠臣，或为烈士。而其渊源，有根于母族，得诸师传者，兹于萧生紫峰见之。紫峰为陈氏甥，其先舅祖铁山公以万历戊午名，元宰罗江，有惠政。晋守潼川，遇“张贼”入蜀，围潼城。铁山亲持矢戟，与士民坚守。日久，援兵不至，城陷，北向拜曰：“臣生不能报主恩，死当为厉鬼杀贼。”遂自缢而死。今紫峰值“教匪”之变，倘见义不明，缩首畏祸，崇山邃谷，尽可逃生。而乃挺身倡众，为国亡躯，其义胆忠肝，较望风而靡者迥异。非种于铁山之真脉而能为此哉？且彼尝受业于大岩先生者也。大岩守铁山遗训，慷慨有祖风，讲学蕉溪，以忠义示诸生，不徒沾沾于文字之末。故紫峰之始而击匪，既而献图，三而诱降，四而殉节。凡智勇之过人，丹心之炳日，盖读古人书而深有得于师者。至龚、刘二子与紫峰友善，亦同时死难。语云“人以类应”，其信然欤？嗟乎！来邑妖兴，大岩门下士率众奋勇，驰驱戎事者十余人，紫峰独不免于难，是天不留斯人以光此土也，是天欲死斯人以振此颓风也。予览大岩之挽萧生诗，情词悲壮，于邑嘘唏，泪不自禁。爰题数言于简端，聊以当此招去尔。

书知县庄公纫兰死节事

（郡守）王协梦（松庐）

余守施之明年，将有修志之役。来凤令祥君上前令庄公纫兰死事状，览其义烈，有足纪者。来凤故属散毛土司，其地有小坳，界连蜀之酉阳。乾嘉之际，“白莲”难作。先是，匪目韩瀣煽乱。岁癸丑，摄尹蒋君以计捡之，并其党杨龙等置之法。逾年，公受代。嘉庆丙辰二月，讹言纷至，公患之。忽乡民报忠崇里夹牛洞贼匪于十五日劫夺行旅，人情恟惧[②]。悌恭里陈松者，革役也，通贼为内应，诡陈形势，愿自效，劝公剿之。十七日，公偕外委王清带兵三十人，典史张宁率民壮、乡勇百余人，行至杨柳沟红岩沱，贼大至。望水堡峡口，左右夹击，官兵阵亡者八人，王清受创逸，乡勇死者十之八，公因被掳。匪目田谷登劝之降，公骂不绝口，遂遇害。七月破贼，降匪黄金印指其瘗所[③]，始得归葬。方庄公之陷贼也，张尉大呼入阵，白刃攒刺，所乘马为贼所砍，与马俱坠溪桥下，亡其尸。十八日，训导甘杜命其子

① 杨兴植：字世滋，别号苏圃，湖南新化人。清乾隆四十八年（1783）举人。著有《四书大典考》。
② 恟（xiōng）惧：惊骇，恐惧。
③ 瘗所：埋葬之处。

文郁携印乞援于龙山县。俄而贼已入城，乃乘间至翔凤山麓，自沉于水，妖僧佛忏拯之，迫降，不屈，仍令其徒送归学署。其夜，遂如厕缢焉。事闻，赐恤荫，敕祀昭忠祠。夫以死勤事，祭法也；列于俎豆，宜矣。

朝阳书院碑记

（拔贡）王廷弼（斌夫）

学校，王政之本，唐虞三代皆由之，党、庠、术、序是矣，然无所谓书院也。自宋儒聚徒讲学，择山水胜境，创精舍以处四方学者，始有书院之名，由是书院与学校并重。我朝诞敷文德，定鼎之初，即敕各府、州、县设学，有学之地即有书院以佐之，可谓盛矣。吾邑自雍正十三年改土归流，首知县事者为山东于公，维时学附恩施，未置学官。而于公已有书院之设，以养以教，风气渐开。嗣是河南范公、福建林公俱重为修葺，始名曰岐阳。三十六年始设学，三十七年始移东湖县训导振铎来兹。当其先主讲者即有司，后则兼之以学官，其即党正州长，其官即其师。与夫以蛮荒之服教畏神也，戢干戈者六十年。无端而白莲之教从而煽惑民心，既已不靖，故邪说易诬也，是以有丙辰之事。

新天子即位，涣发大号，命将出师，天戈所指，即时歼灭。而虔刘所遗，急宜修其孝弟忠信，以事其父兄长上，则书院不诚为来凤今日之急务哉！书院旧在城南，今邑侯康公病其湫隘嚣尘，不可以居，乃行营高厂地，得东门里许之桐梓园。下临溪河，每春夏泛涨，则波涛出没，如闻蛟龙声；秋冬泠澹之状，亦令人悟源头活水；而树木阴翳，时鸟变声，皆可以助读书之兴。侯既得之，特捐廉俸，诹吉命工。前为院门，门有楼，楼凡两层，上祀魁星，下供师生登览，中为讲堂，后为院师栖息地。左右斋房各十间，间各容两榻，厨房二间。不五月而工竣，祀先圣，告成功礼也。顾既有教之之地，则不可徒存其名。今日之所以为教者，莫若先端学术，行于近者著，自入于人者深，岂但诗赋文章为弋猎[①]科名之具乎？然则侯之移建于兹也，固不仅欲科名显耀一时，而直欲诸生弦诵揖让于其中，迟之又久，至于人心正而风俗醇也。易其名曰“朝阳”，且愿藏焉、修焉、息焉、游焉者，如高冈凤哕，噰噰喈喈，和其声以鸣国家之盛也。其期望为何如耶？乃为记其颠末而书之碑，以告后日之吉士、吉人为君子使者。

① 弋猎：射猎，打猎。

移建卯峒义学碑记

（卯峒巡检）沈怀枫[①]（梧章）

学校，王政之本也。我朝崇儒重道，育士兴贤，郡国州县，令各建学校，广风教。来邑自土司归流至今，风气日开，俗亦浸变。乾隆七年初，经邑侯于公建学署南，又分设于大旺，捐廉置桐子园、竹园二处田，均资膏火，执经请业者蔚然兴起。而地广人稠，负笈者终惮跋涉。乾隆十年，大旺二尹蒋公来司署任，复建义学于卯峒。卜地署右之关庙坪，请于上宪，岁给膏火十六金，延师训迪。于是达德一乡，业儒者称便，已四十余年矣。予于乙巳岁莅斯土，履馆周视，见制度尚属草创，基址不免偏欹，欲更新之而不得其地。比来倾圮日甚，难以驻足。殊惜人才放失，末由陶冶而成之。因度署前百步许，曰民壮坪，广二十余丈，治地剪荆，极得平坦，远胜前日。因详请移旧馆于斯，捐廉首创，士民乐助者争先恐后。乃鸠工庀材，亲为管理，营葺完固，越两月而落成。讲堂五间，以旁四间为肄业之所，中一间奉祀文昌帝君。前一层，为楼门，环以高墙，广植花木，临河面山，颇饶胜概[②]，是诚地灵而人杰矣。因颜曰“桂林书院”。盖欲志士顾名思义，以争自濯磨耳。夫山川无不泄之精华，而人才应之，将见云蒸霞蔚，登斯堂者，操折桂之斧，游广寒之宫，有自今日兆其祥者，安得以弹丸地而小视之哉！

学校序

（卯峒安抚使）向同廷

尝思学校之设，原以作育人才，以备国家之用。余素有志，缘例请设，奈司内自余明辅祖时，遭向蒿等谋叛后，人民寥落，有志读书者百不得一，几置斯文于不讲矣。余因思人不学，不如物，且士不通经，果不足用。先王图治，庠序必居井田之后。卯峒虽属僻壤，而人性皆善，任有土之责者，亦宜法先王以立教也。讵得于衰微，而遂无振兴之志也耶？所以余于司内及新江各处均建学舍外，示谕各地就近多设，以便延师课读。俾肄业者得以居肄成事，朝斯夕斯，文理通畅，暂送荆州附考。文风日盛，另行缘例请设，以广作育焉。是为序。

① 沈怀枫：字梧章。任卯峒巡检。
② 胜概：美景。

重修文庙序

（县学）萧琴[①]（企夔）

学校之兴，资乎守令，旧矣。往者文翁之在蜀郡，范纯仁之莅任襄阳，建学明伦，彰志贞教，沐其化者，喁喁[②]然向风恐后，旷然一变其俗，猗欤休哉，何其盛也！来邑古为土司地，自乾隆丙辰岁改设郡县，建立文庙，其开创之规模崇宏壮丽，甚肃观瞻。无何，嘉庆元年，遭贼蹂躏，堂厦门庑，半就倾圮。至五年冬，邑侯朱明府新莅兹邑，瞻拜之余，目击倾废，为慨然者久之。爰具文吁请国帑，冀为修葺，奈稽久不报。今年春，与同寅及城中诸绅士谋，量工程材约须白镪三千余金。爰首捐廉俸，为邑人倡，而尔时之争出钱币以相助者，统计之，盖已不下千金云。窃思庙貌创自乾隆己未，距今六十四载。日久，制就杌陧[③]，一旦人心踊跃，废而能兴者，非贤邑侯首倡大义有以感之不及此，盖公之德教深矣。犹记予壬子岁，权应阳学篆。应阳者，古蒲骚，地僻陋，在邑文教未兴。至宋谢显道[④]先生令是邑，慨然首建学庙，与邑士讲肄[⑤]其中，而士风丕变。迨前明江夏贺对扬先生署兹学事，训士以谢上蔡为法，又捐斋俸为置石桥田，曰“嘉宾萍食”，置双桥田，曰“志士斗水”，其所期待诸生者殷矣。顾予力薄，未敢妄希对扬公之置田亩以广作育，而明府勤勤创修，于以妥神灵而宏教泽，与谢显道先生前后相辉映者，益令我怀古不置矣。前四月既望，业经诹吉兴工，凡一切栋梁椽瓦之具，均须价值，今特将所立印簿给首士，按名催收。无论城邑乡场，各宜踊跃乐输，期早蒇事，勿负当日创修之至意。他日圣宫巍焕，人物蔚兴，抟扶摇而激昂青云者联翩无替，将昔所称文翁化蜀，纯仁治襄，今皆于是乎在。则夫宰斯邑者之德洽化成，良用忻慰，即予亦与有荣施焉，谓非兹邑之厚幸欤！董事者属序于余，爰承諈诿[⑥]，敬弁数言，用以验诸同志者。

修罗二箐路序

林翼池

邑之西五十五里，为革勒车塘。越十里为总管寨，有茅店数家，历寨几里许，入罗二箐口。怪石堆突，大者虬蟠虎负，小者锯业牙错，下则溪壑冲溃，横泛无纪。又复林深树密，

① 萧琴：字企夔。汉阳优贡，清嘉庆十年（1805）任当阳县丞

② 喁喁（yóng）：众人仰慕的样子。

③ 杌陧（wù niè）：不安定，困厄。

④ 谢显道：谢良佐（1050—1103），字显道，蔡州上蔡人，人称上蔡先生或谢上蔡。北宋理学家。

⑤ 讲肄：讲习。

⑥ 諈（zhuì）诿：烦重的样子。

灌莽[①]蒙翳[②]。盖自箐口抵分水岭，与咸丰土老坪壤接，原无可通之路，而自酉阳、彭水驼背盐铁者，率皆由此。盖以两邑连界，俱有汛塘，而仅历此十余里之仄径庢险，可就周道。故于无可通之处，而为必欲通之窦，然亦惫已。客冬，因公过此，心病之，即向耆民商开道之方，云非数月不可。兹既岁暮，入春夏苦多雨水，俟秋冬交，山气燥烈，攻焚开凿，方能济事，余时然之。比今春之正月，巡宪来公按临，路出此往咸邑，深以为此川楚商旅来往之区，不可刻缓于修治也。遂檄县饬制铁器，如杆锹、锟锤若干属，即委张尉督修，烈焚勘劈，开挖铲削，将使化险为易，可以通商便民。此诚巡宪勤恤民隐，荡平王道之至意也。余爰与张尉相土制宜，或舍盘错而旁通，或避险巇[③]而曲引，或因流霪而铺栈筑坑，或剔棘荆而划平削直，凡三阅月而工竣。恍然开辟一新途，一不知夫治道者之必循故辙，抑或别于取径否也。然后信非巡宪之勤求民瘼，而勇于猷为，必不能化险为易，若斯之速也。路成，订咸令罡中孙公勒界碑于岭，曰："今而后，敝邑之与贵治通衢直达，诚如有巡宪之所谓通血脉者。"孙曰："二邑血脉之相通久，在西北忠堡、黄柏园一道矣。从来之贞肃，历香水坪、黄柏园、老鸦关，而忠堡，至咸城，无崇山峻岭之隔。而又视罗二箐道近二十余里，血脉相通于此矣。公岂未亲历而未之知耶？"余谓人身血脉之通，四肢无间，手治而足不仁，病已，又焉可以臂指之运掉如意，而任两足之病肿跛蹩也哉？"

卯峒记

治来之明年五月六日，因省农与蒲贰令、董司至县南百二十里，为卯峒。峒滨河，司署在焉。南北行从此登畔，其东流自宣入来，西北大旺诸水归焉。以河与龙山分南北界，西流自蜀酉阳来，东西二水汇卯峒出口，浮辰河，达常德，山势回环拥抱，不见水去处。暴雨时至，下流未通，涨几数丈。其上三十里为漫水，以水势平缓，故名漫。从此舍舆，驾小艇，顺流行二十余里为栏河。盖将以洞石作水栏名河欤？

乡民相率迎官，官司呼其老者以从。撑数里，河渐隘，仅十余丈，左右崖壁，陡削墙立。无堆阜突怒、嵣硭硬碍状，天作地成，细腻光泽，相互绕映，如雕琢磋磨就者。顾使雕琢磋磨，必不能就若斯之细腻光泽者。忽而见浮图对峙，方圆层级，丈尺不紊。忽而见天门重开，浅深广狭，出入可由。或作灵犀分水，开判截止势；或作巨鳌戴山，负重隐伏。俄而乡民指为"石磨凳"，则见其团圆对合，可以碾食粮。指谓"下棋枰"，则见其坦平位置，可以布

① 灌莽：丛生的草木。
② 蒙翳：覆盖。
③ 险巇（xī）：险阻崎岖。

棋局。指谓"香炉崖"，竦然作篆起烟云想。指谓"莲花瓶"，飘然作凌波仙子想。中有峒门，最广可十数武①，乡民云："此大洞也。"乃摄衣披草而进，内有两层，周围几半亩，中置石几，方广二丈，若削琢安排者。上层幽邃，细视之，石菩萨坐象，若现若隐，几侧有莲花座，俨然观音大士一尊，旁侍神女，作鞠躬奉持貌。复有倒垂莲花百数十瓣，冰雪清姿，亭亭出水，直所谓远观而不可近亵者也。更可异者，中有四灵：龙凤矫首奋翼，半入上空杳渺之乡；龙尾摇曳五六尺，曲屈蜿蟠，具飞天势；凤尾扇开，有云仪千仞之意；而麟龟隐伏，两相对待，毛介栩栩生动。徘徊留之，不忍遽去。噫！异矣！

反而登舟，渐闻有急湍涌激，乡民曰："此正洞也。"离洞半里，拢舟不得逼视，遥望崖壁，数十丈截流。半壁有洞门，颇窄，较之大洞仅四之一。半门置一横栏，擎三杆。乡民谓坏时即依旧制易新，陈者坠下，人见之不能拾以去。是或有神者主之与？第见水从崖壁下，濡瀑②难测，杳不知其所之。商人运木至，辄折散，逐浪放流，缘畔行三四里许，下口捞拾，数百间有失一二根者，以其中之屈结溯濈③，有未易以直达之处。盖观夫大川之利涉，彼轮囷权奇者之出山而为共用，从未有若此之蹊径迥别者也。乡民谓冬月水浅时，从下口而上，其中水径之幽曲，石态之变幻蜿蜒，尤不可方物。时张尉因视圄犯④疾，未偕至，始意其素称佳境，及谓秋冬从下而上，阅历犹奇绝，益信。而乡民犹殷殷有词，谓昔有仙人遨游此间，杖履逍遥，父老能述其迹。

噫！异矣！夫以兹空洞之深窈，川流之湾澴，山石之灵怪幽异，设置之中土通都，游览品题者，日不知其几千百辈。即未经游览品题者，亦能熟闻其名，而心慕其胜，以不亲历为恨也。乃今弃之遐僻之乡，奥荒之地，岂造物者故于蓬莱瀛岛外，别为餐霞羽化者辟一区宇，不欲使凡迹之相溷⑤也。千百万年，寂寞清冷，曾无有过而问者，而为孳孳⑥图利之徒所懊嗔。谓一间未达之，不能扩包荒⑦之量欤？孳孳图利之徒亦乌足与语此者哉！

余故爱兹洞之奇，而惜兹洞泯泯⑧于此之不幸也。贰令蒲君谓："吾侪今日之游，而兹洞得公之显其微，阐其幽，则其幸也。"余谓："吾子斯言对山灵而滋愧矣。夫以千百万年之寂寞清冷于此，曾无有过而问者，而且为庸夫俗子之所懊嗔。余亦何力而能显微阐幽，使游

① 武：量词。古代以六尺为步，半步为武。
② 濡瀑：水沸涌的样子。
③ 濈（jí）：水外流。
④ 圄犯：囚犯。
⑤ 溷（hùn）：混乱，混杂。
⑥ 孳孳：勤勉努力的样子。
⑦ 包荒：包纳荒秽。指度量宽大，能容人。
⑧ 泯泯：灭绝，消失。

览者之不致泯泯，而闻名心慕者之以不亲历为恨也？则仍爱之而仍为兹洞惜也。虽然兹洞之深窈湾灐，灵怪幽异，天秘而地私之，固宜为庸俗之所懊嗔，而亦何借游览者之品题，闻名慕胜者之以不亲历为恨也？必借是以显其微、阐其幽，则非所以成其洞之深窈湾灐、灵怪幽异也已。”

张邑侯捐修沙坨坪新堰碑记

民间之兴作，未有不由在上之鼓舞而能踊跃有成者也。来邑改县治，类多崇山穷谷，而平原旷野可开垦者，亦复不乏其有水源逶迤，可开濬以资灌溉者，莫如元阜里之沙坨坪。在昔相其水取道，取自红岩溪，计程七八里。岁庚申，于邑侯兴修，寻毁，壬戌重修，癸亥又毁。我侯莅任，厝怀教养，躬自相土度势，复命重修，民欣从之。陟巘降原，不惮劬劳。爰捐资鸠工，穿山凿石，挖沟筑堤，数阅月，堰竣。前后费百金，计不满六百，而利赖无穷。上益国而下裕民，虽用力者民，而鼓舞振兴者不在民也。岂得耕田凿井而忘我侯力哉？侯讳冲，字天衢，由癸丑进士调任来凤县知县，河南陈州太康县人也。堰既成，民感其德，勒碑以志不忘。

重修张邑侯祠堂碑记

（拔贡）张峻（小山）

生有益于时，没有垂于后，虽百工技艺之良，披其嘉惠者莫不祠祀之以报功，况德足以造万民之福，功足以辅两大之宜者乎。若士配勾龙，社主后稷，庸在民生，典详祭法，血食[①]万世，所以崇德报功者至矣。吾邑古散毛地也，元明以来，虽附版图而土司雄据，每以化外羁縻之。惟皇朝德弥六合，威畅九垓，雍正季年，诸司畏服纳土，始设县治。环城之地，以纵横之步计之，周广约二十里。厥势平衍，厥性燥刚，厥植粱菽。欲辟田畴，通灌溉，久不得其要领，非具大经纶、大学问者不能识，亦不能为也。乾隆七年，公奉天子命来治是邦，政通人悦，风流令行。乃观地势之高卑，水脉之起伏，大局已定。于水之自东北来者，循溪而溯水，至龙洞桥，两山夹涧，水来甚高，从岸上修石堰，度之，广仅数步。乃循山开堰，引水东折，经冯家坪，又折而南，经麦地坞，又折而西，遂与田汇。此东北之水道也，凡附城之田皆灌之。若水之自西南来者，循河而溯之，至伏虎下洞，树木阴翳，其流势卑莫引。复从洞侧上行，两山壁立，怪石攒簇[②]，锐若刃排，突若瓮立，怒若虎攫，横若牛触。而公扶藤徐上，乃至上洞，泉声喷怒，极高且远。洞左右壁中生石檐，广尺有奇，长约数丈，乃令开凿为堰。缺者补以灰泥，断者续以铅。堰引水曲达，瀌瀌有声。洞侧坚木为架，支木堰于上，长二丈有余。渡水于左侧石堰，即今灵官庙下石壁也。壁有石檐，凿堰六十余丈，其法

① 血食：享受祭祀。古代祭祀要杀牲取血，故名。
② 攒簇：簇聚，簇集。

从同。于是修土堰以承之，深二尺，广三尺。水折而南，小阜阻之，乃穿阜为穴，高六尺，广四尺，以通之。又折而北，经龙家坳，又折而东，大沟阑之，深二尺，广八寻。伐巨木数株，掘沟底为窟，深五尺，以木入窟，筑之令坚，上加横木，以木堰架其上，引水凭空而渡，至今谓之高堰。又折而南，经烟堡山，遂与田汇。此西南之水道也，凡河上之田皆灌之。此二水也，一道远而审势维艰，一道近而施功弥苦。然水道虽通，田未尽辟，公乃亲率百姓，指示方略，合力趋功，勤加开垦，洼者堙之使起，突者划之使平，田塍绣错，水利瓜分，以定世业，以杜争端。由是土之旷者膏腴，民之贫者殷实。又于农隙申以孝友，泽以诗书，由是鄙僿之子，化为秀良；弦诵之声，兴于农亩。百余年来，安居乐业，食德饮和，春夏无旱干之苦，亲邻有洽比[①]之欢，则是公之大有造于兹土也。公政成解官，民建祠以祀。至咸丰季年，祠经贼火，化为煨烬[②]，底册无存，德碑莫纪，父老过之，有陨涕者。兹邑人谋重修，问序于余，思国侨治郑，伍田畴而民歌父母；李冰守蜀，通沟洫而民奉馨香。公之懋绩，抗美前贤，皆有功德于民，生为循吏，殁为明神者也。虽吾民自高曾以来，口传耳熟，饮食必祭，犹未若登公之堂，拜公之像，其感佩为弥甚。公讳冲，字天衢，河南陈州府太康县雍正癸丑科进士也。乃作迎神送神之曲，春祈秋报，使田畯[③]歌之，以志没不忘云。

击社鼓兮声隆隆，割豕烹羊兮迎我公。
公之来兮穆若清风，田畯拜舞兮其乐融融。
扶鸠杖兮黄发翁，驻竹马兮垂髫童。
公福我兮年屡丰，蟊贼[④]不作兮旱魃[⑤]不雄。
公醉止兮堂之中，乐民之乐兮乐无穷。
击社鼓兮声不已，送我公兮咸拜起。
公之去兮云光徙，倚仙鹤与飞兮无定止。
步长堰兮水弥弥[⑥]，濯清流兮石齿齿。
农有秋兮维穈维芑，稼如云兮胡为不喜？
永福吾民兮歌乐只，世世子孙兮畴离祉。

① 洽比：和谐亲近。
② 煨烬：灰烬，燃烧后的残余。
③ 田畯：泛指农民。
④ 蟊贼：吃苗根、苗节的害虫。
⑤ 旱魃：传说中能造成旱灾的妖怪
⑥ 弥弥：水盛的样子。

酉水考

尝考各旧志散毛司沿革，皆以为五溪地。窃意古人必有确证，非漫为附会者，独恨未尝明指为五溪中何溪耳。及加考证，惟《明史·地理志》为独详，于散毛宣抚司则曰“南有白水河，一名酉溪，自忠建宣抚司流入，东南入永顺司界。”于永顺司，则曰“西南有水溪即酉水，下流入沅陵县界。”于忠建司，则曰“南有白水河，源出将军山”，邑散毛故地也。永顺司，即今龙山县及永顺县地。忠建司，即今宣恩县地。所称将军山，在宣恩东南一百二十里，毗连鹤峰州界。缘山东南行四十五里，地名罗戈川，白水实源于此，与《湖北通志》“源出宣恩、鹤峰交界”之说相符，乃确知此水之即为酉溪也。按，酉溪为《禹贡》九江之一，《水经注》“酉水出故武陵充县之酉源山，至沅陵县南注沅水”，与《汉书》注同。《明一统志》“充县在慈利县西二百四十里”。今鹤峰正当慈利之西，计其道里，亦相去不远，尤为此水发源确证。为乱山丛出，溪流辐凑[1]，求古所谓酉源者，莫可指明耳。《方舆纪要》“慈利西北有水沉洞”，或谓即《汉书》之酉源山，亦属臆断，而无可凭。《一统志》所称“酉阳后溪河，源出湖南漫水司”，则由其下流求之，而未悉后溪之即酉溪也。《江陵新志》称“酉江即酉溪，出会溪城西山中”，则益由其下流求之，而未悉沅陵北河上溯后溪之通为酉溪也。方冉亭《〈禹贡〉南条水道考异》“九江孔殷”条下注云：“辰永诸郡，伏流甚多，而永之卯峒、酉水，至此伏流山下五里，其上下皆大川，通舟楫。”考证极确。而原其水之所出，则曰自四川酉阳，而未穷其本源。诚如诸书，则古酉源之说，不几诬乎？今以《明史·地理志》及《湖北通志》“发源宣恩、鹤峰交界”者为断，其源远，其流长。初入宣恩为白水河，至来凤为佛潭河，至酉阳为后溪河，下至沅陵为北河。随地异名而实则一水，沅北诸溪，莫此为大。《汉书》云“水行二千二百里”。观其吐纳众流，回腾奔激，经历数郡而会于沅，较今湖南之所谓酉溪，不数十里而即入江者，大小悬殊矣。或谓邑之卯峒即酉峒，古“卯”字作“丣”，“酉”字作“丣”，后世误“丣”为“丣”，遂谓之“卯”峒。酉水实经其中，疑即由此得名，究之事属推测，或因峒而名水，或因水而名峒，谁为最古，则诚无可考耳。

① 辐凑：比喻人或物聚集在一起。

复修社仓序

（邑令）王颂三[①]（筱华）

古无所谓社仓也。自井田废而阡陌开，遂致豪强兼并，贫富不一。岁暖而号寒，年丰而啼饥者，所在皆是。一旦天灾流行，饿殍相望，议蠲议赈，纷纷图救于目前之急，而终无补于百姓之死亡。即有讲求积储以备荒歉者，又或法未行而害已滋，利甫兴而弊旋起。求其斟酌尽善，规画极详者，则必以朱子之社仓为最。我国家勤求民瘼，常平义社诸法，申饬举行，几遍郡县。莅任以来，翻阅旧乘，延访耆英，备悉乾隆年间，曾积有社谷二千六百石，畴昔[②]之为民备荒计者至深远也。洎嘉庆初，毁于"教匪"之扰，荡然无存，迄今已废弛六十余载矣。岂社仓之制，终不可以复兴乎？抑在乎人之实心与实力耳。来邑万山丛薄[③]，田畴疏衍，农民耕山锄岭，半皆仰给杂粮。即丰穰亦鲜蓄积，一遇凶荒，民饥乏食，草根木皮，掘剥殆尽。而又山路崎岖，商贩梗绝，所以视它邑之饥馑为尤困。辛卯乙酉岁，前事堪追，顾可不以社仓为汲汲[④]乎？用是不揣固陋，潜思复兴，又自维德薄政浅，难以遽信于民。爰敦集诸绅耆而共谋之，佥应曰可。夫社仓何如事，而遽共信其可哉？考之朱子社仓之设，犹自谓数年之间，左提右挈，上说下教，始为乡里立无穷之利。其在数年以前，固以岌岌[⑤]乎难观厥成矣。后之人仿其法者，时移势异，更加什伯之难，敢谓其事之必有成乎？且堕废已久，无论闾阎小民，未食社谷之利，先惮出谷之难，且疑惑滋甚。而豪右射利，惯挟至乏至急之情，以邀加四加五之息，见设仓只收息二分，其轻重相悬，亦未免各存意见，妄肆浮言也。不意不数月间，倡捐劝助，共积谷三千有奇，是向惟恐其不成者，今竟成矣；向惟恐其不即成者，今且成之速矣。非民俗醇厚，共知大义，而能如是乎？非赖诸绅耆实心实力，不阻浮议，不存意见，而能相与有成乎？乃或归功于余待民之诚信，与夫用人之专壹焉，则吾岂敢。是举也，专为备荒而设。每户收谷一旦者，出谷二升，若佃田与有力之家不为限量，随其力所能为，以为补助。而既收谷之后，不藏之于官，而藏之于民，不分藏于家室之私，而合藏于里社之公。揆诸朱子社仓之制，虽不必尽同，惟当丰稔有余之时，预为荒歉不足之备，其于民间疾

① 王颂三：字筱华。江西兴国拔贡，清咸丰九年（1859）任来凤县令。
② 畴昔：往日，过去。
③ 丛薄：丛生的草木。
④ 汲汲：形容急切的样子。
⑤ 岌岌：危险的样子。

苦，要未必无所裨益也。又况捐之于今日，不过取锱铢于狼戾[1]之余，而积至于他年，遂可免水火鸿嗷之叹。是其为利，固惠而不费；而其为术，亦约而易操也。因将挪移侵蚀诸弊，议立规条于左。至于垂久远以济时用，必因时变通而维持之，是又不能不望于邑之正人君子及后之官斯土者。

咸丰县

培英书院序

钱乔云[2]

尝谓毓秀钟英之气，何分海澨山陬？而金匮石室[3]之藏，每在荒服穷谷。是以深山隐豹，抱文章而顾影自怜；幽谷鸣莺，求友生而同声相应。谁云僻壤难振斯文！况我国家声教四讫，无间遐方，我咸邑僻在荆山，罔不率俾，人称淳朴。被圣天子黜浮崇实之风，俗务本根；守古人孝弟力田之训，讲学以耨。带经而锄，受和受采之质，于此三致意焉。所惜者百城未拥，囊萤[4]多未见之书；千里云遥，执雁昧从游之路。王诩之门墙安仰，评月无由；明公之广夏终虚，梯云有待。且扬眉无自，则焠掌[5]何心？前车苟无远到之程，后起谁策超群之选？此士气之不可不培，于斯为尤急也。余自承乏兹土以来，自惭竽滥，遑问琴鸣，以旁午[6]之薄书，有未申之志愿。而私心所计，公好每符，曾于饮射读法之余，议仿术、序、党、庠之设，都人士心实怦怦。兹喜丁寨诸绅醵金捐积，议修书院，名曰“培英”。而分之以义塾，继之以宾兴，兢兢业业，意深且远。虑其久而生懈也，则严立规约以齐之；恐其用之不足也，则权其出纳以裕之；病其利用未溥、规模未广，则积其盈余以俟之。其量甚宏，其心甚苦，于尊贤养士之中，寓任恤睦姻之谊。好学也而好仁好义，胥于是乎见焉。将见成人有德，小子有造。材呈杞梓[7]，栽植焉而胥为王国之桢；贤赋榛苓[8]，鼓舞之而共被作人之化。诸君子和衷勿替，何难众志之成城？予也乐观厥成，冀树风声于阖邑，从兹有厚望焉。

① 狼戾：杂乱，散乱。
② 钱乔云：江苏常州人，同治年间任咸丰县令。
③ 金匮石室：中国古代珍藏档案的装具和建筑。
④ 囊萤：比喻苦学。
⑤ 焠掌：谓苦读，用火灼手掌，以警因贪睡而废学。
⑥ 旁午：交错，纷繁。
⑦ 杞梓：比喻优秀的人才。
⑧ 榛苓：喻指贤者各得其所的盛世。

刘孝子传

（邑令）卢慎徽（惇五）

刘光贵者，邑之义悌里大路坝人也。结庐山谷，母老且病，性笃孝，家贫妻亡，不能续娶。母寝食，必躬亲，无倦容。为人佣作，午饭时，同侣从容就饷，光贵留其以遗母，半饱辄罢。归视母餐，疾还佣所力作，少后，必倍其功以补之，故所佣之家亦相谅无谇语，如此者有年。咸丰乙卯五月初八日辰刻，地震数十里，山崩石走，压毙居民甚夥。时光贵出耘陇畔，惶遽负母出，只见尘氛迷漫，乱石纷腾，星奔雨集，或傍身冲过，或越顶飞去，前后左右，靡非石也。骇极，徘徊往复，无知所向。足踢石开，肘麾石避，若有神助。顷之，石积身傍，层累而上，四围如垣，仅容母子匿处。垣上覆以巨石，旁留小阙如门，可以出入。审视居邻，土石堆积，塞断山谷，庐舍田园悉移置温氏田中，离故处已数里许矣。太守张公闻而异之，令县具状申闻大府抚军，公给以“纯孝格天”匾额，银五十两。藩司常公、太守张公俱给匾银有差。时予中表亲应銮阶权邑篆，撰有《刘孝子传》。或曰基址移处，乃孝子邻人刘癞子事，以俱刘姓，遂误合为一事，惜未过孝子里访之。

陆孝子传

陆必瑞，邑之龙坪人，滨溪居。咸丰九年五月初三日，暴雨盆倾，溪骤涨，淹及其庐。瑞负母置高处，旋就水次捞器物，失足，水冲去。适有漂木过，瑞抱木出没洪波中。居民无舟楫，仓卒莫救，但闻其号呼岸人曰：“我龙坪陆必瑞也，命在顷刻，无望生还。家有老母，祈寄声我兄若弟，善事母如我在，售我业，甘旨[①]可供也。切切垂怜，为我寄声。”一路号呼不绝，岸人闻之，莫不叹悯，谓其造次颠沛不忘父母，真孝子也。顺流百余里，至宣恩县界，水稍平，漂木近岸，渔人拯之，得不死。闾里人云瑞同胞兄弟各私其妻子，不顾父母养，故临溺号呼如此云。

蔚文书院开课序

刘元勋

凡子弟向学之志，易靡而难坚。为父兄者，将欲董之以师儒，育之以庠序，陶之以诗书，涵之以道艺，敦笃乎仁义之府，精进乎圣贤之域。非课其殿最，校其高下，给其薪水，重其膏火，则因循玩愒，有初鲜终，将何以副国家三载大比[②]宾兴贤能之至意？瀑泉向设蔚文书院，

① 甘旨：特指奉养父母的食物。
② 大比：乡试。

徒拥空名而无其实。间遇贤宰下车观风，继以励精课士，其于奖赏之费，率皆捐廉所给，此非都人士之所厚幸耶？然而每患其不继。辛丑春，贺公蕖塘以硕学鸿才司训兹土，暇日每谓余及诸生曰："予观咸邑人文，其聪识特达，倜傥不羁之概，虽江汉荆襄之英髦，未能远过也。其循循规矩，沉毅笃实之姿，虽华夏中州之材质，弗能有加也。即吾邑迩来掇巍科、取高第者，原其姿性，大抵相等，而此地未甚振兴者，岂非奖劝无具耶？虽贤豪有志力之士，克自树立，不屑借途于此，而有待而兴之中材，当不减百倍其人矣。君等曷留意书院，以培植为急图？"维时予及诸生然其言，乃约同事张公慎斋、王公静山、冯公占元募化殷实，置买土田。而数年以来，凡为虞芮之所争讼不决者，辄举其契券捐入书院，总计其价已近千数，乃置酒燕集而共议曰："书院者，造就人材之地也。向特苦于无其资耳，今钱谷渐充，宜酌定课章，量入为出，以图久远。然后沛乎如不竭之府，渊乎如不涸之源也。兹其可以常继乎？"议既定，并倩余序其事。余谓此举固为学者设也，然吾闻古之学者，以正心诚意修身为本，以变化气质为先，以出入孝弟、敦伦饬纪为行谊，以穿穴经史、咀嚼英华为文章。本末兼括，华实并敦。唯积学以待举，纵身困而道亨，溯洙泗于濂洛，端模范于士林。若此者，其品其学，其取重于当代也，固宜。否则本实既拨，而于经籍之奥义深文，复罔闻知，徒日取滥恶时艺呻吟咿唔，剿袭影响以射细利，以徼微名洋洋然，轻忽凌傲，自谓人皆莫己若也，吾恐樵夫牧竖窃笑其后矣。岂书院课士之雅意耶？予不敏，谨叙其颠末，并谓学者宜急所先务云。

灵山寺碑序

张光杰

县治东沿流而下四十里，有佛寺焉。或曰其山高翔云际，类三凤状，故名曰"三凤山"。或曰巉岩千寻，类观音趺坐状，故又名曰"观音岩"。厥后精舍日辟，里中人水旱疾疫有求必祷，有祷必灵，故更名之曰"灵山寺"。夫岩峉、嵬嵬、嵣崊、嶚刺皆山也，其间幽谷嶜岑[①]，平衍旷荡之所，争建宝王刹者亦复不少，而兹独以灵名者，何哉？余尝游历，而东寻鸟道，履蚕丛，据云岩，睨谽谺[②]，攀老鹤之危巢，俯梵王之幽宫。见夫万山嵱嵷[③]，特耸秀峰，四时之中，卉木蓊茸[④]，其即山之灵耶？法云飞扬，火宅晨凉，日曜衢康，重昏夜光，其即寺之灵耶？寺以山灵，山以寺灵，山寺之灵，相资以成，故不曰灵山灵寺，而直曰灵山寺耶？此

① 嶜（qín）岑：高峻幽深的样子。
② 谽谺：山谷空而深的样子。
③ 嵱嵷：山峰众多的样子。
④ 蓊茸：形容草木茂盛。

固其灵之昭昭也，而灵山寺乃与八大寺共增辉于禅林矣。夫雅歌灵台，灵之自人者也；风歌灵雨，灵之自天者也。有所借而灵，皆不得为灵。今则灵效于山，灵显于寺，即谓其与西北之灵武山、灵鹫山并传也，固宜。抑又闻之山川之灵，必钟于人，鬼神何灵，因人而灵。苟有聪明不凡之士出没其间，则擅一方之灵秀，成不朽之勋名，又岂仅让灵于山寺也哉！

刘烈女碑志

熊飞

瀑泉西南百二十里，有地曰通草塆。桃源人刘姓者携家居此，女三姑及笄未字。廖某窥其美，假事挑姑，姑避之谨。廖伺姑出汲，窘于途，姑大号得免。比归，声出泪滴，愤不欲生，母方以未及污解慰之。姑乘间弥缝上下衣履，使连结如一，缢死。邑侯张公嘉其节，处廖以极刑。请于朝，建坊旌奖，土人因以牌楼名其山，盖乾隆五十四年事也。越道光乙巳，予授徒斯土，姻长张慎斋先生致仕归，嘱访其事。予至故墟，败瓦朽木，无一存者，碑碣为山石，崩掩不复可寻。徒见奇峰壁立，溪水流清，而遗迹杳矣。幸二三父老，道其始末，犹详焉。窃叹自昔至今，才六十年，何消蚀至于如斯，若历时愈久，文献无征，谁复知其节烈有如是哉？间尝为吴君宝山及其弟方谷昆仲道及此事，谓此女亮节卓然，向列郡志，今乃坟冢模糊，几不可以辨识。宜勒诸贞珉，以垂永久，以光潜德，唯于有力者是望焉。二君以为然，遂慷慨捐修，而碑亭乃巍然重新，是亦勇于赴义者之所为也。予虽拙于才，亦乐志其事，且综其事而论之。古所谓杀身成仁，舍身取义者，每出于烈丈夫，今不图于巾帼中仿佛遇之也。且夫贞女特僻壤穷乡一弱息①耳，耳不闻保姆之训，目未睹《女诫》之书，独其羞恶之性坚于金石，不可屈抑。吾意强暴搂逼之时，直欲龁其人而死之矣，顾其力有所不能，因即以其死死之。而邑宰张公果能明正典刑，按其人而置之死，其贞魂讵不快然于地下哉！嗟彼狂徒，胡犯贞烈，即烈且贞，冰霜比洁，有其侵之，项领流血。而吾独异近世纵淫之徒，何幸不遇此女得保首领以终，又异夫姣而诲淫贻羞帷薄者，胡不令此女一唾其面，惜哉！惜哉！而刘贞女者至今凛凛有生气矣。

大屋涧义渡小引（秦李二姓捐资所成）

丁秀鋐（金舫）

粤稽化弧创造，共鼓程能，远则扬万里之舲，近亦渡一航之苇。然未有事不共济人，未同心而能聿观厥成者也。我邑涧名大屋，流衍瀑泉，境值要津，人多病涉。欲渡未尝无舟，

① 弱息：称幼弱的子女。犹言小儿、小女。

临河不免兴叹，若当宿雾波迷，船自横于渡口，倘令夕阳人唤，响空答于山腰。地不逢下蔡耕夫，津将谁问；人似入武陵仙境，棹亦徒存。纵有篙师，停桡已去；岂无渔艇，罢钓而归。不见招招之舟子，难冯淼淼之涟漪。抑或凫渚鸥乡，幸逢鼓枻[①]苹渺，庐屿得遇榜人[②]。托云水以为生涯，求斗升而供活计。河畔曾邀客驾，争投饮马之钱；渔村以作水田，还乞泛舟之粟。济何人而非利，洋何望而弗嗟？犹幸李下贤裔，秦中贵胄；川思共涉，愿结同俦。金可断而利可捐，割彼河壖之地，罔惜膏腴。往者过而来者续，济非溱洧之舆，宁歌濡轨？一叶之扁舟可驾，三篙之软涨奚虞？仿舟中同李之风胥登彼岸，赋花里有秦之句共渡迷津，斯不负二人同心之义舫，亦庶几众生共济之慈航也夫。

利川县

挂子山界碑记

贾思谟

圣天子天下一家，何事区分畛域哉！然不分者，胞与之仁，不得不分者，经纬之义也，义定而争端息矣。粤稽唐虞建官，内有百揆[③]四岳，外有州牧侯伯，夏商官倍，制亦如之。周置三公三孤，六卿师长，三百六十属。汉唐以下置军路，尽海内之地，而郡县之内外相维，大小相恤。守其地，子其民，各正疆圉，无相侵割，凡期以义相安耳。楚之利川，与蜀丰都东西界连，先雍正以前，忠路一带俱属土司，丰都无干于楚。十三年，容美土司率施州卫土司投诚，于乾隆元年议准改土归流，建施州卫为施南府，就各土司设府属六县，而利川乃为丰都接壤，当分疆。时查奏者楚地制军、抚军，履勘者荆南道，施南守图案，俱西南从后乡塘河上大梁，东北抵挂子山高峰为两县界，即川楚大界。厥后，土司覃姓以此间荒山契卖张行珍为业，是时深林密箐，虎踞鹿游，霞蔚云蒸，蔽天障日。乾隆某年，适出丰都民彭长清乘机夺占，越古沙子关会哨之处，且逾挂子山大岭内两溪，张行珍契买之马尾水、鸭溪水并金坝一带，强占距垦，互相构讼，或在利川，或在丰都。结讼数十人，历经数十年，踏勘数十次，纷纷界案，未得澄清。乾隆四十年，丰都民彭上控川藩及督宪，檄楚饬员会勘定界。利邑署令胡某禀请署施南府前宪遴员上界，冀清积讼，以其事饬知宣恩事贾思谟前往勘。订于四十四年四月，会同知丰都县詹士适卜日临界，会于四川兴隆寺之旅店。面约从界外细勘，忽于次晨变计，且直进忠路一带，登记山水地名，全不及疆界图，而移挂子山于崖门左右，

① 鼓枻：叩击船舷。亦用于行船之称。
② 榜人：划桨、摇橹的船工。
③ 百揆：唐虞时掌管国政、总领百官的首长，如同周代的冢宰。

去关刀崖、大梁远矣，去沙子山则更远矣。窥其意直欲附和奸诡，为侵蚀计耳，岂复问分疆原处哉？（谟）乃从挂子山外寻沙关故处，转上大梁，西去简家坝后乡塘，回首上关刀崖、马尾溪、三口口箐诸地方，度危岩深谷，走丛棘茂林，剪荆拨雾，悉心周览。及旬日，乃得挂子山内岭，巉岩如削，界划天成。于是，从忠路之上下土溪等处捷道回车，欲与詹定界。乃相隔数十里，愈追愈远，竟乘夜飞驰，杳然去矣。谟次日乘天气清朗，再登挂子山大岭，寻最高一峰坐而憩之，立而望之，意见决定。归即先传图，西南抵关刀岩、马鹿河；东北抵挂子山高峰；中则岩岫峻截。因欣喜自慰，谓此诚天生界限，常见定界者刻石立碑，断处森严。奸民暮夜互移，潜口赖讼，久则山水俱谋改易，渐渐之石，形迹磨灭，抑又何所凭也？而此岭则奸狡无所施其技矣。既不留后人以争衅，亦不失古分疆之遗。遂绘图缮详，并檄丰都，永以此山为两县界，即以为两省大界。乃者[①]四十三年，丰民彭又赴部内控，事经上闻，爰令两省督抚行饬大员，详细再勘。湖北则委施南知府汪献琛、宜昌别驾王寿，川省则委直隶忠州甘隆滨，各率属县利川令李延渭、丰都令张某查勘。参阅图据，浃日研求，仍以此岭定界，而彭长清等俱皆俯首遵依，无再置喙[②]。亦可见事之公而当理，其界不易者，确然之义也，舆情翕服[③]者，同然之义也。而奸等之默息无辞者，畏于义而不敢妄吠也。其各安尔土，协于经纬之义一也。是役也，两省府州县，竭心尽力，身任劬劳[④]，长至之日，车马临山，冒雪披霜，不辞辛瘁，明大义以启乡愚，定三四十年结讼之案，而使界限厘然。皓月鸡鸣，百姓安堵，永息争讼，其嘉惠安有穷与？然使（谟）先此之日稍涉私意，亦若贸贸[⑤]游山者之冒无成行，妄行指画，必不若此之彼此共信，先后同揆也。其不至贻笑于大方者几希矣。是为记，时乾隆四十四年八月也。

记举人李耀瑚辞举孝子事

谭光祥（兰楣）

施南属县六，自设科以来，惟来凤得举于乡者一人。癸酉乡试，利川李耀瑚得举。佥曰："是固能文者，宜其举也。"既而有称其孝者，曰："是故天知所以报也，宜其举也。"予闻郡之有孝子也，亟驰书利人朱良一问状，且令利人胪举[⑥]其孝行以闻，将旌之。良一报余书曰："耀瑚事亲，先意承志，曲得欢心。侍母疾，衣不解带者三年。居丧啜粥饮水如古礼，

① 乃者：往日，从前。
② 置喙：插嘴，议论。
③ 翕服：顺服，悦服。
④ 劬劳：辛苦，劳累。
⑤ 贸贸：纷乱的样子。
⑥ 胪举：列举。

服除，亲生日忌日，辄流涕变食，孝哉之称，人无闲言。”奉明谕胪举孝行，乡人将遂合辞以状闻。耀瑚知之，造乡人曰：“耀瑚少贫，奉亲无状，养且不能，曷敢言孝？终天之恨，万死莫赎。不幸盗虚声，方怀惭惧，若更居之，不疑欺心欺天，莫此为甚，不孝之罪滋大矣，敢以死辞。”良一窃见耀瑚避孝名出于至诚，愿无赐表闾[①]之礼以安其心。嗟乎！欲报之德，昊天罔极，德罔极者，昊天之本然。不敢言报者，人子之自尽，孝为庸德，人皆可能。卒不见有能之者，谓亲德易报，孝道易尽，不知罔极之义，不复竭力以求自尽也。耀瑚养生送死，尽礼尽哀。如是闻采访，避孝名如避不孝名，其不自以为孝也。出于中心之诚，非故为辞让以鸣高也。《蓼莪》诗人之意，耀瑚其知之矣。自今以后，人子守身之道，临深履薄以持之；人子显亲之道，夙兴夜寐以求之。耀瑚其勉之哉！顾吾谓如耀瑚者，士林已不易觏，施之人当何如爱慕而传述之。然而知者或不爱，爱者亦不传，脱非名登贤书，则孝子之名竟无由入于吾之耳。然则耀瑚之得举也，正天之所以报其孝，而表而出之以型世也。夫天之表耀瑚，表其行也，非表其文也。予惧既表之后，人第知其文而不知其行，而孝子之名终不见于当世也。故为文记之，以告世之为人子者。

重修武庙碑志

陈春波

利川荒远，旧隶土司。国朝改土归流，始于乾隆元年设县治。二年，于城东建关帝庙，与先师孔子埒[②]崇祀典，所以兴教化、奠民人也，迄今逾六十年。栋宇垣墉，日就倾圮。余下车伊始，既进邑人士谋葺文庙而新之，继即欲修武庙。中以寇警邻封，军书旁午，弗果。嘉庆二年春，“苗逆”已平，楚北邪氛亦渐殄。爰谋诸寮寀[③]，捐俸倡修，众志允孚，不征而集，择其能者任之。第仰瞻殿宇，檐短不及阶，前置重轩，两檐相衔，中横一枧引水，雨骤则溢，久则淋。堂下之阶去地不盈尺，无层级以进，非廉远堂高之义。且面无墙，旁无庑地，皆因土作壤，奚以妥神栖。乃相与营度所宜，召匠示以图，于前荣嵌木接栋，擎高其梁，外为轩之楹有四，皆施以大木。俾负椽直击不隔重檐，劚阶下土以次深数尺，砌以石，高称之。殿之后为三公祠，设重扉，构精舍，居僧以伺香火，远厨厕，使不亵。殿前拱以楼，衔以墙洞，开三门，为两廊，翼以围栏。钟鼓在亭，仆马在厩，盖规模比旧略具矣。然而木者斫，石者砻，陶者甑，垢者恶，取材于山，输资于众，计其工费累累，蒇事殊难。斯役也，经始于丁

① 表闾：刻石于里门，以表彰其功德善行。
② 埒：等同，齐等。
③ 寮寀：官吏，僚属。

巳之夏，落成于戊午之秋，翚如翼如，丹壁辉煌，一新庙貌于以见，帝之英风浩气，充塞两间。实能佑启我民，而我民亦慕义甚勤，有以上副圣天子昭假振兴之至意，是皆可书也。于是书倡修之同官衔名于石，董事及捐助者则别泐一碑，以为捐输者劝。

九渡河永济桥序

王星榆

县属之南有九渡河焉，河发源于西南诸山，迤逦东注，经钟灵之麓总汇于城南大河。虽流不甚巨，而高峰夹峙，一线中盘，每夏秋霖潦暴集，客水盛涨，则泱漭①浸灌，冲击堤岸，行人之病涉者屡矣。溯旧有木桥一，岁久而圮。里人吴启光等议甃石为之，以垂永久。请簿于余，与以醵资费，工既竣，求余记其月日。余维利邑毗连川省，为楚蜀之门户，然自有明之季，土弁盗据，皇路未夷，及我高宗纯皇帝之初载，始改设流官一，其声教阅今八十余年。洵大化涵濡，民商辐辏，向者荒僻阻绝之区，今皆拟于四会五达之庄，而其民于安居无事之时又复喜为胜事，以惠行旅而谋久远，即一桥之建，而国家久道化成之效，不于斯而可见耶?是桥经始于嘉庆丙辰冬，成于道光元年辛巳秋，凡十阅月而工毕，费银计六百四十两，皆民户捐给，勿假官帑②。余喜是桥成，得以永济行人，因以“永济”名之并为之志，既为邑人庆，抑以祝我国家亿万年无疆之休。

吴硕卿明府德政碑

（邑令）常懿麟③（镜峰）

盖闻恫瘝在抱④，为贤圣之居心；衽席斯民，见循良之实效。今人动言经济事，一投苍皇失据⑤，而屡丰无事之时，又不未雨绸缪，预图保聚。无惑乎催科⑥听讼之能吏多，而捍灾御患之良吏少也。利邑泉寒土瘠，户鲜盖藏⑦，灾歉频仍，茫无善策。深山乏舟楫之利，既未可重价以招商，四境皆枯槁之余，必不能临时以捐富。本年霪雨为灾，卒然饥馑，特资义仓平粜⑧以济时艰，而义仓之举，实为前任吴公之所倡始。按，公为安吴望族，出宰要津，嗣以服

① 泱漭：广大的样子。
② 官帑：国库里的钱财。
③ 常懿麟：字镜峰，山西凤台人。清道光二十八年（1848）至咸丰元年（1851）任利川知县。
④ 痌瘝在抱：把人民的疾苦放在心上。
⑤ 失据：失去凭依。
⑥ 催科：催征田赋。
⑦ 盖藏：储藏。
⑧ 平粜：旧时遇到荒年，官府把仓库里的粮食按平价卖出。

阕[①]选授斯邑，下车而甘雨随来，返旆而仁风犹被。先是病操切[②]之政，公则哀鸿雁以推恩，多刁诈之徒；公则孚豚鱼[③]以示信，遂至感召祥和，历年丰稔。官常饲鹤，役亦买牛，固已可登循吏之传，无忝治谱之书矣。乃更防患于未然，忧民于不已。思凶年之必须有备，知富岁之可与图成。夫欧公之《本论》不行，惟朱子之社仓最善。公心师其意，信而后劳，捐资倡首，民乐输将，功若积裘，义仓比栉[④]，共有谷一万数千石。分贮各保，择令方正绅耆随时料理。既杜素餐，无虞红朽，是其利赖无穷而公亦与之无尽矣。公任此六年报最，迁云南宣威牧。而麟接踵芳规，政承旧尹，猥以德薄，既罹灾荒。当此之时，设非公留善政，民有燃眉之急，官为无米之炊，其何以堪？平粜事竣，士庶思公遗爱，共立寿石。麟亦仰慕仁型，乐赞成之，因为之序。

何仲香明府德政碑

常懿麟

利川设县几二百年，贤宰不下数十辈，独前吴公硕卿义仓之设，吏民为立石于东门外。今秋合邑佥议建司马何公德政碑，皆取其所全者大，而事可以垂之将来。然而，为吴公易，为公难，一处常，一处变也。公以同治二年视事[⑤]斯邑，甫半载，万姓鼓舞欢欣，未书于石，先宣于口。有以听讼颂者曰：“如镜之空，如衡之平。鹰鹯[⑥]逐恶，雀鼠[⑦]息争。”有以安民颂者曰：“内修政事，外应宾客，征马沿途，嗷鸿安宅。”有以好士颂者曰：“勤于课士，重以宾兴，兵燹遗民，多弦诵声。”啧啧称道，不一其事，然皆未足以尽公者。夫寰宇承平之日，中材亦可奏功；师旅饥馑之秋，豪杰未免束手。本年春，士民跻堂称觥，正酬酌间，忽贼烽照境，地无坚城，人鲜固志。公曰：“毋养祸，毋助变，吾以军功获选，何畏于寇！”于是，立团练，设防堵，筹军粮。行市之微利，胥以助饷，公先出养廉为倡。贼蹂躏旁县，不敢犯。贼退后，计存经费四千余贯，军火器械，无不备具，即拟禀府立案为异日缓急之需。乃外忧未已，内患忽兴，未几，灾荒见告矣。群情汹汹，不可终日。公亲入闾阎，劝富民勿闭籴，又分余俸市米，就各乡设平粜数十处。仁风遍野，膏雨随车，匮者以丰，饥者以愈。赵清献[⑧]

① 服阕：古代守丧期满除去丧服，谓之“服阕”。
② 操切：办事过于急躁严刻。
③ 孚豚鱼：即信及豚鱼。对猪鱼等微贱动物也讲信用。极言信义昭著。
④ 比栉：像梳篦的齿一样紧密相连。形容排列密集。
⑤ 视事：治事，任职。
⑥ 鹰鹯：比喻勇猛的人。
⑦ 雀鼠：比喻小人。
⑧ 赵清献：赵抃（1008—1084），字阅道，号知非子，衢州西安（今浙江衢州）人。北宋名臣，谥号“清献”。

之救荒，南丰作记；张益州[1]之已乱，西蜀绘图。岂私恩小惠，夸一时一事之能哉！今者变苦境而为乐土，稼颂如云。修文德而偃武功，兵歌洗雨，彼苍似默鉴其忱，宜民情爱戴不忘也。或曰："吴公碑立于去思后，今作于居位时，得毋少异乎？"佥曰："不然。"咏歌因感激而生，彼此无庸袭迹。经济赖文章而显，后先不必同途，但使民生共赖，当传今示后。矧吴公之利仓，积久弊生，已将废弛，非公大为整顿，几难复振。而公所遗之利，实足与义仓并垂不朽欤。爰为之序，以道其梗概云。

创修《利川县志》序

何蕙馨（仲香）

昔朱晦翁[2]宰南康，下车伊始，他务未遑，先问志书。诚以一郡之中，疆域之远近，户口之盈虚，风俗之贞淫奢俭，与夫山川草木物类，赖有志焉。然后守其土者得以按册而稽，儒者出治，必先知其所重也。癸亥秋，不佞承乏兹土，县志未有成书，思欲辑成一册，以备掌故。奈兵燹后，牒诉倥偬，军需旁午，不遑及此。今年春，下游重修省志，叠奉宪檄，除郡志外，向无粉本，搜罗讨辑，经始维艰。爰集绅耆商榷，公举首事，佥谓邑有宿学吴枫桥明经，昔年集修郡志，曾与其事，征文考献，体例悉谙。因延请操觚，编辑越半载而稿乃脱，于是重加正定，用付剞劂，编帙成书，以备上宪采择。后之官斯土者，倘有如朱子其人者，循其旧而图其新，不下堂而展卷了然，亦可为观风问俗之一助焉。夫是以缘起而序之。

建始县

文昌阁碑记（乾隆二十一年）

邱岱[3]

伏读帝君阴骘文有曰：吾一十七世为士大夫身，未尝虐民酷吏，是所以存心训人者，皆本《洪范》。阴骘下民之原，以化成天下。其在《易》，"贲"之文明，象在山火；"离"之文明，丽乎日月。盖鉴观之灵，昭然在上矣。余于癸酉来宰建邑，职司化导，恒惧凉德薄材，弗克胜任，而荒陬遐邑，固陋少文，心窃悯焉。岂川岳之灵秀独择地而钟欤？抑师塾之传未克董率人心之怠弃[4]，甘自囿于边隅而不求闻达欤？方今文德覃敷，四表光被，济济多士，克广德

① 张益州：张方平（1007—1091），字安道，号乐全居士。应天宋城（今河南商丘）人。

② 朱晦翁：朱熹，号晦翁。

③ 邱岱：汉军镶白旗举人，清乾隆十八年（1753）任建始知县。

④ 怠弃：荒废。

心。爰因文昌阁之旧址创建楼阁，中奉帝君像，旁葺斋房学舍，延师督课，俾邑之俊秀咸有所观感焉。庶几人材蔚起，以仰达圣天子菁莪棫朴之化，是则予之厚望也夫。

义学捐置田舍碑记（乾隆二十八年）

余本[①]

建邑处楚蜀边陲，自前明迄国初，叠遭兵燹，流离[②]琐尾，几成草昧[③]，文教之不振，由来久矣。戊寅春，予来宰兹土，览其民风凋敝，习尚蛮顽。思所以正人心而厚风俗，非纳其身于党、庠、塾、序之中，俾朝夕渐摩，驯至于成人有德不可。然则义学之立，诚建邑之急务矣。查前任邱君创建义学一所，在县城西北隅，其捐造学舍余金交商生息，以资膏火。旋因义学经费部禁交商生息，余即议请将存留银两并捐俸凑置水田二斗，惟课谷较息银已少，需用日增，经费不足，正倡议劝捐。适廪生文元琦，生员文元章，同弟元玮，伊父文常久，自备价百六十金，续购水田八斗并基地一处。捐入义学，募种分租以资永久，急公好义，洵属可嘉。爰尊旧规，给额示奖，第馆资备矣，而学舍湫隘，犹未称善。查有李七垭官地，劝令张陈姚等捐资，缮葺正室，复构旁舍数椽以居来学之士，而予数年谋画之心，差堪自慰矣。因备叙巅末，勒诸贞珉。所冀师是学者，勤加训诲；业斯室者，争自濯磨。余亦于公余之暇，共相考课，以励精勤，安见文风不骎骎日上，而与通都大邑并驾齐驱也哉！

新建石门佛寺记碑

陈辉祖[④]

乾隆三十七年夏四月之上浣[⑤]，余以新筑施南府城，道经建始县之石门。石门者，山石中洞如门，往来人必出入是门以为路。人从巴东来，傍石虎山东北下趋而南三里许，至石罥桥，桥稍西，乃西南上行而北五里许至石门。穿门出稍北，列垂如檐，土人依岩结茅屋，檐下市酒饭以待行人小憩。崖下林木排立，自石罥桥望之，可历历数，西东相对可呼应，而崎岖上下，经时乃达。当是时，余未至石罥桥，即望见石门高处有金身螺髻状，世间所塑如来佛者一，又有白髯公，冠巾而侍者一。其林木枝叶间放光，如金丸累累，指视从者，曰："无见也。"

① 余本：广东嘉应州监生，清乾隆二十三年（1758）任建始知县。
② 流离：枭的别名。
③ 草昧：形容时世混乱。
④ 陈辉祖：湖南祁阳人。历任闵浙总督、湖广总督、河南巡抚等。
⑤ 上浣：上旬。

至桥下马熟视[1]，犹在上，而至石门无有矣。夜宿施南，二僧见梦，曰衣敝，愿舍新衣，许之而觉。此其日之所见幻而入梦者耶？既归鄂城，述异于我母太夫人，曰："是当作寺。"即寺于石门崖屋之右，琢石为像如所见。一为如来，一为伽蓝尊者。其旁为小厅事，官人过客谒寺可歇息。落成，当勒石，惟余素不善佛，佛乃于我现丈六身，枝枝叶叶放大光明，倘如佛氏言，有所谓因缘者也。石之为门，几千百年，其地不有佛，佛乃今得寺石门，倘亦有所谓因缘者也。夫使余不视城，无由至石门，不至石门，无由见佛光明，即无由作寺。子不语神怪，而曰如在其上，如在其左右，今余所见，非直惝恍[2]窈冥[3]如之也。夫岂狂言以惑世，要以归之于因缘也云尔，乃作颂曰：不生不灭是生生，无住无去必有住。佛在人心亦在眼，光明在眼却在树。石门石虎相对出，涧水中流无休息。如来也惜草鞋钱，伽蓝到此脚一歇。说与路人莫失迷，千秋摩挲此碑碣。

新建龙神祠序（道光七年）

郑伟

大哉龙之为德，潜景深渊，飞冲霄汉，兴云雨，泽万物，此《周易·乾元》所以取象于六爻者也。昔圣王之制祀典，有功德于民则祀之，故天下州县各有龙神祠，以崇德报功。今建邑惟在关帝庙侧致祭，并无专祠。虽邑乘载有龙神祠在南关外之说，及查其遗址，故老土民竟无能道者。夫礼未尊崇，神贶何由感召？祀无正典，灵爽[4]奚所凭依？岁丁亥，捐建石桥，乃度吉于南关之南，得高阜，基厚势崇，坦夷轩敞，思购以建龙神祠，而地主愿售。于是捐资经营，越七旬而就。祠宇轮奂，像设森严，夫而后神保是格，以妥以佑，行见甘霖泽物，永庆年丰，明祀馨香，白苹长洁矣。是为序。

新建迎恩桥碑志（道光七年）

建邑南关外河系夔施要道，河面宽广，每逢山水泛涨，波流汹涌，民之病涉久矣。自乾隆初年，守土者欲创石桥未果。厥后或置义渡，或架木梁，旋设旋圮。嘉庆中，知县事杨君选举绅耆，倡修石桥。城乡缮助者不下二千余金，仅成石磴七座，仍架以木。历年无几，已见朽坏。予摄篆斯邑，思易之以石，为久远计，第磴有七座，桥须六洞，工大费繁，成之匪易。适有监生魏光祖愿建一洞，职员邱裕雯、黄玉珑，监生黄志森、廪生黄宗致愿捐三洞，

① 熟视：注目细看。
② 惝恍：模糊不清的样子。
③ 窈冥：幽暗深远的样子。
④ 灵爽：鬼神的精气。

监生张永福、刘馥英，民人谢仕聪、李文发愿建一洞。其一洞及两岸石磡，虽有变售义渡田价并前捐余项，统计尚难蒇事，复为倡捐以助之。爰择丁亥五月十日命工入山采石，七月廿二日兴工，十一月朔告竣。桥长二十三丈，宽一丈一尺。此非好善之士见义勇为，何能以前人图营百年未就之工，越七月而遂竣哉！后之好善者尚其随时修葺，免致日久倾颓，以全先后义事，传之无穷，是则予之厚望也夫。

重建五阳书院序（道光二十二年）

袁景晖

自古王道之行，必先正人心，明人伦，厚风俗。而人伦之明，人心之正，端自学校始。三代盛时，习俗敦庞，民心淳固。微独其世近古也。亦以家塾、党庠、术序、国学，崇四术，明六行，重以父兄之教诫，师友之箴规[①]，涵育熏陶，教泽之入人者深，是故历年久而莫之变易也。国朝列圣相承，崇儒重道，家弦户诵，薄海同风。建邑自乾隆十八年肇建五阳书院，文学之士彬彬日盛焉。顾旧基狭隘，岁久倾颓，是亦守土者之隐忧也。客岁[②]，贡生李如桂，选拔陈知新，廪生范启端，监生黄志森、刘恒坦、何晓山、何光国、何尊楷等呈请劝捐重建书院兼作考棚。予初虑其成功之难也。既而购料庀材，众工毕举，建修讲堂、肄业暨斋长各房、东西号舍大小计三十余间，桌凳什物悉具。自去岁小阳[③]始事，迄今仲冬，期年之间，工已报竣。予环视周围，见堂宇深宏，四山叠翠，园林弥望，郁郁葱葱，为欣慰者久之。夫古今之际，传记所称雕甍绣户[④]，卷雨飞云，药室兰房，侈为韵事。不数十年而颓垣败瓦，蔓草荒烟，无复顾惜者何也？彼其所为，悦耳目，娱心志，只一身一家之私，而无关于世道人心之计也。若夫宏开书社，大启鼓钟，传教四方，嘉惠来学，登斯堂者，端学术，正人心，明人伦，媺[⑤]风俗。自一世递至数十百世，讲让型仁，上以副圣天子乐育之化，而下以溥教泽于无穷。后之君子，式廓日新，永远弗替，安知不与西蜀之子云、建康之鹿洞并垂不朽也哉！予故乐为之序。

① 箴规：告诫规劝。
② 客岁：去年。
③ 小阳：农历十月，亦谓之小阳春。
④ 绣户：华丽的居室。
⑤ 媺（měi）：同“美”。美好，善。

小灵桥碑序

孙学炳[①]

窃谓山辉而川媚，人杰则地灵，由来久矣。邑西距城十五里有白水溪，源自大雾山而下，中有村焉，曰顾家沟。居民愿朴敦庞，相尚仁里也。每当溪水暴涨，奔腾汹涌，既不可以通舟楫，复不可以施桥梁，行人之临流而返者已非一日。己酉仲夏二十一日卓午[②]，忽焉阴云四合，暴雨时行，雷电大作，隔岸迷不相见。约炊黍顷，天倏开霁，则见有大石长二丈余，横亘溪中，俨若桥焉，奇矣。且石由上而下，自西而东，其高下平正低昂不爽，俨若人力为之，则尤奇矣。借非地脉之效灵，其何以有此乎？先年，沟内居民虽多，而土田硗瘠[③]，每苦贫乏。自有石桥后，家乐温饱，户庆那居。堪舆家过而诧曰："此天架石桥，为此地锁水口也。"爰集同人，葺而修之，额曰"小灵"，彰神庥也。并将桥之两岸大路均加补修，以便行旅。因序其始末，勒诸贞珉，俾过此者，知桥之所由成，而"小灵"之名所由著也。是为序。

重修《建始县志》序

（学使）孙家鼐[④]（燮臣）

建始本汉巫县地，晋初置县，隋以后因之，而分隶不常。明洪武中隶夔州，国朝雍正十三年改施州卫为府，以县为入省必由之路，拨隶施南，盖楚蜀之咽喉也。旧有抄本志一册，不著撰人名氏，前使者庐陵王君谓其简核有余韵，拟诸韩邦奇朝邑之遗，后之踵而成者，莫不权舆于此。尝论修志之难，苦于一字不容无来历，施以改土归流之区，无文可征，无献可考。曩者议纂郡乘，赖有唐、童、王三氏卫志之存，资为粉本，且迟之五十余年而就绪，况建之自蜀归楚，更不及上详卫事哉，则犹幸前人之尚有可因也。前志编于前，邑令袁侯，今邑令熊侯，以乙丑春莅任，进袁侯之志而观之，慨然于山川形胜之袤延，户口赋役之科则，风俗人文之朴茂[⑤]，礼制政典之灿陈，则曰："前事之师也。"又病其择焉而不精，语焉而不详，紊而不能理，晦而不能白也，则又曰："是吾责也"。于是搜散佚，摭新闻，讨论而润色之，不期年而大帙裒成。於戏！袁侯得前人之志而因之，以溯其源，熊侯复得袁侯之志而因之，

① 孙学炳：建始岁贡生，县衙执事。

② 卓午：正午。

③ 硗瘠：土地坚硬而瘠薄。

④ 孙家鼐（1827—1909）：字燮臣，号蛰生、容卿、澹静老人，安徽寿州（今六安寿县）人。清咸丰九年（1859）状元，与翁同龢同为光绪帝师。

⑤ 朴茂：朴实淳美。

以承其委，是皆善所因者也，岂不足绍前徽[①]而贻后矩哉！余奉命视学楚邦，丙寅春按临施郡，道出是邑，见其人文秀洁，比户可封，进而试之，彬彬乎雍容而揖让。仰见圣朝郅治[②]之隆，不以僻壤遐陬而或异也。夫问俗采风，使臣之职也，读熊侯之志，可以知其政已。

增修施南府志卷之二十九终

① 前徽：前人的美德。
② 郅治：同“至治”。谓治理得极好。

增修施南府志卷之三十

杂志

杂记

方志之末多有杂记，以旧闻轶事诸类未能尽收，或野史稗官[①]事迹足资考证，故别而存之，亦补阙拾遗意也。旧志斟酌摭拾，材取新奇，语去泛滥，颇称善本。今稍加增损，亦必确有可据，非敢附会也。志杂记而以辨讹附于末。

《尔雅·释兽》："魋如小熊，窃毛而黄。"注：今建平山中有此兽，状如熊而小，毛麤浅赤黄色，俗呼为赤熊。疏：窃，浅也。状如小熊，浅毛而黄者名魋。

巫山县在峡中，亦壮县也。市井胜归、峡二郡。隔江南陵山极高大，有路如线，盘屈至绝顶，谓之一百八盘，盖施州正路。黄鲁直[②]诗云"一百八盘携手上，至今归梦绕羊肠"，即谓此也（陆游《入蜀记》）。

黄山谷云："予既作竹枝词，夜宿于歌罗驿，梦李白相见于山间曰：'予往谪夜郎，于此闻杜鹃，作竹枝词三叠，世传之否？'予细忆集中无有，请三诵乃得之：'一声望帝花片飞，万里明妃雪打围。马上胡儿那解听，琵琶应道不如归。竹竿披面蛇倒退，摩围山间猢狲愁。杜鹃无血可续泪，何日金鸡[③]赦九州。命轻人鲊瓮头船，日瘦鬼门关外天。北人堕泪南人笑，青壁无梯闻杜鹃。'"

恩施县南三十里许有地极幽僻，名白泥坡，明末绅士童大护庄也。庄丁童有福一日出行，见二白犬摇尾而前，状甚狰狞，异而逐之。入一洞，洞内有水清且浅，犬涉水而过，有福亦随之往。不数武，出洞口，豁然开朗，烟村绣错，桑柘依稀，宛然桃源景物，心益异之，欲穷其迹。约里许，有数老人聚饮树下，见有福，诘所自，以逐犬对。老人曰："是吾犬也。"赐之食，有福食讫，纳所余于衣袖。及出，视之，肉则木石，蔬则草也。归而告其主，同往

① 稗官：小官。小说家出于稗官，后因称野史小说为稗官。

② 黄鲁直：黄庭坚（1045—1105），字鲁直，自号山谷道人，晚号涪翁，洪州分宁（今江西修水）人。北宋诗人、词人、书法家。

③ 金鸡：古代颁布赦诏日，设金鸡于竿，以示吉辰。

访之，顽石荒草，茫然无迹矣（《秋灯丛话》）。

开元寺钟，唐开元中，清江郡叟牧于郡南田间，忽闻有异声自地中发，叟与牧童俱惊走。自是叟病热甚，少愈，梦一丈夫青衣襦，顾谓叟曰："迁我于开元观。"叟惊寤，及晓，偕其子往郡南凿其地约丈余，得一钟，色青，乃所梦丈夫衣色也。遂白郡守，移至开元观。日辰时，不击自鸣，声极震响，清江人莫不惊叹。

恩施县红崖山高数百仞，峻岭崇崖，为全真栖游之所。顺治初，有蒋道士者入山访修炼地，忽见茂林修竹中瓦屋数楹，白板朱扉，最为幽洁。履其室，空洞无物，惟粉壁题七言一绝，笔势飞舞，墨迹犹湿，诗曰："顽石盘旋白玉松，枝头暗结紫芙蓉。青云有路终须到，红日光辉满太空。"蒋讽吟数遍，默识其处，次晨负笈至，竹树依然而舍宇杳如，寻竟日终不可得。又山中巨杉，恒隐藏沙土内，传为千百年物，居人求之者持锥刺土，嗅锥末有香气，则掘得之。或负之不尽，表异其迹，异日往视，并表亦失之矣（宋《志》）。

杜诗云："笼竹和烟滴露梢。"施地慈竹笋出与林齐，箨全不解，一线弯弯如垂柳，如此两三月方解箨。次年始见枝叶，山深多雾，午时露珠犹滴，未尝不叹诗人体物之工也。（宋《志》）

《湖广通志》载施州漫水寨有木名普舍树，华言风流也。昔覃氏祖于东门关伐一异木，随流至那车，复生根而活，四时开百种花，覃氏子孙歌舞其下，花乃自落，取而簪之，他姓往歌，花不复落，尤为异也（《格致镜原》）。

施南枚马洞，有泉，每日流出五色圆石数枚，居民拾之，次晨亦然。又野猫洞经水涨退时流出八方水晶石，石现山水人物诸状，通泉中亦有类此者（童《志》）。

杜诗云："土俗坐男使女立，男当门户女出入。"施地乡僻处皆然，男主家中接宾客，饮酒食肉而已，水耕火种妇女任之。旧闻坎为北方卦，故男健于女，离为南方卦，故女健于男，健者常劳，弱者常逸，验之冀北交趾①皆然。今见一斑也（宋《志》）。

兽莫猛于虎，施南则有一猪二熊三虎之谣，猪有群有独，群者年未深，无大异，独者经年既久，无可群而群，亦莫敢近也。合抱木啮如粒朽，大石喙触之立碎，虎豹见之咸避，莫敢斗者（宋《志》）。

赵姑者，施南崇宁里民女也。及笄未字，饷父于田，渴而饮于溪，久不返。父觅不得，惟见饮处插金钗一股，拔之不起，夜见梦于父曰："儿为龙摄去，不能生还，明春预于溪内插篱置笱，春雨雷鸣，得鱼必多，即以为甘旨之供。"父如言，岁颇获利，以此毕余生焉。村人

① 交趾：古地区名。泛指五岭以南。

以香楮[①]往祝者，亦必得鱼，至今相沿为赵姑鱼，而所插金钗化为铁柱云（童《志》）。

雍正六年马公昉义以直隶明经铨恩施令，泊彝陵，月明如昼，遥望江中一船，仪仗麾从，飘飘御风而行，转瞬即杳。是夜县治白杨坪有里长姚姓者，适梦皂衣使呼迎城隍，起视户外，有二尺许神像在焉，比邻子亦同梦。质诸马公，讯其巅末，憬然悟曰："嘻！畴昔之夜飘然从江中过者，非即此神也耶？"即命建祠祀之，故南郡有府祠，而县祠则在白杨坪（《恩施县志》）。

殷太公者，卫旗军。性长厚，妇极贪鄙，公外出有卖谷数石者，妇量与之矣。公归，佯曰："家有秕谷，何不石搀二三升乎？"妇曰："已搀若干矣。"公默记其数，补买者曰："代昨日苶[②]。"盖覆妻之短也。其夜梦神授以二纱帽曰："以旌善人。"后妻生之盘，妾生之铭，俱以岁贡任主簿，书香不绝（以上童《志》）。

明时蔡姓者，卫富绅也。吝而刻，家有余米，先一宿用水渍之以鬻于人。一日，雷雨大作，掣蔡跪庭中，书其背作"米中用水"四字，而皆阙其中竖，雷殷殷宅旁木上，其火如线，牵宅中而不然。越二日，有狂生候蔡，见其字曰："符非符，字非字，何以服人？"雷复震，视蔡背，则中添长直，始识其字。逾年死，子孙亦不振，其田园宅舍皆化为乌有矣。（童《志》）

施黔州多白花蛇，螫人必死，县中板簿多退丁者，非蛇伤则虎伤之也。州连蛮獠，三月草长，蛇盛则防戍至，九月草衰，蛇向蛰则又防秋矣。居民造毒药，取蛇倒悬之，以刀刺其鼻，下以器盛其血，第一滴用以毒人，立死。故只取第二、第三四者毒血一滴，以麦和作四丸，中此毒者先吐血，须臾五脏雍满溃烂。李纯之少监云，惟朱砂膏可治此毒，纯之以药救人无数，乃刻其方以示土民（《谈苑》）。

人山岭，在老熊坡下。坡上望之，峰与坡齐，远至一二十里，则坡隐不见，一峰特耸如人形，叛民向龙祖冢向焉。相近戎角村卷洞寨内有石类妇人出，廖氏女亦材武，向龙娶焉。成化间向、廖二姓相比以叛，剽掠巫、建等县，屡勤王师。戎角前据板龙尾、斑鸠崖，下有清江，后有容美，万山之阻中，多良田广囿，故官军至即保老鹰、卷洞等寨。人山后小溪前清江，二水周围，险固难夺。正德五年，指挥童昶奉檄破之，擒首恶数十人，追出被掳户口，余党抚顺。昶精地理，知人山作祟，穴石生妖，乃移向氏老熊坡祖冢，凿人山脑，复至卷洞寨凿其石。人山凿，雷复震之，尤见天人感应焉。

向述，河内郡人。为汉景帝驸马时，"巴蛮"攻劫，帝以王镇秭归，元妃公主刘氏，次妃许氏，王之健将则许氏兄弟也。王在镇安抚有功，教养有法，得楚蜀人心，生子十六，分十

① 楮：祭祀时焚化用的纸钱。
② 苶（nié）：疲倦，精神不振。此指谷物不饱满，即秕谷。

子入卫阳，六子入川。聚桥头分遗破釜，命各执一片，世守为信。王卒，葬秭归篁竹沱。东晋桓诞[1]自立为施王后，以沔北降魏。施为向氏所据，王显灵于大宋，为归民驱疫，民上状，遂敕封建庙赐额。蛮人畏疫，故自归而上达于施州，多有不祀其先而祀所谓向王者。

许环没之明年，有卫绅张姓者，夜梦勾见本卫城隍，则巍然上坐者许也，怒数张曰："尔以明经出仕，读圣贤书，枉致人死，可乎？"命鬼卒以刀插两耳，张以同窗故，再三恳，令去，其有喝之。出则见左廊梁上有铁钩，钩背而悬之者亦卫绅张姓，亦明经出仕，皆许之窗友也。梦醒骇然，逾月而左耳后病疽[2]，溃至颈，久而垂危，所梦钩背者犹无恙也。一日来视，归而疾作，疽发背，二张相继而亡。

蛤蟆石，在东门渡口水中，见则有灾眚[3]。

方洞，峡口有一洞，无路可达，只可北岸对望。其中有板，或露或隐，或整齐或参差，每见则附近居民多不吉祥。

蛤蟆池，在卫城南一百二十里。池中多蛤蟆，方春水生，辄跳掷岸上，后渠生爪，前趾变翼，随众禽飞去。变未成者，土人常得于雀网中（以上《童志》）。

土产香楠而民不知蓄，陈者绝少。产茶而民拙于焙，香者绝少。产五加皮以浸酒，香美有殊效，而民尚桂花酒。三者皆恨事，附志之（宋《志》）。

俗以曲蘖[4]和杂粮丁坛中，久之成酒，饮时开坛，沃以沸汤，置竹管丁其中，口咂管，先以一人吸咂管，曰"开坛"。然后彼此轮吸，初吸时味甚浓厚，频添沸汤则味亦渐淡，盖蜀中酿法也。铅山蒋心余太史[5]《忠雅堂集》有《咂酒诗》，可谓曲尽其妙，附载于此："地炉暖深瓮，酒香生座隅。缓火蒸融融，觱发[6]看浮蛆[7]。截竹为留犁，露颈没其趺。主客次第尝，吸之咽徐徐。中通风过箫，暗引乐出虚。注泉便作醴，仙酿逡巡如。瓮面白水添，瓮底醇醪储。贯糟出沈齐，气体成须臾。枳橘性则一，泾渭源岂殊。神丹变兼金，黄芽转河车。物理可旁悟，速化然非欤？再拜求酿法,《酒经》愿笺疏。粳稻谷粱稷，皆可曲蘖俱。和以众露香，欲点塞上酥。百花归蜂衙[8]，五金同一炉。至味咂乃出，浅尝得其粗。蜀有云安春，复有郫筒酤。

① 桓诞（？—494）：字天生，东晋谯国龙亢（今安徽省怀远县龙亢镇）人。

② 疽：毒疮。

③ 灾眚（shěng）：祸患，灾难。

④ 曲蘖：酒曲，酿酒的酵母。

⑤ 蒋心余太史：蒋士铨（1725—1785），号藏园，又号清容居士，晚号定甫，铅山人。清代诗人、戏曲家。清乾隆二十二年（1757）进士，官至翰林院编修。

⑥ 觱发：风寒冷。

⑦ 浮蛆：浮于酒面的泡沫。

⑧ 蜂衙：蜂巢。

可惜少陵翁，取醉徒咨且。东坡不解饮，真一堪胡卢[①]。胡啖道士蜜，宁发调水符。浙人尚越酿，六载糟丘居。今夕换别觞，沉湎不愿余。只疑虹首垂，又疑斗柄斞[②]。底须吸西江，欲绩无功书。久出醉翁门，才识涪溪醽。彭宣釂[③]侯芭，是皆圣人徒（旧《府志》）。

天台山寺，有张桓侯石像，多著灵异。雍正初，有萧某捕鱼清凉洞山脚小溪，夜半忽岩半呼，萧异之。仰面视石壁开豁，循径跻攀[④]百余级，见一石人挺立于前，谓萧曰："吾蜀汉张翼德也，将之天台观，子盍负吾迁乎？"萧惧，从之，反顾石壁依然，石路则杳然无迹矣。

狮子岩，有石狮，隔十余里有鸡公石。相传乾隆年间，一夜两石会食田谷，鸡鸣方已。田者见有鸡、狮足迹，寻至二石处验之确，乃碎其足，后遂无异（以上《恩施县志》）。

青屏山，在县治南百余里。青石屹立，了无余土，纵二十余丈，横十余丈，高百余丈。四面皆壁，类刀削成，望之若屏，古藤下垂，无径可陟。嘉庆间有覃姓者闻鸡鸣绝顶，乃攀大藤上之，若有神助。峰三层，第一层石平如砥，径五丈，横三丈有奇，次层如之。复援藤而下，延工凿修蹬道，险恶之处锁以铁环，上建佛寺二间，次层亦如之。寺后有瘦木数十本，旁有瘦竹百余竿，凉风欻[⑤]至，声动若琴，绰有雅趣。石壁隙中涌清泉一线，类挤出者，以长颈兕承之，可共二人之用。其性清冽沁齿，以之煮茗，味极佳美，谓之仙泉。遂弃妻子，为僧居之，不持肉戒。每岁旱，以小佛一尊倒负于背，鸣锣咒佛，呼天求雨，雨多应之，俗谓之巅僧。老乃积薪寺侧，焚身坐化焉。其子拾余骸埋之，今呼巅僧冢云（《来凤县志》）。

犀能分水通天者骇鸡，苏子瞻《送乔施州》诗所谓"鸡号黑暗通蛮货"者也。前代有大樵于宣抚堡之滨，忽潭水沸腾，见一物从水底石穴分水而出，其形似牛顶，额鼻各戴一角。樵者骇极，以手中柴斧投之，复入石穴而水仍合，盖水犀也。故其地名曰"犀牛潭"（《来凤县志》）。

蚂蚁坟，在城东三十里圆包嘴。相传国初时有乞儿没于其地，土人浅瘗之，后群蚁衔土垒冢，日久成小山。人异之，无敢毁者，至今尚存（《利川县志》）。

出郡城西行十余里大兴寺下之有陶文升，世业农，夫妇安分度日。同治十年六月初七日妇氏一产三男，邻里以为瑞，贺客盈门，邑侯彭公燮给"兆衍男祥"额以表其庐。

① 胡卢：喉间的笑声。
② 斞（jū）：舀取。
③ 釂（jiào）：把杯中的酒喝干。
④ 跻攀：攀登。
⑤ 欻（xū）：忽然，迅疾。

辨讹

旧志，魏咸熙二年施州灵龟产于龟溪。考《魏志》，元帝咸熙二年春二月甲辰，朐䏰县获灵龟以献。按，朐䏰属蜀郡，故城在今夔州府云阳县西，非施州界，且三国时无施州名，旧志殊失考。

旧志载此地唐为业州、珍州、鹤州、费州。按《唐书·地理志》，施州清化郡本清江郡，天宝元年为县，一清江，一建始。隋义宁元年置开夷，武德元年省入清江，义宁二年置业州。贞观八年废，属建始。此则业州之隶清化郡也。至蒋州龙溪郡本舞州，长安四年以沅州之夜郎、渭溪二县置。开元十三年以武、舞声相近，更名鹤州。大历五年更名蒋州，领县三：峨山、梓姜、渭溪，此鹤州之隶龙溪郡，不隶清江郡也。费州、涪州郡，贞观四年析思州之涪州、扶阳，置县四：涪州、扶阳、多田、城乐，此费州之隶涪州郡，不隶清江郡也。贞观十六年开山洞置珍州，并置夜郎、丽皋、乐源三县，后为夜郎郡。元和二年废县，皆来属。此珍州之隶溱州溱溪县，不隶清江郡也。

杜甫《寄裴施州》诗，黄鹤[①]以为裴冕，朱鹤龄[②]力辨其非，以是诗为大历二年冬月所作，引公《移居东屯》诗及史所载，“大历二年二月，左仆射裴冕置宴于子仪之第”为证。援据甚辨，但裴冕贬施州刺史,《唐书》本传记载甚明，岂可因诗未注名，遂谓非其人乎？又《唐书.陈元振传》亦云冕贬施州，则黄鹤断以为冕未可云误。

旧志载巴蔓子、尹珍于人物。考《明一通志》未载二人，巴蔓子为巴子国臣，在重庆府，以施郡都亭山有巴蔓子墓，故收入人物。至尹珍为毋敛人，在今遵义府，乃汉武平夜郎所置牂牁郡属县也，与施无涉。谨按《明一统志》，施州在春秋为巴国界，何必巴蔓子之不为施人？况都亭既载其墓，而不载其人于人物，义亦未安。

旧志载赵君复于选举，赵国珍、田康于人物。考《唐书·南蛮列传》，开元中牂牁酋长谢元齐之孙嘉艺袭官，封其后赵氏为酋长。二十五年，赵君道来朝，其裔赵国珍有方略，授黔中都督，屡败南诏，护五溪十余年，终工部尚书。又赵氏世为酋长，夷子渠帅[③]姓季氏，与西赵皆南蛮别种，胜兵各万人。自古未尝通中国，黔州豪帅田康讽之，故贞观中皆遣使入朝。按，三人皆南蛮，世袭酋长，非施州人，旧志误载，致《通志》亦相沿而误，宜删去。

旧志载杜甫于流寓。考《唐书》本传及杜集年谱，实未此。

① 黄鹤：字汉皋，新化县人。清道光五年（1825）拔贡，任宁乡县教谕。著有《四书异同商》。
② 朱鹤龄：字长孺，号愚庵，吴江人。著有《尚书埤传》《禹贡长笺》等。
③ 渠帅：首领。武装反抗者的首领或部落酋长。

旧志载郑虔于流寓，以杜甫有《郑典设自施州归》诗，遂以郑典设为虔也。按《唐书·百官志》，典设为东宫官。考郑虔本传，虔未尝为此官，杜所赠诗者自别一人，未可以虔实之也。按，旧志载杜甫、郑虔于流寓，相承已久，或别有所据。今李《志》以《唐书》列传未载，遂并去之。然明邹公维琏谪戍施州，本传亦未载，而邹公在施遗迹甚多，未可谓其未至施也，史之缺略者多矣。其轶事见于他说，与其过而去之，不如过而存之。少陵赠《郑典设自施州归》诗末云："我有平肩舆，前途犹准的。翩翩入鸟道，庶免蹉跌[①]厄。"旧志载入流寓，盖因此也，今仍旧载入。

旧志载施王屯云："桓元子诞窜蛮中，自称施王。"考《晋书》，桓元诛后，桓氏遂灭，亦不载诞为元子，此当删去。按《魏书》，太阳蛮酋桓诞遣使内属，高祖嘉之，拜征南将军、东荆州刺史、襄阳王，听自选郡县。诞，字天生，桓元之子也。初，元奔至枚回洲被杀，诞时年数岁，流窜太阳蛮中，遂习其俗。及长，多智谋，为群蛮所归。诞既内属，治于郎陵，卒谥刚。子晖袭爵，弟叔兴拜南荆州刺史。正光中，南叛二荆，西郢蛮大扰。"据此，则诞乃元子，荆州蛮亦其所统，施王屯之名，殆始于此欤？

旧志载董钺于职官。考《宋史》"熊本经制淯井事"，蛮酋田现等内附，夔路转运使判官董钺、副使孙珪知施州。寇平，皆以招纳功被赏。是董钺为夔路转运判官，非施州职官也，如何载入《职官》乎？按《宋史》云"判官董钺、副使孙珪知施州"是言二人知施州也，"寇平，皆以招纳功被赏"是言蛮寇平，二人皆被赏也。考各史言某官知某州及某事某寇平者，非一寇平不必为人姓名也。今李《志》不载董、孙二人于职官，而以寇平为人姓名载入职官。考《宋史》及《统志》俱不载寇平，知其非人姓名也。且李《志》以夔路转运丁谓[②]、知夔州林栗[③]列名宦内而不载董、孙二人于职官，又何谓也？丁谓为宋巨奸，林栗倡禁道学，岂可厕之宫墙使滥膺俎豆乎？今于名宦志内去丁谓、林栗，于职官志内去寇平，仍列董钺、孙珪焉。

旧志以沙渠作施州。按沈约《宋书·州郡志》，吴孙休永安三年分宜都县置建平郡，领信陵、兴山、秭归、沙渠四县。晋亦有建平郡，太平元年吴平并合，永初（宋武帝年号）郡国有南陵、建始、信陵、兴山、永新、永宁、平乐七县。按《太康地理志》，无南陵、永新、永宁、平乡、新乡五县，疑是东晋所立。信陵、兴山、沙渠吴所立，建始，晋初所立也，领七县：巫、秭归、归乡（《太康地理志》秭归有归乡，故夔子国）、北井、泰昌、沙渠、新乡，此《宋书》所载也。今按，巫即今巫山县，秭归即今归州，归乡亦在归州，北井即今夔州大

① 蹉跌：失足跌倒。
② 丁谓（966—1037）：字谓之，后更字公言，苏州府长洲县人。北宋宰相。
③ 林栗：字黄中，福州福清人。南宋经学家。南宋绍兴十二年（1142）进士，历任吏部员外郎、兵部侍郎等。

宁县，后周省入太昌。按，晋太昌后周改大昌，大昌亦即今夔州大宁县，惟沙渠、新乡不详所在。考《水经注》，渠出南巴岭，流经宕渠县，谓之宕渠水，汉有宕渠县。《明一统志》：渠县本汉宕渠县地，俱在今四川顺庆府之南充、蓬州、营山、广安、渠县，大竹、兵池等地界有渠县而无沙渠之名。以愚考四川顺庆府东与夔州府梁山县连界，建平与夔州府连界，建平、沙渠既无明文可考，大抵不离顺庆府所属州县等界者近是。且《宋书》云"沙渠"，《晋起居注》太康元年立。按，沙渠是吴建平郡所领，"吴平"不应"方立""不详"。是《宋书》不特未据，《太康地理志》注明沙渠所属并所立，亦且不详，旧志谓即施州向所考据而云然。谨按，旧志以沙渠作施州地，原非无据。李氏宗汾杂引史志，力辨其非，且援《水经注》"渠出南巴岭，流径宕渠县，谓之宕渠水"，遂欲以四川顺庆府之渠县为沙渠地，谓沙渠属建平郡，建平与夔州府连界，顺庆与夔之梁山连界。沙渠既无明文可证，大抵不离顺庆所属州县等界者近是，此臆说也。今即《宋书·州郡志》考之，吴孙休永安三年分宜都置建平郡，领信陵、兴山、秭归、沙渠四县。沙渠既隶建平，分宜都地置，则沙渠必近宜都可知，且与秭归诸县同隶建平，则沙渠必与秭归诸县相连可知。今施东接宜都，东北接归州、兴山，其为沙渠固已确然可信，何至越夔至顺，割一渠县来属之？理且尤有可据者，则在夷水（即今清江）。《水经注》："夷水又东经建平、沙渠县，县有巫城，南岸山道五百里，其水历县东出焉。又夷水自沙渠入佷山县（佷山，汉县，属武陵。故城在今长阳县西），又东径佷山县故城南，又东北径夷道县北，又东径宜都县北，东入江。"沙渠为夷水所经，下流入佷山，宜都则即夷水以定县，沙渠之为施不大彰明较著乎？安得谓无明文可证，而牵一不相属之渠水，且以一字偶同之渠县当之，真不足资一噱[①]矣。

旧志载成汭于名宦，因《唐书》本传有"请立庙以祠之"文，更不详考本末。今考本传则知，汭本盗贼，因时多故，窃据归施。其救鄂州，则党朱全忠，而抗王师至于兵败身死，遂失施州。本无功德于施，不得入名宦，详兵事志。

旧志载伍思志于名宦。考《宋史》系伍思智，又增其文云"以拒元兵，竟复夔州"。今节录《宋史》入兵事志。

按，《恩施县志》载东坡《铁沟行赠乔太傅》一诗，查初白[②]补注云："铁沟水原出烽火山，流经诸城县东北一十五里入潍水。"见陈圻《山东志》。今阑入施州，非也。然《明一统志》亦载铁沟水在卫城东，则承讹已久矣（以上旧《府志》）。

① 噱：大笑。
② 查初白：查慎行（1650—1727），字悔余，号初白、他山，海宁袁花人。清代诗人。

《南史》解叔谦母有疾，夜于庭中稽颡[1]祈福，闻空中语云："此病得丁公藤为酒便瘥。"即访医及《本草注》，皆无识者。乃求访至宜都郡，遥见山中一老公伐木，问其所用，答曰："此丁公藤，疗风尤验。"叔谦便拜伏流涕，具言来意，此公怆然以四段与之，并示以渍酒法。叔谦受之，顾视此人，不复知处。依法为酒，母病即瘥。按《东医宝鉴》"汤液篇"云："性温，味辛，无毒，主风补血衰者。"是其验也，一名南藤，茎如马鞭，有节，紫褐色，叶如杏叶而尖，今利川县小溪河猴子崖有之。

增修施南府志卷之三十终

① 稽颡：古代一种跪拜礼，屈膝下拜，以额触地，表示极度虔诚。

后　记

恩施土家族苗族自治州档案馆（史志研究中心）自2019年5月启动旧志整理工作后，由于本单位专业人才缺乏，于是采取外聘方式，聘请湖北民族大学文学与传媒学院副教授阳卓军老师校注整理。计划用三到五年时间完成《道光施南府志》（道光十七年）、《同治增修施南府志》（同治十年）、《光绪施南府志续编》（光绪十一年）三部旧志的校注及出版工作。

《道光施南府志》成书时间最早，奠定整个府志的基础，全书分疆域、建置、典礼、食货、武备、官师、选举、艺文、杂志等十纲，凡三十卷，八万余字；《同治增修施南府志》分天文、地舆、建置、学校、典礼、食货、武备、官师、选举、人物、艺文、杂志十二纲，于三部志书中篇幅最巨，三十卷，十余万字；《光绪施南府志续编》分舆地、建置、经政、学校、武备、职官、选举、人物、杂志、艺文十纲，凡十卷，六万余字。

三部书的整理原则是本着服务普通群众的需要，让一般民众能够比较轻松地读懂古籍，理解文意。整理进程是由后往前，即首先从光绪版志开始，继而为同治版，最后是道光版。2019年年底已完成光绪版的点校，2020年年底已完成同治版的点校，2021年年底已完成道光版的点校工作。

本书的点校者阳卓军老师曾于2016年完成一部60余万字的《恩施清代府县艺文志汇编笺注》，该书已由中华书局出版，获恩施州社科著作一等奖、国家民委社科著作三等奖。三书中的艺文志部分，在他的著作中已经完成，故本书由他来点校。

感谢阳卓军老师的辛勤付出，同时对提供辨别帮助工作的赵修博士和陈云豪博士表示衷心感谢。

旧志整理学术性、专业性强，工作繁杂，难度较大，书中错讹之处在所难免，敬请各位专家、读者批评指正。

编　者

2024年12月